妇女权益的法律保障

巫昌祯　主编

中央文献出版社

顾　　问　莫文秀

主　　编　巫昌祯

副 主 编　雷明光　邓　丽　李明舜

撰 稿 人　巫昌祯　李明舜　雷明光　林建军
于　晶　田小梅　刘明辉　周应江
张荣丽　左玉迪　党日红　刘春玲
刘永廷　崔克立　李　莹　姜　红
蒋汉渊　朱东武

维护妇女权益是
全社会的共同责任

彭珮云

二〇〇二年八月

目　录

江泽民同志在“三八”国际劳动妇女节八十周年纪念大会上的讲话

（代序）

同志们，朋友们！

今天我们在这里纪念“三八”国际劳动妇女节八十周年。我代表中共中央、国务院，向参加今天会议的各位妇女代表，以及奋斗在各条战线上的各族各界妇女，致以诚挚的慰问和祝贺！向台湾、港澳女同胞和海外女侨胞，向世界各国妇女，致以良好的祝愿！

“三八”国际劳动妇女节，是顺应广大被压迫妇女向往自由、要求平等的愿望而诞生的，从确立之日起，便成为全世界劳动妇女团结奋斗、争取解放的一面旗帜。八十年来，世界各地妇女运动风起云涌。妇女要解放，男女要平等，已经成为国际社会的不可逆转的历史潮流。

中国的妇女解放运动，经历了自己艰难而光荣的历程。随着资产阶级民主革命思想的传入，它曾一度在我国近代迸发出几束耀眼的光芒，但很快就随着资产阶级领导的民主革命的失败而归于低沉。只有当它在中国共产党的领导之下，成为无产阶级革命运动的一个有机组成部分的时候，才蓬勃发展，一往直前。1924年在大革命中心广州首次纪念“三八”国际劳动妇女节时，中国的妇女运动已在革命高潮中显示出强大的生机和力量。此后几十年间，在中国革命和建设的历史进程中，中国妇女运动逐步形成了较为完备的形态，并与工人运动、农民运动、青年运动一样，成为我国伟大的革命群众运动的重要一翼。

中国共产党用以指导妇女运动的理论，是马克思主义的基本原理及其妇女观。马克思主义的妇女观，是运用辩证唯物主义和历史唯主义的世界观、方法论，对妇女社会地位的演变、妇女的社会作用、妇女的社会权利和妇女争取解放的途径等基本问题作出的科学分析和概括。这种妇女观，是马克思主义理论体系的组成部分。它的主要内容有：

第一、妇女被压迫是人类历史发展的一定阶段上的社会现象。在远古时代人类两性曾是平等的。只是当人类社会产生了私有制和阶级对立的时候，妇女才被剥夺了财产所有权，被排斥于社会劳动之外，沦为家庭的奴隶和男子的附属物。这种现象是一定历史条件的产物，因此它必将被新的历史条件下的男女平等所代替。

第二、妇女解放的程度是衡量普遍解放的天然尺度。在以私有制为基础的社会里，妇女处于被压迫地位，其实质是阶级压迫的一种特殊表现形式。在那里，这种状况不仅由社会经济制度所决定，受社会政治制度所保护，而且通过社会意识渗入人们的思想观念之中。因此，妇女解放必须伴随全体被剥削被压迫人民的社会解放而得到实现。

第三、参加社会劳动是妇女解放的一个重要先决条件。人们在社会上和家庭中的地位，归根到底是由人们在社会生产中的地位决定的。恩格斯指出："只要妇女仍然被排除于社会的生产劳动之外而只限于从事家庭的私人劳动，那么妇女的解放，妇女同男子的平等，现在和将来都是不可能的。"这个先决条件，只有在社会主义制度下才能真正充分实现。

第四、妇女解放是一个长期的历史过程。它不仅为生产关系所制约，也为生产力所制约，不仅受物质生产水平的影响，也受精神文明程度的影响。推翻人压迫人的社会制度，建立人民当家做主的国家政权，为实现妇女解放，实现男女平等提供了根本的保证。但由法律上的男女平等达到事实上的男女平等，任务仍然十分艰巨。

第五、妇女在创造人类文明，推动社会发展中具有伟大的作用。妇女与男子同是人类历史前进的推动者，同是社会物质文明和精神文明的创造者，应该具有同等的人格和尊严，同等的权利和地位。在人类自身生产中，妇女更具有特殊的价值，作出了特殊的贡献。尊重妇女，保护妇女，是社会进步的一个重要标志，是文明社会应有的法律规范和道德风尚。

中国共产党在将马克思主义的普遍原理与中国革命的具体实践相结合的过程中，始终注意运用马克思主义的基本原理及其妇女观，分析、研究、解决妇女问题。在我国革命和建设的每一个发展时期，我们党对妇女运动都作出了明确的指示和决策，保证了妇女运动沿着正确的方向不断发展。

毛泽东同志有一句充满哲理和激情的名言：“全国妇女起来之日，就是中国革命胜利之时。”这是对中国妇女奋起革命的殷切期待，也是对她们奋起革命的历史作用的热烈称颂。中国妇女将争取自身的解放同争取无产阶级和人民大众的解放，同争取中华民族的解放融为一体，在长期的革命战争中，英勇奋斗，前赴后继，不惜流血牺牲，建立了不可磨灭的历史功绩。

新中国的成立，使全国妇女获得了历史性的解放。第一届中国人民政治协商会议通过的具有临时宪法性质的《共同纲领》，明确宣告“废除束缚妇女的封建制度”，并且规定了“妇女在政治的、经济的、文化教育的、家庭的、社会生活的各方面，均有与男子平等的权利。实行男女婚姻自由。”此后，我国历次颁布的宪法和有关法律、法规，对于妇女的权利作了更加明确和完善的规定。党和国家还采取了一系列政策措施，为广大妇女参加社会生产、参政议政、接受教育、实现婚姻自由等等，不断创造良好的条件。

在社会主义制度下，我国各族妇女曾被禁锢的聪明才智极大地释放出来。她们发挥国家主人翁的精神，积极投入铲除封建残余的斗争，广泛参加社会主义建设和其他社会活动，在工农业生产和科学、文化、卫生、教育等各项事业中，发挥了不可替代的作用。妇女劳动者队伍不断壮大，女干部、女学者、女专家大量涌现。妇女作为我国社会主义建设的一支生力军，愈来愈得到社会的公认和称赞，党的十一届三中全会以来，广大妇女进一步解放思想，自立自强，坚持党的基本路线，投身社会主义现代化建设和改革开放的伟大实践，在维护安定团结的政治局面方面，在发展国民经济、提高社会生产力水平方面，在繁荣科学文化教育事业、推进社会主义精神文明建设方面，都作出了突出贡献。她们的无穷才智和伟大力量得到越来越充分的施展。

回顾中国妇女运动的历史进程，可以得到这样一个基本结论：没有中国共产党的领导，没有社会主义制度的保障，就不会有中国妇女的解放。坚持中国共产党的领导，坚持社会主义道路，是中国人民的历史选择，也是中国妇女解放运动的必由之路。

当今世界上发生了许多新的变化，出现了许多新情况、新问题，但和平、发展与人类进步的历史潮流是不可逆转的。我们要按照党的十一届三中全会确定的路线和十三届四中、五中全会的精神，按照邓小平同志所规划的建设有中国特色的社会主义的宏伟蓝图，坚定不移地走自己的路。

今后的十年，是实现我国社会主义现代化总体战略目标的关键阶段，也是决定中华民族未来兴衰荣辱的重要关头。我们要始终保持社会稳定，巩固和发展安定团结的政治局面，认真搞好治理整顿和深化改革，使国民经济持续、稳定、协调发展，实现本世纪末国民生产总值再翻一番。要完成这些任务，必须依靠包括妇女在内的广大人民群众。没有占人口半数的全国各族妇女的英勇奋斗和自觉奉献，就不会有中国革命、建设和改革的伟大成就。

中国妇女有着为国出力为民族争气的优良传统。在目前这个重要的历史时期，各族各界妇女一定要坚定信心，加强团结，正确处理个人利益与国家利益、眼前利益与长远利益的关系，勤俭建国、勤俭持家，为治理整顿，深化改革，为社会稳定和经济发展多作贡献。一定有积极倡导文明健康科学的生活方式，破除各种陈规陋俗和封建迷信，自觉实行计划生育，精心培养下一代，在推动社会主义精神文明建设中发挥重要作用。大陆妇女与台湾、港澳女同胞要携起手来，共同促进统一祖国和振兴中华的伟大事业。

党和政府对广大妇女寄予殷切的期望。为了更好地担当起各方面的任务，希望你们努力提高自身素质，学习文化科学技术知识，发扬“自尊、自信、自立、自强”的精神，进一步增强历史使命感和社会责任感，做社会主义的有理想、有道德、有文化、有纪律的新女性。

妇女肩负工作和家庭两副重担，前进中会遇到这样那样的困难。各级党委和政府要认真倾听妇女的呼声，关心她们的疾苦，维护她们的合法权益，努力为她们排扰解难；要切实加强对妇联工作的领导，帮助妇联解决工作中的问题和困难。社会各有关方面也应努力为妇女群众多办好事、实事。全社会都要树立文明进步的妇女观。

最后，我代表党中央、国务院，向以鲜血和生命保卫国家财产的女英雄潘星兰同志和杨大兰烈士的亲属，致以崇高的敬意！向将在今天的大会上获奖的先进集体和先进个人，表示衷心的祝贺！希望广大妇女和全国人民一道，在中国共产党的领导下，艰苦奋斗，发愤图强，努力夺取社会主义现代化建设和改革开放的新胜利！

（原载1990年3月8日《人民日报》）

我国保护妇女权益状况综述

巫昌祯

和平与发展是当今时代两大主题，妇女的参与和发展更是为国际社会普遍关注的话题。实现男女平等是衡量社会文明程度的重要标志。1992年4月，《中华人民共和国妇女权益保障法》正式颁布，并于同年10月1日起施行。这部法律的问世，为进一步提高妇女的地位，促进妇女事业的发展提供了一个有力的法律武器。十年来，在江泽民同志“三个代表”重要思想的指引下，维护妇女权益，促进男女平等，日益受到重视。十年的依法维权的实践中，虽然时时遭遇到新情况新问题的挑战，但从总体上看，经过政府和社会的共同努力，维权工作积累了不少经验，取得了长足的进步。

一、中国已形成了保护妇女合法权益的法律体系

旧中国，经历了数千年的封建社会。历代封建统治者为维护其政权，一方面把封建王法同封建礼教紧密的结合在一起，另方面把封建等级制度从社会一直延伸到家庭内部。在国家实行王权独裁，在家庭实行家长专制，人民毫无权利，而妇女则身受几重压迫，处于完全无权地位。封建统治者拒绝承认妇女与男子享有平等的权利，而且从道德和法律两方面确认了这种极不平等的两性关系。

中华人民共和国成立后，中国妇女的地位发生了巨大而深刻的变化，真正成为国家的主人。中国政府历来主张并实行男女平

等，承认妇女是革命和建设的一支重要的不可缺少的力量，这一指导思想，已经用法律形式固定了下来。

从建国前夕的共同纲领到建国后的几届宪法，都鲜明地确立了男女平等原则和保护妇女特殊权益的原则。宪法庄严宣告：“中华人民共和国妇女在政治的、经济的、文化的、社会的和家庭的生活等各方面享有与男子平等权利”、“国家保护妇女的权利和利益”，这些原则又通过刑法、民法、劳动法、婚姻法等有关法律的相应规定而加以实现。但是，改革开放以来，妇女面临着新的挑战，各项权益程度不同地受到侵害，从国际社会的情况看，联合国 1980 年公布的《消除对女性一切形式的歧视的公约》，中国是最早的缔约国之一，该公约要求，各国制定法律，保护妇女权利。第三次世界妇女大会通过的《内罗毕战略》和 1995 年在北京召开的第四次世界妇女大会通过的《行动纲领》也都强调了对妇女的法律保护。应该说，中国保护妇女的法律基本上是完备的。但存在三点不足：一是内容不够完善，有些条款过于原则，对改革开放以来出现的新情况、新问题没有相应的规定，不易操作；二是保护妇女权益的条款分散在各个法律、法规之中，没有形成统一的体系；三是缺乏保障措施，对侵害妇女权益行为，没有具体的制裁条款，不利于执法。为了适应国内外新形势的需要，有必要制定一部保障妇女权益的专门法律。《妇女权益保障法》就是在这个背景下诞生的。这部法律的问世，不仅作了重要的补充和具体的细化，更重要的是尽可能规定了保障措施。所以，立足于保障就是这部法律的立法宗旨，《妇女权益保障法》的名称也由此而来。总之《妇女权益保障法》是中国妇女解放运动实践经验的光辉总结，也是指导妇女事业不断发展的宏伟目标，它的颁布和实施，是中国政府忠实履行国际公约的具体体现。

《妇女权益保障法》的出台，催生了一系列具有权益意识的法律、法规。1993年出台的《劳动法》，对保障妇女劳动权利作了专门规定。1994年出台的《母婴保健法》，对妇女身体健康权给予高度重视。修改后的《工会法》第一次以基本法的形式明确了工会女职工委员会的法律地位，为女职工工作提供了法律保障。关系到千家万户的新《婚姻法》更具体体现了对妇女权益的维护。

31个省、自治区、直辖市人大相继制定了本地的《妇女权益保障法》实施条例、细则或办法，有的地方还针对突出的妇女权益问题如土地承包权问题制定了专门文件。据从全国妇联获得的信息，截止到2002年5月，全国已有湖南、四川、宁夏、辽宁、陕西、天津、青海、江苏、重庆等10个省、自治区、直辖市制定了省一级的有关预防和制止家庭暴力的综合性地方法规和政策，河北、内蒙古、浙江、安徽、江西、湖北、河南等地的30多个地市颁布了有关文件，明确了“家庭暴力”的定义、处理家庭暴力投诉案件的依据和各部门的职责①。国务院各部门、最高人民法院、最高人民检察院10年来不断将性别意识纳入立法活动。公安部制定下发了一系列行政法规，加大对拐卖妇女、卖淫嫖娼等违法犯罪活动的打击力度，同时还大力支持各地研究制定打拐禁娼的地方法规。1994年12月发布了《企业职工生育保险试行办法》，一方面维护了女职工的生育权益，另一方面均衡了企业间生育保险费的负担，有利于增加女性就业机会。为维护离婚案件中的妇女权益，最高人民法院还先后出台了4个有关婚姻法的司法解释，体现了对妇女的照顾。同时，1995年还公布了《中国妇女发展纲要》，2001年，国务院妇女儿童工作委员

① 《让妇女远离家庭暴力》中国妇女报2002年7月24日

会召开会议，对这个发展纲要的实施情况作了总结，并制定了新的发展纲要。

总之，妇女权益保障工作已走上了法制化、规范化的轨道，从而形成了以宪法为基础、以妇女权益保障法为主体、包括刑法、民法、婚姻法、劳动法、母婴保健法以及各部委各地方颁布的行政法规、地方法规在内的一整套保护妇女权益、促进社会发展的法律体系。

二、贯彻实施妇女权益保障法取得了可喜的成果

《妇女权益保障法》是一部具有中国特色的、全面的、综合的维护妇女权益的基本法。制定这部法律是基于进一步维护妇女权益的需要；基于继续完善民主与法制的需要；基于充分发挥亿万妇女的积极作用的需要。妇女权益保障法的核心在于：确认和保障妇女所享有的六大权益：即：政治权利、文化教育权益、劳动权益、财产权益、人身权利和婚姻家庭权益。

为了贯彻《妇女权益保障法》，政府和社会采取了必要的组织措施，设立了专门的保障机构，工会、妇联、青年团等群众团体也成立了维权部和法律顾问处、律师事务所，社会上还成立了形式多样的定期咨询、热线电话，法律研究服务中心等。这些机构和组织，为妇女提供了法律援助，体现了社会对女性的支持。同时，还成立了各种研究妇女问题的学术团体，如中国妇女学研究会、北京市妇女理论研究会、北京市妇女法学研究会等，这些学术团体经常探讨妇女权益保障存在的各种问题，寻求解决问题的途径，向有关部门提出建议等。

由于政府各部门的指导、关怀和社会各界的帮助、支持，这就为妇女权益的实现创造了良好的环境，为妇女的发展提供了机遇。第四次世界妇女大会在中国北京召开并获得成功，它已作为提高妇女地位推动和平与发展的一个里程碑而载入史册。在这种

国际、国内形势的激励下，中国妇女的权益得到了进一步的保障。广大妇女的积极性极大地调动起来了，她们开拓进取，积极参与。重在参与是当前妇女运动的中心，政治参与、经济参与和社会参与是被国际社会公认的三大优先领域。妇女只有在参与中提高素质，以行动谋求平等，以作为提高地位，从而实现自身价值，在社会各项建设事业中发挥积极的作用。

政治参与 中国妇女参与政治是妇女当家作主的一种体现。贯彻《"妇女权益保障法》以来，妇女参政状况明显改善。全国人大女代表，全国政协女委员，九届比八届提高了0.82%和1.54%；女干部的队伍不断壮大，女干部已占干部总数的36.2%。31个省、自治区、直辖市的党政领导班子中至少有一位女性。

经济参与 中国妇女在参与经济方面，有着不可低估的作用。城镇女职工占38%左右，到2000年，女性从业人员已占46.5%。数以万计的女厂长、女经理脱颖而出，成为经济战线上的一支力量。广大的农村妇女也作出了出色的成绩，她们立足农村，开展了"双学双比"（即学文化、学技术、比成绩、比贡献）、"巾帼建功"的活动。一大批农村妇女被评为"双学双比"、"巾帼建功"的标兵，为促进农业经济发挥了半边天作用。

社会参与 妇女在政治参与、经济参与之外，还参与了广泛的文化、教育、体育等方面的活动。女童入学率99%左右，女大学生、女研究生分别占在校生36%和30%，中国工程院女院士62名，占院士总数6%，高于世界其他女院士比例。在体育，健康等方面也作出了突出的贡献。

总之，《妇女权益保障法》颁布实施以来，在保障妇女权益方面所取得的成绩是有目共睹的。但我们也应清醒地看到，由于中国地域辽阔、人口众多、经济发展不平衡，妇女的权益和发展不能不受到影响。在现实生活中，仍存在着一些令人忧虑的问题，如妇女参政比例偏低、妇女就业难度较大、对妇女施暴的事件时有发生。对于这些突出的问题，必须引起我们的高度重视。

三、不断探索、与时俱进，把维权工作推向新阶段

我国是一个经济尚不发达、各地区发展很不平衡的国家，还不可能为妇女发展提供足够的物质基础。我国又是一个有几千年封建历史的国家，重男轻女、男尊女卑的传统观念，还不可能在短期内彻底消除。我们一定要保持清醒的认识。既要充分肯定妇女的进步，又要看到存在的问题。不能简单地把经济发展等同于妇女发展。经济发展固然为妇女发展提供了重要的物质基础，但不可能自然而然地带来妇女的发展。广东省妇女社会调查表明：

受教育程度：广东女性低于男性2.05年，而全国女性只低于男性1.5年；

经济收入：与10年前相比，城镇在业两性收入差异全国扩大7.4个百分点，广东扩大16.1个百分点，农村男女两性收入差异扩大13.3个百分点；

就业状况：城镇女性在业率为67%，比10年前下降9.6个百分点；

性别观念：赞同“男人以社会为主，女人以家庭为主”观念的女性高达61.3%，比10年前高出14.8个百分点；36—45岁的女性有一半认为“干得好不如嫁得好”；在回答“如果配偶或家里有钱财，你还会工作吗”时，有近三分之一的女性愿意在家中当“全职太太”①。

这一调查结果引人深思。由于历史和现实的原因，妇女在社会资源的享有上处于弱势，在经济全球化的形势下又面临新的挑

① 《经济发达≠男女平等》中国妇女报2002年3月9日

战，因此在重视人民整体利益的同时，必须特别关注妇女的权益。要使法律上的男女平等真正成为事实上的平等，依然是任重而道远，需要做艰苦的、坚持不懈的努力。

首先，要营造一个性别平等的社会氛围，这是进一步维护妇女权益，贯彻《妇女权益保障法》的重要环节。营造一个性别平等的社会氛围关键在于认识到位。要真正认识到维护妇女权益，实现男女平等是全社会的共同责任。在现实生活中，人们特别是一些执法者往往忽视《妇女权益保障法》，没有把《妇女权益保障法》放在一个适当的位置上，法律有明文规定的也不执行。因此要切实落实《妇女权益保障法》，维护妇女的权益，就必须强化性别意识，消除性别歧视，这是做好维权工作的思想基础。对于女性来说，也需要提高素质，增强主体意识，摒弃自卑情绪。要通过宣传优秀女性自我发展的典范，让更多的女性认识到"有作为才有地位"，奉献社会才是人生价值的最大体现。要强调学法、知法，增强自我保护的意识和能力，勇于运用法律武器来捍卫自己的权利。

其次，要进一步完善立法。《妇女权益保障法》是维护妇女权益的法律武器，这部法律也的确起到了积极的作用。十年来，又出现了不少新情况、新问题，维护妇女的法律也应该不断完善，与时俱进。其中一个突出问题就是男女退休年龄问题。

我国男干部60岁退（离）休、女干部55岁退（离）休的政策，是20世纪50年代规定的。当时我国女性的平均预期寿命只有36.7岁，低于男性，而且在50－70年代初期，我国尚未实行计划生育，女性生育子女较多，所以男女有别的退休政策基本上是符合当时情况的。但是，到80年代，上述情况发生显著变化，目前女性的平均预期寿命为73.11岁，比男性高5岁。由于实行了计划生育政策，女性的家务负担已大大减轻。女性的文化水平也有了大幅度的提高。她们渴望与男子一样，享有平等的为国家、民族和人民奉献才华的机会。同时也具备了必要的条件。因此，她们强烈要求修改原有的男女不平等的退离休政策，为妇女的发展提供更加广阔的空间。

江泽民同志曾经指出：男女平等是促进我国社会发展的基本国策。我们认为，男女享有平等退休待遇，是贯彻和落实我国男女平等立宪原则的需要。从国际上看，男女平等就业，平等享受退休待遇，已日益成为当今世界各国的普遍选择。

最后，要加大执法力度。立法是基础，执法是关键。十年来，在党和政府的领导下，经过社会各界的共同努力《妇女权益保障法》执行情况良好，但也存在一些不尽人意之处。

一是妇女参政问题：

政治权利是妇女六大权益的核心，而参政权又是政治权利的核心。《妇女权益保障法》对妇女参政虽未规定具体比例，但却提出了“逐步提高妇女代表的比例”的要求，而且在各省的施行细则中，有三分之二的省、自治区、直辖市都明确规定了妇女代表的比例，但是遗憾的是，并没有完全落实。

我国全国人大女代表的比例从1978年的第五届至1993年的第八届，20年来一直徘徊在20－21％之间，直到1998年的第九届才增加到21.8％。联合国第四次世界妇女大会通过的《行动纲领》要求在立法机构和决策职位中实现女性占30％的目标。这次会后，三分之二以上的国家，无论发达国家还是发展中国家，女议员比例都有一定幅度的提高。最高的是瑞典占42.7％。有10个国家在25％以上。据各国议会联盟的统计，我国人大女代表的比例在国际上的排名已由1994年的第12位，下降到2000年4月的第24位，2002年3月的第28位。全国政协女委员的比例也只有15.5％。这与我国妇女参与改革开放和社会主义现代化建设的程度、与我们社会主义国家的国际地位是不相适应的。

二是农村妇女的权益问题：

中国妇女大多数在农村，我们应该面向基层、面向农村，对农村妇女的权益问题，给予特别的关注。例如农村妇女的土地方面的权益问题，长期得不到妥善解决。在分配责任田、口粮田以及批准宅基地等方面，妇女的权益得不到保障。《妇女权益保障法》第30条虽然作了明确规定，但很难落实。这不仅是对农村妇女财产权益的侵犯，而且也直接影响农村妇女参与发展的积极性，这是个必须解决的难题。

三是城镇妇女的就业问题：

妇女的劳动权利要害是就业问题。保障就业权是提高妇女地位的关键。如果妇女经济上不独立，各种权益就很难得到实现。所以，就业问题不仅是妇女问题，也是社会问题。解决这个问题，不能损害妇女的权益，否则对于经济发展和社会全面进步不利。据有关部门调查，城镇18至49岁女性在业率（指调查前一周内从事有报酬的工作或劳动）为72%，比1990年下降了16.2个百分点；女性下岗人员实现再就业的比率仅为39%，比男性低24.9个百分点。由此造成男女两性收入差异拉大，1999年城镇在业女性的年均收入为男性的70.1%，比1990年低7.4个百分点；以农林牧渔业为主的女性年均收入为男性的59.6%，比1990年低19.4%个百分点。《妇女权益保障法》对妇女就业作了明确的规定，宪法也明确规定男女都享有同等的劳动权利，但在现实生活中，妇女就业存在着种种阻力，有些单位公开拒收女性，有的单位对女性擅自提高录用标准，这些现象必须纠正。

今年是《妇女权益保障法》颁布实施十周年，全国人大内务司法委员会组织力量赴广东、四川、陕西、上海等地进行执法检查，全国妇联也对维护妇女权益的现状进行了调查研究，提出了相应的对策。2002年，维权工作又出现了可喜的新局面。北京市朝阳区人民检察院推出了一项旨在维护女性犯罪嫌疑人、被害人、被告人合法权益的新举措——成立首家妇女犯罪审控组，专门办理妇女犯罪案件和强奸等严重侵犯妇女人身权利的案件。河南卫辉县人民法院直接以《妇女权益保障法》作为判案的依据。这些新举措都是《妇女权益保障法》的执法在司法领域里的新发展。①

总之，面对充满希望的新世纪，面对入世后的新挑战，要切实保障妇女权益，的确是任重而道远。联合国秘书长安南在2002年举行的“三八”国际妇女节纪念会上，发出一项呼吁：国际社会全体成员都负起责任，确保妇女享有同男子平等的权利。我们要在江泽民主席“三个代表”重要思想指引下，在政府和社会各界的努力下，形成合力，开拓创新，不断探索，与时俱进，把妇女维权工作推向一个新阶段。

---

① 《一部法律推动一项事业》中国妇女报2002年7月4日

第　一　编

妇女权益的法律保障概论

为妇女立法：从歧视到保护的历史跨越

一　为妇女立法的历史演变

（一）中国有关妇女立法的历史发展

中国是具有数千年悠久历史和灿烂文化的世界四大文明古国之一，传统法律文化是古代中华文明的重要组成部分，其中为妇女立法与其他方面的法律一样，经历了一个漫长而极富中国特色的历史演变过程。

1. 古代中国有关妇女的立法

古代中国的妇女立法，从形式上看，既包括系统、完备的成文法典中的专门篇章，也包括散见于诏令、格式、条例等其他法律形式的具体规定，既包括由国家正式制定的各种成文法，也包括由国家认可的、实际上与法律具有同等效力的习惯法及家法族规。从内容上看，既包括婚姻、家庭、继承等民法方面的内容，也包括杀伤、犯奸、刑罚等刑法方面的内容，还包括告诉、关押、行刑等程序方面的内容。总之，这类法律内容广泛，形式多样，虽历经数百次朝代更替，上下绵延数千年，但其共同的特征都是：公开确认并维护“男尊女卑”的不合理制度，以牺牲妇女应有的权利为代价，维护家族乃至整个社会的稳定。中国古代妇女长期生活于君权、父权和夫权的束缚之中，她们的权利意识因长期受到极度压抑而变得扭曲和麻木，甚至把这种法律内化为一种理所当然的规范来自觉约束自己。

由于古代中国始终是一个农业社会，家庭既是基本的生活单位，也是最基本的生产单位。在这样的家庭中，男性家长受到尊重并握有权力，而女子不论是否出嫁，都只是男子和家庭的附庸，不具备独立的人格和社会地位，因此，她们的活动范围大多只局限于家庭当中，有关妇女的立法也就较多地规定于与家庭有关的法律之中。这些法律的主要内容和特征是：

（1）公开实行一夫一妻多妾制

随着私有制的确立，婚姻的基本形态就已演变为一夫一妻制，这是与实行嫡长子继承制以保障私有财产在自己的血统中世代传递相辅相成的。法律规定一个男子只能娶一个女子为“妻”，然而，法律并不禁止和限制男子娶各种名义的妾，甚至规定：若妻无子或因忌妒而阻止丈夫娶妾的话，丈夫可以将其合法地休弃，而且妻妾的数量与其政治地位和经济势力成正比（《唐六典》中就规定了不同官品爵位合法拥有妾的数量）。法律严禁“乱妻妾位”，违者不仅要受刑罚处罚，而且要恢复原来身份。① 在这种婚姻制度下，所有女子不论何种身份都不过是男子满足自己的欲望、炫耀自己的权势、壮大自己家族势力的工具和牺牲品。

（2）妇女没有婚姻自主的权利，是买卖婚的客体

在古代中国，“父母之命，媒妁之言”一直是决定婚姻能否成立的前提条件。由于社会普遍强调恪守礼仪，因而严禁男子亲求、女子私许，并据此将男女自由结合的行为蔑称为“淫奔”。法律公开确认父母尊长的“主婚权”，并由他们承担“违律为婚”的刑事责任。② 女子是否结婚、何时结婚、与谁结婚皆由家长根据家族利益决定。同时，在婚姻缔结的必经程序“六礼”当中，

---

① 《唐律疏议·户婚》。
② 《唐律疏议·户婚》。

"纳徵"是最重要的环节，所谓"聘则为妻"，"虽无许婚书，受聘财亦是"①。由此可见，数千年的旧式婚姻总是以包办、强迫、买卖为基本特征。

(3)"贞节"观念的恶性发展，限制了妇女的婚姻权利

所谓"贞洁"是指男子要求妻妾在性方面履行为自己一人恪守节操的单方面义务。在初期，法律只是严惩在婚姻关系存续期间与他人通奸或主动离弃丈夫改嫁他人的行为，但若丈夫先死或被丈夫休弃，法律和道德舆论都不限制、谴责再嫁。但随着礼律融合程度的加深，儒家"从一而终"的理论发展为宋朝理学家提倡的"饿死事极小，失节事极大"，至明清时期朝廷以诏令、条例的形式倡导、褒奖贞、节、烈行为，并从经济上予以资助②，"贞节"观念被不断强化，加之改嫁妇女的财产权利日益被剥夺，妇女离婚和再婚的权利逐渐丧失殆尽。

(4)离婚制度保护夫方家族利益

在古代中国，自西周以后即开始形成了"七出"制度，只要妻子犯有不顺父母、无子、淫、妒、多言、恶疾、窃盗这七条之一，丈夫就有权单方面决定将妻子休弃。至唐朝，法律不仅肯定并补充了这一制度，而且规定，妻犯"七出"，出与不出，决定权在夫。此外还增加了"义绝"的规定，即凡夫妻间或夫妻一方对他方亲属或夫妻双方亲属间有殴骂杀伤奸等行为，即由官府强制离异，其中对妻子的要求比丈夫严苛得多③。至宋朝以后，"夫有休妻之理，妻无弃夫之条"成了实践中基层司法官驳回极少数由妻提出的离婚请求的官方理由。由于缔结婚姻的目的在于

---

① 《唐律疏议·户婚》。

② 《明会典》

③ 《唐律疏议·户婚》

“合二姓之好，上以事宗庙，下以继后世”,① 因而休妻与娶妻一样，实质上都是以男方家族利益为准。

(5) 妇女成为生育的工具，并因此在行刑时受到照顾

由于妇女的生育功能可以带来人口的增长，而人口对于一个农业国家和农业社会的家族来说意义重大，因此，一方面，国家为了刺激人口的增长，历代法令都规定了较低的婚龄（即成丁年龄），以法律的手段强制早婚，尤其是在战乱之后或急需发展农业生产时，甚至规定对到年龄不嫁者征收五倍赋税。② 基于同样考虑，法律还规定，对应刑讯或被判处死刑的怀孕妇女，均须待产后百日方能执行。另一方面，家族中的尊长为了传宗接代，壮大家族势力，获得经济、政治上的利益，也总是强迫子女早婚早育，多生儿子。妻无子将被休弃，夫可以此为理由纳妾或依法“立嫡”、“立嗣”。在这种制度下，“母以子贵”，“多子多福”，妇女的全部价值就是为男方家族多生儿子，而她们的身心健康和人格尊严则无人顾及。

(6) 夫妻妾在家庭中地位不平等

在古代农业社会中，身体强壮并富有农耕经验的男性在家庭中占有支配地位，而仅从事家务劳动的妻妾只是丈夫的附庸、家中的奴仆和生育的工具，“男尊女卑”、“夫为妻纲”逐步化为相应的法律条文并深入人心。法律赋予丈夫惩戒妻子的权利，规定夫妻相犯，同罪异罚，妾的地位比妻更低一等。③

(7) 妇女的人身权利受到漠视和侵犯

早在先秦时期就出现了要求妇女遵守的所谓“三从”，在

① 《礼记·昏义》

② 《汉书·惠帝纪》

③ 《唐律疏议·斗讼》

《礼记·内则》篇中，又对妇女的日常行为规定了一系列极为苛刻的规范，表明妇女根本没有独立的人格和尊严。至汉朝以后，儒家经典与法律融合，法律规定，夫背妻而逃无罪，且三年内妻不得改嫁，而妻背夫而逃，徒二年，因而改嫁者加二等；对夫妻之间的侵犯同罪异罚，夫殴妻减凡人二等，妻殴夫加凡人三等①。至南宋以后普遍实行的缠足恶俗，更严重地摧残妇女的身心健康。某些地方流行的溺杀女婴等习俗，也是对妇女人身权利的严重侵犯。

(8) 妇女的财产权利受到极大限制

中国古代妇女基本上无财产权利可言，女子婚前尚未成年，不仅无权私自处分家中财产，甚至无权参与管理。法律规定：若祖父母父母在，子孙“别籍异财”的以不孝罪处三年徒刑，“私辄用财”的处以笞、杖刑②。析产和继承只在男子间进行，未嫁女儿只能得到相当于同辈男子一半数额的财产做嫁资。女子一旦出嫁，即成为男方家族的成员，对娘家财产完全丧失权利，而对夫家财产亦无权动用或处分或继承。即使丈夫死亡，也由其子代位继承。夫死无子或儿子尚未成年，寡妇守志不嫁的，可以暂时继承丈夫的一份，但实际上只是代为保管，待“立嗣”或儿子成年后，便将此财产转交给其子。亡夫改嫁的不准带走夫家财产，只有当“户绝”的父母死亡时，未嫁女才能继承其遗产。

总之，中国古代妇女没有与男子平等的社会地位，他们被局限于家族之中，全部言行都要服从家族的利益，根本没有独立的人格和地位，更谈不到参政、受教育、诉讼等权利。

2. 近现代中国有关妇女的立法

① 《唐律疏议·斗讼》。
② 《唐律疏议·户婚》

鸦片战争的爆发使中国社会的性质发生了根本性的改变，由此时起到新中国建立的百余年间，在中国曾出现了完全不同类型的法律制度，这时的妇女立法也因政权性质的不同而迥然相异。

(1) 清末、北洋、国民党政府的妇女立法

清末政府迫于当时形势的压力，在政治上和法律上都采取了一些应变措施，如制定了中国第一部宪法性文件，聘请外国专家起草了各部门法等。在这些法律中首次引进了许多资产阶级的法律原则和司法制度，无论在体系还是内容上都向近代化方向前进了一大步。但是，由于其自身仍是各种封建势力的总代表，与历代封建王朝所依赖的经济、政治制度基本一致，因而他们绝不肯放弃封建的纲常礼教这一“数千年之国粹”、“立国之大本”。皇帝亲自颁布“上谕”，其中的“凡我旧律义关伦常诸条，不可率行变革”便成为清末修律的指导方针。遵照这一方针，清末修订的法律，尤其是与妇女有关的立法，基本上沿袭了封建旧律中的条款。如：由修订法律馆和礼学馆共同修订的《大清民律草案·亲属篇》中，除了规定家政统于家长外，还明确肯定了旧律中家长的主婚权和丈夫的纳妾权。另外，《大清新刑律》对于在家中地位视同卑幼的妇女侵犯尊长的人身和财产权的行为，均比照常人加重处罚，甚至骂夫之祖父母父母者即绞。可见，清末的妇女立法并未因清末法制总体上的进步而产生实质上的变化。

北洋、国民党政府虽然名义上称为“民国”，但实质与清末政府一脉相承。这一时期的妇女立法扩充了清末法律维护封建纲常礼教的内容，再次以法律的形式确认了妇女在实际上无权的地位，只是由于形势的变化，民主观念已深入人心，因此不得不打着平等、自由、权利的招牌而已。在北洋政府时期颁布的中国第一部正式宪法（“曹锟宪法”）中虽然规定了“中华民国人民不分男女、宗教、阶级、党派，在法律上一律平等”，但实际上却从

具体规定上多方面加以限制，如规定：与他人之妾、与良家无夫妇奸者要受刑罚制裁，以此来限制男女婚姻自由，维护纳妾制度。为了限制妇女的人身权利，重申“正当防卫对尊亲属不适用”，尊长殴伤卑幼只要“仅致轻微”，即可免除刑事责任。同时，还颁布条例，继续鼓励妇女为男子恪守贞洁甚至殉夫，这些与封建旧律别无二致。至国民党统治时期，法律日益完备，浓厚的封建性内容被资产阶级平等、自由的形式所掩盖，有关妇女立法的内容也具有更大的虚伪性。如在民法中虽然规定了“婚姻自由”的原则，但在结婚的具体规定中却以“未成年”为借口予以否定：“未成年人结婚应得法定代理人之同意”，而实际上，结婚年龄小于成年年龄，子女达到婚龄时均为未成年，于是，父母可以合法地行使封建旧律中的主婚权，子女仍无婚姻自主的权利。

(2) 南京临时政府有关妇女的立法

作为中国惟一的资产阶级政权南京临时政府虽然只在历史上存在了短暂的三个月，但其有关妇女的立法却体现了勇于革除封建恶习、主张男女权利平等的战斗精神。辛亥革命前后，资产阶级就倡导妇女解放，鼓励妇女争取与男子平等的参政权、受教育权、交友权、婚姻自由权及财产权等。临时政府建立后，孙中山亲颁“大总统令”，劝禁缠足，规定如有故意违令者处罚其家长。坚持不肯放足的，剥夺其公民权。此外还颁布了教育法令，提倡女学和小学男女同校等。但由于资产阶级自身的局限性及政权存在的时间过短，这些立法收效不大。

(3) 各革命根据地民主政权关于妇女的立法

新民主主义时期在中国共产党领导的各革命根据地，不同时期、不同地区的民主政权相继制定和颁布了一系列有关解放和保护妇女、改革旧的婚姻制度的法令，如 1933 年，中华苏维埃共和国成立后就制定了《婚姻条例》，两年后正式颁布了中国历史上第一部独立的《婚姻法》，其中明确规定废除一切包办强迫买卖的封建婚姻，禁止纳妾和童养媳，实行男女平等、一夫一妻、婚姻自由的新型的婚姻制度，并对结婚离婚的条件和程序及离婚后财产的处理做了具体规定。此后的妇女立法均在此基础上，在细节方面做了一些补充和修改，对刚刚从旧的婚姻束缚中解放出来、经济上尚不能独立的妇女给予较多的照顾。这种法律与中国古代数千年来和近代史上其他类型的政权关于妇女的立法形成了鲜明对照，为新型的社会主义妇女立法的建立和完善奠定了基础。

3. 新中国为妇女的立法的伟大成就

新中国建立后，党和政府一方面竭尽全力在极短的时间内废除旧的剥削制度，全面建立社会主义经济，并在全国建立了各级人民政府，这为妇女地位的提高、男女权利的平等提供了经济上和政治上的保障。同时，国家十分重视运用法律手段来消除对妇女的歧视，保护妇女的各项合法权益，使广大妇女获得了历史上从未有过、许多发达国家历时数百年才得到承认的与男子平等的法律权利。

新中国成立后的第二年就颁布了婚姻法，紧接着，在全国范围内大张旗鼓地开展了一场宣传贯彻婚姻法的运动，被称为世界第三次婚姻家庭立法的大变革。在我国第一部宪法中明确规定了男女平等、保护妇女权益的基本原则，此后，国家的立法、司法、行政部门以此为依据，陆续制定了一系列法律法规。改革开放以来，随着国家经济体制的变化，妇女面临日益严峻的挑战，侵害妇女权益的现象不仅大量发生，而且在某些地区、某些方面十分严重。鉴于上述情况，经过详细调查、通盘考虑和反复讨论，于 1992 年 5 月颁布了《妇女权益保障法》。至此，我国已基本形成了一个比较完整的保障妇女合法权益的法律体系。

我国妇女立法从总体上看有如下特点：(1) 从体系上看是多层次的，既包括全国人大制定的宪法和刑法、民法、婚姻法等基本法律，也包括人大常委会制定的有关决定，还包括有关国家机关针对具体问题以条例、司法解释、意见等形式所发的法规、文件；既包括全国性的法律，也包括地方性法规；既包括专门的《妇女权益保障法》，也包括其他法律法规中保护妇女的有关条款，共同构成一个庞大的网络体系。(2) 从内容上看是多方面的，包含了妇女的政治、文化教育、劳动、财产、人身及婚姻家庭权益等各方面的内容。(3) 从实施上看是多部门协作的，即把维护妇女合法权益的责任落实于全社会，而绝不仅是妇联和司法机关的事。国家和地方还相继建立了综合性的协调机构，以保证及时、有效地处理实践中出现的新情况和疑难问题。

4. 妇女权益保障法是具有中国特色的保障妇女权益的基本法律

制定《妇女权益保障法》的立法背景和必要性

《妇女权益保障法》是充分发挥妇女的伟大作用，实现社会主义现代化的需要。在我国，妇女约占人口的一半，是一支具有光荣革命传统的、建设和保卫祖国的伟大力量。在长期的革命战争年代，中国妇女不怕牺牲，英勇奋斗，无私奉献，为夺取新民主主义革命的胜利，开辟通向社会主义的道路，作出了卓越的贡献，建立了不可磨灭的历史功绩。新中国成立以来，我国各族妇女广泛参加政治、经济、文化、社会领域的工作，在社会主义改造、国民经济和社会发展的各条战线上奋斗，做出了优异的成绩。特别是党的十一届三中全会后，广大妇女积极投身社会主义现代化建设和改革开放的伟大实践，为维护安定团结的政治局面，发展经济和深化改革，繁荣科学文化教育事业，推动社会主义两个文明建设，作出了突出的贡献，得到社会的公认和称赞。

同时广大妇女在人类的自身生产中，在家庭建设和抚育儿童中，也作出了自己的特殊贡献，受到社会的承认和尊重。毛泽东同志有一句名言："全国妇女起来之日，就是中国革命胜利之时。"他还说过，妇女能顶半边天。这在全国乃至全世界都产生了广泛的影响。各族妇女的实践活动充分证明了毛泽东同志论断的正确。历史经验充分证明：妇女的解放必须有共产党的领导，离不开整个革命和建设事业的发展，同时，妇女解放也推动着革命和建设事业的发展。没有妇女的彻底解放，也就没有革命和建设事业的完全胜利。因此制定保障妇女权益的法律，加强保护这样一个人数众多、肩负社会生产和人类自身生产两副重担的群体，并充分发挥广大妇女在社会主义现代化建设中的作用，是十分必要和迫切的。

制定《妇女权益保障法》是保障妇女基本权益的现实需要。我们国家历来十分重视妇女解放事业，关心保障妇女的合法权益。我国宪法明确规定："中华人民共和国妇女在政治的、经济的、文化的、社会的和家庭的生活等各方面享有同男子平等的权利。"在新中国，广大妇女不但获得了历史性的解放，社会地位和家庭地位取得根本改善，各项基本权利也逐步得以实现。但是，也必须看到，由于我国尚处于社会主义初级阶段。受经济、文化等条件的制约，在实现男女平等、保障妇女合法权益、充分发挥妇女作用方面还有较大差距。突出表现在：妇女参政的比例与她们在人口中的比例不尽适应；在各级领导干部中，女干部比例尚低，而且越到基层越低。在劳动就业方面，女大学生、女研究生分配工作较难；在同等条件下，男女就业机会不够均等；在实行优化劳动组合中重男轻女，女职工被编余的较多。一些部门和单位在招工、招生中压低女性比例，片面提高女性录取分数线；妇女受教育的权利也未能全部实现。全国现有文盲中，女性约占70%；失学、辍学的儿童中，女性较多。此外，拐卖妇女儿童、卖淫嫖娼等丑恶现象又死灰复燃，包办、买卖婚姻，干涉婚姻自由等违法行为，在一些地方依然存在。这一切说明，制定妇女权益保障法，是切实解决妇女权益受侵害问题的迫切需要。

制定《妇女权益保障法》，是完善社会主义民主和法制建设的需要。实践证明，即使在社会主义制度下，从男女法律地位上的平等过渡到实际生活中的平等，也需要各个方面，各个部门的共同努力，并经历一个较长的过程。只有通过社会主义的物质文明和精神文明建设，才能为男女平等的进一步实现创造更加有利的条件。我们一定要通过各种途径包括法律途径，切实地解决那些在现有社会条件下经过努力能够解决的问题，将各种侵害妇女合法权益的现象减少到最低限度。我国立法工作已经取得了巨大的成绩。这是世界瞩目、有目共睹的事实。可是，我国还没有一部较全面的妇女法。这与我国维护妇女合法权益的现实情况和加强法制建设的要求，都是不适应的。还应该看到，我国的法律和法规中虽然也有各种保护妇女的规定，但是不少属于实体性的条款，而且分散在各个法律文件中，存在两点不足：一是不够完善，对改革开放以来出现的一些新情况、新问题如何解决没有相应的规定。二是不配套，缺乏对侵害妇女权益行为的惩治条款。不利于有效地执法，因此，制定一部全面的、综合性的，旨在保障妇女权益，促进男女平等的法律，填补我国法律中的一些空白，是完善我国社会主义民主和法制建设的需要。

制定《妇女权益保障法》，是我国作为社会主义国家应该履行的国际条约义务。第二次世界大战结束以来，在国际范围内，争取男女平等，保障妇女权益的呼声日益高涨。中国是一个社会主义国家，应该在这一世界性历史潮流和国际交往中展示中国妇女解放所取得的成就，并发挥她们的重要作用。联合国妇女十年中期世界会议通过了《消除对妇女一切形式歧视公约》。这个公约不仅规定了妇女的各项权利，还要求各缔约国根据本国情况，“制定法律，保证妇女得到充分的发展与进步”。我国是这一公约最早的缔约国之一，中国共产党和人民政府一贯重视维护人权，在改善人权状况方面做了不懈的努力；同时，在各项立法中，也作了许多保障妇女权益的规定，特别是一部全面的、具有中国特色的社会主义国家的《妇女权益保障法》的制定和颁布、实施，更是中国妇女立法史上的一个重要里程碑。

《妇女权益保障法》的立法经过和主要内容

妇女的法律地位，体现了一个国家的文明与进步。提高我国妇女的法律地位，不仅受到党和国家的一贯重视，也受到广大妇女和人民群众的深切关注。全国人大代表自 1987 年以来多次提出议案，要求制定一部有中国特色的社会主义的妇女法。这些议案得到全国人大常委会的重视和采纳。

1989 年，全国人大常委会指定内务司法委员会负责研究和拟订妇女权益保障法的工作。同年 5 月，内务司法委员会委托全国妇联、民政部会同全国总工会及有关方面专家成立了起草小组。在近三年的时间里，全国人大内务司法委员会和妇女权益保障法起草小组坚持理论与实践相结合、专家和群众相结合的原则，分赴内地、沿海和少数民族地区，进行广泛深入的调查研究，多次召开有关地方、部门和专家的座谈会，参考了 28 个省、自治区、直辖市制定的保护妇女权益的地方法规，借鉴了国外有关的法律条例，在此基础上，经过反复研究修改，拟订了妇女权益保障法草案，并两次按人大、民政、工会和妇联系统下发全国各地，广泛征求意见，前后收到反馈意见 700 多份。内务司法委员会自 1991 年 4 月开始，连续召开 6 次会议，分别听取中央有关部门和部分地方人大政府以及法律专家、妇女工作干部的意见，并召开两次委员会会议，对《草案》进行了深入的讨论，经过反复的修改，于1991年10月将《中华人民共和国妇女权益保障法（草案)》提交七届全国人大常委会第22次会议进行审议。会后根据常委会委员的意见，全国人大法律委员会、内务司法委员会和全国人大常委会法制工作委员会又征求各地方、各方面的意见，对《草案》作了必要的修改和补充，经七届全国人大五次会议审议通过。

《妇女权益保障法》是一部符合我国国情、具有中国特色的保障妇女权益的基本法律。该法共9章54条，全面规定了妇女的政治权利、文化教育权益、劳动权益、财产权益、人身权利、婚姻家庭权益，以及侵犯妇女权益的法律责任。

《妇女权益保障法》颁布、实施的重大意义

《妇女权益保障法》的颁布、实施，不仅是广大妇女政治生活中的一件大事，也是我国社会主义民主与法制建设中的一件大事。

《妇女权益保障法》作为我国有史以来第一部全面保障妇女权益的法律，它是我国数十年妇女运动经验的光辉总结，是今后妇女事业发展的宏伟纲领。这是在中国共产党领导下，以马克思主义妇女观为指导，在社会主义的伟大实践中，根据现阶段历史条件的需要和可能，为保护广大妇女而制定的一部基本法律。这部法既是我国社会主义精神文明建设的重要组成部分，也是我国社会主义物质文明建设的重要保证。对于充分发挥妇女的“半边天”作用、对于保障妇女的基本权益、完善社会主义法制与民主、展示社会主义制度优越性具有极其重大的意义。

（二）国外为妇女立法的现状及特点

在一个国家中，妇女的法律地位如何，标志着这个国家文明进步的程度，反映着这个国家经济政治文化的整体面貌。经过各国妇女长期斗争和奋力争取，男女平等的原则和相关规定或多或少地陆续写入各国法律。当然，由于发达国家和发展中国家在政治制度、经济发展水平、文化背景和历史传统等方面存在诸多差异，因而，有关妇女的立法在体系、内容、表现形式和程度上也有所不同。但无论如何，世界妇女立法的发展趋势却是相同的：随着社会的进步，关于妇女的立法必将不断完善并越来越多地付诸实施，使妇女在国际和国内事务中发挥更大的作用。

1. 发达国家关于妇女的立法的现状及特点

发达国家在资产阶级革命前，法律中一般明确规定男女权利不平等，如法国六世纪初的《萨利克法典》。随着资产阶级"天赋人权"和"法律面前人人平等"思想的确立，妇女的平等意识开始觉醒。在资产阶级革命后的一二百年间，她们为把男女平等写入法律进行了不懈的努力。各国政府一方面出于对妇女这支发展经济不可缺少的社会力量的需要，同时迫于国内民主运动和国际潮流的压力，于是在有关的国内立法中进行了一系列调整。尤其是第二次世界大战后，各主要发达国家有关妇女的立法得到普遍重视并逐步完善。其内容具有如下特点：

(1) 重视争取与男子平等的参政权利

各发达国家在资产阶级革命后，均建立了一整套资产阶级法制，在关于妇女的立法方面，首先在参政权上改革，使得更多的妇女得以参与国家决策。法国于1944年通过了确认妇女有选举权和被选举权的法令，1946年又将男女平等写入宪法。在英国，妇女分别于1907和1918年获得了地方议会和国会议员的选举权（尽管此时在居住年限、财产和年龄等方面比男子有更多的限制，至1928年国会通过法案才取消了这种限制）。在美国，参议院于1919年通过了宪法第19条修正案，规定“合众国公民的投票权不得因性别关系而加以取消或剥夺”。日本也在1945年改革了选举法，使男女公民有平等的选举权和被选举权。北欧各国的妇女不仅比其他西方国家更早地取得了参政权，而且参政比例也较高。

（2）积极争取平等的就业和劳动权利

随着各发达国家的工业现代化和都市化，大批农村妇女来到工业中心，涌入劳动力市场。尤其第二次世界大战后，妇女劳动力急剧增加，就业人数约占到总数的40～50%，而且已婚和离婚妇女就业者越来越多，妇女就业的领域也不断扩展。与此相应地，法国于1972年通过法令，确定了男女同工同酬的原则，规定对在工资上歧视妇女的雇主以歧视罪论处。1975年又通过法令，禁止在招工方面的性别歧视，禁止随意解雇怀孕女工，妇女有权参加行政机构的工作。1983年通过了男女职业平等法，使妇女能够从事一切行业。在英国，1970年通过的《同酬法》于1975年正式生效，1975年又通过了“性别歧视法”，在就业教育和训练、住房、消费品的分配和服务设施方面给妇女更多的平等权利。在美国，1963年通过的民权法案中规定，任何公民不得因种族、宗教或性别而在就业时受到任何歧视。1967年，约翰逊总统正式宣布，在联邦政府机构以及与联邦政府机构做生意的公司企业中，雇佣人员时禁止性别歧视，后来又扩大到军事部门。在日本，1985年议会通过了《禁止歧视女性法案》，1986年实施《男女雇用均等法》。北欧和西欧各国实行高福利政策，给女性很多优待以鼓励和帮助她们就业，如保障产假待遇，孩子享受国家补助等。

（3）保障与男子平等的受教育权

在发达国家，随着经济的发展，首先，普遍实行一定年限的强迫教育，使得大多数西方女性都具有中等以上教育水平。其次，越来越多的女性接受高等教育。1986年美国在校女大学生达到52%，日本为33%。其三，女性开始学习过去认为只适合于男性的理工及企业管理等课程。其四，越来越多的已婚或失业妇女接受各类职业培训，以便于寻找新的就业机会。妇女具有较高的文化素质和专业技能，为她们与男子平等参政、同工同酬创造了有利条件。

(4) 实行婚姻家庭立法改革，妇女在现代家庭中地位有所提高

19世纪后尤其是20世纪以来，各发达国家逐渐从法律上纠正了在婚姻家庭中对妇女的歧视。如法国1907年颁布了《已婚妇女自由处理工资法》，1975年通过《离婚法修正案》。英国1870年就通过了已婚妇女财产法，肯定已婚妇女有权获得、拥有、利用和处理自己的财产，有权以自己的名义与他人订立契约，独立要求赔偿，并有权控告丈夫违反夫妻间的合同。一贯恪守"结婚就是忍耐"古训的日本妇女打破了离婚只能由丈夫单方面决定的传统，至1873年获得了离婚诉讼权。英国、法国、意大利等国妇女经过长期斗争，获得了堕胎权。有些国家还试图实行"母亲工资"，确认家务劳动的社会价值。

(5) 要将男女平等的法律完全付诸实施，仍存在很大差距

虽然发达国家关于妇女的立法相对来说已获得极大发展，但在实际生活中，妇女在许多方面与男子相比还处于明显不利的地位。如进入议会的妇女只占很小的比例；虽然妇女就业的人数增多，但大多数从事着技术性不强、工资较低的传统职业，尤其在科技领域工作的女性很少；男女同工不同酬的现象也较普遍，虽然差距正在缩小，但速度很慢；女性晋升的机会相对较少，而失

业率则高于男性；在婚姻家庭方面问题更多些，虽然离婚多由女性提起，但她们实际受到的伤害更大，且在经济上蒙受损失，原来有职业的妇女离婚以后的收入一般下降一半。此外，在各阶层的家庭中，妇女受“家庭暴力”伤害的问题十分严重，已引起社会的严重关注。酗酒、卖淫、非婚同居、同性恋、少女怀孕率高、生育率下降等社会问题，也日益严重地困扰着各国政府。由此看来，男女从法律上的平等到实际上的平等，还需经历长期的艰难历程。

2. 发展中国家关于妇女的立法的现状及特点

发展中国家在历史上大多长期处于外国帝国主义和殖民主义统治之下，同时又保留了封建制或奴隶制下歧视、压迫甚至残害妇女的落后野蛮的习俗，国家独立的时间一般不长，经济尚难在短时间内达到较高水平。这些国家关于妇女的方法表现出如下特点。

(1) 重视运用法律手段改变妇女备受歧视、地位低下的状况

各发展中国家的妇女在独立前积极投身于民族解放运动，独立后又广泛参加国家的社会改革和经济建设，并在其中显示了巨大的力量，起到了重要作用。各国在独立后相继制定了一些法律法令，确认妇女与男子平等的地位，帮助她们改变原来处境。如朝鲜颁布了劳动法和男女权利平等法令，越南、蒙古的宪法和劳动法规定了在选举、教育、劳动报酬等方面男女平等，妇女可享受带薪产假等权利。印度独立后根据当时当地的妇女情况，先后制定了劳动法、产妇津贴法、印度教婚姻法、印度教寡妇再嫁法、镇压贩卖妇女儿童的法令及堕胎法等。菲律宾独立后，修改了原来以西班牙殖民法为蓝本的重夫轻妻的婚姻法，要求夫妻在法律上地位平等。孟加拉国还制定了禁止索要嫁妆法、制止虐待妇女法和穆斯林家庭法等。这些立法无疑都是社会进步的表现，

为妇女地位的提高提供了法律上的依据。

（2）经济发展水平直接影响着妇女权利真正实现的程度

虽然许多发展中国家都制定了有关法律，保护妇女的权益，但法律的规定与现实状况之间还有相当的距离。在多种原因中，经济发展水平是最具决定性的因素。如印度早在1929年就制定了《禁止童婚法令》，后来又明文提高了婚龄（男21，女18），但在许多地区，童婚习俗仍十分盛行，原因就在于童婚只需花费很少的钱而成年人的婚姻则需数额巨大的嫁妆。在泰国、印度、菲律宾等国，许多妇女甚至少女被迫以卖淫为谋生手段，也大多由于经济上的原因。在非洲，极度的贫穷和教育制度的落后等造成了女文盲占文盲总数的90%左右。不仅如此，由于缺医少药，每年都有约16万妇女死于分娩，她们的平均寿命不到50岁，生存权得不到保障。另外，由于多娶多生可以获得更多的廉价劳动力，一些非洲国家虽然在法律上规定一夫一妻，而实际上一夫多妻仍十分普遍，而在另一些国家（如伊斯兰国家、塞内加尔、马里等），一夫多妻则为法律所允许，一个男子最多可娶四个妻子。

（3）破除旧的道德观念和风俗习惯还需要相当长的时间

大多数发展中国家独立后都制定了一些男女平等的法律，但历史上长期受封建道德和宗教法规的束缚，男尊女卑的观念在人们头脑中已根深蒂固，消除这些束缚和观念的影响就需要相当长的时间。如在印度，虽然1829年就宣布废除“沙帝”（即寡妇自焚殉夫）这种惨无人道的风俗，但由于在人们的旧观念中殉夫是一种至高荣誉和骄傲，因而此风俗在一些地区仍未绝迹。在拉美许多国家，由于信奉天主教而严厉禁止堕胎，造成许多妇女在非法堕胎中死亡。在黎巴嫩，做流产手术的妇女要入狱坐牢。在埃及，妇女出门旅游或参加工作仍须经丈夫许可，女子仍必须穿着“穆哈佳芭”服装，将身体严密遮掩起来。在非洲和一些阿拉伯国家，甚至还流行着性摧残，即通过切除或闭合手术来防止少女在婚前发生性行为或防止丈夫不在家时妻子不贞，经过这种手术而能活下来的妇女不仅常常没有性欲，而且生育时还有死亡的危险。习俗的彻底改变远非一日之功。

（三）联合国保护妇女权利的宣言和公约

1. 联合国与妇女权利

联合国是世界上最大、也是最重要的国际组织，正式成立于1945年，现已有约200个成员国。我国于1971年10月25日恢复了在联合国的合法地位，1974年开始参与联合国系统的妇女多边国际活动。

(1) 联合国的宗旨、妇女工作机构及特别关注的妇女问题

妇女问题一向是联合国社会和发展领域关注的重点。联合国自成立时起即把消除对妇女的歧视、促进男女平等作为自己的宗旨之一，并将其写入《联合国宪章》，作为各国共同奋斗的目标。其序言中写明："重申基本人权，人格尊严与价值，以及男女与大小各国平等权利之信念。"

为实现上述目标，联合国先后成立了妇女工作专门机构：

妇女地位委员会（简称妇地会），1946年设立，现有45个成员国。作为联合国经济及社会理事会下设的6个职司委员会之一，专门研究有关妇女权利的紧迫问题，考虑及提出政策建议，改善妇女的地位。我国于1974年首次当选为妇地会的成员国，后连续四次当选。

消除对妇女歧视委员会。这是根据《消除对妇女一切形式歧视公约》第17条规定于1982年成立的，其主要任务是监督和审查缔约各国对《公约》的执行情况，由23名成员组成。我国专家连续三次被选为该组织的委员，积极参与审议各国政府提交的执行消歧公约情况的报告。

提高妇女地位国际研究训练所（简称研训所）。1975 年设立，其宗旨是：通过研究、人员培训及交流和信息传播，促进和协助各国政府间组织政府组织和非政府组织为提高妇女地位所做的努力，从而保障妇女在发展中既是参与者又是受益者。1985 年我国当选为该所董事会董事。

妇女发展基金会。于 1976 年创建，原称“联合国妇女十年志愿基金”，其职责是：在保障妇女参与发展活动方面，为一个具体项目提供少量“种子钱”；按国家和地区的优先目标，支持直接有益于妇女的具有发明创造和试验性的活动。我国与该机构建立了良好的合作关系。

根据妇地会通过的第 37/7 号决议，联合国认为，当前世界妇女面临的关键问题有：①妇女在各级别上分享权利和决策方面的不平等现象依然严重存在；②促进提高妇女地位的各级机制不完备；③对国际和国家内公认的妇女权利缺乏必要承诺；④贫困；⑤妇女进入和参与确定经济结构和政策、以及参与生产过程本身的不平等；⑥未能平等地得到教育、保健、就业和其他手段来提高对权利的重视和发挥其能力；⑦对妇女的暴力行为；⑧持续不断的国内和国际武装冲突或其他各种冲突对妇女的影响。

（2）联合国历次妇女会议及所制定的有关男女平等的法律文件

联合国自成立以来，在妇女领域采取了一系列重大举措。联合国所制定的促进男女平等、保护妇女权益的国际法律文书，经成员国政府正式签署后即对该国产生约束力。

1972 年，经妇地会第 24 届会议提议并由 1972 年第 27 届联大正式通过，将 1975 年确定为“国际妇女年”。“国际妇女年”的目标是平等、发展与和平。

第一次世界妇女大会。1975 年 6 月 19 日至 7 月 2 日，在墨西哥首都墨西哥城召开，133个国家和地区的代表参加，联合国系统各专门机构和有关组织1000多人出席了会议。我国由李素文率团出席。会议通过了《墨西哥宣言》和《世界行动计划》，并经第30届联大通过决议，宣布1976～1985年为“联合国妇女十年”。

第二次世界妇女大会（也称为“联合国妇女十年－中期世界会议”）。1980年7月14日至31日在丹麦首都哥本哈根召开，145个国家和地区的2000多代表参加了会议。我国由康克清率团出席。会议审查和评价了近五年为实现“平等、发展与和平”的目标所取得的进展和遇到的障碍，通过了《联合国妇女十年后半期行动纲领》（简称《行动纲领》）。大会还举行了《消歧公约》的签字仪式，康克清代表中国政府签署了该公约。

第三次世界妇女大会。1985年7月13日至26日在肯尼亚首都内罗毕召开，来自157个国家和地区的代表及观察员共6000多人与会。我国由陈慕华率团出席。会议审议了妇女十年总目标及就业、保健和教育目标在国家、区域和国际各级所取得的进展、遇到的障碍以及克服这些障碍应采取的战略和具体措施等议题。大会通过并由第40届联大核准了国际社会公认的提高妇女地位的纲领性文件《内罗毕战略》。

第四次世界妇女大会。1995年9月4～15日在中国首都北京召开，185个国家和地区的代表和联合国专门机构及有关组织的代表1．7万人、加上各国非政府组织代表共36000人与会。大会审查和评价了《内罗毕战略》的执行情况，制定并通过了《北京宣言》和《行动纲领》，以敦促各国政府和国际社会做出新的政治承诺，以确保在本世纪最后五年实现《内罗毕战略》的各项目标。

为从法律上保障男女平等权利，联合国及有关国际组织相继制定并通过了一系列国际法律文书，如：1945年的《联合国宪章》序言及有关章节，1948年的《世界人权宣言》中对女性权利的确认，1951年的《男女工人同工同酬的公约》，1952年的《保护母性公约》和《妇女政治权利公约》，1957年的《已婚妇女国籍公约》，1960年的《反对教育歧视公约》，1962年的《关于婚姻的同意、结婚最低年龄及婚姻登记的公约》，1967年的《消除对妇女歧视宣言》，1979年的《消除对妇女一切形式歧视公约》，1993年的《消除对妇女的暴力行为的宣言》等。

2.《消除对妇女一切形式歧视公约》的主要内容

经过联合国妇地会三十余年的努力，《消除对妇女一切形式歧视公约》（简称《消歧公约》）终于由1979年12月18日联大通过，1981年9月3日，作为一项国际公约正式生效，是迄今为止妇女领域最重要、最全面的一项国际文书，被称为“国际妇女权利宪章”。至1998年底，已有161个国家批准或加入了该公约，成为公约缔约国。我国于1980年7月17日第二次世界妇女大会期间，由康克清代表中国政府签署并由全国人大批准了该公约（但对第9条第1款声明保留）。

(1)《消歧公约》的基本精神及内容结构

《消歧公约》的基本精神：基于联合国的各项目标，“重申各项基本人权、对人的尊严与价值及对男女权利平等的信念”；基于对妇女重要作用的认识，坚决消除对妇女一切形式的歧视。

《消歧公约》的结构及主要内容：序言之后列有30条条文，解释了平等的涵义，并由此提出了缔约各国保障享受此种权利的行动议程。第1~4条列举了“歧视”的定义及为消除歧视缔约国所应承担的义务，申明“为加速实现男女事实上的平等而采取的暂行特别措施”和“为保护母性而采取的特别措施”不得视为歧视。第5~16条具体解释了政府有责任采取措施的各个领域，第 17 ~ 22 条详细列举了联合国消歧委的功能，第 23 ~ 24 条列举了公约的管理机制，第 25 ~ 30 条是有关公约实施的条款。

(2)《消歧公约》的特点

《消歧公约》是一个建立在男女平等原则上的有关妇女权利的综合性法案，它融合了到目前为止以特定的方式表达的各种问题，通过立法程序将人权延伸到妇女的权利。

《消歧公约》认识到，由于妇女没有机会享有经济和社会发展的权利，妇女享有法律权利的机会也受到影响。因而，《消歧公约》跨越了存在于公民和政治权利与社会和经济权利之间的传统区分，规定了确保妇女权利的法律和发展政策措施。

《消歧公约》区分了法定的权利和事实上的权利，认识到男女不平等是由社会因素造成的，还认识到基于性别而分尊卑观念或基于男女定型角色的偏见、文化习俗所造成的负面影响，并承认对妇女的歧视现象仍然普遍存在。

《消歧公约》摒弃私人和公共领域的界限区分，认为在私人领域里（如家庭）中对妇女权益的侵犯也是侵犯人权。

《消歧公约》规定了国家责任原则，强调为克服歧视现象，政府要承担采取额外法律（干预）措施的义务，国家对妇女负有不可推卸的责任。公约要求缔约各国采取一切适当措施，包括制定法律，保证妇女得到充分的发展和进步，消除妨碍妇女享有和行使人权及基本自由的一切歧视。

(3)《消歧公约》的作用和执行

首先，《消歧公约》作为一个国际性条约，它把男女平等和非歧视要求的基础予以正规化；其次，《消歧公约》为理解“平等”这一概念及提高妇女地位提供了一个总体框架；其三，《消歧公约》中规定的“与国内立法统一”的原则和“国家责任”原则有利于敦促各缔约国通过制定政策、改善立法和司法制度，提高妇女在发展中的地位。

《消歧公约》的执行由联合国消歧委负责监督。该组织的23名专家作为“公约所适用领域方面德高望重和有能力”的人士由各国政府提名并由缔约国选举。公约要求，至少每隔四年，缔约各国要向委员会提交一份国情报告，说明已采取何种措施来落实公约条款，由消歧委进行审议。委员会还会就有关消除歧视妇女的问题向缔约各国提出总的建议。

二　妇女法与妇女法学

（一）妇女法是确认和保护妇女权益的法律

关于什么是妇女法，目前尚无统一的认识。

笔者认为妇女法的概念应界定为：国家制定或认可的，调整男女两性之间的社会关系，确认妇女法律地位，保护妇女各项权益的法律规范的总称。简单地说，妇女法就是确认妇女法律地位、保护妇女权益的法律。

妇女法作为确认和保护妇女权益的法律，它有如下重要特征：

妇女法的调整对象就是妇女与男子两性之间的社会关系。具体说来也就是男女两性①在政治生活领域产生的社会关系；②在文化教育活动中产生的社会关系；③因参与社会劳动而产生的社会关系；④因占有、使用、收益、处分财产而发生的社会关系；⑤因人格利益和身份发生的社会关系；⑥在婚姻家庭领域中的社会关系。作为妇女法调整对象的妇女与男子两性之间的社会关系，虽然在表现形式上多种多样，渗透在政治、经济、文化、社会、家庭等各个方面，但它们都具有如下两个明显的特点：①发生在男女两性之间，是一种以妇女为主体的社会关系。社会关系很多，但它们并不都发生在男女两性之间，只有发生在男女两性之间的社会关系才能成为妇女法的调整对象；②与妇女的利益有着直接联系，妇女的权利义务构成该社会关系的重要内容。如果某种社会关系不直接涉及到妇女的利益，它就不可能受妇女法调整而形成妇女的权利和义务。正是由于妇女法的调整对象具有上述两个明显特点，从而使妇女法成为一部保障妇女合法权益，促进男女平等，充分发挥妇女在社会主义现代化建设中作用为宗旨的法律。

妇女法以综合手段调整妇女与男子两性之间的社会关系，解决各种妇女问题。不同的法律所调整的社会关系是不同的。妇女法所调整的主要是一种发生在男女两性之间，以妇女的权利义务为主要内容的社会关系，这种关系发生在政治、经济、文化、社会、家庭等各个方面。由于妇女问题存在于社会的各个方面，渗透在各种社会关系中，涉及到各种不同性质的法律规范，因而妇女法所采取的调整方法必然是综合的。

（二）妇女法学的研究范围及其体系

妇女法学是研究妇女法的一门科学。作为研究妇女法的科学，它的研究范围主要包括：

从总体上研究妇女法。所谓从总体上研究妇女法，就是把妇女法作为一个总体加以研究，以便获知有关妇女法本身的特点和规律。这方面的研究其重点包括①妇女法的理论。我们研究妇女法，应以马克思主义妇女观、法律观为指导。认真研究各种有关妇女法的理论、观点，正确认识什么是妇女法？妇女法的性质、地位、作用是什么等基本问题；②研究妇女法的历史。研究妇女法的历史，主要是为了了解妇女法的产生、发展过程，以及当时历史背景和历史条件，从而探索妇女法发展的规律，把握今后妇女法的发展趋势；③研究妇女法的实施。妇女法贯彻实施的过程，也就是妇女法发挥作用的过程，任何一部法律，如果仅是一纸空文，不在社会生活中发挥作用，那么它就没有任何存在的意义，而且会产生消极的副作用。因而研究如何实施妇女法，如何深入贯彻执行妇女法便是妇女法学义无反顾的责任。

从内容上研究妇女法。这方面的研究主要有①妇女的各项法律权利。妇女法作为保护妇女权益的法律，它的首要内容是从法律的角度确认妇女可以享有哪些权利。妇女权利范围的大小，是妇女法律地位高低的具体体现。也是一个国家和社会文明进步程度的标志。②妇女权益的法律保护。法律不但要确认妇女的权利，而且要保护这些权利不受侵犯。为此也就必须对那些违反法律、侵犯妇女权益的行为进行制裁。一个国家的妇女法，是否能够对侵害妇女权益的行为采取有力的制裁措施，是与该国的统治者的妇女观密切联系在一起的。

妇女法学的体系是指妇女法学所包括的各部分内容之间的内在联系和结构形式，它所要解决的问题是以什么样的结构科学地表述妇女法学的内容，正确解决妇女法学各项内容的内在联系和相互关系，使之成为一个有机整体。而要解决好这个问题，则必须明确体系和对象的关系以及妇女法学体系和妇女法体系的关系。

我们认为，妇女法学的体系和主要内容应由总论、妇女的法律权利、妇女权利保障与救济三大部分组成，具体说来就是：

总论。这一部分应当研究妇女法中的一些基本理论问题，主要内容包括妇女法的概念和特征。妇女法的调整对象、妇女法的指导思想和任务、妇女法的基本原则、妇女法的各种表现形式、妇女法的适用范围、妇女法的历史发展等，通过上述的研究，对妇女法作出概括的说明。

妇女的法律权利。这一部分主要研究在有关保障妇女权益和促进妇女发展的法律体系中对妇女权利的确认，亦即说明法律赋予了或应赋予妇女哪些与男子平等的权利和依法应享有的特殊权利以及这些权利的具体内容，包括：①妇女法律权利概述。主要研究妇女法律权利的范围、妇女法律权利与人权、妇女法律权利的分类等；②妇女的政治权利；③妇女的文化教育权益；④妇女的劳动权益；⑤妇女的财产权益；⑥妇女的人身权利。诸如妇女的生命健康权、妇女的人身自由权、妇女的姓名权、妇女的隐私权、妇女的名誉权、妇女的肖像权、妇女的性权利、妇女的荣誉权等都应给予充分的研究；⑦妇女的婚姻家庭权益。重点研究：妇女在婚姻家庭关系中的人身权利；妇女在婚姻家庭关系中的财产权利。⑧妇女的诉讼权利。包括妇女在民事诉讼、行政诉讼和刑事诉讼中的权利；⑨妇女在特殊保护关系中的权利。主要探讨诸如少数民族妇女、女人大代表、残疾妇女、女军人等具有特定身份和地位的妇女依法应享有的特殊权利。

妇女权利的保障与救济。法律赋予妇女享有与男子平等的权利，这仅仅是在法律上确立了男女地位平等，若将法律上的规定变为现实的权利和利益，则还必须依靠妇女自身的努力和国家、社会采取相应的措施加以保障，因此，研究妇女权利的实现、保障和救济，这在整个妇女法学体系中占据着十分重要的地位。这一部分的主要内容包括：①妇女权益的实现与自我救济：主要研究妇女权利的实现与发扬“四自”精神的关系以及当妇女权利面临侵害和危险时，妇女如何采取自我救济措施；②妇女权益的家庭保护：重点应研究家庭保护的地位和作用，家庭暴力对妇女的危害、家庭暴力的预防和制裁等；③妇女权益的社会保障：主要阐明保障妇女权益是全社会的共同责任，其中特别是社区组织、妇女组织和其他社会团体保护妇女权益的职责；④妇女权益的国家保障：重点研究国家保障的特点、国家权力机关、行政机关（特别是妇女权益保障机构、公安机关、民政机关等）、司法机关对实现妇女合法权益的保障作用。以及有关保障妇女权益的法律程序（如行政程序、行政诉讼程序、民事诉讼程序、刑事诉讼程序）；⑤侵害妇女权益的法律责任：包括侵害妇女权益的民事法律责任、行政法律责任和刑事法律责任等。

（三）完善中的妇女法与发展中的妇女法学

新中国成立50多年来，随着社会主义民主和法制建设的不断加强，我国的妇女立法和妇女法学研究工作都取得了历史性的进步和发展。

(1) 独具特色的妇女法体系已基本形成

妇女法作为专以妇女为保护对象，主要从保障妇女权利的角度来调整男女两性社会关系的法律，它既不是从来就有的，也不是在法律中有了关于妇女权利义务的规定就产生了妇女法，它是随着妇女运动的兴起和社会的不断进步而产生的。

我国的妇女立法工作从建国至今，大致经历了两个大的历史阶段：一个是从中华人民共和国成立到改革开放以前的妇女立法；一个是改革开放至今的妇女立法。

新中国成立后，为了确保妇女在社会上和家庭中免受歧视，不仅完全否定和彻底废除了旧中国遗留的那些歧视、压迫、残害广大妇女的法律和司法制度，而且还及时地颁布了体现男女平等，保护妇女权益的新法律，以法律的形式对妇女的权益加以确认和保护。从1949年制定的起临时宪法作用的《共同纲领》，到1954年颁布的第一部宪法，再到1975年宪法和1978年宪法，它们之间虽因制定时的历史条件各异而在内容上各有不同，但在坚持男女平等、保护妇女权益方面却是一脉相承的。这一时期的妇女立法，虽然促使中国妇女的法律地位发生了天翻覆地的变化，但就其自身而言还不够系统，在立法机制和执法机制上还存在诸多薄弱环节，并且随着“左”倾思想的泛滥，民主和法制遭受破坏和践踏，有关保护妇女权益的法律也不可能发挥其应有的作用。

改革开放以后，我国的社会主义民主和法制建设进入了一个新的历史时期，与此相适应，我国的妇女立法也出现了崭新的局面。在改革开放初期颁布的选举法、刑法、刑事诉讼法、民事诉讼法、婚姻法、继承法、民法通则和义务教育法等重要法律中，都在自己调整的领域赋予了妇女享有与男子平等的权利。特别是1982年颁布的宪法，它在1954年宪法的基础上，结合新时期的实际情况，再一次以国家根本大法的形式确认了妇女与男子法律地位上的完全平等，而且强调了对妇女权益实行特殊保护。宪法的这种指导思想为其他有关保护妇女权益的法律、法规乃至规章、制度的制定提供了法律的依据，指明了方向。

为了落实宪法的有关规定，完善社会主义法制，同时也为了履行我国签署的有关国际公约的义务，体现社会主义制度的优越性，我国于1992年制定颁布了《妇女权益保障法》。妇女权益保障法通过对妇女的政治权利、文化教育权益、劳动权利、财产权利、人身权利、婚姻家庭权利等各项权益的全面确认和通过规定一些协调性、补充性、程序性、制裁性的条款，使之成为一部综合性的、系统性的全面保障妇女权益的基本法。这部法律的颁布，不仅是我国妇女政治生活中的一件大事，而且也是我国社会主义民主和法制建设进程中的一件大事，它是我国妇女立法史上的一个新的里程碑。

《妇女权益保障法》的颁布实施，为全面确立妇女权益保障的法律机制奠定了基础。在此后的几年里，我国又相继颁布了与妇女权益密切相关的劳动法、母婴保健法、新刑事诉讼法、新刑法、人口与计划生育法、新婚姻法等法律，国务院有关部门也颁布了婚姻登记管理条例、女职工生育保险试行办法，全国各省、自治区、直辖市先后制定了妇女权益保障法的实施办法、规定或补充规定。此外，我国除了批准《消除对妇女一切形式歧视公约》外，后来又相继签署了《经济、社会、文化权利国际公约》和《公民权利和政治权利公约》。这样，在我国就形成了以宪法为根据，以妇女权益保障法为主体，包括国家各种单行法律，地方性法规和政府各部门行政法规以及我国已签署的国际社会有关妇女权益问题人权约法在内的一整套保护妇女权益和促进男女平等的法律体系。

(2) 妇女法学取得巨大成就

妇女法学是我国社会主义法学体系中的重要组成部分，是研究妇女权利保障法律的产生、运用和发展规律的科学。作为一门应用法学，我国妇女法学始终与我国的妇女法紧密相连，相生相伴。新中国成立以来，特别是改革开放20多年来，随着妇女法体系的基本形成，我国的妇女法学也取得了很大的成就：

妇女法学的学科体系正在形成。每一个学科都有其特定的研究对象、研究内容和研究方法，建立一个崭新的独具特色的妇女法学学科体系，是妇女法学研究中的首要任务。妇女法学的体系，作为妇女法学所包括的各部分内容之间的内在联系和结构式，它所要解决的问题是以什么样的结构科学地表述妇女法学的内容，正确解决妇女法学各项内容的内在联系和相互关系，使之成为一个有机整体。目前，我国的妇女法体系已基本形成，这在客观上为我们建立妇女法学体系奠定了基础，提供了依据，它将对妇女法学体系的建立和发展产生重大影响，而在事实上．也正是由于妇女法体系的形成，对我国妇女法学的发展产生了划时代的影响。随着《妇女权益保障法》的颁布和实施，有关妇女法学的研究也进入了一个新的历史阶段。一方面，在这一时期发表、出版了数以百计的通俗读物和宣传妇女法的文章、著作，如《妇女权益保障法一百问》《妇女权益保障法学》等；另一方面也出现了对妇女法学学科建立进行探索或有所涉及的论文和专著，如巫昌祯、陈明侠的《妇女法学》、杨大文的《妇女立法的回顾与展望》、陈明侠的《论我国妇女权益保障》、胡德华的《妇女法的立法原则》、马忆南的《中国法律与妇女人权》、夏吟兰的《试论妇女权益保障法的性质与特点》、郭建梅的《论妇女权益保障法的地位和特征》、杨大文、郭建梅的《当代中国妇女权益保障的理论和实践》、李明舜的《妇女法理论研究中的两个问题》、田军的《各国妇女权益宪法保障的比较研究》；朱景哲的《我国刑法对妇女儿童合法权益的保护》，刘继华等的《妇女权益保障法概论》、刘伯红的《女性权利》等。此外，中华女子学院、北京大学等高校的法律院系已经开设或正在酝酿开设妇女法课程，《妇女法学》教材亦在编写过程中。所有这些情况表明，我国的妇女法学的学科体系的建立正在形成过程中。

妇女法学的研究队伍已初具规模。随着妇女法体系的形成，妇女法学研究工作受到了法学界和社会各界的重视，政法院系、科研机构、学术团体、社会团体和司法实际部门都有一些同志从事妇女法学的研究工作。由于妇女法是以综合手段，多方位调整妇女与男子两性之间的社会关系的法律，因而，对妇女法的研究就需要有一个多学科、各方面都参与的研究群体。从目前的情况来看，在妇女法学研究工作者队伍中，起带头作用的是婚姻法学界的一些专家学者。这种状况的形成，主要是因为婚姻法与妇女法二者之间存在着特别密切的关系。在妇女权益保障法颁布前，婚姻法在维护妇女权益方面一直发挥着主体作用，在妇女权益保障法颁布后，婚姻法在妇女法体系中仍有着特殊的地位和作用。妇女权益保障法与婚姻法的调整对象之间存在着很大的交叉关系，因而研究婚姻法学的同志自然而然地成为了妇女法学研究队伍的中坚和骨干。同时妇女法的调整范围和调整方法与婚姻法有很大的差别，因而研究妇女法的队伍又不限于婚姻法学研究队伍，其他法律学科（如宪法学、行政法学、刑法学、民法学）女性学、社会学、伦理学、心理学等各学科的专家学者以及专门从事妇女维权工作的同志均在进行研究。这些从事妇女法学研究工作的同志，遍布于各级各类的法学研究会、妇女问题研究会（或中心）、各类协会（女律师协会、女法官协会、女检察官协会）大专院校、科研机构等，形成了一支初具规模的队伍。在这里值得特别指出的是，建立于1995年的北京大学法律系妇女法律研究和服务中心及1998年成立的北京市妇女法学研究会，它们的成立，不仅表明了社会对妇女法学研究工作的承认和支持，而且为今后妇女法学研究工作树起了旗帜，集结了队伍，有利于推动妇女法学研究工作上一个新的台阶。

妇女法学学术活动广泛开展。改革开放20年来，特别是妇女权益保障法颁布以来，有关妇女法学的学术活动十分活跃，既有国际性的，也有全国性的或地区性的。在妇女法起草过程中，就由全国人大内务司法委员会召集有关省、市、自治区人大及政府的机关代表、专家、学者、社会团体代表在东北、西北、西南、中南、东南，等各地区多次举办了制定妇女法的研究会；中国婚姻法学研讨会于1990年12月与婚姻管理研究会和全国妇联联合召开了关于妇女法有关课题的研讨会。全国各地的婚姻法学研究会也都以不同形式召开学术会研讨妇女法的制定、实施问题，提出了不少很有见地的对策性的意见；1992年、1993年北京大学妇女研究中心连续召开妇女问题国际学术研讨会，设有《妇女与法律》专题，对妇女法学的建立和发展，起到了有益的作用；在筹备和召开’95世界妇女大会过程中，全国各地均举行了多次关于妇女法、妇女权益保障方面的学术研讨会。这些会议对形成和完善妇女权益保障法律体系，起到了很好的促进作用。’95世界妇女大会之后，北京市妇联和其他省市又先后召开了有关执行妇女法的研讨会。1996年北京大学法律系主办了“中英妇女与法律国际学术研讨会”；中华女子学院承办了“预防和制止针对妇女的家庭暴力研讨会”，全国妇联也召开了全国妇联系统维权工作会议；1997年全国人大内务司法委员会、国务院妇女儿童工作委员会、全国政协社会与法制委员会、全国妇联联合召开了纪念妇女权益保障法颁布5周年座谈会；1998年北京市妇女法学研究会召开成立大会暨首届妇女法学问题研讨会，之后，全国妇联又主办了妇女法律援助问题研讨会，2000年中国法学会与英国文化委员会主办了“中英维护妇女权益，防止家庭暴力研讨会”。与此同时，全国妇联与加拿大合作的中－加妇女法项目已顺利进行，中国法学会“反对针对妇女的家庭暴力对策研究与干预”项目也全面启动。上述的各种活动，对妇女权益保障法律体系的完善和妇女法学的发展都起到了很好的促进作用，具有重要意义。

妇女法学的研究领域日趋广泛。由于妇女权益问题渗透在社会生活的各个领域，因而妇女法学的研究范围是十分广泛的。近20年来，妇女法学研究涉及了以下诸多方面：①妇女立法的完善问题；②妇女法的概念和调整对象；③妇女法的指导思想、任务和基本原则；④中国妇女的法律地位；⑤外国妇女立法的历史发展；⑥联合国妇女立法的状况；⑦我国妇女立法的历史发展；⑧妇女的政治权利问题；⑨妇女文化教育权利问题；⑩妇女的劳动权利问题；⑪妇女的财产权利问题；⑫妇女人身权利问题；⑬特殊群体中的女性权利问题；⑭妇女与人权问题；⑮妇女权利的自我救济问题；⑯家庭暴力问题；⑰性骚扰问题；⑱侵害妇女权益的法律责任问题；⑲保障妇女权益的法律程序；⑳妇女法的实施问题；㉑妇女权益保障机构问题，等。

对于上述问题的研究，主要体现了这样几个特点：①密切联系我国妇女权益保障工作的实际，突出了为依法维护妇女权益服务的特点；②立法研究和法律对策研究较多；③关注妇女界的热点、焦点问题较多；④注重多学科、多方位进行研究。当然，目前的妇女法学研究除了上述可取的优点以外，也还有很多的不足，由于妇女法学研究起步晚，基础较薄弱，整体研究水平不高，对有关妇女法学发展至关重要的一些基本理论问题还缺乏深入的探讨。这种研究现状，很难适应依法维护妇女权益工作的客观需要，因而，加强妇女法学理论研究已成为当务之急。

(3) 完善中的妇女法与发展中的妇女法学

当前，我们正处在一个特殊的重要时期。从国际上看，和平与发展是当今时代的主题，妇女问题已成为世界关注的焦点之一；从国内看，我们国家正处在改革开放和社会主义建设事业承前启后、继往开来的重要时期，维护妇女的合法权益，保证妇女在政治、经济、文化教育、社会及家庭生活中应该享有的各项权利，将有利于调动广大妇女的积极性，更好地参与社会主义现代化建设。

我国是《消除对妇女一切歧视公约》的缔约国，参与了《到2000年提高妇女地位内罗毕前瞻性战略》的制定，第四次世界妇女大会通过的《北京宣言》、《行动纲领》是指导全球妇女事业发展，迈向新时代的纲领性文件，因此，我们在完善妇女立法和加强妇女法学研究方面还有很多的工作要做。

关于妇女法的完善问题，著名法学家杨大文提出了很好建议：第一，应当随着社会主义物质文明和精神文明建设的发展，继续完善妇女立法，现行妇女权益保障法的前几次草案中，关于保障措施的具体规定多于后来出台的法律。当时在草案中删去一些条款，绝不是怀疑其必要性、正确性，而是出于可行性方面的考虑，随着时间的推移，在妇女权益保障的领域中还会出现新的情况和问题，需要从立法上采取对策。因此，决不能满足已取得的成就，一定要随着社会条件的变化把妇女立法不断地推向新的、更高的水平。第二，在建立和发展社会主义市场经济的过程中，人与人之间的利益关系正在而且还将发生各种新的变化。这些变化从根本上说有利于妇女解放，但由于一些改革措施不够配套，在妇女权益保障问题上也会遇到某些暂时的困难，特别是由于妇女在竞争中目前还处于弱势群体的地位，因而在今后相当长的一个时期内，应当把妇女权益的群体保护作为立法的重点；在实行各种制度改革时，应当兼顾效益和公平。强化对妇女劳动权益的保护，建立和完善对妇女的社会保障制度，是中国今后妇女立法的当务之急。第三，为了扩大妇女立法的整体效应，应该加强配套法规的制订工作；对于一些内容已经滞后的法律，应尽快地进行修改，以使中国妇女的合法权益得到更有效的法律保护。

随着时代的前进，社会的发展，妇女法需要不断的完善，妇女法学的研究工作也需要提高到一个新的水平：

妇女法学的研究工作必须坚持以马克思主义的妇女观、法律观，特别是邓小平民主法制思想为指导。马克思主义妇女观、法律观是妇女权益保障法的立法指导思想，也是我们从事妇女法学研究工作的指导思想。当前坚持马克思主义的妇女观、法律观，最重要的就是要在妇女法学研究中自觉以邓小平民主法制思想、江泽民同志“三个代表”重要思想作为指导思想。新时期我国社会主义法制建设所取得重大成就，是邓小平同志民主法制思想指导的结果，而这些成就又充分证明了这些思想的科学性和正确性，认真学习领会和自觉贯彻邓小平民主法制思想、江泽民同志“三个代表”重要思想，对于妇女法学研究工作坚持正确的方向和健康发展具有十分重要的意义。

妇女法学的基本理论问题的研究将得到重视和深化。如前所述，由于妇女法学研究起步晚、基础薄，研究人数特别是专门从事妇女法学研究的人数还不够多，因而整体研究水平还不高。目前的著述更多地注重对妇女法的阐释而较少理论的探索，尤其是对妇女法学发展至关重要的基本理论问题目前还有许多空白。因此，在今后的妇女法学研究中迫切需要下大力气研究诸如妇女法的概念，妇女法的调整对象以及如何构建科学的妇女法学体系；通过对这些基本理论问题的研究，就不仅可以为促进妇女立法工作的不断完善，为依法维权工作提供正确的理论指导，而且可以使妇女法学作为一个独立的学科体系能够得到社会更广泛的认可和重视。

对策性研究仍将是今后妇女法学研究工作的主流。妇女法学作为一门应用法学，其研究的出发点必须立足于服务妇女权益保障工作的实践，推动妇女立法不断完善和全面实施。因此，今后的妇女法学应当特别关注妇女发展中出现的新情况、新问题，抓住重点、热点、难点问题展开调查研究，探索新时期维护妇女权益工作的方法和途径，提出解决问题的对策，同时要重视和善于运用科研成果，使之成为切实可行的建议，并把它转化为实际的工作决策或为决策提供科学依据。

妇女的法律权利

一　政治权利

（一）妇女的政治权利的概念

政治权利是指公民参与政治的可能，一般来说是指公民依法参与国家政治生活、管理国家事务、对国家大事发表见解、对国家机关和国家机关工作人员以及政党及其组成人员进行监督的权利。那么，妇女政治权利就是指妇女参与政治的可能。单就字面涵义来看，妇女政治权利和公民政治权利惟一的不同就在于权利主体的范围不同，而这种不同是由性别因素来决定的。但从研究的角度来审视，提出妇女政治权利这一概念，并不是为了增加一个新名词，而在于有必要明白妇女政治权利和政治权利在产生、行使和存在意义上是有很大区别的。

从产生的时间来看，公民的政治权利和妇女政治权利并非同时产生。人们对政治权利的认识来自于资产阶级革命之前的启蒙思想运动，生产方式的改变使得有产阶级开始寻求政治上表达意愿和制订政策的机会，于是，“天赋人权”、“社会契约论”、“人民主权”等的思想应运而生并发挥了巨大的作用。但是在男人统治的世界里，人们很自然地认为权利的主体应该是男人或者说是具备一定条件的男人（比如：社会地位、种族、财产、受教育程度等），所以这一时期以及资产阶级革命胜利后的相当长的一段时间里的政治权利严格地讲应该是男人的政治权利。而妇女政治权利的产生则是与妇女解放运动有直接的关系。文明的发展，社会的进步，使妇女越来越认识到自身的独立性和存在的意义，于是，妇女开始寻求自身的解放。妇女解放的一个口号就是在政治上有发言的权利，所以妇女政治权利这一概念的产生落后于政治权利。举个例子来说明，我们都知道，英国是宪政母国，英国于17世纪40年代就爆发了资产阶级革命，经过多次反复，直到1688年才建立了君主立宪制的国家，但在当时的英国享有选举权的却是只占总人口极少数的男性大资产阶级和大地主，随后经过人们的不断斗争，选民范围逐渐扩大，但妇女却始终被排除在外，直到1928年的《国民参政法》才有条件地（须是年满30岁受过大学教育的女性）赋予妇女选举权。而以民主著称的美国也直到1920年才通过宪法修正案给妇女选举权。

从妇女政治权利行使的过程来看，妇女在行使政治权利时远比男人行使政治权利要困难的多。由于习惯势力的影响，女性在行使政治权利时遭遇的压力、困难、误解要比男性多得多。比如在我国许多农村地区，妇女是很少去投票的。尽管中外都有一些杰出女性担当国家重任，但她们所面临的压力却是常人难以想象的。另外，一些国家通过法律强制规定妇女的从政人数比例，也从另一个方面说明妇女行使政治权利的困难程度因而需要国家的特别保护。

从妇女政治权利存在的意义来说，它与政治权利存在的意义是不同的。妇女在政治上享有与男子平等的权利，既反映了一个国家妇女解放运动的发展高度，也反映了一个国家民主和法制的状况。妇女政治权利和妇女的其他权利如文化教育权、劳动权等是紧密相连的，它可以促进其他权利的实现，只有妇女自己切实表达了自己的政治意愿和呼声，妇女的正当权益才有可能得到法律的保护。因此，妇女政治权利具有巨大的现实意义，决不可小视。

(二) 妇女的政治权利的内容

(1) 政治权利的一般内容

关于政治权利的内容，人们有不同的看法，但一般来说，应包括选举权和被选举权、表达自由、诉愿权和政治平等权①。

①选举权和被选举权

选举权是公民依法享有选举代表机关和国家公职人员的权利；被选举权是公民依法享有被选举为代表机关和国家公职人员的权利。选举权和被选举权是民主国家人民所享有的最基本的一项政治权利，是人民主权思想和代议制理论相结合的一种必然权利。我国宪法第34条规定："中华人民共和国年满十八周岁的公民，不分民族、种族、性别、职业、家庭出身、宗教信仰、教育程度、财产状况、居住期限，都有选举权和被选举权；但是依照法律被剥夺政治权利的人除外。"

②政治表达自由

即发表意见的自由，主要包括言论自由、著作自由、出版自由、信息自由、艺术自由、思想自由和其他自由。公民可以通过上述民主自由权利来充分表达自己对国家大事的见解，提出各种有益的建议和意见，同时也有助于反对官僚主义。根据我国宪法第35条和第36条的规定，公民的各项政治自由包括言论、出版、结社、游行、示威的自由以及宗教信仰自由。

③诉愿权

包括请愿权、诉愿权（即申请行政复议权）和诉讼权。

④平等权

平等权包括阶级平等、党派平等、民族平等和法律平等（包

---

① 李步云主编《宪法比较研究》第492页，法律出版社1998年第1版。

括男女平等、种族平等，等等)。

(2) 妇女政治权利的内容

应该说妇女政治权利的内容与公民的政治权利的内容并无差别，但在相关法律文件的表述上侧重点是不同的。

①《妇女政治权利公约》关于妇女政治权利的内容的规定

联合国于1954年7月7日生效的《妇女政治权利公约》规定妇女政治权利的内容有：选举权和被选举权；任职权。

②《中华人民共和国妇女权益保障法》关于妇女政治权利的内容的规定

《妇女权益保障法》第二章对妇女的政治权利作了详细的规定，根据该法，妇女享有与男子平等的选举权和被选举权，各项政治权利和自由，以及参与管理国家事务、经济和文化事务、社会事务的权利，妇女受特别保护的权利（如在各级人大内女代表的人数需达到法定比例、各级政府要培养妇女干部）等。

(三) 我国妇女政治权利的实现状况

1. 在宪法层面上的规定

(1) 1949年《中国人民政治协商会议共同纲领》第六条规定“中华人民共和国废除束缚妇女的封建制度。妇女在政治、经济、文化教育、社会生活的各个方面，均享有与男子平等的权利。”

(2) 1954年宪法从不同的角度规定了妇女的政治地位。如第85条规定“中华人民共和国公民在法律上一律平等”；第86条规定“中华人民共和国年满十八岁的公民，不分民族、种族、性别、职业、社会出身、宗教信仰、教育程度、财产状况、居住期限，都有选举权和被选举权。”“妇女有同男子平等的选举权和被选举权”；第96条规定“中华人民共和国妇女在政治的、经济的、文化的、社会的和家庭的生活各方面享有同男子平等的权利”。

(3) 1975年宪法、1978年宪法基本上继承了1954年宪法的这些规定。

(4) 1982年宪法在继承1954年宪法的基础上还有所加强。如第十八条规定保护妇女的权利和利益，实行男女同工同酬，培养和选拔妇女干部。这给妇女参政提供了特别的宪法保护。

2. 专门立法层面上。1992年《妇女权益保障法》第2章以专章规定了妇女的政治权利，从而使新中国妇女的政治地位有了专门的法律保护。

3. 其他部门法层面上。作为法律体系的组成部分，其他部门法也非常注意对妇女政治地位和政治权利的规定。如《选举法》明确规定各级人大代表中应有适当数量的妇女代表，并要逐步提高妇女代表的比例。

4. 地方性法规层面上。如各省、自治区、直辖市人大制定的妇女权益保障法的实施细则进一步明确了对妇女政治权利的保障。

(四) 新中国妇女政治权利的实现方式

根据我国现行法律的规定和实践中的做法，我国公民依照法律的规定，通过各种途径和形式，管理国家事务、社会事务等，从而体现妇女在新中国的政治地位。

1. 我国妇女通过人民代表大会制度来参与政治生活。人民代表大会的权力机关性质决定了妇女参与其中的重要性。由于我国法律的保障，从中央到地方的各级人大里都活跃相当数量的女人大代表。并且曾有些著名女性在其中担任要职，如宋庆龄、何香凝、蔡畅、陈慕华等先后担任全国人大常委会副委员长。这些女人大代表积极提出立法建议，努力促使社会所关注问题的解决，在国家和社会事务的管理过程中发挥了重要的作用。

2. 我国妇女通过参加政府工作来参与国家和社会生活的的管理。在我国的各级人民政府中女性公务员占有相当的比例。国家通过《国家公务员暂行条例》和其他人事法规和政策来保障女性能平等地进入公务员序列。

3. 我国妇女通过政治协商会议制度来参政议政，参与政治，行使自己的政治权利。中国人民政治协商会议是中国共产党领导的具有广泛代表性的统一战线组织，在国家的政治生活中发挥着重要的作用。参加政协的女委员都是社会各界的优秀人士，具有广泛的代表性，她们从不同的角度对国家大事和政府工作进行民主监督，促进我国民主事业的发展。

4. 我国妇女通过加入中国共产党和其他民主党派来行使政治权利。中国共产党领导的多党合作和政治协商制度是我国的一项基本政治制度，中国妇女可以加入各政党，从而行使自己的政治权利，实现自己的政治抱负。

5. 我国妇女可以通过各级妇女联合会来对国家事务和社会事务进行管理和监督。妇联组织能够代表广大妇女参与到政府的政策制订过程中，并可以向政府提出涉及到妇女利益的建议和意见，还可以向政府和各企事业单位推荐妇女干部，因此通过各级妇联妇女也可以行使政治权利。

6. 其他途径。如信访、媒体等。①

（五）我国保障妇女政治权利的历史性进步

(1) 历史性进步

妇女平等地参与国家政治生活和社会事务管理是妇女发展的重要尺度，也是社会文明进步的重要标志。新妇女政治权利取得

① 见刘俊海、于新年主编：《妇女诸权利怎样行使与保护320问》。

历史性的进步，主要表现在：

妇女参与国家和社会事务决策和管理的程度明显提高。新中国成立后，政府历来重视保障妇女的政治权益，特别重视在社会政治生活和管理方面发挥妇女的作用。政府将培养和选拔女干部写入宪法，并强调妇女参政的比例，加强后备力量建设，建立妇女人才库，推荐妇女到适当岗位担任领导职务。近年来妇女参与国家和社会事务决策和管理的程度明显提高，具体表现在以下几个方面：

①全国人大女代表、政协女委员和党代会女代表人数增加，比重上升。

	上　届		本　届	
	人数	比重	人数	比重
人大代表	626	21%	650	21.8%
政协委员	283	13.5%	341	15.5%
党代会代表	340	15.7%	344	16.8%

②基本实现了各级党政领导班子中都有女性的目标。有4位女性担任国家领导人，有18为女性担任正副部长；31个省、自治区、直辖市党政领导班子都至少配备了1名女干部；在全国市、地、州、盟党政领导班子中，94%配备了1名以上女干部；在县、市、区、旗党政领导班子中，91.8%配备了1名以上女干部。

③女干部人数增加。1997年底，国家机关、国有企业事业单位管理人员及专业技术人员队伍中女干部人数已达1384万人，占干部总人数的34.4%，比1994年增加146.7万人，所占比例比1994年提高了1.8个百分点。①

---

①　以上数据来源于中国女性网

妇女自身的参政意识提高。表现在：1. 妇女对公共事务的关切程度提高。妇女关注并参与国家和社会事务，是实现男女平等的重要标志之一。有调查显示，有15.1%的女性主动给所在单位、社区提过建议，比1990年提高了8个百分点。女性对国家主席的知晓率为87.1%，比1990年提高了42.3个百分点。2. 妇女政治参与程度提高。最近5年来，选举地方人大代表的参选率，女性为73.4%，男性为77.6%，性别差异较小。在投票时，分别有65.8%的女性和77.4%的男性能尽力了解候选人的情况，认真投票。①

社会对妇女参与高层决策的期望值较高。有统计表明，目前我国各级政府的党政班子中都至少有了一名女性，省部级女干部占同级干部的比例达8%，比1990年提高了1.8个百分点。社会大众仍希望有更多的女性参与决策，对于“在政府高层领导中，至少应有30%是女性”的主张，不仅有74.7%的女性表示赞同，更令人鼓舞的是，有75.5%的男性也支持这一主张。

党和政府大力支持妇女行使政治权利。我党在解放初期，甚至在根据地时期就开始注意到性别比例，当时叫性别保护政策或性别倾斜政策。20世纪50年代，在蔡畅、邓颖超等妇联领导的极力推动下，形成了当时一套建立在委任制基础上的行之有效的保护妇女参政的政策。改革开放以来，随着民主法制的建设，中国共产党也越来越重视妇女参政的问题，例如，自1990年中组部、全国妇联已相继联合召开了5次全国培养选拔女干部座谈会，最近的这次会议是在2002年4月召开的，会议的主题就是对最近5年来妇女参政情况的总结，以及对未来几年妇女参政的规划。这些都有效地促进了妇女参政。我国政府也始终把维护妇

① 见2001年第4期《中国妇女》

女权益、促进妇女发展作为义不容辞的责任，1995年制定和发布的《中国妇女发展纲要（1995－2000年）》是我国妇女发展的重要里程碑。在国务院和地方各级政府的积极努力下，在包括非政府组织在内的社会力量的大力支持下，95《纲要》的主要目标基本实现。进入新世纪，面临新任务，为更好地维护妇女权益，提高妇女整体素质，加快实现男女平等的进程，我国政府制定并发布了《中国妇女发展纲要（2001－2010年）》，该纲要确立了6个优先发展领域，其中妇女参与决策和管理就是其中之一。相信在21世纪，中国的妇女发展事业必将会有更美好的未来。

（2）存在的问题及解决建议

妇女在各级决策层的比例仍比较低。尽管经过多年的努力，妇女在各级党政决策岗位上的任职比例已经有了一定的提高，但对照联合国对妇女在各级决策层的比例均不应低于30%的硬指标要求，我们仍存在很大的差距。更深层次的问题是参政比例能在多大程度上反映性别意识进入主流的程度，中央党校李慧英副教授曾对党校学员中的女干部做过一次调查，在回答“女干部要不要为妇女代言”这个问题时，反对者占了绝大多数，她们的理由是代表妇女利益是一种狭隘、没有觉悟的表现，她们把妇女利益这个局部和人民利益这个全局对立起来，并因此舍前者而取后者。如果是这样的话，妇女参政对妇女事业的发展又有多大的发展？这需要观念的改变。

进入决策层的女领导大都担任副职。在中国一种现实是，很少有女领导担任正职，这似乎成为一种惯例，据调查显示，有54.09%的人认为，造成“女领导大都担任副职”的原因是“缺少公平的竞争机制”，37.44%的人表示“这是一种偏见”。这里又涉及一个体制问题即干部选拔制，其中人为因素很多，而人们又受到职务性别化观念的影响，比如，在地方的村民选举中，多数人会认为村委一把手、治安、会计适合男性干，妇女只适合分管妇女工作。职务性别化是女性在政治权利结构中被边缘化了，参政的机会和职位大大缩小，因为潜在的规则是男性优先。因此公平的竞争机制是非常必须的。

“金字塔”现象令人担忧。我国女人大代表的比例1964年是22.6%，现在是21.78%，现在随着女性文化素质的提高，基层女干部队伍壮大，但上层女干部和女人大代表越来越少。还有另外一种现象是女人大代表比例较高，女干部比例较低，这也与我们的体制有关，因为我国很长一段时间一直选劳模当人大代表，把人大代表当作一个荣誉称号来对待。

二 文化教育权益

（一）妇女的文化教育权益概念

妇女文化教育权益是妇女依法享有的接受文化教育的权利和从事文学、艺术、科学技术和其他各类文化活动的权利。随着科学的发展、人类的进步，教育已经成为一项基本人权，文化教育权的行使对广大妇女个人的发展和实现自我都非常重要，它是妇女应该掌握的、能够使她们成为社会的一员、并能够贡献于社会、受益于社会的基本工具。可以说，文化教育决定着妇女的社会角色和家庭角色。在现实生活中，由于受传统的“男尊女卑”、“女子无才便是德”的封建思想的影响，我国部分地区的妇女特别是女童的受教育权常常被家长或他人有意或无意地剥夺，家长只让男孩读书受教育，而不送女童上学读书的现象相当普遍；部分人大男子主义思想严重，不允许妇女参加社会活动，在各种文化活动中歧视妇女的现象也屡见不鲜。为了保障女性享有与男性平等的文化教育权，我国《宪法》第46条明确规定：“中华人民共和国公民有受教育的权利。”依据“法律面前人人平等”的原则，我国妇女当然享有与男子一样接受文化教育的权利。在宪法精神指导下，我国先后颁布的《义务教育法》及其《实施细则》、《未成年人保护法》、《妇女权益保障法》等法律、法规，都从不同角度规定了女童的基础教育权和成年妇女的文化教育权，从而进一步明确了各类社会妇女都能享受不同级别和不同程度的文化教育的权利。

（二）妇女的文化教育权益的内容

依据我国法律和法规，妇女享有的文化教育权益的内容主要包括：

（1）只要是中国妇女，不分年龄、民族、宗教等，都一律享有受教育的权利，包括入学、升学、毕业分配、授予学位、派出留学等各个方面。

（2）每个妇女都有权享受国家规定的免费义务教育，按时入学并完成当地规定年限的教育，有权参加各级各类的职业教育、高等教育和成人教育。

（3）接受文化教育不仅是妇女的一项基本权利，也是每个妇女的义务，任何人都不得随意放弃。

（4）各级人民政府、各个主管机关、企事业单位、基础社会组织、学校、父母或其他监护人都应当依法提供必要的条件，保障妇女文化教育权利的实现。

（5）当妇女的受教育权被非法侵犯或者具有保障义务的单位或个人不履行相应的义务时，该妇女有权通过行政途径或者司法途径来维护自己的合法权益，并使违法者受到相应的行政处分或法律制裁。

（6）在享有受教育权的同时，每个妇女还享有进行科学研究、文学艺术创作和参加各类文化活动的权利，任何组织或个人都无权剥夺妇女的这些权利，否则将会受到法律的制裁。

(三) 妇女享有受教育权的重要意义

妇女受教育权是指妇女享有从国家获得接受文化教育的机会以及获得接受文化教育物质的帮助的权利，它是妇女文化教育权的基础和重要内容，对妇女有着十分重要的意义。

由于受几千年封建思想和传统观念的影响，旧中国妇女断文识字的可说是凤毛麟角，就是在解放后，妇女中的文盲、半文盲也仍占妇女总数一大半，妇女也是中国文盲、半文盲的主要群体。妇女受教育是妇女解放运动的一项重要内容，妇女文化教育程度不仅反映了一个社会的文明程度，而且也反映了妇女社会地位和家庭地位的状况。建国以来，为了解放妇女，真正实现男女平等，切实提高广大妇女在国家政治生活、社会生活以及家庭生活中的地位，我们党和政府历来十分重视妇女的文化教育事业，将保护妇女的文化教育权益作为一项十分重要的任务来抓，制定了一系列法律法规，对妇女的文化教育权益给予了特殊的保护。但是，我们也不能回避，在进入了21世纪的今天，我国现实生活中对妇女文化教育权益的侵犯现象仍然比较普遍，它严重地影响了我国妇女法律地位的提高和参与社会竞争能力的增强。归纳起来，这些侵犯妇女文化教育权益的现象主要有：

(1) 适龄女性儿童、少年未能充分享有义务教育权

适龄的少年儿童接受国家规定的九年义务教育，既是一项权利，也是一项法定义务。各级人民政府虽然一再重申和强调，但各地女性适龄儿童、少年仍然未能充分就学，尤其是在偏远的农村地区和少数民族地区，情况更为严重。在这些地区，女性适龄儿童、少年到了入学年龄不能如期入学；入学率女童明显低于男童；尤其是若一个家庭有几个孩子，家庭经济较困难的情况下，家长往往选择男童就学，而让女童在家协助家务劳动；有的虽然也入学了，但未达到法定教育年限就被迫中途退学，女性儿童、

少年中途辍学回家劳动或外出打工的现象十分普遍；各级学校的在校生男女比例极不平衡，教育程度越高，女性比例越低。以上现象充分说明我国适龄女性儿童、少年的义务教育权远没有得到完全实现。

(2) 妇女扫盲工作流于形式

由于我国女性文盲、半文盲的比例相当高，所以党和政府历来把妇女扫盲工作作为教育工作的重要任务来抓，几十年来虽然取得了一定成效，但仍然离妇女的现实与要求和国家规定相差甚远。特别是在改革开放以后，一方面是国家经济的发展急需提高全民族的特别是妇女的科技文化水平，一方面是企业和个人追求短期经济利益的行为大大冲淡了广大文盲妇女的扫盲工作，很多人认为学文化不仅不能直接产生经济效益，而且还耽误了赚钱的时间，甚至有的妇女同志产生了厌学情绪。虽然各级政府年年都在加大妇女扫盲的人力和财力投入，但却得不到妇女的响应，使地方政府和组织丧失了办学扫盲的积极性，从而出现了学者不愿学，教者不想教的现象，使妇女扫盲工作流于形式，收不到预期效果，致使大部分农村妇女仍处于文盲或半文盲的状态，或者脱盲后又复盲。严重妨碍了国家计划的执行，阻碍了国家经济的发展和社会的进步。

(3) 女性毕业生就业受歧视

随着国家经济转轨和各层次社会劳动力的过剩，使各层次女性毕业生的就业遭受到了前所未有的冲击，不管是中等学校毕业、高等学校毕业，或是硕士、博士毕业，只要是女性，各用人单位甚至包括一些政府部门都以各种各样的理由拒绝使用女性毕业生，有的甚至在向社会公示的招聘广告中明确规定不招收女性，或是擅自提高对女性毕业生的招收标准和条件，从而出现了文化水平高、工作能力强的女性竞争不过文化水平低、工作能力差的男性及女性大学生、研究生就业难的奇怪现象。这些现象又迅速反射回各级学校，又使各级各类学校在录取新学生时，又不得不考虑到女毕业生的分配难问题，从而提高对女学生的录取标准，造成女生入学升学难，使女性不能顺利进入中高等学校就读，好不容易被学校录取了，毕业又找不到工作。这些情况都直接影响到女性儿童、少年的义务教育的开展，给社会和家长一个现实的借口，恶性循环，导致女性接受教育的比例停滞不前，甚至有倒退现象。

（4）已婚女性扫盲或接受再教育培训面临家庭和社会双重压力

中国传统的“男主外、女主内”的分工模式和妇女对男子的依赖思想，使妇女产生了既然结了婚就要做一个贤妻良母，没有必要去学习文化知识的错误思想，从而对妇女扫盲教育消极应对；同时，中国妇女既要承担社会劳动，又要承担繁重的家务劳动的特点，也使得已婚女性很难挤出精力和时间去参加文化学习和技能培训，从而造成女性再教育水平远远低于男性的现象。

以上现象说明，在我们这样一个有着几千年封建历史、妇女遭受着三座大山的沉重压迫的国度里，传统观念中妇女相夫教子、操持家务，仍然是现代已婚妇女的不可推卸的责任和人们传统的看法，“女子无才便是德”的思想仍然深深地扎根于一些人的脑海深处。这与现代社会是格格不入的，也与我国的社会主义物质文明和精神文明的建设相差甚远。历史的事实、社会的进步、经济的发展都说明知识对于妇女是何等的重要，提高妇女的文化教育水平对国家、社会和妇女自身的发展都具有十分重要的意义。可以说，妇女只有广泛地接受文化教育，掌握了科学文化知识，才能使自己开拓视野，适应社会潮流，增强自己的自信心，提高自己参与社会竞争及国家经济建设的能力，树立自尊、自强、自立观念，打破传统妇女的依赖思想，奋发图强，向社会展示并奉献自己的价值，提高自己在社会和家庭中的地位，真正实现男女平等。因此，只有在全国范围内，使所有适龄女性儿童、少年都能够接受国家规定年限的义务教育；扫除或基本扫除女性文盲、半文盲；提高妇女接受中、高等教育的比例；创造各种条件，使已婚妇女得到各种形式的再教育机会，接受新知识、新观念、不断充实和提高自己，才能使广大妇女真正成为国家和社会的主人，真正成为国家建设大军的半边天，真正能够主宰自己的命运，实现真正的男女平等，并融入到日新月异的信息时代的社会中。

（四）妇女受教育权既是权利又是义务

(1) 妇女享有与男子平等的受教育权

我国宪法和法律明确规定，公民有受教育的权利；同时，明确规定实行法律面前人人平等的原则。《妇女权益保障法》第14条更明确规定：“国家保障妇女享有与男子平等的文化教育权利。”第15条还规定：“学校和有关部门应当执行国家有关规定，保障妇女在入学、升学、毕业分配、授予学位、派出留学等方面享有与男子平等的权利。”依据以上法律以及《义务教育法》、《中国教育改革与发展纲要》的规定，我国妇女享有的与男子平等的一般受教育权主要有：

接受法律和政策规定年限的义务教育的权利。

义务教育是我国国民教育的基础，也是提高我国国民文化素质的基础，我国宪法和许多重要的法律法规都对公民义务教育作出了明确规定。《义务教育法》第4条规定：“国家、社会、学校和家庭依法保障适龄儿童、少年接受义务教育的权利。”第5条规定：“凡年满6周岁的儿童，不分性别、民族、种族，应当入学接受规定年限的义务教育。条件不具备的地区，可以推迟到7

周岁入学。”第11条规定：“父母或者其他监护人必须使适龄的子女或者被监护人按时入学，接受规定年限的义务教育。”《未成年人保护法》第9条规定：“父母或者其他监护人应当尊重未成年人接受教育的权利，必须使适龄未成年人按照规定接受义务教育，不得使在校接受义务教育的未成年人辍学。”第14条规定：“学校应当尊重未成年学生的受教育权，不得随意开除未成年学生。”《教育法》第18条规定：国家实行九年制义务教育制度；各级人民政府采取各种措施保障适龄儿童、少年就学；适龄儿童、少年的父母或者其他监护人以及有关社会组织和个人有义务使适龄儿童、少年接受并完成规定年限的义务教育。以上法律规定表明，我国的适龄儿童和少年必须接受国民义务教育，国家、社会、学校和家庭必须保证适龄儿童、少年的国民义务教育权的实现。义务教育有初等教育和初级教育两个阶段，即小学和初中教育，这两个阶段的教育年限合计原则上为九年。

实行义务教育，既是国家对人民的义务，也是家长或监护人对国家和社会应尽的义务，国家要提供各种条件以使全国每个儿童和少年都能享受到规定的九年义务教育，父母或监护人也要保证自己的子女按时接受义务教育。义务教育具有强制性，对于国家、社会、学校、家庭儿童、少年等不同的教育主体来讲，义务教育既是权利，也是义务。

接受中高等教育的权利。

国家对接受义务教育的所有学生都是免费的。但是，中高等教育却不同于义务教育，它采取严格的考试择优录取制，学生只有通过了严格的入学考试并成绩合格才能被录取，通常实行收费教育，并且存在入学、升学的竞争性问题。中高等教育是在我国国民基础教育的基础上实施的进一步提高国民文化素质和培养专业技术人才的一种高层次教育。由于它的收费性和竞争性，使很多人对此望而却步，尤其是很多家长受经济承受能力的影响，故意不让有能力的子女接受中高等教育。由于中高等教育是培养现代化建设人才的一种人才教育，因此，国家十分重视中高等教育，早就把它列入了国家教育的改革和发展规划，并采取了各种措施，以确保国民能够接受中高等教育。随着国家中高等教育体制改革的全面开展和不断深入，国民接受中高等教育将会越来越普遍。

接受各类成人教育的权利。

成人教育即业余教育，它是在各级普通教育的基础上，为了适应社会的进步及国家政治、经济、文化建设的需要，而对各行各业的岗位人员不断地进行思想、文化、专业知识和技能培训的教育。可以说，成人教育的对象是十分广泛的，包括了干部、工人、农民、军人、待业青年等；成人教育的内容也相当广泛，既包括文化扫盲，也包括职业技术教育；既可以是基础教育的补课，也有新知识新技能的继续教育；既可以是岗位培训，也可以是中高等教育。我们党和国家历来都非常重视成人教育，并将成人教育培养人才作为推动国家经济发展和现代化建设的重要手段来抓，先后制定和颁布了一系列法规和政策，大力提倡和积极创办各级各类成人教育学校，为广大人民提供继续学习的场所和机会。我国公民不分男女，都享有接受国家提供的各级各类成人教育的权利。

(2) 对妇女受教育权的特殊保护

为了切实保障妇女受教育的权利，国家先后制定了一系列的法律法规，对妇女受教育的权利和义务给予了特殊保护。这些特殊保护主要体现在以下方面：

切实保障女性儿童少年接受义务教育。

《妇女权益保障法》第17条规定："父母或者其他监护人必

须履行保障适龄女性儿童少年接受义务教育的义务。除因疾病或者其他特殊情况经当地人民政府批准的以外，对不送适龄女性儿童少年入学的父母或者其他监护人，由当地人民政府予以批评教育，并采取有效措施，责令送适龄女性儿童少年入学。政府、社会、学校应针对适龄女性儿童少年就学存在的实际困难，采取有效措施，保证适龄女性儿童少年受完当地规定年限的义务教育。”从以上规定可以看出，送适龄女性儿童少年入学接受九年义务教育是一项法定的强制性规定，承担这一强制性义务的主体，既有适龄女性儿童少年的父母或者其他监护人，也包括政府、社会和学校。具体说，父母及其他监护人有送适龄女性儿童少年入学接受义务教育的强制性义务；政府、社会和各级各类学校有积极采取措施、创造条件，保障适龄女性儿童少年接受义务教育的义务，比如给予学生免学费、组织社会力量捐资助学、集资办学、实施希望工程，开展“一对一”助学活动等，以帮助有实际困难的适龄女性儿童、少年接受义务教育，共同完成对适龄女性儿童、少年的规定年限的义务教育。任何义务主体不履行自己应尽的义务，都将要承担相应的行政和法律责任。

保障妇女接受中高等教育。

《妇女权益保障法》第15条对妇女接受中高等教育问题作出了具体的规定：“学校和有关部门应当执行国家有关规定，保障妇女在入学、升学、毕业分配、授予学位、派出留学等方面享有与男子平等的权利。”依此规定，各级各类中高等学校都应当制定明确统一的入学录取分数线和相关条件，使男女两性在同等条件下竞争入学；在学生毕业分配问题上，社会各界应当在同等条件下，择优录用，各用人单位不得以任何借口拒绝招录女性毕业生；对于按规定完成学业符合学位授予条件的女性，学校应当授予其学位，不得人为设置障碍和歧视对待；对于各单位或各学校的派出留学、进修的机会，也应当坚持男女平等的原则，一视同仁地择优选送。为保证上述法律规定的执行，《妇女权益保障法》第50条第6项还特别规定，对于在入学、升学、毕业分配、授予学位、派出留学等方面违反男女平等原则，侵害妇女合法权益的，或者依照法律、法规规定，应当录用而拒绝录用妇女或提高对妇女的录用条件的，由其所在单位或者上级机关责令改正，并可根据具体情况，对直接责任人员给予行政处分。

切实开展妇女扫盲教育，真正扫除女性文盲半文盲。

针对妇女文盲、半文盲在我国文盲、半文盲群体中占绝大多数这一事实，为切实加大妇女扫盲工作，提高妇女地位和真正实行男女平等，《妇女权益保障法》第18条明确规定；“各级人民政府应当依照规定把扫除妇女中的文盲、半文盲工作，纳入扫盲和扫盲后继续教育规划，采取符合妇女特点的组织形式和工作方法，组织、监督有关部门具体实施。”这一规定把妇女扫盲作为各级人民政府的一个重要任务，尤其是农村基层人民政府的重任，由各级人民政府结合本地实际，制定和实施妇女的扫盲和教育规划，以确保妇女扫盲工作的切实开展。尽快扫除女性文盲、半文盲。

学校应采取措施，保障女性青少年学生的身心健康发展。

由于女性青少年的生理和心理特征与男性青少年不同，需要对女性青少年给予特殊的保护。为此，《妇女权益保障法》第16条规定：“学校应当根据女性青少年的特点，在教育、管理、设施等方面采取措施，保障女性青少年身心健康发展。”

保障妇女接受成人教育。

成人教育，尤其是职业技术教育，可以大大改善妇女的文化知识水平和技术能力，提高广大妇女的素质和劳动效益。《妇女权益保障法》第19条规定：“各级人民政府和有关部门应当采取措施，组织妇女接受职业教育和技术培训。”目前，为切实保障和落实妇女接受成人教育，国家、社会和企、事业单位已创建了各级各类职业技术培训基地和学校，并向广大妇女全方位开放，提倡并鼓励广大妇女接受各种形式的职业教育和技术培训。以帮助妇女拓宽视野，增加和更新知识，进一步提高劳动技能，以适应社会的发展，提高妇女的社会地位，实现真正的男女平等。

（五）妇女享有参加各项文化活动的自由

妇女作为社会的一员，具有自己独立的人格，可以作为独立的主体参与民事活动。在社会生活和家庭生活中，妇女有权以独立的身份，按照自己本人的意愿从事科学、技术、文学、艺术和其他文化活动，并在这些活动中享有与男子平等的权利。《妇女权益保障法》第20条规定：“国家机关、社会团体和企事业单位应当执行国家有关规定，保障妇女从事科学、技术、文学、艺术和其他文化活动，享有与男子平等的权利。”《婚姻法》第15条规定：“夫妻双方都有参加生产、工作、学习和社会活动的自由，一方不得对他方加以限制和干涉。”这些规定说明每位妇女在享有受教育权的同时，还有进行科学研究、文学艺术创作和其他文化活动的权利，任何人或组织都不得剥夺。妇女的文化活动自由权对妇女来讲，它是妇女的一项基本的人身权利，是妇女人身自由权的一个重要内容；对国家机关、社会团体和企事业单位来讲，它又是一项重要责任和义务，它们有责任执行国家的有关规定，采取各项措施，提供各种便利条件，以保障妇女文化活动自由权的充分行使。同时，对社会或个人而言，任何人都要尊重妇女的文化活动自由权，不得任意地限制或剥夺妇女文化活动自由权的行使，否则，都将要受到行政和法律的制裁。

三　劳动权益

(一) 妇女的劳动权益概述

(1) 妇女的劳动权益的概念

妇女的劳动权益是指妇女依据劳动法享有的劳动权利和利益。包括：第一、平等就业和选择职业的权利；第二、取得劳动报酬的权利；第三、休息休假的权利；第四、获得劳动安全卫生保护的权利；第五、接受职业技能培训的权利；第六、享受社会保险和福利的权利；第七、提请劳动争议处理的权利；第八、依法参加工会和组建工会、民主管理企业等权利。这里着重论述第一、二、三、四、六项权利。

(2) 妇女的劳动权益的法律保障

1979年12月18日联合国大会通过了《消除对妇女一切形式歧视公约》，要求各缔约国通过立法，消除在就业和职业方面对妇女的歧视。我国于1980年9月29日批准加入该公约。之后加快了立法进程，现已形成了以《宪法》为依据，以《妇女权益保障法》为主体，以劳动法律、法规、规章为具体内容的法律保障体系。自1975年（国际妇女年）以来，妇女劳动权益立法的国际趋势是：鉴于废除男女差别，要求就业机会及待遇平等与女职工劳动保护之间存在矛盾，认为对现行立法有重新讨论的必要，对诸如劳动时间等对男女均有影响的问题，应对男工和女工均作同样的规定才合理。但对保护母性机能的问题，由于生育有社会价值，国家对保护母亲负有重要责任，因此，在保护母亲方面有新的进展。归纳如下：

延长产假时间；

放宽育儿假（哺育假）的时间；

提高产假期间的生育津贴；

在妊娠期间或产后的解雇问题上，给女工更有效的保护；

鼓励母乳喂养，延长哺乳时间；

对孕妇、乳母的安全卫生问题给予更周到的考虑；

加强对双职工子女照顾的社会保障，托幼机构的设置等。

(3) 妇女劳动权益立法的理论基础

妇女劳动权益立法的理论基础是多方面的，主要包括法学基础、社会学基础和医学基础。

法学基础

妇女劳动权益立法的法学基础源于劳动法独特的立法宗旨和由此派生的本质属性。其立法宗旨是保护弱者，倾斜立法，协调劳动关系，追求实质性公平进而实现社会公正。其本质属性是以公法为主，兼顾私法，以公权介入私法领域的方式保护劳动者。在人类社会进入资本主义社会之初，由于早期的劳动关系与民事关系相似，所以，劳动关系由民法调整。产业革命后，随着机器大工业的兴起和迅速发展，劳动力过剩，就业机会减少，劳资关系日益紧张。随着资本的扩张，劳动者明显处于弱势地位。在此情况下，缔约双方已无平等协商可言。雇主借契约自由之名肆意延长工时，提高劳动强度，雇童工和女工取代成年工，劳动条件超过了人的道德和生理极限，使人发育畸形、未老先衰。对此，民法调整乏力。因为民法建立在缔约双方平等的基础上，强调意思自治，其利益保护结构侧重于个体权利的实现。要协调劳动关系，保护和救济处于弱势地位的劳动者，就必须冲破民法理念和制度框架的束缚，允许公权的积极介入。于是“工厂立法”应运而生。1802 年英国议会通过的《学徒健康与道德法》规定纺织工厂童工的工作时间每天不得超过 12 小时。从此，劳动法从民法中脱胎出来，逐步增加对劳动者的保护范围和力度，现已成为调整劳动关系和与劳动关系密切联系的其他社会关系的独立的部门法。基于劳动法律关系主体的不平等而确立其特殊的利益保护结构，尤其是规定劳动基准并借助于团体力量以促进平等，实现社会公正，这正是劳动法的价值所在。“劳动法具有限制资本的商品分配，修正民法契约自由的机能”。①

协调劳动关系是劳动法独具的功能，劳动关系的协调是劳动法追求的目标。“协调意味着和谐、稳定、有秩序、不失衡、不冲突。从美学上看，协调是一种平衡的美。从伦理学上看，协调是公平的体现；从经济学角度看，协调蕴含着效率。总之，协调是人类追求的一种理想状态。”② 这种理想状态对劳动合同主体以至于整个社会都很重要。对于劳动者来说，劳动是其谋生的主要手段，劳动关系失调，直接危及生存权；对于用人单位来说，改善劳动关系是提高劳动生产率的重要手段。劳资双方矛盾激化引发的罢工首先冲击雇主的利益。例如，德国在 1981 年至 1984 年间，每年因罢工而损失的工作日平均为 759000 天。1992 年 4 月至 5 月期间的西部大罢工，曾使城市交通、邮电、垃圾清运等全部瘫痪。可见，劳动关系协调不仅是国家发展经济的前提，而且是社会稳定的重要因素，关系到社会公众的根本利益，甚至关系到企业的国际竞争力。因此，美国由劳工部副部长、联邦劳动关系署署长、联邦调解调停署署长等九人组成的国家伙伴关系委员会的使命就是通过保持和发展工人与企业的伙伴关系，来提高劳动生产率，增加美国企业在国际市场上的竞争力。我国“入世”后竞争加剧，改善劳动关系是留住人才的举措，也是提高竞

---

① ［日本］木下正义、小川贤一：《劳动法》，成文堂 1992 年版，第 10 页。

② 冯彦君：《论劳动法的基本原则》，载《法制与社会发展》2000 年第 1 期，第 27 页。

争力的关键。因此，以立法手段改善劳动关系至关重要。

我国宪法规定的劳动权利属于社会经济权利，社会经济权利是指公民依照宪法的规定享有的具有物质经济利益的权利，是公民实现基本权利的物质保障，也是社会正义原则的体现。其中的劳动权和物质帮助权是劳动法的立法依据。因为社会经济权利以国家权力的积极而适度的干预为条件，在社会经济权利涉及的经济生活领域中，国家对弱者的权益给予关注，采取积极干预的方式，为公民实现其社会经济权利提供充分的物质条件。这是宪法赋予国家的职责。国家以立法方式确定国家和用人单位的义务，是国家履行其职责，保证劳动者社会经济权实现的最有效方式。因为劳动者社会经济权的实现须借助于社会力量。从劳动法律关系客体的特殊性来看，劳动者也需要特殊保护。劳动法律关系的客体是指主体的意志和行为所指向、影响和作用的客观对象，是主体权利义务的中介，即由一方提供，另一方支配和使用的劳动力。“我们把劳动力或劳动能力理解为人的身体即活的人体中存在的，每当人生产某种使用价值时就运用的体力和智力的综合”①。与其他法律关系客体相比，劳动力的存在具有人身性，劳动者作为劳动力的载体与劳动力在自然状态下不可分离；劳动力有过期自然丧失的性质，只能更新而无法长期储存；而劳动力的形成至少需要 16 年，在知识经济时代，还需要大量的智力投资；这种蕴含在劳动者体内的生产要素之一，只有在劳动过程中与生产资料相结合才能发挥作用。劳动力的上述特性决定了劳动法律关系兼具财产性和人身性。就其具有财产性而言，劳动法律关系是具有私法性质的合同关系；就其具有人身性而言，劳动法

① 马克思：《马克思恩格斯全集》第 23 卷，人民出版社 1972 年版，第 190 页。

律关系又具有公法因素，且占主要部分。这就要求国家主动介入，以强制性法律规范规定用人单位在使用劳动力时对劳动者的保障义务，既做到让劳动力充分发挥作用，又保证劳动者不受伤害。并且由国家、社会和用人单位共同承担劳动风险。

从劳资力量失衡已造成一系列的社会问题来看，劳动法的利益保护结构具有重要的现实意义。本来，资本主义制度在使劳动者丧失生产资料所有权的同时，也使劳动者在法律上获得了完全的人身自由，但是，随着资本的扩张，资本的巨大支配力量已将劳动者的独立性转化为对资本的依附性。资本利益可归属于经营利益，劳动利益则与生存利益密切相关。用人单位与劳动者在签订劳动合同过程中，用人单位可以放弃某种经营利益，但是劳动者却不可能放弃生存利益。因此，劳动者为了养家糊口常常不得不接受苛刻的劳动条件和微薄的劳动报酬。尤其是在就业机会稀缺导致“雇方市场”时，就业竞争加剧，劳动者的协商能力也随之减弱。如果没有公权的介入，没有劳动法独特的利益保护结构，就会出现一系列社会问题，诸如人权状况恶化，劳资关系冲突，社会正义的丧失以及可能产生的动乱等等。生存利益高于一切利益，生存利益的优先性决定了劳动法侧重于保护弱者的必要性和必然性。而妇女属于弱者中的弱者，因此需要特殊保护。

社会学基础

妇女劳动权益立法的社会学基础源于妇女解放、参加社会生产与担负生育天职的矛盾。人类繁衍是社会存续的基础，提高人口素质是社会发展的前提。而要保证人类正常繁衍，提高人口素质，就要保护母性机能。一旦母性机能遭到破坏，将出现不可逆的严重后果。如果新生儿先天畸形或发育不正常，那么，不仅给监护人造成经济上和精神上的沉重负担，而且会增加社会保障的支出。如果此问题带有普遍性，将影响人口素质，进而妨碍教育兴国战略的实施。优生依赖于生育者的健康体质；优育离不开家庭和社会对婴儿的哺育和智力开发。可见，保护母性机能是全社会的责任，是保证本民族人力资源高素质的重要前提之一。女职工肩负的繁衍后代的重任，关系到中华民族的兴衰。妇女因孕育和抚养新生命所付出的巨大的脑力和体力损耗，理应得到社会承认。其育儿劳动的持续物化和积淀，与国家提供的条件相结合，才能形成社会劳动力的后备军，因而生育具有社会价值，应当得到法律的特殊保护和社会的补偿。因此，对女职工在经期、孕期、产期和哺乳期的特殊劳动保护，生育保险待遇，职业保障措施等立法不仅出于法律所追求的公平、正义等价值，而且出于社会责任本位的理念。

医学基础

首先，女性的解剖生理特点决定了其与男性在作业能力和环境适应能力等方面的差异。

在身体结构方面，除了在生殖器官的形态结构上的差异外，从体形上看，男性身体大多粗壮，肩宽臀窄，平均身高高于女性，且上下肢长，工作半径增加。从骨骼系统的结构上看，男性骨盆宽度小，骨盆壁厚而深，骶骨胛突出，适于承重。而女性骨盆宽而浅，近似圆筒形，由于骨盆入口大，便于分娩，但骶骨胛不突出，需要脊柱腰骶段前弯来支撑上身重量，不宜承重。骨盆底的构造也比男性薄弱，因男性只有尿道和直肠通过骨盆底的肌肉和筋膜，女性还有阴道穿过，加上有内生殖器官子宫、卵巢、输卵管等位于骨盆腔内，当用力时，易受腹压影响，所以女性骨盆底的支持力不如男性。此外，女性下肢大多比男性短，在做跳跃、疾走、踏蹴等动作时不如男性灵便。从肌肉上看，男性肌肉通常比女性发达，其重量约占体重的40~50%，女性的肌肉重量约占体重的32~39%，皮下脂肪约占体重的20~25%，男性则只占10～15%。因此，女性肌力一般小于男性，且随年龄增长下降得比男性快，50岁时约为同龄男性的50%。

在生理机能方面，女性有月经、妊娠、分娩、哺乳和绝经等不同于男性的特殊时期，在生理上会出现一系列变化，对作业能力也会产生一定影响。

在月经前期和月经期间，大多数女性会有不同程度的不舒服症状。据统计，半数以上的女性表现为月经前3～7天作业能力下降，经期第1～2天作业能力低下，之后逐渐恢复正常。此种作业能力的波动，多见于工作较紧张的使用机器操作的强制性作业，如果是可以自由调节工作节律的工种，则波动不明显。但是，作业场所的环境条件，尤其是低温、冷水可直接导致痛经。重体力劳动和立位作业的女工也多患痛经。实践证明，劳动强度、工作姿势和劳动条件均可影响月经机能。

在孕期，孕妇机体会发生一系列变化。例如，孕早期的呕吐，孕晚期的子宫增大、体重增加、尿频、下肢浮肿等，对作业能力均有影响。孕后期母体和胎儿的能量消耗增大，每公斤体重的能量消耗远超过孕早期，例如，妊娠13周时的能量消耗为100%，妊娠36周时的能量消耗可达222%。所以需减少劳动的能量消耗，以免影响胎儿的正常发育。

女性分娩时，体能消耗很大，且易患与生产有关的很难根治的疾病，俗称“月子病”。即使未患“月子病”，工作能力的恢复也需要比较长的时间。因此，需要产假和产假期满后一段时间的轻工作量。

更年期女性卵巢机能逐渐衰退，内分泌机能暂时失调。约有10～15%的人会出现更年期综合症。表现为情绪不稳、易激动，耳鸣、头疼、眩晕、乏力、失眠、健忘，阵发性面部潮红、心悸、血压增高等等。出现上述症状，必然影响工作能力。虽然更年期的反应是暂时性的，男性也有人出现更年期反映，但是不能借此而忽视对女工的劳动保护。

其次，职业性有害因素对女性生殖机能的危害比较明显。

当职业性有害因素（X射线、r射线、铅、苯、汞、砷等）具有性腺毒性时，会影响卵细胞的成熟或造成卵细胞的染色体损伤，从而导致不孕、月经失调、提前绝经，或者胎死腹中、流产、胎儿畸形。

当职业性有害因素（X射线、r射线、铅、镉、砷、有机汞、二硫化碳、苯、甲苯、二甲苯、氯丁二烯、芋碱、乙烯雌酚等）具有胚胎毒性时，会出现胚胎畸形、胚胎死亡而流产、胎儿生长发育迟缓，如生出低体重儿或小头儿。还可能导致初生儿机能发育不全，如听觉、视觉的异常，智力发育不良等。母体缺氧也可能造成上述恶果。

某些生产中的化学物质具有胎盘毒性，可透过胎盘进入胎儿体内，影响胎儿发育；或者损伤胎盘，间接地影响胎儿发育。常见的上述毒物有铅、汞、磷、苯、二硫化碳、氯乙烯、汽油、芋碱、一氧化碳等。更为严重的是，经动物实验证明苯丙比、亚硝基化合物及氯乙烯等，可经胎盘致癌。乙烯雌酚经胎盘致癌已在人体上发生。

某些可引起神经内分泌功能障碍的职业性有害因素也会影响女性生殖机能，如噪声、高温等可引起月经机能障碍。

由于孕妇对职业性有害因素的敏感性增高，所以容易发生职业中毒及其他妊娠或分娩并发症。如接触二硫化碳、苯、甲苯、二甲苯、三氯乙烯等工业毒物的女工，妊娠高血压综合症的发病率高于对照人群；接触已内酰胺、甲醛、芋碱基、有机氯的女工，胎儿窒息的比例高于对照人群。此外，许多工业毒物可自乳汁排出，如铅、汞、苯、二硫化碳、多氯联苯、有机氯、三硝基甲苯等，影响乳儿健康。母源性乳儿铅中毒已屡见不鲜。

值得注意的是，女职工在月经期、孕期及绝经期对某些工业毒物的敏感性会有所增加。因为此期女职工的植物神经机能不稳定，胃肠道机能改变。这些生理反应如果与毒物的毒性作用一致，就会增加对毒物的敏感性。尤其是在孕期，能量消耗增加，新陈代谢加快，可促进机体对毒物的吸收。而在孕期肝、肾的负担加大，解毒、排毒的负担加重，在此情况下，孕妇的肝、肾更易受损。

再次，在血液、循环及呼吸系统的机能上也存在性别差异。如血液量，男性每公斤体重约为 83.1 毫升，女性只有 67.2 毫升；红血球数，男性每立方毫米血液中约 400～500 万，女性只有 350～450 万；血红蛋白，男性每 100 毫升血液中约有 12～15 克，女性只有 10.5～13.5 克。心脏每跳动一次搏出的血液量以及呼吸时的肺活量，女性也比男性少。人在进行体力劳动时，身体对氧气的需要量加大。因为氧气是由肺部吸收入血，再由红血球中的血红蛋白携带，通过血液循环送到周身组织中，所以女性吸收氧气和运送氧气的能力均比男性低。从而在进行同等强度的劳动时，女性的心跳和呼吸通常比男性快，次数多，才能满足身体对氧气的需要。这样，机体的负担比男性大，因此不宜做重体力劳动。①

（4）*妇女劳动权益立法存在的问题和对策*

主要问题是现行劳动法带有计划经济体制的色彩，在制定各项目标方面非常出色，而在可操作性和执行性方面严重不足。因而在实施过程中，出现问题的普遍性和严重性都远远超过其他部

---

① 中华全国总工会女职工部编：《女职工劳动保护资料汇编》，中国工人出版社 1993 年版，第 93～100 页。

门法。要切实保障妇女的劳动权益，至少应当解决以下问题：

制定《劳动合同法》，增强《劳动法》的可操作性，以免在劳动关系领域套用民法。例如，女工张某在劳动合同期满终止后，发现自己在合同期满前一个多月已怀孕，要求用人单位恢复劳动关系。有人认为：张某如没有跳槽或回家休息的意愿，那么终止劳动关系后就应享受生育保险待遇。由此可见，张某终止劳动合同并非其真实意思，属于重大误解行为，有权请求人民法院或者仲裁机关予以变更或者撤销。① 而适用劳动法，劳动争议仲裁机构在裁决用人单位应否与女工张某恢复劳动关系时，只要认定张某属于在孕期受特殊保护的范围，就可以适用《关于贯彻执行中华人民共和国劳动法若干问题的意见》（劳部发［1995］309号）第34条的规定："除劳动法第二十五条规定的情形外，劳动者在医疗期、孕期、产期和哺乳期内，劳动合同期限届满时，用人单位不得终止劳动合同。劳动合同的期限应自动延续至医疗期、孕期、产期和哺乳期期满为止。"这是劳动法对弱者中的弱者在最需要保护的时期给予的特殊保护，此强制性规范已无需协商，只需张某尽举证义务。即使双方当事人在决定终止劳动关系时存在重大误解，也不得直接请求人民法院予以变更或撤销。此争议不论是经仲裁还是仲裁之后的诉讼解决，其结果都不可能是张某在终止劳动关系后享受生育保险待遇。民法在相当程度上尊重当事人的意思自治，对其意思表示瑕疵，有专门的救济手段，意在实现平等主体间的合同自由和当事人的权利。其形式上的平等与实质性平等一般具有一致性。而在劳动关系领域，形式上的平等与实质性平等常常出现尖锐对立。因而劳动法用大量的强制

---

① 周福明：《刍议劳动法与民法在处理劳动争议案件中的交叉》，载《中国劳动》，2001年第1期。

性规范来限制当事人的合同自由，意在不平等主体间建构追求实质性平等的桥梁。所以民法与劳动法有许多不同的制度。在民法中不可能有强制双方当事人于合同终止时自然延续的规定。可见，套用民法的规定，会违背劳动法保护弱者的宗旨，还会把简单的案件复杂化。为了从根本上解决此问题，应当尽快出台《劳动合同法》，清理目前大量的零散、杂乱且位阶低的劳动合同规定，使《劳动法》中的原则性规定具体化，具有可操作性。同时，注意明确法律责任，使妇女的劳动权益得以实现。

制定《劳动监察法》，增强维权的主动性。在我国，劳动争议案件逐年递增。为提高效率，节省救济成本，同时也为了主动维护大量的处于受侵害境遇而不敢、不愿或不能维权的弱势群体的合法权益，应当加强劳动监察工作，从劳动合同的鉴证入手，劳动行政部门主动履行职责，保证所辖区内劳动合同的真实性和合法性，使某些用人单位凭借优势地位强加给劳动者的大量的无效条款被消灭在履行之前，这已被实践证明是源头维权的有效方式。此外，在劳动合同履行过程中，也应当加强劳动监察工作。在日本，可以见到工会负责劳动监察的人经常在正常工时结束后上街巡查，发现路边有亮灯的工作间，就前去询问加班情况。这种主动性是实施劳动法切实保护劳动者合法权益的关键所在。为了保证劳动监察在劳动法实施中应发挥的作用，借助行政权力来维护劳动法的尊严，应出台《劳动监察法》，明确劳动监察的主体、对象、监察主体的权限、职责、监察的程序、对象以及双方的权利义务。尤其是监察主体滥用权力和玩忽职守应承担的法律责任。为了解决女工就业歧视和女工的特殊劳动保障难以落实的问题，可以在全国妇联创设“女工特别委员会”，由《劳动监察法》赋予其劳动监察和行政处罚的职权，与工会的女工部配合，切实维护女工的劳动权益。

（二）妇女的劳动就业权和劳动报酬权

(1) 妇女劳动就业权的特征

①权力实现要求的特殊性

妇女劳动就业权的权利主体是具有劳动权利能力和劳动行为能力的妇女，义务主体是国家和社会。促进就业是国家的职责之一，就业率是衡量该国政府的工作好坏和社会经济发展水平高低的重要标准之一。受劳动过程实现的客观规律制约，妇女劳动就业权的实现，在很大程度上依赖于社会客观条件的存在。因此，国家作为相对义务主体，负有的不仅仅是不妨碍权利主体行使权利的不作为的义务，而且要以积极的作为促进和保障该权利的实现。一方面，国家要采取措施发展经济，创造和扩大就业机会，举办职业培训、职业介绍等促进就业；另一方面，国家通过法律对用人单位解除劳动合同做出必要的限制。如我国《劳动法》第29条规定，除了有第25条规定的情形外，女职工在孕期、产期、哺乳期的，用人单位不得解除劳动合同。

②内容的特殊性

妇女劳动就业权是妇女将自己的劳动力与社会生产资料相结合及取得相应报酬或收入的两个权利的结合。如果妇女参加的是没有报酬的劳动，如义务劳动，则实现的就不是劳动就业权；如果妇女的收入不是基于劳动而取得的，如股息、红利，也不能视为劳动就业。因此，妇女参加社会劳动和获得相应报酬或收入是实现劳动就业权不可偏废的两个方面。

③权力救济手段的特殊性

虽然国家作为相对义务主体有促进和保障妇女就业的义务，但是，这并不意味着国家要把妇女的就业全部包下来。因此，当受诸多因素制约，有就业愿望的妇女不能就业时，该妇女不能以仲裁或诉讼的方式向国家主张权利，只能依法申领失业保险金或救济金。①

(2) 如何解决就业性别歧视问题

劳动就业权是妇女取得其他一切权利的前提，是妇女获得解放，实现社会价值的基础。但是，就业性别歧视由来已久，可追溯到我国经济体制转轨之初。由于在计划经济体制下，政府过分强调男女同工同酬，导致男女不同工也同酬。忽视女工的生理特点和生育重任必然产生的性别差异，使用人单位感到不公平而积怨甚深。搞社会主义市场经济，政府把用工自主权交给了用人单位，一些用人单位便公开地在招工简章中宣称不招女工或者提高对女工的录用标准。当然，就业性别歧视还有其他原因，如：妇女生育补偿的社会化程度低。本来人口再生产是人类社会存在和发展的必要条件，妇女为此付出的代价应由社会补偿，但长期以来，此负担主要由企业承担，女工越多，负担越重。加上家务劳动的社会化、现代化程度不高，家务劳动主要由妇女承担。据全国妇联和国家统计局 2001 年 9 月的统计，家庭做饭、洗碗、洗衣、打扫卫生等日常家务劳动有 85% 以上主要由妻子承担。女性平均每天用于家务劳动的时间达 4 小时 14 分钟，比男性多 2 小时 41 分钟。这是女性的知识和技能一般低于男子的原因之一。在劳动力过剩的情况下，妇女较男子承受着更大的就业压力。解决的主要办法是：

①增强政府宏观调控的力度

鉴于就业性别歧视问题严重，需要国家公权利介入劳动合同领域。在社会成员利益格局的调整和资源配置上，坚持男女平等参与、共同发展、共同受益的原则，把男女平等纳入政府工作的各项决策中，制定有利于社会经济发展和妇女发展相协调的政

① 关怀主编：《劳动法》，中国人民大学出版社 2001 年版，第 104 页。

策。落实《消除对妇女一切形式歧视公约》第11条的规定:“缔约各国应采取一切适当措施,消除在就业方面的对妇女的歧视,以保证她们在男女平等的基础上享有相同权利,特别是:(a)人人有不可剥夺的工作权利;(b)享有相同就业机会的权利,包括在就业方面相同的甄选标准……”从实际出发,可对家务负担重的女工实行弹性工时制,计件工资制,做到与男工同贡献同报酬。同时加强职业教育和职业介绍经费投入,制定鼓励妇女提高职业技能的政策。并逐步推进家务劳动的社会化和现代化。

②解决有关法律责任不完备的问题

《劳动法》第13条规定:“妇女享有与男子平等的就业权利。在录用职工时,除国家规定的不适合妇女的工种或者岗位外,不得以性别为由拒绝录用妇女或者提高对妇女的录用标准。”《妇女权益保障法》、《女职工劳动保护规定》等也有相关规定。但是,由于法律责任不完备,使相关权利义务规定形同虚设。之所以有不少单位肆无忌惮地违反劳动法平等就业的原则,是因为没有违法者可以预期的必须承担的不利的法律后果。因为现行法律仅在《妇女权益保障法》第50条中对此做出了明确规定:“依照法律、法规规定,应当录用而拒绝录用妇女或者对妇女提高录用条件的”、“以结婚、怀孕、产假、哺乳为由辞退女职工的”,“由其所在单位或者上级机关责令改正,并可根据具体情况,对直接责任人员给予行政处分。”此规定在计划经济时代尚可落实,而在改革之后,在许多私营企业已失去了实施基础。因为在许多私营企业中,老板说了算,既不受本单位制约,也没有上级机关约束。监管主体缺位,且制裁程度轻微。要解决这一严重的社会问题,有必要借鉴发达国家的有关规定。例如,英国于1976年成立了“机会均等委员会”,其独立于政府,有权发布解决歧视问题的实施准则和根据性别歧视法提起诉讼,尤其是团体诉讼。在英国,如果雇主在招工简章中注明只招收男性雇员，则违反了性别歧视法，属于直接歧视；如果附加了不利于女性的要求或条件的是间接歧视，例如，附加了对女性年龄的限制或要求申请者没有需喂养的孩子。因歧视性招工而未被雇用的受害者可以在歧视行为发生之日起3个月内向产业法庭提起诉讼。产业法庭裁决的赔偿额不受限制。1998年12月24日，韩国国会委员会通过了《禁止男女不平等待遇法》，规定任何公司、企业在雇用、晋升和待遇方面，因为性别而对女性有歧视嫌疑，受害者可以直接向女性特别委员会投诉。如果经调查属实，该公司、企业必须立即改正，否则，女性特别委员会有权不经司法程序，直接对违法者处以1000万韩元的罚款，而且不含对受害人的赔偿。

③完善社会保障制度，减轻企业负担

在计划经济时代，我国经济学界全面接受并片面理解斯大林提出的社会主义生产的目的是不断满足人民日益增长的物质文化生活需要的论断，忽视经营者的盈利性，认为追求利润是资产阶级法权，应予批判。因而企业成为执行国家经济计划的工具和实现社会福利的场所，“企业办社会”便是此理论的实践结果。改革开放之后，计划经济向社会主义市场经济过渡，国有企业不堪重负，社会保障制度应运而生。随着社会保障制度的完善，社会保险和福利救济经费由国家、社会统筹，减轻企业负担，将对消除就业性别歧视起到一定作用。

(3) 如何解决企业以规章制度侵犯妇女的劳动就业权的问题

企业的规章制度是劳动者遵守劳动纪律的依据，也常常作为劳动合同的附件。劳动者遵守劳动纪律是法定义务，也是劳动合同的必备条款。当劳动者出现严重违反劳动纪律或者用人单位规章制度的情形时，劳动法赋予了用人单位随时解约权。这就意味着劳动者可能因此被除名。在大量的相关劳动争议中，双方争议的焦点是规章制度的效力。因此，在劳动法中应当明确规定规章制度的有效要件——合法和公示。

所谓合法是指规章制度的内容符合法律、行政法规及政策的规定，没有违反法律、行政法规及政策的强制性规范。包括规章制度的内容和制定的程序合法。程序合法是内容合法的保障，内容违法的规章制度往往不是经过民主程序制订的。在实际生活中，某些用人单位的规章制度内容违法，带有管理者的专制和随意性。例如，某市外商独资大酒店的《员工守则》规定："女职工在合同期内结婚，合同自行解除。"某城市信用社的内部用工制度规定："凡在信用社工作的干部员工，不珍惜岗位、家庭闹不团结造成离婚的，一律除名。"有的企业的规章制度甚至沿袭封建制的株连，殃及无辜。例如，某市玻璃器皿厂的厂规规定："男职工调离时，其在本厂工作的妻子须一同调出，否则停止其在厂内的一切待遇。"包括工资和住房等。这些规定严重违反了婚姻法、妇女权益保障法和劳动法，侵害了女工的就业权。要杜绝此现象，一方面应在《劳动法》中明确规章制度内容的合法标准及违法的法律后果；另一方面，加强劳动合同鉴证及其他劳动监察工作，及时发现并责令用人单位修改违法的规章制度。

所谓公示是指用人单位的规章制度要以适当方式公布，使受其约束的全体劳动者知晓。在实际生活中，劳动者在受罚时才知道有关规章制度的屡见不鲜。例如，中法合资杭州特维达皮件有限公司"时不时对工人进行罚款：亲属来探望不登记罚款 10 元；擅自使用车间电梯罚款 50 元；上班时互相随便讲话罚款 10 元……总之，只要想罚款，随时都可以。"这样，用人单位随时可以创设"规章制度"，未公示即执行，违背了制定规章制度的防范初衷。其违法性和显失公正性伤害了职工的自尊心，极易激化劳资矛盾，使劳动关系不协调。在劳动争议处理过程中，无论是仲裁机构还是人民法院，均要求规章制度具有合法性和公示性。最高人民法院《关于审理劳动争议案件适用法律若干问题的解释》（法释［2001］14号）第19条规定："用人单位根据《劳动法》第四条之规定，通过民主程序制订的规章制度，不违反国家法律、行政法规及政策规定，并已向劳动者公示的，可以作为人民法院审理劳动争议案件的依据。"这就意味着凡是没有公示的规章制度，即使内容和制定程序均合法，也不能作为人民法院审理劳动争议案件的依据。

(4) 妇女劳动报酬权的法律保障

①男女同工同酬

国际劳工大会第34会议于1951年6月29日通过的、中国于1990年9月7日批准加入的《关于男女工人同工同酬的公约》第1条规定："'男女工人同工同酬'一语指报酬率的订定，不得有性别上的歧视。"《消除对妇女一切形式歧视公约》第11条规定："(d) 同样价值的工作享有同等报酬（包括福利）、平等待遇的权利，在评定工作的表现方面，享有平等待遇的权利"。我国《劳动法》、《妇女权益保障法》、《女职工劳动保护规定》等均有此类规定。

②最低工资保障制度

最低工资是指劳动者在法定工作时间内，提供正常劳动的前提下，其所在单位应支付的最低劳动报酬。不包括：1. 加班加点工资；2. 中班、夜班、高温、低温、井下、有毒有害等特殊工作环境、条件下的津贴；3. 国家法律、法规、政策规定的劳动保险、福利待遇等。《劳动法》第48条规定："国家实行最低工资保障制度。最低工资的具体标准由省、自治区、直辖市人民政府规定，报国务院备案。用人单位支付劳动者的工资不得低于最低工资标准。"原劳动部于1993年11月24日发布的《企业最低工资规定》规定了最低工资的确定方法。

③工资支付规定

根据《劳动法》第50条规定，“工资应当以法定货币形式按月支付给劳动者本人，不得克扣或者无故拖欠劳动者的工资。”在实际生活中，不少企业以实物形式发工资，如袜厂发袜子，照相机厂发相机等。克扣或者无故拖欠劳动者工资的现象也比较严重。对此，原劳动部颁发了《工资支付暂行规定》（劳部发［1994］489号）和《对<工资支付暂行规定>有关问题的补充规定》（劳部发［1995］226号），强调工资应当以法定货币形式按时支付，不得以实物及有价证券替代货币支付，不得克扣或者无故拖欠。并对《劳动法》第44条规定的加班费做了解释：“即凡是安排劳动者在法定工作日延长工作时间或安排在休息日工作而又不能补休的，均应支付给劳动者不低于劳动合同规定的劳动者本人小时或日工资标准150%、200%的工资；安排在法定休假日工作的，应另外支付给劳动者不低于劳动合同规定的劳动者本人小时或日工资标准300%的工资。”

④对扣除工资金额的限制

用人单位对劳动者的违纪罚款，需要从工资中扣除的，每月扣除额不超过工资的20%；因劳动者本人原因给用人单位造成经济损失的，每月扣除的赔偿额不超过工资的20%，且剩余部分不得低于当地最低工资标准。以保证劳动者本人及其所供养家属的基本生活费。

⑤侵犯妇女劳动报酬权的法律责任

根据《劳动法》第91条规定，侵犯妇女劳动报酬权的，由劳动行政部门责令改正，并支付赔偿金。原劳动部于1994年12月30日发布的《违反和解除劳动合同的经济补偿办法》第3条规定：“用人单位克扣或者无故拖欠劳动者工资的，以及拒不支付劳动者延长工作时间工资报酬的，除在规定的时间内全额支付劳动者工资报酬外，还需加发相当于工资报酬25%的经济补偿金。”第4条规定：“用人单位支付劳动者的工资报酬低于当地最低工资标准的，要在补足低于标准部分的同时，另外支付相当于低于部分25%的经济补偿金。”此外，根据《违反<中华人民共和国劳动法>行政处罚办法》第6条的规定，还可以责令该用人单位按相当于支付劳动者工资报酬、经济补偿总和的1~5倍支付劳动者赔偿金。

（三）女职工的劳动保护权

女职工的劳动保护权是指保护女职工在生产中的安全权和健康权。有关的法律制度主要体现在以下法律、法规和规章中：《中华人民共和国劳动法》、《中华人民共和国妇女权益保障法》、《中华人民共和国母婴保健法》、《女职工劳动保护规定》（国发[1988]第9号）、《〈女职工劳动保护规定〉问题解答》（劳安字[1989]1号）、《女职工禁忌劳动范围的规定》、《(劳安字[1990]2号)》、《女职工保健工作规定》。

1. 女职工的保健工作规定

1993年11月26日，卫生部、劳动部、人事部、全国总工会、全国妇联，为保护女职工身心健康及其子女的健康发育和成长，提高民族素质，根据《中华人民共和国妇女权益保障法》和《女职工劳动保护规定》，联合发布《女职工保健工作规定》。要求境内的党政机关、人民团体和企业、事业单位的主管人员必须贯彻预防为主的方针，注意女性生理和职业特点，认真执行国家有关保护女职工的各项政策和法规。1994年10月27日第八届全国人大常委会第十次会议通过了《中华人民共和国母婴保健法》。对婚前保健、孕产期保健等做了具体规定。

（1）女职工保健工作的组织保障

各级人民政府领导母婴保健工作，国务院卫生行政部门主管全国母婴保健工作，国务院其他部门在各自职责范围内，配合卫生行政部门做好母婴保健工作。各单位分管女职工保健工作的行政领导负责组织本单位卫生、劳动、人事部门和工会、妇联组织及有关人员共同做这项工作，区、县以上的各级妇幼保健机构负责本辖区内的业务指导。各单位的医疗卫生部门负责本单位的此项工作。女职工人数在1000人以下的厂矿设兼职妇女保健人员；女职工人数在1000人以上的厂矿，在职工医院的产科或妇幼保健站中应有专人负责女职工保健工作。

(2) 保健措施

月经期保健

首先，应抓好月经期卫生知识的普及工作；同时配备有关设施，例如，女职工在100人以上的单位，应逐步建立女职工卫生室，女职工每班在100人以上的单位，应设简易的温水箱及冲洗器，对流动、分散工作单位的女职工应发放单人自用冲洗器。其次，应当严格遵循《女职工禁忌劳动范围的规定》并且对患有重度痛经及月经过多的女职工给与特殊照顾，经医疗或妇幼保健机构确诊后，月经期间可给1~2天的休假。

婚前保健

对欲婚女职工必须进行婚前卫生知识的宣传教育及咨询，并进行婚前健康检查及指导。包括性卫生知识、生育知识和遗传病知识的教育，并对婚配、生育保健等问题提供医学意见。医疗保健机构应当对下列疾病进行婚前检查并出具婚前医学检查证明：①严重遗传性疾病；②指定传染病；③有关精神病。经婚前医学检查，准备结婚的男女双方或一方患指定传染病在传染期内或者有关精神病在发作期内，应当暂缓结婚。对此，医师应当提出医学意见。同时，医师对诊断患医学上认为不宜生育的严重遗传性疾病的，应当向双方说明情况，提出医学意见，经男女双方同意，采取长效避孕措施或者施行结扎手术后不生育的，可以结婚。但《中华人民共和国婚姻法》规定禁止结婚的除外。至于收费问题，省级政府应当规定合理的收费标准，对边远贫困地区或者交费确有困难的人员应当给予减免。

孕前保健

除了严格遵循《女职工禁忌劳动范围的规定》之外，还应积极开展优生宣传和咨询，使女职工知道患有射线病、慢性职业中毒、近期内有过急性中毒史及其他有碍于母体和胎儿健康疾病者，暂时不宜妊娠。还应进行妊娠知识的健康教育，使女职工在月经超期时主动接受检查。对有过两次以上自然流产史，现又无子女的女职工，应暂时调离有可能直接或间接导致流产的作业岗位。

孕期保健

自确立妊娠之日起，应建立孕产妇保健卡（册），进行血压、体重、血、尿常规等基础检查。对接触铅、汞的孕妇，应进行尿中铅、汞含量的测定。定期进行产前检查、孕期保健和营养指导。推广孕妇家庭自我监护，系统观察胎动、胎心、宫底高度及体重等。并实行高危孕妇专案管理，无诊疗条件的单位应及时转院就诊，并配合上级医疗和保健机构严密观察和监护。经产前诊断，有下列情形之一的，医疗保健机构的医师应当向双方说明情况，并提出终止妊娠的医学意见：①胎儿患严重遗传性疾病的；②胎儿有严重缺陷的；③因患严重疾病，继续妊娠可能危及孕妇生命安全或者严重危害孕妇健康的。依照《中华人民共和国母婴保健法》的规定终止妊娠或者做结扎手术的，接受免费服务。此外，根据《女职工保健工作规定》，女职工较多的单位应建立孕妇休息室，对妊娠满 7 个月的女职工应给予工间休息或适当减轻工作。妊娠女职工不加班加点,怀孕7个月以上不上夜班,其中从事立位工作的,其工作场所应有工间休息座位。关于孕期禁忌劳动范围和产前、产后、流产的假期及待遇应按有关法律规定执行。

产后保健

单位有关人员应进行产后访视及母乳喂养指导，在产后的第42天对母子进行健康检查。应允许女职工在产假期满恢复工作时，有1~2周时间逐渐恢复原工作数。

哺乳期保健

首先，医疗保健机构应当为产妇提供科学育儿、合理营养和母乳喂养的指导。用人单位应保证授乳时间，提倡4个月内纯母乳喂养。哺乳期满，经区、县及其以上医疗或保健机构确诊为体弱儿，可适当延长授乳时间，但不得超过6个月。其次，应为哺乳创造条件，有哺乳婴儿5名以上的单位，应逐步建立哺乳室。哺乳期的女职工不上夜班，不加班加点，不从事法定禁忌范围的工作。

更年期保健

女职工所在单位有义务宣传更年期生理卫生知识，使进入更年期的女职工得到社会的关怀。经区、县及其以上的医疗或妇幼保健机构诊断为更年期综合症者，经治疗效果仍不显著且不适应原工作的，应暂时安排适宜的工作。对进入更年期的女职工应每1~2年进行一次妇科疾病的查治。

其他保健措施

用人单位应定期进行妇科疾病及乳腺病的查治；应建立健全女职工保健工作统计制度。女职工的浴室要淋浴化，厕所要求蹲位。

(3) 监督检查

各级卫生行政部门会同同级劳动、人事部门、工会及妇联组织进行监督检查，行使依法处罚权。

2. 女职工的禁忌劳动范围

1990年1月18日，原劳动部根据《女职工劳动保护规定》，第16条的要求，为保护女职工身心健康及其子女的正常发育和成长，颁布了《女职工禁忌劳动范围的规定》。主要内容如下：

(1) 女职工禁忌从事的劳动范围

①矿山井下作业；

②森林业伐木、归楞及流放作业；

③《体力劳动强度分级》标准中第Ⅳ级体力劳动强度的作业，即劳动强度指数大于25，如矿山、钢铁厂的装卸工等；

④建筑业脚手架的组装和拆除作业，以及电力、电信行业的高处架线作业；

⑤连续负重（指每小时负重次数在6次以上）每次负重超过20公斤，间断负重每次负重超过25公斤的作业。

(2) 女职工在月经期间禁忌从事的劳动范围

①食品冷冻库内及冷水（等于或低于12℃）等低温（工作地点平均气温等于或低于5℃）作业；

②《体力劳动强度分级》标准中第Ⅲ级体力劳动强度的作业，即劳动强度指数大于20，小于25，如陶瓷厂中陶瓷制品的装坯工等；

③《高处作业分级》标准中第Ⅱ级（含Ⅱ级）以上的作业，即在高度基准面5米以上（含5米）有可能坠落的高处进行的作业；

(3) 已婚待孕女职工禁忌从事的劳动范围

铅、汞、苯、镉等作业场所属于《有毒作业分级》标准中第Ⅲ、Ⅳ级的作业。

(4) 怀孕女职工禁忌从事的劳动范围

①作业场所空气中铅及其化合物、汞及其化合物、苯、镉、铍、砷、氰化物、氮氧化物、一氧化碳、二硫化碳、氯、已内酰胺、氯丁二烯、氯乙烯、环氧乙烷、苯胺、甲醛等有毒物质浓度超过国家卫生标准的作业；

②制药行业中从事抗癌药物及乙烯雌酚生产的作业；

③作业场所放射性物质超过《放射防护规定》中规定剂量的作业；

④人力进行的土方和石方作业；

⑤《体力劳动强度分级》标准中第Ⅲ级体力劳动强度的作业；

⑥伴有全身强烈震动的作业，如风钻、捣固机、锻造等作业，以及拖拉机驾驶等；

⑦工作中需要频繁弯腰、攀高、下蹲的作业，如焊接作业；

⑧《高处作业分级》标准所规定的作业，即Ⅰ级高处作业，在高度基准面2米以上（含2米）有可能坠落的高处进行的作业。

（5）乳母禁忌从事的劳动范围

①作业场所空气中铅及其化合物、汞及其化合物、苯、镉、铍、砷、氰化物、氮氧化物、一氧化碳、二硫化碳、氯、已内酰胺、氯丁二烯、氯乙烯、环氧乙烷、苯胺、甲醛等有毒物质浓度超过国家卫生标准的作业；

②《体力劳动强度分级》标准中第Ⅲ级体力劳动强度的作业；

作业场所空气中锰、氟、溴、甲醇、有机磷化合物、有机氯化合物的浓度超过国家卫生标准的作业。

3. 女职工的休息休假权

休息休假是指劳动者在法定工作时间外有权自行支配的时

间，包括每日休息的时间、每周休息的天数、节假日、年休假、探亲假等。休息权是我国《宪法》赋予公民的基本权利之一。《劳动法》和《女职工劳动保护规定》及1981年国务院修订公布的《国务院关于职工探亲待遇的规定》，1995年2月17日修改过的《国务院关于职工工作时间的规定》，1999年9月18日国务院修订发布的《全国年节及纪念日放假办法》等对休息休假做出了具体规定。

(1) 工作日内的间歇时间

工作日内的间歇时间是指在一个工作日内给职工休息和用膳的时间。一般不少于半小时。在哺乳期内的女工有两次哺乳（含人工喂养）时间，每次30分钟。多胞胎生育的，每多哺乳一个婴儿，每次哺乳时间增加30分钟。女职工的哺乳时间和在本单位内往返途中的时间视为劳动时间。

(2) 两个工作日间的休息时间

职工从一个工作日结束至下一个工作日开始前的休息时间一般为15～16小时。实行三班制的企业，上夜班的职工，其日工作时间比标准工作时间缩短1小时。

(3) 公休假日

公休假日是指职工在做满一个工作周之后的休息时间。我国《劳动法》第38条规定："用人单位应当保证劳动者每周至少休息一日。"自1995年5月1日起，职工每日工作8小时，每周工作40小时。公休假日为每周两天，一般安排在星期六和星期日，企业也可以根据所在地的供电、供水和交通等状况，经与工会和职工协商后，灵活安排公休假日。

(4) 法定节假日

法定节假日是指由法律、法规统一规定的用于开展庆祝、纪念活动的休息时间。

属于全体公民放假的节日有：

①新年，放假1天（1月1日）；

②春节，放假3天（农历正月初一、初二、初三）；

③劳动节，放假3天（5月1日、2日、3日）；

④国庆节，放假3天（10月1日、2日、3日）。

属于部分公民放假的节日有：

①妇女节（3月8日），妇女放假半天；

②青年节（5月4日），14周岁以上的青年放假半天；

③儿童节（6月1日），13周岁以下的儿童放假1天；

④中国人民解放军建军纪念日（8月1日），现役军人放假半天。

全体公民放假的节日，如果适逢星期六、星期日，就应当在工作日补假；部分公民放假的节日，如果适逢星期六、星期日，则不补假。

（5）年休假

年休假是指法律规定的职工在工作满一定年限后，每年享有的带薪连续休假。我国《劳动法》第45条规定："国家实行带薪年休假制度，劳动者连续工作一年以上，享受带薪年休假。具体办法由国务院规定。"

（6）探亲假

探亲假是指与父母或配偶分居两地的职工，每年享有的与父母或配偶团聚的假期。我国自1958年开始实行职工探亲假制度。1981年国务院修订公布的《国务院关于职工探亲待遇的规定》规定，凡在国家机关、人民团体和全民所有制企业、事业单位工作满一年的固定职工，与配偶不住在一起，又不能在公休假日团聚的，可以享受探望配偶的待遇；与父亲母亲都不住在一起，又不能在公休假日团聚的，可以享受探望父母的待遇。职工探望配偶的，每年给予一方探亲假一次，假期为30天。未婚职工探望父母，原则上每年给假一次，假期为20天。如果因为工作需要，本单位当年不能给予假期，或者职工自愿两年探亲一次，可以两年给假一次，假期为45天。已婚职工探望父母的，每四年给假一次，假期为20天。路程不计入探亲假内。凡实行年休假制度的职工，应当在休假期间探亲；如果休假期较短，可由本单位适当安排，补足其探亲假的天数。职工在规定的探亲假和路程假期内的，按照本人的标准工资发给工资。职工探望配偶和未婚职工探望父母的往返路费，由所在单位负担。已婚职工探望父母的往返路费，在本人月标准工资30%以内的，由本人自理，超过部分由所在单位负担。

（7）延长工作时间的规定

在一般情况下，用人单位由于生产经营需要，经与工会和职工协商后，可以延长工作时间，一般每日不得超过1小时；因特殊原因需要延长工作时间的，在保障职工身体健康的条件下，延长工作时间每日不得超过3小时，但是每月累计不得超过36小时。发生自然灾害、事故等极特殊情况除外。

（8）生育假

根据《劳动法》和《女职工劳动保护规定》，女职工产假为90天，其中产前休假15天。难产的增加产假15天，多胞胎生育的，每多生育一个婴儿，增加产假15天。

4. 侵犯女职工劳动保护权的法律责任

根据我国《劳动法》和原劳动部1994年颁布的《违反<中华人民共和国劳动法>行政处罚办法》等规定，侵犯女职工劳动保护权的，由劳动行政部门责令改正，处以罚款；对女职工造成损害的，用人单位应当承担赔偿责任。有下列侵害女职工合法权益行为之一的，县级以上各级人民政府劳动行政部门应责令改正，并按每侵害一名女职工罚款3000元以下的标准处罚：

（1）安排女职工从事矿山井下、国家规定的第四级体力劳动强度的劳动和其他禁忌从事的劳动；

（2）安排女职工在经期从事高处、低温、冷水作业和国家规定的第三级体力劳动强度的劳动；

（3）安排女职工在怀孕期间从事国家规定的第三级体力劳动强度的劳动和孕期禁忌从事的劳动的；

（4）安排怀孕七个月以上的女职工延长工作时间和从事夜班劳动的；

（5）安排女职工在哺乳未满一周岁的婴儿期间从事国家规定的第三级体力劳动强度的劳动和哺乳禁忌从事的其他劳动及安排其延长工作时间和夜班劳动的；

用人单位违反女职工保护规定，女职工产假低于90天的，劳动行政部门应责令限期改正，逾期不改的，按每侵害一名女职工罚款3000元以下的标准处罚：

对数次（二次及以上）违反《劳动法》的，可以加重处罚。加重处罚可按原罚款标准的2~5倍计算罚款金额。

（四）女职工的劳动保险权

劳动保险属于社会保障的主要组成部分。与商业保险相比，具有强制性和社会性等特征。包括养老保险、失业保险、医疗保险、工伤保险和生育保险。

1.女职工劳动保险权的内容

（1）生育保险

生育保险是指女职工因怀孕和分娩导致暂时丧失劳动能力，中断正常收入来源时，从社会获得物质帮助的一种社会保险制度。这是专门为女职工设立的一项社会保险，无论正常生产还是流产，被保险者均享受生育保险待遇，但要求以合法结婚并享有生育指标为前提。

由于生育保险成为保障人类健康繁衍和确保劳动力扩大再生产的有效途径。所以得到各国政府的重视。早在1883年，《德国劳工疾病保险法》中，就已有生育保险的内容。此后许多国家都把生育保险作为疾病保险的组成部分，或作为妇女权益保障的内容。国际劳工组织分别在1919年和1952年制定了第3号公约《妇女生育前后工作公约》和第103号公约《生育保护公约》，规定妇女产假至少12周，产假期间发给现金津贴，并提供医疗护理，其经费来自强制社会保险基金或其他公共基金。我国的生育保险制度建于20世纪50年代初，1951年政务院颁布了《中华人民共和国劳动保险条例》，1953做了修订，其中规定了女职工生育保险待遇。1955年4月26日，国务院颁布了《关于女工作人员生产假期的通知》，使生育保险待遇的覆盖面扩大到机关、事业单位的女职工。1994年12月14日，劳动部颁发了《企业职工生育保险试行办法》（简称《办法》）这是现行的生育保险规章。主要内容如下：

①生育保险的对象

《办法》规定：生育保险的对象是城镇企业的女职工，有些地方在实施中，将生育保险的对象延伸到了乡镇企业的女职工。扩大生育保险的实施范围，是改革的趋势。

②生育保险基金

生育保险基金是国家在全社会统一建立的，用于支付生育保险所需费用的各项资金。由于生育保险所需费用的可预见性，《办法》规定："生育保险根据'以收定支，收支基本平衡'的原则筹集资金。由企业按照其工资总额的一定比例向社会保险机构缴纳生育保险费，建立生育保险基金。生育保险费的提取比例由当地人民政府根据计划内生育人数和生育津贴、生育医疗费等项费用确定，并可根据费用支出情况适时调整，但最高不得超过工资总额的1%。”“职工个人不缴纳生育保险费。”

③生育保险待遇

生育保险待遇取决于经济发展水平、历史习惯和人口政策，各国高低不同。1952年国际劳工大会通过的第102号公约《社会保障（最低标准）公约》规定：补助金额应当是以充分维护产妇和婴儿的生活与健康为标准。我国的生育保险待遇有：

产假

女职工生育，享受不少于90天的产假。其中，产前15天，产后75天。难产的，增加15天，多胞胎生育的，每多生一个婴儿，增加产假15天。女职工怀孕流产的，根据医务部门的证明，怀孕不满4个月的，给15~30天产假；4个月以上的，给42天产假。

世界各国规定的产假长短不一，大多为12~14周。其中最短的是菲律宾，为45天；最长的是芬兰，为258天。在鼓励生育的国家，产假随子女数递增。如法国，生育第1个或第2个子女，产假为16周，生育第3个子女，产假为26周，多胎生育的再增加2~12周。

生育津贴

女职工产假期间的生育津贴按照本企业上年度职工月平均工资计发，由生育保险基金支付。其他国家多采取在每个子女出生时发给一次性的生育津贴，如英国发25英镑，瑞士发60法郎。此外，还发给生育补助金。如英国发给受保人每周27.25英镑，共支付18周。有的国家还提供护理津贴和育婴补助。护理津贴的数额一般为收入的15%~25%，可采取现金或者实物方式。如法国发给育婴母亲津贴或奶票；墨西哥提供婴儿的全套用品，或购置婴儿用品津贴。

生育医疗服务

《办法》规定："女职工生育的检查费、接生费、手术费、住院费和药费由生育保险基金支付。超出规定的医疗服务费和药费(含自费药品和营养药品的药费)由职工个人负担。女职工生育出院后，因生育引起疾病的医疗费，由生育保险基金支付；其它疾病的医疗费，按照医疗保险待遇的规定办理。女职工产假期满后，因病需要休息治疗的，按照有关病假待遇和医疗保险待遇规定办理。"

(2) 失业保险

失业保险是指国家通过建立失业保险基金，使因失业而暂时中断生活来源的劳动者在法定期间内获得失业保险金，以维持其基本生活水平的一项社会保险制度。现行的主要法规是1999年1月国务院颁布的《失业保险条例》。主要内容有：

①失业保险基金

失业保险基金由下列各项构成：

一是城镇企业、事业单位及其职工缴纳的失业保险费。其中单位的缴费比例是本单位工资总额的2%；职工的缴费比例是本人工资的1%。但是，城镇企业、事业单位招用的农民合同制工人不缴纳失业保险费。

二是失业保险基金的利息。

三是财政补贴。

四是依法纳入失业保险基金的其他资金。

失业保险基金在直辖市和设区的市实行全市统筹；其他地区的统筹层次由省、自治区人民政府规定。省、自治区可以建立失业保险调剂金。统筹地区的失业保险基金不敷使用时，由失业保险调剂金调剂、地方财政补贴。

省级政府根据本行政区域内失业人员数量和失业保险基金数

额，报经国务院批准，可以适当调整本行政区域内失业保险费的费率。

②失业保险待遇

失业保险待遇包括失业保险金、医疗补助金、丧葬补助金和抚恤金。具备下列条件的失业人员，可以享受失业保险待遇：按照规定参加失业保险，所在单位和本人已按照规定履行缴费义务满1年的；非因本人意愿中断就业的；已办理失业登记，并有求职要求的。有下列情形之一的，停止享受失业保险待遇：（1）重新就业的；（2）应征服兵役的；（3）移居境外的；（4）享受基本养老保险待遇的；（5）被判刑收监执行或者被劳动教养的；（6）无正当理由，拒不接受当地人民政府指定的部门或者机构介绍的工作的；（7）有法律、行政法规规定的其他情形的。

失业保险金由社会保险经办机构按月发放。失业人员失业前所在单位和本人按照规定累计缴费时间满1年不足5年的，领取失业保险金的期限最长为12个月；累计缴费时间满5年不足10年的，领取失业保险金的期限最长为18个月；累计缴费时间10年以上的，领取失业保险金的期限最长为24个月。失业保险金的标准，按照低于当地最低工资标准、高于城市居民最低生活保障的水平，由省级政府确定。

失业人员在领取失业保险金期间患病就医的，可以按照规定向社会保险经办机构申请领取医疗补助金。医疗补助金的标准，由省级政府确定。

失业人员在领取失业保险金期间死亡的，参照当地对在职职工的规定，对其家属一次性发给丧葬补助金和抚恤金。

（3）养老保险

养老保险是指劳动者达到退休年龄，并达到法定缴费期限后，由国家和社会给予一定的物质帮助，以维持其老年生活的一种社会保险制度。现行的主要法规是1997年7月16日国务院发布的《关于建立统一的企业职工基本养老保险制度的决定》，主要内容如下：

①养老保险基金

养老保险基金主要由国家、用人单位和劳动者共同负担。企业缴费的比例，一般不得超过企业工资总额的20%，具体比例由省级政府确定；职工个人的缴费比例，1997年不得低于本人缴费工资的4%，1998年起每两年提高1个百分点，最终达到本人缴费工资的8%。

按本人缴费工资11%的数额为职工建立基本养老保险个人账户，个人缴费全部计入个人账户，其余部分从企业缴费中划入。个人账户存储额，每年参考银行同期存款利率计息。职工调动时，个人账户全部随同转移。职工或退休人员死亡，个人账户中的个人缴费部分可以继承。

②基本养老金

基本养老金由基础养老金和个人账户养老金组成。基础养老金月标准为省、自治区、直辖市或地（市）上年度职工月平均工资的20%；个人账户养老金月标准为本人个人账户存储额除以120。

③基本养老金的领取条件

本决定实施后参加工作的，个人缴费年限累计满15年的，退休后按月发给基本养老金。个人缴费年限累计不满15年的，退休后不享受基础养老金，其个人账户储存额一次性支付给本人。

(4) 医疗保险

医疗保险又称疾病保险，是指对劳动者患病或非因工负伤，给予一定经济援助的一种社会保险制度。现行的主要法规是

1998年12月24日国务院发布的《关于建立城镇职工基本医疗保险制度的决定》，主要内容如下：

①基本医疗保险的覆盖范围

基本医疗保险的覆盖范围为：城镇所有用人单位。乡镇企业及其职工、城镇个体经济组织业主及其从业人员是否参加基本医疗保险，由省级政府决定。

②基本医疗保险基金的筹集和使用

基本医疗保险费由用人单位和职工共同负担。用人单位缴费率一般为职工工资总额的6%左右；职工缴费率一般为本人工资收入的2%。基本医疗保险基金由统筹基金和个人账户构成。职工个人缴纳的基本医疗保险费，全部计入个人账户。用人单位缴纳的基本医疗保险费分为两部分，一部分用于建立统筹基金；一部分划入个人账户。划入个人账户的比例一般为用人单位缴费的30%左右。

统筹基金的起付标准原则上控制在当地职工年平均工资的10%左右，最高支付限额原则上控制在当地职工年平均工资的4倍左右。起付标准以下的医疗费用，从个人账户中支付或由个人自负。起付标准以上、最高支付限额以下的医疗费用，主要从统筹基金中支付，个人也要承担一定比例。

(5) 工伤保险

工伤保险是指劳动者在工作中或法定的特殊情况下，发生意外事故受到伤害，或患职业病时，对其本人或其供养的家属给予物质帮助的一项社会保险制度。现行的主要法规是1996年8月12日原劳动部发布的《企业职工工伤保险试行办法》（简称《办法》）。主要内容如下：

①工伤保险的范围

工伤保险的范围包括工伤事故的范围和职业病的范围。《办法》第8条规定了工伤事故的范围。1987年11月5日，卫生部、劳动人事部、财政部、中华全国总工会修订发布的《职业病范围和职业病患者处理办法的规定》规定了职业病的范围。

②工伤保险的归责原则

我国的工伤保险实行无过错责任原则，对职工在工作期间、工作区域因工作原因造成的伤亡，包括因公随车外出发生交通事故而造成的伤亡，即使本人有一定责任，如违章操作，也应认定为工伤。甚至在上、下班规定时间和必经路线上；发生无本人主要责任的道路交通机动车事故的，也应认定为工伤。

为了保障因工受伤的劳动者及其家庭的基本生活，法律要求用人单位缴纳全部工伤保险费，职工个人不需缴纳。

③工伤保险待遇

职工治疗工伤或职业病所需的挂号费、住院费、医疗费、药费、就医路费全额报销。住院期间的膳食费由企业承担2/3；经批准转外地治疗的，所需交通、食宿费用按照本企业职工因工出差的标准报销。经评残确需护理的，按月发给护理费。须安置假肢、仪眼、镶牙或配置代步车等辅助器具的，按国内普及型标准报销费用。职工因工致残，经劳动鉴定委员会确认，部分或完全丧失劳动能力的，根据其伤残等级，决定是否按退休处理，是否享受伤残抚恤金、一次性伤亡补助金等待遇。职工因工死亡或因工残废退职后死亡的，发给丧葬补助金、供养亲属抚恤金。

2. 改革社会保险费征缴办法

对于社会保险费，《社会保险费征缴暂行条例》（国发[1999]259号）规定：实行集中、统一征收。其征收机构由省、自治区、直辖市人民政府规定，可以由税务机关征收，也可以由劳动保障行政部门按照国务院规定设立的社会保险经办机构征收。缴费单位和个人应当以货币形式全额缴纳社会保险费，不得减免。并规定了不履行缴费义务者应当承担的法律责任，包括加收滞纳金和罚款，对直接负责的主管人员和其他直接责任人员的罚款额为 1000 元以上 20000 元以下。劳动保障行政部门或者税务机关负有监督检查职责，发现缴费单位逾期拒不缴纳社会保险费、滞纳金后，依法申请人民法院强制征缴。此行政法规从立法技术上看，不能不算完备，但仍缺乏执行性。因为劳动保障行政部门没有强制执行权，税务机关虽有强制执行权，但只限于征税范围。一旦劳动保障行政部门或者税务机关怠于履行监督检查和申请人民法院强制征缴的职责，很难及时地追究其法律责任。况且，鉴于目前拒缴社会保险费情况严重，假设劳动保障行政部门或者税务机关及时依法申请人民法院强制征缴，那么人民法院执行庭将不堪重负。因此，可以将社会保险费改为社会保险税，由税务机关依照税法采取税收保全措施和强制执行措施。这样，既避免了劳动保障行政部门无强制执行权的缺陷，又减轻了人民法院执行庭的负担。更重要的是费改税提高了征缴力度，税收的强制性人所共知，其刑事责任的确定性迫使欠税、偷税、抗税者不得不权衡利弊，恐怕没有人愿意以失去自由为代价换取经济利益。在这方面，发达国家已有先例。例如，美国的社会保障始于罗斯福“新政”时期的 1935 年的《社会保险法》，为了确保社会保障制度的财政来源，而开征了社会保障税。“根据《联邦保障税法》，对取得的工资和薪金征税。最初，设计社会保障制度是为依据该制度纳税的全体个人提供退休金。这一职能现在已经扩展到其他许多社会项目，诸如医疗保险、伤残金和遗属抚恤金。这一职能扩展的结果使劳动者和雇主缴纳的社会保障税额有了很大增长。”雇主和雇员应纳的税是在一个最大的工薪标准下的工薪的一个固定比例，该比例和最大的工薪标准数都随时间的推移而增加。例如，1980 年的最大工薪标准为 25900 美元，税率是

4.95%；1997年的最大工薪标准为65400美元，税率是6.20%。自营职业者的税率是普通雇员的两倍。所征的税用于老年人、遗属和伤残保障（OldAge，Survivors，and Disability Insurance）。此外，对全部工薪征收1.45%的税用于医疗健康保障（Medical Health Insurance）。雇主还必须就支付给雇员的工资向联邦和州政府缴纳失业税，每季度工薪低于1500美元的雇员和某些从事农业的雇员除外。税额是每个雇员第一个7000美元工薪的6.20%，减去州失业税不超过5.4%的抵免额，因此，联邦失业税的最小税率是0.8%。据统计，1996年美国总税收收入为23290亿美元，社会保险税为6950亿美元，社会保险税占总税收收入的29.84%。在美国联邦税制中成为仅次于个人所得税的第二大税种。这样，《联邦保障税法》有效地保障了社会保障制度所需的财源。我国加入世贸组织后，立法须与国际接轨，借鉴美国的成功经验，可以解决关系到每个参保职工切身利益的社会保险经费不足问题，使社会保险真正成为“减震器”和“安全网”。如果征收生育保险税，就可以解决女职工不能足额享受生育保险待遇问题。

四 财产权益

（一）妇女依法享有各项财产权利

财产权是指以财产利益为内容、直接体现某种物质利益的权利，如所有权、债权、继承权、知识产权中的财产权等。财产权可以与权利人的人格、身份相分离，一般可以用金钱计算其价值，并且可以依法转让或继承。财产权是自然人生存和发展的基础，也是自然人实现其他权益的物质保障。我国《民法通则》明确规定，妇女享有与男子同等的民事权利，《妇女权益保障法》也规定，国家保障妇女享有与男子平等的财产权利。法律确认和保护妇女的财产权利，既是由我们社会主义国家的性质所决定，也是对妇女基本人权的保障。中国现有的法律，从历史和现实出发，不仅对妇女实施与男子相同的保护，而且针对妇女受歧视的现象，还对妇女的财产权利实施特殊的保护，这对于保障妇女其他权利的实现、真正地实现男女平等、实现妇女的彻底解放无疑都具有非常重要的意义。但是，不可否认的是，由于种种原因，侵害妇女合法权益的现象还常有出现，我们还需要进一步完善有关立法，以使妇女的财产权益真正得以实现。

随着我国社会主义法律体系的建立和完善，我国法律确立了公民享有充分的全面的财产权利，广大妇女也和男性公民一样，享有法律赋予的各项财产权利。根据民法、婚姻法、继承法、土地管理法、著作权法、专利法、商标法等法律，妇女享有的财产权利，主要包括以下内容：

1. 所有权

所有权，是指所有人于法令限制范围内，对于所有物为全面支配的权利。所有权是近现代社会经济结构与社会秩序的基石，也是个人自主独立的前提，因此法律保障妇女的财产权益，首先就是确认和保护妇女依法享有所有权。所有权人为实现其对所有物的独占利益，法律赋予所有权人以占有、使用、收益和处分的权利。占有，就是所有权人对于标的物为管领的事实；使用，是指依所有物的性能或用途，在不毁损所有物本体或变更其性质的情形下，对物加以利用，以供生活的需要；收益，指收取所有物的天然孳息和法定孳息的权利；处分，是指依法对物进行处置，从而决定物的命运的权利。法律为保障所有权人权利的实现，还赋予所有权人排除他人干涉的权利，即所有权人对于无权占有或侵夺所有物者，得请求返还，对于妨害其所有权者，得请求除去，对于有妨害其所有权之虞者，得请求防止。在我国，由于土地属于国家或集体所有，所以公民个人还不能享有土地所有权，但公民对于其它的动产或不动产都可依法取得所有权。

2. 益物权和担保物权

用益物权，是指对于他人之物，于一定范围内，得为使用收益的定限物权。一般认为，依现有的法律，我国的公民享有以下用益物权：城镇国有土地使用权，国有耕地、林地、草原使用权，农村土地承包经营权，宅基地使用权及水资源使用权；此外，还包括渔业权、采矿权、狩猎权等三种准用益物权。有学者将上述用益物权从使用目的角度进行归类，即用于建筑房屋或其他工作物的称为基地使用权，如城镇国有土地使用权、宅基地使用权等；用于耕种、养殖、蓄牧目的的称为农地使用权，如国有耕地、林地、草原使用权，农村土地承包经营权等。在我国，妇女与男性公民一样，可依法取得这些用益物权，法律还特别规定，农村妇女的责任田、口粮田和宅基地等应当受到保障，妇女的合法权益不得侵犯。

担保物权，是指以确保债务的清偿为目的，而于债务人的特定物或权利上所设定的一种定限物权。担保物权以确保债务履行为目的，对于保障债权的实现、进而促进经济繁荣具有重要意义。我国法律规定的担保物权有：抵押权、质权、留置权三种。抵押权，是指债权人对于债务人或第三人提供的、作为债务履行担保的财产，于债务人不履行债务时，得依法就其卖得价金优先受偿的权利；质权，是指债权人于债务人不履行债务时，得就债务人或第三人转移占有而供担保的动产或权利卖得价金优先受偿的权利；留置权，是指债权人占有属于债务人的动产，而具一定要件时，于债权未受清偿前，得留置其动产的担保物权。

3. 债权

债是按照合同的约定或者依照法律的规定，在当事人之间产生的特定的权利义务关系。享有权利的人是债权人，负有义务的人是债务人。债权人有权要求债务人按照合同的约定或者依照法律的规定履行义务。债权即在债的关系中债权人享有的权利。由于债的关系可以基于合同、侵权行为、不当得利、无因管理等法律事实而产生,因此债权人可以享有的债权包括合同债权、不当得利债权、无因管理债权、因侵权行为而产生的债权等。合同债权是指债权人有请求债务人依照合同的约定履行合同义务的权利,还包括在债务人不履行义务时,可以要求其继续履行或采取补救措施、并要求赔偿损失的权利;不当得利债权是指因他人没有合法根据、取得不当利益、造成自己损失时,可以要求他将取得的不当利益予以返还的权利;无因管理债权是指债权人没有法定或者约定的义务,为避免他人利益受到损失进行管理或者服务的,可以要求受益人偿付由此而支付的必要费用的权利;因侵权行为而产生的债权是指自己的人身权利或财产权利受到他人的不法侵害时,可以要求侵害人停止侵害、恢复原状、直至赔偿损失等权利。

4. 知识产权中的财产权利

知识产权是人们基于自己的智力活动创造的成果和经营管理活动中的标记、信誉而依法享有的权利。与传统的财产所有权不同，知识产权以知识产品即智力成果为客体，具有专有性、地域性、时间性、国家授权或认可性等特点。确立和保护知识产权，对于鼓励发明创造、繁荣科学文化艺术、促进经济发展和社会进步都具有重要意义。依现有法律，妇女可以享有的知识产权主要包括著作权、专利权、商标权等。知识产权是一种既包括财产权又包括人身权的复合性权利，这里只介绍知识产权中的财产权利。著作权是指作者对其作品依法享有的专有权利，即作者及其他著作权人对文学、艺术、科学作品所享有的人身权和财产权的总称。著作权中的财产权主要包括著作权人可以自己或许可他人复制、发行、出租、展览、表演、放映、广播、信息网络传播、摄制、改编、翻译、汇编其作品并获得报酬的权利。专利权是指公民、法人或者其他组织依法对其发明创造在一定期限内享有的专有权利。专利权中的财产权主要包括专利权人对其获得专利的发明、实用新型、外观设计享有的独占实施、许可他人实施、进行转让并获得报酬的权利。商标权是指商标所有人依法对其商标享有的专有使用权。商标权人享有的财产权主要包括在核定的商品或服务上独占使用其商标、并禁止他人未经许可擅自使用其商标的权利，商标权人可以依法许可他人使用其商标、也可转让其商标并获得费用或报酬。

5. 财产继承权

财产继承权，是指继承人依法享有的继承被继承人遗产的权利。继承人是指依法享有继承权、能够继承被继承人遗产的人，包括法定继承人和遗嘱继承人，遗有遗产的死亡的公民是被继承人，被继承人死亡时遗留的个人合法所有的财产是遗产。我国法律明确规定，妇女享有与男子平等的财产继承权。

（二）农村妇女的土地使用权

根据宪法及相关法律的规定，中国实行的是土地公有制。城市的土地属于国家所有。农村和城市郊区的土地，除由法律规定属于国家所有的以外，属于集体所有；宅基地和自留地、自留山，也属于集体所有。因此，从法律上看，中国的自然人包括农民，不能取得土地所有权，但是法律同时又规定，农民可以使用集体所有或国家所有的土地。换言之，农民可依法享有土地使用权，如农民可依法取得城镇国有土地使用权、国有耕地、林地、草原使用权、农村土地承包经营权、宅基地使用权及水资源使用权等。从性质上说，农民的土地使用权是在公有土地（尤其是集体所有土地）上设立的他物权；从使用目的上看，农民的土地使用权可分为基本的两类：一类是为了农业生产，称为土地承包经营权；另一类是为了建设住宅，称为宅基地使用权。一般认为，农民的土地使用权具有以下特点：(1) 土地使用权的主体主要为集体经济组织成员，(2) 土地使用权的客体是公有土地，(3) 土地使用权的内容为占有、使用和收益。

妇女享有与男子完全平等的土地使用权。《妇女权益保障法》第30条规定："农村划分责任田、口粮田等，以及批准宅基地，妇女与男子享有平等权利，不得侵害妇女的合法权益。妇女结婚、离婚后，其责任田、口粮田和宅基地等，应当受到保护。"

1. 妇女的土地承包经营权

在中国农村，实行土地承包经营责任制，农民包括妇女作为承包人，其土地承包经营权是通过承包人和发包人之间签订的土地承包经营合同取得的。所谓土地承包经营合同是指农村集体经济组织与其内部成员及其他承包者签订的，明确双方在生产、经营、分配过程中权利、义务关系的协议。在这种合同关系中作为发包一方的发包人，是指拥有集体土地所有权的村、组集体经济组织。作为承包一方的承包人，一般是村、组集体经济组织的内部成员，即村民。承包人在承包时，可以为一人、数人、一户或数户。通常以户为单位承包，实际上是家庭成员集体承包。在合同上一般写户主（一般为男子）姓名，但这并不意味着妇女没有承包经营权。

无论妇女是作为家庭成员的一员，还是独立的一员，法律保护妇女平等地取得、行使土地承包经营权。新颁布的《农村土地承包法》(2003年3月1日施行) 第6条规定："农村土地承包，妇女与男子享有平等的权利。承包中应当保护妇女的合法权益，任何组织和个人不得剥夺、侵害妇女应当享有的土地承包经营权。"农村妇女作为承包人时，根据《农村土地承包法》、《农业法》和其他相关的法律、法规以及农业承包合同的规定或约定，享有广泛的不可侵犯的权利。农村在划分责任田、口粮田时，应保证妇女与男子享有平等权利，法律和政策要求农村集体经济组织对其成员，不分性别，均按人数划分出平等的责任田、口粮田，既不能因性别不同而在划分责任田、口粮田时在数量方面有所区别，也不能因性别不同对所划分的责任田、口粮田在质量优劣上歧视妇女。

农村集体经济组织对其成员承包经营的责任田、口粮田，在确定其应完成上交的承包任务时，必须男女一视同仁，不得对妇女提出与男子不平等的要求。

妇女取得土地承包经营权后，可依法承包经营土地，根据《农村土地承包法》第16条的规定，承包方依法享有承包地使用、收益和土地承包经营权流转的权利，有权自主组织生产经营和处置产品；承包地被依法征用、占用的、有依法获得相应补偿的权利，以及法律、行政法规规定的其他权利。具体而言这些权利包括：①生产经营决策权、产品处分权和收益权。妇女按照法律和承包合同的规定，自主经营、自负盈亏。②优先承包权。承包期满，妇女对原承包的土地或自然资源享有优先承包权。③转包权。在承包期内，经发包方同意，妇女可以转包所承包的土地或自然资源。④转让承包经营权。在承包期内，经发包方同意，妇女可以将土地承包经营合同的全部或部分权利和义务转让给第三人；转让可以是有偿的，也可以是无偿的。⑤承包经营权被继承的权利。妇女在承包期内死亡的，该承包人的继承人可以继续承包，原承包合同期满后，由继承人和发包人重新签订承包合同。⑥入股或出资。在承包期内，经发包方同意，妇女可以将承包经营权入股，参与农业生产性的股份合作经营，但不得改变土地的用途。⑦出租或抵押。在承包期内，经发包方同意，妇女可以将承包经营权租赁给承租方使用，或者将荒地的土地使用权抵押给债权人；但依据法律的规定，耕地、宅基地、自留地、自留山等集体所有的土地使用权不得抵押。⑧工作物取回权和补偿权。承包合同期满，妇女有权取回自己投资购置或花费劳动力设置的工作物；有权对承包的生产资料的增值部分请求发包方支付补偿费。此外，农村妇女作为承包人与男性承包人一样拥有平等承包期限，不受出嫁或离婚的影响。承包合同依法订立生效后，妇女享有平等的合同终止权，除依法或依合同的约定外，发包方和承包方都不得擅自变更或解除合同。①

2. 妇女的宅基地使用权

农村居民建造住宅需要使用土地的，经过申请、政府批准后，可取得宅基地使用权。为保护耕地、合理利用土地，政府鼓励使用原有的宅基地和荒地用于建造住宅。一般要求属于集体经济组织的内部成员才能申请宅基地，宅基地的使用面积还不能超过各省、自治区、直辖市规定的标准；政府根据居民的经济情况和土地级差收益程度收取一定的宅基地使用费。依据法律规定，妇女同男性居民一样享有平等的宅基地使用权。农村集体经济组织在批准其成员使用宅基地时，必须对男性成员和女性成员平等对待、公平处理，保证男性和女性成员都平等地取得宅基地使用权。妇女依法取得宅基地使用权后，可以享有以下权利：①建造房屋以及其他建筑物或构筑物。②种植树木、花草、蔬菜等并获取收益。③依法转让房屋的所有权时转让宅基地使用权。④依法出租房屋时出租宅基地使用权。⑤宅基地使用人死亡时，其继承人可以继承宅基地使用权。

---

① 参见北京大学法学院妇女法律研究与服务中心编：《当代中国妇女权益保障的理论与实践》，中国工人出版社 2000 年 1 月第 1 版，第 222 页。

3. 农村妇女土地权益保护的问题和对策

在法律和经济制度的层面上，应该说中国农村妇女的土地权益获得了保障。但是，在实际中，很多地方还不同程度地存在着侵犯妇女土地权益和其他经济利益的现象。一种较为普遍的现象是，一些地方对妇女婚嫁以后的土地权益采取忽视不计的态度，甚至有歧视性的对策。如有的地方实行增人不增地的政策，妇女出嫁以后在娘家的户口和土地权益被取消，而在婆家那里却得不到补偿；妇女离婚以后，其责任田、口粮田、宅基地使用权得不到保障；离婚或丧偶的妇女回到娘家，难以在娘家再分得土地等等。

失去土地使用权对妇女的影响是显而易见的。因为失去了土地使用权，妇女不仅经济地位大大降低，其社会、家庭地位也被降低。从经济地位看，因婚姻流动失去土地使用权的妇女，作为生产者，她们没有生产资料；作为消费者，她们没有衣食之源；但作为纳税人，在一些地方她们还得承担除农业税以外的其他费用和提留。从社会影响看，土地使用权是农民身份的经济确认，没有土地的妇女实际上已经成为“社会边缘人”：严格地说，她不是农民，因为她没有土地使用权；但她也不是居民，因为她没有城市户口。因此处于这种条件下的妇女事实上存在一种“身份危机”。从家庭关系看，妇女在失去土地使用权的同时，也在一定程度上造成对其离婚自由权的伤害。因为一旦离婚，夫家本来就没有属于她们的土地，娘家的土地也已属父兄所有，自己除了劳动力将一无所有。这种情况，将大大增加无地妇女离婚的“心理成本”和对丈夫的依赖。事实上，无土女性在乡村里、在家庭里沦为没有权益的二等人。①

---

①　陆建华：《中国社会问题研究》，石油工业出版社 2002 年 1 月第 1 版，第 382 页。

出嫁女或离婚、丧偶的妇女的土地使用权没能得到保障，有深刻的社会、经济原因。从经济原因分析，土地资源紧缺是当前农村的一个既定的事实。随着经济的发展，人口的增加，可耕地还存在着继续减少的趋势。虽然改革的深入以使农村中从事非农产业的劳动力达到了相当比例，非农产业的收入已在农民的总收入中占了越来越大的份额，但是，农民仍然认为“土里头出产的东西是最实在的”，“锄头落地是庄稼，生意是个眼前花”。外出务工的民工也把土地作为自己经济生活的最后保障。在经济不发达的地区，土地产出仍然是农民的最重要的经济来源。而在一些经济发达地区，“无地农民”每年可根据“虚拟土地使用权”，从村里获得一笔货币收入。土地仍然是农民安身立命之本。当然，人均土地资源多的地区解决出嫁女的土地容易一些。同时，如果一个地区乡镇企业比较发达，非农产业的比较效益高，由于出嫁女很快就可以到乡镇企业做工，土地使用权的重要性在一定程度上降低了，在这些地区，丧失土地权益对妇女的影响相对来说要小一些。

在中国农村，重男轻女和传统风俗仍在部分干部和村民头脑中根深蒂固。在一些人看来，嫁出去的女是泼出去的水，不给其责任田、宅基地是理所当然的事。在这种观念的指导下，一些地方还通过所谓村规民约等形式，将剥夺出嫁女土地权益的行为合法化；一些基层乡村干部在处理人地矛盾中，往往困难重重、措施不力。已经获得土地的农民要捍卫既得利益，没有土地的农民要争取利益；特别是退出土地的人退劣等地，增补土地的人又要优等地。在实际操作中，乡村干部的态度和管理能力往往成为土地调整能否完成的重要条件。

从法律上看，实行家庭联产承包责任制以来，中国的农地制度发生了很大的变化，农民家庭已经拥有对土地的种植权和产品销售收益权。然而，由于农地制度变革的复杂性，现在还不可能严格界定土地的所有者、经营者、使用者之间的财产利益关系。《土地管理法》规定：农村土地属集体所有。但是，这部法律对一个集体经济单位的人流动到另一个集体经济单位所产生的土地流转问题却没有一个明确的说法。虽然，《妇女权益保障法》第30条规定："妇女结婚、离婚后，其责任田、口粮田和宅基地等，应当受到保障。"在司法实际中，妇女因为土地权益受到侵犯而提起的诉讼，一些基层法院还以种种理由拒绝受理，致使妇女的土地权益难以获得司法救济。

应该说，为了保障农村妇女的土地权益，真正在土地权益上实现男女平等，各级政府已经和正在作出积极的努力。一些地方政府和农民已经寻找到"自我消化"土地与人口矛盾的办法，如有些地区实行土地微调政策，成功的创造了一些实现出嫁妇女土地使用权转移的具体模式。如有的地方采取的以下的一些做法就具有很有价值的示范意义：（1）在每年秋收后或间隔两三年，村民小组就根据婚姻流动情况，确定各户村民补进土地或退出土地；（2）暂时没有分到土地的出嫁女或者可以先吃"机动粮"（一年300－500斤），或者可以享受由村镇企业收入补助的"机动钱"（一年300－500元）；（3）出嫁女按结婚先后排队补进土地，还有的采取抓阄的办法确定谁先补进土地；（4）由村民大会讨论决定，每户退出几分土地，解决出嫁女的土地使用权问题。①

这些具体的做法在一定程度上既保证了土地政策的基本稳定，又有利于调动包括全体妇女在内的劳动者的积极性，保护了

① 许平：《现行土地政策与出嫁女土地使用权益保护》，载于康泠主编《妇女发展与对策》，当代中国出版社1998年5月第1版，第260页。

妇女和儿童的土地使用权益；既促进了农村经济的发展，又体现了社会公平：有户口就要分土地。通过对所属村民可以分配的土地进行微调的政策，虽然短期内可以有效缓解婚姻流动妇女的土地使用权的问题，但是长远的根本性的解决办法，应该是在立法上对因为婚姻流动、人口流动而可能丧失土地权益的妇女确立更有效和更具体的保护措施，并对侵害妇女土地权益的行为给以必要的制裁，如可以将《妇女权益保障法》第30条的规定具体化：妇女结婚后，在婚入地没有调整承包田之前，婚出地应保留其口粮田和责任田；婚入地在调整承包田时，应按照当地标准划给婚入地妇女口粮田和责任田，婚出地相应将责任田和口粮田收回；农村妇女离婚后未再嫁的，其口粮田和责任田不得被剥夺；农村妇女与城镇男子结婚未到男方落户的，其户口所在地不得因其结婚注销户口，不得收回其口粮田和责任田。可喜的是，新颁布的《农村土地承包法》总结以往的经验，在第30条明确规定："承包期内，妇女结婚，在新居地未取得承包地的，发包方不得收回其原承包地；妇女离婚或者丧偶，仍在原居住地生活或者不在原居住地生活但在新居住地未取得承包地的，发包方不得收回其原承包地。"

（三）妇女的财产继承权

我国法律确认妇女享有财产继承权，并且享有与男子平等的继承权。如1980年颁布的《婚姻法》明确规定夫妻之间享有继承权，1985年颁布的《继承法》第9条明确宣布，继承权男女平等。《妇女权益保障法》更是明确规定，妇女享有与男子平等的财产继承权，要求在同一顺序法定继承人中，不得歧视妇女；而且具体明确了丧偶妇女有权处分继承的财产，任何人不得干涉；丧偶儿媳对公、婆尽了主要赡养义务的，作为公、婆的第一顺序法定继承人，其继承权不受子女代位继承的影响。总体上看，在继承方式、继承人范围、继承顺序、遗产分配等方面，法律都赋予了妇女在继承遗产时拥有与男子平等的继承权；但是在实际中，不容否认的是，妇女继承权利的实现还有许多的问题需要加以解决。

1. 妇女的法定继承权

根据《继承法》的规定，继承方式有法定继承和遗嘱继承两种。法定继承是指由法律直接规定继承人的范围、继承顺序以及遗产分配原则的继承方式。遗嘱继承指按照被继承人生前所立的合法有效的遗嘱而取得遗产的继承方式。《继承法》规定，继承开始后，按照法定继承办理；有遗嘱的按照遗嘱继承或者遗赠处理；有遗赠扶养协议的，按照协议办理。因此，遗嘱继承优先于法定继承。在法定继承方式下，妇女与男子同样是法定继承人，同样可以平等地参与遗产分配。

《继承法》明确规定下列人为法定继承人：配偶、子女、父母、兄弟姐妹、祖父母、外祖父母、对公婆尽了主要赡养义务的丧偶儿媳、对岳父母尽了主要赡养义务的丧偶女婿。继承法还规定配偶、子女、父母是第一顺序继承人，兄弟姐妹、祖父母、外祖父母是第二顺序继承人，对公婆尽了主要赡养义务的丧偶儿媳、对岳父母尽了主要赡养义务的丧偶女婿也作为第一顺序继承人。另外，被继承人的子女先于被继承人死亡的，由被继承人的子女的晚辈直系血亲代位继承。继承法的这些规定体现了男女平等的原则。这可以从以下几个方面加以分析：

女性亲属与男性亲属一样是法定继承人

在法定继承方式下，只有被继承人的亲属才能成为继承人。无论是被继承人的血亲还是姻亲，作为被继承人的女性亲属也和男性亲属一样都依法享有继承权，而且在具体的亲属关系中有某种男性亲属是法定继承人，就有与之对应的女性继承人。

血亲中的男性亲属祖父、外祖父、父亲、儿子、兄弟可成为继承人，与之对应的血亲中的女性亲属祖母、外祖母、母亲、女儿、姐妹也可以成为继承人。具体而言：①子女中的婚生子女、非婚生子女、养子女和有扶养关系的继子女享有平等继承权。②父母中的生父母与养父母、有扶养关系的继父母享有平等继承权。生父母对生子女的继承权利不因双方离婚，子女随父亲或母亲生活而受影响。养父母对养子女的继承权也应如此解释。但继父母对继子女的继承权则因生母与继父离婚，或生父与继母离婚，继子女仍随生母或生父生活而解除，但继子女已经成年的，继承权则不应取消。③兄弟姐妹中，包括同父母的兄弟姐妹与同父异母或同母异父的兄弟姐妹、养兄弟姐妹、有扶养关系的继兄弟姐妹享有平等继承权。养子女与生子女之间、养子女与养子女之间，系养兄弟姐妹，可互为第二顺序继承人。被收养人与其亲兄弟姐妹之间的权利义务关系，因收养关系的成立而消除，不能互为第二顺序继承人。继兄弟姐妹之间的继承权，因继兄弟姐妹之间的扶养关系而发生。没有扶养的，不能互为第二顺序继承人。④婚姻状况不影响继承人的继承权。男性亲属未婚、已婚或再婚的，不影响其继承权，女性亲属未婚、已婚或再婚的，也不影响其继承权。已出嫁的女子，丧偶的女子或再婚的丧偶女子均享有继承权，任何人不得侵犯和剥夺。

在姻亲中，丈夫可成为妻子的继承人，丧偶女婿可成为岳父母的继承人，妻子也可成为丈夫的继承人，丧偶儿媳也可成为公、婆的继承人。配偶之间互相享有继承权利。只要男女双方已经向婚姻登记机关登记的，即使尚未同居或者分居，夫妻之间也具有相互继承权。由于以前中国法制不健全，事实婚姻大量存在，事实婚姻的双方也可以相互继承遗产。《继承法》规定，丧偶儿媳对公婆、丧偶女婿对岳父母，尽了主要赡养义务的，作为第一顺序继承人。

妇女享有代位继承权

代位继承是指被继承人的子女先于被继承人死亡，由其晚辈直系血亲代替继承被继承人遗产的一种法定继承方式。依据继承法的规定，作为代位继承人的被继承人的晚辈直系血亲，既可以是被继承人的儿子、孙子、外孙子、曾外孙子等，也可以是被继承人的女儿、孙女、外孙女、曾外孙女等，他们都可以继承被代位人应得的遗产份额。

妇女享有转继承的权利

转继承是指继承人在继承开始后、遗产分割之前死亡，其应继承的遗产转由他的合法继承人来继承的制度。作为已死亡的继承人的法定继承人，妇女与继承人的男性法定继承人一样，可依法继承已死亡的继承人应继承的遗产。

妇女同男子一样平等地参与遗产分配

《继承法》明确规定，在法定继承中继承人的继承顺序是，配偶、子女、父母是第一顺序继承人，兄弟姐妹、祖父母、外祖父母是第二顺序继承人，对公婆尽了主要赡养义务的丧偶儿媳、对岳父母尽了主要赡养义务的丧偶女婿也作为第一顺序继承人。在由同一继承顺序的数位法定继承人共同继承遗产时，《继承法》明确规定了平等的遗产分配的原则。

平均分配原则。同一顺序继承人继承遗产的份额，一般应当均等。继承法规定的应继份额不是绝对的平均数额，而是在同一顺序的继承人的各种条件大致相同的情况下的平均份额。事实上，同一顺序各继承人的具体情况往往是不同的，只有各继承人的劳动能力、扶养能力、扶养条件、对被继承人所尽的扶养义务等大致相同的情况下，才能将遗产平分。

照顾特殊继承人原则。对生活有特殊困难的缺乏劳动能力的继承人，分配遗产时应当予以照顾。生活有特殊困难指继承人没有独立的生活来源或其他经济收入而无法正常生活，缺乏劳动能力指还不具有劳动能力或丧失了劳动能力。对于同时具备这两种条件的人必须给予照顾。这充分体现了中华民族养老育幼、扶危济困的优良传统。

权利义务相一致原则。对被继承人尽了主要扶养义务或者与被继承人共同生活的继承人，分配遗产时可以多分。相反，有扶养能力和扶养条件的继承人，不尽扶养义务的，分配遗产时，应当不分或者少分。当然，继承人没有扶养能力和扶养条件或者被继承人有独立生活来源并不需要他人扶养的除外。

协商优先原则。继承人协商同意的，遗产分配也可以不均等。各继承人在自愿的基础上，经过平等协商，达成分配遗产的一致意见的，即使份额不相等，法律也尊重当事人的意思自治。

2. 妇女可依法遗嘱继承

遗嘱是公民生前按照法律规定的方式对自己的财产或其它事务作出处分并于其死亡时发生执行效力的一种法律行为。遗嘱继承即继承人按照被继承人的遗嘱，继承被继承人遗产的继承方式。与法定继承一样，妇女在遗嘱继承时，与男性公民一样享有平等的继承权，这主要表现在：①男女都有权以遗嘱的方式处分自己的财产。②夫妻都有权制定遗嘱。③男女公民都有权作为指定继承人。④男女公民都有权作为遗产管理人。

3. 实现妇女平等继承权的问题及对策

虽然《继承法》全面贯彻了男女平等的原则，从法律上看，妇女享有与男子完全平等的继承权。但是在现实生活中，侵犯妇女继承权的现象还时有发生。实际中，侵害妇女继承权的常见的情形是，农村的丧偶妇女继承亡夫的遗产、丧偶儿媳继承公婆的遗产、出嫁女继承遗产、寡妇带产再嫁时，这些妇女的财产继承权往往难以得到平等的保护，在这些情况下，妇女可能只能分得较少的遗产，有的继承权甚至被剥夺。

一般认为，造成妇女继承权被侵害的主要原因在于歧视妇女的封建思想根深蒂固，再加上法律宣传普及不够、妇女享有继承权的观念淡薄。《继承法》、《妇女权益保障法》等法律针对现实中侵害妇女继承权的行为，虽然规定了一些法律措施，但在实施过程中仍不尽理想。在中国农村，许多传统的陈腐的观念阻碍了妇女继承权的实现，这主要表现在以下方面：

(1) 出嫁女的继承权

封建制度下的中国妇女在整个社会中处于从属地位。妇女“未嫁从父，既嫁从夫，夫死从子”，根本不与男子处在平等的地位上。已经出嫁的妇女则被认为不属于本族的人，视同“泼出去的水”，不再享有继承娘家财产的权利。这种思想是如此的根深蒂固，以至现在有些地方，尤其是农村，仍然存在歧视已出嫁的妇女继承权的现象。

(2) 丧偶儿媳的继承权

从法律上讲，丧偶儿媳对公婆，丧偶女婿对岳父母，没有法定的赡养义务，继承法容许和鼓励儿媳不仅在丧偶之前与配偶共同甚至单独赡养公婆，而且在丧偶之后甚至再婚之后仍然继续赡养公婆。因此，早在20世纪80年代初，最高人民法院就指出：“丧失配偶的儿媳与公婆之间、丧失配偶的女婿与岳父母之间，已经形成扶养关系至一方死亡的，互有继承权。”中国《继承法》以该司法解释为基础，规定“丧偶儿媳对公婆，丧偶女婿对岳父母，尽了主要赡养义务的，作为第一顺序继承人”。

就继承法的规定精神看，丧偶儿媳作为公婆的第一顺序继承人的前提是尽了主要赡养义务，即对被继承人生活提供了主要经济来源，或在劳务等方面给予了主要扶助。丧偶儿媳继承公婆的遗产具有独立性，既不受子女代位继承的限制也不影响子女代位继承。丧偶儿媳的丈夫先于公婆死亡时，其子女可以代位继承祖父母的遗产，丧偶儿媳继承的份额并不是丈夫如果生存本应继承的份额。丧偶妇女的继承权与其子女的继承权互不排斥。丧偶儿媳对公婆的继承权也不受婚姻状况的影响。不论丧偶儿媳守寡还是再婚，只要尽了主要赡养义务，就能够继承公婆的财产。然而，在现实中，特别是农村，有些人仍有浓厚的封建思想，认为丧偶儿媳是异姓人，不能继承遗产，丧偶儿媳往往只能分得少量的遗产，甚至根本就不能分得遗产。

(3) 丧偶妇女继承亡夫遗产的权利

按照《继承法》的规定，丧偶妇女有权作为第一顺序继承人继承亡夫的遗产，任何人都无权干涉。不论丧偶妇女继续守寡留在夫家还是再婚改嫁，这一权利都不受剥夺。从法律角度看，丈夫死亡后，寡妇依法继承亡夫的遗产，在再婚时不仅可以带走自己的财产，当然也有权将继承的亡夫的遗产带走，即有携产再婚的权利。寡妇与其她妇女一样同样拥有婚姻自由，同样拥有对自己财产的支配权，对这种权利任何人都不得干涉。可是，在现实中，有些人认为，如果寡妇守志继续留在夫家照料公婆和子女，那么可以继承亡夫的遗产，如果改嫁，那就不能继承财产。这种做法既干涉了妇女再婚的人身权利，变相阻挠寡妇再婚的自由。又侵害了妇女继承遗产的财产权利。在农村，这种现象还时有发生。

(4) 被继承人遗嘱侵害妇女的财产所有权

被继承人有自由订立遗嘱处分自己财产的自由。遗嘱除应当对缺乏劳动能力又没有生活来源的继承人保留必要的份额外，公民可以立遗嘱将个人财产由法定继承人的一人或者数人继承。但是，《继承法》的规定精神很明确，被继承人只能处分自己的财产，而不能处分夫妻共有财产或者家庭共有财产。现实中，往往有一些男性家属在立遗嘱时将夫妻共同财产处分，侵害了妻子的财产所有权。这在农村尤为普遍。在一般情况下，男子的寿命比女子的短，丈夫往往比妻子先去世，他们在立遗嘱时往往将妻子的财产一并处分，这就严重侵犯了妻子的财产所有权。另外，在遗产分割中，夫妻在婚姻关系存续期间所得的共同所有的财产，除有约定的以外，如果分割遗产，应当先将共同所有的一半分出为配偶所有，其余的为被继承人的遗产，然后再由配偶和同一顺序的其他继承人对遗产进行分配。可是，在现实中也有不将妻子的个人应有的财产先行分离就将遗产分配的现象。而一些老年妇女并不知道自己的权利受侵害。造成这种局面的原因，多是由中国民间风俗习惯所致，也有法律宣传不够因素。

如前所述，在法律上中国的妇女与男子享有平等的财产继承权，应该说，妇女继承权的实现在法律上已没有什么障碍。实现农村妇女继承权的主要保障在于革除落后和陈腐的封建观念。因此，进一步加大《婚姻法》、《继承法》和《妇女权益保障法》等法律的宣传力度，树立妇女享有财产继承权和继承权男女平等的观念，鼓励和保障广大妇女依法为捍卫自己的权利而斗争，是保障和实现妇女财产继承权的有效途径。

五　人身权利

（一）妇女依法享有人身权利

1. 妇女人身权的法律特征

妇女的人身权是指妇女依法享有的，与妇女自身不可分离的，没有直接财产内容的一种民事权利。妇女的人身权作为一种民事权利，与其他民事权利相比，具有以下几个明显的法律特征：

妇女的人身权是一种没有财产内容，不直接体现为一定的财产利益的民事权利

妇女人身权的权利对象非常广泛，有姓名、生命、健康、肖像、名誉、荣誉等。这些权利对象都不是财产，不能用金钱来估算与衡量。妇女在行使人身权利的过程中，不论权利对象与财产利益有无联系，其人身权利内容所体现的是妇女的精神情操、价值观念、思想意识，权利行使的目的主要是为了满足个人的需要。

妇女的人身权虽然没有财产内容，但与权利主体的财产权有一定联系

首先，妇女人身权的确认与享有，是某种财产权发生的前提或条件。其次，当妇女的人身受到侵犯时，往往也会产生相应的经济损害。比如对一个职业女歌星进行诽谤或诋毁，其行为不仅侵犯了该女歌星的名誉权，而且有可能造成女歌星的演出场次减少、演出收入降低，使其应该得到的财产利益没有获得。

妇女的人身权与妇女的人身紧密相连，具有不可分离性

妇女人身权以妇女的存在而存在，除了法律有特别规定的以外，妇女人身权不得以任何形式转让，即不能出售、赠与和继承。即使妇女违反了法律，也只能追究其法律责任，不能任意地剥夺其人身权利或妨碍其权利的行使。同时，各种具体的人身权也体现出了不可分离性。如生命、健康、姓名、肖像、名誉、荣誉等权利对象都和妇女的人身不可分离。

妇女的人身权除了具备以上三个特征以外，也同样具有民事权利的一般法律性质。妇女的人身权也是一种绝对权，其权利的法律效力及于一切妇女。

2. 妇女人身权利的内容

妇女作为公民的一部分，其人身权利与其他公民一样，具有

以下主要内容：

生命健康权；

人身自由权；

姓名权；

名誉权；

肖像权；

贞操权；

隐私权；

荣誉权；

人格尊严权。

（二）妇女人身权的具体内容

1. 妇女的生命健康权

（1）妇女生命权的概念和内容

人的生命是人的最高的人格利益，具有至高无上的人格价值，是人的第一尊严。人只有享有生命才能够创造财富，对人类和社会做出贡献，因此，保护人的生命权不受非法侵害是法律的重要职责。我国宪法明确规定，公民的人身权利不受侵犯。《民法通则》第98条规定："公民享有生命健康权"。《妇女权益保障法》第35条规定："妇女的生命健康权不受侵犯。禁止溺、弃、残害女婴；禁止歧视、虐待生育女婴的妇女和不育妇女；禁止用迷信、暴力手段残害妇女；禁止虐待、遗弃老年妇女"。妇女的生命权是以妇女的生命安全的利益为内容的人格权，即妇女享有保护自己生命不受非法侵害的权利。它有以下几个法律特征：一是以妇女的生命安全作为其客体，二是以维护妇女的生命活动延续作为其基本内容；三是其保护对象是妇女的生命活动能力。妇女生命权的具体内容，包括妇女生命安全维护权和司法保护请求权。

①妇女生命安全维护权

妇女的生命安全维护权的首要内容就是要维护妇女生命的延续，法律上保护人的生命延续，就是要通过保护人的生命不受外来非法侵害而丧失和延长生命。妇女生命安全维护权的实质就是要禁止他人以任何非法手段来剥夺妇女的生命，从而使妇女的生命按照自然界的客观规律来延续。同时，妇女的生命安全维护权还应当包括不法侵害妇女生命的行为和危害妇女生命的危险发生时，妇女有权采取措施防止生命危害的发生。主要是妇女有权进行正当防卫和采取紧急避免措施。当不法分子正在对妇女的生命权进行不法侵害时，被侵害的妇女或者其他人有权进行正当防卫，以保护妇女的生命不受非法侵害。当危及妇女生命的紧急状态发生时，生命权人有权进行紧急避险，以保全自己的生命。由于受封建社会男尊女俾思想的影响，我国长期以来存在着不尊重妇女生命，暴力残害妇女，溺、弃、残害女婴的现象。为此，《妇女权益保障法》明确规定要禁止各种溺、弃、残害女婴生命的行为，禁止用迷信、暴力手段残害妇女的生命。这些规定有着重大的现实意义。

②妇女生命司法保护请求权

妇女生命权的另一个重要内容就是司法保护请求权。也就是说，对于危害妇女人身安全，尚未造成严重后果的不法侵害行为，受侵害的妇女可以向公安机关进行控告，要求追究犯罪人的刑事责任，消除危险状态；对于不构成犯罪的侵害行为，可以要求公安机关对行为人依照《治安管理处罚条例》的规定给予其治安处罚。当妇女的生命遭到侵害后，人民检察院可以依照法定程序提起刑事诉讼，以追究侵害人的刑事责任，同时，受害妇女的权利人还可以提起刑事附带民事诉讼，要求侵害人对受害妇女进行民事损害赔偿。

总之，生命权是妇女作为人的存在和权利主体的前提条件，也是妇女行使其他民事权利的基础，是妇女第一重要的人身权利。对于妇女来讲，如果生命被剥夺，其他任何权利都已毫无意义。所以，不论是《宪法》、刑事法律、民事法律，还是《妇女权益保障法》，都把保护妇女的生命权作为立法的第一使命。广大妇女也应该珍惜和爱护自己的生命，当自己的生命遇到危险和侵害时，勇敢地站出来依法维护自己的生命权。

(2) 妇女的健康权的概念和内容

妇女的健康权是指妇女以其机体生理机能正常运作和功能完善发挥，维持人体生命活动的利益为内容的人格权。其具体内容包括健康维护权和劳动能力。

①妇女的健康维护权

妇女的健康维护权是妇女保持自己身体健康，造福社会的重要权利。广大妇女有权通过各种文化体育活动来提高自己的身体健康水平，在身体出现不适时有权请求医治，不受任何第三者的干涉或强制。同时，当妇女的健康权受到不法侵害时，享有请求法律保护的权利。妇女的健康权是妇女的一种绝对权，也是对世权，除了权利主体以外，任何人都具有不得侵害妇女健康权的法定义务。

②妇女的劳动能力

劳动能力是妇女健康权的又一项重要内容。它是指妇女创造物质财富和精神财富的能力。妇女只有具备创造物质财富和精神财富的能力，才能成为劳动者，进而成为生产力的要素。其中，创造精神财富，以脑力因素为主，创造物质财富，以体力因素为主。判断妇女的劳动能力，应该以这两种能力因素来进行综合考察判断。妇女享有劳动能力这种人格权益具体包括：妇女有权保存这种权益；妇女有权利用这种劳动能力来满足自身及社会的需要；妇女有权不断提高和发展这种权益；当妇女的这种权益遭受不法损害时，有权要求侵害人赔偿。广大妇女必须在自己的生命存续期间，维持自己人体组织的完整性和人体器官正常的机能，不断提高和维护自己的劳动能力，否则，就无法以自己的行为参与社会活动和民事活动，享受权利和承担义务。

总之，生命健康权是妇女最基本、最重要的民事权利。因此，保护广大妇女的生命健康权，是我国《刑法》、《民法》、《行政法》和《妇女权益保障法》等众多法律部门共同的任务。任何人侵害妇女的生命权，故意或过失地剥夺、侵害妇女生命和健康的行为，都要受到法律的严惩，并要承担相应的刑事责任和民事责任。

(3) 侵害妇女生命健康权行为的认定及其法律责任

构成侵害妇女生命健康权应当具备以下几个要件：

①有侵害妇女生命健康权的违法行为。即侵害人实施了使妇女的生命和健康遭受损害的具体行为，包括作为和不作为，以及直接行为和间接行为。如故意杀人致死、致伤的行为；故意伤害致使妇女死亡或受伤的行为；过失致使妇女死亡或受伤的行为；交通事故、医疗事故致使妇女死亡、受伤的行为；高度危险作业、产品责任致使妇女死亡或受伤的行为等。

②有损害事实。侵害妇女生命健康权的损害事实通常包括以下四个层次：一是使妇女生命丧失或健康受损的事实；二是妇女生命丧失或健康受损导致死者近亲属或受害妇女财产损失的事实；三是精神痛苦的损害。

③有因果关系。侵害妇女生命健康权的违法行为与妇女生命权丧失、妇女健康受损的损害事实之间，必须有因果关系。

④主观过错。侵害妇女生命健康权的行为人主观上有过错，故意、过失均可构成。

侵害妇女生命健康权的加害人除了要承担我国刑法规定的刑事责任以外，还要对受害妇女或受害妇女的家属承担民事赔偿责任。

2. 妇女的人身自由权

(1) 妇女的人身自由权的概念和内容

我国《宪法》第59条规定："中华人民共和国公民在行使自由和权利的时候，不得损害国家的、社会的、集体的利益和其他公民的合法权利和自由。"这一规定为保护妇女的人身自由权提供了最高效力的宪法原则。在宪法基础上制定的《妇女权益保障法》第34条明确规定："妇女的人身自由不受侵犯。禁止非法拘禁和以其他非法手段剥夺或者限制妇女的人身自由；禁止非法搜查妇女的身体。"从以上规定可以看出，妇女的人身自由权是指妇女有权在法律规定的范围内，按照自己的意志和利益进行思维和行为，不受任何约束、控制或妨碍的权利。人身自由是妇女安全地参加社会各项活动，参与各种社会关系，行使其具体权利的基本前提。妇女如果丧失了人身自由，其他权利的行使就无从谈起。具体讲，妇女的人身自由权包括身体自由权和精神自由权两个方面。

①妇女的身体自由权

妇女的身体自由权是指妇女有权按照自己的意愿和利益，在法律规定的范围内为某种行为或者不为某种行为。任何非法限制或剥夺妇女的身体自由的行为，都是非法侵权行为。例如非法拘禁妇女；非法搜查妇女的身体；强行送健康妇女进入精神病院强制医疗；限制妇女参加社会活动等都是非法侵权行为。

②妇女的精神自由权

妇女的精神自由权是指妇女有权按照自己的意愿和利益，在法律规定的范围内，自主思维，自由支配自己内在的思维活动。

任何非法限制、妨碍妇女的精神自由的行为，都是侵权行为。如包办、强迫妇女的婚姻；限制妇女离婚；干涉妇女通信自由和通信秘密自由等都是侵权行为。

(2) 侵犯妇女人身自由权的认定及其法律责任

构成侵犯妇女人身自由权必须具备以下四个要件：侵害行为、主观故意、损害事实、侵害行为与损害事实之间有因果关系。侵害妇女人身自由权的行为人除了要立即停止侵害、赔礼道歉外，还要承担民事赔偿责任，严重的构成犯罪，还要追究其刑事责任。

3. 妇女的姓名权

(1) 妇女的姓名权的概念和内容

姓名权是人格权的重要组成部分，妇女有没有姓名权是妇女有无独立人格和地位的一种标志。我国古代封建社会，妇女未出稼前是没有自己的姓名的，出嫁后则冠以夫姓，如赵李氏、孙钱氏等，因此，那时的妇女也没有任何地位和人格尊严可言。新中国成立后，妇女成为了国家的主人，有了自己独立的人格和地位，也有了自己的姓名权。妇女的姓名权是指妇女依法享有的决定、变更和使用自己的姓名并排除他人干涉或非法使用的权利。

我国《民法通则》第99条规定："公民享有姓名权，有权决定、使用和依照规定改变自己的姓名，禁止他人干涉、盗用、假冒。"《婚姻法》第10条规定："夫妻双方都有各用自己姓名的权利。"这些法律规定明确了妇女的姓名权及其内容。对妇女的姓名权，任何不特定的人都负有不得侵害和不得妨碍权利人行使权利的义务。作为人格权一部分的妇女的姓名权与妇女的人身不可分离，它不具有直接的财产内容。妇女姓名权的具体内容主要包括以下几个方面：

①姓名决定权

姓名决定权也称命名权，是指妇女有决定自己姓名的权利，任何人都无权干涉。妇女不仅有权决定是随父姓、母姓或是采用其他姓，有权决定自己的名字；而且可以决定自己的别名、笔名、艺名等其他名字。妇女的姓名决定权是以妇女具有意思能力为前提的。在妇女出生后，未成年以前，其姓名实际上是由父母或其他监护人来确定的，但是，一旦妇女成年以后，她就有权自行决定自己的姓名。任何人都不得干涉成年妇女行使姓名决定权。

②姓名使用权

姓名使用权是指妇女有权依法使用自己姓名的权利。妇女有权按照本人的意愿，使用真名或者在某些场合下使用假名、笔名或艺名。妇女在结婚后仍然享有使用自己姓名的权利，包括丈夫在内的任何第三者都不得加以干涉。同时，妇女也有权请求他人正确使用自己的姓名。

③姓名更改权

姓名更改权也叫改名权，是指妇女可以依照法律规定改变自己姓名的权利。姓名更改权是妇女姓名决定权的自然延伸，妇女不论是出于何种原因而改变自己的姓名，只要是在法律允许的范围之内，都应当准许。妇女既可以改名，也可以改姓，比如原来是随父姓的，现在改为随母姓或随丈夫姓，只要是妇女自愿，都是可以的。但是，由于妇女在未改名之前就已经以其原姓名参与了各种法律关系，其姓名的改变会影响到他人和社会的利益，所以变更姓名必须要按照有关规定办理，而且要到当地户籍登记机关办理更名手续。根据我国《户口登记条例》等有关法规规定，未满 18 岁的妇女需要变更姓名时，必须由其本人或父母、收养人向户口登记机关申请变更登记；18 周岁以上的妇女需要变更姓名时，则由本人向户口登记机关申请变更登记。但对笔名、艺名等非正式姓名的变更，则不需要办理法定手续。

妇女的姓名一经户籍机关登记，即成为妇女的一项重要的人身权利。除了妇女本人应当正确依法行使自己的姓名权，不得滥用姓名权以外，其他任何人都不得干涉、盗用、假冒或故意不使用妇女的姓名，否则，构成对妇女姓名权的侵犯。

(2) 侵害妇女的姓名权行为的认定及其法律责任

构成侵害妇女的姓名权的行为，必须具备以下四个构成要件：

①有侵害行为。侵害妇女姓名权的侵害人必须具体实施了侵害行为，按照《民法通则》第99条的规定，侵害姓名权的行为具体包括：一是干涉，如干涉养女决定和使用其姓名；二是盗用，即未经他人同意或授权，擅自使用他人的姓名来实施有害于他人和社会的行为，如擅自以他人的姓名签字于非法文件中、以他人的姓名签字领取非法收入；三是假冒，即冒名顶替，冒充妇女姓名进行活动，如假冒某个著名女画家的姓名作画出售等；四是不使用，即故意不使用妇女姓名的行为，如在妇女撰写的书信上不署该妇女的姓名等。

②加害人主观上是故意。侵害姓名权的行为人是否承担民事责任是以行为人主观上是否具有过错为要件。

③侵害行为和损害后果之间有因果关系。妇女姓名权遭受损害的事实是由侵害人的侵害行为引起的，二者之间有因果关系。

④损害事实。侵害妇女姓名权的损害事实就是盗用、假冒了妇女的姓名、干涉妇女行使姓名权，不必具备特别的损害事实。

根据《民法通则》第120条的规定，侵害妇女姓名权的，受害人可以要求侵害人停止侵害、消除影响、赔礼道歉，并可以要求赔偿损失。赔偿损失既包括赔偿财产损失，也包括赔偿非财产损失。

4. 妇女的名誉权

(1) 妇女的名誉权的概念和内容

在法律上，名誉是指社会或他人对特定人的人格价值（道德品质、能力、信誉等）的一种社会评价。妇女的名誉权是指妇女对其名誉所享有的不受他人侵害的权利，它是妇女人格权中内容最为丰富和复杂的一项权利。妇女的名誉权与妇女的人身不可分离，一定的名誉只能为特定的妇女所享有。我国《民法通则》第101条规定："公民、法人享有名誉权，公民的人格尊严受法律保护，禁止用侮辱、诽谤等方式损害公民、法人的名誉。"《妇女权益保障法》第39条规定："妇女的名誉权和人格尊严受法律保护。禁止用侮辱、诽谤、宣扬隐私等方式损害妇女的名誉和人格。"从这些规定可以看出，妇女的名誉权主要有以下内容：

①名誉保持权

名誉保持权是指妇女享有保持自己已有名誉的权利。具体讲：一是妇女可以保持自己的名誉不降低，不丧失；二是当妇女意识到自己的名誉处于不佳状态有可能降低或丧失时，可以亲自改进它。

②名誉维护权

名誉维护权是指妇女有权维护其名誉，要求他人对其进行客观公正的评价。一方面妇女有权保持自己的名声不受他人非法侵害，使自己在社会中获得应有的尊敬和评价；另一方面妇女有权排斥他人对其名誉权的侵害，如果他人以侮辱、诽谤、宣扬隐私等方式毁损妇女名誉，导致妇女的社会评价降低时，被侵害的妇女作为权利人可以寻求法律救济，请求他人停止侵害并赔礼道歉，也可以提起民事诉讼，要求法院维护其名誉权不受侵害，并要求侵害人承担相应的民事责任。

③名誉利益支配权

妇女的名誉利益支配权是指妇女可以支配和利用自己良好的名誉利益与他人进行广泛的交往，从而使自己在社会交往中获得更好的社会效益，实现自己的价值。

(2) 侵害妇女名誉权行为的认定及其法律责任

侵害妇女名誉权的行为是指行为人故意或过失地对妇女实施侮辱、诽谤、宣扬隐私行为，致使妇女的名誉遭受了损害。其责任构成要件主要包括以下方面：

①侵害人对特定的妇女实施了侮辱、诽谤、宣扬隐私等违法行为。根据《民法通则》和《妇女权益保障法》的规定，侵害妇女名誉权的行为是以侮辱、诽谤、宣扬隐私作为其主要形式的，所以，认定行为人的行为是否构成对妇女名誉权的侵害时，首先应当确定行为人是否对妇女实施了侮辱、诽谤、宣扬隐私等行为。

侮辱妇女，是指故意以暴力、语言、文字等方式贬低妇女人格，毁损妇女名誉的行为。行为人主观上具有毁损妇女名誉的故意和目的，即侮辱行为通常表明行为人主观上具有恶意。从行为方式上看，侮辱行为可以分为三种：一是暴力侮辱，主要是指对受害妇女施以暴力或者以暴力相威胁，使妇女的人格、名誉遭受损害。如当众剥光妇女的衣服、往妇女身上泼粪便、逼迫妇女吃其拉下的粪便等。二是语言或动作侮辱，也就是说行为人以口头语言对妇女进行嘲笑、辱骂，使妇女蒙受耻辱、名声败坏，或者行为人作出一定的动作姿态表演来使妇女受辱。三是文字侮辱，主要是行为人以书面语言的形式（如大字报、小字报、匿名信等）辱骂、嘲笑妇女，使妇女的人格受到贬损。

诽谤妇女，是指行为人因故意或过失而捏造并散布某些虚假的事实，损害妇女名誉的行为。诽谤行为的特点是捏造虚假事实并予以传播。也就是说，行为人散布的言词是不真实的，是行为人自己捏造的，同时还予以散布，而且诽谤行为既可以是故意的，也可以是过失的。如捏造并散布某个女演员有生活作风问题、某个妇女在卖淫，或无端指责某位女会计贪污等。诽谤行为分为两种方式，一是语言诽谤，即通过语言将捏造的虚假事实加以散布，使妇女的名誉受到侵害；二是文字诽谤，即通过书写文字把捏造的虚假事实进行散布，败坏妇女的名声。如新闻报道某位著名女演员吸毒或与导演发生性关系等。

宣扬隐私，是指故意宣扬妇女不愿意被他人披露出来的隐私造成对妇女一定影响、毁损其名誉的行为。如故意在公共场合宣扬某位妇女有性病、某位妇女不能生育，或宣扬某位妇女曾与上司同居等。尽管行为人宣扬的这些隐私是真实的，也构成对妇女名誉权的侵害。

②侵害妇女名誉权的行为必须是指向某位特定妇女的。无论是侮辱、诽谤还是宣扬隐私，要构成对妇女名誉权的侵害行为，都必须具有特定的侵害对象，指向特定的妇女。

③行为人的侵害行为必须为第三人所知道。具体说，侮辱行为只要是被被害人与加害人二者以外的人知道就足以认定，至于这些行为是公开的，还是非公开的，则不予考虑；诽谤行为人只要是向第三人进行了传播即构成侵害名誉权。

④行为人主观上具有过错。即行为人在对妇女实施侮辱、诽谤、宣扬隐私等行为时主观上具有故意或过失，常常是恶意的。故意是指行为人明知自己的行为会造成侵害妇女名誉的后果，却希望或放任此种后果的发生。过失是指行为人应当预见自己的行为可能会发生损害妇女名誉的后果，却因疏忽大意而没有预见，或者已经预见了却轻信能够避免，以致于发生了危害妇女名誉的后果。

⑤受害人受到了损害。即侵害名誉权的行为给受害妇女造成了损失，损失包括两个方面：一是行为人实施的侵害名誉权的行

为所造成的直接后果是使受害妇女的名誉遭受了损害；二是行为人所实施的侮辱、诽谤等行为，给受害人造成了精神上的痛苦和财产上的损害。

依据《民法通则》的规定，侵害妇女名誉权的行为人所要承担的民事责任主要包括停止侵害、恢复名誉、消除影响、损害赔偿和赔礼道歉等。

5. 妇女的肖像权

(1) 妇女的肖像权的概念和内容

妇女的肖像权是指妇女对自己的肖像享有利益并排斥他人侵犯的一种人身权利。它是专属于妇女的人身权利，自妇女出生即可以享有。《妇女权益保障法》第38条规定：“妇女的肖像权受法律保护。未经本人同意，不得以营利为目的，通过广告、商标、展览橱窗、书刊、杂志等形式使用妇女肖像。”妇女肖像权的内容主要有以下几项：

①制作专有权。

妇女肖像制作专有权是指妇女可以根据自己的需要和他人、社会的需要，通过任何形式由自己或他人制作自己的肖像，任何人都不得干涉；同时，妇女也有权禁止他人未经许可非法制作自己的肖像。肖像制作权是妇女肖像权的基本权利，是妇女肖像权其他内容的基础。

②使用专有权。

妇女的肖像使用专有权即妇女有权以任何合法的方式使用自己的肖像，并通过自己肖像的利用取得精神上的满足和财产上的利益，任何人不得干涉；同时，妇女也有权禁止他人非法使用自己的肖像，任何人未经妇女本人同意而使用其肖像的，都是对妇女肖像专有使用权的侵害。妇女作为肖像权人还可以行使部分转让其肖像使用权的权利。

③利益维护权。

妇女的肖像权是绝对权，除妇女本人以外，任何他人都负有不得侵害的义务。妇女作为肖像权人有权禁止他人恶意非法毁损、玷污、丑化自己的肖像。当他人侵害自己的肖像权时，有权要求停止侵害，并采取必要的措施防止侵害的发生和扩大。妇女作为肖像权人还可以向人民法院提起诉讼，要求侵害人承担民事责任，赔偿妇女的人格权利和物质利益的损失。

(2) 侵害妇女的肖像权行为的认定及其法律责任

构成侵害妇女肖像权的行为，必须具备以下几个要件：

①须有对妇女肖像的非法使用行为。肖像为肖像权人所专有，他人不得私自制作其肖像。侵害妇女肖像权的构成不以私自制作为要件，而是以非法使用为要件，包括使用一切再现妇女形象的视赏艺术品及其复制品。这种使用，并非仅仅包括商业上的利用，而是包括一切对妇女肖像的公布、陈列、复制等非法使用行为。比如以营利为目的的通过广告、商标、展览橱窗、书刊、杂志等未经许可的使用妇女肖像。

②必须是未经妇女的同意而使用其肖像。妇女肖像的转让使用，应该以合同约定来进行。未经妇女同意而使用其肖像，破坏了妇女肖像权的专有性，具有违法性，而且使用人主观上有过错。

③无正常理由的使用。虽然未经许可而制作或使用妇女肖像，但如果有正当理由，则该使用行为合法。

构成侵害妇女肖像权的，侵权人应当承担停止侵害、消除影响、赔礼道歉、赔偿损失的民事责任。赔偿损失应当既包括财产利益的损害赔偿，也包括非财产利益的精神损害赔偿。一般讲无营利目的的侵害妇女肖像权的，按照精神损害赔偿的一般方法来确定具体的赔偿数额；以营利为目的的侵害妇女肖像权的，一般可以参照肖像权转让使用权的费用标准，来确定赔偿数额，还可以参照侵害人在侵权期间所获得的利润，按照适当的比例来计算赔偿数额。

6. 妇女的贞操权

(1) 妇女的贞操权的概念及其内容

贞操，是指男女性纯洁的良好品行，旧社会也指妇女不失身或从一而终的操守。妇女的贞操权是指妇女保持其性纯洁的良好品行，享有所体现的人格利益的人格权。妇女贞操权的法律特征是，它是一种以性为特定内容的妇女的独立人格权，以妇女性纯洁的良好品行为其客体，以妇女的性所体现的利益为其具体内容，以妇女享有适当性自由为其基本特点的一种人身自由权。妇女的贞操权的实质是妇女的性自由。妇女的性的自由就是妇女对自己的性的利益的支配。这种支配的最基本的内容，就是保持其性纯洁。

妇女的贞操权的内容主要有保持权、反抗权和承诺权：

①保持权

保持自己的贞操是妇女最重要的基本权利之一。妇女以其真实意思保持自己性的纯洁，不为他人所侵害，保持自己精神上的满足和充实，从而享受人生安全及其他社会自由。因此，任何妇女都享有对自己提出的善意的、恶意的进行性器官接触和发生性行为的要求的拒绝权，可以拒绝任何试图与自己进行性方面行为的请求。这种权利为绝对权，除妇女本人以外，任何人都负有不得侵害的义务。

②反抗权

当妇女的贞操受到非法侵害时，妇女享有反抗权，即有权实施正当防卫和紧急避险。反抗权应当包括正当防卫和紧急避险所准许实施的一切保护措施，主要以成功地制止侵害，防止自己所受到的侵害危险为适度。

③承诺权

妇女在对自己的性的问题上，受自己意志的支配，因而享有承诺权。妇女与他人进行性方面的接触，原则上要按照自己的意愿和承诺，经过妇女本人承诺而为性行为者，不视为侵害贞操权。这种承诺权是以妇女达到一定的年龄才享有的权利。在我国，应当以不满14周岁的妇女为无承诺能力，14周岁以上不满18周岁的妇女为有部分承诺能力，18周岁以上的妇女为有完全承诺能力。妇女性的承诺权的行使不仅要受到法律、公共利益和社会善良风俗的限制，而且还要受到已婚男女的贞操义务的限制。因此，妇女在行使自己的性承诺时要注意不得妨碍他（她）人的家庭关系及社会公共利益。

（2）侵害妇女的贞操权行为的认定及其法律责任

我国《妇女权益保障法》第37条规定："禁止卖淫、嫖娼。禁止组织、强迫、引诱、容留、介绍妇女卖淫或者雇用、容留妇女与他人进行猥亵活动。"根据法律规定，侵害妇女贞操权的民事责任的构成应当具备以下要件：

①须有妇女的贞操遭受损害的事实。即侵害人非法侵害妇女贞操权，所造成的受害人贞操损害的客观结果。主要表现为妇女性纯洁的破坏，如妇女性器官遭受恶意侵犯、猥亵、强吻妇女、以及违背妇女本人的意志而被奸等。侵害妇女贞操权的行为可能同时会造成妇女身体的伤害和财产的损失。

②侵害妇女贞操权的行为应当具有违法性。即侵害妇女贞操权的行为必须具有违法性，才能构成侵害妇女贞操权。比如强奸妇女、强迫妇女卖淫、引诱妇女卖淫、猥亵妇女、以欺诈手段诱使妇女在非正当承诺下被奸淫、收买被拐卖的妇女并强行与之发生性关系、利用从属关系奸淫或猥亵妇女等。不具有违反法律、

公共利益和善良风俗的与妇女发生性关系的行为，不构成侵害妇女的贞操权。

③侵害妇女贞操权的行为与妇女贞操损害事实之间有因果关系。即侵害妇女贞操权的行为是引起妇女贞操损害事实的原因，侵害人只对其侵害妇女贞操权的行为所引起的损害后果承担法律责任。

④主观过错。构成侵害妇女贞操权，应当以侵害人的主观故意为要件，过失不能构成。

侵害妇女的贞操权，除构成犯罪的要依照《刑法》规定承担相应的刑事责任外，还应当承担相应的民事损害赔偿责任，包括对受害妇女的精神损害赔偿和物质损害赔偿及身体损害赔偿。

7. 妇女的隐私权

(1) 妇女的隐私权的概念和内容

妇女的隐私权也称妇女的私生活秘密权。是指妇女就自己的个人私事、个人信息、私人活动等个人生活领域内的事情不为他人知悉，禁止他人干涉的权利。它的权利主体是妇女，其内容具有真实性和隐秘性，其保护的范围受社会公共利益的限制，妇女的个人隐私必须局限在合法的、合乎公共道德准则和社会需要的范围之内。妇女的隐私权被视为妇女的一种人格权而受到法律的保护。我国《宪法》第38条和《民法通则》第101条关于保护公民人格尊严的规定，是保护妇女隐私权的法律依据。《妇女权益保障法》第39条具体规定："妇女的名誉权和人格尊严受法律保护。禁止用侮辱、诽谤、宣扬隐私等方式损害妇女的名誉和人格"。

隐私权作为妇女保持人格尊严和从事社会活动所必不可少的条件，它的内容十分广泛，包括了个人通讯自由、生活自由、肖像、姓名、名誉等。具体来讲，妇女的隐私权主要包括以下内容：

①个人生活自由权

每个公民对个人生活都享有不受他人干扰、破坏的权利。妇女也有权按照自己的意愿从事或不从事某种与社会公共利益无关或无害的活动，任何人不得加以干涉、破坏或支配。例如恋爱自由权、婚姻自由权、择业自由权、居住自由权、交友自由权、穿戴自由权、学习自由权等。

②个人生活情报保密权

妇女个人的生活情报，包括妇女所有的个人信息和资料，如日记、身高、体重、三围、病历、身体缺陷、健康状况、生活经历、财产状况、两性生活、婚恋、家庭、社会关系、电话号码、学习状况、嗜好、信仰、心理特征等。妇女有权禁止他人非法利用其个人生活情报。例如禁止他人非法收集妇女个人信息资料、传播个人资讯，非法利用个人情报；对于妇女的私人活动，禁止他人非法干涉追查、跟踪、拍照、摄影；禁止非法骚扰妇女；对于妇女的日记、身体，禁止偷看和宣扬；禁止监视、监听夫妻性生活；禁止在妇女居所安装窃听、监视装置等。

③个人通讯秘密权

妇女有权对个人的信件、电报、电话、传真及谈话的内容加以保密，禁止他人非法窃听或窃取。如禁止他人非法拆毁信件、窃听电话；禁止偷看、宣扬妇女通信内容；禁止他人非法检查妇女的行李、书包；禁止在妇女的通讯工具上非法安装窃听装置等。现代信息处理及传输技术的革新，使得个人通讯的内容可以被人轻而易举地窃听或窃取，因而，保障妇女个人通讯的安全，已经成为妇女隐私权的一项十分重要的内容。

④个人隐私利用权

妇女对于自己的隐私，不仅享有隐瞒权，而且还能进行积极的利用，以满足自己精神、物质等方面的需要。这种利用是妇女的自我利用，而不是转让给他人利用。如妇女利用自己丰富的个人生活经历撰写自传、创作文学作品；利用自己的身体、容貌进行绘画、摄影；利用自己的三围优势应聘模特等。但妇女利用自己的隐私不得违背社会公共利益，如不得利用自己身体的隐私部分制作淫秽物品等。

⑤个人隐私维护权

妇女对于自己的隐私享有维护其不受侵犯的权利，在自己的隐私受到他人非法侵害时，妇女可以及时制止或依法寻求司法保护。

（2）侵害妇女隐私权行为的认定及其法律责任

构成侵害妇女隐私权，必须同时具备以下几个要件：

①必须有侵害行为。对妇女隐私权的侵害行为主要有侵害人非法刺探、调查、窃取妇女个人情报、资讯并进行记录、摄影、录像；干涉、监视妇女的私人生活，破坏妇女的生活安宁；非法侵入、窥视妇女私人的住房、日记、身体、箱包、通信等私人领域；擅自公布妇女的隐私；非法利用妇女的隐私等。

②侵害人主观上有过错。侵害妇女隐私权的行为人在主观上必须具有过错。这种过错既可以是故意，也可以是过失。

③损害后果。对妇女隐私权的损害，主要表现为个人隐私的暴露。只要未经同意而将妇女的隐私公之于众，就已构成对妇女隐私权的侵害。既不以侵害人的公布是否损害了妇女的名誉为判断标准，也不以该隐私是否已被第三人知道为前提。

④侵害行为与损害后果之间有因果关系。妇女个人隐私的被暴露或者非法利用是由侵害人的侵害行为所引起的，二者之间有因果关系。

侵害妇女隐私权的民事责任承担方式主要是停止侵害、赔礼道歉、返还或销毁隐私资料及物品、赔偿损失。其中赔偿损失应当包括财产损害和精神损害的赔偿。

8. 妇女的荣誉权

(1) 妇女的荣誉权的概念和内容

妇女的荣誉权是指妇女对自己的荣誉称号所享有的不受他人非法侵害的权利。它的来源不是与生俱来的固有权，而是基于一定事实受到国家或社会组织表彰奖励后取得的身份权。如“劳动模范”称号、“百花奖”称号、“先进工作者”称号等。妇女荣誉权的内容主要有：

①荣誉保持权。即对荣誉获得占有的权利和要求荣誉权以外的人不得侵害其荣誉权的权利。妇女的荣誉归自己享有，表明妇女的荣誉一经获得，就将为妇女终生享有，未经法律规定的程序不得撤销或者非法剥夺，也不得转让和继承。妇女荣誉的撤销必须要依照一定的程序，并由原来授予荣誉的机关或组织，依照法定的事由而撤销。妇女荣誉的剥夺，则要经由人民法院依照我国刑法和刑事诉讼法的有关规定，以判决的方式来进行。任何非法地撤销、剥夺或者转让、继承妇女荣誉的行为，都是无效的，都是对妇女荣誉权的侵犯。

②荣誉利益支配权。妇女荣誉所体现的精神利益，由权利人自主支配，而无需经过他人的同意或允许。荣誉本身带有的物质利益，如奖金、奖品、奖杯、奖章等，妇女有权获得并占有。附随荣誉而获得的物质利益，妇女享有所有权，并可以自主地进行支配，比如奥运会冠军获得者为某一商品拍广告等。

(2) 侵害妇女荣誉权行为的认定及其法律责任

构成侵害妇女荣誉权，必须同时具备以下要件：

①行为人实施了侵害妇女荣誉权的行为。实践中具体的侵害妇女荣誉权的行为主要有：非法剥夺妇女的荣誉，比如某女工因

在单位得罪了领导而被剥夺了先进工作者的称号；非法侵占妇女荣誉，如对于妇女依法获得的荣誉，行为人以非法手段窃取、强占、或者冒领等；严重诋毁妇女所获得的荣誉，如向授奖机关诬告、诋毁妇女荣誉，公开发表言论来诋毁妇女荣誉获得名不符实，宣称妇女荣誉是经非法途径获得等；拒发权利人应得的物质利益，如将获奖妇女的奖金、奖品擅自决定捐赠给他人或扣发、少发奖金等；侵害荣誉物质利益的行为，如故意毁坏、侵占妇女获得的奖杯、奖品、奖状、奖章等。

②有损害事实。即妇女名誉因侵害人的侵害行为而受到了损害，包括精神上的损害或物质上的损害。

③损害事实与侵害妇女荣誉权的行为之间有因果关系。

④行为人主观上具有过错。侵害妇女荣誉权的行为人主观上有过错，而且这种过错只能由故意构成。

侵害妇女的荣誉权，应当责令行为人给妇女恢复名誉，返还物质利益，赔偿损失。造成妇女财产损失的，还应当予以赔偿；造成精神利益和精神痛苦损害的，应当赔偿精神损失费；对于侵占、毁损妇女荣誉物质利益的，既应当赔偿妇女的财产利益损失，也应当赔偿妇女的精神利益损失。

9. 妇女的人格尊严权

(1) 妇女的人格尊严权的概念和内容

妇女的人格尊严权是妇女基于自己所处的社会环境、地位、声望、工作环境、家庭关系等各种客观条件而对自己的社会价值的客观认识和评价。人格尊严基本上是属于妇女对自身人格的一种客观认识和以自尊为内容的权利，它是妇女重要的人格权利，应该受到法律的保护。我国《宪法》第38条：“公民的人格尊严受到法律保护。”《妇女权益保障法》第39条更进一步规定：“妇女的名誉权和人格尊严受法律保护。禁止用侮辱、诽谤、宣扬隐私等方式损害妇女的名誉和人格。”这些有关保护妇女的人格尊严的法律规定表明，无论妇女的职业、职务、政治立场、宗教信仰、文化程度、财产状况、民族、种族、性别有何差别，其人格尊严都是相同的，绝对没有高低贵贱之分，都同样地受到法律的严格保护。妇女的人格尊严主要包括以下内容：

①妇女的人格尊严具有客观的因素，即对妇女的价值的一种客观评价，也是对妇女的最起码的做人的资格的评价，评价的内容不是褒或贬，而是对人的最起码的尊重。

②妇女的人格尊严是妇女的主观认识和客观评价的结合。它既包括妇女自我认识的主观因素，也包括社会和他人对妇女的客观评价和尊重，这两种因素结合在一起，构成了妇女的完整的人格尊严。

(2) 侵害妇女人格尊严行为的认定及其法律责任

构成侵害妇女的人格尊严应当同时具备以下要件：

①有侵害妇女人格尊严的行为。如超市工作人员强行检查女顾客的背包、学校或幼儿园老师体罚女学生、恐吓和胁迫妇女造成妇女精神痛苦和情绪紧张、当众羞辱妇女或扒光妇女衣裤等。

②有损害事实。即妇女因侵害人的侵害行为而使自己的人格尊严遭到了损害，造成了精神的痛苦或物质损失。

③侵害人的侵害行为与妇女人格尊严的损害事实之间有因果关系。

④侵害人主观上有过错。侵害人在实施侵害行为时主观上存在着故意的过错，即行为人明知自己的侵害行为会发生侵害妇女人格尊严的事实，而故意为之。

在妇女的人格尊严受到侵害时，受害人可以请求人民法院根据具体情况责令侵害人具结悔过、赔礼道歉、赔偿物质损失或精神损失。

六　婚姻家庭权益

（一）妇女依法在婚姻家庭中享有权利

妇女的婚姻家庭权利是指妇女在婚姻、家庭中所享有权利的总称。具有如下特征：(1) 它是一项综合性的权利。具体的权利内容在宪法、婚姻法等有关法律中有明确的规定；(2) 它主要是身份权，是基于婚姻家庭成员间特定身份的存在而产生的，虽然也有财产权，但财产权是以身份权存在为前提的；(3) 权利的内容和多寡是由妇女在婚姻家庭中的地位所决定的；(4) 它是特指妇女在婚姻家庭中的权利，但这些权利的实现与妇女在其它方面的权利紧密相连。

妇女的婚姻家庭权利是由她们在婚姻家庭中的地位决定的，而她们在婚姻家庭中的地位与她们的社会地位是相一致，取决于她们在社会经济、政治等方面的地位。男女两性是尊卑、主从、依赖和被依赖关系还是平等关系，只能从一定的社会制度中寻找答案。历史充分证明：生产资料私有制是男女不平等的社会根源。从奴隶社会、封建社会到资本主义社会，妇女一直处于受男子压迫的地位，奴隶社会和封建社会的法律公开规定男尊女卑、夫权统治，妇女被视为家庭的奴隶和生育的工具。欧洲中世纪的一次宗教会议上甚至讨论过妇女是否为人的问题。旧中国的妇女更是受到“三从四德”封建礼教的束缚，在家从父，既嫁从夫，夫死从子是妇女在婚姻家庭中地位的真实写照。资本主义社会，虽然在理论和法律上，妇女对男子的人身依附关系有所减弱，她们在社会生活和婚姻家庭生活中的地位有所提高，但在社会现实生活中却有很大差距。在资本主义国家早期的婚姻家庭立法中，歧视妇女的条款举不胜举。在已婚妇女的行为能力、贞操义务、夫妻财产制、非婚生子女、亲权、离婚等问题上，表现尤为明显。社会主义制度的建立，为妇女解放，男女平等开辟了广阔的道路，广大妇女同男子一样，平等的成为国家、社会、家庭的主人，妇女社会地位的提高，必然在婚姻家庭中的地位也有所提高，我国的法律保障妇女在婚姻家庭中与男子的平等地位，《妇女权益保障法》第40条规定："国家保障妇女享有与男子平等的婚姻家庭权利。"《婚姻法》具体规定妇女在婚姻家庭方面的权利，主要有：

在婚姻方面，男女双方在结婚和离婚问题上的权利义务平等。双方都享有依法结婚自由和离婚自由；结婚时男女双方都要符合法定结婚条件，履行法定结婚程序；登记结婚后，男方可以成为女方的家庭成员，女方可以成为男方的家庭成员；离婚时男女双方都有抚养子女、分割共同财产、清偿债务、要求损害赔偿等权利义务。

在家庭关系方面，不同性别的家庭成员的权利义务是平等的。在夫妻关系上；都有各用自己姓名的权利，都有参加生产、工作、学习和社会活动的自由，都有实行计划生育的义务，对共同财产有平等的处理权，有相互扶养的义务和相互继承遗产的权利。在父母子女关系上；父母都有抚养教育子女的义务，父母都有教育、保护子女的权利义务，子女有赡养、扶助父母的义务，父母子女间有相互继承遗产的权利。在兄弟姐妹、祖孙关系上；男性和女性亲属的权利义务都是平等的。

法律所规定的平等，还不是事实的平等。在婚姻家庭中实现男女平等，并不是一蹴而就的。建国以来，随着社会主义革命和经济建设的发展，妇女在社会生活的各个领域发挥越来越大的作用，妇女在社会政治、经济、文化和婚姻家庭中的地位也有了很大的提高。但是，我国处于社会主义的初级阶段，经济、文化还不够发达，特别是重男轻女、男尊女卑、歧视妇女的封建传统思想仍有很大影响，因此要实现男女平等，消除男女在社会、婚姻家庭中的差别，从法律上的平等到实际生活中的平等，还需要社会各方面的共同努力。更需要妇女“自尊、自信、自立、自强”，妇女只有在社会生活中发挥越来越大的作用，妇女的社会地位才会有所提高，才能在社会及婚姻家庭中实现男女平等。在婚姻家庭领域中，要贯彻执行《婚姻法》中有关男女平等的各项规定，切实保障妇女在婚姻家庭中的合法权益，妇女也要克服依赖心理，在婚姻家庭中发挥积极的作用，妇女在婚姻家庭中的地位才能有所提高。总之，社会主义精神文明和物质文明为在婚姻家庭中男女平等创造了条件，各项法律、法规为实现男女平等提供了保障，妇女要经过自身的努力，发挥应有的作用，真正实现在婚姻家庭领域中的男女平等。

（二）妇女在婚姻家庭关系中的人身权利

1. 婚姻自主权

婚姻自主权是指妇女有依照法律规定，决定自己婚姻大事的权利，不受任何人的强制和干涉。《婚姻法》第2条规定：“实行婚姻自由”，第3条规定：“禁止包办、买卖婚姻和其他干涉婚姻自由的行为。禁止借婚姻索取财物。”从我国长期实行的以男子为中心的封建家长制统治的实际情况而言，婚姻自由原则对妇女自主决定自己的婚姻大事有重大的意义。《妇女权益保障法》第41条规定妇女有婚姻自主权。强调妇女有权按照法律的规定，自主的决定自己的婚姻问题，不受任何人的强制和干涉，借此清除以男子为中心的“夫权”思想，废除封建婚姻制度对妇女的歧视和压迫，实现妇女的人格和意志的自由，让妇女有权根据自己的理想和实际情况决定自己的命运。

妇女的婚姻自主权包括结婚自由和离婚自由两方面，所谓结婚自由是指妇女是否结婚，与谁结婚，什么时间结婚，在符合法律规定的前提下，都有权自己作出决定。禁止任何人的强迫或干涉。妇女只有享有结婚自由的权利，才有权自己选择理想中的配偶，为妇女建立幸福美满的婚姻家庭奠定基础。旧中国的妇女不具有独立的人格，更谈不上享有决定自己婚姻大事的权利，妇女的婚姻是“合两家之好”的手段，是以满足家庭利益、家庭的需要为前提的，妇女是封建包办、买卖婚姻的牺牲品。既使统治阶级妇女的婚姻，也难逃此厄运，往往利用她们的婚姻来解决民族矛盾或边境冲突，成为统治阶级进行统治的工具。所谓离婚自由是指妇女享有依法解除婚姻关系的权利。离婚自由是对结婚自由的必要补充，如果没有离婚自由，妇女的婚姻自主权就是不完整的，那样，婚姻真的成为“围城”，进去的人，再也无法出来了。正是有离婚自由作保证，当夫妻双方感情破裂，婚姻无可挽回的破裂，妇女享有解除这种名存实亡婚姻的权利。而在古代，不仅是中国妇女，世界上大多数国家的妇女，都没有离婚的权利，在离婚问题上采取的是专权离婚制度，离婚权主要在男方手中，而对妇女而言，提倡的是“从一而终”，妇女无权离婚。

妇女要依法行使婚姻自主权，婚姻自主权与法律规定的其它权利一样，要依法行使。《婚姻法》对妇女如何行使婚姻自主权都有明确的规定。结婚应符合法定的结婚条件，不应具有禁止性的要件，而且必须履行法定程序，进行结婚登记，婚姻关系才宣告成立，受到法律保护。妇女要求离婚时，根据夫妻双方对离婚问题及其离婚后有关问题的处理态度不同，依法使用协议离婚和诉讼离婚两种不同的程序，依法律的规定进行离婚。

为保障妇女婚姻自主权的实现，必须禁止包办、买卖婚姻和其他干涉婚姻自由的行为。禁止借婚姻索取财物。所谓包办婚姻，是指第三人违反婚姻自由的原则，包办、强迫他人婚姻的行为；买卖婚姻，是指第三人以索取大量财物为目的，包办、强迫他人婚姻的行为；包办、买卖婚姻是干涉婚姻自由最常见的行为，两者既有联系，又有区别。买卖婚姻一定是包办婚姻，而包办婚姻不具有索取财物这一特定目的，它只是违背了婚姻自由的原则，至于目的、动机可以是多种多样。所以，包办、强迫他人的婚姻，是这两种行为的共同特点，而是否索取财物，则是这两种行为的根本区别。目前，在一些地方存在的转亲、换亲，指腹为婚，订娃娃亲，拐买妇女成婚等都是包办、买卖婚姻的具体体现。转亲、换亲就是以女儿换儿媳，两家对换亲叫换亲，涉及到三家以上的叫转亲。转亲、换亲是典型的封建包办、买卖婚姻，是由于娶媳妇无法支付昂贵的彩礼，只能以女儿换取儿媳，用牺牲妇女的婚姻家庭幸福，来满足家庭利益的需要，侵犯了妇女的婚姻自主权。其他干涉婚姻自由的行为，是一种补充性的规定，是除包办、买卖婚姻以外的各种干涉结婚自由和离婚自由的总称。如非法阻挠子女的婚姻，干涉同姓非近亲的男女结婚，干涉寡妇再婚，干涉父母再婚，强制或阻挠他人离婚等。新修正的《婚姻法》第30条规定："子女应当尊重父母的婚姻权利，不得干涉父母再婚以及婚后的生活。"这是对新时期出现的子女干涉父母婚姻自由行为在立法上予以禁止。所谓借婚姻索取财物，是指男女双方结婚基本上是自愿的，但一方（主要是女方或女方的父母）向另一方索取财物，以此作为结婚的条件。借婚姻索取财物是滥用结婚自由这一权利，表面上婚姻是自愿的，实际上却以满足某种物质欲望作为结婚的代价。借婚姻索取财物的行为，形式多种多样，索取财物的数额也有很大差别，它代表一种不好的社会风气，给当事人的家庭和婚姻生活带来困难，影响了结婚自由权利的行使。在我国一些地方，特别是在农村，结婚要"彩礼"的情况非常普遍，如果以此作为结婚条件的，就构成了借婚姻索取财物，这是封建残余的影响。索要彩礼的一方主要是女方的家长，他们通常认为“嫁出去的女儿，泼出去的水。”把女儿抚养长大，却成为别人家的人，彩礼是他们抚养女儿的一种经济补偿，更有些父母把女儿当作摇钱树，谁给的彩礼多就把女儿嫁给谁，妇女的婚姻成为他们发家治富的手段。而给付财物的男方多为被迫给付，甚至是男方或男方父母借债而给付女方“彩礼”，而最后还是需要夫妻双方共同偿还，这无疑加重了夫妻的经济负担，许多家庭矛盾，甚至离婚案件，都是由于结婚要“彩礼”引发的。因此，为保证妇女真正行使结婚自由权利，必须禁止借婚姻索取财物。对于借婚姻索取财物的人，应当进行批评教育，责令其改正错误。同时要妥善处理由此引起的财物纠纷。在处理具体问题时，应注意借婚姻索取财物同买卖婚姻的区别，借婚姻索取财物同男女自愿馈赠的区别，以及借婚姻索取财物同借婚姻骗取财物的区别。对于侵犯了妇女的婚姻自由权，不是在妇女自愿的情况下与他人结婚，新修正的《婚姻法》，增加了可撤销婚姻制度，即第 11 条规定：“因胁迫结婚的，受胁迫一方可以向婚姻登记机关或人民法院请求撤销该婚姻”。第 12 条规定：被撤销的婚姻自始无效，当事人不具有夫妻的权利和义务。对于违犯结婚自由，包办、买卖婚姻和其他干涉婚姻自由者，应当给予批评、教育，责令其改正错误，并根据情节和后果给予相应的制裁。对于使用暴力干涉婚姻自由的，按刑法 257 条规定，犯本罪的，处 2 年以下有期徒刑或者拘役；犯本款罪告诉的才处理；致使被害人死亡的，处 2 年以上 7 年以下有期徒刑。

2. 配偶权

配偶权是指夫妻之间在配偶身份状态存续的情况下，相互享有权利和承担义务的总称。配偶权是以夫妻身份为前提，是夫妻之间相互对等的人身上的权利义务关系，一般被称为夫妻人身关系。但基于对历史上夫权的否定，确立和保障妇女的独立人格，在夫妻关系中也规定夫妻之间的人格权，如姓名权、生育权等。因此配偶权包括夫妻之间的身份权和人格权。

我国《婚姻法》第4条、第13条至第16条对夫妻的人身关系作了规定，具体包括以下内容：

忠实义务。《婚姻法》第4条规定："夫妻应当相互忠实，互相尊重"。

夫妻互负忠实义务是《婚姻法》修正案新增加的内容。所谓忠实义务有狭义和广义之分；狭义上的主要指贞操义务，即专一的夫妻性生活义务。广义的解释还包括不得恶意遗弃配偶，以及不得为第三人的利益而损害或牺牲他方的利益。古代社会的立法，只是妻子单方面负有贞操义务，既使在早期的资本主义国家立法中，对贞操义务的要求也是妻严夫宽。当代各国立法普遍规定夫妻互负忠实义务，这是个体婚的本质要求，是一夫一妻与其他婚姻形态的最大区别。我国《婚姻法》把夫妻间的相互忠实，互相尊重作为夫妻人身关系的基本准则，对于违反忠实义务的一些情形，作为离婚和离婚损害赔偿的法定事由。如《婚姻法》第32条规定："有下列情形之一，调解无效的，应准予离婚：（一）重婚或有配偶者与他人同居的；（二）实施家庭暴力或虐待、遗弃家庭成员的；（三）有赌博、吸毒等恶习屡教不改的；（四）因感情不和分居满二年的"。第46条规定："有下列情形之一，导致离婚的，无过错方有权请求损害赔偿：（一）重婚的；（二）有配偶者与他人同居的；（三）实施家庭暴力的；（四）虐待、遗弃家庭成员的。"对于违反忠实义务可能涉及到的第三人，由于我国《婚姻法》只调整具有婚姻、家庭关系成员间权利义务，因此没有涉及到对夫妻一方违反忠实义务，负有责任的第三人应承担的法律责任问题。从国外的立法看，对"第三者"应承担的法律责任，一些国家适用侵权行为法，一是允许无过错方向"第三者”提起停止妨碍之诉；二是赋予受害方向加害方要求损害赔偿。

姓名权。夫妻双方都有各用自己姓名的权利。这意味着妇女依法享有决定、使用、改变自己姓名，并排除他人干涉的权利。旧中国，妇女不享有姓名权，在家从父姓，既嫁从夫姓。姓名权是公民最重要的人格权，姓名虽然只是代表一个人的文字符号，但如果连姓名都没有，又怎能表明其独立的人格，只能依附他人而存在，妇女姓名权的享有，表明在家庭中她具有独立的地位，不需要依附于他人而存在，彻底改变了妇女在封建家庭中在家从父，既嫁从夫，夫死从子的地位，夫妻在家庭中法律地位平等。

人身自由权。具体包括以下三方面内容：(1) 夫妻都有参加生产、工作的权利。这里的生产、工作泛指一切能够取得劳动报酬或者经营收入的社会劳动。(2) 双方都有参加学习的自由。这里的学习不仅包括正规的在校学习，也包括职业技术培训以及各种形式的专业知识和专业技能的学习。(3) 双方都有参加社会活动的自由。这里的社会活动包括参政、议政，各种科学、艺术、文学等文化活动，各种社会团体、各种群众组织的活动，以及各种形式的公益活动。从立法形式上看夫妻人身自由权适用于夫妻双方，任何一方都有参加生产、工作、学习和社会活动的自由，另一方不得对他方行使该项人身自由权利进行限制或干涉。但就其针对性而言，主要是保障已婚妇女享有参加生产、工作、学习和社会活动的自由，禁止丈夫限制或干涉妻子的人身自由。旧中国，妇女受男主外、女主内，“三从四德”等封建礼教的束缚，只能从事家务劳动，没有参加社会工作和活动的权利，人身自由受到各种限制。新中国实行男女平等，妇女在政治、经济、文化等方面获得了与男子平等的地位，在婚姻家庭中夫妻地位平等，在人身关系上必然保证其各自人身的独立性，保障妇女独立的人身权利。夫妻不得滥用人身自由权，夫妻间的权利义务具有对等性，对家庭的义务具有连带性，任何一方行使该项权利时，必须履行法定的对婚姻家庭应尽的义务，不得损害他方和家庭的利益。

夫妻双方都有实行计划生育的义务。计划生育义务是指夫妻在国家人口计划的指导下，依照法律的规定，制定家庭的生育计划。其中包括生育还是不生育，生育的时间，避孕、节育措施等。不得计划外生育子女，如果夫妻的生育行为违反计划生育的政策，应承担相应的法律责任。计划生育是夫妻双方共同的义务，不得把责任推给女方，更不得把计划生育视为妇女的义务。在实行计划生育过程中，必须破除重男轻女和传宗接代的传统观念，夫妻双方要统一认识，相互配合，协商处理与计划生育有关的各种具体问题。

我国目前的立法没有出现配偶权这一概念，在修改《婚姻法》的讨论过程中曾提出了这一概念，关于如何理解配偶权，有不同的观点：有学者提出，配偶权是指夫妻之间互为配偶的基本身份权，表明夫妻之间互为配偶的身份利益，由权利人专属支配，其他任何人均负不得侵犯的义务。① 也有学者提出，配偶权指男女结婚后基于配偶身份享有的人身权。配偶身份权则是夫对妻和妻对夫享有婚姻内部特定的权利和义务。配偶身份权和配偶人格权一起，构成配偶权。配偶身份权有 5 项内容：同居的权利和义务；夫妻互负忠实义务；婚姻住所商定权；夫妻有相互扶养的权利和义务；日常家事代理权。② 第三种观点认为，配偶身份

---

① 杨立新：《人身权论》，中国检察出版社 1996 年版，第 719 页。

② 蒋月：《配偶身份权的内涵与类型界定》，《法商研究》，1999 年第 4 期。

权是夫妻之间在配偶身份状态下相互享有和承担的权利义务的统称。我国现行《婚姻法》上的配偶身份权有6项内容：夫妻有各用自己姓名的权利；夫妻双方都有参加生产、工作、学习和社会活动的自由；夫妻双方享有婚姻住所决定权；夫妻双方都有实行计划生育的义务；夫妻之间有相互继承遗产的权利；夫妻之间有相互扶养的权利和义务。①

反对提出配偶权的人认为："配偶权"的核心特色是性权利，"性权利"是一种"天赋"的权利，自然人都享有这种权利，任何人不得侵犯。等等。

关于对配偶权问题的讨论并不会随着《婚姻法》的颁布而终止，这一争论仍将继续下去，这对明确夫妻关系的权利义务无疑是有益的。

3. 婚姻住所权

婚姻住所权是指选择、决定夫妻婚后共同生活住所的权利。这里的住所是指婚姻住所，婚姻住所权解决的是夫妻婚后共同生活的住所由谁决定的问题。《婚姻法》第9条规定："登记结婚后，根据男女双方的约定，女方可以成为男方家庭的成员，男方可以成为女方家庭的成员。"虽然此条并非专门规定夫妻的婚姻住所权问题，但从所包涵的含义中可以得出这样的结论：夫妻双方平等地享有住所决定权。对于婚后夫妻共同生活住所的选择，应由夫妻双方共同协商确定，一方不得强迫另一方，第三人也不得干涉。在整个古代社会，男娶女嫁、妻从夫居是天经地义的事情，"妻从夫居"并不只是居住方式的问题，直接关系到夫妻在家庭中的地位，在通常情况下，女方成为男方家庭的成员，只有

① 杨大文主编：21世纪法学系列教材《婚姻家庭法》，中国人民大学出版社2000年版，第125～131页。

在特殊情况下男方才成为女方家庭的成员，这样的居住方式决定了家庭是以男子为核心，实行的是家长制统治，妇女只能依附于男子，没有任何权利。我国《婚姻法》赋予夫妻平等的婚姻住所决定权，夫妻双方即可以与男方家庭成员共同生活在一起，也可以与女方家庭成员共同生活在一起，也可以夫妻双方单独居住；女方可以成为男方家庭的成员，男方可以成为女方家庭的成员。从立法的针对性而言，主要是破除妻从夫居的传统观念，保护男方成为女方家庭的成员。夫妻平等的婚姻住所权，有利于男女平等的实现，也直接或间接的保证了妇女相关权利的实现，如《妇女权益保障法》第23条规定："在分配住房和享受福利待遇方面男女平等"；第30条规定："农村划分责任田、口粮田等，以及批准宅基地，妇女与男子享有平等权利，不得侵害妇女的合法权益。"

4. 生育权

生育权是指在婚姻关系存续期间，夫妻双方有依照法律规定生育子女或不生育子女的权利。家庭是人口再生产单位，承担着人类繁衍的职能。生育权作为一项人身权利，应为夫妻双方共同享有。我国在有关的立法中没有出现生育权的概念，对夫妻双方生育问题的调整在《婚姻法》第16条作了规定："夫妻双方都有实行计划生育的义务。"计划生育是我国的基本国策，是婚姻家庭实现人口再生产的准则。计划生育作为夫妻双方的法定义务，它要求夫妻双方在国家计划的指导下，依照法律的规定，制定家庭生育计划。其中包括生育还是不生育，生育的时间，避孕、节育措施。

计划生育义务包含以下内容：第一，计划生育是夫妻的法定义务，具有强制性。夫妻双方应当按照国家有关计划生育的政策和法律的规定生育子女，如违反应承担相应的法律责任。第二，计划生育是夫妻双方的义务，夫妻任何一方都不得拒绝履行该项义务。第三，按照目前计划生育的要求，一对夫妻只能生育一个子女，生育二胎应符合法定的条件，严格禁止生育第三胎。对人口稀少的少数民族，政策可以适当放宽。夫妻在履行计划生育义务的同时，也受国家法律的保护。公民有按计划生育的规定生育子女的权利，同时也有不生育的自由，任何人不得强迫或干涉。国家有关部门应当采取有效措施，为夫妻履行计划生育的义务创造必要条件，如普及优生优育的知识，提供安全、有效的避孕工具等，对履行计划生育的夫妻在社会保障等方面予以特殊的保护。《妇女权益保障法》第47条规定："育龄夫妻双方按照国家有关规定计划生育，有关部门应当提供安全、有效的避孕药具和技术，保障实施节育手术的妇女的健康和安全。"要纠正目前计划生育工作只抓妇女的倾向，不得把计划生育视为妇女单方面的义务。

在封建家长制统治的旧中国，已婚妇女处于夫权统治之下，妇女无权支配自己的生育行为，妇女只是被当作传宗接代、生儿育女的工具。没有生育的权利，只有生育的义务，生育权由丈夫行使。解放后虽然妇女地位有所提高，妇女有了一定的生育权利，但受男尊女卑、多子多福传统观念的影响，造成了生育上的无节制，妇女仍然没有摆脱为传宗接代而生育的束缚。无节制的生育，不仅严重损害了妇女的身心健康，而且也影响妇女参加社会工作和活动，不利于妇女社会和家庭地位的提高。因此必须赋予妇女生育的决定权，允许她们按照自己的意愿去决定生育问题。

生育问题不只是个人的事情，要涉及到他人和社会的利益，因此在计划生育的实行过程中，不可避免的会出现矛盾冲突，一方面表现为个人利益、家庭利益与国家利益的矛盾，法律在赋予妇女生育权利的同时，结合我国计划生育的国策，对妇女生育也予以了适当的限制，妇女生育要符合国家的计划生育政策。另一方面为夫妻之间关于生育问题的矛盾。由于妇女在生育过程中，特殊的作用，在生育权问题中，对妇女实行特殊的保护，《妇女权益保障法》第47条规定："妇女有按照国家有关规定生育子女的权利，也有不生育的自由。"据此，已婚妇女有权按照法律和国家计划生育政策生育或者选择不生育，丈夫及他人不得干涉。

在《婚姻法》修改过程中，针对生育权问题展开了激烈的讨论，主要有两种观点：一是夫妻应有平等的生育权。由于生育为夫妻双方共同所为，因此任何一方行使该项权利时，都必须征得对方的同意。理由是：从自然规律看，生育需要夫妻双方共同意志和共同参与，夫妻一方享有的生育权，没有他方的参与无法实现；从法律看，生育权是夫妻人身关系中不可缺少的一项内容，法律所保护的生育权是具有合法婚姻关系的夫妻才享有，从夫妻关系平等角度而言，夫妻应拥有平等的生育权。二是考虑到妇女在生育过程中的特殊作用，妇女的生育权应予以特殊的保护。理由是：从怀孕、分娩到哺育子女，是妇女独有的生理的现象，需经历许多艰难和痛楚，这其中妇女付出了巨大的牺牲，甚至冒着生命危险，这些是男人无法体会到的，妇女对人类繁衍作出的特殊贡献，妇女在生育过程中的决定性作用，要求对妇女的生育权加以特殊保护。

5. 对未成年子女的亲权

亲权是父母对未成年子女人身和财产方面的保护和教育的权利和义务。亲权是一种身份权，是基于身份关系而产生的专属于父母的权利和义务。亲权具有以下特征：(1) 亲权是基于父母身份取得的身份权。可依自然血亲关系和法律拟制血亲关系而产生，因此它又具有专属性，父母不得转让、继承、抛弃其亲权。

(2) 亲权是以养育和保护、教育子女为目的的。基于这种特定目的，父母只对未成年子女享有亲权，对成年子女不产生此权利义务。(3) 亲权具有统一性，是权利义务的统一。对子女的养育、教育不仅是父母的权利，同时也是父母不可推卸的义务，如果父母没有履行其义务，同样要承担相应的法律责任。

亲权制度渊源于罗马法和日尔曼法，但近代亲权的性质和内容与古代的有所不同，罗马法的亲权称为家父权，以亲权人的利益为出发点，是家父对子女的支配和占有。日尔曼法的父权则以子女的利益为出发点，以保护教育未成年子女为中心。不仅为权利，也是义务。近现代亲权立法从一种父权的统治权力，转变为父母养育、保护和教育未成年子女的权利义务，并规定了父母履行亲权不当，相应的法律救济方法。在立法方式上两大法系存在着区别，大陆法系国家皆设有亲权制度，而英美法系国家亲权与监护不分，统称监护。从各国立法看，亲权包括以下内容：(1) 人身方面：抚养权、惩戒权、居所指定权、子女交还请求权、职业许可权、法定代理权和同意权。(2) 财产方面：管理权、使用收益权、处分权。

在我国立法中，从未出现过亲权的概念，但亲权是存在的。中国封建的法律在父母子女关系上，以维护宗法制度为基本准则，强调“父为子纲”、孝道为本的父权思想，子女是父母的私有财产，子女要绝对的服从父母。亲权由父集中行使，在人身方面享有教令、惩戒，甚至剥夺生命的权利，子女没有任何财产权利。新中国成立后，先后颁布实施的两部《婚姻法》，都确定了父母子女间平等的法律地位，他们同时即享有权利，又同负义务。在立法方式上没有设立亲权制度，而依据《民法通则》的有关规定，亲权包含在监护制度中。《婚姻法》第21条至23条规定了父母对未成年子女的权利义务。

(1) 父母对未成年子女有抚养教育的义务。《婚姻法》第21条规定:"父母对子女有抚养教育的义务;……父母不履行抚养义务时,未成年的或不能独立生活的子女,有要求父母付给抚养费的权利。……禁止溺婴、弃婴和其他残害婴儿的行为。"

所谓抚养是指父母在物质上对子女的供养,在生活上的照料。包括负担子女的生活费、教育费、医疗费等。对子女的抚养是父母的天职,是家庭承担养老育幼职能的体现。父母对未成年子女的抚养义务是无条件的,不可免除的。即使父母离婚,也不影响父母子女的关系,不与子女共同生活在一起的父(母),仍负有抚养子女的义务,往往通过负担抚养费和行使对子女的探望权来实现。一般情况下,当子女18周岁,父母不再承担抚养义务,但在特殊情况下,父母对成年子女仍负有抚养义务。根据2001年12月24日,最高人民法院关于适用《中华人民共和国婚姻法》若干问题的解释(一)第20条规定:"'不能独立生活的子女',是指尚在校接受高中及其以下学历教育,或者丧失或未完全丧失劳动能力等非因主观原因而无法维持正常生活的成年子女。"当父母不履行抚养义务时,未成年子女或不能独立生活的成年子女,有要求父母给付抚养费的权利。父母对子女不履行抚养义务的,多发生在父母离婚的情况下,不直接抚养子女一方基于对其原配偶的敌意,或重新组成了新家庭等原因,不愿意履行义务。对未成年子女要求父母给付抚养费的案件,由于子女未成年,可由直接抚养子女的一方,或所在的居民委员会、村民委员会、有关单位、其他对该未成年人有监护资格的人作为代理人。对追索抚养费的要求,可由抚养义务人所在单位或居民委员会、村民委员会调解解决,也可直接向人民法院提起诉讼。法院根据子女的需要和父母的抚养能力,通过调解或判决方式解决。对于父母拒不履行抚养义务,情节恶劣的,构成遗弃罪,根据《刑法》261条规定，处五年以下有期徒刑、拘役或者管制。父母对子女的抚养义务始于子女出生，父母以任何方式和手段危害子女生命和健康都是违法的，为保护未成年子女的生命健康权，《婚姻法》特别规定了禁止溺婴、弃婴和其他残害婴儿的行为，《婚姻法》修正案增加了禁止弃婴，主要针对父母不愿意履行抚养义务，对子女遗弃的行为，不能把父母对子女应尽的义务推给国家、社会或他人，不管目的、动机如何，这是一种违法行为，后果严重的构成遗弃罪。溺婴和其他残害婴儿的行为，实际上已构成犯罪，应依法追究刑事责任。

所谓教育是指父母在思想、品德、文化知识等方面对子女的全面培养。因此父母对子女的教育义务的内容是多方面的，目的是把子女培养成对国家有用之人。那种只注重文化知识的教育，而忽视了对子女思想、品德教育的做法是错误的。首先父母应当对子女进行思想、品德教育。《中华人民共和国未成年人保护法》第3条规定："国家、社会、学校、和家庭对未成年人进行理想教育、道德教育、文化教育、纪律和法制教育，进行爱国主义、集体主义和国际主义、共产主义的教育，提倡爱祖国、爱人民、爱劳动、爱科学、爱社会主义的公德，反对资本主义的、封建主义的和其他的腐朽思想的侵蚀。"其次父母应当保障适龄的未成年子女接受义务教育。实现未成年人接受教育的权利，父母不得使在校接受义务教育的子女辍学。《中华人民共和国义务教育法》第11条规定："父母或者其他监护人必须使适龄的子女或者被监护人按时入学，接受规定年限的义务教育。"最后，夫妻离婚后，不直接抚养子女的一方对子女仍负有教育义务。《中华人民共和国预防未成年人犯罪法》第21条规定："未成年人的父母离异的，离异双方对子女都有教育的义务，任何一方都不得因离异而不履行教育子女的义务。"

（2）父母有保护和教育未成年子女的权利和义务。《婚姻法》第23条规定“父母有保护和教育未成年子女的权利和义务。在未成年子女对国家、集体或他人造成损害时，父母有承担民事责任的义务。”

这里的“教育”强调的是父母履行教育权利和义务的方式方法，是指父母按照法律和道德的要求，采用说服的方法，对未成年子女的行为加以必要的约束。由于未成年子女年幼，缺乏对事物的理解判断能力，对自己行为及其行为的后果缺少正确判断，因此父母对未成年子女的行为加以必要的约束，是保障他们的健康成长，也是防止未成年人损害国家、集体和他人的权益的要求。首先，父母要依法行使教育权，以保护子女，有利于他们健康成长为原则。《中华人民共和国未成年人保护法》第4条规定：“保护未成年人的工作，应当遵循下列原则：①保障未成年人的合法权益；②尊重未成年人的人格尊严；③适应未成年人身心发展的特点；④教育与保护相结合。”其二，父母用法律和道德的标准要求子女。向他们宣传和灌输法律和社会主义的道德的内容，以法律和道德为尺度，对子女的行为加以约束。其三，父母要采用正确的教育方法，即采用说服教育的方法，摒弃传统的“棍棒之下出孝子”的教育方式，禁止虐待和伤害子女，如虐待和伤害子女情节严重的，不管父母出于何种动机，依法构成犯罪的，要承担刑事责任。其四，父母要对未成年子女的错误言行，进行批评和帮助。《中华人民共和国未成年人保护法》第10条规定：“父母或者其他监护人应当以健康的思想、品行和适当的方法教育未成年人，引导未成年人进行有益身心健康的活动，预防和制止未成年人吸烟、酗酒、流浪以及聚赌、吸毒、卖淫。”其五，父母对未成年子女的教育既是权利又是义务，是法定的、不可抛弃的。未成年子女给国家、集体或他人造成损害时，父母承担民事责任。承担民事责任的方法等适用《民法通则》中，关于监护人责任的有关规定。《民法通则》第 133 条规定："无民事行为能力人、限制民事行为能力人造成他人损害的，由监护人承担民事责任。监护人尽了监护责任的，可以适当减轻他的民事责任。有财产的无民事行为能力人、限制民事行为能力人造成他人损害的，从本人财产中支付赔偿费用。不足部分，由监护人适当赔偿，但单位担任监护人的除外。"

所谓保护是指父母要保护未成年子女的人身安全和财产权益，防止和排除来自自然界的损害和他人的非法侵害。父母对子女的人身和财产等方面有保护的权利和义务。为保证父母能够履行保护义务，《民法通则》第 16 条规定："未成年人的父母是未成年人的监护人。"当未成年人的人身或财产受到他人侵害时，父母作为子女的监护人，有权以法定代理人的身份为保护子女的利益提起诉讼，请求排除侵害、赔偿损失。当未成年子女脱离家庭或监护人时，父母有要求归还子女的权利。发生拐骗子女行为时，父母有请求司法机关追究拐骗者刑事责任的权利。父母对子女的保护权利义务，人们一般理解为人身的保护，保护子女的生命健康权。往往忽略对子女财产的保护，甚至父母有意或无意的侵害了子女的财产权，父母对未成年子女的财产只享有管理权，《民法通则》第 18 条规定：监护人"……除为被监护人的利益外，不得处理被监护人的财产。"父母要履行对子女的保护的义务，如果没有履行保护义务，给子女造成人身或财产损失的，应当承担民事责任。父母不履行保护义务的，可由有关人员或者有关单位向人民法院提出申请，撤销父母的监护人资格。

在家庭中，父母的法律地位是平等的，父母对未成年子女享有的权利和承担的义务也是平等，都是未成年子女的法定监护人。中国的传统观念是"子不教，父之过。"母亲不享有教育子女的权利，特别是在子女的父亲死亡或无法行使权利时，妇女更是失去了对子女的任何权利，这是与封建的家长制统治相适应的。为保障妇女对子女的权利，《妇女权益保障法》第45条规定："父亲死亡、丧失行为能力或者有其他情形不能担任未成年子女的监护人的，母亲的监护权任何人不得干涉。"这体现了在家庭中男女平等，对母亲行使监护权的保护。

（三）妇女在婚姻家庭关系中的财产权利

1. 妇女对家庭财产享有的权利

妇女在家庭中的财产权利，包括夫妻对共同所有的财产有平等的处理权；女性家庭成员有平等的继承权和受扶养权。

《妇女权益保障法》第29条规定："在婚姻、家庭共有财产关系中，不得侵害妇女依法享有的权益。"哪些为夫妻共同财产呢？涉及到夫妻财产制的问题。夫妻财产制又称婚姻财产制，是关于夫妻婚前财产和婚后所得财产的归属、管理、使用、处分，以及债务的清偿、婚姻解除时财产清算的根据等方面的法律制度。夫妻财产制是由社会的生产关系所决定，同时受意识形态、文化传统、民族习惯、立法方式的影响，因此夫妻财产制具有一定的地域性和时代性，妇女婚后实行何种夫妻财产制，对保护妇女在家庭中的财产权利是至关重要的。

我国的夫妻财产制实行的是法定财产制与约定财产制并存，约定财产制的效力高于法定财产制，只有在夫妻双方在婚前或婚后没有对夫妻财产关系进行约定，或约定无效的情况下，适用法定财产制。根据《婚姻法》第17条规定："夫妻在婚姻关系存续期间所得的下列财产，归夫妻共同所有：……。"第18条规定："有下列情形之一的，为夫妻一方的财产：……。"我国的法定财产制是有选择的婚后所得共同制，即夫妻双方婚前的财产归各自所有，婚后部分所得为夫妻共同财产。在实行有选择婚后所得共同制的前提下，又确立了个人特有财产制度，作为有选择婚后所得共同制的补充，即规定一些财产虽然是在婚姻关系存续期间所得，但仍为个人财产，不属于夫妻共同财产。

（1）法定财产制

法定财产制是夫妻双方在婚前或婚后未对夫妻财产订立契约，或所订立的契约无效的情况下，依照法律规定而适用的夫妻财产制。它是从本国的实际情况出发，反映社会中绝大多数夫妻的需要，因此它具有适用范围广的特点。《婚姻法》第17条规定："夫妻在婚姻关系存续期间所得的下列财产，归夫妻共有所有：（1）工资、奖金；（2）生产、经营的收益；（3）知识产权的收益；（4）继承或赠与所得的财产，但本法第十八条第三项规定的除外；（5）其他应当归共同所有的财产"。所谓夫妻共同财产，是指夫妻在婚姻关系存续期间所得的，除夫妻个人特有财产以外的共有财产。按照本法条规定，夫妻共同财产的范围包括：

工资、奖金。是公民参加劳动和其他社会活动所得到的应有报酬和物质奖励。

生产、经营的收益。既包括从事农副业生产经营活动的收获，也包括从事工商业经营活动所取得的利益。

知识产权的收益。是指公民拥有的著作权、专利权、商标权、发明权、发现权及科技成果权，在使用过程中给其带来的财产利益，如作品发表所得的稿费，转让专利权后获得的专利转让费等。

继承或赠与所得的财产。这类财产是指夫妻一方或双方因接受继承或者接受赠与所取得的他人财产。如果立遗嘱人在遗嘱中指明某项遗产只能由某一公民单独继承，或者赠与人在赠与合同中约定某项财产只能由某一公民单独受赠，则该项财产就不属于夫妻共同财产。

其他共同所有财产。这是一项概括性的规定，可以适用于其他任何排除了夫妻个人特有财产以外的夫妻一方或双方在婚姻关系存续期间的合法财产所得。

《婚姻法》第18条规定："有下列情形之一的，为夫妻一方的财产：(1) 一方的婚前财产；(2) 一方因身体受到伤害获得的医疗费、残疾人生活补助费等费用；(3) 遗嘱或赠与合同中确定只归夫或妻一方的财产；(4) 一方专用的生活用品；(5) 其他应当归一方的财产。"个人特有财产制是指依法确定的在婚姻关系存续期间取得的应当归夫妻一方所有的财产。它弥补了夫妻共同财产制中没有个人财产的缺陷。其立法宗旨是保护公民在婚姻家庭中的合法权益。夫妻个人特有财产包括：

夫妻一方的婚前财产。夫妻的婚前财产，不管是动产还是不动产，是有形财产还是无形财产。只要公民享有所有权，就依法受到法律保护，这包括婚前取得了所有权，婚后才实际占有此项财产，但这不影响财产属于婚前个人财产的性质。公民结婚只涉及到身份关系的改变，并不影响个人对财产享有所有权的性质。

夫妻一方在婚姻关系存续期间取得的具有人身性质的财产所有权属于个人所有。公民的身体健康权与公民的人身紧密相联，公民的身体健康权受到侵害，有权要求侵权行为人承担民事赔偿责任，依法获得相应的医疗费、残疾人补助费等费用。由于这类费用是公民因个人身体健康受到伤害所依法获得的补偿，这些费用的取得与公民的人身不可分离，正如伤害所造成的痛苦是无法替代的，这类费用理所当然的应归受到伤害的公民个人所享有。在婚姻关系存续期间，夫妻一方的身体健康受到伤害，依法所获得的医疗费、残疾人生活补助费等费用，同样也只能归受到伤害者本人所有。

遗嘱或赠与合同中确定只归夫或妻一方的财产。被继承人或赠与人将自己的财产处分给继承人或受赠人，体现的是他们处分自己财产的意思表示，公民行使财产所有权受法律保护，继承人继承的遗产或受赠人接受赠与应属个人财产，否则改变了原财产所有人处分财产的意思表示，是侵害公民个人财产所有权的行为。遗嘱人生前按照其个人意愿，依法以遗嘱方式处分其个人财产，指定了其遗产只归已婚的夫妻一方继承或者受遗赠，遗嘱是有效的，继承开始后，夫妻一方便享有所继承或受遗赠财产的所有权。为个人所有的财产。赠与合同是赠与人与特定的受赠人之间达成的协议，所赠与财产的所有权只能转移给特定的受赠人，因此，如果赠与人在赠与合同中指明其将某项财产赠与给已婚的夫妻一方，则所赠与的财产就应当属于夫妻一方。

一方专用的生活用品。是指具有夫妻个人使用特征的生活消费品，如衣物、饰物等。由于这类财产在使用价值方面，具有与使用者性别差异或身体特征差异以及使用目的差异，不是夫妻双方通用或者共用的生活用品，所以应属于夫妻一方个人所有。

其他应当归一方所有的财产。是指依照其他有关法律规定应归属于特定行为人本人享有所有权的财产。社会生活是丰富多彩，瞬息万变的，法律的规定是不可能穷尽的，因此本条属于概括性的规定，便于灵活掌握。如对公民个人予以的奖励，所颁发的荣誉证书、特定的奖金、奖杯、奖牌等。

对于属于夫妻个人所有的财产，并不受婚姻关系存续时间长短的影响，最高人民法院关于适用《中华人民共和国婚姻法》若干问题的解释（一）第19条规定："婚姻法第18条规定为夫妻一方所有的财产，不因婚姻关系的延续而转化为夫妻共同财产。但当事人另有约定除外。"

对于属于夫妻共同财产，夫妻双方有平等的占有、使用、收益、处分的权利，不管夫或妻有无收入、收入多少，对夫妻共同财产贡献大小，从事的是社会工作还是家务劳动，不影响对夫妻共同财产所享有的权利，夫妻对夫妻共同财产有平等的权利。在现实生活中，妻子的收入一般低于丈夫，而且农村妇女主要从事的家务劳动，没有经济收入，夫妻共同财产制的规定有利于保护妇女的财产利益，妇女有一定的经济作保障，才能更好的参与社会的各项活动，有利于妇女地位的提高。

(2) 约定财产制

约定财产制是指法律允许由婚姻当事人以契约的形式，选择决定夫妻财产制形式的法律制度。它具有优先于法定财产制的适用效力，只有在婚姻当事人对夫妻财产没有约定或约定无效的情况下，才适用法定财产制。《婚姻法》第19条第一款规定："夫妻可以约定婚姻关系存续期间所得的财产以及婚前财产归各自所有、共同所有或部分各自所有、部分共同所有。约定应当采用书面形式。没有约定或约定不明确的，适用本法第十七条、第十八条的规定"。夫妻在约定夫妻财产制时必须符合下列条件：

①财产约定的主体只能是夫妻双方，不允许委托和代理，在财产约定时，夫妻双方必须具有完全的民事行为能力。

②必须是双方自愿。如果一方采取欺诈、胁迫或者乘人之危，使对方违背其真实意思而订立夫妻约定财产制的协议无效。

③约定的内容必须合法。不得利用约定规避法律或损害国家、集体及第三人的利益。规避法定义务或以逃避债务为目的夫妻约定财产制的协议，应认定其无效。

④应采用书面约定的形式。这是对夫妻约定财产制协议形式要件的要求。

对于不符合夫妻约定财产制有效要件的，应认定约定行为无效，应实行法定的夫妻财产制。关于约定的时间，《婚姻法》没有规定，一般理解在婚前或婚后约定都可以。在婚姻关系存续期间也可以变更或撤销对夫妻财产制的约定。但不论是变更或撤销原夫妻约定财产制，都要符合约定财产制协议有效的条件，否则不具有法律效力。

对于夫妻约定财产制的协议的内容应当符合下列要求：

①夫妻约定财产的对象只限于夫妻一方或双方婚前所有的财产，及婚姻关系存续期间所得的财产。这里的“所有”、“所得”指的是取得了财产的所有权,并非实际占有或使用。对于夫妻只享有使用权的财产不能约定,如夫妻一方婚前或婚后租赁的房屋。

②对财产归属的约定只能选择法定的几种模式之一：

“各自所有”，即分别财产制。夫妻一方或双方婚前的财产和婚姻关系存续期间分别取得的财产，为夫妻个人所有财产。

“共同所有”，即一般共同制。夫妻一方或双方婚前的财产和婚姻关系存续期间所得的财产都为夫妻共同财产。

“部分各自所有、部分共同所有”，即部分婚前财产和部分婚后所得为夫妻共同财产，其余部分为夫妻个人所有财产。这种部分共同所有，部分个人所有制，为实行约定财产制的夫妻留下了较大的选择空间。

③对一方或双方的婚前个人财产以及婚姻关系存续期间所得的财产如何进行管理、使用、收益及处分等进行约定。

④对一方或双方在婚姻关系存续期间所负的债务如何清偿进行约定。

⑤约定当婚姻关系解除时，对夫妻共同财产如何进行分割。

《婚姻法》第 19 条第二、三款规定：“夫妻对婚姻关系存续期间所得的财产以及婚前财产的约定，对双方具有约束力。夫妻对婚姻关系存续期间所得财产约定归各自所有的，夫或妻一方对外所负的债务，第三人知道该约定的，以夫或妻一方的财产清偿。”夫妻约定财产制的效力主要表现在以下几方面：

①对夫妻双方具有法律约束力。夫妻约定财产制的协议是夫妻双方在平等、自愿的基础上签订的，体现双方的意愿，因此夫妻双方必须遵守，具有法律约束力。这种约束力体现在：第一，依法达成的夫妻约定财产制的协议，非经双方同意，任何一方不得擅自修改。第二，夫妻约定财产制的协议，双方均应认真遵守，如约履行。第三，夫妻离婚时，对夫妻共同财产的认定和分割发生争议的，如果有夫妻约定财产制的协议，应当按照协议的约定内容加以处理。

②夫妻约定财产制一般对第三人不产生法律效力。只有在特殊情况下，对第三人具有效力。包括两种情况：一是夫妻约定实行分别财产制；二是夫妻双方约定，各自的个人债务由个人承担。并且以第三人为债权人知道该约定为前提条件，在这种情况下，对夫或妻的个人债务，只能要求用个人财产偿还，其债务人的配偶不承担债务清偿的义务。根据最高人民法院，1993 年 11 月 3 日，法发［1993］32 号《关于人民法院审理离婚案件处理财产分割问题的若干具体意见》第 17 条第 2 款的规定："下列债务不能认定为夫妻共同债务，应由一方以个人财产清偿：(1) 夫妻双方约定由个人负担的债务，但以逃避债务为目的的除外。(2) 一方未经对方同意，擅自资助与其没有抚养义务的亲朋所负的债务。(3) 一方未经对方同意，独自筹资从事经营活动，其收入确未用于共同生活所负的债务。(4) 其他应当由个人承担的债务。"

关于夫妻约定财产制法律效力的规定，是基于目前夫妻约定财产制的协议还不具有公示性，法律没有规定夫妻在对外民事活动中，有告知其夫妻约定财产制协议的义务，从保护第三人利益出发，夫妻约定财产制的效力一般只涉及夫妻双方。

夫妻约定财产制更能反映每对夫妻的特殊需求，更好的通过约定保护自身的利益。妇女在签定约定财产制时一定要树立起自我保护意识，提高自身的法律水平，防止一些人借约定财产制损害妇女的利益。

2. 妇女对夫妻共同财产的处理权

《妇女权益保障法》第 43 条规定：“妇女对依照法律规定的夫妻共同财产享有与其配偶平等的占有、使用、收益和处分的权利，不受双方收入状况的影响。”《婚姻法》第 17 条第三款规定：“夫妻对共同所有的财产，有平等的处理权。”夫妻对共同财产行使所有权，其内容应当包括对共同财产平等地享有占有、使用、收益和处分的权利。其中，处分权是最重要的权能，它直接关系到夫妻共同财产的归属。夫妻双方在处理夫妻共同财产时应当彼此尊重，相互协商，在意思表示一致的情况下行使夫妻共同财产的所有权。夫妻共有财产的性质是共同共有，不管这些财产是一方还是双方的所得，不管有无收入或收入多少，夫妻双方都享有平等的占有、使用、收益、处分的权利。关于如何理解“夫妻对共同所有的财产有平等的处理权。”2001 年 12 月 24 日，最高人民法院关于适用《婚姻法》若干问题的解释（一）第 17 条规定：“……（一）夫或妻在处理夫妻共同财产上的权利是平等的，因日常生活需要而处理夫妻共同财产的，任何一方均有权决定。（二）夫或妻非因日常生活需要对夫妻共同财产做重要处理决定，夫妻双方应当平等协商，取得一致意见。他人有理由相信其为夫妻双方共同意思表示的，另一方不得以不同意或不知道为由对抗善意第三人。”根据司法解释，夫或妻对夫妻共同财产行使处理权时的法律要求是：

①在日常生活范围内，夫或妻对夫妻共同财产的处分，相互享有代理权。婚姻家庭作为生活的共同体，日常事务相当琐碎，因此在日常生活事务中，夫妻有相互代理权，对夫妻共同财产的处分，无须他方同意或特别授权。

②夫或妻超出日常生活需要范畴，对重大财产行使处分权时，必须协商一致。夫妻一方擅自处理夫妻共同所有的财产，一般情况下应当认定该处分行为无效。但第三人系善意取得该财产的，应保护第三人的合法利益，对夫或妻另一方所受的损失，由擅自处分夫妻共同财产的一方给予赔偿。最高人民法院，1988年1月26日《关于贯彻执行（中华人民共和国民法通则）若干问题的意见（试行）》第89条的规定："共同共有人对共有财产享有共同的权利，承担共同义务。在共同共有关系存续期间，部分共有人擅自处分共有财产的，一般认定无效。但第三人经同意有偿取得该项财产的，应当维护第三人的合法权益；对其他共有人的损失，由擅自处分共有财产的人赔偿。"配偶一方有权否认擅自处分共有财产一方处分行为的法律效力，但不得对抗善意第三人，由此造成的损失，由擅自处分共同财产的一方予以赔偿。

③夫妻对共同财产平等的行使权利，同时也平等的承担义务。对家庭共同生活的费用，由夫妻共同财产中支付，对为共同生活履行婚姻家庭中的义务，或共同经营等所负的债务，应由夫妻双方共同清偿，双方承担连带责任。

3. 妇女的受扶养权

《婚姻法》第20条规定"夫妻有互相扶养的义务。一方不履行扶养义务时，需要扶养的一方，有要求对方付给扶养费的权利。"夫妻之间扶养关系的产生是基于夫妻间特定的身份关系，基于家庭为基本的生活共同体所决定的，这种义务的产生是婚姻家庭共同体得以维系和存在的基本保障。依据法律这条规定，妇女在年老体弱、丧失劳动能力，或无经济来源时，丈夫有扶养妻子的义务，如丈夫不履行对妻子的扶养义务，妻子有权要求丈夫付给扶养费。在适用这一规定时注意以下几点：

①夫妻间的扶养内容包括经济上相互供养，生活上的相互扶

助。一些农村妇女主要从事家务劳动，没有经济来源，不能就此提出她们没有履行扶养义务。

②这种扶养关系是相互的。丈夫对妻子有扶养义务，妻子对丈夫同样也负有扶养义务。夫妻双方既是权利主体，又是义务主体，为保证夫妻扶养权利的实现，《婚姻法》从义务的角度予以规定，以保证权利的实现。

③夫妻间相互的扶养义务，不受夫妻感情好坏的影响。夫妻扶养义务的产生是基于夫妻间的人身关系而产生的，因此，只要婚姻关系没有解除，双方的扶养关系就依然存在。即使在离婚诉讼阶段或夫妻因感情不合而分居的，扶养义务仍存在。

④夫妻间的扶养是法定义务，具有强制性。但在实际适用中要注意夫妻关系的特殊性，以当事人的自觉履行为适用的主要方式。当夫妻一方无独立生活能力或生活有困难，对方有能力而不履行扶养义务时，需要扶养的一方有要求对方扶养的权利。

⑤在一方丧失劳动能力或虽未丧失劳动能力，但非因主观原因无经济来源的情况下，夫或妻才能行使扶养的请求权，要防止婚姻当事人好吃懒作，不劳而获。

在实践中，大多数夫妻都能自觉的履行扶养义务，但也有少数夫妻相互间不尽扶养义务的，特别是男方另有新欢，与她人同居或重婚时，对妻子不尽扶养义务。对夫妻间扶养纠纷，可以请求村民委员会、居民委员会以及当事人所在单位进行调解。也可以直接向人民法院提起诉讼。人民法院在审理扶养纠纷时，应首先进行调解，如调解无效，应当及时依法判决，强制义务人履行义务。对于拒不履行扶养义务，情节恶劣的，构成遗弃罪。处5年以下有期徒刑、拘役或者管制。

4. 离婚妇女对房屋的所有权和居住权

住房是人生存的最基本需要，居无住所就要无所依托，流离失所，而且从我国目前公民私有财产看。房屋占私有财产中绝对多数比例，特别在城市中，职工按照政府规定的价格，购买的福利性住房，其购买价格大大低于同类房屋的商品价格，在离婚时要切实解决好妇女的住房问题，保护好妇女的利益。妇女权益保障法第 44 条对离婚时如何解决好妇女的住房作了专项规定，1996 年最高人民法院发布了《关于审理离婚案件中公房使用、承租若干问题的解答》，也体现了对妇女住房方面的保护，根据以上立法规定，根据不同情况，采用不同的处理方法：

对于夫妻共有的房屋，《妇女权益保障法》第 44 条第一款规定："国家保护离婚的妇女的房屋所有权。"如房屋为夫妻共同财产，不管此房屋以前是夫还是妻任何一方单位分配后购买，还是夫妻收入多少，只要是用夫妻共同财产购买，夫妻对此房屋享有平等的所有权。对于夫妻共有的房屋，在离婚分割时，根据《妇女权益保障法》第 44 条第二款规定："分割住房由双方协议解决；协议不成的，由人民法院根据双方的具体情况，照顾女方和子女权益的原则判决。夫妻双方另有约定的除外。"对不宜分割使用的夫妻共有房屋，应根据双方住房情况和照顾抚养子女方或无过错方等原则分给一方所有。分得房屋的一方对另一方应给予相当于该房屋一半价值的补偿。在双方条件等同的情况下，应照顾女方。

对于夫妻共同承租的公房。《妇女权益保障法》第 44 条第三款规定"夫妻共同租用的房屋，离婚时女方的住房应当按照照顾女方和子女权益的原则协议解决。"离婚时，在确定谁对夫妻承租的房屋继续有承租权中，根据最高人民法院发布了《关于审理离婚案件中公房使用、承租若干问题的解答》，夫妻共同居住的公房，具有下列情形之一的，离婚后，双方均可承租：

（1）婚前由一方承租的公房，婚姻关系存续 5 年以上的；

（2）婚前一方承租的本单位的房屋，离婚时，双方均为本单位职工的；

（3）一方婚前借款投资建房取得的公房承租权，婚后夫妻共同偿还借款的；

（4）婚后一方或双方申请取得公房承租权的；

（5）婚前一方承租的公房，婚后因该承租房屋拆迁而取得房屋承租权的；

（6）夫妻双方单位投资联建或联合购置的共有房屋的；

（7）一方将其承租的本单位的房屋，交回本单位或交给另一方单位后，另一方单位另给调换房屋的；

（8）婚前双方均租有公房，婚后合并调换房屋的；

（9）其他应当认定为夫妻双方均有承租权的情形。

对夫妻双方均可承租的公房而由一方承租的，承租方对另一方给予适当的经济补偿；夫妻双方均可承租的公房，如面积较大能够隔开来分室居住使用的，可由双方分别租住；对可以另调房屋分别租住或承租方给另一方解决住房的，可予准许。

夫妻居住男方单位的房屋，离婚时，女方无房居住的，男方有条件的应当帮助其解决；离婚时一方对另一方婚前承租的公房无权承租而解决住房确有困难的，人民法院可调解或判决其暂时居住，暂住期限一般不超过两年。暂住期间，暂住方应交纳与房屋租金等额的使用费及其他必要费用；离婚时，一方对另一方婚前承租的公房无权承租，另行租房经济上确有困难的，如承租公房一方有负担能力，应给予一次性经济帮助。

对夫妻共同出资而取得“部分产权”的房屋，分得房屋“部分产权”的一方，一般应按所得房屋比例，依照离婚时当地政府有关部门公布的同类住房的标准价，给予对方一半价值的补偿。对夫妻双方均争房屋的“部分产权”的，如双方同意或者双方经济、住房条件基本相同，可采取竞价方式解决。

在离婚时妥善、合理的解决妇女的住房问题，保障离婚妇女的房屋所有权和居住权，要靠有关单位、各级组织和人民法院相互配合，共同保障妇女的权益。

七 诉讼权利

（一）妇女在民事诉讼中的权利

民事纠纷，又称民事争议，是法律纠纷和社会纠纷的一种，它是指平等主体之间发生的，以民事权利义务为内容的社会纠纷。

在我国，民事纠纷的处理机制，即缓解和消除民事纠纷的方法和制度主要有三种：自力救济、社会救济和公力救济。自力救济，包括自决与和解，是指纠纷主体依靠自身力量解决纠纷，以达到维护自己的权益的目的；社会救济，包括调解（诉讼外调解）和仲裁，它是依靠社会力量处理民事纠纷的一种机制；公力救济，即是指民事诉讼。

民事诉讼是指人民法院、当事人和其他诉讼参与人，在审理民事案件的过程中，所进行的各种诉讼活动，以及由这些活动所产生的各种诉讼关系的总和。相对于自力救济和社会救济，民事诉讼是一种最有权威和最有效的处理民事纠纷的机制。它有两个显著的特点：一是国家强制性。民事诉讼是法院凭借国家审判权确定纠纷主体之间的民事权利义务关系，并以国家强制执行权迫使纠纷主体履行生效的判决和裁定；二是严格的规范性。我国制定了专门规范民事诉讼活动和调整民事诉讼关系的法律，民事诉讼必须严格地按照这些法律的规定进行。公力救济所具有的上述特点，使其成为解决民事纠纷的最公平、最合理的方式。

民事诉讼法是规定人民法院和其他诉讼参与人在审理民事案

件中所进行的各种诉讼活动以及由此产生的各种诉讼关系的法律规范的总和。相对于民法、婚姻法、继承法、知识产权法、经济法、劳动法等实体法而言，民事诉讼法是程序法，它以民事诉讼为调整对象。民事实体法通过规定实体权利义务，来调整平等主体之间的财产关系和人身关系，当这些权利义务关系产生纠纷时，就要通过民事诉讼法规定的诉讼程序来解决，以最终确定他们之间的权利义务关系，并保证其实现。在社会生活中，民事实体法和程序法具有同等重要的地位，二者相互依存，缺一不可。规定法律关系主体之间的实体权利义务的实体法，总是和保证其实施的程序法密切联系在一起。

民事诉讼权利，是指民事诉讼法律规范所规定的民事诉讼法律关系主体所享有的权利。它表现为民事诉讼法律关系主体可以自己实施一定的诉讼行为，也可以要求他人为一定的诉讼行为，当该权利受到侵犯时，可以寻求相应的法律救济。民事诉讼法律关系的主体包括人民法院、人民检察院、诉讼参加人（包括诉讼当事人和诉讼代理人）和其他诉讼参与人，相应地，民事诉讼权利包括以上主体所享有的诉讼权利。

当事人是民事诉讼必不可缺的主体之一，我国的民事诉讼法律为当事人规定了平等的、广泛的诉讼权利，而且，随着我国民事审判方式的改革，当事人的诉讼权利必将进一步增加，从而加强当事人的诉讼主体地位。妇女作为民事权利主体，在社会生活中，不可避免地会与其他主体发生民事纠纷。纠纷发生后，当无法通过自力救济和社会救济的方式获得解决时，就需要通过公力救济，即民事诉讼解决纠纷。民事诉讼具有严格地规范性，在法院审判民事案件的过程中，当事人、审判人员和执行人员以及其他诉讼参与人都必须严格遵守民事诉讼法的规定。民事诉讼法赋予了当事人各种各样的诉讼权利，这些权利是民事诉讼当事人进行诉讼、维护自己合法权益的基础和手段。当妇女成为民事案件的当事人时，只有了解自己在民事诉讼中的各种权利，才能通过充分、有效地行使这些诉讼权利，达到维护自己的实体权益的目的。根据我国民事诉讼法律的规定，妇女在民事诉讼中享有的权利主要有以下几种：

1. 起诉权。当妇女的合法民事权益受到侵犯或者其民事法律关系发生争议时，可以向法院提起诉讼，请求法院运用国家审判权裁判纠纷，保护其合法权益。

2. 使用本民族语言文字进行诉讼的权利。各民族妇女只要是在我国人民法院进行诉讼，都可以使用本民族语言文字。如果不通晓当地民族通用的语言、文字，法院应当为其提供翻译，以保证其了解诉讼的全部内容，维护自身的合法权益。

3. 委托代理人进行诉讼的权利。妇女在进行民事诉讼时，无论是作为原告、被告、第三人、共同诉讼人，还是作为法定代理人、诉讼代表人，都可以委托一至二人代为诉讼，也可以随时变更或者终止委托代理关系。律师、当事人的近亲属、有关的社会团体或者有关部门推荐的人，经人民法院许可的其他公民，都可以被委托为诉讼代理人。但无民事行为能力人、限制民事行为能力人、或者可能损害被代理人利益的人以及法院认为不宜作诉讼代理人的人，不能作为诉讼代理人。当事人委托他人代为诉讼，必须向法院提交由委托人签名或者盖章的授权委托书。

妇女当事人在委托代理人进行诉讼时，应在授权委托书中明确代理权限。可以是一般委托，即只授权代理人代为诉讼行为，而无权处分实体权利；也可以是“全权委托”，即特别授权，既授予代理人代为诉讼行为的权利，也授予其代为处分实体权利的权利，如代为承认、放弃或变更诉讼请求、进行和解、提起反诉或上诉等。如果是特别授权，必须在授权委托书中写清楚具体权限，如果只写“全权代理”而无具体授权的，视为一般代理，代理人无权代为处分实体权利。

委托代理人在授权范围内实施的诉讼行为和被代理人自己实施的诉讼行为具有同等效力；代理人超越代理权限所为的行为，则对被代理人不发生任何法律效力。委托代理关系的成立、变更或者解除，当事人应及时通知法院。

侨居在国外的中国公民从国外寄交或者托交的授权委托书，必须经中国驻该国的使领馆证明；没有使领馆的，由与中国有外交关系的第三国驻该国的使领馆证明，再转由中国驻该第三国使领馆证明，或者由当地的爱国华侨团体证明。

4. 申请回避权。妇女作为民事诉讼的当事人，在审判人员、书记员、翻译人员、鉴定人、勘验人有下列情形之一的，有权以口头或者书面方式申请他们回避：1. 是本案当事人或者当事人、诉讼代理人的近亲属；2. 与本案有利害关系；3. 与本案当事人有其他关系，可能影响对案件公正审理的。当事人申请回避，应当在案件开庭审理时提出，并说明理由；回避事由在案件开庭审理后才知道的，也可以在法庭辩论终结前提出。法院对当事人的回避申请，应于三日内作出是否回避的决定，并以口头或者书面方式通知当事人。当事人对法院的决定不服的，可以申请复议一次。法院对复议申请，应当在三日内作出复议决定，并通知复议申请人。但在复议期间，被申请回避的人员，不停止参与本案的工作。

5. 确定请求司法保护的范围和选择保护的方法的权利。例如，妇女在以侵害财产所有权为由提起的诉讼中，有权要求赔偿全部损失，也可以要求赔偿部分损失；可以请求返还原物，也可以要求作价赔偿。

6. 答辩权。这是与起诉权相对应的、由民事诉讼中的被告当事人所享有的一项诉讼权利，是指被告针对原告的起诉，根据事实和法律，提出自己的不同意见和主张的权利。民事诉讼法规定，法院应当在立案之日起五日内将起诉状副本发送被告，被告在收到之日起十五日内提出答辩状。

7. 选择管辖法院权。该项权利是指在两个或者两个以上的法院对同一案件都有管辖权时，即出现共同管辖的情况下，原告可以在数个有管辖权的法院中，选择一个对自己有利的法院提起诉讼。但原告选择的管辖法院只能是一个，而不能向两个以上有管辖权的法院起诉。如果原告向两个以上有管辖权的法院起诉的，由最先立案的法院管辖。

8. 协议确定管辖法院的权利。协议管辖权，又称约定管辖权或合意管辖权，是指民事案件的原、被告双方依照法定条件，在纠纷发生前后，可以通过书面方式自主合意约定管辖法院。依照民事诉讼法的规定，国内民事案件的协议管辖必须符合下列条件：①协议管辖只适用于第一审民事案件，而不适用于第二审民事案件及重审、再审、提审民事案件；②协议管辖只适用于合同纠纷，当事人对合同以外的其他民事纠纷不得协议管辖；③协议管辖所约定的法院须为法定范围内的法院，即须在被告住所地、合同履行地、合同签订地、原告住所地或标的物所在地等与合同纠纷有实际联系的地点的法院中选择，而不能超出这一范围。同时，双方约定的管辖法院应明确、唯一，如果选择管辖的协议不明确或选择上述范围中两个以上法院管辖的，选择管辖的协议无效，案件仍应由被告住所地或合同履行地法院管辖。

9. 提出管辖异议的权利。该项权利是指，民事案件当事人认为受诉法院或者受诉法院向其移送案件的法院对案件无管辖权时，可以向受诉法院或者受移送案件的法院提出不服管辖的意见或主张。当事人提出管辖异议，只能在第一审程序中提出，并且应当在提交答辩状期间提出。法院对当事人提出的管辖异议，应当进行审查，异议成立的，应作出书面裁定，将案件移送给有管辖权的法院审理；异议不成立的，书面裁定驳回。当事人对裁定不服的，可以在收到裁定之日起10日内，向上一级法院提出上诉。当事人在二审法院确定该案的管辖权后，即应按法院的通知参加诉讼。

10. 请求法院不公开审理的权利。涉及个人隐私的案件、离婚案件以及涉及商业秘密的案件，当事人可以申请法院不公开进行审理。

11. 收集、提供证据的权利。民事诉讼当事人有权收集并向法院提供证据，以支持自己的主张或者反驳对方的主张。

12. 查阅、复制本案有关材料的权利。民事诉讼当事人可以查阅本案有关材料，并可以复制本案有关材料和法律文书。

13. 查阅并申请补正庭审笔录的权利。每次庭审之后，当事人都有权查阅庭审笔录；对笔录中的错误，有权申请法庭补正。

14. 申请法院调查收集证据的权利。民事诉讼当事人及其诉讼代理人因客观原因不能自行收集的证据，可以申请法院调查、收集该证据。

15. 向证人、鉴定人、勘验人发问的权利。在民事诉讼中，当事人经法庭许可，可以向证人、鉴定人、勘验人发问，上述人员应如实回答当事人的提问。

16. 要求重新调查、鉴定或者勘验的权利。民事诉讼中，当事人对调查结果、鉴定结论或勘验笔录有不同意见的，可以要求重新调查、鉴定或者勘验。法院认为当事人的要求有充分理由的，应当重新调查、鉴定或勘验。

17. 申请证据保全的权利。民事诉讼中，对有可能灭失或者以后难以取得、对案件有证明意义的证据，当事人可以申请法院采取措施，预先对该证据加以固定和保护。

18. 申请诉前财产保全的权利。诉前财产保全，是指在提起民事诉讼之前，利害关系人申请法院对被申请人的财产采取强制措施，以限制被申请人处分其财产。依据民事诉讼法的规定，诉前财产保全必须符合下列条件：①具有采取财产保全的紧迫性，即情况紧急，不立即申请财产保全将会使申请人的合法权益受到难以弥补的损失。如被申请人即将或正在恶意实施转移、隐匿、毁损财产的行为，使申请人的合法权益受到损害的危险迫在眉睫。②必须由利害关系人向有管辖权的法院提出财产保全的申请。这里的利害关系人是指认为自己的民事权益受到他人侵犯或与他人发生争议之人。③申请人必须提供担保，这是法院采取诉前财产保全的必要条件。申请人如不愿或不能提供担保，法院将驳回其提出的财产保全申请。

法院在接受利害关系人的申请后，必须在 48 小时内作出裁定。当事人对财产保全的裁定不服的，可以申请复议一次。但复议期间，裁定不停止执行。

申请人在法院采取保全措施后 15 日内必须向法院提起民事诉讼，否则，法院将会解除财产保全。

19. 申请诉讼财产保全的权利。民事诉讼当事人在法院受理案件后作出判决前这段时间内，为了保证将来生效判决的执行，有权申请法院对对方当事人的财产或争议的标的物采取强制措施。申请诉讼财产保全应当具备以下条件：①申请财产保全的案件必须是给付之诉。给付之诉具有给付财产的内容，有判决生效后不能或难以给付之虞，才有保全的必要；②客观上必须有采取财产保全的必要性。即，因对方当事人的行为或者其他原因，可能使将来判决不能执行或者难以执行时，才可以申请法院采取财产保全措施。对方当事人的行为，如转移、转让、隐匿、毁损、挥霍财产的行为或将自己的资金抽走等以逃避义务为目的的恶意行为。所谓其他原因，主要是指由于客观原因或物的自然属性，致使物的价值减少或丧失，如不宜长期保存的物品可能变质腐烂等。

另外，依民事诉讼法有关司法解释的规定，对当事人不服一审判决提出上诉的案件，一方当事人有转移、隐匿、出卖或毁损财产等行为，必须采取财产保全的，另一方当事人可以申请第一审法院采取财产保全措施。这就是说，在例外情况下，诉讼中的财产保全也可以在判决后作出。

申请人或被申请人对财产保全的裁定不服的，可以申请复议一次。但复议期间，裁定不停止执行。

20. 申请先予执行的权利。这项权利是指法院对某些民事案件作出终审判决前，一方当事人的生活或生产存在紧迫需要，可以申请法院裁定对方当事人先行给付一定的财物，或者实施或停止实施某种行为，并立即执行。当事人申请先予执行应当具备以下条件：（1）先予执行只适用于某些特定类别的案件，包括：①追索赡养费、扶养费、抚育费、抚恤金、医疗费的案件；②追索劳动报酬的案件；③因情况紧急需要先予执行的案件。比如，需要立即停止侵害、排除妨碍的，需要立即制止某项行为的，需要立即返还用于购置生产原料、生产工具的贷款的，追索恢复生产、经营急需的保险赔偿费的等。（2）当事人之间权利义务关系明确。（3）具有先予执行的迫切需要。即对申请人来说具有紧迫性，若不先予执行，便会严重影响申请人的生活或生产经营，使申请人的生活无法维持，或者生产经营活动无法继续。（4）被申请人有履行能力。

法院对当事人先予执行的申请，应及时作出裁定。当事人对裁定不服的，可以申请复议一次。但复议期间，裁定不停止执行。

21. 放弃或变更诉讼请求权。这是民事诉讼中原告和有独立请求权的第三人所享有的一项诉讼权利。妇女作为民事诉讼的原告或者有独立请求权的第三人时，在诉讼开始后，可以放弃已提出的诉讼请求，也可以变更已提出的诉讼请求。

22. 反驳或承认对方的诉讼请求的权利。这是民事诉讼中的被告所享有的一项诉讼权利。诉讼中，被告有权反驳原告的诉讼请求，也可以部分或全部承认原告的诉讼请求。

23. 反诉权。反诉是指在已经开始的民事诉讼程序中，被告以本诉的原告为被告，向法院提出的与本诉的诉讼标的和诉讼理由有牵连的、独立的诉讼请求。反诉是民事诉讼法赋予被告的一项基本的诉讼权利。提出反诉一般应具备以下条件：①反诉的被告必须是本诉的原告；②反诉的诉讼请求和诉讼理由必须与本诉的诉讼请求和诉讼理由有事实上或者法律上的相互牵连的权利义务关系，或者是基于同一事实发生的权利义务关系，或者是基于同一法律关系发生的权利义务关系。如房屋租赁纠纷中，原告诉请被告偿还欠付的租金，被告则以原告为被告，提出要原告承担对房屋的修缮费。这就是基于同一法律关系，即房屋租赁关系而产生的本诉和反诉。

24. 辩论权。民事诉讼法规定，法院审理民事案件，当事人有权进行辩论。所谓辩论，是指当事人双方在法院主持下，就案件事实和适用法律等有争议的问题，陈述各自的主张和意见，相互进行反驳和答辩，以维护自己的合法权益。当事人的辩论权贯穿于民事诉讼的全过程，包括一审、二审和再审程序；辩论的内容既可以是程序方面的问题，也可以是实体方面的问题；辩论的形式可以是口头的，也可以是书面的。

25. 申请法院调解或拒绝法院调解的权利。民事诉讼中的调解，是指在法院审判人员的主持下，双方当事人就争议的的民事权利义务关系，通过平等协商、互谅互让，达成协议，解决纠纷的活动。法院调解应根据当事人自愿和合法的原则进行。诉讼中，任何一方当事人都有权申请法院进行调解，也有权拒绝法院调解。只有双方当事人都同意调解时，法院才能进行调解。调解开始后，但双方达不成协议或者一方或双方当事人不愿再继续调解时，法院应及时作出判决。调解成立时，法院应制作调解书。当事人有权在调解书送达前或送达时反悔，拒绝签收。只要有一方当事人拒绝签收调解书，调解书就不生效，法院要另作判决。调解书在双方当事人都签收后，即发生法律效力，当事人不得对其提起上诉，也不得就同一诉讼标的再行起诉。但是，如果调解违反了自愿原则或者调解协议的内容违反法律规定的，当事人有权以此为由申请再审。生效调解协议同生效裁判一样，当事人必须履行。一方当事人拒绝履行时，对方当事人可以申请法院强制执行。

26. 撤诉权。撤诉是指当事人起诉、反诉或向二审法院提起上诉后，基于某种原因，向法院提出撤回起诉、反诉或上诉的申请，不再要求法院对当事人双方的争议进行审理、解决的诉讼行为。申请撤诉是当事人依法享有的一项诉讼权利。撤诉包括撤回起诉、撤回反诉和撤回上诉。根据民事诉讼法的规定，撤诉应符合下列条件：1. 撤诉申请必须在法院宣判前提出；2. 撤诉不得损害国家、集体和他人的合法权益，即撤诉的目的必须正当合法；3. 当事人申请撤诉必须基于自己真实的意思表示。法院裁定准许当事人撤回起诉后，视同未起诉，只要未超过法定的诉讼时效期间，当事人仍可就同一争议再行起诉（离婚诉讼的原告当事人撤诉后在六个月内没有新的事实和理由的不得向法院提起诉讼为例外）；二审法院裁定准许上诉人撤回上诉后，一审法院的判决和裁定即发生法律效力，当事人不得就本案再提起上诉。

27. 上诉权。上诉权是指当事人不服地方各级人民法院依据第一审程序作出的尚未发生法律效力的判决、裁定，依法请求上一级人民法院予以审理，以求撤销或变更该判决、裁定，保护其合法民事权益的一项诉讼权利。当事人提起上诉应符合以下条件：1. 提起上诉的主体必须是依法享有上诉权的当事人，包括原告、被告、有独立请求权的第三人和被判决承担民事责任的无独立请求权的第三人。2. 必须在法定期间内提起上诉。当事人对一审判决不服应在判决书送达之日起15日内提起上诉，对一审裁定不服的，应在10日内提起上诉。3. 提起上诉的对象必须是依法允许上诉的判决、裁定，包括一审法院适用普通程序和简易程序审理作出的未生效的所有判决和一审法院作出的不予受理的裁定、驳回起诉的裁定和对管辖权异议的裁定。4. 上诉必须提交上诉状。上诉状可以通过原审法院提交，也可以直接向二审法院提交。当事人的上诉只要符合上述条件，二审法院就必须启动二审程序，对案件进行重新审理。

28. 申请再审权。申请再审权是指民事案件的当事人，对法院已经生效的判决、裁定或调解协议，认为有错误而向原作出终审裁判或调解书的法院或其上一级法院申请对案件予以再次审理的权利。这是民事案件当事人依法享有的一项重要的诉讼权利。当事人申请再审，应当在判决、裁定或调解协议发生法律效力后二年内提出。当事人申请再审，既可以向原审法院提出，也可以向上一级法院提出。根据民事诉讼法的规定，当事人的再审申请符合下列法定事由之一的，法院应当再审：1. 有新的证据，足以推翻法院判决、裁定的；2. 法院判决、裁定认定事实的主要证据不足；3. 法院判决、裁定认定法律有错误；4. 人民法院违反法定程序，可能影响案件正确判决、裁定的；5. 审判人员在审理该案件，有贪污受贿、徇私舞弊、枉法裁判行为的；6. 有证据证明调解违反自愿原则的；7. 有证据证明调解协议内容违反法律的。

我国民事诉讼法及相关司法解释对可以申请再审的案件范围作了限制性规定。对下列案件，当事人不得申请再审：1. 已经发生法律效力的解除婚姻关系的判决；2. 按照督促程序、公示催告程序、企业法人破产还债程序审理的案件；3. 按照审判监督程序审理后维持原判的案件。

29. 申请执行权。是指根据生效法律文书而享有权利的当事人，在义务人逾期拒不履行义务时，有权请求法院依法强制执行。当事人向法院申请执行，必须符合以下条件：1. 据以申请执行的法律文书已经发生法律效力，并且具有执行内容，如具有执行性的生效裁判和调解书、仲裁裁决书、公证机关赋予强制执行效力的债权文书等。2. 法律文书规定的履行义务的期限已经届满，义务人仍未履行义务。3. 必须在规定的申请执行的期限内提出申请。申请执行的期限，双方或一方当事人是公民的为一年，双方是法人或其他组织的为六个月。4. 应向有管辖权的法院提出申请。作为执行根据的法律文书不同，执行案件管辖法院也有所区别：1. 法院制作的裁判及调解书，原则上由第一审法院执行，法律另有规定的除外。2. 发生法律效力的支付令，由制作支付令的法院执行。3. 法院制作的承认和执行外国法院判决、裁定或外国仲裁机构裁决的裁定书和执行令，由制作该裁定书和执行令的中级法院负责执行。4 仲裁机关制作的发生法律效力的裁决书、调解书以及由公证机关制作的发生法律效力的债权文书，由被执行人住所地或者被执行人的财产所在地基层法院执行；仲裁机关制作的涉外裁决书、调解书，由被执行人住所地或者被执行人的财产所在地中级法院执行。

30. 代位申请执行权。是指被执行人不能清偿债务，但被执行人对第三人享有到期债权，当事人可以申请法院对该第三人的财产进行强制执行。

31. 执行和解权。是指在执行过程中，执行申请人和被执行人可以就执行标的进行协商，自愿达成协议，经法院审查批准后以结束执行程序。执行和解协议经法院准许后，产生执行程序中止的法律效果。但执行和解协议不具有法律上强制执行的效力。在一方当事人不履行或者不完全履行双方达成的执行和解协议时，对方当事人有权申请法院恢复对原生效法律文书的执行。

32. 执行担保权。执行担保，是指在执行过程中，被执行人暂时确有困难，缺乏偿付能力，可以向法院以担保方式保证其能履行生效法律文书规定的义务，并经申请执行人同意，而暂缓执行的一种制度。执行担保的目的是公正而合理地保护执行双方当事人的合法权益。以提供担保的方式申请暂缓执行是被执行人所享有的一项诉讼权利，相应地，申请执行人有拒绝被执行人提出的执行担保申请的权利。

33. 申请缓交、减交和免交诉讼费用的权利。诉讼费用，是指当事人在进行民事诉讼时，依照法律规定，向法院交纳的案件受理费和其他费用。民事诉讼当事人交纳诉讼费用确有困难的，可以以口头或书面方式向法院提出缓交（延缓交纳）、减交（减少交纳）或免交（不交纳）申请，由法院根据具体情况决定是否准许。

本文只是从权利的角度，介绍了妇女在民事诉讼中所享有的权利。这只是问题的一方面，在民事诉讼中，当事人在享有广泛的诉讼权利的同时，还需承担相应的诉讼义务，不存在只享有权利，不承担义务的当事人，也不存在只承担义务，不享有权利的当事人，权利与义务是相对应的。

(二) 妇女在行政诉讼中的权利

1. 行政诉讼

在我国，行政诉讼是指公民、法人或者其他组织认为行政机关和法律、法规、规章授权的组织的具体行政行为侵犯其合法权益，依法定程序向人民法院起诉，人民法院在当事人和其他诉讼参与人的参加下，对具体行政行为进行审理并作出裁决的活动。我国的行政诉讼具有如下特征：

(1) 行政案件由人民法院受理和审理。我国法院组织只设立一套人民法院系统，在人民法院内部设立行政审判庭，受理和审理行政案件，并不另设行政法院。同时，专门人民法院不设立行政审判庭，不受理和审理行政案件。另外，基层人民法院的派出法庭不受理和审理行政案件。

(2) 人民法院审理的行政案件原则上只限于就行政机关的具体行政行为的合法性发生的争议。就抽象行政行为发生的争议以及就具体行政行为的合理性发生的争议（显失公正的行政处罚行为除外），不能通过行政诉讼的方式解决。

(3) 行政复议不是行政诉讼的前置或者必经程序。除少量法律、法规规定对某些具体行政行为在向法院提起行政诉讼之前必须经过行政复议以外，对其他的具体行政行为是否经过行政复议，由公民、法人或者其他组织自行选择。

(4) 行政案件的审理方式原则上为开庭审。法院审理一审行政案件，必须开庭审理；法院只在审理上诉案件时，在事实清楚的情况下，才可以采用书面审理的方式。

2. 妇女在行政诉讼中的权利

行政诉讼是“民告官”的诉讼，妇女在行政诉讼中，可能是原告、第三人、共同诉讼人，或者是作为法定代理人、诉讼代表人参加诉讼。其享有的诉讼权利主要有：

（1）起诉权。妇女作为行政管理相对人，认为行政机关及法律、法规或规章授权的组织作出的具体行政行为侵犯其合法权益时，有权向法院提起行政诉讼，请求法院对该具体行政行为进行审查并作出裁决，以维护其合法权益。

（2）选择管辖法院的权利。在两个或者两个以上的法院对同一行政案件都有管辖权时，相对人可以选择其中一个法院提起诉讼。原告的选择只能是惟一的，如果原告向两个以上的法院起诉，由最先收到起诉状的法院管辖。

（3）选择被告的权利。如果被诉具体行政行为是由几个行政机关作出的，相对人在提起诉讼时，可以同时告这几个行政机关，也可以选择告其中的某一个或某几个行政机关，在这种情况下，法院认为应当追加被告而原告不同意追加的，法院不能依职权将其他行政机关追加为被告，而只能通知其以第三人的身份参加诉讼。

（4）使用本民族语言文字进行诉讼的权利。各民族妇女只要是在我国人民法院进行行政诉讼，都可以使用本民族语言文字。如果不通晓当地民族通用的语言、文字，法院应当为其提供翻译，以保证其了解诉讼的全部内容，维护自身的合法权益。

（5）委托代理人进行诉讼的权利。妇女在进行行政诉讼时，无论是作为原告、第三人、共同诉讼人，还是作为法定代理人、诉讼代表人，都可以委托一至二人代为诉讼，也可以随时变更或者终止委托代理关系。律师、当事人的近亲属、有关的社会团体或者有关部门推荐的人，经人民法院许可的其他公民，都可以被委托为诉讼代理人。当事人委托他人代为诉讼，必须向法院提交由委托人签名或者盖章的授权委托书。

妇女当事人在委托代理人进行诉讼时，应在授权委托书中明确代理权限。委托代理人在授权范围内实施的诉讼行为和被代理人自己实施的诉讼行为具有同等效力，代理人超越代理权限所为的行为，则对被代理人不发生任何法律效力。委托代理关系的成立、变更或者解除，当事人应及时通知法院。

(6) 申请回避权。妇女作为行政诉讼的当事人，在审判人员、书记员、翻译人员、鉴定人、勘验人有下列情形之一的，有权以口头或者书面方式申请他们回避：1. 是本案当事人或者当事人、诉讼代理人的近亲属；2. 与本案有利害关系；3. 与本案当事人有其他关系，可能影响对案件公正审理的。当事人申请回避，应当在案件开始审理时提出，并说明理由；回避事由在案件开始审理后才知道的，也可以在法庭辩论终结前提出。法院对当事人的回避申请，应于三日内作出是否回避的决定，并以口头或者书面方式通知当事人。当事人对法院的决定不服的，可以申请复议一次。法院对复议申请，应当在三日内作出复议决定，并通知复议申请人。但在复议期间，被申请回避的人员，不停止参与本案的工作。

(7) 提出管辖异议的权利。提出管辖异议通常是由被告行使的一项权利，但妇女作为行政诉讼的原告时，在受诉法院认为自己没有管辖权而向其他法院移送该案时，如果原告认为受移送法院对该案没有管辖权时，就可以向受移送案件的法院提出不服管辖的意见或主张，即提出管辖异议。法院对当事人提出的管辖异议，应当进行审查，异议成立的，应作出书面裁定，将案件移送给有管辖权的法院审理；异议不成立的，书面裁定驳回。当事人对裁定不服的，可以在收到裁定之日起 10 日内，向上一级法院提出上诉。当事人在二审法院确定该案的管辖权后，即应按法院的通知参加诉讼。

(8) 收集、提供证据的权利。妇女作为行政诉讼当事人有权收集并向法院提供证据，以支持自己的主张或者反驳对方的主张。

(9) 查阅、复制本案庭审材料的权利。妇女作为行政诉讼的当事人可以查阅本案的庭审材料，并可以复制本案庭审材料和法律文书，但涉及国家秘密和个人隐私的材料除外。

(10) 申请法院调查收集证据的权利。妇女作为行政诉讼的当事人，在下列情况下，可以申请法院调查、收集该证据：①原告或者第三人及其诉讼代理人仅有证据线索，但无法自行收集的；②应当提供原件或者原物但无法提供的。

(11) 向证人、鉴定人、勘验人发问的权利。妇女作为行政诉讼的当事人经法庭许可，可以向证人、鉴定人、勘验人发问，上述人员应如实回答当事人的提问。

(12) 要求重新调查、鉴定或者勘验的权利。行政诉讼中，当事人对调查结果、鉴定结论或勘验笔录有不同意见的，可以要求重新调查、鉴定或者勘验。法院认为当事人的要求有充分理由的，应当重新调查、鉴定或勘验。

(13) 申请证据保全的权利。行政诉讼中，对有可能灭失或者以后难以取得、对案件有证明意义的证据，当事人可以申请法院采取措施，预先对该证据加以固定和保护。

(14) 申请财产保全的权利。妇女作为行政诉讼的当事人，在法院受理案件后作出判决前这段时间内，在因对方当事人的行为或者其他原因；可能使将来的生效裁判不能或者难以执行时，为了保证将来生效判决的执行，有权申请法院对对方当事人的财产采取保全措施。

妇女对法院驳回其财产保全申请的裁定不服的，可以申请复议一次。

(15) 申请先予执行的权利。对行政机关没有依法发给抚恤金、社会保险金、最低生活保障费等案件，妇女作为原告向法院提起行政诉讼时，可以申请法院先予执行。对法院驳回其先予执行申请的裁定不服的，可以申请复议一次。

(16) 辩论权。根据法律规定，法院审理行政案件案件，当事人有权进行辩论。所谓辩论，是指当事人双方在法院主持下，就案件事实和适用法律等有争议的问题，陈述各自的主张和意见，相互进行反驳和答辩，以维护自己的合法权益。当事人的辩论权贯穿于行政诉讼的全过程，包括一审、二审和再审程序；辩论的内容既可以是程序方面的问题，也可以是实体方面的问题；辩论的形式可以是口头的，也可以是书面的。

(17) 申请法院调解或拒绝法院调解的权利。在行政诉讼中，对具体行政行为的审理，不适用调解原则。但对原告提出的行政赔偿请求，可以进行调解。调解是指在法院审判人员的主持下，双方当事人就行政赔偿问题，通过平等协商、互谅互让，达成协议，解决纠纷的活动。法院就原告提出的行政赔偿请求进行调解应根据当事人自愿和合法的原则进行。诉讼中，妇女作为原告一方当事人有权申请法院进行调解，也有权拒绝法院调解。只有双方当事人都同意调解时，法院才能进行调解。调解开始后，但双方达不成协议或者一方或双方当事人不愿再继续调解时，法院应及时作出判决。调解成立时，法院应制作行政赔偿调解书。当事人有权在调解书送达前或送达时反悔，拒绝签收。只要有一方当事人拒绝签收调解书，调解书就不生效，法院要另作判决。调解书在双方当事人都签收后，即发生法律效力，当事人不得对其提起上诉，也不得就同一诉讼标的再行起诉。但是，如果调解违反了自愿原则或者调解协议的内容违反法律规定的，当事人有权以此为由申请再审。生效调解协议同生效裁判一样，当事人必须履行。一方当事人拒绝履行时，对方当事人可以申请法院强制执行。

(18) 申请具体行政行为停止执行的权利。行政诉讼中，被诉具体行政行为不因原告提起诉讼而停止执行。但在某些特殊情况下，具体行政行为可以停止执行。原告在提起行政诉讼的同时，可以申请法院停止执行具体行政行为。法院经审查认为该具体行政行为的执行将会造成难以弥补的损失，并且停止执行不损害社会公共利益的，裁定停止执行。

(19) 撤诉权。妇女作为行政诉讼的原告或上诉人，在向法院提起诉讼或者向二审法院提起上诉后，在法院作出裁判前，有权撤回起诉或者上诉，不再要求法院对其与行政机关之间的行政争议进行审理、解决。申请撤诉是当事人依法享有的一项诉讼权利。但妇女作为行政诉讼的原告，行使撤诉权时，必须明确撤诉的法律后果：一旦法院裁定准许撤诉，原告以同一事实和理由重新起诉时，法院将不予受理。如果准予撤诉的裁定确有错误，妇女可以通过审判监督程序，撤销原准予撤诉的裁定，重新对案件进行审理。

(20) 上诉权。妇女作为行政诉讼的当事人不服地方各级人民法院依据第一审程序作出的尚未发生法律效力的判决、裁定的，有权请求上一级人民法院予以审理，以求撤销或变更该判决、裁定，保护其合法权益。上诉必须在法定期间内提起。当事人对一审判决不服应在判决书送达之日起15日内提起上诉，对一审裁定不服的，应在10日内提起上诉。提起上诉的对象必须是依法允许上诉的判决、裁定，包括一审法院作出的未生效的所有判决和一审法院作出的不予受理的裁定、驳回起诉的裁定和对管辖权异议的裁定。上诉状可以通过原审法院提交，也可以直接向二审法院提交。当事人的上诉只要符合上述条件，二审法院就必须启动二审程序，对案件进行重新审理。

(21) 申请再审权。妇女作为行政案件的当事人，对法院已经生效的判决、裁定认为确有错误及对发生法律效力的行政赔偿调解书，有证据证明调解违反了自愿原则或者调解协议的内容违反法律规定的，可以向原审法院或者上一级法院申请对案件予以再次审理。当事人申请再审，应当在判决、裁定或者行政赔偿调解书发生法律效力后二年内提出。

(22) 申请执行权。是指根据行政生效法律文书而享有权利的当事人，在义务人逾期拒不履行义务时，有权请求法院依法强制执行。当事人向法院申请执行，必须符合以下条件：1. 据以申请执行的法律文书已经发生法律效力，并且具有执行内容。2. 法律文书规定的履行义务的期限已经届满，义务人仍未履行义务。3. 必须在规定的申请执行的期限内提出申请。妇女作为公民个人，申请执行的期限为一年。4. 应向有管辖权的法院提出申请。发生法律效力的行政判决书、行政裁定书、行政赔偿判决书和行政赔偿调解书，原则上由第一审法院执行，法律另有规定的除外。

(23) 申请缓交、减交和免交诉讼费用的权利。诉讼费用，是指当事人在进行行政诉讼时，依照法律规定，向法院交纳的案件受理费和其他费用。行政诉讼当事人交纳诉讼费用确有困难的，可以以口头或书面方式向法院提出缓交（延缓交纳）、减交（减少交纳）或免交（不交纳）申请，由法院根据具体情况决定是否准许。

（三）妇女在刑事诉讼中的权利

刑事诉讼与民事诉讼、行政诉讼一样，是诉讼的一种形式，它是指司法机关在当事人和其他诉讼参与人的参加下，依照法律规定的原则、方式和程序，解决被告人刑事责任问题的活动。这里的司法机关具体包括公安机关（国家安全机关）、检察机关和人民法院；当事人包括自诉人、被害人、犯罪嫌疑人、被告人、附带民事诉讼原告人和被告人；其他诉讼参与人包括辩护人、证人、法定代理人、诉讼代理人、鉴定人和翻译人员。

在现实生活中，妇女可能因其民主权利、人身权利、财产权利等遭受犯罪行为的直接侵害而成为刑事诉讼中的被害人，也可能因涉嫌犯罪或者触犯刑律而成为犯罪嫌疑人和被告人。由于妇女与男子在生理上有诸多不同，又承担着人类繁衍的特殊任务，因此，《中华人民共和国刑事诉讼法》及有关法律、法规、司法解释中含有一些对女性被害人、犯罪嫌疑人、被告人给予特殊保护的规定。

1. 女性被害人在刑事案件中的诉讼权利及权益保护

所谓女性被害人，是指其人身权利、财产权利或其他合法权益遭受犯罪行为直接侵害的妇女。例如遭受虐待的老年妇女、被强奸的妇女、被拐骗的女童、被遗弃的女婴，等等。在我国，刑事案件可因起诉方式的不同划分为两大类：自诉案件和公诉案件。在自诉案件中，被害人称为自诉人，女性被害人在自诉案件和公诉案件中享有的诉讼权利是不同的。

（1）女性被害人在自诉案件中的诉讼权利

自诉案件是指由自诉人直接到人民法院提出控诉，要求法院追究被告人刑事责任的案件。根据《刑事诉讼法》第170条的规定，自诉案件包括：告诉才处理的案件；被害人有证据证明的轻微刑事案件；被害人有证据证明对被告人侵犯自己人身、财产权利的行为应当依法追究刑事责任，而公安机关或人民检察院不予追究的案件。在自诉案件中，自诉人享有的诉讼权利十分广泛，具体包括：

①直接起诉权。依照《刑事诉讼法》关于刑事案件管辖的规定，自诉案件由人民法院直接受理，因此，被害人有权直接到人民法院提出起诉；

②委托诉讼代理人权。自诉人及其法定代理人有权随时委托诉讼代理人；

③自行和解权。在人民法院宣告判决以前，自诉人有权与被告人达成协议，自行和解；

④撤诉权。在人民法院宣告判决以前，自诉人有权根据个人意愿向人民法院申请撤回起诉；

⑤参加法庭调查和法庭辩论的权利。自诉人在法庭审判阶段，有权出席法庭，参与法庭调查和辩论；

⑥申请回避权。自诉人如果认为审判人员、书记员、鉴定人、翻译人员存在法定的应当回避的理由，有权申请上述人员回避，即不在本案中担任职务；

⑦上诉权。自诉人对一审未生效的判决、裁定不服，有权在法定期限内提出上诉。不服判决的上诉期为10日，不服裁定的上诉期为5日；

⑧申诉权。自诉人对已经生效的判决、裁定，有权向人民法院或者人民检察院提出申诉；

⑨赔偿请求权。自诉人对因被告人的犯罪行为而遭受的物质损失，有权在刑事诉讼过程中提起附带民事诉讼，请求人民法院判令被告人赔偿经济损失。

可见，自诉人在刑事诉讼中的诉讼权利是充分而且具有实质意义的。由于自诉案件多与婚姻、家庭有关，并且与男性相比，女性在婚姻家庭中往往处于弱势，所以，自诉案件被害人中女性占相当大的比例。女性被害人可以根据自己的处境和自己的意愿，有效利用法律赋予自己的权利，维护自己的合法权益。人民法院应当依法保障作为自诉人的受害妇女能充分行使上述各项诉讼权利，必要时，应当对权利的内容以及如何行使权利作出说明和解释。对于自诉人撤诉的情况，必要时应当进行审查，如果发现自诉人是在受到威胁、强制的情况下撤诉的，人民法院不应允许，而应当继续对案件进行审理并作出判决。

（2）女性被害人在公诉案件中的诉讼权利

我国绝大部分刑事案件属于公诉案件，公诉案件被害人的诉讼权利与自诉案件有所不同，具体包括：

①对侵害自己的犯罪行为、犯罪行为人有向司法机关控告、报案的权利；

②自案件移送审查起诉之日起，有委托诉讼代理人的权利；

③有申请回避的权利。女性被害人如果认为审判人员、检察人员、侦查人员、书记员、翻译人员和鉴定人存在法定的应当回避的情形时，有权要求他们回避；

④不服人民检察院不起诉的决定，有在接到《不起诉决定书》后 7 日内，向人民检察院提出申诉的权利；

⑤有证据证明对被告人侵犯自己人身、财产权利的行为应当依法追究刑事责任，而公安机关或人民检察院不予追究的，有直接向人民法院起诉的权利；

⑥有参加法庭调查和法庭辩论的权利；

⑦不服人民法院的一审未生效的判决，有请求人民检察院抗诉的权利。

⑧申诉的权利。对人民检察院不起诉的决定不服，有权在接到决定书后 7 日内，向上一级人民检察院提出申诉。

（3）对女性被害人权益的特殊保护

从法律角度来说，妇女与男子在适用法律上是平等的，不因性别差异而有所不同。所以，在刑事诉讼中，男女两性在总体上享有平等的诉讼权利，承担平等的诉讼义务。但是，如果无视妇女在社会生活中总体处于弱势的现实，机械地讲求诉讼权利上的男女平等，就会使妇女在刑事诉讼中面临某些困境，甚至会对她们的生活、工作、学习产生重大的不利影响。例如，审判公开是刑事诉讼法的一项基本原则，然而，如果在执行此原则时不考虑女性被害人的特殊利益，将强奸妇女、奸淫幼女、猥亵妇女等案件公开审理，势必造成案情在更大范围内的传播，使被害妇女与幼女名誉受到新的损害。保护妇女的合法权益是我国立法的一项非常重要的原则，它不仅体现在妇女权益保障法、婚姻法、刑法等实体法中，同样也体现在程序法中。根据《刑事诉讼法》及有关司法解释的规定，司法机关应当从以下几方面对女性被害人给予保护：

①检查女性被害人的身体，应当由女工作人员或者医师进行。

在侦查过程中，如果需要检查女性被害人的身体，应当由女工作人员或者医师进行。如果被害人不同意检查，应当通过说服教育的方式取得被害人同意后才能检查，不得强制检查被害人的身体。

②对涉及妇女隐私的案件，依法不公开审理。

虽然刑事诉讼法规定了公开审判的原则，但执行这一原则并不是绝对的，《刑事诉讼法》规定对一些不宜公开审理的案件，法院不得公开审理，包括涉及国家机密、个人隐私的案件以及未成年人犯罪的案件等。其中涉及个人隐私的案件就包括强奸案、奸淫幼女案、猥亵妇女案等。不公开审理的案件，不允许公民旁听，不允许新闻记者旁听和采访报导。对这类案件不公开审理，目的在于保护当事人的隐私，避免被害妇女、幼女的名誉、人格尊严因公开审理而造成进一步的损害。

③审理强奸案件应慎重处理被害人出庭问题。

人民法院开庭审理强奸案件和奸淫幼女案件时，对于被害人依照《刑事诉讼法》的规定，愿意出庭向被告人发问、陈述作证和发言辩论的，可以通知被害人到庭；对于被害人不愿意出庭的，可以不通知到庭。被害人是否愿意出庭行使诉讼权利和履行作证义务，人民法院应当在开庭前征求被害人的意见，并将被害人的意见告知提起公诉的检察院。

(4) 对女性被害人权益保护的立法完善

被害人权益保护在立法方面尚存在一些需要解决问题，例如被害人的上诉权问题、被害人的法律援助以及被害人的精神损害赔偿问题等等。对于女性被害人来说，精神损害赔偿问题是目前较为突出的问题。

被害人遭到犯罪行为侵害后，产生的损害结果有两种表现形式：一是物质损失，二是精神损害。所谓的“物质损失”指被害人因犯罪行为已经遭受的实际损失和必然遭受的损失。这种损失是能够用金钱或物质来衡量和计算的，属于有形财产的损失。例如，被害人的财物被犯罪分子毁坏而遭受的财产损失或因人身权利遭受侵害而产生的医药费、误工费等。“精神损害”指被害人的人格权遭受侵害后产生的愤怒、恐惧、悲观、绝望、羞耻、抑郁等精神上的痛苦和不安，其特点是无法用某个标准衡量具体的损害程度，因而也就无法像物质损失一样较为精确地计算出赔偿数额。

对于犯罪行为给公民造成的损害赔偿问题，《刑法》第 36 条规定：“由于犯罪行为而使被害人遭受经济损失的，对犯罪分子除依法给予刑事处罚外，并应根据情况判处赔偿经济损失”。在获得赔偿的方式和程序上，《刑事诉讼法》第 77 条规定：“被害人由于被告人的犯罪行为而遭受物质损失的，在刑事诉讼过程中，有权提起附带民事诉讼”。最高人民法院 2000 年 12 月颁布的《关于刑事附带民事诉讼范围问题的规定》中第 1 条第 2 款明确规定：“对于被害人因犯罪行为遭受精神损失而提起附带民事诉讼的，法院不予受理。”上述法律规定表明：在我国，被害人有权在刑事诉讼过程中以提起附带民事诉讼的方式要求被告人赔偿自己遭受的损失，但赔偿范围仅限于物质损失，精神损害尚未纳入赔偿范围。对于被害人在刑事诉讼过程中提出精神损害赔偿要求的，法院不予受理。也就是说，法律只能将犯罪分子绳之以法来告慰被害人，对被害人的精神损害无法给予物质上的抚慰和补偿。

既然被害人因犯罪行为而产生的损失有物质的和精神的两部分，就不能只考虑物质损失的赔偿而忽视精神损害的存在和救济，以刑事处罚代替民事赔偿，是典型的“以打代罚”，是对被害人民事权益的损害。对被害人的精神损害给予赔偿的必要性体现在以下几方面：

第一，是民事法律与刑事法律协调发展的需要。民事法律及审判实践中早已将精神损害纳入了赔偿范围，精神损害高额赔偿请求得到满足的判例在各地已有许多，有的判决中甚至明确将精神损失单列出来，特别是2001年3月8日最高人民法院公布的《关于确定民事侵权精神损害赔偿责任若干问题的解释》（以下简称《解释》），使民事法律对公民人格权利的保护前进了一大步。民事诉讼与刑事附带民事诉讼本质上并无不同，人民法院审理附带民事诉讼案件适用的实体法为民法，所以，民事法律的规定应当在附带民事诉讼中得到贯彻和执行。但目前的状况是民法的发展得不到刑法和刑事诉讼法的呼应，刑事被害人的法律待遇远低于民事原告。如果法律认可一个人在超市被保安人员搜身应当得到精神损害抚慰金，却不接受一个被强奸的女性要求精神损害赔偿的请求，法律的“公正性”让人如何理解？

第二，是被害人的强烈愿望。在强奸妇女、奸淫幼女等性犯罪案件中，被害人绝大多数是女性，她们因犯罪造成的物质损失很少，或者没有物质损失，但精神损害巨大，因此，有要求精神损害赔偿的强烈愿望。在没有更好的方式抚慰被害人的精神痛苦的情况下，金钱赔偿不失为一种减轻或消除痛苦的有效手段，被害人可以利用得到的赔偿改变自己的生活环境和生活质量，克服心理、生理及精神利益损害所带来的消极影响，恢复心理健康。

由于现行法律限制被害人从正当的诉讼程序中获得精神损害赔偿，有些人就选择了“私了”以获取物质补偿，甚至发生被害人撤诉、更改被害人陈述，以帮助被告人摆脱刑事追究的怪现象，这种不正常的状况是刑事立法滞后于社会经济生活发展的结果，应当尽快纠正，以确保司法公正。

第三，是惩罚犯罪、预防犯罪的需要。对犯罪行为人处以自由刑，可以使他认识到自己行为的刑事违法性和社会危害性，但未必能让他认识到自己的行为给被害人造成的巨大精神痛苦。只有让他在失去人身自由的同时以某种方式对被害人的精神痛苦进行补偿，才是真正的罚当其罪，才能使犯罪分子认识到自己的行为给他人、给社会造成的全部损害结果有多大。因此，仅仅判处犯罪分子自由刑是不够的，有必要发挥精神损害赔偿的惩罚功能，对犯罪行为人给予经济上的剥夺，以此加强刑罚的效果。从预防犯罪的角度来看，犯罪分子人身自由、个人财产的双重损失和因此感受的痛苦会比单一的自由刑更能制约其再次犯罪的冲动。

第四，是中国进一步改革开放的需要。世界上许多国家已经将精神损害明确纳入了刑事赔偿范围，例如，《法国刑事诉讼法》第 3 条第 2 款明确规定：“凡应予以起诉的犯罪行为所导致的全部损失，包括物质上的，身体上的或精神上的在内，都可以提起民事诉讼。”德国、英国、美国等国也通过立法或者判例支持被害人要求精神损害赔偿。新西兰、英国、美国、法国等国还建立了国家补偿制度，对无法从犯罪人处取得损害赔偿的被害人给予国家补偿。[①]中国在加入 WTO 后，法律环境将会发生变化，法制建设与国际社会的接轨不仅表现在经济法律方面，刑事法律建设同样也存在接轨问题。

在我国，被害人请求损害赔偿的法律途径有两条：第一，在刑事诉讼过程中提起附带民事诉讼；第二，在刑事部分审结后到民庭单独起诉，这种另行起诉的索赔模式存在如下的弊端：

①另行起诉延长了诉讼时间，被害人的精神痛苦也随之延长。根据法律规定，到民庭另行起诉必须在刑事部分审结之后才能进行，且民事案件的审理期限较刑事案件要长。

②另行起诉加重了被害人的经济负担。单独提起民事诉讼应当交纳诉讼费，而犯罪已经使被害人经历了一次痛苦和损失，有时这种损失甚至是灾难性的，它可能使被害人丧失了聘请律师为其代理的能力，在此情形下，被害人怎么可能充分行使自己的诉讼权利？

③另行起诉容易造成判决的执行难。另行起诉的前提是刑事部分审理结束，这时犯罪分子一般已经入狱服刑或者已被处决，其财产由亲属管理或者已被当作遗产继承完毕，被害人的赔偿请求极有可能遭到其亲属或者遗产继承人的抵触，从而造成判决无法执行。

④另行起诉浪费司法资源。人民法院不得不对同一事实再次组成审判组织进行再一次的审理，加重了法院的审判负担。

⑤民庭法官对刑事案件审判经验的欠缺可能对确定合理的赔偿数额产生不利影响。

由此可见，另行起诉的求偿模式存在诸多弊端，不值得提倡。司法实践中出现的另行起诉要求精神损害赔偿的作法，是被害人在无法提起附带民事诉讼的情况下的一种无奈的选择。如果允许被害人在刑事诉讼中就精神损害赔偿问题提起附带民事诉讼，上述弊端将迎刃而解：

第一，赔偿问题将随着刑事案件一并审理判决。由于刑事案件的审理有严格的法定期限，因此，被害人的精神痛苦能够随着刑事案件的迅速审结而得到及时抚慰；第二，被告人出于悔罪或者期望从轻处理的愿望，一般较容易与被害人就赔偿数额达成一致并在法院监督下先予执行；第三，被害人不用交纳诉讼费，对被害人而言，这种“零成本”诉讼不会增加其经济负担，有利于提高被害人起诉要求赔偿的积极性；第四，通过附带民事诉讼程序解决精神损害赔偿问题，两诉合一，程序简化，可以节省司法资源，降低刑事诉讼成本。

综上所述，无论是站在司法公正的角度，还是站在维护被害人权益的立场上，都应当完善刑事诉讼立法，将被害人的精神损害纳入附带民事诉讼的赔偿范围。

2. 女性犯罪嫌疑人、被告人在刑事诉讼中的权利及权益保护

(1) 女性犯罪嫌疑人、被告人的诉讼权利

在刑事诉讼中，犯罪嫌疑人是指涉嫌犯罪受到刑事追究，但是尚未被提起公诉的人。被告人是指被国家公诉机关提起公诉或者受到自诉人的指控而被追究刑事责任的人。女性犯罪嫌疑人、被告人依法享有以下诉讼权利：

①辩护的权利。辩护是指犯罪嫌疑人、被告人及其辩护人，从事实和法律两方面反驳控诉，证明犯罪嫌疑人、被告人无罪、罪轻或减轻、免除刑事责任的活动。辩护权是犯罪嫌疑人、被告人最为重要的诉讼权利，在整个刑事诉讼过程中都有权行使；

②拒绝辩护、另行委托辩护人的权利。在审判过程中，被告人可以拒绝辩护人继续为他辩护，也可以另行委托辩护人辩护；

③申请回避的权利；

④对与本案无关的问题，有拒绝回答的权利。犯罪嫌疑人、被告人对侦查人员的提问应当如实回答，但是对与本案无关的问题，有拒绝回答的权利；

⑤参加法庭调查和辩论的权利；

⑥最后陈述的权利。在法庭辩论结束后，被告人有最后陈述的权利；

⑦不服一审未生效的判决、裁定，在法定期限内有上诉的权利；

⑧对人民检察院不起诉的决定不服，有权在接到决定书后7日内，向人民检察院提出申诉；对已经生效的判决、裁定不服，可以向人民法院提出申诉；

⑨在自诉案件中，对自诉人有反诉的权利。反诉就是自诉案件中的被告人对自诉人提出控诉，要求人民法院追究自诉人刑事责任的活动。反诉必须具备以下条件：反诉的对象必须是本案自诉人；反诉的内容必须是与本案有关的行为；反诉的案件必须属于人民法院直接受理的范围；反诉必须在自诉案件的诉讼过程中提出。

(2) 对女性犯罪嫌疑人、被告人权益的特殊保护

尽管女性犯罪嫌疑人、被告人是被司法机关追究刑事责任的对象，但如果她们处于特殊的生理阶段，也有权享受特殊的保护：

①侦查阶段的保护

《刑事诉讼法》规定，对应当逮捕的犯罪嫌疑人、被告人，如果她是正在怀孕、哺乳自己不满一周岁婴儿的妇女，可以采用取保候审或者监视居住的方法。这表明，对特殊生理时期的妇女，即使她正在受到刑事追究，也应当给予相应的保护，目的在

于维护胎儿、婴儿的健康发育。另外法律还规定，搜查妇女的身体，应当由女工作人员进行。检查女性的身体，应当由女工作人员或医师进行。

②审判阶段的特别保护

审判时怀孕的妇女，不适用死刑，包括不能判处其死刑缓期二年执行。我国刑法中罪责自负的原则体现在孕妇身上，就是母亲犯罪受到惩罚时不应当殃及胎儿。如果对母亲执行死刑，必然导致胎儿死亡，这违背了社会主义的人道主义要求，也有悖罪责自负的刑法原则。因此，法律规定对怀孕的妇女不适用死刑（包括死缓），应当依法改判其他刑罚。

③执行阶段的特别保护

在死刑执行前，发现罪犯怀孕的，不得执行死刑判决，应当报请核准死刑的人民法院依法改判。不能为了对这类犯罪妇女执行死刑而让她作人流，也不能在她分娩后执行死刑。对于被判处有期徒刑或者拘役的罪犯，如果是怀孕或者正在哺乳自己婴儿的妇女，可以暂予监外执行。女性罪犯在服刑期间，与男性罪犯应当分别看管。

维护女性犯罪嫌疑人、被告人的特殊权益，并不是同情、放纵罪犯，而是司法文明和社会主义的人道主义的体现，司法机关应当严格遵守法律的规定，认真落实法律对女性犯罪嫌疑人、被告人的特殊保护。

八 妇女在特殊保护关系中的权利

（一）女人大代表的权利及其保护

人民代表大会制度是我国的根本政治制度，全国人民代表大会和地方各级人民代表大会构成了我国的权力机关。人民代表大会由人民代表大会代表（以下简称人大代表）组成。人大代表，是人民群众依照宪法和法律的规定，通过直接选举和间接选举的民主选举方式产生的，代表人民的利益和意志，依照宪法和法律赋予的职权，行使国家权力的国家权力机关的组成人员。女人大代表就是其中的女性成员，她们来自人民，受人民监督，为人民服务。

新中国成立后，广大妇女获得了历史性的解放，开始以主人翁的姿态积极投身于国家的建设和发展，全面参加国家和社会事务的管理。1954 年召开第一届全国人民代表大会时，有 147 名女代表参加了会议，占代表总数的 12%，到了 1998 年召开第九界全国人民代表大会时，女代表人数已经增至 650 人，占代表总数的 22%。女人大代表人数的增加，说明妇女在立法和管理国家事务方面发挥着越来越重要的作用。女人大代表们充分运用宪法和法律赋予她们的权利，积极地、真实地反映人民的意见和要求，尤其是在教育、卫生、环境保护、弱势群体权益保护、社会治安等问题上积极提出立法和政策建议，努力促进社会的进步与发展。

1. 女人大代表的权利

人大代表履行职责需要有相应的权利。根据《中华人民共和国全国人民代表大会和地方各级人民代表大会代表法》（以下简称《代表法》）的规定，女人大代表在人民代表大会会议期间行使代表职务时，享有以下各项权利：

①与会权。有出席本级人民代表大会会议，依法行使代表职权的权利；

②提议案、建议权。有根据法律规定的程序提出议案、建议、意见和批评的权利；

③选举权。有依照法律的规定，提名推荐和选举本级国家机关领导人员的权利；

④质询权。有依照法定的程序向国家行政机关、审判机关、检察机关及其所属部门提出质询，由受质询机关负责答复的权利；

⑤罢免权。有依照法定程序提出对本级人大常委会组成人员、人民政府组成人员、人民法院院长、人民检察院检察长等国家机关领导人的罢免案的权利；

⑥言论免责权。代表在人民代表大会各种会议上的发言和表决，享有不受法律追究的权利；

⑦人身自由受特别保护权。在人大开会期间，非经本级人大会议主席团的许可，在闭会期间，非经本级人大常委会的许可，代表享有不受逮捕或者刑事审判的权利。

女人大代表应当积极行使法律赋予人大代表的各项权利，代表占人口半数的妇女参政议政，对涉及妇女、儿童权益的普遍性问题，应当通过合法的方式和程序在人民代表大会上予以反映，以引起国家有关部门的重视并加以解决。在人民代表大会闭会期间，女代表可以通过视察、接待选民来访等形式与选民保持密切联系，听取群众的意见和要求，并及时将这些意见和要求反映给有关单位和部门，推动政府和司法机关的工作。

2．女人大代表履行职责的法律保障

《代表法》第6条第二款规定："国家和社会为代表执行职务提供保障。"这种保障是指国家和社会为使人大代表有效地行使职权而提供的必要条件和手段，人大代表享有这种保障是由人大代表的法律地位、政治身份以及我国人大代表的兼职性特点所决定的，并非享受某种"特权"。人大代表享有的法律保障包括：

①司法保障。为保障人大代表执行职务不受非法干预而赋予代表的司法程序上的特殊权利，即言论免责权和人身自由特别保护权。

②时间保障。代表在本级人民代表大会闭会期间，参加由本级人民代表大会或者其常务委员会安排的代表活动，代表所在单位必须给予时间保障。

③经济保障。代表依法执行代表职务，其所在单位按正常出勤对待，享受所在单位的工资和其他待遇。无固定收入的代表执行代表职务，根据实际情况由本级财政给予适当补贴。代表的活动经费，由政府列入财政预算。

④物质便利保障。代表在履行职务时，根据实际需要享受交通、食宿、通讯等物质上的便利。例如代表执行职务可凭代表证优先购买车船机票；人大会议期间，代表的食宿、交通由大会统一安排提供；少数民族代表在行使代表职务时，有关部门应当在语言文字、生活习惯等方面给予必要的帮助和照顾，等等。

⑤组织保障。各级人大常委会应当采取多种方式同本级人大代表保持联系，为代表执行代表职务提供服务。

（二）残疾妇女的权利及其保护

1. 我国残疾人的现状

1987年，我国进行了首次大规模的全国残疾人抽样调查，调查结果表明：我国现有残疾人5164万人，占全国人口的4.90%，有残疾人的家庭占全国家庭总数的8.10%。在5164万残疾人中，女性占将近一半，在视力残疾、精神残疾人中，女性人数高于男性。如果说残疾人是一个特别困难的群体，那么，女性残疾人在接受教育、劳动就业、婚姻家庭等方面面临的困难就更多。为维护残疾人的合法权益，发展残疾人事业，保障残疾人这样一个特殊群体能与其他公民一样平等地参与社会生活，1990年12月28日七届人大常委会第十七次会议通过了《中华人民共和国残疾人保障法》，法律要求全社会发扬社会主义的人道主义精神，对残疾人这一特别困难的群体，给予理解和尊重，关心、帮助残疾人，支持残疾人事业。法律还规定：每年5月的第三个星期日为“全国助残日”。《残疾人保障法》的颁布和实施，使残疾人工作步入了法制化轨道。

2. *残疾妇女的权利*

残疾妇女是指在心理、生理、人体结构上，某种组织、功能丧失或者不正常，全部或者部分丧失以正常方式从事某种活动能力的女性。残疾妇女虽然在心理、生理、身体结构等方面与身体健康的公民有所不同，但在公民权利上与其他人完全平等。由于残疾造成她们与社会沟通的障碍，她们需要国家采取辅助和扶持措施，给予她们必要的保护，减轻或者消除残疾给她们的生活、工作、学习所带来的影响。根据《宪法》、法律法规、特别是《残疾人保障法》的规定，国家重点保障残疾妇女实现以下权利：

（1）物质帮助权

残疾妇女作为社会中的弱势群体，依法有权从国家和社会获得生活保障，享受集体福利。根据《残疾人保障法》的规定，国家对残疾妇女的扶助、救济和其他的福利措施包括：

①国家和社会对无劳动能力、无法定扶养人、无生活来源的残疾妇女，按照规定予以供养、救济；

②地方各级人民政府和社会举办福利院和其他安置收养机构，按照规定安置收养残疾妇女，并逐步改善其生活；

③公共服务机构应当为残疾妇女提供优先服务和辅助性服务。残疾妇女搭乘公共交通工具，应当给予方便和照顾；其随身必备的辅助器具，准予免费携带。盲人妇女可以免费乘坐市内公共汽车、电车、地铁、渡船。盲人读物邮件免费寄递；

④县级和乡级人民政府应当根据具体情况减免农村残疾妇女的义务工、公益事业费和其他社会负担。

（2）受教育权

我国《宪法》规定："中华人民共和国公民有受教育的权利和义务。"《残疾人保障法》规定："国家保障残疾人受教育的权利"。受教育权是公民的基本权利之一，它不因公民在生理、心理等方面存在差异而有所不同，残疾妇女同其他公民一样，享有受教育的权利。

由于历史的、社会的以及自身残疾的影响，我国残疾人的教育状况较为落后。在5164万残疾人中，文盲占68%，全国适龄儿童入学率已达97.10%，而盲、聋和弱智儿童入学率尚不足6%。这些状况表明：我国残疾人的受教育权实现情况不容乐观，残疾人受教育程度很低。残疾妇女得不到基本的教育，使她们的文化素质远远落后于社会整体水平，影响了她们参与社会生活的深度和广度。只有保障残疾妇女的受教育权，才能从根本上改善她们在社会生活中的不利状况，才能促使她们在各个方面与社会同步发展。《残疾人保障法》中规定，残疾人教育，根据残疾人的身心特性和需要，按照下列要求实施：

①在进行思想教育、文化教育的同时，加强身心补偿和职业技术教育；

②根据残疾类别和接受能力，采取普通教育方式或者特殊教育方式；

③特殊教育的课程设置、教材、教学方法、入学和在校年龄，可以有适度弹性。

(3) 劳动就业权

《宪法》规定，公民有劳动的权利和义务；劳动是一切有劳动能力的公民的光荣职责。《残疾人保障法》规定："国家保障残疾人劳动的权利"。我国政府历来重视残疾人的就业问题，对残疾人就业，实行集中与分散相结合的方针，采取优惠政策和扶持保护措施，通过多渠道、多层次、多种形式，使残疾人劳动就业逐步普及、稳定、合理。

残疾妇女就业，一方面使她们有了稳定的收入，减少了国家、家庭的负担，有了谋生自立的能力；另一方面劳动就业帮助残疾妇女实现了自身的价值，缩小了与健全公民之间的距离，有助于减少、消除她们因残疾而产生的自卑心理和消沉情绪，以乐观进取精神面对人生。保障残疾妇女的劳动就业权应当做好以下几方面工作：

①保障有劳动能力的残疾妇女劳动就业。国家通过政治的、经济的、法律的、行政的以及其他手段促进残疾妇女广泛就业。在就业途径上，以国家和社会安排为主，以残疾妇女自谋职业为辅。主要方式有：国家和社会举办残疾人福利企业、工疗机构、按摩医疗机构和其他福利性企业事业组织，集中安排残疾人就业；政府有关部门鼓励、帮助残疾人自愿组织起来从业或者个体开业；政府有关部门下达职工招用、聘用指标时，应当确定一定数额用于残疾人等。用人单位在招用残疾妇女时，应当严格遵守劳动法和妇女权益保障法的规定，不得招用未满16周岁的残疾少女。

②保障残疾妇女就业合理。所谓就业合理，是指已经就业的残疾妇女从事的工作应当是适合残疾人并适合女性从事的工作。用人单位招用残疾妇女，应当为她们安排适当的工种和岗位，避免她们因残疾而不能胜任工作，同时，该岗位也必须符合劳动法及妇女权益保障法的规定，例如，我国《劳动法》规定："禁止安排女职工从事矿山井下、国家规定的第四级体力劳动强度和其他禁忌从事的劳动。"

③保障残疾妇女就业稳定，加强对残疾女工的劳动保护。具体做法有：第一，在职工招用、聘用、转正、晋级、职务评定、劳动报酬、生活福利、劳动保险等方面，不得歧视残疾妇女；对于国家分配的高等学校、中等专业学校、技工学校的残疾女毕业

生，有关单位不得因其残疾而拒绝接收；第三，残疾女职工所在单位，应当为残疾女职工提供适应其特点的劳动条件和劳动保护，例如设置必要的标记、扶手、盲道、轮椅通道、定期体检以及妇女的“四期（经期、孕期、产期、哺乳期）保护等等。

(4) 人身权

残疾妇女的人身权利，是指与残疾妇女的人身不能分离的、没有财产内容的民事权利。包括生命健康权、姓名权、肖像权、名誉权、荣誉权、隐私权、人格尊严等。保护残疾妇女的人身权利，重点应当作好以下几方面的工作：

①保护残疾女婴、女童的生命健康权

在我国，被遗弃的未成年人中，残疾女婴、女童占相当数量。残疾女婴、女童被遗弃的原因主要是其父母无力或者不愿意承担医疗费用及长期照料的负担，便以遗弃的方式加以摆脱。

遗弃残疾女婴、女童的行为侵犯了残疾儿童的生命健康权利，是一种犯罪行为。对遗弃女婴、女童，情节严重，构成犯罪的行为，依照《刑法》中“遗弃罪”的规定处理，对行为人处五年以下有期徒刑、拘役或者管制。

②保护残疾妇女的隐私权

隐私是指与个人有关的，不愿被公众知晓的个人事务。例如有关身体缺陷、生育能力、性功能、两性关系、收养关系、婚姻状况等方面的情况。这些个人的隐秘一旦公开，会使当事人心理上产生痛苦和压力，并使他们的生活和工作失去平静。

残疾妇女的隐私权是残疾妇女一项非常重要的人身权利，这项权利的实现既靠残疾妇女自己加以维护，也靠他人加以尊重。生活中，有些单位，如医院、美容院、心理咨询机构等，未经残疾妇女本人同意，擅自将残疾妇女手术或整容前后的病例、照片公诸于众，或将咨询内容及残疾妇女的个人资料向社会公开，这些都是侵犯残疾妇女隐私权的行为。不管宣扬隐私的动机如何，客观上都损害了残疾妇女的名誉和人格，属违法行为。

《妇女权益保障法》第39条规定：“妇女的名誉权和人格尊严受法律保护。禁止用侮辱、诽谤、宣扬隐私等方式损害妇女的名誉和人格”。《最高人民法院关于审理名誉权案件若干问题的解答》中规定：未经他人同意，擅自公布他人的隐私材料或以书面、口头形式宣扬他人隐私，致他人名誉受到损害的，按照侵害他人名誉权处理。根据法律的这些规定，当残疾妇女发现有人或者有单位宣扬自己的隐私、损害自己的名誉时，应当收集有关证据，到人民法院起诉，要求行为人停止侵害，恢复名誉，消除影响，赔礼道歉。对于侵权行为给自己造成经济损失的，残疾妇女还可以要求侵权行为人赔偿损失。

③保护残疾妇女的人格尊严

《残疾人保障法》第3条规定：“残疾人的公民权利和人格尊严受法律保护。禁止歧视、侮辱、侵害残疾人。”但有些单位和人员对残疾妇女存在明显的歧视行为，北京就曾发生面部被烧伤的女性进入酒吧被拒绝的事件。残疾妇女与其他公民在人格上是平等的，侮辱、歧视残疾人是一种社会陋习，是对残疾人人格尊严的损害，严重的歧视、侮辱行为则可能构成违法犯罪。侮辱残疾妇女情节严重，构成犯罪的，可以按照《刑法》第145条的规定追究刑事责任；情节较轻的，公安机关可以依照《治安管理处罚条例》第22条的规定，对行为人给予拘留、罚款或者警告。受到歧视、侮辱的残疾妇女也可以以名誉权被侵害为由，提起民事诉讼，要求追究侵权人的民事责任。

（三）老年妇女的权利及其保护

1. 我国老年妇女的现状

目前中国已进入了老年型社会，有关资料表明，全国1.26

亿的老年人中，占全国人口总数的10%。女性老年人有6400万，占老年人数量的51.8%，80岁以上的老年人中女姓则占到63.2%，其中92%是没有配偶的独居老年妇女，她们大部分都有不同程度的病残和经济生活依赖子女等困难。老年妇女对社会和家庭付出了一生的艰辛和劳苦，晚年普遍收入低，生活水平差，精神生活孤独苦闷，物质生活无助困难，成为社会的弱势群体，这种现象应该引起全社会的普遍关注，对这一弱势群体给予必要的帮助和救济。1996年8月29日，八届人大常委会第21次会议通过的《中华人民共和国老年人权益保障法》是老年人依法维权的重要法律依据。

2. 老年妇女的权利及其保护

根据《宪法》、法律法规，特别是《老年人权益保障法》的规定，老年妇女除享受一般公民所享受的合法权利外，还依法享有专门规定由老年人享有的以下权利：

（1）获得物质帮助的权利

物质帮助权利是指公民因年老、疾病等原因丧失劳动能力或者暂时丧失劳动能力而不能获得必要的物质生活资料时，有从国家和社会获得生活保障，享受集体福利的一种权利。

物质帮助权是一种特殊主体才有权享受的权利，老年妇女是享有这项权利的主体之一。老年妇女的物质帮助权主要依靠国家建立健全社会保险制度实现，例如养老保险、医疗保险等。对于那些特别困难的无依无靠的老年妇女，《老年人权益保障法》第23条规定："城市的老年人，无劳动能力、无生活来源、无赡养人和扶养人的，或者其赡养人和扶养人确无赡养能力或者扶养能力的，由当地人民政府给予救济。农村的老年人，无劳动能力、无生活来源、无赡养人和扶养人的，或者其赡养人和扶养人确无赡养能力或者扶养能力的，由农村集体经济组织负责保吃、保穿、保住、保医、保葬的五保供养，乡、民族乡、镇人民政府负责组织实施”。

(2) 享受社会发展成果的权利

享受社会发展成果的权利，是指老年人有享受国家和社会经济和文化发展所取得的成果的权利。《老年人权益保障法》中规定：

①国家根据经济发展，人民生活水平提高和职工工资增长的情况增加养老金；

②地方各级人民政府应当根据当地经济发展水平，逐步增加对老年福利事业的投入，兴办老年福利设施；

③发展社区服务，逐步建立适应老年人需要的生活服务、文化体育活动、疾病护理与康复等服务设施和网点；

④医疗机构应当为老年人就医提供方便条件，对 70 岁以上的老年人就医，予以优先。有条件的地方，可以为老年人设立家庭病床，开展巡回医疗等服务。

(3) 获得家庭赡养与扶养的权利

家庭赡养与扶养权利是指老年妇女有获得子女以及其他依法负有赡养义务的人在经济上供养、生活上照料和精神上慰藉的权利。

我国老年妇女的养老问题主要依靠家庭解决，负有赡养义务的是老年妇女的子女或者其他负有赡养义务的人。赡养人依法应当在经济、生活、医疗住房等方面履行对老年妇女的法定义务，不得损害老年妇女的合法权益。赡养人不履行赡养义务，老年人有要求赡养人付给赡养费的权利

(4) 继续受教育的权利

继续受教育权是指老年妇女有在国家和社会的各类老年学校和其他教育机构中学习科学文化知识的权利。

老年妇女通过不断学习各种科学文化知识，能让精神更加充实、生活更加丰富，眼界也更加开阔，避免离退休后因无所事事而陷入精神苦闷。国家发展老年教育，鼓励社会办好各类老年学校。各级人民政府对老年教育应当加强领导，统一规划。

老年妇女的其他合法权益，例如婚姻自主权、个人财产的处分权，遗产继承权等也受法律的保护。但实际生活中，干涉老年妇女婚姻自由、虐待、遗弃老年妇女、侵占老年妇女住房、赡养人不履行赡养义务等情况时有发生，这些问题成为困扰老年妇女这一弱势群体的主要问题，对这些问题应当采取经济、法律、行政等多种手段加以解决。

①保护老年妇女的人身权利，依法遏制虐待老年妇女的行为

"尊老爱幼"是中华民族的传统美德，虐待老年人的不孝行为历来为人们所唾弃。我国法律特别注意保护老年人的人身权利，《老年人权益保障法》规定："禁止歧视、侮辱、虐待或者遗弃老年人。"《妇女权益保障法》第35条中进一步明确规定"禁止虐待老年妇女"。所以，虐待老年妇女，不仅有悖中华民族的道德伦理，也是一种违法犯罪行为。

老年妇女遭到家庭成员虐待的，可以根据具体情况，采取如下方式解决：

要求调解。被虐待的老年妇女可以到家庭成员所在地的居民委员会、村民委员会要求调解，居民委员会、村民委员会应当予以劝阻、调解；

要求行政机关干预。受到虐待的老年妇女可以向公安机关提出请求，公安机关应当依照《治安管理处罚条例》第22条的规定对行为人给予行政处罚；

提起刑事诉讼。虐待犯罪，依照《刑事诉讼法》的有关规定，属于自诉案件。老年妇女对于严重的虐待行为，可以直接到

人民法院提起刑事诉讼，向法院说明自己遭受虐待的具体情况并提供相应的证据，由法院追究行为人的刑事责任。

②保护老年妇女的婚姻自主权，禁止干涉老年妇女的离婚、再婚及婚后的生活

受传统封建观念的影响，老年妇女的离婚、再婚及婚后生活受干涉的情况较为普遍，实施干涉行为的多是老年妇女的子女、配偶等家庭成员。干涉的结果是老年妇女不能按自己的意愿结婚或离婚，身心遭受伤害。有些老年妇女因无法结婚而被迫选择同居的生活方式，由此也产生了许多社会问题。由于没有通过民政部门正式办结婚手续，同居期间出现的骗取钱财，两人生活中出现家庭暴力、财产纠纷等，老年妇女的权益无法得到法律的保护。这种在老年人当中逐渐流行的“试婚”“同居”现象与我国法律是相悖的，究其原因，都是干涉老年人婚姻自由的恶果。

老年妇女的婚姻自由受法律保护，《婚姻法》规定实行婚姻自由、一夫一妻、男女平等的婚姻制度，禁止包办、买卖婚姻和其他干涉婚姻自由的行为。《妇女权益保障法》第 41 条进一步明确规定：“国家保护妇女的婚姻自主权。禁止干涉妇女的结婚、离婚自由。”《刑法》第 257 条规定，暴力干涉婚姻自由构成犯罪的，对行为人处以 2 年以下有期徒刑或者拘役。暴力干涉婚姻自由，致使被害人死亡的，对行为人处以 2 年以上 7 年以下有期徒刑。

暴力干涉婚姻自由罪属于告诉才处理的犯罪（造成被害人死亡的除外）。婚姻自由受到暴力干涉的老年妇女可以到当地人民法院起诉，要求法院追究暴力干涉自己婚姻自由的人的刑事责任，用法律维护自己的婚姻自由。

③保护老年妇女的受赡养和扶养的权利，禁止遗弃老年妇女

《婚姻法》规定：“子女对父母有赡养扶助的义务。”老年妇

女与家庭成员发生赡养纠纷时，可采用如下方式解决：

要求调解。老年妇女与家庭成员因赡养、扶养问题发生纠纷，可以要求家庭成员所在组织或者居民委员会、村民委员会调解；居民委员会、村民委员会调解纠纷时，对有过错的家庭成员，应当给予批评教育，责令改正；

提起民事诉讼。对于赡养人不履行赡养义务的，老年妇女有权提起民事诉讼，要求赡养人给付赡养费。人民法院对老年妇女追索赡养费或者扶养费的申请，可以依法裁定先予执行，及时解决老年妇女面临的生活困难。

提起刑事诉讼。负有赡养义务、扶养义务而拒绝赡养、扶养，情节严重构成犯罪的，老年妇女可以依法提起刑事自诉，由人民法院依照刑法中“遗弃罪”的规定追究行为人的刑事责任。

妇女权益的保障与救济

一 妇女权益的自我救济

（一）妇女如何行使正当防卫权

1. 妇女的正当防卫权

为了确保公民的合法权益免遭正在进行的不法侵害，国家在为受害公民提供司法保障的同时，还赋予公民一定的防卫权，以使受害公民可以获得自我救济和社会救济。我国刑法第二十条第一款规定：“为了使国家、公共利益、本人或者他人的人身、财产和其他权利免受正在进行的不法侵害，而采取的制止不法侵害的行为，对不法侵害人造成损害的，属于正当防卫，不负刑事责任。”该项规定明确了正当防卫是我国公民享有的一项权利，正当地行使这一权利不负刑事责任。妇女的正当防卫权是我国刑法赋予公民的正当防卫权的有机组成部分，妇女的正当防卫权是指妇女为了使本人或者他人的人身和其他权利免受正在进行的不法侵害，而采取必要防卫措施的权利。从这一概念可以看出，正当防卫权是主观上的防卫意图和客观上的防卫行为的统一。第一，在客观上具有防卫行为。这种防卫行为是在合法权益遭到不法侵害的情况下而实施的，行为人造成不法侵害者某种损害，旨在维护本人、他人的合法权益，防卫行为本质是同侵害妇女合法权益的不法行为作斗争的形式，其本身不但不危害社会，而且有利于社会，是保护妇女合法权益的一种必要措施，因而是正当的合法的。第二，在主观上具有防卫意图。正当防卫的目的是为了抵御和制止正在进行的不法侵害，是对不法侵害者的一种还击，使合法权益免受不法侵害。行为人主观上不具备犯罪的故意或过失。从上述主客观特征的统一来看，行使正当防卫权的行为是一种貌似犯罪，但并不危害社会，而且有利于社会和他人的合法行为，它与危害国家、社会利益的犯罪行为有本质的区别。所以我国刑法规定，行使正当防卫权不负刑事责任。

正当防卫是法律赋予公民的一项权利，也是公民应尽的道义上的义务，对妇女而言亦是如此。当国家、集体的利益和公民的合法权益受到不法侵害时，每一个公民都有义务去制止，妇女也不例外。在我们社会主义国家，勇于同不法侵害作斗争是一种美德，而见死不救、听任犯罪分子胡作非为的人则要受到道义上的谴责，情节严重的还要受到党纪、团纪、政纪的处分。当然，我们在强调正当防卫是妇女的道德义务的时候，应该充分考虑到妇女的具体情况。一般说来，妇女作为社会上的一个特殊群体，无论是体力上或心理上都与成年男子有一定的差别，这在一定程度上不利于她们同违法犯罪分子作斗争，因此，社会对她们履行正当防卫义务方面不应过于苛求，主要还是提倡和鼓励。

在强调妇女应积极行使法律赋予的正当防卫权，保护自己和他人、社会的利益不受侵犯的同时，还应当看到妇女的正当防卫权的行使并不是孤立的，为了切实保障妇女的合法权益免受正在进行的不法侵害，仅仅有妇女自身防卫是不够的，还必须有社会救助，还需要其他人能够挺身而出，勇于同侵害妇女合法权益的违法犯罪作斗争。事实证明，这种嫉恶如仇、临危不惧、见义勇为的行为，对于维护妇女的合法权益，弘扬社会正气，打击违法犯罪分子的嚣张气焰起到了不可低估的作用，受到了法律的肯定和社会的赞扬。我国妇女权益保障法第 7 条明确规定，对保障妇女合法权益成绩显著的组织和个人，各级人民政府和有关部门给予表彰和奖励。

2. 妇女行使正当防卫权的条件

如同其他权利一样，正当防卫权的行使也是有条件的。正当防卫作为法律赋予公民在特定条件下保护合法权益的紧急措施，它并不意味着在任何时间、任何情况下都可以任意实施。妇女在行使正当防卫权的时候，必须严格遵守正当防卫的法定条件。

(1) 实施正当防卫必须有不法侵害存在

不法侵害，是指危害社会，侵犯法律所保护的合法权益的行为。不法侵害的实际存在，是妇女行使正当防卫权的必要前提。如果客观上不存在不法侵害而行为人误以为是不法侵害，而实施防卫行为，这种情况在刑法理论上叫假想防卫。假想防卫不是正当防卫，如果造成严重危害后果，应负过失犯罪的刑事责任，如属意外事件则不负刑事责任。

正当防卫行为是对不法侵害所进行的反击。从理论上来讲，对一切不法侵害都应制止，妇女都有权进行正当防卫，因为不法侵害表现多种多样，有积极的作为，也有消极的不作为；有暴力型的，也有非暴力型的；有的具有紧迫性，也有的不具有紧迫性；有的事前可以防范，也有的事后才被发现。对于这些纷繁复杂的不法侵害，事实上我们不可能也没有必要都实行正当防卫，只有对那些带有暴力性、破坏性并且使合法权益处于危险状态的不法侵害才能实行正当防卫。例如，故意杀人、伤害、强奸等。

(2) 正当防卫必须是针对正在进行的不法侵害实施的，即防卫必须适时

一般说来，不法侵害正在进行，是指不法侵害处于实行阶段，即不法侵害已经着手实行，或者合法权益已面临紧迫的实际的威胁，而且尚未结束。因为在这种情况下，法律所保护的妇女

的合法权益完全处于危险状态，如不及时、有效的制止，妇女的利益就会受到实际的损害。根据这个条件的要求，一般说来，对于犯罪的预备和已经结束的不法侵害不能实行正当防卫，因为不法侵害的预备阶段，行为人对合法权益的直接威胁还不存在，可以采取预防的措施加以制止。如果在这种情况下采取了防卫的措施就属于防卫不适时（事前防卫）。例如：王某之妻与赵某通奸多年，一日，趁王不在家，二人又叙奸情，并商议毒死王某，同时赵将准备好的毒药交给王妻，令其见机行事，不料二人商议时，被返回的王某在屋外听见，王某一怒之下，操起木棍将妻子、赵某二人打成重伤。王某的行为就不属于正当防卫，而是防卫不适时，应追究相应的刑事责任。但是，为了确保妇女的合法权益免受侵害，在司法实践中，确认妇女的防卫行为是否适时，应从有利于保护妇女的利益出发，从宽把握。对于某些不法侵害行为，虽然侵害尚未着手实行，但它已使妇女的合法权益面临威胁，在这种十分紧迫的情况下，就应允许进行正当防卫。例如，某甲因有婚外情而企图杀死妻子，一次吵架后，当着几个孩子的面扬言要杀死妻子，并立即去屋中拿刀。其长子见父亲真的拿刀奔向母亲，于是抄起一根木棍从后面猛击其父，将其击昏，造成重伤。在这个案例中，某甲持刀奔向妻子的行为，虽然还没有着手杀人，但已使其妻的生命面临直接威胁，如果等到其举刀杀人时再予防卫，就很难制止不法侵害，因而其长子的行为完全可以定为正当防卫。

对已经结束的不法侵害行为也不能实行正当防卫。因为正当防卫的目的是为了保护妇女合法权益免受正在进行的不法侵害，不法侵害既已结束，说明对妇女权益的直接威胁已经消失，或者侵害已经造成，从而失去了进行正当防卫的必要，如果再进行事后的报复，不仅不能保护妇女的合法权益，而且会造成不必要的损害，所以事后报复的行为不能认定为正当防卫，而是防卫不适时。

(3) 正当防卫必须针对不法侵害者本人进行。即防卫的对象必须具有确定性，不能对不法侵害者以外的第三者进行防卫

正当防卫的目的是为了制止不法侵害，只有对不法侵害者造成一定的损害，才能制止不法侵害的继续。如对第三人实行防卫，非但达不到防卫的目的，反而丧失了防卫的性质，构成故意伤害。

在共同犯罪中，由于共同犯罪人主观上都有共同的犯罪的故意，客观上都实施了共同犯罪行为，共同犯罪人都是不法侵害者，因此，受害者可以对其中的任何人实行正当防卫。例如，甲强奸乙，丙在旁帮甲按乙的腿，这时乙或其他人即可反击甲，也可反击丙。

对于儿童、精神病人所实施的侵害行为能否进行正当防卫，法律没有明文规定。我们认为由于儿童和精神病人不能辨认、控制自己的行为，无责任能力，其侵害行为不是出于故意或过失，不属于不法侵害，因而原则上不能对之实行正当防卫，但在防卫者不知其为儿童或精神病人，或者在万分紧急的情况下，防卫者不能采取其他方法避免损害而实施了防卫，则应认为是合法的，因为，不如此就不足以保护受害者的合法权益。

(4) 防卫者主观上必须具有防卫意图

防卫意图是指防卫人意识到公共利益、自己或他人的合法权益正在遭受不法侵害，为了保护该合法权益而决意制止不法侵害的心理状态。防卫意图的存在对正当防卫的成立具有决定性的意义。某些行为从形式上看似乎完全符合正当防卫的客观条件，但因其主观上并不具有防卫意图，这种行为就不能视为正当防卫。例如，实践中存在的相互斗殴和防卫挑拨就属于这类情况。

相互斗殴是双方均以侵害对方为目的而使用暴力互相殴打的行为。在互殴案件中，由于斗殴双方都有非法侵害对方的故意，所以双方都属于不法侵害，彼此都无权主张防卫权。例如，姐妹二人相邻而居，因连日下雨，排水不畅，姐姐冒雨清理自家阴沟（房檐下排水沟），将清出之物堆在沟边的通道上，影响其妹正常通行；双方因此发生争执，妹妹用铁锹将通道上的泥土往阴沟和姐姐身上洒，姐姐一怒之下，挥锹击向妹妹头部，致其不治死亡。本案中，虽然是姐姐反击行为是由妹妹的侵害行为所引起，姐姐确实是在受到侵害以后才反击，但是，由于姐姐反击的目的，不是为了防卫而是为了伤害对方，因此其行为不具有正当防卫的性质。

防卫挑拨是指行为人故意挑起他人实施侵害行为，以便借口"防卫"而加害侵害人。由于挑拨者的主观意图是要故意犯罪，尽管从形式上来看他也是对先发生的侵害的制止，但他不具有防卫的目的，因此，不能做正当防卫处理。例如：妻子因外遇意图谋杀丈夫，为逃避法律制裁，故意将外遇事实告知丈夫，用言词将其激怒，诱使丈夫施暴，随即持事先准备好的器具将其杀死。在这种情况下，妻子的行为就属于防卫挑拨。

(5) 妇女行使正当防卫权不能明显超过必要限度，不能造成重大损害。明显超过必要限度，造成重大损害的，属于防卫过当

以上五个要件必须同时具备，才能成立正当防卫，妇女行使防卫权才是正当的、合法的。

在认定正当防卫时，应当将正当防卫与实践中发生的"大义灭亲"的案件区别开来。所谓"大义灭亲"泛指在家庭内部将作恶多端的亲属私自处死的行为。大义灭亲并非法律术语，而是人们对这类案件的习惯称谓，它与正当防卫是两个不同的概念，不能混为一谈。我们认为，对作恶多端的亲属，除了正在进行不法

侵害时，其他亲属可以进行防卫，并在防卫未过当时按正当防卫处理外，都应向有关机关告发，由司法机关依法处理。为了维护社会正常秩序和法律的严肃性，凡不具备正当防卫条件而私自将亲属中的不法分子处死的，应以故意杀人罪论处。但鉴于这类案件的被害人大多是作恶多端，屡教不改，甚至亲属也屡受其威胁迫害，行为人基于义愤而将其杀害，因此在处理时可以酌情从宽处罚。例如，赵某夫妇因其幼子长期为害乡里，并多次侮辱、奸污包括其母亲、妹妹在内众多妇女，趁幼子熟睡后将其击毙。法院就以杀人罪对赵某夫妇分别减轻判处了适当的刑罚。

妇女行使正当防卫权不能明显超过必要的限度造成重大损害，否则就属于防卫过当。防卫过当同正当防卫既有联系又有区别。成立防卫过当必须以正当的防卫意图为前提，其基本出发点必须是为了保护公共利益、本人或他人的合法权益，必须是对正在进行的客观上确实存在的不法侵害；而且是针对不法侵害者本人进行，这都与正当防卫相同。防卫过当与正当防卫的不同之处在于，防卫过当是防卫明显超过了必要限度，造成了重大损害。因此，确定防卫是否过当，应以防卫行为是否明显超过必要限度，造成重大损害为标准。所谓“正当防卫的必要限度”应当理解为，既足以制止正在进行的不法侵害又未给不法侵害者造成不应有的损害，即有效制止不法侵害所必需的限度。这是因为，正当防卫的目的就是要制止不法侵害，如果防卫的强度不能有效地制止不法侵害，那么，防卫就失去了其应有的作用；强调不应给不法侵害者造成不应有的损害主要是防止正当防卫权的滥用，破坏社会主义法制。这种“必要限度”具体来说应包括：①能用较缓和的手段，足以制止住不法侵害时，不应采取激烈的防卫手段，造成不应有的危害；②为了避免较轻的不法侵害，不应造成严重的危害后果；③对于没有明显立即危及人身安全或国家和人民重大利益的不法侵害，不应采取重伤、杀害的手段去防卫。

至于如何确认“必要限度”是个极复杂的问题，刑法上没有规定统一标准，刑法理论对此也众说纷纭。我们认为，正当防卫是否超过必要限度，应从具体的情况出发，对不法侵害的强度、缓急以及所侵害权益的大小，同时对防卫的手段、强度、损害的后果以及当时的时间、地点、环境全面分析，综合判断。在认定是否超过必要限度时，从鼓励同不法侵害作斗争出发，考虑到实施防卫的妇女的自身特点，对其防卫行为不宜要求过苛，只要防卫强度是为了制止不法侵害所必需，同侵害强度相差不悬殊，不是明显地超过侵害行为的强度和受侵害的权益性质，就不能认为超过必要限度。

防卫过当虽然同正当防卫存在一定的联系，但由于这种行为超过了必要的限度，造成了不应有的危害，因而具有社会危害性，尽管行为人在防卫时主观上是为了防卫，制止不法侵害，但当防卫行为超过法定的必要限度时，其主观内容也就发生了变化，具备了罪过。这种罪过多表现为过失，也就是说，防卫人在实行正当防卫过程中，应当预见自己的防卫行为可能明显超过必要限度，造成重大损害，由于疏忽大意而未预见；或者虽然已经预见但因为轻信能够避免而导致不应有的危害发生。在个别情况下防卫过当也可能是出于间接故意，即防卫人在实行正当防卫的过程中明知自己的防卫行为可能明显超过必要限度，造成重大损害而放任危害结果发生。

3. 防卫过当的法律责任

防卫过当本身不是罪名，不能笼统定为“防卫过当罪”。对防卫过当的定罪，应根据防卫过当者的犯罪行为和其主观上的罪过形式，依照刑法有关条款的规定确定罪名，如过失重伤、过失致人死亡、故意伤害等。根据刑法的有关规定，防卫过当应负刑事责任，但应酌情减轻或者免除处罚；量刑时要考虑过当的程度、起因、性质、社会舆论、防卫的目的等情节，决定刑罚的减轻或免除。在具备缓刑的条件下适用缓刑。根据刑法第二十条第三款的规定，对正在进行行凶、杀人、抢劫、强奸、绑架以及其他严重危及人身安全的暴力犯罪，采取防卫行为，造成不法侵害人伤亡的，不属于防卫过当，不负刑事责任；对严重危及人身安全的暴力犯罪以外的其他违法犯罪行为进行防卫，其防卫行为明显超过必要限度造成重大损害的，应当负刑事责任，但是应当减轻或者免除处罚。

正当防卫作为排除社会危害性的的行为，只要在必要的限度内，不仅不承担刑事责任，而且不承担民事责任。我国民法通则第128条规定，因正当防卫造成损害的，不承担民事责任。

（二）妇女如何进行紧急避险

任何违法犯罪活动都会直接或间接地给公民的合法权益包括婚姻家庭权益造成损害。为了确保公民的合法权益免遭侵害，国家在为受害公民提供多方面的公力救济的同时，还赋予公民在一定范围内进行私力救济，即在合法权益遭受暴力侵害或者遇有紧急危险时，依法可以实施私力救济的自卫行为，紧急避险就是其中的一种。

1. 紧急避险的概念和性质

我国刑法第21条第1款规定："为了使国家、公共利益、本人或者他人的人身、财产和其他权利免受正在发生的危险，不得已采取的紧急避险行为，造成损害的，不负刑事责任。"该项规定明确了紧急避险是我国公民享有的一项私力救济的权利，正当地行使这项权利，即使客观上造成了其他合法权益的损失，也不负刑事责任。妇女的紧急避险，是公民紧急避险内容的一个组成部分，是指为了使本人或者他人的合法权益免受正在发生的危险，不得已而采取的损害一较小的合法权益以保全更大的合法权益的行为。例如，妻子为了避免丈夫正在进行的家庭暴力而破坏他人住宅的门窗入室躲避；为救回自己被绑架、拐卖的孩子而夺取他人的交通工具等，都属此类行为。

紧急避险是在合法的权益面临紧急危险，又别无他法的情况下，不得已采取的牺牲另一种较小的合法权益以保护更大的利益的一种权宜措施。紧急避险不同于犯罪。首先，从主观意图上看，避险人是在迫不得已，别无其他选择的情况下，为了保全更大的合法利益，而不是故意或过失地危害社会；其次，从客观效果上看，避险行为虽然损害了无辜的第三者的合法利益，但却保全了更大的利益，但就整体而言，是有益于社会的行为。因此，紧急避险与正当防卫一样，外表上看似乎符合某种犯罪的构成，而实质是对社会有益的行为，不仅不应当负刑事责任，而且应当受到鼓励和支持。

紧急避险是法律赋予公民的一项权利，同时也是某些公民的一项义务。刑法规定紧急避险制度，对于鼓励和保护公民积极进行紧急避险具有重要意义：

①提倡公民在必要的情况下实行紧急避险，可以通过损害较小合法权益的手段，来保全较大的合法权益，从而把国家和人民利益可能遭受到的损失减少到最低限度。

②提倡公民在必要的情况下实行紧急避险，使人们在与自然灾害、不法侵害斗争中，树立公共利益、整体利益的观念，培养集体主义精神，提高思想境界。

③提倡公民在必要的情况下实行紧急避险，对于增强公民在社会生活中的责任心、义务感也有着积极的意义。

2. 紧急避险的成立条件

由于紧急避险是以损害一个合法权益的方式来保全另一个合

法权益，为了防止紧急避险被滥用，避免合法权益遭受不应有的损害，紧急避险的实施必须受到一定条件的严格制约。根据刑法第21条的规定，紧急避险必须具备以下条件：

（1）紧急避险的起因条件

紧急避险的起因条件，是指必须是合法权益面临实际的危险。所谓“危险”，是指足以使国家利益、公共利益、本人或者他人的人身、财产和其他权利立即受到严重损害的各种紧迫事实状态。危险的来源主要有四种：一是他人的危害行为，包括违法行为和犯罪行为，如犯罪分子实施的放火、爆炸、伤害、杀人抢劫、绑架等行为对合法权益形成危险；二是自然灾害，如山崩、地震、洪水、台风等对人身安全和财产安全形成威胁；三是动物的侵袭，如牛马惊奔、恶狗撕咬、蜂群袭人等对合法权益形成危险；四是人的生理疾病，如极度饥饿、干渴或严重疾病对人身健康和生命安全造成的威胁等。上述情况都会使某种合法权益处于危险状态，在不得已情况下，公民都可以采取紧急避险。对合法行为不能进行紧急避险，尽管一些合法行为，如正当防卫、紧急避险、依法拘留、逮捕、强制执行、扭送等，往往会给行为对象带来某种威胁，但合法行为在任何意义上都不属于危险的范畴，因此，对于他人的合法行为，不得实行紧急避险。

客观存在的危险是实行紧急避险的直接原因。所谓客观存在的危险，是指危险是实际存在的，而不是避险人主观想象的、推测的。因为只有客观存在危险，合法权益才会受到实际的威胁，避险行为才会成为必要。如果危险并不实际存在，只是行为人误认为存在而错误地实行了所谓的紧急避险，这在刑法理论上称为假想避险。假想避险不属于紧急避险，对他人的合法权益造成损害的，应当按照处理事实认识错误的原则处理，即如果行为人主观上有过失，并且刑法规定了该过失行为构成犯罪的，以过失犯罪论处；如果行为人主观上没有过失，以意外事件论，不负刑事责任。

(2) 紧急避险的时间条件

紧急避险的时机条件，是指必须是在危险正在发生之时避险。所谓“危险正在发生”，是指危险已经开始而尚未结束。由于危险的来源不同，其发生和结束的形式也不一样，具体而言：对于人的侵害行为，危险正在发生是指违法犯罪行为已经着手实行而尚未终止；对于自然灾害，危险正在发生是指自然灾害已经出现，不可避免，并且尚未被人控制或者自然消失；对于动物的侵袭，危险正在发生是指动物已进行侵袭，尚未被打死、制服或者逃遁；对于人的生理疾病，危险正在发生是指疾病已经出现，对身体和生命造成的危险尚未消除。

凡不符合紧急避险的时机条件进行的所谓避险行为的，在刑法理论上统称为“避险不适时”。具体而言，避险不适时有两种：①事先避险，即危险尚未发生，还处于潜在状态，是否发生具有或然性的情况下，公民即实行了所谓避险。此时，公民可以采取某些防范措施以避免合法权益遭受损失，因此，法律不允许其实施紧急避险。②事后避险，即危险已经结束或消失，行为人仍实行避险。此时，危害已经造成，实行紧急避险已不能保全合法权益，不实行避险也不会使合法权益遭受进一步的损害，因此，已无必要实施紧急避险。避险不适时的不成立紧急避险，造成第三人合法权益损害的，应根据损害的大小，以及行为人主观上有无罪过，决定其行为是否构成犯罪，追究刑事责任。

(3) 紧急避险的主观条件

紧急避险的主观条件即目的条件，是指行为人必须是为了保护合法权益免受正在发生的危险，有正当的避险意图。这里的合法权益包括国家、公共利益、本人或者他人的人身、财产和其他权利。行为人出于保护合法权益免受危险的正当避险意图，决定了其损害另一合法权益的避险行为的无罪过性、正当性，因而对紧急避险的成立有着重要意义。反之，如果行为人是为了保护非法权益而损害合法权益，则不能成立紧急避险，而是非法侵害，造成严重结果的，应依法追究刑事责任。例如，杀人犯为了逃避警察的追捕而抢夺他人的摩托车逃跑；走私货船的货主在海上遇到触礁危险时，为保护自己的走私货物而将另一小船撞翻；如此等等，不仅不是紧急避险，相反构成新的犯罪，应追究刑事责任。

(4) 紧急避险的对象条件

紧急避险的本质特征，就是为保全一个较大的合法权益，而将其面临的危险转嫁给另一个较小的合法权益，因此，紧急避险行为所指向的对象，不是危险的来源，而是第三者的合法权益。如果行为人为了保护本人某一部分合法权益，而损害的仍是本人的另一部分合法权益，不存在紧急避险问题；如果危险来自于他人的不法侵害，行为人通过损害不法侵害者的人身权利或财产权利的方法，来制止不法侵害，其行为也不是紧急避险，而是正当防卫。

(5) 紧急避险的限制条件

紧急避险的限制条件，是指损害另一合法权益必须是迫不得已。所谓“迫不得已”，是指当危险发生之时，除了损害第三人的合法权益外，没有任何方法来避免正在面临的危险。只要当时还有其他方法可以避免危险时，如有条件逃跑、来得及报警或者能够直接对抗危险、可以行使正当防卫等，就不允许选择了损害无辜第三者合法权益的避险方法，如果行为人盲目避险，以致给第三人造成了不必要的损害，则不能成立紧急避险，构成犯罪的，应当追究刑事责任。

在考察行为人是否出于迫不得已时，一定要实事求是，充分考虑危险发生时的各种主客观因素，如危险发生环境、时间、紧急程度，以及行为人的年龄、体格、经验、主观认识条件、心理素质等，进行综合的分析判断。

(6) 紧急避险的限度条件

紧急避险的限度条件，是指损害的另一合法权益必须小于所保护的合法权益。由于紧急避险是两种合法权益之间的冲突，故一般认为，紧急避险损害的另一合法权益必须小于所保护的合法权益，不能等于或大于所保护的合法权益。例如，不能为了保护一个人的生命权利，而去损害另一人的生命权利；也不能为了保护某人的财产利益，而去损害他人的或者国家的、公共的同等价值或者更大价值的财产利益。否则，紧急避险就失去了存在的价值。实践中避险人应当从客观实际出发，尽可能以最小的损失保全最大的利益，把损害减少到最低限度，因此，紧急避险的必要限度应掌握在损害的合法权益小于所要保护的合法权益，并足以排除面临的危险所必须的程度为宜，换言之，紧急避险对第三者合法权益的损害应是必要的、合理的，且不超出所要避免的损害。基于这样的观点，避险行为所引起的损害大于或者等于所避免的损害的，应属于超过了必要限度，造成了不应有的损害。

如何衡量两种合法权益的大与小？在司法实践中，应当掌握以下基本标准：

①一般情况下，人身权利大于财产权益，不允许为了保护财产权益，给第三人的人身权利造成伤害；

②在人身权利中，生命是最高权利，不允许为了保护一个人的健康而牺牲另一个人的生命，更不允许牺牲他人的生命而保全自己的生命；

③在财产权益中，应当用财产价值进行比较，不允许为了保

护一个较小的财产权益而牺牲另一较大的财产权益；

④当公共利益与个人利益不能两全时，应根据权益的性质及内容而定，并非公共利益永远高于个人利益。例如，为了保护两名营业员的生命而损害几千元的国家财产；应是允许的，但是，如果为了保护个人的生命而泄露危及国家安全的重要机密，则是不能允许的。

当然，判断避险行为是否属于必要限度之内是一个非常复杂的问题，应当从当时的实际情况出发，综合考虑利益的性质、效用、质与量等多方面的因素，使所作出的判断，既符合社会主义的原则，又比较切合实际。

上述六个条件必须同时具备，缺一不可。

3. 不适用紧急避险的情况

刑法第21条第3款规定："关于避免本人危险的规定，不适用于职务上、业务上负有特定责任的人"。所谓在职务上、业务上负有特定的责任，是指某些人依法承担的职务或者所从事的业务本身，就要求他们与一定的危险进行斗争。例如，机组人员在客机发生故障时、船长在船舶遇险时，消防队员在救火时，边防人员在保卫边疆时必须面对危险，不能逃避履行义务。如果这些负有特定责任的人员，为了避免与自己的职务、业务有关的种种危险，而擅离职守、逃避责任的，其行为不能成立紧急避险。如确因渎职而造成严重危害后果的，应当追究其刑事责任。

4. 避险过当及其刑事责任

避险过当，是指避险超过必要限度造成不应有的损害的行为。根据刑法的规定，避险过当应当负刑事责任。

避险过当具备以下几个特征：其一，行为人主观上是为了使合法权益免受正在发生的危险，不得已而损害的另一合法权益，因而行为具有避险的性质；其二，行为人在客观上实施了超过必要限度的避险行为，造成了合法权益的不应有损害。避险行为所损害的合法权益大于或者等于所保全的合法权益时，该行为就超过了必要限度，属于过当行为。例如，为了保全本人的某种财产利益而牺牲了他人或者公共的更大的财产利益，为了保全自己的健康或者生命而牺牲了他人的生命，都属于避险过当的行为。其三，行为人对其避险过当行为具有罪过。避险过当的罪过形式通常是过失，但也可能是间接故意。

避险过当不是一个独立的罪名，刑法分则也没有对避险过当规定独立犯罪与法定刑。因此，在追究避险过当的刑事责任时，应当根据行为人的主观罪过形式及过当行为的特征，按照刑法分则的有关规定定罪量刑。

由于避险过当是以避险为前提，其目的仍然是为了保护合法权益免遭侵害，只是因为情况紧急，行为人对避险的限度往往不能准确把握，才造成了不应有的损害。在这种情况下，尽管行为人对危害结果的发生主观上有罪过，但与其他犯罪相比，其社会危害性和行为人的主观恶性都较小。因此，刑法第21条第2款规定，对避险过当的，“应当减轻或免除处罚”。

5. 紧急避险、避险过当的民事责任

由于紧急避险行为以较小的损失挽回了较大的利益，是舍卒保车的行为，所以不具有法律和道德上的可非难性，避险人不承担民事责任。但从无辜的受害人角度看，则显然不公平，为此，民法通则第129条规定，因紧急避险造成损害的，由引起险情发生的人承担民事责任。如果危险是自然原因引起的，紧急避险人不承担民事责任或者承担适当的民事责任。因紧急避险采取措施不当或者超过必要限度，造成不应有的损害的，紧急避险人应当承担适当的民事责任。

根据上述的规定，①如果危险的发生是人为造成的，因紧急避险造成的损害，由引起险情发生的人承担民事责任，而不是由实施紧急避险的人承担；②如果危险是由自然原因引起的，行为人采取的措施又无不当的，则行为人不承担民事责任，受害人要求补偿的，可以责令受益人适当补偿；如果避险人本身就是受益人的，则应给受害人适当补偿；③避险过当造成不应有的损害的，紧急避险人应承担适当的民事责任。

（三）妇女的自助行为

1. 妇女自助行为概说

自助行为是指权利人为保护自己的权利，在情事紧迫而又不能及时请求国家机关予以救济的情况下，对他人的自由或财产施加扣押、拘束或其它相应措施，而为法律或社会公德许可的行为。妇女的自助行为，是妇女在上述特定状况下为保护自己的权利不受损害实施的一种自我救济，是一种私力救济。

“有权利者，必有救济”，从侵权法的早期发展来看，解决权利人与侵权人之间的利益平衡并不依赖于法律的力量。在古代氏族社会中复仇制度以及与此相联系的亲属间“互相支援、保卫和代偿损害的义务”是权利人权利受到侵害时的首要选择，加害人所在氏族的赔偿仅是对受害方复仇权的购买，这是由当时的制度背景所决定的。随着人类社会的进一步发展，在侵权的救济和制裁当中，社会公力逐渐强化，公力救济逐步取代了私力救济而占支配性地位。而且随着自由、平等等观念的兴起，个人对他人的强制逐渐为法律所不允，私力救济逐渐退出了侵权救济的历史舞台。但是鉴于公力救济并不是在任何时候都能够完全救济受害人，法律也有限度地承认私力救济的合理性。《德国民法典》第229条规定“为达成自助目的，押收、破坏或毁损他人之物，或为自助之目的，拘束有逃亡嫌疑的债务人，或者制止债务人对有义务容忍的行为进行抵抗的人，如果未能及时获得官方援助，而且如未即时处理则无法行使或者其行使显有困难者，其行为不为违法”。《瑞士债务法》第52条第3项规定“为保全正当的请求权之目的，自行保护者，而依当时情势来不及请求官方及时救助且只有通过自助才能避免丧失或其行使的，该行为人没有赔偿义务。”《泰国民法》第194条规定“无论如何，以平稳为之者，得因自助而毁损破坏或占有他人之物，如来不及获法院或当地官署之援助速为处置，而权利之实行，有被蹂躏或受显著之危险者，纵为此项行为，亦非侵权行为。”《奥地利民法》第19条“蔑视国家之保护，以私力之自助，应负其责，即应负赔偿责任”解释了若不能及时获得国家保护，则允许自助。法国法中一般认为被许可之自助，不负赔偿责任。在英国法承认自助，在一定侵权行为（私犯）为回复原状之简单方式。日本民刑法中无一般的规定，然因事态之紧急状况，只在民法上称为狭义的自力救助（广义的包括正当防卫及紧急避险），阻却侵权行为之违法性。在刑法上称为自救行为，阻却犯罪行为之违法性。《台湾地区民法典》第151条规定：“为保护自己权利，对于他人之自由或财产施以拘束，押收或毁损者，不负损害赔偿之责。但以不及受法院或其他有关机关援助，并非于其时为之，则请求权不得实行或其实行显有困难者为限。”

我国法律尚无有关自助行为的一般性规定，但民事立法对私力救济并未禁止。正当防卫、紧急避险两种制度的规定，确立了我国民法上以权利人公力救济为原则，以私力救济为例外的原则。只要自助行为符合民事立法的基本精神、基本原则，就应承认其合法性。

综上所述，在特定情况下，权利人实施自力救济，即自助行为是得到各国法普遍承认的。特定情形下有限度的私力救济与公力救济构成对受害人进行权利救济的两个不可或缺的方面。同样，妇女的自助行为也是构成对受害妇女进行权利救济的重要内容。但必须强调的是，私力救济形式只是公力救济的补充，如果能采取公力救济的方式，就没有必要采取后者。

2. 妇女自助行为的构成要件

鉴于私力救济固有的缺陷，必须对其适用加以限制，只有符合法定条件，才为法律所许可。参照国外立法并结合我国实际情况，在我国司法实践中，自助行为应当具备以下要件：

第一，必须为保护自己的合法权利。

此点与正当防卫可为防卫他人之权利，紧急避险可因避免他人之生命、身体、自由或财产而为之有所不同，因此若行为人是为保护公共利益或他人的合法权益而采取私力救济措施时，不构成自助行为。同时，自助行为保护的权利主要是请求权，应有主观的权利存在为前提。但不包含不得起诉或不得强制执行的请求权，对此不能实施自助行为，如自然债务之请求权，已罹时效之请求权。

第二，必须是情况紧迫来不及向有关国家机关请求援助。

法律允许私力救济的必要前提之一即情况紧迫，来不及向国家机关请求援助，或若等待其援助则其请求无法实现或难以实现，所以既使情况虽然紧迫，但仍能请求国家有关机关援助时，仍不得实施自助行为。

第三，必须适时，即非在其时为之，则请求权之不得实行或其实行显有困难不得实行。例如，某甲向乙购买汽车，且已交付车款，而乙延不交付，此时甲只能诉请判决，请求法院强制执行，不能以私力强取。或乙将该汽车重卖于人，甲亦只能请求法院，实施保全程序，也不得实施私力救济。除非甲得悉乙拟将车重卖，得价欲遁逃国外，蓄意赖债时，此时甲来不及利用保全程序阻止其重卖之行为，则可以以自己之私力，押收乙之车辆。

第四，必须依法定方法，且适于实现其请求权，不得超过必要限度。自助行为人所处地位与国家强制机关相同，所以关于强制方法，自助行为人均可实施，但也有严格限制。如瑞士债务法未规定自助方法之种类，但解释应依其状况及目的来判定。若最小损害足以达其目的，应优先采用。例如，押收一物已可以保全其请求权之，不得押收他物。或债务人虽有逃亡之嫌疑，押收其物已足保全其请求权者，不得押收他物。

自助行为只有具备上述四个法定要件，才为法律或公共道德所许可，才能作为抗辩事由而使行为人免责。但由于自助行为作为一种暂时性的权利保护方式，其本身不具有最终强制执行力，故应在实施自助行为之后，必须及时请求国家机关援助，外国民法中对此有些特殊规定。例如，德国民法规定在自助行为后，若物已损毁则无须声请援助，或为恢复其已成立的权利之原状，亦无须声请援助，例如母亲从无权扣留其未成年子女之人处领回其子女等等。

3. 妇女自助行为的效力

妇女自助行为在具备上述四要件时，即不为违法，其因此加于义务人的损害，不负赔偿责任，而对自助要件之存在，应由自助人证明，以免其责。但在请求援助之后，请求被驳回或请求迟延，则行为人应负赔偿责任。自助过当者，也应负适当的赔偿责任。若对于不属于义务人之物实施自助行为，如果行为人知道其物不属于义务人或因过失不知者，应依一般侵权行为负责。

4. 妇女自助行为的特点

妇女作为一个独立的群体，由于种种主客观因素的影响，其自助行为表现出以下几个显著的特点：

(1) 妇女自助行为常源于感情与家庭财产纠纷。妇女由于生物学上的自然因素所决定，往往感性强于理性，易受外界干扰，与其有关的纠纷多涉及感情及家庭财产问题,其自助行为也常源于此。在出现感情或家庭财产纠纷时很容易往往处于弱势地位,有自助的强烈需要。根据这一特点正确引导,使得妇女学会理性地运用法律武器保护自身合法权益,是提高妇女自助能力的重要条件。

(2) 自助行为需要与社会救助行为相结合。自助行为作为一种暂时性的自力救济,其作用有限,只能作为公力救济之补充,所以为避免滥用自助行为,必须予以及时且适当的社会救助,包括有关国家机关的公力救济,才能使得此种例外规定得以恰当适用。妇女作为弱势群体,一般而言其自助行为往往容易招致更大的压力,易由受害人逆变为加害人,若不及时予以援助,一方面容易致使其自助行为空泛化,难以发挥其有效作用,另一方面则对其难以进行有效控制。

(3) 自助行为需要与权益保护教育相结合。妇女的自助行为要成为有效的合法救济,一方面要使妇女具有权益保护意识,能够适时地采取自助行为保护自己的合法权益。例如,在离婚过程中,若对方转移或毁坏夫妻共同财产,在报警的同时亦可自力阻止进一步的毁坏行为,或若发现对方欲将财物不正当的运走,必要时可毁损其车轮。另一方面要提高妇女素质,增强其法律意识,使她们能够将其自助行为控制在必要限度之内,具有在自助行为之后及时向有关国家机关请求援助的意识,避免因请求迟延而负赔偿责任。但是,在倡导和鼓励妇女实施自助行为的同时,鉴于妇女生理上的特殊性,应尤为重视公力救济对妇女权益的保护。

二 妇女权益的家庭保护

(一) 家庭保护的地位与作用

1. 家庭保护的地位

家庭是以婚姻、血缘或收养关系为基础建立起来的社会生活基本单位，是社会的细胞组织，是人类生活中最基本的场所。几乎每个人都出生于一个家庭，并建立自已的家庭，正常的家庭生活使其成员获得生存和发展所必需的照顾、支持等，这是其他任何社会组织所不能代替的。因此，无论是从家庭成员间的天然感情联系来看，还是从家庭成员法律上的相互权利义务关系来看，家庭无疑是保护妇女的重要环节，与保护妇女的其他途径相比，家庭保护占有重要地位，这是与家庭的特性和职能分不开的。

（1）家庭的特性

家庭是由一定范围的亲属组成的社会生活单位，具体而言，家庭是由法律所规范的具有权利义务关系的亲属组成的生活单位，家庭中的亲属关系主要包括夫妻、父母子女、兄弟姐妹和祖孙关系。这些家庭成员之间，除了有着天然的感情联系之外，还在法律上有着相互权利义务关系，因此，妇女合法权益的实现有赖于其他家庭成员的保护，甚至婚姻家庭权益的实现直接取决于其他家庭成员积极履行义务。

（2）家庭的职能

家庭是担负着教育、组织经济生活、生育等诸多职能的机构。这些职能对保障女性家庭成员的合法权益起到重要的作用。

教育职能

家庭是人的最初和最重要的生活场所，是教育其成员并促使其社会化的重要途径。家庭成员间的血缘、感情和经济联系，使家庭承担着不可替代的教育职能，家庭教育职能的发挥对女性成员尤其是未成年女性非常重要。家庭的良好教育熏陶，有助于其成员的健康成长，反之，则会影响到其成员的身心健康发展。

组织经济生活的职能

首先，家庭是亲属共同生活的实体，承担着消费职能。家庭消费满足着家庭成员的物质和精神生活需要，保障每个成员的生存和发展。家庭成员的共同消费包括养老育幼的内容，即父母子女间相互承担抚养、赡养义务，夫妻间承担相互扶养的义务。因此家庭为女性成员的正常生活和健康成长提供了重要的物质保障。其次，部分家庭还承担生产职能。在我国，组织生产仍然是部分家庭特别是一些农村家庭的职能，这为妇女提供了从事生产劳动获得稳定经济收入的途径。

生育职能

以两性结合和血缘联系为其自然条件的婚姻家庭，作为人口再生产的单位是其自然属性的具体表现，可以说，宏观上的人口再生产是通过微观上的家庭生育行为完成的。

2. 家庭保护的作用

(1) 保护妇女的身心健康发展

家庭对女性成员的保护是多重的，既包括物质上的，也包括精神上的。一方面，良好的家庭环境可以引导女性成员正确规范自己的行为，遵守国家法律，遵守社会公德，减少其出现不良行为的可能性。另一方面，一旦女性成员做出了某些与社会公德、与法律相背离的行为，家庭可以及时正确地对其进行教育、挽救，帮助其改正错误，并最大限度地减轻其危害后果。因此，家庭保护有利于保障女性成员的身心健康发展。

(2) 维护妇女的合法权益

通过家庭保护，使家庭成员履行各自应尽的法定义务，同时，与义务相对应，家庭成员也享有受家庭保护的诸项权利，这样，可以用法律约束每个家庭成员的行为。从现实情况看，由于我国长期以来封建传统观念的影响，家庭中漠视甚至侵害女性合法权益的现象仍大量存在，如家庭暴力等行为，因此，强调家庭保护的作用对于防止妇女遭受来自家庭的侵犯具有重要意义。

（二）家庭暴力的原因及对妇女的危害

1. 家庭暴力的概念

在家庭暴力的理论研究方面，无论是在国际社会还是在国内，对于“家庭暴力”并无统一或普遍的界定。有人认为家庭暴力是指对家庭成员进行肉体上的折磨、伤害和压迫等人身强暴行为。有人认为是指发生在家庭成员之间的肉体上、精神上、经济上的暴力行为。1993年联合国《消除对妇女的暴力行为宣言》第2条规定：家庭暴力是指“在家庭内发生的身心方面和性方面的暴力行为，包括殴打、在家庭中对女童的性虐待、因嫁妆而引起的暴力行为、强奸配偶、阴蒂割除和其他有害于妇女的传统习俗、非配偶的暴力行为和与剥削有关的暴力行为”。最高人民法院于2001年12月24日通过的《关于适用〈中华人民共和国婚姻法〉若干问题的解释（一）》第1条指出：“家庭暴力，是指行为人以殴打、捆绑、残害、强行限制人身自由或者其他手段，给其家庭成员的身体、精神等方面造成一定伤害后果的行为。”本文探讨的家庭暴力以最高人民法院的司法解释为准，并且本文主要探讨丈夫对妻子的施暴问题。

2. 家庭暴力的原因

（1）个人层面的原因

①施暴者的原因

施暴者存在性格缺陷。国外有一种个人病理学理论，认为丈夫虐妻主要取决于施暴者的个人性格特点和童年经验，认为施暴者往往都有精神病特征或性格缺陷，如低自尊、有精神疾病、滥用毒品、强烈的追求权利欲和无法应付压力。在欧美70、80年代早期的大规模调查中，基本上都是用这一理论模式作为框架，并在心理学研究和精神病学领域十分流行。

施暴者的暴力与其他家庭成员的暴力之间存在强烈的相关

性。一种社会学习理论认为，暴力是一个社会习得行为，家庭暴力往往是施暴者在曾经的生活环境中通过直接体验或观察学习到的，暴力具有代际传递关系，童年时代经历或目睹过暴力经验的男人，成年后有很大可能成为施暴者。很多施暴者从小在爷爷打奶奶、爸爸打妈妈的暴力环境中长大，家庭成了暴力方式的训练基地，生活告诉他解决问题最简单最有效的工具是拳头，方式是动武。所以有人说，家庭暴力制造受害者，也制造施暴者。

控制妻子。一些国外的研究证明，丈夫打妻子是为了控制妻子。一些施暴丈夫提到，当妻子不听话时就打，打妻子的目的是让她知道什么事该做，什么事不该做。通过殴打，一些施暴男人想让妻子达到他理想的标准，这个标准是由他定的，但这个标准又是变化的，这个星期说女人太固执，下个星期又会举出他认为不对的其他东西，妻子要不断适应丈夫不断变化的标准，在逐渐变化中逐渐被洗脑。当然，虽然这个标准不断变化，但有一个总的方向不变，就是妻子要越来越屈服于丈夫，而不是越来越独立。

②受害妇女为什么不离开暴力的婚姻

习得无助。有学者认为，受害妇女之所以不离开施暴的丈夫，主要原因在于一种“习得无助”感。研究者在研究受虐妇女留在暴力婚姻关系中的原因时发现，受虐妇女在长期受丈夫殴打，又寻找不到解决问题的办法时，就会在心理上处于无助状态，他们从无数次的挨打中认识到，她们无力阻止丈夫对她们施暴，丧失尝试寻求出路的努力，听天由命，不再努力改变这种关系。这个过程就是“习得无助”，这种“习得无助”感对受虐妇女的认知和行为产生重要影响，她们会处在一个屈从的被动状态，丧失自控，将自卑和无助感内在化，放弃努力，对生活和未来不抱希望，这将强化维持受虐关系的存在。

权衡利弊得失的结果。一种交换理论认为，人类互动都要遵循一个权衡利弊得失的原则，即人们的行为要避免受罚和付出代价。70年代末，学者在研究受虐妇女时发现，受虐妇女之所以不离婚是因为她们有一个权衡利弊的过程。一些受害妇女在试图离开施暴丈夫的时候，往往面临丈夫的人身威胁、子女抚养等问题的困扰，权衡离开施暴丈夫的利弊，当利大于弊时，她们会选择离婚；而当弊大于利时，她们会选择留下来。

（2）社会层面的原因

家庭暴力的产生除了存在个人因素外，还具有深刻的社会文化背景，有广泛的社会原因。

①虐妻从根本上来讲是夫权制的产物

男女性别的支配与服从的权力关系是妇女成为家庭暴力受害者的重要原因。暴力的婚姻关系反映了男性对女性的主宰，虐妻实际上是男性主导的社会文化结构的产物，虐妻是男性控制女性的手段之一。联合国于1993年通过的《消除针对妇女的暴力宣言》指出："……对妇女的暴力行为也是历史上男女权利不平等关系的一种表现，此种不平等关系造成了男子对妇女的支配地位和歧视现象，并妨碍了她们的充分发展，对妇女的暴力行为是迫使妇女陷入从属于男子地位的严酷社会机制之一……"因此，要改变暴力的婚姻关系，首先必须改变现存的男性主权的社会结构。

②家庭私有化的观念的影响

家庭暴力之所以长期存在、难以有效控制，之所以目前对家庭暴力的自力和公力救济都比较乏力，一个重要原因就是家庭私有化观念根深蒂固。传统的家文化强调家庭的整体利益，漠视家庭成员的个人权利，认为在家庭发生的事情都是私事，应在家庭内解决。受这种观念束缚，当家庭暴力发生时，一方面，受害方和施暴方怕家丑外扬，大都极力对外界隐瞒，封锁消息，排斥外界对家庭暴力的干预；另一方面，一些邻居和有关部门甚至执法部门也认为家庭暴力是家务事，不宜过问和干预。现实生活中，有的邻居听到隔壁家中的打骂声、哭喊声，往往是听之任之。还有的执法部门面对当事人的投诉态度冷淡，反应迟钝，处理不力。这种观念实际上是对家庭暴力一定程度的默许，缺乏舆论谴责，使施暴者没有心理压力，从而纵容了家庭暴力行为的一再发生，助长了施暴者的气焰，并且淡化了该问题的严重性。

③夫妻经济地位不平等

虽然妇女的经济地位在不断提高，但总体而言，妇女的经济地位与男子相比，仍存在一定的差距。其一，从农村情况看，在越来越突出的非农转移过程中，流动的转移的大多是男性，女性滞后，转出来的少，转出来的晚，转出来后又回流的多。农业出现了女性化的趋势。而随着男人越来越多地离开家庭到城市打工，妇女更多地承担了家庭生产和家务劳动，加之生育的负担，使农村妇女缺少文化资源、技术资源、物质资源，男子成为家庭的经济支柱，一些妇女甚至将婚姻作为谋生的手段。其二，从城市情况看，随着产业结构的调整及市场竞争机制的建立，女职工下岗的比例远远高于男职工，而且下岗后女性由于年龄较大，家务劳动繁多，在再就业市场上处于不利地位，再就业的工作领域也多集中于技术低、工资低和不稳定的就业领域。这些不仅降低了妇女在经济生活中的参与程度，而且女性在婚姻家庭中的地位也受到挑战，经济上的依附导致心理上的依附，容易成为家庭暴力的对象，同时也为受害妇女走出暴力关系带来极大的障碍。近年来，因女职工下岗收入减少而引发的家庭暴力案件在部分地区呈上升趋势。湖南省株洲市石峰区 1997 年处理的 10 起家庭暴力案件中，就有 9 起是下岗妻子遭丈夫歧视和毒打。

④社会控制机制弱化

家庭暴力多发生在家庭而非公共场所，地点隐蔽，加之家庭隐私权的强调，居住环境的封闭，家庭与邻里、与外界的纽带越来越小，邻里之间常常是“敲门之声相闻，老死不相往来”，这无疑阻断了外界对家庭成员施暴情况的了解和干预。有的邻居即使耳闻了家庭内部的争吵或目睹了受害者身上的伤痕，仍然试图装出一副全然不知的神情，更不用说去劝阻或报案。

⑤法律机制薄弱

我国有关家庭暴力的法律规定不系统、比较分散，缺乏相互间的衔接，尤其是预防和监督制度欠缺。现行法律规定主要是事后制裁，缺乏事前的预防措施，例如没有建立对受害妇女的保护令等制度，使受暴妇女无法获得充分的救济。现行的鉴定体制也不尽合理，除非得到法院或者公安机关的委托书，否则，受害妇女的伤情将难以申请法医鉴定。同时由于家庭暴力的隐蔽性增加了办案难度，没有确凿证据，致使执法部门难以追究施暴者的法律责任。

对受害人的民事赔偿也难以实现。对丈夫实施家庭暴力致妻子人身受到伤害，妻子提出索赔的问题，《婚姻法》（修正案）第四十六条规定，实施家庭暴力导致离婚的，无过错方有权请求损害赔偿。但如果双方不离婚，丈夫施暴给妻子造成损害，如何赔偿的问题在现实中很难实现。审判实践中，一些法官认为既然夫妻没有提出离婚诉讼，而夫妻关系存续期间财产双方共同共有，无法分割，因此民事赔偿部分无法处理。

总之，通过分析，我们可以看出，所谓的酗酒、第三者问题、夫妻感情不合等人们通常认为的家庭暴力发生的原因，只是表面现象。家庭暴力存在并得以继续的根本原因在于，社会性别关系的不平等。这种不平等体现在男性的夫权思想、家本位思想，还有妇女在社会经济生活中的弱势地位。家庭暴力问题绝不是孤立的、个别家庭的问题，而是一个社会性的涉及男女地位平等的大问题。要有效的预防和制止针对妇女的家庭暴力，就需要从多个角度出发，来探求和建构我们的对策。

3. 家庭暴力的危害

（1）使受害者身心健康、生命安全受到威胁，往往形成受虐妇女综合症

家庭暴力一方面给受害人的身体造成不同程度的伤害，另一方面还给受害者造成心灵上的创伤。并且家庭暴力对女性的危害是极其严重的和持久的，被暴力侵害的女性情感和自尊受到严重打击，往往会出现性心理障碍和其他健康隐患，即使离了婚，对男性暴力的印象也常常会终身影响他们的生活。从国外的研究看，长期生活在家庭暴力环境下的妇女往往会形成受虐妇女综合症，面对丈夫长期的无休止的肉体和精神暴力，受害者容易丧失自信心，性格敏感、脆弱、孤僻、忧郁、自我封闭、产生无助感，对一切失去信心，甚至引起精神失常、自杀、杀夫等过激行为。

（2）对子女产生不良影响

家庭暴力不仅严重危害妇女的身心健康，而且会对家庭中的子女产生极为深刻的负面影响。在暴力环境中长大被暴力侵害的孩子，很容易以暴制暴。因此，家庭暴力危害的事实上是整个社会。越来越多的事实表明，尽管校园暴力乃至社会暴力的原因有多种，但其根源是家庭暴力。

（3）家庭暴力是导致家庭破裂的重要原因

据司法部门反映，家庭暴力是引起离婚的主要原因之一，因家暴导致的离婚在离婚案件中占有相当大的比例。济南市各级妇联收到的1315件信访案件中，外遇成为婚变第一杀手，家暴紧

随其后。

(4) 影响社会稳定

家庭暴力引发的杀人、伤害等恶性案件在逐渐增多。长期遭受暴力的妇女，有的在忍无可忍的情况下，杀人甚至雇凶杀人进行报复，有的自杀求得解脱。因家庭暴力导致离家流浪的儿童也逐年增多。从对不同的女子监狱的调查发现，监狱女犯中有相当多的家中存在暴力现象，换言之，很多妇女犯罪源于丈夫施暴。

(三) 家庭暴力的预防和制裁

1. 家庭暴力的处理措施

家庭暴力是一个复杂的社会问题，是政治、经济、文化和自然等多种因素共同作用的综合产物，是一种“综合症”，防治家庭暴力单靠一种力量、一种手段难以奏效。防治家庭暴力是一项长期、艰巨的任务，不可能“毕其功于一役”。从法律上说，家庭暴力既有民事侵权行为，又有刑事违法犯罪行为。对受害者的保护主要有社区途径、行政途径和司法途径。

(1) 社区途径：家庭暴力多发生在社区，《婚姻法》(修正案) 第43条规定，实施家暴或虐待家庭成员，受害人提出请求，居委会、村委会以及所在单位应当予以劝阻、调解。对正在实施的家庭暴力，受害者有权提出请求，居委会、村委会以及所在单位应当予以劝阻；公安机关应当予以制止。

(2) 行政途径：实施家庭暴力符合下列条件，受害人提出请求的，公安机关应当依照《治安管理处罚条例》第22条的规定予以行政处罚，“殴打他人，造成轻微伤害”，“非法限制他人人身自由”，“虐待家庭成员，受虐待人要求处理的”，对以上行为科以罚款或拘留。

(3) 司法途径：民事上，民法作为调整平等民事主体之间的人身关系和财产关系的法律，在制止家暴方面具有特殊的职能。

《民法通则》对家暴的规定，体现在对公民人身权的保护方面。第98条规定："公民享有生命健康权"；第101条规定，禁止以侮辱的方式损害公民的名誉；第103条规定："公民享有婚姻自主权，禁止买卖、包办婚姻和其他干涉婚姻自由的行为"。对家暴承担民事责任的方式有停止侵害、赔偿损失、赔礼道歉等(134条)。就赔偿损失而言，第119条规定："侵害公民身体造成伤害的，应当赔偿医疗费、因误工减少的收入、残疾者生活补助费等费用；造成死亡的，并应当支付丧葬费、死者生前扶养的人必要的生活费等费用。"《婚姻法》（修正案）对家庭暴力作出了较全面的规定。总则中明确禁止家暴，第一次从国家基本法的高度对家暴表明了态度。离婚一章中，规定家庭暴力是法定离婚理由之一，因家庭暴力导致夫妻感情破裂，一方起诉离婚的，人民法院经调解，对无和好可能的，应判决准予离婚。因家庭暴力导致离婚的，无过错方有权请求损害赔偿。《继承法》第7条规定，"故意杀害被继承人"、"为争夺遗产而杀害其他继承人"、"遗弃被继承人或虐待被继承人情节严重"，丧失继承权。

刑事上，根据《刑法》，对实施家庭暴力构成犯罪的，依法追究刑事责任。行为人实施的暴力行为，因所侵犯的客体不同，可构成不同的罪名，主要包括：杀人罪、伤害罪、强奸罪、侮辱罪、非法拘禁罪、拐卖妇女儿童罪、暴力干涉他人婚姻自由罪、虐待罪、遗弃罪等。

诉讼法上，民事：受害人可提起相应的民事诉讼。刑事：当事人可以提起刑事自诉主要有暴力干涉婚姻自由罪、虐待罪（告诉才处理）、被害人有证据证明的轻微的刑事案件（故意伤害罪、遗弃罪）。

2. 预防和制止家庭暴力的对策

（1）转变观念，增强男女平等和社会性别意识，提高对家庭

暴力的认识

要解决家庭暴力问题，首先要解决对家庭暴力的认识问题。长期以来，家庭暴力被认为是家务纠纷而受到社会的漠视。只有全社会认识到家庭暴力是对家庭成员尤其是对妇女人身权利的严重侵害，才能促使国家、政府、社会、民众共同努力防治家庭暴力。正是社会对男性与女性的观念定位影响了男女在社会和家庭中的责任分工，影响了与角色相关的能力与特长的发展，进而决定了两者在社会、家庭领域中支配与服从的权力关系。要反对针对妇女的家庭暴力，就要在全社会范围内进行男女平等和社会性别意识教育，彻底破除封建夫权思想和家本位观念，逐步消除家庭暴力产生的思想文化土壤，使男性与女性从支配与服从的关系中走出。这是解决家庭暴力问题的思想前提。这种教育应着重从两个方面入手：①中小学教育中加入相关的内容，使公民从小养成男女平等观念和正确的性别意识，为在全社会建立良好两性关系打下坚实的思想基础；②针对社会公众对男女在社会、家庭中的地位和分工的传统认识，以及对家庭暴力的认识误区，充分利用媒体，加大正面宣传教育的力度，纠正错误认识。

（2）预防为主，综合治理

防治家庭暴力要以减少和消除家庭暴力为根本目标，防范于未然。尽管有的家庭暴力带有突发性，但总的来说家庭暴力有一个产生、激化的过程，具有可防性。要把预防第一的思想贯彻到防治家庭暴力工作的各个方面、各个环节，做到抓早、抓小、抓苗头。家庭暴力是一个复杂的社会问题，不是仅仅依靠法律就可以解决的。受虐妇女不仅仅需要法律的帮助以摆脱男人的暴虐，还需要支持、同情和非诉讼的解决方式；需要在受到暴力后能及时治疗并且为法律诉讼保存证据；需要在走出暴力关系后能够有处可住并自力生活。这就需要综合治理，需要有一个健全的社会支持系统，一个由医疗、鉴定、警察、司法、法律援助、心理治疗、庇护所及社会服务机构联合组成的正式的社会支持网络。当家庭暴力发生后，医院可以提供及时治疗并提供第一手证据；警察能及时立案调查，对施暴者依法采取强制措施，并为受暴妇女提供伤情鉴定；法律援助机构能及时为受暴妇女提供法律咨询与法律援助，使之可以运用法律手段保护自身利益；心理治疗机构能及时提供心理咨询，使将暴力正常化的受暴妇女认识到家庭暴力并非是由于其个人的原因引起，以及家庭暴力的公害性，增强其走出暴力关系的信心；庇护所能及时为受暴妇女提供庇护，使之走出暴力关系。

(3) 依法控制

充分运用法律手段，逐步把防治工作纳入法制轨道，是防治家庭暴力工作的基本方向。法律作为社会生活的调节器，以国家强制力为后盾来规范家庭成员的行为，维护家庭秩序，是防治家庭暴力最有力的武器和最有效的途径。特别在依法治国、建设社会主义法治国家的今天，依法维权，依法治暴，显得尤其必要。可以说，法律是应对家庭暴力、为妇女提供保障措施的第一步。如果没有一个法律框架，没有法律救助，将无从谈起消除对妇女的暴力的前景。

由于家庭暴力既是一种民事侵权行为，又可能涉及到犯罪，因此探索采取民事和刑事法律救济以及单项家庭暴力立法并举的方法是有效控制家庭暴力的手段之一，首先，通过民事救济，可以为妇女提供免受暴力的保护、使她们得到损害赔偿、能留在家中并拥有合法的财产权利、获得对子女的法律监护权等救济。其次，适用刑法将把家庭暴力作为犯罪对待和处理，对家庭成员施暴将受到像对陌生人实施暴力一样的法律制裁。再次，在解决家庭暴力问题的最有效的法律机制中，家庭暴力单项立法无疑具有一些优越之处，单项立法可以比较系统全面，如可以明确规定如下内容：家庭暴力是针对个人和社会的严重犯罪；对家庭暴力做明晰的界定；家庭暴力与其他犯罪行为别无两样；明确应受到的制裁；规定较简便的程序；明确各机构的分工与责任；受害者可获得灵活及时的救助，包括免受暴力威胁的保护、对受害女性的安全保护、对她的子女和财产的保护以及帮助救助她继续自己的生活不再受进一步破坏的援助；依法提供综合支持服务（紧急服务、满足受害妇女需要的各种支持项目）、对受虐妇女和施暴者的教育、法律咨询和治疗康复项目。此外，家庭暴力立法可与刑法和民法的实践互动，使各种保护令的实施更趋有效和切实可行。

当然，参考其他国家有关家庭暴力的理论研究和具体实践，我们也看到，无论是民事救济抑或是刑事制裁都不可能对家庭暴力问题提供一个完美的解决办法，之所以如此，是因为家庭暴力不单单是法律问题，不可能仅仅借助法律救济消除这一现象。家庭暴力同时也是社会问题、心理问题、健康问题和两性权利不平等的问题等。由此，只有通过赋权妇女，根本变革社会，转变传统文化对妇女的态度和提升妇女在各个领域的地位，才可做到最终消除家庭暴力。

①完善立法

完备的反家庭暴力的法律制度至少应包括：对施暴者的暴力行为的制裁；对受害人的法律保护和救助措施；相关机构介入家庭暴力案件的责任等内容。其一，对施暴者的制裁。要在现行民事、刑事法律对施暴者的惩罚性规定的基础上，充分考虑家庭暴力案件不同于一般暴力行为的反复性、隐蔽性等特点，进行修改、补充，使惩罚体系尽可能周延，以更利于制裁施暴者，更利于保护受害者。首先，民法上：针对婚内伤害案件赔偿难问题，应增加夫妻财产共有关系强制中止制度。即在特定情形下，经当事人诉请，法院可以裁定终止夫妻财产共有关系，实行非常夫妻财产制，对共有财产加以分割，实行分别财产制。这样，婚姻关系存续期间，家庭暴力的伤害赔偿问题迎刃而解。其次，可加入行政等其他方式的制裁措施。比如对施暴者强制进行心理治疗，强制进行法制教育等等。其二，对受害人的法律保护和救助措施。现行法律规定的刑事责任、民事责任和治安处罚，对保护受害者仍显不够。因为并非所有的家庭暴力均会导致这些处罚的适用，而且即使有的案件达到了适用标准，受暴妇女有时又出于种种考虑可能不愿起诉。如何加强对受害人的保护，保证受暴妇女在受暴过程中和受暴后及时得到救助，保证受暴妇女在家中不再次受到侵犯，这是我国家庭暴力防治立法必须着重考虑的问题。从国外的立法看，许多国家采取了保护令制度。在家庭暴力案件中，保护令特指法院为保护特定人免受家庭暴力，而对施暴者所作的命令或裁判。为了保证保护令的有效性，许多国家规定当施暴人拒不执行保护令时，可以对其实施刑事强制措施。笔者以为我国应借鉴此种做法，在专门的反家暴立法或其他相关立法中，增加保护令制度及保护令的执行制度，以有效维护受暴人的权利并防止暴力的再次发生。其三，相关机构介人家庭暴力案件的法律义务与责任。一些地方在此方面作了有效的探索。如陕西省人大通过的《陕西省实施<中华人民共和国妇女权益保障法>办法》，湖南省人大常委会通过的《关于预防和制止家庭暴力的决议》，辽宁省高级人民法院、省人民检察院、公安厅、司法厅、省社会治安综合治理委员会办公室和省妇联联合颁布的《关于预防和制止家庭暴力行为的规定》，均对家庭暴力的司法及社会干预作了具体的规定，有的明确了相关机构的法定义务，并规定负有法定义务制止和处理家庭暴力行为而不予制止和处理，导致矛盾激化、造成严重后果的直接责任人，应追究其责任。这些法规还强化了公安机关在家庭暴力发生之初的介入以及检察机关对家暴案件的公诉职能，促使相关机构及人员对家庭暴力积极干预与介入。建议尽快进行反家庭暴力的全国性专门立法，总结、借鉴地方性立法的经验，确立相关机关尤其是司法机关处理家庭暴力案件的职责，规定每个相关机关遇到家庭暴力问题时，应采取何种措施，以及具体的法律责任制度。

②加强执法

应充分发挥执法机关的职能作用，严格执法，杜绝相互推诿、有法不依、执法不严等现象。尤其是应转变执法人员的观念，针对部分执法人员目前对家庭暴力存在的认识误区和错误做法，进行从上至下的专门培训，以使执法人员牢固建立无论发生在哪里的暴力，均是暴力以及家庭暴力是对妇女人身权利的侵害的观念，促使他们积极介入家暴案件，公正执法，依法打击家庭暴力行为，切实维护受害妇女的权益。

(4) 标本兼治

对于家庭暴力问题，既要治标，更要治本。解决家庭暴力问题的根本之路是发展妇女事业，提高妇女的文化素质和社会地位，实现男女真正意义上的平等。为此，要特别注意提高妇女的法律意识，帮助她们树立“四自”精神，使之积极、自觉地反对家庭暴力。可以说，提高妇女素质，既是保障妇女合法权益的基础性工程，也是一项战略性工程，需要持续的、长期的努力。

三　妇女权益的社会保障

(一) 社会工作机构、社区负有保护妇女权益的责任

保护妇女权益是全社会的共同责任，社会的每一个组织与单位尤其是社会工作机构、社区都负有保护妇女权益的责任。社区

与有关社会工作机构负有的保护妇女权益的责任，是由我国有关的法律所赋予的，例如由第九届全国人民代表大会常务委员会第二十一次会议通过修正的《中华人民共和国婚姻法》就对社会保护妇女权益的责任做出明确的规定。《婚姻法》第5章第43条明确规定：实施家庭暴力或虐待家庭成员，受害人有权提出请求，居民委员会、村民委员会以及所在单位应当予以劝阻、调解。对正在实施的家庭暴力，受害人有权提出请求，居民委员会、村民委员会应当予以劝阻；公安机关应当予以制止。实施家庭暴力或虐待家庭成员，受害人提出请求的，公安机关应当依照治安管理处罚的法律规定予以行政处罚。第四十四条规定：对遗弃家庭成员，受害人有权提出请求，居民委员会、村民委员会以及所在单位应当予以劝阻、调解。这实际上规定了社区、有关组织在维护妇女权益方面的救助责任，规定了当自己的婚姻、家庭权益受到侵犯或损害，尤其是遭受家庭暴力或虐待、遭受遗弃等时，具有向有关组织、社区求助的权利。

维护妇女的权益不仅是社区的主要责任，也是有关组织尤其是社会工作机构的主要责任。社区工作人员和社会工作机构的工作人员，必须了解和掌握相关的知识和方法，才能更好地承担起这一责任。

1. 什么是社会工作

(1) 社会工作的定义

社会工作具有广义和狭义的含义。在我国，社会工作是一个较为普通、并往往被人们在广义上使用的概念，它通常指人们在本职工作之外所做的不取报酬的、带有公益性的工作，如当工会或学生干部等等。但在社会工作专业中，它具有特定的国际公认的涵义。

社会工作（social work），在一些国家也称为社会服务（social

service）或社会福利服务（social welf areservice），由于人们对它的理解不同，因而定义各不相同。

联合国于1960年出版的《国家社会服务方案的发展》一书指出，社会工作是协助个人及其社会环境，以使其更好地相互适应的活动。中国社会工作者协会曾给社会工作下这样的定义："所谓社会工作，是一种帮助人和解决社会问题的工作。它帮助社会上的贫困者、老弱者、身心残障者和其他不幸者；预防和解决部分因经济困难或生活方式不良而造成的社会问题；开展社会服务，完善社会生活功能，提高全社会的福利水平和社会生活素质，实现个人与社会的和谐一致，促进社会的稳定与发展。"陈良瑾等人在《中国社会工作百科全书》（1994）中这样定义社会工作："社会工作是一种不以赢利为目的助人自助的专业性社会服务工作。也是一门独立的学科和专门的职业。社会工作帮助人们满足那些仅凭个人努力无法满足的需求而采取各种有组织的做法；它视受助者为积极能动的主体，而不只是被动消极的客体；它提供必要的条件运用专业方法使受助者发挥潜能，自己解决自己的问题；它是一门以现代科学所提供的知识为基础的应用性社会科学。"王思斌在《社会工作导论》（1998）中认为："社会工作是指社会工作者运用社会工作专业的方法帮助社会上处于不利地位的个人、群体和社区，解决困难、预防问题发生，恢复、改善和发展其功能，以适应和进行正常的社会生活的服务活动。"

尽管不同的国家使用的概念有不同，尽管国内外的学者和有关机构定义社会工作亦有所不同，但其内涵基本相同，即社会工作是根据一定的价值观念帮助有困难的人走出困境的活动，它是一种以利他主义为指导的，以科学的知识为基础，运用科学的方法进行的助人服务活动。

（2）社会工作的实施领域

社会工作可以在众多领域内为社会、为人们提供服务。联合国社会委员会曾在总结各国社会福利概况时，列出了一些社会福利项目，指出了社会工作的实施领域。这些项目和领域是：调节劳资关系、进行职业介绍和职业辅导、实施社会安全和社会保险、倡导合作事业、进行社会教育、举办儿童福利、心理卫生或精神卫生服务、公共卫生服务、伤残重建、参与住宅规划、进行公共救助、实行老年救助、推进城乡建设、推进社会运动、从事社会福利行政、社会工作教育等。

在我国，学者们认为社会工作可以发挥作用的领域主要有：社会救助、社会保险服务、社区发展与社区建设、老年人服务、儿童青少年服务、心理卫生服务、就业服务、婚姻家庭服务、退伍军人的安置服务等。

(3) 社会工作的功能与目的

社会工作之所以可以在众多领域起作用，是因为其具有其他专业不具备的特殊的功能。一般认为社会工作具有这样的基本功能：

第一、治疗的功能。社会工作可以减少导致社会功能失调的因素，帮助人解决现存的问题，更好地投入社会。

第二、预防的功能。社会工作可以预防社会功能的失调，减少、消除社会问题的产生。

第三、发展的功能。社会工作可以帮助人发挥潜在能力，更好地成长，推动社会的发展。

第四、调节的功能。社会工作可以帮助调节人与社会环境、人与人、人与社会的互动关系，促进人的发展和社会的进步。

一般认为社会工作的目的是：帮助人们 (1) 有效地处理困难和解决问题；(2) 预防原有困难和问题的再发生；(3) 预防新的困难和问题的发生；(4) 增加社会生活适应能力；(5) 发挥潜

在的能力和充实社会生活功能。

2. 我国社会工作的主要组织机构和实务模式

1949年新中国建立以来，我国逐渐形成了行政性、半专业化的社会工作制度，这不同于发达市场经济体制下的社会工作组织模式。在我国，从事社会工作的组织主要有政府的有关机构(如民政部门、劳动部门等)、半官方的群众团体组织（如妇联、工会、共青团、残疾人联合会等）和社区群团组织（如居委会、村委会等)，它们在从事社会工作时主要使用行政性手段，专业化水平较低。改革开放以来，原有的社会工作机构正在逐渐改变行政性为主的工作方法和手段，不断提高社会工作专业化水平；同时也产生了一批专业化水准较高的民办社会福利、社会工作机构。在我国，社会工作由于实施的领域不同、内容不同，具有不同的实务模式。可以具体分为：儿童社会工作、青少年社会工作、老年社会工作、妇女社会工作、家庭社会工作、矫治社会工作、残疾人社会工作、反贫困社会工作、民政社会工作等。

3. 社区与社区的功能

人们对社区的理解、定义也有所不同。社区由英文community翻译而来，有公社、团体、共同体、同一地区的全体居民等含义，通常指以一定地理区域为基础的社会群体，因此也称为地域社会。2000年12月经中共中央、国务院同意，中共中央办公厅、国务院办公厅转发的《民政部关于在全国推进城市社区建设的意见》(以下简称《意见》)认为“社区是指聚居在一定地域范围内的人们所组成的社会生活共同体。”《意见》同时认为目前在我国城市，社区的范围一般指经过社区体制改革后作了规模调整的居民委员会辖区。

可见社区首先是与一定的地域相联系的，但随着社会的发展、科学技术的进步，人们对社区的理解从地域社区扩展到了功能性社区、网络社区。功能性社区是指一群具有共同利益、次文化或问题的人组成的社会群体，如下岗女工支持小组、抗癌俱乐部等。而所谓网络社区更多地是指虽然不住在一起，但因社会网络而有密切联系、相互具有社会支持的人群，这里的社会网络是指由个体（个人、组织或国家）间的社会关系（人际关系、交流渠道、交换往来）所构成的相对稳定的体系，例如居住在不同地区的同一个家庭的成员，实际上就构成了一个网络社区。

社区对于社会、人们之所以重要，是因为它具有经济、社会化、社会控制、社会福利保障和社会参与等重要的功能。社区的经济功能表现在社区内的工厂、商店等为人们提供工作的机会，提供生产、流通、消费等服务。社区的社会化功能在于，社区内的家庭、学校和儿童游戏群体对儿童与青少年的社会化起主要作用；社区的文化教育活动对青少年和成年人都产生重大影响；社区成员在参加社区各项活动中受到教育，不断社会化。社会控制功能表现在：社区各类机构与团体在维护社区秩序、保障社区安全等方面发挥重要作用；社区有一套完整的社会控制体系，分别从鼓励和惩罚两方面发挥维护社会秩序的作用；社区的风俗习惯和规范约束居民的行为。社会福利保障功能表现为社区福利部门或慈善团体扶贫助弱；社区居民之间互助共济；社区医疗院为居民提供医疗保健服务。社会参与功能表现在社区为居民提供经济、政治、教育、康乐和福利等方面活动的参与机会，促进人们的交往和互助；通过社区各种活动，提高居民的参与意识、发挥居民的潜能，促进社区的繁荣与发展。

4. 我国的社区与社区建设

在我国，改革开放以来，社区亦日益受到重视，其作用日益扩大。

中国从上个世纪 70 年代末开始的以由计划经济体制向社会

主义市场经济体制的转轨、传统的封闭社会向现代的开放社会转轨为基本特征的社会转型，带来了中国社会深刻的发展和变迁，也带来社会基本组织形式的变化（特别在城市），使得社区越来越成为政府和社会关注的焦点。

众所周知，中华人民共和国成立以后，在高度集中的计划经济体制下，以行政关系为纽带的"单位"构成了国家政治、经济和社会体制的组织基础，单位对集中有限的社会资源、组织人民参与改造落后的中国社会发挥了积极的重要作用。这种将社会的运转必须依靠单位的组织形式被称为"单位制"或"单位体制"，它使得单位成为国家行政组织的延伸，代表国家对其成员负有生老病死的无限义务，实际上成为一种社会福利共同体，并承担一定的社会管理职责，它使得单位成为个人与个人、个人与社会联系的中介组织，成为整合这些关系和矛盾的有效的组织系统。而单位与所在社区、与市民利益关系疏离。在这种情况下，必然形成职工在经济利益、社会地位和承担社会角色等方面对单位的全面的依附性，使职工的能力的发展被局限在狭窄的范围内和孤立的地点上，形成"单位人"。随着社会主义市场经济体制的逐步建立和对外开放，特别是近年来社会保障制度的逐步建立和完善，使得单位日趋非行政化且独立性增强；单位正在逐步按照现代社会专业化协作的要求，恢复和加强其专业功能；同时单位所承担的杜会职能被逐步剥离，不少职能正逐步回归社会，职工对单位经济收入之外的福利等的依赖事实上正在下降，而职工的利益与所居住的社区的建设、管理和服务关系密切，这必然使得社区越来越成为人们生活和发展的真实的基础，构成一种社会组织形式。从市民的再社会化角度看，也正在从以被动依附性为特征的"单位人"转向以自立、自主、平等地全面的参与社会生活为基本特点的"社区人"。

正是由于以上的变化，八十年代以来，在我国尤其在城市中社区的作用日益增强。社区功能、作用的强化，首先由社区服务的发展而来。八十年代初，在党的十一届三中全会确定的改革开放路线指引下，由于社会主义市场经济的发展和政府企业职能的转变，社区服务在我国尤其在城市有了很大的发展，为满足社区中残疾人、老年人的需要，解决居民的物质、生活困难起到了积极的作用。然而社区服务也存在着不足，它已经不能完全适应社会的发展，满足人民群众的需求：第一、由于社区服务首先是民政部门提出和主要领导的，而社区服务的内容至今早已大大超出了民政部门工作的范围，实际上在社区中，社区服务的主管部门就只有民政部门一家，这就造成了一定的问题和矛盾，民政主管和其他部门主管的关系已经对社区服务的健康发展形成一定的限制；第二、社区服务的工作方法是以行政手段为主的，具体社区在开展社区服务工作时往往根据上级的工作部署进行，而没有充分考虑本社区的特点和居民的具体需求，因而许多社区的服务内容、形式基本雷同，没有多少新意可言，社区服务工作人员的积极性和主动性没有得到充分发挥。

为了加快社区发展的步伐，满足社会的发展和人民群众的需求，从九十年代末开始，我国城市又开始了社区建设的试点工作：工作的主管部门，从原来的民政部系统发展为基层政府领导各部门、多层面的形成合力；工作的内容，从民政工作发展到涉及社区的社会、政给、经济、文化、生活各个方面；工作的方法，也从行政手段为主发展为根据不同社区需要开展，自主性、专业化程度提高；此外，社区组织也得到发展和重视。

2000年底，《民政部关于在全国推进城市社区建设的意见》对于我国城市社区建设的含义、意义、指导思想、基本原则和目标、工作内容等都做出了规定和要求，不仅对城市社区建设社区发展具有重要意义，对乡村社区建设和发展也同样具有重要意义。正如《意见》所指出的，社区建设是“指在党和政府的领导下，依靠社区力量，利用社区资源，强化社区功能，解决社区问题，促进社区政治、经济、文化、环境协调和健康发展，不断提高社区成员生活水平和生活质量的过程。”因此，在这个过程中，不仅要努力拓展社区服务、发展社区卫生、繁荣社区文化、美化社区环境、加强社区治安，还要因地制宜地确定社区建设发展的内容，重视维护社区中妇女权益、重视妇女权益的救助工作。

（二）妇女权益保护和救助的理论

为有效地维护妇女权益、帮助有需要的权益遭受损害和伤害的妇女，不论是从事社会工作或社区工作的工作人员必须了解掌握我国宪法、婚姻法和其他与妇女有关的法律、法规，同时必须了解和掌握一定的理论。

保护和救助妇女权益的理论可以划分为宏观指导理论和具体指导理论，宏观指导理论是有关妇女及其妇女问题的基本的根本的看法的理论，它指导人们从世界观的角度去看待妇女及其妇女问题，为保护和救助妇女权益工作提供一般的工作原则，是实践妇女权益保护和救助工作的基础，宏观指导理论主要有马克思主义妇女观；具体指导理论是在开展保护和救助妇女权益工作时具体运用的理论，它指导工作人员在实际的保护和救助妇女权益的工作中如何具体地看待、分析每一件妇女权益受侵害的事件，如何具体地开展工作，它主要涉及有关婚姻家庭的理论，及其社会工作的一些理论。

1. 妇女权益保护的宏观指导理论

没有理论指导的实践是盲目的实践。同样，保护妇女权益，必须在一定的理论指导下进行。在我国，指导保护妇女权益工作的宏观理论主要是马克思主义妇女观。此外，近年来社会性别的理论与观点对保护妇女权益的工作也产生一定的宏观指导意义。

(1) 马克思主义妇女观

在我国，长期以来，指导妇女工作、妇女权益救助工作的基础理论是马克思主义中有关妇女问题的基本论述。1990年在庆祝三八国际妇女节大会上，中共中央总书记江泽民在题为“全党全社会都要树立马克思主义妇女观”的讲话中首次将这一基础理论概括为“马克思主义妇女观”。

马克思主义妇女观，是运用辩证唯物主义和历史唯物主义的世界观、方法论，对妇女社会地位的历史演变、妇女的社会作用、妇女的社会权利和妇女争取解放的途径等基本问题做出的科学分析和概括。

马克思主义妇女观的主要内容包括：

妇女被压迫是人类历史发展的一定阶段上的社会现象。在远古时代人类两性是平等的。只有当人类社会产生了私有制和阶级对立的时候，妇女才被剥夺了财产所有权，被排斥在社会劳动之外，沦为家庭的奴隶和男子的附属物。这种现象是一定历史条件下的产物，因此它必将被新的历史条件下的男女平等所代替。

妇女解放的程度是衡量普遍解放的天然尺度。在私有制为基础的社会里，妇女处于被压迫地位，其实只是阶级压迫的一种特殊表现形式。在那里，这种状况不仅有社会经济制度所决定，受社会政治制度所保护，而且通过社会已渗入人们的思想观念之中。因此，妇女解放必须伴随着全体被剥削被压迫人民的社会解放而得到实现。

参加社会劳动是妇女解放的一个先决条件。人们在社会和家庭中的地位，归根到底是由人们在社会生产中的地位决定的。恩格斯指出：只要妇女仍然被排斥与社会的生产劳动之外而只限于从事家务和私人劳动，那么妇女解放、妇女同男子的平等，现在和将来都是不可能的。妇女解放的这个先决条件，只有在社会主义制度下才能充分实现。

妇女解放是一个长期的历史过程。它不仅为生产关系所制约，也为生产力所制约；不仅受物质生产水平的影响，也受精神文明程度的影响。推翻人压迫人的社会制度，建立人民当家作主的国家政权，为实现妇女解放，实现男女平等提供了根本的保证。但从法律上的男女平等达到事实上的男女平等，任务仍然十分艰巨。

妇女在创造人类文明，推动社会发展中具有伟大的作用。妇女与男子同是人类历史前进的推动着，同是社会物质文明和精神文明的创造者，应具有同等的人格和尊严，同等的权利和地位；在人类自身生产中，妇女更具有特殊的价值，做出了特殊的贡献。尊重妇女、保护妇女，是社会进步的一个重要标志，是文明社会应有的法律规范和道德风尚。

男女平等是促进我国社会发展的一项基本国策。我国政府一贯倡导男女平等，认为男女平等是衡量社会文明的重要尺度；重视妇女在社会发展中的重要作用，因而将男女平等作为促进社会发展的国策，通过法律、政策、文化观念、行政方法等手段推进男女平等，提高妇女地位，促进社会发展。

将性别观点（性别平等意识和观点）纳入决策主流。在法律、政策、方案和项目做出决定前，进行性别分析，避免出台对男女产生不平等影响的决定；在法律、政策、方案和项目出台后，定期审查执行情况，评价其对男女产生的不同影响，保证妇女是直接的受益者。

这样，在保护妇女权益的实际工作中：第一，不应片面地、孤立地看待妇女问题。既不应把妇女问题仅看作是妇女自身的问题，而应站在社会的高度全面地看待妇女问题，把妇女问题当作社会问题的一部分，妇女问题的解决有赖于全社会的共同努力，妇女权益保护工作也需要社会各界各部门的配合才能做好。第二，不应静止地看待妇女问题，而应用发展的眼光看待妇女问题。由于在社会发展的不同时期存在的妇女问题不同，在不同的地区存在的妇女问题不同，因此，各地维护妇女权益的工作重点也应有所不同。第三，应充分认识妇女的社会作用，积极宣传、重视妇女的社会价值和社会作用，积极协调社会各部门为妇女自身的发展、真正实现男女平等创造良好的社会环境。

(2) 社会性别观点

近几年来，西方女性主义理论中有关社会性别的观点和理论，在维护妇女权益的实际工作中产生一定的影响。对此简要地加以介绍如下：

一般认为女性主义既是一种社会运动，也是一种社会思潮。严格地说，女性主义是一种随着西方女权运动兴起而逐渐形成的妇女争取自己的权利、要求男女平等的社会思潮。

在20世纪60年代，美国等西方国家在掀起平等民权、反对越战等社会运动的同时，也掀起了争取妇女同男子同等就业机会、平等权利的女权主义社会运动。此后的十年，女权主义以比19世纪末第一次女权主义浪潮时更为猛烈的势头冲击着美国等国家的政治、经济、社会各个方面。

女性主义有各种不同的流派，但基本上都认为：以往的社会是“男权制度”占统治地位的社会，其实质是男性压迫女性；“男权制度”使两性性别定型，它是男女两性不仅具有不同的行为外表，更具有“男尊女卑”的涵义，女性“照顾者”的性别角色和性别身份是男性为了自己的利益而强加给女性的；传统的“男主外、女主内”的婚姻与家庭形式是为男性的利益而建立的；因此，要改变以往男权为主的社会结构和社会体系，争取妇女的权利和男女平等。由于对“男权制度”产生的原因及争取男女平等的方法和道路的看法不同，女性主义有不同的流派，主要分为马克思主义女性主义、自由主义女性主义和激进主义女性主义。

女性主义思潮中有关社会性别的观点和理论提出以下分析问题的视角：应将人的生理性别（sex）与社会性别（gender）加以区分，前者属于生理范畴，被用来表达男女之间由于基因、解剖及荷尔蒙分泌不同而造成的生理上的差异，这种差异一般是不易改变的；后者则是社会范畴，通常指作为一个男人或女人的社会含意，既有特定的文化环境规定的被认为是适合其性别身份的性别特征及行为举止，如男女两性不同的性别定型、“男主外、女主内”的性别角色等，这是由特定的社会文化环境所建构的，是可以改变的。因此，应把社会性别看一种社会角色，即男女各自从社会中学来的行为及所从事的活动，应承认妇女在生活中亦扮演着中心的和重要的角色，不应忽视或回避妇女问题；应把社会性别看作一种社会关系，即认为性别是构成社会关系的重要成分，而且是表明男女两性之间权力关系的一种基本方式，因而必须研究家庭中人们之间的具体关系，探讨社会发展对家庭及不同性别、阶级、宗族关系的人群所产生的不同影响；应把社会性别看作一种实践，即不应把妇女看作被动的社会性别的承受者，而应看到妇女是具有主动性的强有力的参与者，通过努力是可以改变社会性别给妇女带来的不平等状况的。

社会性别的观点和理论，给予我们的启示在于：在保护妇女权益时应注意，第一，承认女性是独立的个体，有她们独特的与男子不同的生活经验；第二，承认社会上的权力分配不均及资源不足现象，这些现象经常使妇女处于不利的境况；第三，将妇女的困境提到社会改革的层面，视妇女问题为个人与社会运作失调的结果，而不应该将问题个人化。

2. 妇女权益保护的婚姻家庭理论

(1) 家庭生命周期理论

该理论认为每一个家庭都有其形成、成长、消亡的过程。即家庭自成立之日起，经历一系列的发展阶段，并分裂出新的家庭，最终本家庭灭亡的全过程。

美国学者 Duvall 从家庭满足家庭成员需求的角度，将家庭划分为①新婚未生育；②老大出生到老大 2 岁中；③家中有学龄前小孩，老大 2 岁至 6 岁；④家中有学龄中小孩，老大 6 岁至 13 岁；⑤家中有青少年阶段的小孩，老大 13 岁到 20 岁；⑥孩子陆续离家；⑦家庭空巢到退休；⑧退休到夫妇两人死亡这样八个阶段。

在我国，学者们一般把家庭生命周期划分为：形成（结婚到第一个孩子出生)、扩展（第一个孩子出生到最后一个孩子出生)、稳定（最后一个孩子出生到第一个孩子离开父母家)、收缩（第一个孩子离开父母家到最后一个孩子离开父母家)、空巢（最后一个孩子离开父母家到配偶一方死亡）和解体（配偶一方死亡到配偶另一方死亡）的六个阶段。

在家庭生命周期的不同阶段，家庭及家庭成员有不同的需要，家庭有不同的任务要完成。因此，不论是社会工作者或是社区工作者，在保护和救助妇女权益的受害者时，应了解受害者的家庭处于家庭生命周期的哪一阶段，以利于对受害者问题及产生问题原因的分析、以利于对受害者的有效救助。

(2) 家庭系统理论

该理论将家庭视为系统，认为家庭系统是由若干个相互既联系又制约的子系统（如夫妻系统、亲子系统、手足系统等）和个人（大人与孩子、男人与女人等）组成。无论是子系统或是家庭的个人成员，都与家庭系统形成互动或互相依赖关系。当家庭内部发生突发事件或外在环境发生变化，家庭会表现出改变机制，自行调动各种资源和动力使家庭尽快恢复平衡。由于每一个家庭的系统规则（由家庭或员尤其是建立家庭的夫妇在生活中逐步建立）不同、家庭成员相互沟通的模式不同、家庭成员的人格特征不同，不同的家庭具有不同的运作秩序。

家庭系统理论提示我们：家庭中某个成员的痛苦或危机时，就不是自己个人的事情，而可能是他与其他成员互动的系统中的“症状”；家庭及其成员有能力和潜能解决家庭的问题；家庭规则决定家庭成员的行为，帮助家庭改变旧有的家庭规则、建立健康良好的家庭规则，有利于家庭及其成员的成长。因此，应在家庭系统中维护婚姻家庭的权益、帮助有需要的家庭，在家庭系统中进行妇女权益的救助。即有效地保护和救助妇女权益，不能仅仅帮助受害者，而应尽可能地针对全体家庭成员开展工作。例如对于家庭暴力，不能仅仅对来求助的受害者进行救助、帮助，也应当对实施者进行帮助教育。

3. *妇女权益保护的社会工作理论*

在进行妇女权益保护和救助时，一些社会工作的相关理论对于帮助工作者有效地开展工作，是极为有益的。以下主要介绍四种。

（1）危机干预/调适理论

危机的概念最早由埃里克、林德曼和吉拉尔德、卡普兰在20世纪40至50年代提出。所谓危机是指由某种事故所引发的显著的转折点，是指人的正常生活方式中一种严重的扰乱事故，或意想不到的情境，而且足以形成原有能力不能克服的问题，使人必须发展出新的思考模式与行为模式。危机干预是为了帮助人尽量将危机的时间缩短，减轻其严重影响。

危机干预/调适理论认为在人的不同成长阶段中，存在着不同的危机，不同的危机具有这样的共同点：危机事变带来紧张和压力；事变通常是突发和不可预料的；个人通常的处事方法无法解决事变和减轻压力；如果情况继续，不仅妨碍个人的日常生活，甚至影响人的社会功能。

危机发展是一个过程，有研究指出一个人由危机出现到恢复平衡，大约是六至八个星期的时间。在这个过程时间里，危机发展可分为四个阶段：冲击期（危机事变出现，导致失衡状态，使当事人难以忍受）、应变期（由于极需要恢复平衡，当事人会先采取常用的应变方法和个人资源或家庭资源解决问题。若危机仍未克服，当事人会发掘其他家庭资源或社区资源。这一阶段往往是当事人或其家人求助的时候。但也有当事人会采用否认问题存在、曲解事实或相信奇迹出现、逃避责任而埋怨他人、否认等应变方法）、危机解决期（有消极的和积极的两种不同的解决方法。如果适应或不良应变不能减清压力和解决危机，同时没有更多的内在和外来资源，当事人可能会退缩、甚至崩溃，停止解决问题，而以逃避甚至自杀的方法去结束危机；如果当事人能够表达对危机的想法和感受，旧的或新的应变能够解决困难、减低甚至消除压力，就能够积极地度过危机）、适应期（无论是积极的或消极的解决方法，都可以使当事人回复平衡。适应的历程会内化为性格和生活的一部分，影响以后的功能和应变的方法）。

显而易见，一些妇女权益受侵害的事件，如无故解除妇女的工作合同、或家庭暴力/虐待或遗弃家庭成员事件的产生，对于当事人尤其是受害者而言，无疑是出现了危机。在这种时候，工作者应认真分析受害者危机发展的阶段，根据危机的阶段、状况积极采取干预措施。

(2) 行为主义理论

行为主义理论以实验行为心理学为基础。它同心理分析学派和认知理论相似，认为社会工作的主要任务是对服务对象的不适当行为进行治疗或矫正，但它倡导运用行为心理学的理论（如条件反射、条件运算、学习理论等）和方法（如实验等），而不是心理分析或认知心理学。它认为心理分析和认知理论将关注的焦点放在难以观察、验证的内心世界上是不智之举，我们真正能观察到、因而也能关心的只是个体的外显行为。它认为行为是个体对当前环境所作的反应，不适当的行为是个体对当前环境所作的不恰当的反应，社会工作就是要帮助服务对象学习和掌握恰当的反应模式。

行为主义理论提示我们，在对由于行为人的行为而引起的妇女权益受侵犯事件（例如妇女家庭权益受侵犯事件），进行妇女权益保护和救助时，应把关注的焦点放在家庭成员的可观察、可验证的外显行为（如实施家庭暴力、虐待或遗弃家庭成员等）上，重点是帮助家庭暴力、虐待的实施者或遗弃家庭成员者修正其不适当的行为（如将实施暴力作为发泄不快、不满的方法，或将实施暴力作为对妻子唠叨的反应等），学习和掌握新的适当的行为（如正常、和谐的家庭沟通方法，正确的处理家庭矛盾的方法等）。

（3）社会系统理论

这是一种以一般系统论及其社会学版本——结构功能主义等为基础形成和发展起来的社会工作理论。它把人与生活环境看作是由功能上相互依赖的各种元素所组成的系统整体；协调或均衡是该系统运作与维持的基本条件，也即是个体生存与发展所必需的基本条件。当这个条件得不到满足，即系统内部的各个子系统或各个元素间不能有效配合、相互协调时，系统均衡就会受到破坏，个体的生存与发展就会出现问题。社会工作的基本任务就是要帮助恢复各个子系统或元素之间的均衡关系，使它们能够重新有效配合、相互协调。

Benyamin Chetkom - Yanoov，在他的《Social Work Practice A Systems Approach》（1997）一书中将人的生活环境按照与人的关系的密切程度依次划分为6个部分：家庭环境、积极参与的（人际交流）环境、社区环境、国家环境、国际环境和宇宙环境。在他看来，由父亲、母亲、兄弟姐妹和宠物构成的家庭是人首要的和最重要的生活环境。当孩子离开母亲的生理子宫出世后，家庭就像他的“社会子宫”，在那里，孩子开始最初的社会化过程，开始从生物人向社会人转化。积极参与的（人际交流）环境同样是人重要的环境，所有的个人和家庭都要同其他的人（邻居、朋辈群体、同事、民族等）、正式的组织（如工厂、乡村、学校、医院、剧场、警察等）有密切的、积极的交流和互动。由社会阶层、社团、机构、社区中心、文化活动中心等构成的社区环境与个人的关系虽次于家庭环境、积极参与的（人际交流）环境，但也是人重要的活动场所，对人有重要的影响作用。由政府、行政机构、传媒、军队等构成的国家环境与人的关系比社区环境同人的关系更远一些，但也影响着人。国际环境包括气候、联合国、世界经济、强权、战争、IBM这样的跨国大公司、奥林匹克这样的国际组织等，它也与人的生活有一定的关系。此外，宇宙也不能说与人完全没有关系。

据此，我们在进行妇女权益保护和救助时，应以社会系统理论作为进行分析的框架，不能简单地“就事论事”，而应将妇女权益受害者的问题放在她生活的社会环境中，要了解受害者的家庭、以及与她有关的其他方面的情况，分析她的生活、活动系统生态图，从环境中寻找问题产生的原因和解决的方法（如受害者的问题与她周围的其他哪些系统有关，她周围的其他哪些系统可以成为有助于解决问题的资源等）；同时注重受害者及其有关家庭成员人与人、人与环境的互动情况，着重他们彼此之间的交互影响，而非仅仅是个人内在的想法和感觉。因为社会上的任何人都不可能孤立地存在，人总是生活在一定的社会环境中；人的问题的产生，除了有个人的原因外，一定与他/她的生活环境有关。

同样，Benyamin Chetkom－Yanoov 的生态系统观点，（1）它为我们更好地分析求助者的问题及其原因提供了一个视角，提醒工作者不应孤立、片面地看待求助者的问题，而应把求助者的问题放在其生活的环境中，从环境以及其与环境的互动中寻找问题的成因；(2) 家庭环境、积极参与的（人际交流）环境、社区环境、国家环境、国际环境、宇宙环境与个人的关系的密切程度是依次递减的，因此在分析求助者的问题及其原因时，可以首先从家庭环境开始，然后向积极参与的（人际交流）环境、社区环境等推开；(3) 在实际的社会工作实践中，重点应同求助者一起分析他/她的问题及其原因与家庭环境、积极参与的（人际交流）环境、社区环境的关系，以及与社会政策、制度等有关的国家环境的关系，并以此为社会工作介入的重点。但一般而言，国际环境、宇宙环境与个人的关系最弱，因此在实际的社会工作实践中基本可以不加考虑。

(4)“增权”或“倡导”理论

“增权”或“倡导”理论从马克思主义变通而来。马克思主义希望通过大规模的社会变革来解决现存的各种社会问题，然而现实中心许多可行的社会工作却是与个体、家庭、群体或小型社区有关的。为了能给这些小规模的社会工作实践以理论上的指导，将这些小规模的社会工作实践与社会变革的大目标协调起来，西方一些倾向或同情马克思主义的社会工作者提出了“增权”或“倡导”理论。这一理论主张在宏观的社会变革未发生之前，社会工作者应协助服务对象为了他们的利益向现存的社会结构争取权利，促使现存的社会结构做出一些有利于服务对象的制度或政策安排。

“增权”或“倡导”理论要求我们，在工作中应加强维护妇女合法权益的宣传教育，努力在社会中树立“男女平等”、“尊重妇女”等观念，树立关爱母亲保护妇女的社会新风尚；应积极倡导出台有利于妇女发展的社会制度或政策；应对妇女权益受害者积极开展“增权”工作，使她们了解自己的权益，学会运用法律武器和其他手段维护自己的权益。

（三）妇女权益保护和救助的方法

1. 妇女权益保护和救助的工作过程

从事妇女权益保护和救助工作是有规律可循的。一般而言，救助工作是一个过程，从理论上说，这个过程由以下几个阶段组成，在每个阶段中，工作人员的工作重点是有侧重的。

（1）建立工作关系期

妇女权益的受害者来求助时，工作者首先要与其建立起良好的工作关系。

这时期要做的主要工作有：①了解求助者（受害者）的背景资料，如年龄、就业状况、经济状况、教育程度等。②了解求助者的主要问题，进行初步评估，确立是否可以帮助或转介。例如家庭暴力是否刚刚发生，受害者是否需要首先转介到医院等。③建立专业关系。首先工作者要清楚自己只是在协助、帮助受害者，而不完全是受害者的全权代表，自己与受害者的关系是专业协助的工作关系，而不完全是受害者权益的代言人（没有完全行为能力的女童、老人，以及没有完全行为决定能力的残疾人除外），因而工作者不能擅自为受害者做决定或选择；同时要让受害者认可这种关系。④联系有关机构与工作者。应根据需要及时同医疗、公安、司法、妇联、民政、社区等有关机构及其工作人员进行联系；如家庭暴力/家庭虐待的实施者、遗弃家庭成员者有工作单位，受害者有工作单位，也应及时与之联系，以便更好地进行救助。

(2) 评估问题期

这是清楚而又具体地了解受害者问题和需要的时期。其成果成为今后工作和行动的依据。

这里所说的评估是认识、了解受害者问题的过程。其目的在于：①识别/发现受害者问题的客观因素；②识别/发现受害者问题的主观因素；③识别/发现造成和延续受害者问题的因素；④识别/发现受害者及其环境的积极因素；⑤决定适合受害者的服务类型。

这个时期工作者要做的主要工作是：①收集资料。包括第一，有关受害者个人的需要、受害者的问题和障碍的资料，如受害者的问题是什么？受害程度、性质、范围怎样？受害者目前的需要是什么等；第二，有关环境（即受害者生活中重要的社会系统、环境）的资料，例如家庭暴力/虐待实施者或遗弃家庭成员者的情况、资料，家庭其他成员的情况、资料等；第三，有关受害者与环境的相互作用的资料，如受害者与家庭暴力/虐待实施者或遗弃家庭成员者的关系如何？他们的日常沟通模式、家庭规则如何？受害者与其他家庭成员的关系、互动及沟通情况如何等等。②分析和解释资料。工作者可以借助其他专业人员的帮助进行详细地资料的分析和解释工作，以使这项工作更加准确。③认定问题。在分析和解释资料的基础上，工作者与受害者一起对问题进行认定。可从以下方面来进行认定：受害者问题是什么？问题的成因是什么？改变受害者境况要做什么？④做出评估报告。

在这一阶段，工作者应警惕的是：一定要尽可能详细地了解受害者的情况、资料、需要及其要求；一定要同受害者一起进行分析、评估，一起认定问题；一定要尊重受害者的想法和决定，切不可将自己的观念强加与受害者，例如当受害者还没有考虑离婚时，切不可将把离婚作为解决家庭暴力的惟一手段强加于受害者。

（3）计划、合约期

这时期是在分析评估的基础上制定工作目标和计划，并以合约形式与受害者取得共识的阶段。这时期的主要工作包括制定计划（指导介入行动的整体计划）和订立合约（工作者与受害者达成协议，以便计划的实施、发展互有承诺）。

制定的计划应有既清楚、明白、易懂，又现实可行，同时详细而具体的目标（例如协助受害者找子女单位协商赡养费，帮助受害者及其父母学习良好的沟通技巧等）；计划还应有完成任务的时间限制；并与妇女权益受害者的能力、机构的功能相一致（例如受害者具有一定的智力问题或是未成年人，就不应要求他/她自己去法院控告遗弃他/她的家庭成员；又如居委会为了帮助受害者，没有根据地承诺为受害者找常年住所。这样的目标都是不切实际的，因为它们与受害者的能力、救助机构的功能不符）。

工作者和受害者还应就救助计划与目标达成书目或口头的协议，以保证计划能顺利实施、目标能有效达成。

这个时期，工作者应注意的是：不论是计划或合约都应是双方同意、认可的，只有受害者的能力、状况不适宜做决定的情况除外；计划和合约应有一定灵活性，以利于借助工作的顺利进行。

（4）工作介入（行动、执行、改变）期

这一时期是工作者运用专业知识、方法和技巧协助受害者达到转变的目标、完成工作任务的时期。所谓社会工作介入是指社会工作者的旨在恢复和加强服务对象整体的社会功能的有计划、有目的的行动。在妇女权益救助中的工作介入，主要指工作者进行救助的具体工作方法（亦可称为策略），它可分为与受害者一起行动和代表受害者采取行动两种模式。

“与受害者一起行动”包括：第一、帮助受害者运用现有资源。受害者之所以无法自己解决权益受侵害事件，可能是由于受害者缺乏应有的资源造成的。在这种情况下，工作者应帮助受害者与其所需资源联系起来，帮助其有效地运用资源。例如一些家庭暴力的受害者不了解《婚姻法》的有关规定，因而在遭受家庭暴力时孤立无援、不加反抗，工作者就应向她详细宣传介绍《婚姻法》的具体内容，帮助其学会运用法律武器保护自己。第二、对受害者进行危机干预/调适。应根据受害者的危机发展阶段，进行干预和调适。仍以家庭暴力/虐待事件为例，对正在发生的家庭暴力/虐待，应及时加以制止，或请求派出所介入；对受伤较重的受害者，应及时协助进行治疗；应提醒并协助受害者保留必要的证据；要关注受害者的身体和心理，进行必要的心理辅导；对愿意依靠法律解决问题的受害者，应积极提供或协助提供司法帮助；对愿意继续保持婚姻家庭关系的受害者，应积极提供婚姻家庭咨询、辅导服务。第三、运用活动帮助受害者。可以根据受害者的情况，开展一些活动帮助受害者从中学习有益的内容，帮助受害者增强自信、发展能力。如可以通过角色扮演活动，使受害者学习反抗家庭暴力/虐待的方法、学习健康的家庭沟通表达方式等等。

“代表受害者采取行动”包括：第一、争取有影响力的人士参与维护妇女权益的活动；第二、协调帮助受害者的各种服务（如社区、医院、派出所、妇联、共青团等不同机构同时为受害者提供的服务）；第三、发展资源帮助受害者，如可以组织受害者自助小组，使他/她们能互相帮助、自己帮助自己；第四、改变环境，包括受害者空间方面、关系方面的改变，以帮助受害者及其家庭避免类似问题的发生。

工作者应十分清楚，选择采用具体的介入手段/策略，应根据不同的受害者的不同情况而定；应尊重受害者的意见，主要由受害者本人决定；进行工作介入仍需要与受害者的共同努力。

(5) 总结、结束期（检讨、终止）

结束是指工作者与受害者结束接触、结束工作关系。这时，妇女权益保护或救助工作的介入的目标已经达到，受害者的问题已经或初步解决、其需要已经或初步得到满足。受害者不再需要工作者的救助服务了。

这时应进行工作总结：制定的目的目标是否恰当，是否有效地达到了；工作方法和技巧是否运用得当；工作者的角色和任务完成得如何。目的是帮助工作者反思工作过程，总结得失，提高工作质量；帮助受害者回顾求助/救助的过程，检查双方同意的目的目标是否实现，促进成长。

应该指出的是，救助过程的不同阶段不是截然分开的，而是相互联系的，工作中不应机械地、按部就班地通过过程模式的每一阶段，而应该依据需要进行工作，如受害者的情形十分危机，可立即从工作介入期开始工作。同时，每一阶段的工作往往不是一次就可完成的，而应根据需要重复进行已经进行过的工作。

2. 妇女权益保护和救助的个人及家庭层面的工作方法

个人及家庭层面的工作是以个别的方式，对感受困难、社会功能失调的个人或家庭提供物质或情感方面的支持与服务，协助工作对象解决问题，增强其社会适应能力的社会工作方法。目的在于帮助个人和家庭减低压力、解决问题，达到个人和社会良好的互动状况。在这种个案工作中，工作者在与服务对象彼此信任、合作的和谐关系中，充分调动服务对象的潜能和积极性，共同探讨、研究服务对象的问题、其家庭和环境，运用服务对象本身及外部的资源，增进服务对象解决问题的能力，达到帮助服务对象成长的目的。

当妇女权益的受害者来求助时，工作人员不仅应运用个案工作方法同受害者进行细致的工作，帮助受害者解决问题并成长，而且应努力动员与受害者有关的家庭成员参加到解决问题的过程中，运用家庭工作的方法同该家庭共同工作，以促进家庭中妇女问题或婚姻家庭问题的真正解决。

3. *妇女权益救助的小组工作方法*

小组工作是社会工作的基本工作方法之一，也是一种在保护或救助妇女权益时经常使用的方法。

由于人是依赖群体经验成长和发展的，通过小组工作过程，可以恢复人的原有能力，达到社会化；小组过程可以影响个人的价值观念、态度及行为发生转变，成为家庭和社会中负责任的积极角色；小组工作可以使其成员发展面对问题与解决问题的能力，促进个人成长；通过小组过程，可以使其成员学习遵从适应社会需要的行为规范，培养社会责任心和家庭责任心，在社会和家庭生活中担当起积极而有用的社会角色。

在进行妇女权益保护和救助时，尤其是为了帮助妇女提高自我保护合法权益的意识和能力，运用妇女支持、成长小组是较为有效的方法。

妇女支持/成长小组是将妇女权益受害者、妇女权益自我保护意识或能力较低者组织起来，成立小组，帮助她们建立互相支持的关系，在一定的时间内共同探讨有关社会和妇女的主题，讨论、学习有关妇女权益的法律及其他知识，提高自我保护合法权益的意识和能力。这种小组的目的是通过小组鼓励组员的积极参与，最大限度地发挥组员的潜能，促进组员自信心的提高和健康成长。

4. 社区多角度保护和救助妇女权益工作方法

保护妇女合法权益，应以预防为主，在社区中多角度地开展工作。

第一，社区妇女权益宣传教育

在社区中，应定期对社区成员进行有关妇女权益的宣传教育工作。目前宣传教育的内容和重点应以人大常委会不久前通过修正的《婚姻法》、《中华人民共和国妇女权益保障法》（以下简称《妇女法》）、《中华人民共和国未成年人保护法》（以下简称《未成年人保护法》）和《中华人民共和国老年人权益保障法》（以下简称《老年人法》）为主。

《婚姻法》第一次在我国全国性法律中明确规定禁止家庭暴力，禁止家庭成员间的虐待和遗弃，同时明确规定了实施家庭暴力、家庭虐待和遗弃家庭成员的相应的法律责任。为此，有必要在全国城乡广大社区中大力进行《婚姻法》的宣传工作，使《婚姻法》的内容尽早为人们所了解，在全社会树立反对家庭暴力的观念。

《妇女法》、《未成年人保护法》和《老年人法》对我国《宪法》和其他法律中有关妇女享有的与男子平等的政治、经济、文化、家庭和社会权利，未成年人和老年人的权益做出进一步的规定和补充，自颁布实施以来对保护妇女、未成年人和老年人的合法权利起了积极作用，但至今仍有不少人对它们的内容知之甚少。为此有必要在社区中广泛地开展《妇女法》、《未成年人保护法》和《老年人法》的宣传，使广大群众充分了解妇女、未成年人和老年人依法享有的合法权利，充分认识保护妇女、未成年人和老年人的合法权利不仅仅是妇联和其他妇女组织、共青团和老年人协会的责任与工作，而且是每一个杜会成员的义务，每个人都应自觉地维护妇女、未成年人和老年人的权利。

第二、社区婚姻家庭知识宣传教育

在婚姻家庭问题上，长期以来，许多人认为“男大当婚，女大当嫁”，到了一定年龄结婚成家再自然不过了，而似乎极少想到结婚前除了要办理合法的登记手续外，还要接受有关的婚姻家庭教育，学习婚姻关系调适、家庭矛盾解决方法。事实证明，人生理上的成熟并不意味着具备了妥善处理婚姻家庭关系的素质和能力，而正是这种素质和能力的欠缺，当人们兴致勃勃地步入婚姻不久便发现婚姻是爱情的“坟墓”，是一个诱人上当的美丽的“笼子”；当人们发生婚姻矛盾时，不是极力否认就是视而不见，致使矛盾得不到及时地解决，或是采用暴力等不妥当不合法的手段使矛盾激化；当人们面临婚姻冲突与危机时，往往相互指责、走极端，或死守着毫无生气的婚姻或将有可能挽回的婚姻推上“悬崖”。

因而，应在社区中大力开展婚姻家庭问题的宣传教育，帮助人们了解婚姻家庭的不同发展阶段，以及在不同阶段的不同特点及其容易产生的问题，学会婚姻家庭关系的协调、沟通方式方法，婚姻家庭矛盾和冲突的调节、解决方法等。

社区的宣传教育可以运用板报、广播宣传，散发宣传资料，组织居民家庭听课等多种形式开展。

第三，建立社区社会支持网络

由于每个人都生活在一定的社会关系中，而每个人的能力又是有限的，因此来自社会和他人的社会支持对于生活在社会中的个人是不可缺少的，特别是对于处于困难、危机中的个人尤为重要。所谓社会支持，简单地说即是个人在生活中获得的来自社会方面的帮助和增援，这种帮助和增援既有物资方面的又有情感方面的。

学者们分别从功能和结构的角度研究社会支持。一些学者经过跟踪研究，已经能大致描绘出能产生功能、构成支持的活动种类，例如，Capian 提到的帮助调动资源和处理情感问题，分享任务，提供材料和深思熟虑的协助以帮助处理某种特殊的紧迫局面(1974)。Pattison 将支持划分为工具和情感两种（1977）。Tolsdorf 认为有有形帮助、无形帮助、建议和反馈的区别（1976）。Hirsch 则确认支持的功能具有情感支持，深思熟虑的指导，无形的协助，社会增援以及第五社会化五种（1980）。Vaux 将社会支持的功能区分为情感支持、社会化、实务的协助、财政的协助和建议/指导五种。一些学者从结构的角度研究社会支持，他们注重社会系统中成员的交流所发生的直接与间接联系的有序安排。通过研究，绘制这些结构、描绘它们的形态（经常使用从数学图表理论中引申出来的一套工具）、并寻求揭示这些结构中的个体成员行为的作用，这里结构是指人们、个人、团体或组织，而联系通常被称作社会网络。

学者们研究发现社会支持对于减轻压力、预防问题的产生都能起极大的作用。一些学者认为，社会支持能够起到缓冲压力的作用，而如果社会支持的崩溃则会使个人产生不平衡或甚至导致疾病的形成。持这一观点的学者极力赞成建立个人的支持系统，以帮助个人缓冲危机情况所导致的心理和生理的冲击。这些支持系统包括亲属、朋友、互助小组和邻里光顾团体等，所提供的支持可能包括心理及情绪上的支持、协助日常生活上的细节、提供物质、金钱、技术意见等。他们认为，社会支持可以在两个关键性时刻介入个人生活，一个是在危机将会发生或危机刚发生而压力发生之前，在这一时刻，社会支持可以帮助个人采取较为乐观的态度或作较适当的准备去减低压力的负面影响；另外，社会支持可以在压力产生后但病态形成前产生作用，帮助个人采取比较积极的态度去面对困难，或鼓励个人去执行适当的治疗程序，如定时吃药、维持足够的休息及松弛等。

在中国，社会支持的作用对多数人来说是十分重要的，而且社会支持起作用的范围也非常广泛。例如在婚姻家庭生活中，当人们遇到自己无法或无力解决的问题时也会向他人寻求帮助，而近些年来人们却发现长期以来给予人强大帮助和支持的杜会支持网络已经发生了重大变化，已经不能或不愿从中获得帮助了。

长期以来，在计划经济体制下，“政府通过其代表者——各种社会组织和单位，并通过国家干部，以行政程序和手段向人们提供生存资源和力所能及的帮助，从而形成靠行政架构解决社会问题的模式”（王思斌，1999）。在这一模式下，形成了独特的社会支持网络。在我国，家庭、家族支持网络和单位行政支持网络对于个人生活起着极为重要的支持作用。由于个人与其家庭家族难以分离的密切关系，以及人们十分强烈的家庭、家族观念，使得人们形成这样的习惯：当家庭、家族中其他成员有了困难或问题时应全力相助，自己有了困难或问题时也自然而然地求助于自己的家庭或家族，因为“我们”是“一家人”，而且这个“家”中的成员足以承担相互间的支持作用。此外，由于我国解放以来在相当长的一段时期内实行的是主要由政府全面负责、单位（特别是国营和集体单位）具体对其成员提供各种物资、精神帮助和援助的社会保障制度，因此当一个人参加工作、进入社会后就自然进入了以其单位为主行政支持网络之中，在人们有了各方面的需要（如住房、收入、医疗、恋爱结婚、子女教育、婚姻矛盾调解等）时都可以在这一网络中获得帮助。因而成为“国家的人”、进入一个社会地位高或效益好的单位极为重要，否则这种支持作用将会大大降低。

然而，经济体制的改革和社会的变迁，使现实生活特别是城市生活中人们的支持网络发生了变化：核心家庭的增多使家庭规模小型化，家庭人口减少；家庭、家族成员以外的社会交往的增加使年轻人的家庭家族观念淡化；家族成员居住方式日益分散的变化等，都致使家庭、家族支持网络的作用在不断减少。社会主义市场经济体制的建立和完善，政企职能、政社职能、社会职能的变化，致使以往单位具有的对职工经济以外的社会支持作用（如提供住房、医疗费用、调解家庭问题等）也在减弱。此外，加上人们隐私权意识、保密观念的增加，使人们开始寻找新的支持网络。与此同时，随着社会保障制度不断完善，社会福利、社会服务社会化的发展，人们从社区中能够得到的支持的种类和力度正在日益增加。正是由于以上两种网络的社会支持作用的弱化，以及社区的发展、社区功能的不断增强，人们与社区的关系日益密切，社区支持网络正在逐步建立，社区支持网络的作用也日益增强。

社区支持网络是由社区居民和社区组织构成的在社区居民需要时起支持作用的社会关系网络，它可以在需要时，为居民提供较为及时的、有效的物质和精神支持。社区支持网络的类型可以是多种多样的，目前可以侧重建立这样两种：居民互助网络和特殊群体自助、支持小组。(1) 居民互助网络。在我国人民群众中历来具有邻里相助的优良传统，帮助社区中的居民家庭之间、特别是有需要的家庭（如老年人、婴幼儿、病人等家庭）与其他家庭之间有意识地建立起互相帮助的关系和网络，可以使居民或家庭在需要的时候，能及时得到来自邻里的帮助。这项工作在高楼林立的公寓式住宅区尤为重要。(2) 特殊群体自助、支持小组。帮助社区中的特殊群体（如老年人、残疾人、单亲母亲、下岗工人等）个人之间以及他们的技术台之间建立一种能够自己帮助自己、相互之间给予毕业支持的关系和网络，可以使他们提高自信，感到自己并不孤单、依靠小组的支持可以克服生活中的各种困难。在建立以上两种类型的社区支持网络时，不仅要充分发挥社区居民的作用，还应十分重视社区组织特别是社区群众团体组织在其中的积极作用。

第四、建立家庭暴力救助网络

由于家庭暴力是危害家庭和睦、稳定，损害妇女权益的重要原因，因此有必要在社区中建立家庭暴力救助网络。

为有效干预和制止家庭暴力，联合国第四次世界妇女会议的报告要求各国："必须制订一种整体和多学科的对策，以促成家庭、社区和国家不存在对妇女的暴力行为，这一艰巨任务是可以做到的。在社会化进程的所有阶段必须维持男女平等和伙伴关系以及尊重人的尊严的意识。"为使干预和制止家庭暴力的工作真正能促进男女平等、有利于妇女的发展，报告要求"各国政府和其他行动者在处理对妇女的暴力行为问题时，应推行将性别观点纳入所有政策和方案的积极和明显的政策，以便在做出决定之前，可以就各项政策和方案对男女的影响分别进行分析。"

据此，不少国家已经建立起较为完善的社区多学科制止家庭暴力的体系。例如在加拿大，法律明确规定各种形式的家庭暴力都是违法、犯罪的行为，并在离婚及离婚时的财产分割、子女监护和抚养等方面保护受害妇女的利益；任何人遭到家庭暴力的伤害或知道有人受到家庭暴力的侵害，都可以打电话报警；警察在接到电话后会立即到现场了解情况，制止家庭暴力的继续发生，并有权将施暴者带离现场进行教育或拘留，对严重的施暴者进行法律起诉；社会上建有不少庇护所（如安大略省就有大小不等的近百家），免费为家庭暴力的受害者提供包括日常生活、医疗伤疼、心理辅导、法律咨询、寻找工作等在内的各种帮助，受暴者可以携子女入住进行紧急避难。构成这一体制的专业人员主要有医生、护士、社会工作者、法官、检察官、警察、老师等不同学科的人士，他们接受有关家庭暴力的教育，从不同的学科角度干预家庭暴力，起到了较好的作用。

为及时、有效地干预和制止家庭暴力/家庭虐待/遗弃，在我国可以借鉴加拿大的做法，在社区中应逐步建立由基层政府或其派出机构（街道）、警察（派出所）、群众团体组织（妇联、青年团）、社区居民自治组织（居委会、村委会）、专业机构（医院、社会工作、心理咨询、婚姻辅导等）和街坊邻里等组成的相互联系、相互配合的社会救助网络，并使社区居民尤其是妇女权益的受害者学会有效地使用这一网络。

这对于及时地干预和制止家庭暴力具有不容忽视的积极作用，由于这一社区救助网络是建立在居民居住的社区之中，而且是由不同性质的多种组织和人群构成，具有一定的威信和权。因而，首先，它对家庭暴力/虐待/遗弃的实施者可以产生震慑、教育作用。当具有施暴倾向的人明确知道在他的身边有一个反对家庭暴力的网络，并且需要时会及时发挥作用的时候，他就会对自己的倾向或行为有所顾及。在他实施暴力时，这个反对家庭暴力的网络可以起到劝阻、制止暴力行为进一步发展的作用。其次，对家庭暴力/虐待/遗弃的受害者具有社会支持作用。它可以使受害者不感到孤单，有勇气正视家庭暴力、敢于反抗家庭暴力。再者，对家庭冲突、家庭危机具有较及时的调解作用。一些家庭暴力的发生是与婚姻冲突、婚姻危机没有得到及时、妥当的解决联系在一起的。社区社会救助网络可以为具有婚姻矛盾、冲突和处于危机中的夫妻和家庭提供及时的咨询和帮助，使他们能心平气和地解决问题，防止婚姻家庭矛盾扩大化，防止采用暴力方式。最后，对家庭暴力的受害者具有保护、救助作用。德国的相关调查表明，家庭暴力行为的虐待程度越严重，受害妇女向外求援的可能性就越大；家庭暴力行为的次数，相对决定了受害妇女寻求帮助的类型和方式，每星期或每天挨打的妇女大多会采取呼叫警察干预的救护方法。可见保护和救助对于家庭暴力/虐待/遗弃的受害者是很重要、且急需的，社区社会救助网络可以为受害者及时地提供保护、救助帮助，减轻其受伤害的程度。

四　妇女权益的国家保障

（一）国家保障的概念和特点

1. 国家保障的概念

妇女权益的国家保障，是国家通过其立法、司法、行政等机关行使国家职能，确保妇女合法权益实现的制度和手段。简言之，就是国家机关对妇女权益实现提供的保障。妇女权益的国家保障是促使妇女权益实现的最根本、最有力的保障，没有国家各有关机关的分工负责、密切配合，以及对国家法律政策的具体贯彻落实，妇女权益的保障工作就无法完成。《妇女权益保障法》第3条规定："保障妇女的合法权益是全社会的共同责任。国家机关、社会团体、企事业单位应当依照本法和有关法律的规定，保障妇女的合法权益"。

2. 国家保障的特点

国家保障的主体是国家机关。保障每一个公民包括妇女的合法权益，是社会主义国家的重要职能之一，但国家是一个抽象的概念，国家本身不可能亲自履行保障职能，必须由它的机关即国家机关代为履行。国家机关也称政权机关，是行使国家职能的各种机关的总称。一般来说，任何国家机关都负有保护妇女合法权益的职责，这也是由国家机关的地位以及妇女权利内容的广泛性和权利主体的广泛性决定的，但与保障妇女权益工作最为密切的国家机关主要有：国家权力机关、国家行政机关和国家司法机关。

国家保障是一种有权保障。社会主义国家通过立法机关确认了妇女的各项合法权益，并且运用国家强制力保障妇女各项合法权益的实现。这里，国家机关无疑是掌握国家权力和行使国家权力的机关，同时还为妇女合法权益的实现提供物资保障，因此，国家机关对妇女合法权益的保障作用是一种有权保障，是最有力、最切实的保障。

国家保障妇女权益的范围具有广泛性。社会主义国家全面保障妇女的合法权益。根据《妇女权益保障法》的规定，国家保障妇女享有与男子平等的政治权利、文化教育权益、劳动权益、人身权利、财产权益、婚姻家庭权益等，对侵害妇女合法权益的行为追究其民事的、行政的、刑事的法律责任。

3. 国家保障的分类

妇女权益的国家保障，可以根据不同的标准作不同的划分。根据国家保障的主体不同，可以划分为国家权力机关的保障、国家行政机关的保障、国家司法机关保障和其他国家机关的保障；根据国家保障的客体不同，可以划分为妇女政治权利的国家保障、妇女劳动权益的国家保障、妇女文化教育权益的国家保障、妇女人身权利国家保障、妇女财产权益的国家保障和妇女婚姻家庭权益的国家保障等；根据国家保障的手段不同，可以划分为政治保障、法律保障、物质保障和组织保障等等。

（二）国家权力机关对实现妇女合法权益的保障作用

1. 国家权力机关的概念

国家权力机关是全国人民代表大会和地方各级人民代表大会。全国人民代表大会是我国最高国家权力机关，它的常设机关是全国人民代表大会常务委员会。全国人民代表大会及其常务委员会行使国家立法权。地方各级人民代表大会是地方国家权力机关，在本行政区域内代表人民行使国家权力。中华人民共和国的一切权力属于人民，人民行使国家权力的机关是全国人民代表大会和地方人民代表大会。

2. 国家权力机关对实现妇女合法权益的保障作用

(1) 立法保障

根据我国宪法规定，全国人民代表大会和全国人民代表大会常务委员会行使国家立法权，有权制定国家基本法律和法律。省、自治区、直辖市的人民代表大会及其常务委员会在不同宪法、法律、行政法规相抵触的前提下，可以制定地方性法规，报全国人民代表大会常务委员会备案。民族自治地方的人民代表大会有权依照当地民族的政治、经济和文化的特点，制定自治条例和单行条例，自治区的自治条例和单行条例，报全国人民代表大会常务委员会批准后生效。

新中国成立以来，我国各级国家权力机关通过行使国家立法权，把妇女应享有的各项合法权益用法律的形式固定下来，并明确了相应的法律责任，从而使维护妇女的合法权益有法可依。新中国成立 50 多年以来，我国陆续颁布了《婚姻法》、《宪法》、《全国人民代表大会和地方各级人民代表大会选举法》、《继承法》、《民法通则》、《刑法》、《劳动法》、《未成年人保护法》等 10 余部法律。1992 年 4 月 3 日，在现有的法律、法规基础上，七届人大五次会议又审议通过了《中华人民共和国妇女权益保障法》，于同年 10 月 1 日起施行，该法是我国第一部专门以保障妇女权益，实现男女平等为宗旨的基本法。目前，我国已基本形成以《宪法》为基础，以《妇女权益保障法》为主体，包括国家各种基本法律、单行法律、政府各部门行政法规和地方性法规在内的一整套保护妇女权益和促进男女平等的法律体系。这些法律一方面全面确认了妇女和男子平等的法律地位，消除了对妇女一切形式的歧视；另一方面又从我国实际情况出发，根据妇女的特殊情况，对妇女给以特殊的保护。这些法律规定为进一步提高妇女的社会地位，保障妇女的合法权益提供了有力的法律保障。

（2）监督保障

我国法律赋予了妇女全面而广泛的权利，这是妇女权益实现的前提和根本条件，但要使这些法律上的权利变成现实，仅做到有法可依是不够的，还需要有法必依、执法必严、违法必究，这也是社会主义法制建设的基本要求。尤其是当前，妇女法律上的权利并未成为妇女事实上的权利，许多情况下不是因为无法可依，而是由于个别执法机关基于各种原因不能严格执法，使一些违法、犯罪行为未得到有效处理或制裁。为此，要有效维护妇女的合法权益，还须健全国家监督体系，对宪法和法律的实施进行有效的监督。

根据宪法规定，国家权力机关负有监督宪法和法律实施的重要职能，其主要监督方式有听取报告、视察检查、组织调查、提出质询、受理申诉等。

①听取报告。指各级人民代表大会听取并审议同级行政机关、审判机关和检察机关的工作报告和专题报告。我国宪法和有关法律规定，各级国家行政机关、审判机关、检察机关要定期提出情况真实、事实准确的工作报告和专题报告，同级人民代表大会及其常务委员会定期组织并召集有关部门负责人列席，进行审查评议，提出批评或改进意见，达到对一府两院工作监督的目的。听取报告是行使监督权力、实施监督检查的基本方式之一。

②视察检查。人民代表大会代表以及人民代表大会常务委员会可以根据宪法和法律赋予的权力，在各级人民代表大会常务委员会组织下，对某地区或部门的工作进行视察或检查，以收集情况，提出批评意见，促进有关地区或部门认真贯彻落实国家法

律，不断改进工作。

③组织调查。人民代表大会常务委员会及其专门委员会，为了了解某件事情的真相，可以根据工作需要组织一般性或专题性调查，并提出改进工作的意见。

④提出质询。在全国人大会议期间，一个代表团或30名以上的代表，可以书面提出对国务院和各部、委的质询案。在全国人大会审议议案的时候，代表可以向有关国家机关提出询问，由有关机关派人在代表小组或者代表团会议上进行说明。质询案必须答复，询问是对不了解或不理解的问题请有关机关予以说明。

⑤受理申诉。人大常委会和各专门委员会对于群众的申诉和控告、检举，特别是对于群众反映强烈，影响较大的申诉和对国家机关及其工作人员的严重违法、失职行为的控告、检举予以受理，并在受理过程中对有关机关及人员实施监督检查。总之，中央和地方各级国家权力机关充分发挥其职能作用，对维护妇女合法权益发挥了重要的保障作用。

(3) 权力机关中妇女工作机构的职责

1989年4月21日成立的全国人大内务司法委员会妇女儿童专门小组是我国在国家最高权力机构中设置的关于妇女儿童事务的专门机构。其组成人员以兼职为主，包括部分全国人大代表、全国人大常委、内务司法委员会委员，专职妇女儿童工作者，以及进行相关科学研究的部门代表和专家、学者。

专门小组的基本任务是：①参与制定关于保障妇女儿童权益的法律，为内务司法委员会审议上述法律提供意见；②在内务司法委员会的领导下，协助全国人大常委会做好妇女儿童法律的执行监督工作；③就专门小组工作范围内的重大问题开展调查研究，为相关立法和决策提供意见和建议；④协调和指导有关妇女儿童事务的其他重要工作。

（三）国家行政机关对实现妇女合法权益的保障作用

1. 国家行政机关的概念

国家行政机关，也称政府机关，是履行国家行政管理职能的机关，具体指在宪法赋予的职权范围内，执行宪法、法律和国家权力机关的决议，依法制定和发布行政法规、行政规章、决定和命令，从事行政管理事务的机关。国家行政机关是国家权力机关的执行机关。根据宪法规定，我国的国家行政机关包括国务院及地方各级人民政府，以及国务院及地方各级人民政府下的分管不同工作的具体行政管理部门等，其中最高国家行政机关是国务院，即中央人民政府。

2. 国家行政机关对实现妇女合法权益的保障作用

(1) 国家行政机关的职责

行政保障是国家按照行政程序保护妇女合法权益的一种救济途径。国家行政机关是法律的执行机关，也是国家行政管理机关。我国是人民当家作主的社会主义国家，各级人民政府以执行人民意志为己任，以为人民服务为宗旨，保障妇女合法权益是各级国家行政机关的法定职责。在全部国家权力中，最活跃、最有力的是行政权力，各级国家行政机关行使其行政职权，保护妇女合法权益，是实现妇女合法权益的重要保障。

国家行政机关保障妇女合法权益的主要职责有：①行使行政立法权。根据宪法、法律规定，依行政立法权限，制定行政法规和行政管理规章，发布有关决定和命令；根据国家行政管理工作的实际需要，制定有关保障妇女权利的发展计划和行政措施，为维护妇女合法权益提供具体、切实的法律依据。例如：1986 年 5 月 30 日卫生部、劳动人事部、全国总工会、全国妇联发布的《女职工保健工作暂行规定》，1988 年 6 月 28 日国务院颁布的《女职工劳动保护规定》等，就是国家行政机关专门制定的保护女职工人身权利、劳动权利的法规和规章。②行政执法。国家行政机关有权也有义务在法定职权范围内执行保护妇女合法权益的法律、法规和规章；并根据法律的要求，领导和管理国家在各个领域中的妇女权利保障的具体工作；对侵害妇女合法权益，但尚未构成犯罪的行为实施警告、罚款、拘留、直至劳动教养的行政处罚，为维护妇女合法权益提供重要保障。③行政司法。国家行政机关依据法定职权可以充当特定争议的裁决人，运用行政司法手段解决有关妇女权益的争议，为维护妇女合法权益提供法律保障。④贯彻落实法律。各行政主管部门依据法律规定的权限，管理好本部门本行业有关妇女权利的具体事务。

(2) 部分行政机关的特殊职责

我国部分行政机关在妇女合法权益受到侵害时，被侵害人可以要求有关行政机关进行行政处理，以保护自己的权益。这些行政机关主要有：公安行政机关、劳动行政机关等。

公安行政机关对实现妇女合法权益的保障作用

公安行政机关是担负着国家治安保卫职能的专门机关的重要组成部分，人民民主专政工具之一。我国在国务院一级设公安部，领导全国的公安工作。省、自治区、直辖市设公安厅（局），省辖市及市辖区、县、自治县、县级市设公安局。市辖区、县、自治县、县级市在辖区内的镇、街道及社会治安情况比较复杂的地方，设立公安派出所。

公安行政机关保护妇女合法权益的作用，主要体现在处理有关侵害妇女人身权利的案件，如侮辱妇女，非法限制妇女人身自由，虐待、遗弃妇女，引诱、容留、介绍妇女卖淫、嫖娼、拐卖绑架妇女等案件。并负责解救被拐卖、绑架妇女，是保护妇女人身权利的重要工作。根据全国人大常委会《关于严惩拐卖、绑架妇女儿童的犯罪分子》的规定，各级人民政府对拐卖绑架妇女儿童负有解救职责，解救工作由公安机关会同民政、妇联等有关部门负责执行。

劳动行政机关对实现妇女合法权益的保障作用

劳动行政机关是国家行政机关的一个组成部分。国家在国务院一级设劳动部，县（区）以上地方各级人民政府设劳动局，主管劳动行政管理工作。劳动部的主要职责是综合管理社会劳动力（主要是城镇劳动力和农村向城镇转移的劳动力）、职工工资、保险福利、就业前培训、在职工人技术培训、劳动保护监察工作；拟定有关劳动工作的政策、法规、规划和改革方案，指导和推动劳动制度、工资制度和保险福利制度的改革。

劳动行政机关对实现妇女合法权益的保障作用，主要体现在以下几方面：①对女职工实行特殊劳动保护。为保护女职工身心健康及子女的正常发育和成长，法律、法规规定，对女职工实行特殊劳动保护，不得安排女工从事一般性禁忌劳动和“四期”的禁忌劳动。如禁止安排女职工从事矿山井下；对怀孕七个月以上的女职工，不得安排其延长工作时间和夜班劳动等。②劳动争议仲裁。劳动争议仲裁是指劳动行政主管部门内设置的仲裁机构，依法受理和裁决用人单位与劳动者发生的劳动争议案件的制度。根据我国《企业劳动争议处理条例》规定。县、市、市辖区应当设立劳动争议仲裁委员会，劳动争议仲裁委员会由劳动行政部门的代表、同级工会代表、用人单位方面的代表组成。劳动争议仲裁委员会主任由劳动行政部门代表担任。女职工与用人单位发生劳动争议，女职工可以向劳动争议仲裁委员会申请仲裁，提出仲裁的女职工应当自劳动争议发生之日起60日内向劳动争议仲裁委员会提出书面申请。申请仲裁的女职工，如对仲裁裁决不服，可以自收到仲裁裁决书之日起15日内，向人民法院提起诉讼；期满不起诉的，裁决书即发生法律效力。③处理有关侵害妇女劳动权益的案件。如用人单位违反法律、法规对女职工的保护规定，侵犯女职工合法权益的，如安排女职工从事禁忌妇女从事的劳动，招用未满16周岁的女工等侵害妇女劳动权益的案件，由劳动行政部门责令改正，处以罚款，对女职工造成损害的，应当承担赔偿责任。

其他处理侵害妇女权益案件的行政机关。如工商行政机关、民政行政机关等，都有权在自己的职权范围内对侵害妇女权益的案件进行处理。如工商行政机关依照《未成年人保护法》的规定，对非法招用未满16周岁未成年女工的企业或个体工商户，情节严重的，由工商行政管理部门吊销其营业执照。民政行政机关，主要处理有关侵害妇女婚姻自主权的案件，如婚姻登记管理人员办理婚姻登记过程中，违反有关规定，应准予登记而不给登记，侵害妇女婚姻自主权的，婚姻登记管理机关应当对婚姻登记管理人员给予行政处分或撤销其资格。行政机关在处理案件时，要严格执法，对不属自己管辖的，应移送有管辖权的机关。

3. 国家行政机关中的妇女工作机构——国务院妇女儿童工作委员会

1990年2月22日国务院妇女儿童工作协调委员会正式成立，它取代了原来由全国妇联牵头的全国儿童少年工作协调委员会，成为国务院负责妇女儿童工作的协调议事机构。1993年8月4日，国务院妇女儿童工作协调委员会更名为国务院妇女儿童工作委员会，简称国务院妇儿工委，是国务院负责妇女儿童工作的协调议事机构，负责协调和推动政府有关部门执行妇女儿童的各项法律法规和政策措施，发展妇女儿童事业。国务院妇女儿童工作委员会的组成单位由国务院批准。目前有29个部委和社会团体。办公室设在全国妇联。

国务院妇女儿童工作委员会的基本职能：协调和推动政府有

关部门做好维护妇女儿童权益工作；协调和推动政府有关部门制定和实施妇女和儿童发展纲要；协调和推动政府有关部门为开展妇女儿童工作和发展妇女儿童事业提供必要的人力、财力、物力；指导、督促和检查各省、自治区、直辖市人民政府妇女儿童工作委员会的工作。

国务院妇儿工委成立以来，落实男女平等基本国策，致力于我国妇女的生存、保护和发展。协助国务院制定和颁布《中国妇女发展纲要（1995－2000年）》和《中国妇女发展纲要（2001－2010年）》。协调推动政府有关部门强化职能，制定措施，实施妇女纲要，整体推进妇女事业。推动政府有关部门认真履行联合国《消除对妇女一切形式歧视公约》等保护妇女权益的国际公约。建立健全妇女纲要的监测评估机制，制定监测评估体系，开展国家级监测评估。组织培训，加强政府领导执行纲要的能力建设。着力解决中西部贫困地区和少数民族地区的妇幼卫生、改水改厕等重点难点问题，改善中西部地区妇女生存和发展条件。

（四）国家司法机关对实现妇女权益的保障作用

1. 国家司法机关的概念及其职责

国家司法机关是依法行使国家审判权和监督权的机关。在我国，国家司法机关主要指各级人民法院和各级人民检察院。由于公安机关、国家安全机关也分别担负了一部分司法方面职能，因而在其进行司法活动时，这些机关也是我国司法机关的组成部分。

我国司法机关的主要职责是：保护人民，打击敌人，惩治犯罪，服务社会。所有刑事案件，都由司法机关办理；民事、经济、行政案件，当事人提起诉讼的，由司法机关办理。各个司法机关在司法活动中的具体职能是：人民法院是国家的审判机关，各级人民法院依法行使国家审判权，负责依照法律程序，正确适用法律，审理和判决刑事、民事、经济和行政案件，并负责民事、经济和部分刑事案件的执行。人民检察院是国家的法律监督机关，各级人民检察院通过行使国家检察权保障宪法和法律的统一实施。检察院的法律监督包括法纪监督、侦查监督、审判监督和监所监督。

2. 人民法院对实现妇女合法权益的保障作用

人民法院对实现妇女合法权益的保障作用，主要体现在正确地适用法律，审理和判决侵犯妇女合法权益的刑事、民事、经济和行政案件，并且通过审判活动，制裁犯罪分子，解决民事、经济和行政纠纷，维护社会秩序，保护妇女的合法权益。根据《民法通则》、《刑法》、《婚姻法》、《继承法》、《劳动法》、《妇女权益保障法》等有关法律，我国妇女享有政治、文化教育、劳动、财产、人身和婚姻家庭等各方面的权益，为保障上述妇女权益的实现，侵害妇女合法权益的违法犯罪行为人，应承担相应的法律责任。同时，人民法院通过审判和其他活动，教育公民自觉遵纪守法，抵制侵害妇女合法权益的不良行为；并鼓励广大妇女，运用法律武器同侵害自已合法权益的违法、犯罪行为作斗争，使妇女的各项合法权益得到切实保障。

人民法院审判案件，对于一切公民，不论是妇女还是男子，在适用法律上一律平等。

3. 人民检察院对实现妇女合法权益的保障作用

人民检察院是国家的法律监督机关，通过行使检察权，履行保障妇女合法权益的职责。人民检察院通过法纪监督，对国家工作人民侵犯妇女民主权利的犯罪，及在保障妇女权益方面玩忽职守的犯罪等行使管辖权，追究当事人的法律责任，保障妇女的合法权益。人民检察院通过审判监督，对人民法院作出的法律上确有错误的判决和裁定，依法提出抗诉，使人民法院通过审判监督程序纠正对女性当事人作出的错误判决和裁定，以保障妇女合法权益的实现。人民检察院通过侦查监督，保证公安机关依法行使职权，使妇女合法权益不受侵害。因此，人民检察院在保障妇女合法权益实现方面，起着至关重要的作用。

其他司法机关主要指各级人民法院和人民检察院以外的行使国家司法权的机关。包括公安机关，国家安全机关和司法行政机关。这些机关分别承担一部分司法方面的职能，因而在进行司法活动时，它们也是我国司法机关的组成部分，并在实现妇女合法权益方面，起重要的保障作用。

总之，人民法院，人民检察院和其他国家司法机关分工负责、互相配合、互相制约，通过司法活动保证国家法律的有效执行，做到有法必依，执法必严，违法必究。因此，司法机关的工作是保障妇女合法权益的至关重要的一环。

五　侵害妇女权益的法律责任

（一）侵害妇女权益依法承担法律责任

责任是个人与他人及社会联系的方式，是维持权利和社会存在的手段。只要有社会的存在，就必然有责任的存在，如道义责任、政治责任、法律责任、纪律责任等。日常生活中，人们常常把责任和义务相混淆，如把承担赡养义务叫做承担赡养责任，但实际上二者在法律上是不等同的，义务往往是承担责任的原因，而责任往往是承担义务的后果，所以，法律责任也可以称为法律后果。用法律术语来说，法律责任是指由于实施的行为违反了法律规定而引起的必须承担具有强制性的法律上的义务（责任）。可见法律责任是与违法行为相联系的，法律责任是对违法行为人的一种处置。

法律责任有如下特征：1）法律责任是指行为人违反义务所

应承担的后果，它是以义务为基础的。义务是法律责任的前提，没有义务也就没有法律责任。2）法律责任具有强制性。强制性是法律责任的重要特征，也是法律责任不同于一般社会责任的地方。如道德责任是社会对人们事实的不符和道德规范的行为的谴责。这种谴责只能通过社会舆论和行为人的自我良心的反省来实行，而不能通过国家强制力来追究，因而不具有强制性。法律责任的强制性表现在国家对违法行为一定予以追究。

在我国，法律责任按其性质不同分为民事法律责任、行政法律责任、刑事法律责任。不同的违法行为应承担不同的法律责任。民事责任、行政责任和刑事责任为三大法律责任，他们都是为了维护正常的社会秩序，维护国家的、社会的利益和公民、法人的合法权益，都带有强制性，但他们又是不同法律部门的不同制度，有不同的特征和作用。简单地说，它们的区别主要在于：第一，法律强制的程度不同。刑事责任只能由司法机关依法追究，行政责任由法律授权的行政机关确定，而且这两种责任一经确定生效，必须执行。民事责任则可由双方当事人协商确定，受害人有权要求加害方承担责任，也可以放弃权利免除对方的责任。第二，责任的性质不同。刑事责任、行政责任具有惩罚性，民事责任则一般不具有惩罚性。其中刑事责任是最严厉的一种法律责任。第三，责任承担的原则不同。刑事责任、行政责任以罪罚相当为原则，适用经济制裁时并不以造成的损失为标准，追缴的财产交国库所有。而民事责任的承担以恢复原状和等价赔偿为原则，责任人交付的财产一般归受害人所有。值得注意的是，有时一项违法行为可能要同时承担几种法律责任，如故意杀人，一方面要负刑事责任，另一方面还要对可能的受害方承担必要的民事赔偿责任；再如违反治安管理处罚条例，要接受行政处罚这样的行政责任，同时也可能要承担民事责任。这是因为这类违法行为既对社会的正常秩序造成了危害，也对具体的当事人造成了损失或损害。所以说罚则或者说是法律责任是任何一部法律都不可或缺的，否则法律的权威就树立不起来，法律将不可能得到真正的贯彻执行。

（二）侵害妇女权益的民事责任

1. 民事责任概述

民事责任是民事法律责任的简称，指的是民事主体违反民事义务所应承担的民事法律后果。作为法律责任的一种，民事责任具有法律责任的共性，但同时也具有自己的特征，具体表现在以下几个方面：

第一，民事责任是违反民事义务所应承担的法律后果，所以它以民事义务的存在为前提。义务人违反民事义务时，才应承担责任。责任实际上是对义务人所施加的一种具有强制性的约束。责任的存在目的在于督促义务人正确履行其应尽的义务，保证权利人权利的实现。

第二，民事责任主要表现为财产责任，这是由民法的调整对象及目的和民事责任的功能所决定的。民事责任一方面是对责任人的惩诫，另一方面是填补受害人所受到的损害或者恢复被侵犯的权益，所以民事责任主要是财产责任。由于民法也调整人身关系，因此民事责任也包括一些非财产的责任形式，如消除影响、恢复名誉、赔礼道歉等。

第三，民事责任的范围与损失的范围相一致。民事责任以恢复被侵害的民事权益为目的，与民法的平等和等价有偿等调整方法相一致，民事责任的范围一般也不超出损失的范围，而只是使受害人的财产或精神状况得以恢复。

第四，民事责任是一种对违法行为的强制措施。作为一种独立的法律责任，民事责任当然具有强制性。但与其他法律责任不同的是，民事责任的实现并不以当事人一方的告诉或者有关部门或机关的追究为条件，而是往往以责任人的自觉承担来实现。

2. 民事责任的分类

民事责任可依产生根据、适用原则、责任性质和形式等不同的标准划分为不同的种类，具体而言，可以分为以下几种：

①侵权责任和违约责任

这是根据民事责任产生的原因不同而划分的，也是民事责任最基本的分类，这两类责任在归责原则、构成要件、责任形式、举证责任、责任范围、诉讼管辖等方面均有差异。

侵权责任是指行为人不法侵害他人的人身权、财产权等民事合法权益时应承担的民事责任。在民法上侵权责任又可分为一般侵权责任和特殊侵权的民事责任。一般侵权责任是指行为人因过错而实施的、适用侵权责任的一般构成要件的侵权行为的民事责任；特殊侵权的民事责任是相对于一般侵权责任而言的，民法规定了各类特殊侵权的民事责任的构成要件及适用范围，如职务侵权责任、产品责任等。

违约责任是指合同当事人因违反合同义务所承担的民事责任。违约责任的产生以合同的有效存在为前提，而且只能在合同当事人之间产生，并可由合同当事人自行约定。只要行为人有违约行为同时又没有约定或法定的抗辩事由，行为人就要承担违约责任。、

②过错责任、无过错责任、公平责任

这是根据归责原则不同所作的划分。过错责任要求行为人仅在有过错的情况下才承担民事责任，没有过错就不承担民事责任。无过错责任要求行为人在没有过错造成他人损害的情况下，依法律规定仍应承担民事责任。公平责任是指当事人对造成损害都无过错，又不能适用无过错责任时，根据实际情况由当事人公

平合理分担民事责任。

③财产责任与非财产责任

这是根据民事责任是否具有财产内容划分的。财产责任是以财产给付为内容的民事责任，如返还财产、恢复原状、赔偿损失等。非财产责任是以非财产给付为内容的民事责任，如恢复名誉、赔礼道歉等。

④单独责任与共同责任

这是根据承担责任一方的人数多少来划分的。单独责任是指由一人独立承担责任的民事责任。共同责任是指由共同过错非法行为产生的民事责任。共同责任的承担者为多数人，他们之间的义务和行为的性质和状况又有差异，因此在民法上将共同责任又进一步划分为按份责任、连带责任、补充责任。

按份责任是指由多数人按照法律和合同规定各自承担特定份额的民事责任。连带责任是指责任人为多数人的每一个人不问其各自应承担的份额，也不分先后次序都应根据权利人的请求，全部或部分承担而不得为抗辩的民事责任。补充责任是指因承担责任人的财产不足给付时，而依法应对不足部分承担补充的民事责任。

⑤单方责任与双方责任

这是根据承担责任是单方还是双方来划分的。单方责任是由一方当事人承担的责任。双方责任又称混合责任，是指各方当事人都有过错，因而各方当事人都应承担相应的民事责任的情形。

3. 一般侵权责任的构成要件

由于侵害妇女合法权益的民事责任，主要是一般侵权民事责任，因此在这里只介绍一般侵权责任的构成要件。民法上，构成一般侵权责任的要件有损害事实、违法行为、行为人的过错、违法行为和损害事实之间的因果关系四要素。

①损害事实

民事责任具有制裁和补偿的双重性质，由此决定民事责任的追究必须以损害的现实存在为前提。损害是构成民事责任的首要条件。

在民法上，损害是指因一定的行为或事件使民事主体的权利遭受某种不利的影响。构成民事责任要件的损害事实，既包括财产损害，也包括非财产损害。一般认为，损害与损失并非同一概念，损失一般仅指损害的财产价值表现形式，而损害不仅仅指财产的损失，还包括人身权受侵害的后果，如精神痛苦等等。因此判断损害事实，不仅要根据货币计量实际减损的财产数额，还应借助社会一般观念和公平观念，考虑环境、行为性质和主观状态、社会影响等多种因素决定。即使在财产损失中，损失也分实际损失和可得利益损失。实际损失是指既得利益的丧失或现有财产的减损；可得利益损失是间接损失，即未来可得利益的减损，如利润损失、孳息等。

②违法行为

作为侵权民事责任构成要件的违法行为，就是指侵权行为，即行为人侵害他人财产和人身等合法权益，依法应承担民事责任的行为。其基本特点是该种行为具有违法性，侵犯的是民事主体的法定权利或绝对权利，而且一般是由侵害人单方实施的。

侵权行为作为民事违法行为，其违法性表现在对法律禁止性或者命令性规定的违反。其形式可以是作为或不作为，也就是当法律对某些行为作出了禁止性规定，民事主体对此即负有不作为的义务，违反不作为义务的行为，就构成作为的违法行为；反之，在法律有规定为某种行为的义务情况下，如果负有义务的人不履行该项义务，则此种违反作为义务的行为，即构成不作为的违法行为。需要说明的是侵权行为不同于违约行为、犯罪行为、行政违法行为，只有依其侵害程度、构成要件及法律规定等应追究民事责任的行为，才是侵权行为。

在现实生活中，有些行为尽管从表面上看已经侵犯了他人的权利，但由于存在法律规定的阻却其违法性的事由，即存在法律允许其作为或不作为的合法根据，因此不认其为违法行为。这些行为主要包括职务授权行为、正当防卫行为、紧急避险等。

③行为人的过错

行为人的过错是行为人在实施违法行为时所具备的心理状态，是构成民事责任的主观要件。它表明了行为人对自己行为的后果所抱的主观态度，体现了行为人主观上的应受非难性和不可原宥性，是法律和道德对行为人行为的否定评价。

过错包括故意和过失两种基本形式。所谓故意是指行为人预见到自己行为的有害后果，仍然希望或放任有害结果的发生。在民法上只要确定行为人的行为是否出于故意，就足以解决责任承担问题，因而没有必要确定和区分直接故意或者间接故意。所谓过失，是指行为人应当预见自己的行为可能发生不良后果而没有预见，或者虽然预见到了却轻信此种后果可以避免的心理状态。与刑法上区分故意和过失不同，过错形式是故意还是过失，对于确定民事责任一般没有多大意义，民法上的故意和过失都是承担侵权民事责任的主观要件，而且过失的过错是民事过错的主要形式。但是在某些情况下，行为人的过错程度又是确定民事责任的重要依据，这些特定的情况主要包括共同过错和混合过错等。在共同过错情况下，两个以上的行为人基于共同的故意或过失造成他人损害的，应当承担连带责任，但在共同侵权责任人内部，则应根据每个侵权行为人的过错程度按比例分担责任。在混合过错情况下，由于受害人对于损害的发生也有过错，可以减轻侵害人的民事责任，因此应依当事人各方各自的过错程度来确定双方责任的大小。

由于过错是行为人承担民事责任的主观要件，因此过错的确定具有重要意义。在民法学上过错的判断标准历来有主观标准和客观标准两种方法。所谓主观标准，就是通过判断行为人的主观心理状态来确定其有无过错，即应依照行为人能否预见其行为会造成损害后果来决定其有无过错。所谓客观标准，就是以某种客观的行为标准来衡量行为人的行为，从而认定其有无过错。比较而言，两种标准各有其合理性，但又都有其局限性。民法中一般注重运用客观标准来确定行为人是否有过错，这样一来既简便易行，又较为准确，也能为行为人提供行为指导。在司法实践中，运用客观标准，就是以一个合理的预见标准来衡量行为人的行为。如果行为人的行为达到标准，那末他就没有过错，反之，则有过错。预见标准一般分为普通预见水平和专业预见水平，普通预见水平是指以社会一般人通常对事物应具备的预见能力，而专业预见水平是指不同专业的人对其专业范围内的事物通常具有的中等预见水平。在确定某个具体的行为人的预见能力时，还应结合其自身的生理状况、身体状况、智力程度、业务知识水平等因素，以确定其在当时的情形下能否或者应该对相应事物作出预见或者判断；对于在法律上负有特殊义务的行为人，还应根据其实际的智力和能力作出进一步的判断。

④违法行为和损害事实之间的因果关系

所谓因果关系，是客观现象之间一种内在的必然联系。如果某一现象的出现，是因另一现象的存在所必然引起的，则此二现象之间有因果关系。作为民事责任构成要件的因果关系，是指行为人的行为及其物件与损害事实之间所存在的前因后果的必然联系。

违法行为和损害事实之间的因果关系是行为人承担民事责任

的必要条件之一，它既是民事责任归责的基础和前提，又是确定责任范围的依据之一。从责任自负的原则出发，要求确定损害结果发生的真正原因，找出真正的行为主体和责任主体，从而明确行为人应否承担民事责任。在过错责任中，如果不能依照过错程度决定责任范围或者依照过错程度决定责任范围有失公平时，则应根据因果关系来确定责任范围。而在无过错责任和公平责任中，因果关系更是确定责任范围的直接依据。

由于客观现象的错综复杂及相互关系的多样性，因此在认定违法行为与损害结果之间的因果关系问题上，法学界有不同的见解，如条件说、原因说等多种理论。民法上对因果关系的确定，往往采取逆推的方式，也就是在损害事实被确认之后，再往前寻找引发该损害事实的原因。现代民法在因果关系问题上采用了被称作“两分法”的基本方法，即首先确定被告的行为或依法应由他负责的事件是否在事实上属于造成损害发生的原因；其次确定已构成事实上原因的行为或事件是否在法律上成为应对该损害负责的原因。在具体确定因果关系时，必须区分直接原因和间接原因，直接原因一般直接作用于损害结果，与损害的发生有必然的联系；而间接原因往往是偶然地结合其他因素才导致损害结果。对于间接原因，应根据具体情况来确定行为人应承担的责任，而不应由其承担全部责任。

在民法上，行为人的行为具备上述侵权民事责任的构成要件，就应依法承担侵权民事责任，但在具有法律规定的免责事由时，行为人可因此而免除责任。这些免责事由，除了前面已经谈到的职务授权行为、正当防卫、紧急避险外，一般还包括不可抗力、受害人过错（受害人和加害人都有过错时为混合过错）、受害人的同意、第三人的过错、意外事件、自助行为等。

4. 民事责任的承担方式

承担民事责任的方式就是由民法规定的承担民事责任的具体形式。它体现了国家对违法行为人采取的制裁及对受侵害的权利的补救，是法院保护民事权利的具体方法和制裁违法行为的具体措施。

根据《民法通则》第134条的规定，民事责任的方式主要有以下几种：

①停止侵害

即责令违法行为人立即停止或请求人民法院制止正在实施的侵害行为，以避免损害后果的发生或扩大。这种方式主要适用于侵权行为，特别是适用于对相邻权、人身权和知识产权的侵害，是一种基本的侵权民事责任形式。

②排除妨碍

权利人在其行使权利受到他人不法阻碍或妨害时，可以要求侵害人排除或请求人民法院强制排除妨碍，以保障权利正常行使。这种方式主要使用于物权的保护。

③消除危险

行为人的行为对他人人身或财产具有危险时，他人可请求消除已经存在或正在发生的危险。如果当事人拒绝自动消除危险，利害关系人有权请求人民法院责令行为人消除。此项责任形式的目的，在于防止危险行为或危险源的扩大或再发生，其成立以危险的存在为条件，而不以造成实际损害为条件。

④返还财产

即将非法占有的财产归还给财产的所有人或合法占有人，以回复到合法占有的状态。返还财产只适用于非法占有人，返还时，原物的孳息必须同时返还。如果原物已由非法占有人转让给第三人，则要根据第三人占有的具体情况作出适当处理，尤其要注意保护善意第三人的利益，以维护交易的安全。

⑤恢复原状

当财产被损坏或性状被改变但有复原的可能时，受害人可请求回复到原有状态。与上述返还财产一样，恢复原状也属于回复性的责任措施，都适用于财产权被侵害的情形。

⑥修理、重作、更换

这是一种违约责任，即在合同关系中，债务人如果没有按约定的质量、规格、型号等交付标的物，则应依约定或债权人的请求对标的物进行缺陷修补、重新制作或予以更换。修理、重作、更换的费用，由过错方承担。

⑦赔偿损失

在违法行为人给他人造成财产或精神上的损失时，行为人应该以相应数额的财产给予受害人补偿。这种责任形式既适用于违反合同的责任，也适用于侵权损害的责任；既适用于有形财产损失，也适用于精神损害的赔偿。该项责任形式以违法行为造成实际损害为适用前提，责任人的赔偿范围须与受害人的受损范围相当。

⑧支付违约金

这是一种违约责任。即当事人违反合同时，依法律规定或依合同约定，由违约一方向另一方给付一定数额金钱。支付违约金不以造成经济损失为条件，只要违约，就应支付。

⑨消除影响、恢复名誉

自然人或法人的人格权受到不法侵害时，可要求侵害人或诉请人民法院强制侵害人在影响所及的范围内以一定的方式消除受害人人格权所遭受的不良影响，以恢复其受损的名誉。此项责任形式并无财产内容，亦不具有经济补偿的性质，属于一种非财产责任形式，主要适用于侵害自然人、法人人格权的行为。《民法通则》第120条规定，侵犯公民的姓名权、肖像权、名誉权、荣誉权的，侵犯法人的名称权、名誉权、荣誉权的，应当消除影响、恢复名誉。

⑩赔礼道歉

当自然人或法人的人格权受到不法侵害时，对于情节轻微者受害人可要求侵害人或请求人民法院强制侵害人当面承认错误和表示歉意。此项措施也是一种非财产责任形式。

5. 精神损害赔偿

(1) 精神损害赔偿的概念和功能

一般认为，民法上所称精神损害是指对民事主体精神活动的损害。这种损害可以是生理或心理方面的损害，也可以是精神利益的损害，最终表现为精神痛苦和精神利益丧失或减损两种形式。公民可因身体健康或生命等生理方面受到损害而在精神上产生痛苦，也可因其人身权利受侵害，产生愤怒、恐惧、焦虑、沮丧、悲伤、抑郁、绝望等不良后果，造成精神痛苦。精神利益包括人格利益和身份利益，如人的安全、自由、尊严、亲情、荣誉、名誉等等，人格利益、身份利益受到损害，同样会造成精神痛苦。精神利益丧失或者减损，既可发生在自然人身上，也可发生在法人身上。

精神损害赔偿就是民事主体因其人身权益受到不法侵害而使其遭受精神痛苦或精神利益受到损害而要求侵害人进行赔偿的一种民事责任形式。学者们认为精神损害赔偿具有补偿、抚慰和惩罚三重功能。补偿功能就是以财产的方式补偿受害人所遭受的精神损害，使该损害得到平复。抚慰功能就是指财产补偿可以慰藉受害人感情的损害、改变受害人的外部环境，从而克服其心理、生理以及精神利益受损所带来的消极影响，恢复其身心健康。惩罚功能是通过追究侵权人的赔偿责任，从而使其因自己的侵权行为遭受经济损失，以达到防止侵权行为、稳定社会秩序的目的。

正是因为精神损害赔偿制度有如上的功能，我国民法不仅确立了这一制度，而且在实践中不断加以完善。最高人民法院于2001年3月10日颁布的《关于确定民事侵权精神损害赔偿责任若干问题的解释》，以司法解释的形式，较为全面系统地确立了我国的精神损害赔偿制度，这对于保护公民法人的人身权利具有十分重要的意义。

（2）精神损害赔偿的适用范围

根据民法通则和前述司法解释的规定，在我国精神损害赔偿可以适用于以下领域：

①自然人的人格权利，包括生命权、健康权、身体权、姓名权、肖像权、名誉权、荣誉权、人格尊严权、人身自由权遭受非法侵害，以及行为人违反社会公共利益、社会公德侵害他人隐私或者其他人格利益的情形。

②非法使被监护人脱离监护，导致亲子关系或者近亲属间的亲属关系遭受严重损害的情形。

③自然人死亡后，其近亲属因下列侵权行为遭受精神痛苦的情形：

以侮辱、诽谤、贬损、丑化或者违反社会公共利益、社会公德的其他方式，侵害死者姓名、肖像、名誉、荣誉；

非法披露、利用死者隐私，或者以违反社会公共利益、社会公德的其他方式侵害死者隐私；

非法利用、损害遗体、遗骨，或者以违反社会公共利益、社会公德的其他方式侵害遗体、遗骨。

④具有人格象征意义的特定纪念物品，因侵权行为而永久性灭失或者毁损，物品所有人以侵权为由，向人民法院起诉请求赔偿精神损害的情形。

⑤法人的名称权、名誉权、荣誉权受到侵害的。

(3) 精神损害赔偿适用的原则和方式

一般认为，人民法院处理精神损害赔偿案件时应遵循以下原则：

①精神损害赔偿的适用需基于当事人的请求才能适用，人民法院不能主动依职权责令加害人承担精神损害赔偿责任。当事人在侵权诉讼中没有提出精神损害赔偿的诉讼请求，诉讼终结后又基于同一侵权事实另行起诉请求赔偿精神损害的，人民法院不予受理。

②适当限制原则。精神损害赔偿具有抚慰和补偿的功能，但应以抚慰为主、补偿为辅，因此侵权致人精神损害，如果未造成严重后果，受害人请求赔偿精神损害的，人民法院一般不予支持，而可以根据情形判令侵权人停止侵害、恢复名誉、消除影响、赔礼道歉；侵权致人精神损害，如果造成严重后果的，人民法院除判令侵权人承担停止侵害、恢复名誉、消除影响、赔礼道歉等民事责任外，可以根据受害人一方的请求判令其赔偿相应的精神损害抚慰金。

③法官依法自由裁量原则。当受害人向人民法院提出精神损害赔偿的诉讼请求后，加害人是否应承担责任、应在何种范围内进行精神损害赔偿，以及精神损害赔偿的具体数额，应由法院基于法律的授权和具体的案情进行判定。根据前述司法解释，人民法院在法律、行政法规对残疾赔偿金、死亡赔偿金等有明确规定时，应适用法律、行政法规的规定确定精神损害的赔偿数额；在没有法律、行政法规规定的情形，应根据以下因素确定精神损害的赔偿数额，这些因素包括：侵权人的过错程度；侵害的手段、场合、行为方式等具体情节；侵权行为所造成的后果；侵权人的获利情况；侵权人承担责任的经济能力；受诉法院所在地平均生活水平等。

④精神损害抚慰金包括以下方式：致人残疾的，为残疾赔偿金；致人死亡的，为死亡赔偿金；其他损害情形的精神抚慰金。

（三）侵害妇女权益的行政法律责任

1. 行政责任的概念

行政责任又称为行政法律责任，是指行政法律关系的主体因违反行政法律义务，由专门国家机关依法追究或主动承担的否定性法律后果。为更好地了解行政责任，我们可以从以下几个方面来理解（即行政责任的特征）：

第一，行政责任是行政法律关系主体的责任。这是行政责任的主体特征。这里涉及到另外一个概念：行政法律关系，它是由行政法律规范调整的，因行政主体行使行政职权而形成的行政关系——即行政主体与行政主体之间、行政主体与其组成机构及公务员之间、行政主体与行政相对人之间，因行政主体行使行政职权而形成的权利义务关系。那么，行政法律关系主体即参加行政法律关系的当事人，一般包括行政主体和行政相对人。行政主体是能够以自己的名义依法拥有和行使行政职权，并能够对行政职权的行为造成的后果承担法律责任的机关和组织，而行政相对人是在行政法律关系中与行政主体相对应，处于被管理和被支配地位的机关、组织或个人。这说明在行政法上行政责任的承担者既可以是行政主体也可以是行政行为人。

第二，行政责任是一种否定性的法律后果。说法律责任是一种法律后果是对其责任多义性选择的结果。否定性法律后果是与肯定性法律后果相对应的，它的产生和存在以行政法律关系主体违反行政法律义务为前提，因而具有消极责任的意义。只有在法律设定的义务不被遵守时才有可能产生法律责任。

第三，行政责任是有责主体应承担的一种否定性的法律责任。该特征体现了行政法律责任的主观要素。法律责任是以行为人存在主观过错为前提的立法设计，有责主体必须有认知能力。认知能力是指理解法律要求，辨认自己行为的目的、性质及其后果的能力以及支配、控制自己行为的能力。当然，对于行政主体的违法，一般来说不需要其有认知能力，只要行为违法，行政主体就应承担法律责任，这是过错责任的例外，目前被绝大多数国家采用。

第四，行政法律责任既可以有专门国家机关（如人民法院、上级行政机关、监察机关等）追究，也可以由有责主体主动承担。例如，行政机关主动撤销错误的罚款决定并把罚款退回给相对人；行政主体及其工作人员在行政不当时也可能主动向相对人承认错误、赔礼道歉等。

2. 承担行政责任的方式

(1) 行政主体侵害妇女权益应承担的行政责任

有关行政主体承担行政责任的法律规定散见于宪法、法律、行政法规、地方性法规、规章等规范性文件中，下面介绍几种常见的承担责任的方式：

①被通报批评

这是一种名誉性的制裁措施。它以追究机关通过书面方式公布行政主体的违法行政行为并加以指责为内容，以达到引起行政主体警觉以防下次再犯的目的。通报批评通常由权力机关、上级行政机关或行政监察机关以书面形式作出，通过报刊、文件等予以公布。

②赔礼道歉、承认错误

这是行政主体所承担的一种最为轻微的补救性行政责任，如《治安管理处罚条例》第42条规定“公安机关对公民的治安管理处罚错误的，应当向受处罚人承认错误”。

③恢复名誉，消除影响

这也是一种精神上的补救性责任，仅限于行政主体及其工作人员的违法或不当处理造成了相对人名誉上的损害。

④返还权益

如果行政主体及其工作人员剥夺相对人的权益属行政违法或不当，那么在撤消或变更该行政行为的同时，必须返还相对人的权益（必须是该权益可以返还的且已遭到实际的损害）。这里的权益不仅指财产权益还包括政治权益如恢复职务便是一例。

⑤恢复原状

这也属于补救性行政责任，如公安机关非法检查相对人的车辆，致使车辆损坏，公安机关就有修复的责任。

⑥撤消违法决定

这是由行政主体承担的一种惩戒性行政责任，指由行政机关通过法定的程序主动撤销行政主体的违法决定。主要是在：主要证据不足的；适用法律、法规错误的；违反法定程序的；超越职权的；滥用职权的等情形下采用。

⑦重新作出行政行为

行政主体在撤销某一违法行政行为后应依法重新作出一个合法的行政行为。

⑧宣布无效

对瑕疵严重的违法行政行为，行政主体有义务宣布其无效。

⑨行政赔偿

这是一种金钱上的补救性行政责任。行政主体的违法行为给相对人造成人身或财产上的损害时，行政主体应依法承担行政赔偿责任。

(2) 行政主体的工作人员承担行政责任的方式

①被通报批评

②赔偿损失

行政主体的工作人员在承担赔偿损失责任时并不直接向受害的相对人赔偿，而是先由行政主体承担赔偿责任，再由行政主体向有故意或重大过失的公务员追偿已赔偿款项的部分或全部。

③行政处分

这是公务员承担行政责任的主要形式，是国家机关依法依照隶属关系对违法失职的工作人员的惩戒措施，包括：警告、记过、记大过、降级、撤职、开除6种。

(3) 行政相对人承担行政责任的方式

主要是行政处罚。所谓的行政处罚是指行政主体依法对行政相对人违反行政法律规范尚未构成犯罪的行为，给予人身的、财产的、名誉的及其他形式的法律制裁的行政行为。包括：

①人身罚。如行政拘留、劳动教养、驱逐出境、禁止进境、限期出境。

②财产罚。如罚款、没收等

③行为罚。如责令停产停业、暂扣或吊销许可证等。

④精神罚。如警告、通报批评等。

3. 侵害妇女权益的行政责任

(1) 妇女的合法权益受到侵害时，受害妇女可以根据相关法律、法规、规章的规定，确定侵权人的身份是行政主体及其工作人员还是其他公民、法人或其他组织，并追究其法律责任。在日常生活中，妇女会遭遇来自行政主体及其工作人员的行政侵权，也会遭到公民、法人、或其他组织违反行政法的侵权，这时，妇女应根据相关法律的规定来保护自己的合法权益，并配合执法机关追究相关责任人的行政责任。如根据《母婴保健法》的规定，安排孕期、哺乳期女职工从事接触职业病危害的作业或者禁忌作业的，卫生行政部门责令限期治理，并处以五万元以上三十万元以下的罚款；情节严重的，责令停止产生职业病危害的作业，或

者提请有关人民政府按照国务院规定的权限责令关闭

(2)《妇女权益保障法》所规定的行政责任

行政主体及其工作人员的行政责任

《妇女权益保障法》第50条规定，有下列侵害妇女合法权益情形之一的，由其所在单位或上级机关责令改正，并可根据具体情况，对直接责任人员给予行政处分。

①对有关侵害妇女权益的申诉、控告、检举，推委、拖延、压制不予查处的；

②依照法律、法规规定，应当录用而拒绝录用妇女或对妇女提高录用条件的；

③对分配住房和晋职、晋级、评定专业技术职务等方面违反男女平等原则，侵害妇女合法权益的；

④以结婚、怀孕、产假、哺乳等为由辞退女职工的；

⑤划分责任田、口粮田等，以及批准宅基地，违反男女平等原则，侵害妇女合法权益的；

⑥在入学、升学、毕业分配、授予学位、派出留学等方面，违反男女平等原则，侵害妇女合法权益的；

行政相对人的行政责任

第51条规定，雇用、容留妇女与他人进行猥亵活动的，比照《治安管理处罚条例》第19条的规定进行处罚，

(四)侵害妇女权益的刑事法律责任

刑事责任这一法律术语，在现代各国刑事法律中被广泛使用，我国刑事法律中也十分常见。例如，我国新刑法典共计452个条文中，就有13个条文21处使用了“刑事责任”一词，刑法总则第二章第二节的标题即为“犯罪和刑事责任”。

侵犯妇女权益犯罪的刑事责任是指行为人因违反刑事法律义务实施了侵犯妇女合法权益的犯罪行为而应承担的，国家司法机

关也应强制犯罪人接受的刑事法律的遣责与制裁的标准。根据这一定义，侵犯妇女权益犯罪的刑事责任应具有以下特征：

侵犯妇女权益犯罪的刑事责任是国家令侵犯妇女权益犯罪的行为人承受的一种法律后果。犯罪是一种危害社会的恶的行为，犯罪人理应对其行为承担法律后果。犯罪一旦发生，便在犯罪人和国家之间形成一种刑事法律关系，亦即由刑事法律规范调整的国家与犯罪人之间的权力、义务关系。国家对犯罪人有依法追究刑事责任的权力；犯罪人有义务对其犯罪行为依法承担刑事责任。可见，刑事责任是一种关系范畴，它对于国家来说是责任的施加，给予犯罪分子一定的谴责和追究；而对于犯罪分子来说是责任的承担，即要求其承受一定的后果。

侵犯妇女权益犯罪的刑事责任是一种必然的法律责任。“有罪必罚”表明了犯罪行为和刑事责任之间的一种必然的、不可避免的联系。行为人一旦选择了一定的行为，就必须对该行为及其结果承担责任，而实施了犯罪行为就必然要受到刑事法律的否定和制裁，这是当今社会正义原则的基本要求。否则，犯罪行为就会蔓延，社会秩序就会紊乱，社会正义就得不到伸张。

侵犯妇女权益犯罪的刑事责任是一种只能由实施了侵犯妇女权益犯罪的行为人承担的法律责任。“罪责自负”，这是近代以来各文明国家刑法普遍采用的原则，我国刑法也不例外。根据我国刑法规定，刑事责任是一种严格的个人责任，这种严格的个人责任只能由犯罪分子本人承担，不能株连与犯罪无关的任何人。即使犯罪人在逃或者死亡，也不得以任何理由和形式将犯罪人的刑事责任转嫁给任何第三人。

侵犯妇女权益犯罪的刑事责任是一种最严厉的法律责任。法律责任多种多样，刑事责任只是法律责任中的一种。在所有法律责任中，刑事责任最严厉，这是因为作为刑事责任的前提的犯罪行为在所有违法行为中危害最大。刑事责任的严厉性主要体现在刑事责任的表现形式上。在现阶段，刑事责任的基本表现的形式是刑罚，刑罚是一种最严厉的强制方法，它不仅可以剥夺犯罪人的财产权利与政治权利，还可以限制或有期的剥夺犯罪人的人身自由，甚至可以剥夺犯罪人的生命，这一点是任何其他法律责任所不能相比的。

我国尚处于社会主义初级阶段，受经济、文化等条件制约，男女两性社会地位还存在事实上的不平等。妇女合法权益遭受侵害的现象仍不同程度的存在。因此采取有针对性的特殊保护措施以保障妇女权益不受侵害，不仅必要而且十分迫切，是对男女平等原则的必要补充和有力保障。刑法以其调整社会关系的广泛性和调整手段的严厉性，成为维护广大妇女权益的有力武器。中国刑法对于妇女权益维护，主要体现为对侵犯妇女人身权利和侵犯妇女婚姻家庭权益等众多犯罪行为严厉制裁和打击上。针对女性特点，刑法同其他部门法相配合，对女性的人身自由权、生命健康权、性的不可侵犯权利、名誉权及婚姻家庭权予以着重保护。我国刑法明文规定了罪刑法定原则为刑法的基本原则之一，则构成犯罪必须具备犯罪的法定条件即法定的犯罪构成。一切侵害妇女权益的危害行为，只有满足、具备法定条件，才能作为犯罪处理，追究加害人的刑事责任。下面笔者就中国刑法中对保护妇女权益有重要意义的法条规定作简要介绍。

我国刑法强调对生命健康权的保护。生命权是人身权的核心，是其他权利行使的物质前提。健康权是行使其他权利的必要条件。针对女性生理特点和生育责任，《妇女权益保障法》在第35条中特别强调了“妇女的生命健康权不受侵犯。禁止溺、弃、残害女婴；禁止歧视、虐待生育女婴的妇女和不育妇女；禁止用迷信、暴力手段残害妇女；禁止虐待遗弃老年妇女。”溺弃女婴包括溺婴和弃婴。溺婴，原指用水淹没婴儿，致其死亡。法律意义上的溺婴泛指一切非法剥夺不满一周岁婴儿生命的行为，例如用淹溺、掐勒、冻饿、闷捂等方式导致婴儿死亡。弃婴是对婴儿有抚养义务而拒绝抚养，将婴儿抛弃不管。无论出于何种原因，溺弃女婴的行为都侵犯了女婴的生命健康权利，是犯罪行为。溺婴的，按《刑法》第232条故意杀人罪的规定追究刑事责任，情节严重的可处死刑、无期徒刑或10年以上有期徒刑；弃婴构成犯罪的，依照《刑法》第261条遗弃罪的规定处理，对行为人处5年以下有期徒刑、拘役或管制。

虐待和遗弃罪是较常见的侵犯妇女在家庭中的平等权利犯罪行为。通常情况下，犯罪行为人是在家庭亲属关系上和经济上占优势地位的人，而被侵害人多为年老、年幼、患病或其他没有独立生活能力的人即弱势群体。如果行为人对老年妇女、女婴、患病妇女及其他没有独立生活能力的妇女负有抚养义务，而以消极的不作为形式拒不履行应尽的抚养义务，情节恶劣，就构成遗弃罪；如果对共同生活的女性家庭成员，经常以打骂、冻饿、禁闭、有病不给医治、强迫超体力劳动或限制自由、凌辱人格等方法，从肉体上和精神上进行摧残迫害，情节恶劣的，即构成虐待罪，应处两年以下有期徒刑、拘役、管制。致使被害人重伤、死亡的，处2年以上7年以下有期徒刑。

中国刑法对侵犯妇女人身自由权利的犯罪，共设立了非法搜查罪、非法拘禁罪、拐卖妇女罪、收买被拐卖的妇女罪、聚众阻碍解救被拐卖的妇女罪五个罪名。

非法搜查女性身体，是指具有搜查权的机关未办理法定手续，未经法定程序，或没有搜查权的机关、人员对女性身体进行搜索、检查的行为。搜查是刑事诉讼中的一种重要的侦查手段，其任务在于发现犯罪的证据和查获犯罪嫌疑人。《刑事诉讼法》

第112条特别规定，搜查女性身体必须由女工作人员进行，体现了对女性权益的特殊保护。对非法搜查女性身体情节严重、构成非法搜查罪的，依照《刑法》第245条的规定追究刑事责任，处3年以下有期徒刑或拘役。如果司法人员滥用职权而犯此罪，从重处罚。

非法拘禁妇女是指以拘留、禁闭或其他方法，非法剥夺妇女人身自由的行为。人身自由是人身权利的重要组成部分，是公民最基本的权利。妇女同其他公民一样享有人身自由，任何机关、团体、个人不得非法剥夺。尽管法律对妇女的人身自由有明确的保护规定，但妇女因经济纠纷、家庭纠纷、婚恋纠纷而遭受非法拘禁的情况时有发生。在非法拘禁期间，不少妇女遭受殴打、侮辱、强奸、猥亵，身心受到极大伤害，因此，对非法拘禁妇女的犯罪行为必须依法严惩。根据《刑法》第238条的规定，对非法拘禁妇女或以其他方法非法剥夺妇女人身自由的行为处罚如下：(1) 非法拘禁妇女或以其他方法非法剥夺妇女人身自由的，处3年以下有期徒刑、拘役、管制或剥夺政治权利。具有殴打、侮辱情节的，从重处罚。(2) 犯非法拘禁罪，致人重伤的，处3年以上10年以下有期徒刑；致人死亡的，处10年以上有期徒刑。使用暴力致人伤残死亡的，按照故意伤害罪、故意杀人罪的规定定罪处罚。(3) 为索取债务非法扣押、拘禁妇女的，按上述规定处罚。(4) 国家机关工作人员利用职权犯上述罪行的，依照上述规定从重处罚。

拐卖妇女是以出卖为目的，拐骗、绑架、收买、贩卖、接送、中转妇女的行为。拐卖妇女是旧社会的陋习之一，近年来又死灰复燃。犯罪分子把拐卖妇女当成发财致富的“捷径”。拐卖妇女的行为，侵犯了妇女的人身自由权，破坏了正常的家庭生活和家庭关系，使受害妇女处于孤立无援、任人奴役、任人摆布的悲惨境地。拐卖妇女在我国1979年刑法中不是独立的罪名，而是包含在拐卖人口罪中。1991年全国人大常委会通过的《关于严惩拐卖、绑架妇女、儿童的犯罪分子的决定》增设了拐卖妇女罪，同时设立了绑架妇女罪，体现了国家对该类犯罪的打击决心与力度。在1997年刑法中，将上述两罪合并，并明确规定拐卖行为包括绑架的行为方式。对于拐卖妇女的犯罪分子依照《刑法》第240条的规定，处5年以上10年以下有期徒刑，并处罚金；有下列情形之一的，处10年以上有期徒刑或无期徒刑，并处罚金或没收财产；情节特别严重的，可处死刑，并处没收财产。(1) 拐卖妇女集团的首要分子；(2) 拐卖妇女三人以上的；(3) 奸淫被拐卖妇女的；(4) 诱骗、强迫被拐卖的妇女卖淫或者将被拐卖的妇女卖给他人迫使其卖淫的；(5) 以出卖为目的，使用暴力、胁迫或麻醉方式绑架妇女的；(6) 以出卖为目的，偷盗婴幼儿的；(7) 造成被拐卖妇女或者其亲属重伤、死亡或其他严重后果的；(8) 将妇女卖往境外的。1997年修订的刑法取消了拐卖人口罪，但保留了拐卖妇女罪，并对情节特别严重的拐卖行为可判处死刑，充分体现了我国对妇女权益的重点保护。

收买被拐卖的妇女是指不以出卖为目的，明知是被拐卖的妇女而予以收买的行为。拐卖妇女的行为之所以屡禁不止，就因为社会上存在大量的“买主”。这些买主错误地以为卖人有罪，买人无罪。在这些错误思想地支配下，有些人不仅明目张胆地收买被拐卖妇女，而且在国家机关工作人员解救被拐卖的妇女时，以暴力、威胁的方法阻碍解救工作。因此，要彻底消除拐卖妇女的丑恶现象，就必须从买和卖两方面予以打击和规范。刑法不仅规定收买被拐卖妇女的行为是犯罪，而且规定了出现下列情况时如何处罚：(1) 收买被拐卖妇女的，处3年以下有期徒刑、拘役或管制；(2) 收买被拐卖妇女的，强行与其发生性关系的，依照

《刑法》中收买被拐卖的妇女罪与强奸罪的规定定罪处罚；(3)收买被拐卖妇女的，非法剥夺、限制其人身自由或有伤害、侮辱等犯罪行为的，依照《刑法》中非法拘禁罪、伤害罪、侮辱罪等罪名定罪，连同收买被拐卖的妇女罪实行数罪并罚；(4)收买被拐卖妇女的又出卖的，依照《刑法》中拐卖妇女罪的规定处罚；由于收买被拐卖的妇女的“买主”多为年龄较大、收入较低的农民，收买的原因多是为了结婚，与“人贩子”相比，主观恶性较小，因此《刑法》第241条对收买被拐卖的妇女的犯罪行为量刑较轻。如果“买主”收买被拐卖的妇女后，按照被买妇女的意愿，不阻碍其返回原居住地的，可以不追究其刑事责任。但如果“买主”及其他参与者在明知是国家机关工作人员在履行解救职务时，仍纠集3人以上，进行妨碍的，行为人的主观恶性增加，行为的社会危害性严重，出现下列情形之一，则构成《刑法》第242条规定的“聚众阻碍解救被拐卖的妇女罪”，处罚如下：(1)以暴力、威胁方法阻碍国家机关工作人员解救被收买的妇女的，依照《刑法》中妨害公务罪处罚；(2)聚众阻碍国家机关工作人员解救被拐卖妇女的首要分子，处5年以下有期徒刑或拘役；其他参与者使用暴力、威胁方法的，依照《刑法》中妨害公务罪处罚。

刑法对妇女人身权利的保护还体现在对妇女的性的不可侵犯的权利、人格权和婚姻家庭权的特殊保护上，具体表现为对强奸罪、奸淫幼女罪、强制猥亵、侮辱妇女罪、暴力干涉婚姻自由罪、重婚罪的着重打击力度上。

强奸妇女是指违背妇女意志，以暴力、胁迫或其他手段，强行与妇女发生性交的行为。暴力手段，是指以殴打、捆绑、按倒等方式来危害妇女的人身安全与自由，以达到强奸的目的；胁迫手段是指利用职务权利、上下级关系、扬言揭发隐私、报复、加害亲友、手持凶器进行恐吓等方式，对妇女从精神上进行威胁、挟制，使妇女不敢反抗，达到强奸的目的；其他手段是指利用妇女患病体弱、熟睡之机，或利用酒或药物麻醉妇女，或利用治病、传授气功等方法达到强奸的目的。奸淫幼女是指同不满 14 周岁的幼女发生性关系。幼女自身的特殊性决定了奸淫幼女的行为本身具有严重的社会危害性。无论行为人采取什么手段，无论幼女是否同意，只要同幼女发生性关系，就构成犯罪。奸淫幼女是强奸罪的一种特殊形式。强奸妇女侵犯了妇女的性的不可侵犯的权利，奸淫幼女侵犯了幼女的身心健康。由于强奸行为的社会危害性特别严重，强奸罪历来是我国司法机关打击的重点。依照我国《刑法》第 236 条的规定，强奸妇女的，处 3 年以上 10 年以下有期徒刑。奸淫幼女的，以强奸论，从重惩处。强奸妇女、奸淫幼女，有下列情形之一的，处 10 年以上有期徒刑、无期徒刑或死刑：（1）强奸妇女或奸淫幼女情节恶劣的；（2）强奸妇女、奸淫幼女多人的；(3)在公共场所当众强奸妇女的；(4)两人以上轮奸的；(5)致使被害人重伤、死亡或造成其他严重后果的。

妇女性的不可侵犯的权利是妇女人身权利的重要内容，随着社会对女性权益的日益尊重，丈夫对妻子的强制性行为能否构成“婚内强奸罪”引起了广泛的讨论和关注。我国刑法及司法实践均肯定了情节严重的婚内强奸行为构成强奸罪。但由于夫妻关系的存在，其界定应与一般强奸罪有所区别，采取慎重态度。如在程序上要求妻子坚持控告，实体上要求情节较恶劣。刑法学界一般认为“婚内强奸罪”应发生在夫妻关系非正常存续期间如（1）男女双方虽然已经登记结婚，但并无感情并且尚未同居，也未曾发生性关系，而女方坚持要求离婚的；(2)夫妻感情破裂，并且长期分居的；(3)在离婚诉讼过程中。在此期间，如丈夫违背妻子意志，强行与之发生性行为，情节严重的，可追究其刑事责任。

强制猥亵、侮辱妇女罪在 1979 年刑法中不是独立的罪名，而是流氓罪的一部分。1997修订刑法在分解“口袋罪”原流氓罪时，创立了该罪名。强制猥亵、侮辱妇女罪是指违背妇女意志，以暴力、胁迫或其他方法强制猥亵或侮辱妇女的行为。猥亵妇女是针对妇女实施的能够刺激、兴奋、满足行为人或第三人的性欲，损害善良风俗，违反良好性道德观念，且不属于奸淫的行为；侮辱妇女，则是以各种淫秽下流的语言、动作伤害妇女性羞耻心且不属于奸淫的行为。猥亵与侮辱一般都具有刺激或满足色欲需要的内容，二者并无实质区别。该罪与强奸罪的区别在于不具有奸淫目的，一般也不是为了从侵害行为中取得物质利益，而是出于报复或在淫秽下流思想的支配下，进行猥亵、侮辱妇女的活动，以满足私欲或变态刺激。本罪强调必须使用强制手段，即以暴力、胁迫或其他方法违背妇女意志，损害妇女的人格和名誉，使妇女在精神上和肉体上受到摧残，才构成犯罪。《刑法》第237条规定，对强制猥亵、侮辱妇女的，处5年以下有期徒刑或拘役，情节严重的，处5年以上有期徒刑。

暴力干涉婚姻自由罪是指使用暴力方法干涉他人婚姻自由的行为。暴力干涉婚姻自由罪侵害的是公民的婚姻自由权及其他人身体权利。公民的婚姻自由权包括结婚自由和离婚自由两个方面的内容。本罪表现为以捆绑、殴打、禁闭、强抢等暴力手段，阻挠和干涉妇女结婚和离婚自由的行为。以非暴力方式干涉他人婚姻自由的，如父母以断绝关系、赶出家门相威胁，不构成本罪。暴力干涉婚姻自由的犯罪主体一般为婚姻双方当事人的父母、子女、兄弟姐妹等家庭成员，也有家庭成员以外的人如不正当性关系中的男性对女性实施暴力，迫使妇女离婚或阻止妇女同他人结婚，以达到长期霸占该妇女的目的等。《刑法》第257条规定：(1) 以暴力干涉他人婚姻自由的，处2年以下有期徒刑或拘役。该款犯罪属于自诉案件，即被害人告诉才处理；(2) 犯暴力干涉婚姻自由罪，致使被害人死亡的，处2年以上7年以下有期徒刑。属于公诉案件。

我国《刑法》第258条规定“有配偶而重婚的，或明知对方有配偶而与结婚的，处2年以下有期徒刑或拘役。”也就是说，这两种行为都构成了重婚罪。我国《婚姻法》第2条、第3条明确规定“实行一夫一妻的婚姻制度”，“禁止重婚”。在实践中，重婚的表现形式有两种。一种是法律上的重婚，即前婚（法律婚或事实婚）尚未解除，又与他人办理结婚登记或自己虽未结婚，但明知对方有配偶而与之结婚；另一种是事实上的重婚，即前婚尚未解除，虽未登记结婚但确与他人以夫妻关系同居生活的。对重婚罪的认定，必须正确界定“事实婚姻的合法性”。1994年4月最高人民法院依据民政部新的《婚姻登记管理条例》指出“自1994年2月1日起，没有配偶的男女，未经结婚登记即以夫妻名义同居生活的，其婚姻关系无效，不受法律保护。”依据该规定，法律上的重婚罪，必须是前婚为法律婚或1994年2月1日以前的事实婚，后婚为法律婚或事实婚。如果前一婚姻关系为不受法律保护的事实婚，则有重婚行为的人也不构成犯罪。并非所有的重婚行为，都构成犯罪。在下列情形中由于行为人（多为女性）是受客观条件所迫，主观恶性小，故不以重婚罪论处。(1) 因遭受自然灾害外流谋生而重婚的；(2) 因配偶长期外出下落不明，造成家庭生活困难，又与他人结婚的；(3) 因强迫、包办婚姻或婚后受虐待外逃重婚的；(4) 被拐卖后重婚的。

刑法对妇女权益保护还体现在为既严重妨害社会管理秩序又侵害女性身心健康的风化犯罪如组织卖淫罪、协助组织卖淫罪、强迫卖淫罪、引诱幼女卖淫罪、嫖宿幼女罪、引诱、容留、介绍卖淫罪的严厉惩处上。

所谓组织卖淫罪是指以招募、雇佣、强迫、引诱、容留等手段，控制多人从事卖淫的行为。本罪的主体必须是卖淫的组织者，可以是几个人，也可以是一个人。关键是看其在卖淫活动中是否起到了组织者的作用。鉴于组织他人卖淫主观恶性极大，对社会秩序和社会风气的危害极大，要想避免和预防更多的妇女在他人的组织和纠集下走上卖淫道路，严惩组织他人卖淫罪势在必行。《刑法》第358条规定对情节特别严重的组织卖淫行为可判处无期徒刑或死刑，并处没收财产。

协助组织他人卖淫罪是指在组织他人卖淫的共同犯罪中起帮助作用的行为,如充当保镖打手、管账人等均属此类。协作组织他人卖淫的行为,有具体的罪状和单独的法定刑,应当确定为独立的罪名,使用单独的法定刑处罚,而非按组织卖淫罪的共犯处理。

强迫他人卖淫罪是指采用暴力或威胁手段，强制妇女出卖肉体与其他男子发生性关系的行为。鉴于此罪严重侵害了妇女性的不可侵犯的权利，侵害了妇女的人身自由和人格尊严，是一种极其丑恶的社会现象，故刑法不仅作了犯罪化处理，而且在以下具备特别严重的情节之一的，可判处无期徒刑或死刑并处没收财产。(1) 强迫不满14周岁的幼女卖淫的；(2) 强迫多人卖淫或多次强迫他人卖淫的；(3) 强奸后迫使卖淫的，即强奸行为是强迫他人卖淫的手段。

引诱、容留、介绍卖淫罪是指以金钱、物质等手段，诱使他人卖淫，或为他人卖淫提供场所，或为卖淫的人与嫖客牵线搭桥的行为。该罪为选择罪名，引诱、容留、介绍他人卖淫这三种行为，无论是同时实施，还是只实施其中的一种行为，均构成本罪。至于行为人是否以营利为目的，不影响本罪的成立。引诱、容留、介绍他人卖淫的行为是诱发卖淫嫖娼的催化剂，必须用最严厉的强制方法——刑罚予以打击。其中引诱不满14周岁的幼女卖淫的，由于被害人年幼无知，缺乏独立的判断能力和自我保护能力，故不应再适用一般的引诱他人卖淫罪的规定处罚，而应适用独立的引诱幼女卖淫罪予以定罪量刑。

引诱幼女卖淫罪是指引诱不满14周岁的幼女卖淫的行为。引诱是行为人用金钱、物质或其他利益作为诱惑手段，拉拢、引导、诱惑没有卖淫意愿的幼女进行卖淫的行为。行为人在应当知道或者可能知道对方是不满14周岁幼女的情况下，仍实施该行为，不仅侵犯了治安管理秩序，而且侵犯了幼女的身心健康，社会危害性较大，刑法规定了比普通引诱卖淫罪更加严厉的法定刑予以惩处。

嫖宿幼女罪是指嫖宿不满14周岁幼女的行为。嫖宿幼女是以交付金钱或者其他财物为代价，与卖淫幼女发生性交，无论嫖客是否知道自己嫖宿的是未满14周岁的幼女，均构成本罪。但必须以对方主动或自愿卖淫为前提；如对方并不是主动或自愿卖淫，行为人采用强迫手段与之发生性交的，则成立更为严重的奸淫幼女罪。本罪与奸淫幼女罪的区别在于本罪表现为用金钱收买不满14周岁卖淫幼女肉体的行为，主要侵犯了社会管理秩序；而奸淫幼女罪则是利用幼女的年幼无知采取欺骗等手段，奸淫幼女从而侵害幼女的身心健康。

对于严重侵害妇女权益的犯罪行为，我国不仅在刑事实体法中详尽地规定了其法定犯罪构成和法定刑，还在刑事诉讼程序中予以规制。在广大妇女的权益受到犯罪行为的侵害时，绝大多数情况下，被害妇女应该到公安机关报案，控告犯罪行为，要求公安机关保护自己的合法权益；在妇女遭到国家机关工作人员利用职权实施的非法拘禁、非法搜查等侵犯其人身权利等犯罪行为的侵犯时，有权直接向检察院提起控告；在特定情况下，被害妇女及其法定代理人或近亲属也可直接向人民法院提起刑事诉讼，这样的自诉案件有：（1）告诉才处理的案件。包括侮辱罪、诽谤罪、暴力干涉婚姻自由罪、虐待罪、侵占罪。(2) 被害人有证据证明的轻微刑事案件。(3) 被害人有证据证明对被告人侵犯自己人身、财产权利的行为依法应当追究刑事责任，而公安机关、检察院不予追究的案件。我国对妇女权益的刑事保护不仅全面、充分，而且结合我国的现实情况，具有较强的针对性和实践性。

第 二 编

热点问题的法律咨询

热点问题1　妇女的哪些权益受《妇女权益保障法》保障?

《妇女权益保障法》第二条明确规定:"妇女在政治的、经济的、文化的、社会的和家庭的生活等方面享有与男子平等的权利。""国家保护妇女依法享有的特殊权益,逐步完善对妇女的社会保障制度"。结合条文,妇女的下列具体权益受《妇女权益保障法》保障:

(1)政治权利:突出对妇女参政议政的保障。

(2)文化教育权益:突出对女性儿童、少年入学的保障。

(3)劳动权益:突出对妇女就业的保障。

(4)财产权益:突出对农村妇女责任田、口粮田、以及批准宅基地等权益的保障。

(5)人身权益:突出了对被拐卖、被强迫卖淫的妇女的保障。

(6)婚姻家庭权益:突出对离婚后妇女住房权益的保障。

热点问题2　《妇女权益保障法》对妇女的自身义务性要求有哪些?

法律保障妇女的合法权益,但法律也只是设置权利,权利不等于现实,权利只提供机会和条件,权利的实现要靠争取与努力。保护妇女的合法权益固然是全社会的职责所在,但是帮助妇女发展不等于代替妇女发展。事物的外因固然很重要,但是内因才是发展变化的源泉。我国妇女解放与发展的事业归根结底要靠妇女自身素质的提高。正因如此,《妇女权益保障法》在第六条中明确规定:"国家鼓励妇女自尊、自信、自立、自强,运用法律维护自身合法权益。""妇女应当遵守国家法律,尊重社会公德,履行法律所规定的义务。"具体来讲,《妇女权益保障法》对妇女的自身义务性要求主要体现在以下方面:

(1) 妇女应努力发扬“四自”精神，实现自我价值。自尊，体现了妇女的新的价值观要求。妇女首先要自我充分认识，提高自我驾御能力，尊重自己独立的人格，维护自己的尊严，反对自轻自贱，要把自己看成和男子一样有思想，有能力，有才干的独立的个体，巾帼不输于须眉。自尊是自信、自强、自立的内在力量和前提条件。自信，则体现妇女有信心、有理想，相信自己的力量，坚定自己的信念，反对妄自菲薄。要求妇女对自己的能力要有一个正确、肯定的判断，不必在男子面前甘拜下风。在各个方面，妇女都应坚信自己会做的和男子一样好，甚至更会发挥自身特性，做得更胜一筹。自立，体现了妇女独立自主的意识，体现自己的社会价值，反对依附顺从。妇女走出家庭，经济地位的独立，将逐步改变对家庭对男子的依赖，妇女应作为独立的个体走入社会，和男子拥有平等的权利。自强，体现了妇女积极向上，顽强的竞争意识，反对自卑自弱。面对挫折与困难，妇女应当以顽强的毅力和不挠的斗志去战胜、去克服。坚定的做事业与生活的强者，用事实来证明女人并非弱者。“四自”精神是具有鲜明中国特色的新时代女性意识，它的意义在于唤起女性意识的觉醒，促使广大妇女为社会主义市场经济建设做出贡献。广大妇女只有做到“四自”，才能成为真正的新时代的女性，才能得到社会的公认与赞誉。

(2) 广大妇女要努力学法、知法、懂法、守法，学会运用法律的武器来保护自己的合法权益。按照《妇女权益保障法》规定，妇女首先应学习法律知识，了解各项法律规定，才能在自己的合法权益受到侵害时，提起反抗，向人民法院提起诉讼，或是向有关部门寻求法律保护。采取各种正当合法的手段来维护自己的权益。另外，妇女还应该遵守国家的各项法律法规，遵守公共道德。国家法律规定了妇女享有的各项权益，但如果妇女本身不守法，触犯法律，不仅会贬低自己的人格，而且会丧失已有的权益，受到法律的制裁。

总之，权利和义务总是相一致的，妇女首先应认真履行自己应尽的义务，才能充分享有自己的合法权益。

热点问题3 国家为什么要逐步完善对广大妇女的社会保障制度？

所谓对妇女的社会保障制度，是指国家权力机关和国家行政机关制定的，有关保护妇女权益的法律、法规及各种具体规章制度的总和。《妇女权益保障法》是一部确认和保障妇女权益的基本法律，它的诞生对我国妇女权益的保障有着深远的意义和影响。尽管如此，从纵的方面讲，由于我国处于社会主义初级阶段的社会现实，加之我国幅员辽阔，人口众多，各地区政治、经济、文化发展极不平衡，妇女权益的保障问题也有各不相同的特点。从横向来看，妇女权益的保障应包括政治、经济、文化教育、劳动、财产等多方面的权利，《妇女权益保障法》虽有规定，但不能做出过于详细的，具体的规定。因此，国家需要进一步制定法律法规并辅之于政策，完善对妇女的社会保障制度。1996年3月17日，八届人大四次会议提出要制定相应的政策，以切实保护妇女、未成年人、老年人、残疾人等社会群体和优抚救济对象的合法权益。《中国妇女发展纲要》把“在全国城市基本实现女职工生育费用的社会统筹”作为主要目标之一。《母婴保健法》提出“国家发展母婴保健事业，提供必要原料和物质帮助为母亲和婴儿获得医疗保健服务”，并且一些单位试行了妇女的生育费补偿制度、生育保险制度、生育费用社会统筹制度。随着我国经济的发展和人民生活水平的提高，一些妇女权益保障的制度将不断完善和发展，我国的人权事业也将会得到不断的改善与进步。

热点问题4　有关国家机关在保障妇女权益方面应当尽到哪些责任？

妇女权利包括政治、经济、文化各个方面，而广大妇女又活跃于社会生产和生活的各个方面。妇女权利内容的广泛性和主体的广泛性决定了保障妇女权利的工作涉及到国家的各有关部门和社会的方方面面。可以说，保障妇女的合法权益是全社会的职责所在，而国家机关的职责尤其重要，担当着不可或缺的角色，通过国家各个机关的分工协作，以及对国家法律政策的贯彻执行，来保障妇女的合法权益。各主要机关在保障妇女的合法权益方面的具体职责如下：

(1) 国家权力机关。根据我国宪法的规定，全国人民代表大会及其常务委员会是我国的最高国家权力机关。各省、自治区、直辖市的各级人民代表大会及其常务委员会是地方各级最高权力机关。权力机关在保障妇女的合法权益方面主要有以下职责：一是根据宪法和我国的实际情况，制定颁布有关保护妇女权益的法律、法规，并根据需要，对现行法律中的有关妇女权益的内容进行修改与完善。二是监督宪法及有关保护妇女权利的法律的贯彻执行，监督其他国家机关和工作人员保障妇女权利的工作，依法免除和决定免除侵犯妇女权益的国家机关工作人员。

(2) 国家行政机关。国家行政机关也称国家管理机关，主要是指国务院和地方各级人民政府。行政机关是法律的具体执行机关，其主要职责包括：一是依据宪法和法律，制定和修改有关保护妇女权益的行政法规，发布有关决定和命令；二是根据实际需要，制订各种有关保护妇女权益的发展计划和行政措施；三是执行宪法和法律，并根据法律的要求，领导、管理和实施国家在各个领域中的妇女权益保障的具体工作；四是各行政主管部门依据法律、法规的规定的权限，管理好本部门、本行业中有关妇女的具体事务。

（3）国家司法机关：国家司法机关是行使国家司法权力的机关，是人民法院、人民检察院和公安机关的总称。司法机关在保障妇女权益工作中的职责不仅直接，而且极为重要。人民法院是我国的审判机关，它按照法定的程序，正确的执行和适用法律，审理和判决各类侵犯妇女权益的案件，对各种违法犯罪分子给予惩处。人民检察院是国家专门的法律监督机关，它对人民法院和公安机关的审判和侦察活动进行监督和检查，对于国家机关及国家机关的工作人员利用职权或因渎职侵犯妇女的合法权益的行为进行监督、检查，对各种违法犯罪分子向人民法院提起诉讼。检察机关通过行使检察权，保障妇女权利的充分实现。公安机关是担负国家的社会治安保卫职能的专门机构，它通过自己的工作来预防和减少犯罪，维护妇女的合法权益。总之，人民法院、人民检察院和公安机关相互配合，相互协助，以保障妇女法律的有效实施。

（4）国家宣传机关。我国的宣传机关和新闻单位，是党和政府领导下的担负宣传职能的专门机关。它们在保护妇女权益方面的职责有：一是广泛地进行法制宣传，使广大公民尤其是妇女知法、懂法、守法，提高全社会维护妇女权益的积极性。同时使广大妇女树立自我保护意识，懂得用法律作为武器，来保护自己的合法权益不受损害。二是向全社会进行马克思主义妇女观的宣传，深入宣传男女平等的原则，使广大公民消除“男尊女卑”的旧观念，形成全社会男女平等的社会思想。并根据法律要求国家有关机关按照各自的职权范围，努力创造各种条件，在相互配合、密切协作的基础上，切实保护好妇女的合法权益。

热点问题 5　国家设置了哪些保障妇女权益的协调机构？

保障妇女权益必须有组织上的保障，否则就有可能落空。从国外立法来看。国际上已有 100 多个国家在政府中设置了妇女部，或是妇女权利保障委员会等实体性的专门机构。其职责便是通过行政职权保证全社会对法律的遵守。从国内来看，1990 年 2 月，国务院设立了妇女儿童工作协调委员会以后，一些省、自治区、直辖市如上海、内蒙古等也已经建立了由立法、司法、行政各方面参加的监督协调执行妇女权益地方性法规的专门机构。因而，在制定妇女权益保障法时，是否参考国内外经验，在政府中设立各级妇女权益保障委员会作为政府的一个职能部门，被提上议事日程。考虑到我国实际，在目前的条件下，设置一套实体性的专门机构的客观条件尚且不足，而且保障妇女权利的具体职责是分散在各有关部门中的。因此，《妇女权益保障法》总则第 4 条对机构问题做了如下的规定："国务院和省、自治区、直辖市人民政府，采取组织措施，协调有关部门做好妇女权益的保障工作。具体机构由国务院和省、自治区、直辖市人民政府规定。"由此可见，关键在于各部门各尽其责，保证落实的问题。因此，通过设置协调机构，一方面要求各级人民政府必须采取一定的组织措施，认真协调有关部门作好贯彻落实《妇女权益保障法》的工作。另一方面暂且不作一些硬性的规定，而是授权各级人民政府自行决定。这样，既不影响妇女权益的保障工作，使其有组织上的可靠保障，同时对我国将来成立专门妇女权益保障机构又起到了指导作用，也使《妇女权益保障法》具有更大的可行性。

热点问题 6　各级妇联在保障妇女权益方面应承担哪些职责？

妇联是全国各族各界妇女在党的领导下，为争取妇女解放而联合起来的群众组织，现阶段，成为党领导之下代表和维护全国各族各界妇女利益的社会团体，是党和政府联系全国妇女群众的纽带和桥梁。保护妇女合法权益不受侵害，是各级妇联的根本宗旨。成立于1949年3月的中华全国妇女联合会（简称“全国妇联”）是妇联中最大的组织，很多其他全国性的、地区性的或行业性的妇女组织（如女律师协会、女法官协会、女企业家协会、女职工委员会、女科枝工作者联谊会、女作家协会、女新闻工作者协会等）以团体会员的形式，加入全国妇联。全国妇联拥有十分健全的工作网络，地方各级都成立了妇女联合会，各基层也都设有妇女委员会。现在，全国已有5800多个群众性的妇女组织。

《妇女权益保障法》第5条第1款规定：“中华全国妇女联合会和各级妇女联合会代表和维护各族各界妇女的利益，做好保障妇女权益的工作。”依此规定，妇联在维护和保障妇女权益方面的重要职责和作用包括：

（1）代表和维护妇女权益，促进男女平等；团结妇女在社会主义现代化建设中发挥作用；

（2）对妇女进行“四自”教育和法制宣传，组织动员妇女参加文化技术学习，提高妇女素质；

（3）参与有关妇女儿童法律、法规、条例的制定；

（4）培养妇女干部并向有关部门推荐；

（5）主动协调有关政府部门、司法部门、社会团体、企事业单位，保障妇女权利的充分行使；

（6）接受被害妇女的投诉，并要求有关部门或单位依法查处；

（7）当妇女合法权益受到他人的非法侵害或妇女与他人发生纠纷时，妇联有权调解纠纷。

热点问题7　工会在保障妇女权益方面应承担哪些职责？

在我国，工会是党领导下由职工自愿结合的工人阶级的群众组织。工会的基本任务之一，就是在维护全国人民总体利益的同时，维护职工的合法权益。中华全国总工会女职工委员会成立于

1990年12月，它是在中华全国总工会领导下团结和带领全国广大女职工参加国家建设，维护女职工权益的女职工组织。目前，全国县级以上各级工会都成立了女职工委员会。

《妇女权益保障法》第5条第2款规定："工会、共产主义青年团，应当在各自的工作范围内，做好保障妇女权益的工作。"依此规定，工会及其女职工委员会在维护和保障妇女权益方面的重要职责和作用包括：

(1) 参与维护女职工合法权益的法律、法规、政策的制定，并监督、协助有关部门贯彻实施；

(2) 对女职工的特殊权益和其他权益方面问题进行调查研究，提意见建议；

(3) 引导女职工树立自尊、自信、自立、自强精神，提高自身素质，促进女职工人才的成长；

(4) 协助各级妇联作好各项工作，向一切歧视、虐待、侮辱、迫害女职工的行为作斗争，以维护女职工的合法权益。

(5) 发现与培养妇女干部，并向各级党组织和有关部门推荐妇女干部。

热点问题8　我国妇女参与国家事务管理的内容、途径和形式如何？

我国妇女享有广泛的政治权利，其中最根本，最核心的是参加管理国家的权利。《宪法》第2条规定："中华人民共和国的一切权利属于人民"。为贯彻落实宪法的这一原则，《妇女权益保障法》第9条明确规定："妇女有权通过各种途径和形式，管理国家事务，管理经济和文化事业，管理社会事务。"妇女主要通过下列途径和形式来行使管理国家的权利：

(1) 妇女作为国家的主人，她们有权以选举、监督、罢免人民代表大会的代表这一途径和形式，通过国家权利机关管理国家事务；

(2) 妇女自己作为人民代表大会代表时，可以通过行使表决权、提出各项议案、对国家行政机关、司法机关及公职人员提出质问并要求答复等方式参与国家事务管理；

(3) 妇女有权选举、监督、罢免国家公职人员或通过担任国家公职人员的途径和形式直接参加国家事务管理；

(4) 妇女有权通过言论、出版、集会、结社、游行、示威等途径和形式，发表自己的意见和建议，参加国家的政治活动和社会活动。

(5) 我国广大妇女还有权通过工会，青年联合会，妇女联合会等组织形式，依法参加国家事务的管理。这是因为我国妇女占人口的半数，不可能人人都参加国家权力机关和其他国家机关的管理工作，而以其他途径和形式进行国家各项事务的管理，同样必不可少。

(6) 妇女也可以通过新闻媒介等途径关心国家大事，积极参政议政，对国家和社会各项事务进行民主管理和民主监督。

《妇女权益保障法》第 9 条的规定，充分保障了广大妇女都能够参加国家事务管理工作，并进一步扩大了妇女的政治权利。

热点问题 9　妇女应当怎样正确行使选举权？

选举权是指公民有权按照自己的意愿选出自己的代表，组成全国的和地方的各级人民代表大会的权利。被选举权是指公民有被选举为全国和地方各级人民代表大会代表的权利。行使这项权利是我国人民参加国家政治生活，管理国家事务的重要途径。广大妇女作为国家的主人应当正确行使自己的这一权利：

(1) 在选举前，首先要进行选民登记，根据《选举法》的规定，每次选举前，选举委员会都要对选民进行登记，在选民登记册上登记的人才有资格参加选举，未登记者，不得参加选举。

（2）要采用无记名的方式进行投票。也就是说在投票选举时，不要在选票上记载自己的姓名，而应当秘密投票。这是我国《选举法》第36条第一款的明确规定，这一规定反映了我国社会主义民主的本质要求。

（3）广大妇女在选举时要自由地、真实地进行投票。《选举法》第37条规定："选举人对于代表候选人可以投赞成票，可以投反对票，可以另选其他任何选民，也可以弃权。"因此，妇女在投票选举时，应当完全按照自己的真实意思，选出自己最拥护、最信赖的人作为人民代表大会的代表，代表自己参政议政。

（4）选举期间如果外出，应当书面委托其他选民代为投票，比如委托自己的同事、朋友等代自己投票，而不要轻易放弃自己的选举权。

（5）自己不能书写选票的妇女，可以委托他人代为书写。比如文盲、半文盲的妇女或老年妇女都可以委托他人代为书写选票。

（6）妇女在投票选举时，只能投属于自己的一票，没有经过别人的委托，不要随意代替他人投票。

（7）投票结束后，妇女有权向选举委员会了解选举的结果。

热点问题10　为什么说应适当提高各级人大妇女代表的比例？

所谓妇女代表的比例是指妇女代表在全国各级人民代表大会中所占数量的多少及与其他各方面代表的比例关系。我国《选举法》第13条第2款规定：全国人大代表的名额不超过3000人，名额的分配由全国人大常委会根据情况决定。在分配代表名额时，既要符合法律的原则，又要考虑到具体的实际情况。因此，历届全国人大代表中，妇女代表都占有一定数量和相当的比例，但是，由于重男轻女的传统观念的影响，妇女参政经常受到不法歧视，妇女代表在产生过程中，不但数量少，而且困难大。为了促进男女平等，调动各族各界妇女的积极性，让她们走向施展自己各种才能的广阔舞台，向社会向世界展示妇女的风采。《妇女权益保障法》第10条第2款规定："全国人民代表大会和地方各级人民代表大会的代表中，应当有适当数量的妇女代表，并逐步提高妇女代表的比例。"这对于妇女代表占一定的比例是一种有力的法律保障。

人大妇女代表比例的提高是整个妇女参政运动的重要部分，它可以反映我国妇女参政的程度，也可以反映出人民代表大会制度在中国民注政治生活中完善的程度。这就要求全国各地在选举时，应当按照法律的要求，根据当地的实际情况，确定妇女代表应占的比例，并采取相应的组织措施，以确保有一定数量的妇女当选人大代表。以完善人民代表大会制度，加快我国的民主化进程，也与妇女的数量和不断提高的社会地位相适应。

热点问题11　女人大代表享有哪些权利？

《妇女权益保障法》第10条第2款规定："全国人民代表大会和地方各级人民代表大会的代表中，应当有适当数量的妇女代表，并逐步提高妇女代表的比例。"妇女参政是妇女政治权利的重要体现，人民代表大会中女代表占有适当比例是妇女参政的重要保证。在九届全国人民代表大会中，妇女代表的人数已占代表总数的21.8%，人民代表大会是国家的权力机构，女代表通过参加人民代表大会，行使人民代表的权利，反映妇女的意愿，代表妇女行使对国家进行管理的权利，反映妇女社会主人翁的地位。

女人大代表在人民代表大会开会期间享有下列权利：(1) 提出议案；(2) 提出批评和建议；(3) 提出询问和质询；(4) 审议权；(5) 参加选举和决定；(6) 行使罢免权；(7) 行使调查权；

(8) 表决权。

女人大代表在人民代表大会闭会期间享有下列权利：(1) 视察；(2) 参加代表小组活动；(3) 列席有关会议。

热点问题12　如何保障女人民代表行使职权?

人民代表是人民的代言人，代表人民行使庄严、神圣的权利，为保障人民代表大会代表行使权利，还应有相应的保障代表行使权利的措施，主要有：

(1) 言论免责权；代表在人民代表大会各种会议上的发言和表决，不受法律追究。保证人民代表畅所欲言，真实、充分的反映人民的呼声，为国家的发展、建设献计献策。

(2) 人身特别保护权；县级以上的各级人民代表大会代表，非经本级人民代表大会主席团许可，在本级人民代表大会闭会期间，非经本级人民代表大会常务委员会许可，不受逮捕或者刑事审判。如果因为是现行犯被拘留，执行拘留的机关应当立即向该级人民代表大会主席团或者人民代表大会常务委员会报告。对县级以上的各级人民代表大会代表，如果采取法律规定的其他限制人身自由的措施，应当经该级人民代表大会主席团或者人民代表大会常务委员会许可。乡、民族乡、镇的人民代表大会代表，如果被逮捕、受刑事审判、或者被采取法律规定的其他限制人身自由的措施，执行机关应当立即报告乡、民族乡、镇的人民代表大会。

(3) 履行职权的专门保护。①时间上，代表在本级人民代表大会闭会期间，参加由本级人民代表大会或者其常务委员会安排的代表活动，代表所在单位必须给予时间保障。②经济上，代表依法执行代表职务，其所在单位按正常出勤对待，享受所在单位的工资和其他待遇。无固定工资收入的代表执行代表职务，根据实际情况由本级财政给予适当补贴。代表的活动经费，应当列入本级财政预算。③各级人民代表大会常务委员会为代表行使权利提供条件；包括与代表保持联系，为代表执行代表职务提供必要的条件，各级人民代表大会常务委员会的办事机构应当为代表执行代表职务提供服务。④少数民族代表执行代表职务时，有关部门应当在语言文字、生活习惯等方面给予必要的帮助和照顾。

热点问题13　国家积极培养和选拔妇女干部有何重要意义?

妇女干部是指在党的组织、国家机构、军队和人民团体、企事业单位担任一定的领导工作或管理工作的女性公职人员。我国《宪法》明确规定：国家积极培养和选拔女干部。《妇女权益保障法》更进一步规定："国家积极培养和选拔女干部。国家机关、社会团体、企业事业单位在任用干部时必须坚持男女平等的原则。重视培养、选拔女干部担任领导成员。"这在世界各国的法律中是独一无二的，它有着极为重要的意义：

（1）它反映了我国的国家本质，是社会主义制度的必然要求。我国的国体是人民民主专政的社会主义制度。人民是国家的主人，拥有管理国家事务的权利。而广大妇女是人民中的一部分，与男子享有同等的地位和权利，包括担任国家干部的权利。这不仅反映了国家积极鼓励妇女行使参与政治的权利，也体现了党和国家对广大妇女的关怀和妇女权益的高度重视。

（2）有利于推动妇女解放事业的发展。妇女干部都是广大妇女中的优秀分子，她们有着较高的政治觉悟、理论水平、较强的业务能力和组织才干。她们更为了解广大妇女的愿望和需求，对妇女权益的保障更有发言权。她们是沟通党和人民群众的桥梁，是调动妇女积极性的纽带。因此，国家积极培养妇女干部不仅有利于妇女干部事业的发展，而且有利于推动妇女的解放事业的发展。

(3) 有利于进一步保障实现妇女的政治权利。妇女担任国家的领导干部是保障妇女实现其政治权利的重要途径和方法。“不在其位，不谋其政”，不重视培养妇女干部，将使妇女永远处于政治之外，

总之，《妇女权益法》的这一规定，将有助于提高全社会对这一问题的重视与注意，各部门通过有计划的多种途径进行培养，并及时把那些德才兼备的妇女选拔到领导班子中来。

热点问题 14　国家为什么应当重视培养和选拔妇女干部担任领导成员？

《妇女权益保障法》第 11 条第 2 款规定：“国家机关，社会团体，企业事业单位在任用干部时必须坚持男女平等的原则，重视培养、选拔女干部担任领导成员。”妇女进入国家各级领导班子人数的多少和参与决策和管理的程度，是衡量妇女政治地位和社会地位高低的一个标志，也是衡量妇女解放和社会进步程度的一个重要尺度。新中国成立以来，国家一直都非常重视培养妇女干部，并取得了显著的成绩。但是仍存在着不少问题：

(1) 女干部在各级领导班子中的比例还很低；

(2) 女领导干部队伍中存在着众所周知的“三多”问题：职务低的多——领导干部层次越高，女性比例就越小；从事辅助性工作的多——女领导干部大多管的都是卫生、民政、文化、计划生育、体育等部门的工作；担任副职的多——全国女领导干部 80% 以上都是担任副职；

(3) 女领导干部后备力量不足，青黄不接现象严重。

总之，广大妇女在几千年的封建社会中受到压迫与歧视，新中国成立以来，虽然获得了与男子平等的政治地位，但两者的起跑线并不一样。一方面，社会对妇女的偏见仍然很深，传统观念中“政界是男人的天下，女人不得介入”依然存在于人们的头脑中；

另一方面,妇女自身也难以彻底摆脱传统思想和旧观念的束缚。在这种不公平的竞争状况下,就必须首先强调竞争条件的平等。《妇女权益保障法》就是从法律上强调社会各部门、各单位在选拔领导干部时,要对女干部给予特别的重视和倾斜。使更多的妇女干部走上领导岗位,这无论是对保障妇女的参政权,还是提高人们对妇女参政重要性的认识,以及对调动广大妇女参与国家事务管理的积极性,推动整个社会的文明和进步,都是极为必要的。

热点问题 15　国家为什么要高度重视培养和选拔少数民族妇女干部?

我国是一个多民族国家，汉族占全国人口的绝大多数。由于历史的原因，少数民族聚居或散居在边远或边疆地区，地理、自然环境较差，人民的生活水平、文化水平较低，特别是少数民族地区的妇女，受封建思想的毒害较大，很少能够接受文化教育，文盲、半文盲较多。她们很少能够了解外面的情况，更谈不上参与管理国家和社会事务，严重制约和阻碍了当地少数民族地区的经济、文化发展。新中国成立后，国家制定了符合我国国情，有利于少数民族地区政治、经济发展的民族政策，特别是对保障少数民族妇女权利做出了一些特别规定，例如在各级人民代表大会中要有一定比例的少数民族妇女代表。党和政府还特别重视和培养少数民族妇女干部，其目的是为了提高少数民族妇女的政治地位，使少数民族妇女真正成为国家的主人，有更多的机会参与管理国家和社会事务。通过培养少数民族妇女干部，还可以促使少数民族地区更加重视妇女的教育，提高少数民族妇女整体的文化程度，从而提高整个少数民族同胞的素质，促进当地的政治、经济发展，提高少数民族地区生活水平，使广大少数民族同胞能够安居乐业，为巩固我国的边防做贡献。同时，培养少数民族妇女干部，可以使党和国家制定的一系列方针、政策，特别是少数民族政策在少数民族地区得到很好的贯彻、执行，使少数民族地区也更加稳定，从而为国家的政治稳定、经济繁荣、民族团结做出贡献。因此，重视和培养少数民族妇女干部非常有现实意义。

热点问题 16　各级妇联组织及其团体会员可以向国家推荐女干部吗？

我国社会主义市场经济的发展，科技的腾飞，人民的幸福，国家的富强，需要培养一大批优秀的女干部，“千里马常有，而伯乐不常有”。为广开门路，不拘一格选拔有为的女干部，除了有关部门（组织、人事）在其职责范围内努力培养和推荐女干部外，各级妇联及其团体会员在推荐女干部的作用上举足轻重。原因在于：各级妇联及其团体作为党和国家联系妇女群众的桥梁和纽带，肩负着代表和维护妇女利益的责任；同时，在代表和维护妇女利益过程中，各级妇联及其团体对于女干部后备人才最为了解，最有发言权。

《妇女权益保障法》第12条规定：“各级妇女联合会及其团体会员，可以向国家机关、社会团体、企业事业单位推荐女干部。”由此可见，对于那些德才兼备、符合国家选拔干部标准的妇女，各级妇联和团体会员可以向国家机关、社会团体、企事业单位介绍、推荐，这既是各级妇联和团体会员法定的职权，也是法定的责任。各用人单位应当综合考虑被推荐的妇女的业务水平，知识素质，并根据工作需要，对够条件的应当适当安排。不要轻描淡写，简单应付了事。

热点问题 17　适龄女性儿童、少年延缓入学或免予入学的法定条件有哪些？

义务教育，是指依照法律规定对一定年龄段的儿童、少年强制实施一定年限的学校教育。根据《中华人民共和国义务教育法》第五条规定：“凡年满六周岁的儿童，不分性别、民族、种族，应当入学接受规定年限的义务教育。条件不具备的地区，可以推迟到七周岁入学。”《妇女权益保障法》第17条第2款规定：“除因疾病或者其他特殊情况经当地人民政府批准的以外，对不送适龄女性儿童少年入学的父母或者其他监护人，由当地人民政府予以批评教育，并采取有效措施，责令送适龄女性儿童少年入学。”由此可见，对适龄女性儿童、少年实施义务教育，是家长对国家和社会的义务，父母或其他监护人必须使适龄的子女或者被监护人按时入学，接受规定年限的义务教育。适龄女性儿童、少年因疾病或特殊情况，需要延缓入学或者免予入学的，应当由其父母或者其他监护人提出申请，并经当地人民政府批准。如果适龄女性儿童、少年的父母或其他监护人不经批准，擅自延缓或不送女性儿童、少年入学的，当地人民政府应当给予批评教育，并采取有效措施，责令他们送适龄女性儿童、少年按时入学。

热点问题18　为什么国家、社会和学校应提供条件以保障适龄女性儿童和少年接受义务教育？

义务教育是国家法律规定的国民教育。根据《义务教育法》的规定，国家、社会和学校有义务提供条件，使每个中国儿童和少年都能受到法定年限的义务教育。《妇女权益保障法》第17条第三款规定：“政府、社会、学校应针对适龄女性儿童少年就学存在的实际困难，采取有效措施，保证适龄女性儿童少年受完全当地规定年限的义务教育。”这些规定，强调了国家、社会、学校和家庭保障适龄女性儿童、少年受教育的义务。教育关系到国家的昌盛，人民的富强，民族的兴旺。保障儿童和少年受教育的权利是从根本上提高整个民族的素质和文化教育的水平的需要，孩子是希望，是明天。保障适龄女性儿童和少年接受义务教育是国家、社会、学校为应尽的避免女性儿童和少年因为传统观念和实际的经济困难而失学的不可推卸的法定责任。目前，政府、社会、学校都已采取各种措施来履行自己的责任，例如：设立了各种社会助学金；各银行设立了助学贷款；各个学校都采取了减免各种费用等措施。帮助贫困学生就学，保证适龄女性儿童和少年不至于因为贫困而无法完成规定的义务教育。

热点问题19　政府在扫除妇女文盲、半文盲中应当采取哪些符合妇女特点的组织形式和工作办法？

妇女扫盲是提高劳动者素质，加快社会主义现代化建设的一件大事。也是提高妇女素质，进行妇女解放的一件大事。我国目前文盲约占世界文盲的四分之一。而中国妇女文盲占文盲总数的70%以上。新中国成立以来，扫盲教育取得了很大的成绩。但是问题仍旧不可忽视。我国妇女在全国总人口中占有一半，妇女素质的高低对整个社会的发展进步起着举足轻重的作用。一个文盲妇女很难掌握先进的生产技术，很难接受计划生育。一个不识字的母亲也很难对子女进行良好的家庭教育。长期下去，不但会贻误妇女而且会影响到后代的发展，影响到民族的兴盛。因此，妇女扫盲教育刻不容缓。广大文盲、半文盲妇女有权利接受扫盲教育，提高自身素质，不受任何人的阻挠和干涉。

妇女扫盲应针对妇女自身特点，采取有效的组织形式和工作方法，创造出值得推广的先进经验。

（1）各级组织应当把扫除妇女文盲教育与当地的义务教育的实际情况结合起来。

（2）各级妇联组织处在领导妇女发展工作的第一线，应当认真贯彻执行党和政府的号召，积极协助有关部门开展妇女的扫盲工作。妇联应加强对妇女扫盲工作的领导，具体掌握妇女文盲的数量和程度，搞好思想动员工作，开展各项活动，宣传教育妇女认清文盲危害，积极主动地参加扫盲教育。

（3）有针对性的培训扫盲骨干，编写适合妇女特点的扫盲教材。

(4) 采取全日制、半日制、定日制、早晚制和集中学习、早晚学习、分组学习、送教上门等各种形式开展妇女扫盲工作。

(5) 让妇女在工作中把学文化、学技术、学政治相结合。开展缝纫扫盲班、养猪扫盲班、法律知识扫盲班、家庭知识扫盲班等符合妇女特点的针对性扫盲教育。

热点问题 20　各级学校在教育、管理和设施方面如何采取措施，以保障女性青少年的身心健康?

我国现行的教育行政规范性文件中已有不少关于学校在教育、管理和设施配备等方面保障女性青少年身心健康发展的内容，概括起来大致有以下几个方面：

(1) 关于体育课。高等学校体育课应当按照男、女生分班上课；有条件的中学体育课也应当男、女生分开教学，女生课最好由女教师担任，并要体现女生课的特点。

(2) 关于生理卫生课。各级学校应当加强女性青少年的生理卫生教育。女学生在月经期不安排参加剧烈体育运动和不适宜的生产劳动；女学生应在月经初次来潮之前安排一两次讲座，进行月经期生理卫生教育。

(3)、关于劳动技术课。要根据女性学生的年龄、生理特点和知识水平，选择他们力所能及的、无毒害的、无危险的劳动项目；女性学生参加劳动的时间和强度要适度。

(4) 关于女生宿舍管理。女学生宿舍要实行专人管理、专门制度，加强宿舍安全，防止不法分子混进女生宿舍对女生进行犯罪活动。

(5) 关于医疗卫生设施。各中学及有条件的小学要设立专门的卫生室，配备校医和卫生人员。高等院校设立校医院或卫生所，积极预防和治疗妇女疾病，对学校的妇女卫生进行业务指导和卫生监督；高等院校要有淋浴等卫生设施。

(6) 关于法制课的教育。各级各类学校应当加强法制宣传，让学生知法、懂法、守法，提高法律意识和自我保护意识。尤其要重视女生的法制教育和自卫教育。

热点问题21 如何组织妇女的职业技术培训？

职业技术教育是我国社会主义教育体系的重要组成部分。发展职业技术教育对于提高全体劳动者的思想道德水平和科学文化素质，推动科学技术进步，实现社会主义现代化，都具有重要作用。特别是组织广大妇女掌握劳动技能，参加社会生产劳动，摆脱家庭束缚，获得经济上的自立，将为争取男女平等奠定基础。各级妇联组织应协助各级人民政府和有关部门，积极组织妇女进行职业教育和技术培训。

在农村，各级妇联组织应密切结合“双学双比”活动，因时因地举办种植业、养殖业、加工业及传统工艺等方面的培训班，开展实用技术培训。有条件的地方可以兴办妇女职业技术学校或培训中心，培养妇女技术人才。妇女职业技术培训要与文化教育相结合，分层次进行。

在城镇，各级妇联组织应积极响应全国妇联等11个单位发起的“巾帼建功”活动，号召各条战线的妇女将本职工作、与职业技术培训结合起来，开展“五学”即学政治、学文化、学技术、学科学、学管理活动，全面提高自身素质，为社会主义现代化建设多做贡献。对于暂时息工待业在家的妇女，要积极组织她们参加职业培训，并相应地发展第三产业、社区服务事业，帮助她们尽快重返工作岗位。

热点问题22 在保障少数民族妇女文化教育权方面，各级政府还应该做哪些工作？

新中国成立以来，中央政府和全国妇联组织积极执行了男女平等政策和民族平等政策。使少数民族妇女有了受教育的机会，并随着少数民族妇女文化教育水平的提高，其社会地位、经济地位、婚姻家庭地位等也有了很大提高。目前，中国少数民族妇女教育有以下几方面的发展变化：第一、政府积极贯彻“科教兴国”战略，在各少数民族地区增加投资、扩建民族小学、民族中学、民族中等专业学校，扩大民族教育规模，为少数民族女性提供更多的就学机会，为其享受教育的权利创造条件。第二、基础教育与专业技术教育相结合，为少数民族妇女享受就业权利，充分发挥才华创造条件。近几年来，随着中国高等教育的改革与发展，中国民族教育也有了很大的发展。民族教育的发展为少数民族知识女性队伍的壮大创造了良好的条件。

但是，从总体上说，中国少数民族教育还落后于汉族，少数民族妇女教育落后于少数民族男子教育。具体讲，中国少数民族妇女教育当前存在的问题归纳起来有以下几个方面：一是少数民族妇女中，文盲、半文盲比重很大；二是流动人口中的少数民族妇女所占比例大，但对她们的技术培训跟不上，直接影响到妇女就业和妇女权益的保护；三是从大学生来源来看，少数民族妇女大学生多数是城镇人口，来自农村和牧区的学生较少，贫困地区的女性考入大学的更少；四是有些民族地区重男轻女的现象非常严重，不让女孩上学；五是早婚、早育、多育现象严重，使少数民族妇女家务负担重，没有精力参加文化技术培训；六是少数民族妇女四自（自尊、自信、自立、自强）观念不强，缺乏学习的主动性、积极性；七是有些民族地区对农牧区和贫困区妇女教育重视不够，措施不得力，经费投入也少，各种妇女培训跟不上。

针对当前少数民族妇女文化教育权方面所存在的问题，各级人民政府应当做好以下工作：

（1）中央人民政府和地方各级人民政府都要加大对民族教育

的经费投入，抓好农牧区和贫困地区的基础教育，解决好女性儿童、少年失学和辍学问题。

(2) 各级人民政府要建立少数民族成人女性教育培训基地，进行分类教育培训，并把基地建在少数民族聚集的农牧区、贫困区，以便于这些地区的妇女就地参加培训。

(3) 在各级各类正规学校的招生中，要采取特殊政策，如降分录取等，加大少数民族女性学生的录取比重等。

(4) 要充分发挥各民族院校的优势，在培养高层次女性专门人才的同时，要注重培训各民族地区少数民族妇女骨干。

(5) 要建立少数民族妇女教育研究和管理机构。对少数民族女性教育的状况及存在的问题要及时研究，拿出改进对策，协助政府加强管理，使少数民族妇女教育不断发展。

(6) 各大城市妇联组织要关心流动人口中的少数民族妇女，加强对他们的职业培训及就业指导，并采取有效措施保护她们的权益。

(7) 建议联合国及亚太妇女机构，大力资助中国少数民族妇女研究机构和培训机构，共同开展少数民族妇女教育培训工作，使贫困地区的少数民族妇女早日脱贫致富。

总之，要适应当今世界发展的新形势，加快少数民族妇女教育的进程，就要建立一整套行之有效的教育培训机制，促进少数民族妇女的发展进步。

热点问题23 国家为什么要对女职工实行特殊的劳动保护?

《妇女权益保障法》第25条规定："任何单位均应根据妇女的特点，依法保护妇女在工作和劳动时的安全和健康，不得安排不适合妇女从事的工作和劳动。"国家对女职工实行特殊的劳动保护是居于妇女的生理特征和对妇女的健康保障而设定的。主要原因有以下两点：

（1）妇女在身体结构和生理机能上有别于男性，有着特殊的生理现象，如月经、怀孕、生育、哺乳等，如果不对妇女进行特殊的劳动保护，让他们从事过重的体力劳动或者在恶劣的环境中工作，就会严重损害妇女的身体健康。

（2）妇女不仅是创造社会财富的劳动者，而且还担负着人类自身繁衍的崇高职责，妇女是双重意义上的生产者。所以，妇女的健康状况不仅关系到妇女自身和家庭，而且关系到下一代和整个民族的健康。我国目前实行的计划生育政策，提倡一对夫妇只生一个孩子、晚婚晚育、少生优生等，这对保护妇女的身体健康尤为重要。

热点问题24　什么是国家规定的第三级、第四级体力劳动强度？在我国，女职工禁忌劳动的范围有哪些？

体力强度是由国家规定的是以劳动强度指数来衡量的。劳动指数是由该工种的平均劳动时间率，平均能量代谢率两个因素构成的。劳动强度指数越大，体力劳动强度越大；劳动强度指数越小，体力劳动强度越小。《体力劳动强度级》中规定，指数大于20，小于25为体力劳动强度第三级；指数大于25以上为体力劳动强度第四级。具体衡量工种劳动强度大小，由劳动部安全卫生检测部实地测量计算。

《劳动法》规定，禁止安排女职工从事矿山井下、国家规定的第四级体力劳动强度的劳动和其他禁忌从事的劳动。根据劳动部颁发的《女职工禁忌劳动范围的规定》，女职工禁忌从事的劳动范围包括：

（1）矿山井下作业。

（2）森林伐木、规楞及流放作业。

（3）《体力劳动强度分级》标准中第四级体力劳动强度的作

业，即八小时工作日，平均耗能值为2700大卡/人，劳动时间率为77%，净劳动时间为370分钟，相当于“很重”劳动强度的作业。

(4) 建筑业脚手架的组建和拆除作业；以及电力、电信行业的高处架线作业。

(5) 连续负重（指每小时负重次数在六次以上）每次负重超过20公斤，间断负重每次负重超过25公斤的作业。

(6) 已婚待孕女职工禁忌从事铅、汞、苯、镉等作业场属于《有毒作业分级》标准中第三、四级的作业。

热点问题25　依据我国法律、法规规定，妇女在经期、孕期、产期、哺乳期内享受哪些特殊的劳动保护？

根据我国相关法律、法规规定，女职工在经期、孕期、产期、哺乳期享受如下特殊的劳动保护：

(1) 经期保护。女职工在月经期间，所在单位不得安排其从事高空、低温、冰水作业和国家规定的第三级体力劳动强度的劳动；女职工每班100人以上的单位应当建立妇女卫生室；宣传普及经期卫生知识，建立女职工月经卡。

(2) 孕期保护。女职工在怀孕期间，单位不得安排其从事国家规定的第三级体力劳动强度的劳动和孕期禁忌从事的劳动；不得在正常的劳动日以外延长劳动时间；对不能胜任原劳动的，应根据医务部门的证明，予以减轻劳动量或者安排其他劳动；对怀孕7个月以上（含7个月）的女职工，不得安排其延长工作时间和夜班劳动。

(3) 产期保护。女职工的生产，既包括正常生产，也包括中止妊娠。女职工的产假不得少于90天，包括产前假15天和产后假75天。难产的产妇增加产假15天。多胞胎的产妇，每多生育一个婴儿，增加产假15天。女职工怀孕流产的，其所在单位应当根据医务部门的证明，给予一定时间的产假。女职工产假期间工资应当照发，不得降低其基本工资或者解除劳动合同。女职工非婚生育或计划生育的，不享受上述待遇。

(4) 哺乳期保护。女职工在哺乳未满一周岁的婴儿期间，每班工作期间给予两次授乳时间，每次授乳时间单胎为30分钟，可将两次授乳时间合并使用；对哺乳未满一周岁的婴儿的女职工，不得安排上夜班及加班加点。

单位不得在女职工孕期、产期、哺乳期降低其基本工资，或者解除劳动合同。

热点问题26　妇女在订立劳动合同时应当遵循的原则有哪些？

劳动合同亦称劳动契约，国外通称为雇用合同或雇佣契约。它是劳动者与用人单位在平等、自愿、协商一致的情况下，依法确立劳动关系，明确双方权利和义务的协议。根据我国合同法和劳动法等有关法律的规定，劳动合同要具有法律效力，必须同时具备以下四项条件：一是签订劳动合同的主体合法；二是劳动合同的内容合法；三是经过双方平等、自愿、协商一致；四是双方签订劳动合同时意思表示真实，不存在欺诈、胁迫、乘人之危、显失公平等情况。

劳动合同一经签订，即具有法律效力，双方必须全面依法履行合同。

建立劳动关系的所有劳动者，不论是管理人员，技术人员还是原来所称的固定工，都必须订立劳动合同。根据《劳动法》第17条规定，妇女订立和变更劳动合同，必须遵守的原则主要有：

(1) 合法原则。妇女劳动者与用人单位在订立劳动合同的过程中，无论合同的当事人、内容或形式，还是订立合同的程序，都必须符合有关劳动法律和劳动政策的要求，不得违反法律、行政法规规定的原则，这是依法治国，建立社会主义法治国家的需要。

（2）平等自愿原则，平等是指订立劳动合同时，双方当事人的法律地位平等，都有权选择对方并就合同内容独立地表达具有同等效力的意志，排除任何单位或个人的强制将自己的意志强加于他人之上。

自愿是指合同的订立，应完全出于双方当事人的意愿，任何一方都不得强迫对方接受其意志，双方基于自己的意志自愿地进行各项选择、从而订立合同。除合同管理机关依法监督外，任何第三者都不得干涉合同订立。

对于双方当事人而言，平等是自愿的前提，自愿是平等的体现。平等与自愿是密不可分的。

（3）协商一致的原则，用人单位和妇女之间在订立合同过程中，就有关事项必须双方协商一致，在没有取得一致性意见时，妇女有权拒绝签订劳动合同；同样用人单位也可以拒绝与妇女订立劳动合同。因而，只有协商一致，合同才能够成立。

劳动合同依法订立即具有法律约束力，当事人必须履行劳动合同规定的义务。

热点问题 27　谁有权拟定劳动合同？

劳动合同的订立一般包括确定合同当事人和确定合同内容两个阶段。只有在用人单位与劳动者通过一定方式进行相互选择后，双方才能够进入到拟定劳动合同的程序中。根据劳动部在《关于贯彻执行 < 中华人民共和国劳动法 > 若干问题的意见的通知》中规定，用人单位与劳动者签订劳动合同时，劳动合同可以由用人单位拟定，也可以由双方当事人共同拟定。用人单位在与劳动者在就劳动合同订立的现实操作中，一般是用人单位向劳动者提出拟定的劳动合同草案，同时必须向劳动者介绍本单位的内部劳动规则。用人单位与劳动者就劳动合同草案上的条款可以逐条协商，可就不一致的内容在平等的基础上共同拟定，即劳动者可以提出修改或补充意见以便双方共同协商，但劳动者无权就用人单位内部劳动规则做出修改。双方达成共识后所形成的书面劳动合同，必须经双方当事人的签名盖章方能生效，职工被迫签订的劳动合同或未经协商一致签订的劳动合同为无效劳动合同。

热点问题 28　用人单位违反劳动合同应怎样对女职工进行补偿?

(1) 劳动部制定的《违反 <劳动法> 有关劳动合同规定的赔偿办法》中规定，用人单位有下列情形之一对女性劳动者造成损失的，应赔偿女职工损失：

第一，用人单位故意拖延不订立劳动合同，即招用后故意不按规定订立劳动合同以及劳动合同到期后故意不及时续订劳动合同的；

第二，由于用人单位的原因订立无效劳动合同，或订立部分无效劳动合同的；

第三，用人单位违反规定或劳动合同的约定侵害女职工合法权益的；

第四，用人单位违反规定或劳动合同的约定解除劳动合同的。

(2) 对于女职工，用人单位由上述情形而违反劳动合同的，劳动部制定的赔偿标准是：

第一，造成女性劳动者工资收入损失的，按劳动者本人应得工资收入支付给劳动者，并加付应得工资收入 25% 的赔偿费用；

第二，造成女性劳动者劳动保护待遇损失的，应按国家规定补足劳动者的劳动保护津贴和用品；

第三，造成女性劳动者工伤、医疗待遇损失的，除按国家规定为劳动者提供工伤、医疗待遇外，还应支付劳动者相当于医疗费用25%的赔偿费用；

第四，造成女职工和未成年工身体健康损害的，除按国家规定提供治疗期间的医疗待遇外，还应支付相当于其医疗费用25%的赔偿费用；

第五，劳动合同约定的其他赔偿费用。

热点问题29 用人单位支付经济补偿金的法定情形是什么？

用人单位在下列情形之一出现时，应当向劳动者支付经济补偿金。

（1）经劳动合同当事人协商一致，由用人单位解除劳动合同的，用人单位应根据劳动者在本单位工作年限，每满1年发给相当于1个月工资的经济补偿金，最多不超过12个月。工作时间不满1年的按1年的标准发给经济补偿金。

（2）劳动者患病或者非因工负伤，经劳动鉴定委员会确认不能从事原工作、也不能从事用人单位另行安排的工作而解除劳动合同的，用人单位应按其在本单位的工作年限，每满1年发给相当于1个月工资的经济补偿金，同时还应发给不低于六个月工资的医疗补助费。患重病和绝症的还应增加医疗补助费，患重病的增加部分不低于医疗补助费的50%，患绝症的增加部分不低于医疗补助费的100%。

（3）劳动者不能胜任工作，经过培训或者调整工作岗位仍不能胜任工作，由用人单位解除劳动合同的，用人单位应按其资本单位工作的年限，工作时间每满1年，发给相当于1个月工资的经济补偿金，最多不超过12个月。

（4）劳动合同订立时所依据的客观情况发生重大变化，只是原劳动合同无法履行，经当事人协商不能就变更劳动合同达成协议，由用人单位解除劳动合同的，用人单位按劳动者在本单位工作的年限，工作时间每满1年发给相当于1个月工资的经济补偿金。

（5）用人单位濒临破产进行法定整顿期间或者生产经营状况发生严重困难，必须裁减人员的，用人单位按被裁减人员在本单位工作的年限支付经济补偿金。在本单位工作的时间每满1年，发给相当于1个月工资的经济补偿金。

（6）用人单位解除劳动合同后，未按规定给与劳动者经济补偿的，除全额发给经济补偿金外，还须按该经济补偿金数额的50%支付额外经济补偿金。

（7）用人单位克扣或者无故拖欠劳动者工资的，以及拒不支付劳动者延长工作时间工资报酬的，除在规定的时间内全额支付劳动者工资报酬外，还需加发相当于工资报酬25%的经济补偿金。

（8）用人单位支付劳动者的工资报酬低于当地最低工资标准的，要在补足低于标准部分的同时，另外支付相当于低于部分25%的经济补偿金。

热点问题30　用人单位应当如何支付女职工在法定休假日中加班加点的劳动报酬？

在中华人民共和国境内的国家机关、社会团体、企业事业单位以及其他组织中包括女职工在内的所有职工，依照国家规定实行每日工作8小时、平均每周工作40小时的工时、国家法定休假日休息的制度。国家法定休假日，是指法律、法规规定的劳动者休假的时间，也就是通常所说的法定节假日和休息日，根据《劳动法》第40条的规定，法定节日包括元旦、春节、国际劳动节、国庆节及法律、法规规定的其他休假节日（如女职工在妇女节放假半天）以及法定带薪休假时间（包括探亲假和年休假）。

法定公休日是指每周的星期六和星期日。若用人单位不能实行上述规定的统一工作时间，可以根据实际情况灵活安排周休息日及轮休日，任何单位和个人不得擅自延长职工工作时间。用人单位在上述休假日期间应当依法安排包括女职工在内的所有劳动者休假；因特殊情况和紧急任务确需延长工作时间或加班又不能轮休的，按照国家有关规定支付劳动报酬。

根据《劳动法》第44条规定，有下列情形之一的，用人单位应当按照下列标准支付高于劳动者正常工作时间工资的工资报酬：第一，安排劳动者延长工作时间的，支付不低于工资的150%的工资报酬；第二，休息日安排劳动者工作又不能安排补休的，支付不低于工资的200%的工资报酬；第三，法定休假日安排劳动者工作的，支付不低于工资的300%的工资报酬。这里所称的“工资”，对于实行计时工资的用人单位，是指用人单位规定的其本人的基本工资，其计算方法是：用月基本工资除以月法定工作天数即得日工资，用日工资除以日工作时间即得小时工资；对于实行计件工资的用人单位，是指劳动者在加班加点的工作时间内应得的计件工资。

国家通过法律明确规定，用人单位在法定休假日让职工工作时支付的工资明显高于劳动者正常工作时间工资，旨在限制用人单位延长包括女职工在内的劳动者的劳动时间，以保障劳动者，特别是女性劳动者的身体健康，提高广大劳动者的积极性。

热点问题31 在哪些情况下延长女职工的工作时间不受限制？

根据国家劳动法律、法规的规定，用人单位在正常情况下应当遵守有关劳动时间的规定，不得安排女职工加班加点，但有下列情形之一的，用人单位延长劳动时间不受限制：

（1）在法定节日和公休假日内工作不能间断，必须连续生产、运输或营业的；

（2）必须利用法定节日或公休假日的停产期间进行设备检修、保养的；

（3）由于生产设备、交通运输线路、公共设施等临时发生故障，影响生产和公众利益，必须进行抢修的；

（4）由于发生严重自然灾害或其他灾害，使人民的安全健康和国家资财遭到严重威胁，需进行抢修的；

（5）发生事故或其他原因，威胁劳动者生命健康和财产安全，需要紧急处理的；

（6）为了完成国防紧急生产任务，或者完成上级在国家计划外安排的其他紧急生产任务，以及商业、供销企业在旺季完成收购、运输、加工农副产品紧急任务的。

国家机关、事业单位女职工由于完成紧急任务需要加班加点的，应安排同等时间的补休。不能安排补休的，应当按照法定的标准支付加班加点期间的工资。这是国家通过法律途径限制加班加点、保护女职工合法休息权益的措施。

热点问题32　违反工作时间的规定，用人单位应承担何种法律责任？

《劳动法》第90条规定，延长劳动者工作时间的，由劳动行政部门给予警告，责令改正，并可以处以罚款。罚款的额度则是根据劳动部《违法<中华人民共和国劳动法>行政处罚办法》规定，用人单位未与工会和劳动者协商强迫劳动者延长工作时间的，应给予警告，责令改正，并可按每名劳动者每延长工作时间1小时罚款100元以下的标准处罚。用人单位每日延长劳动者工作时间超过3小时或每月延长工作时间超过36小时的，应给予警告，责令改正，并可按每名劳动者每超过工作时间1小时罚款100元以下的标准处罚。

热点问题 33 女职工探亲的假期应当如何计算？

探亲假，是指法定给予同家属分居两地的职工，在一定时期内与父母或配偶团聚的假期。凡工作满1年，与配偶或父母不在一起居住，又不能在公休假日团聚的女职工，均可享受探望配偶或父母探亲假的待遇。其中的“父母”，对已婚的女职工而言仅指本人的父母，而不包括公婆；若女职工可以与父或母一方在公休假日团聚的，不能享受探望父母的探亲假待遇。

根据我国现行法律、法规，探亲假的假期计算方式主要有：

(1) 女职工探望配偶的,每年给予探亲假1次,假期为30天；

(2) 未婚女职工探望父母的，原则上每年给假1次，假期为20天，如果因工作需要，当年用人单位不能给假，或者职工本人自愿2年探亲1次的，可2年给假1次，假期为45天；

(3) 已婚女职工探望父母的，每4年给假1次，假期为20天。

(4) 凡已实行周期性集中休假制度的职工（如学校教师），应在休假期间探亲，若休假较短，可由本单位适当安排，补足其探亲假天数；

(5) 内地进藏女职工在藏工作达1年半的，其假期一般干部和工人为3个月，县级干部和八级以上工人为4个月，地级以上干部为5个月；

(6) 华侨、侨眷女职工出境探望配偶的，4年以上1次的给假6个月，不足4年的按每年给假1个月计算；未婚归侨、侨眷出境探望父母的，4年以上的给假4个月，3年一次的给假70天，1年或2年1次的，按国内其他女职工同样处理。

热点问题 34 女职工在法定工作时间内依法参加社会活动时的工资应当如何计算？

女职工依法参加社会活动，是我国《劳动法》中规定的法定的应当支付工资的特殊情况。依法参加社会活动是指：行使选举权；当选代表，出席政府、党派、工会、青年团、妇女联合会等组织召开的会议；担任人民法庭的人民陪审员、证明人、辩护人；出席劳动模范、先进工作者大会；《工会法》规定的不脱产工会基层委员会委员因工会活动占用的生产时间等。根据《劳动法》第51条的规定，女职工在依法参加上述社会活动期间，用人单位应当视同其提供了正常劳动而依法支付工资。

热点问题35　在晋职、晋级、评定专业技术职务等方面如何贯彻男女权利平等的原则？

《妇女权益保障法》第23条规定实行男女同工同酬。男女同工同酬的标准即所有劳动者不论性别、年龄、种族、以及非劳动能力因素的差别，一律按照其等量劳动获得等量劳动报酬。女劳动者从事与男性劳动者相同工作时，用人单位应当按同一标准支付其劳动报酬。同工同酬原则是按劳分配原则的体现。

《妇女权益保障法》第24条规定："在晋职、晋级、评定专业技术职务等方面，应当坚持男女平等的原则，不得歧视妇女。"晋升是对劳动者素质能力的具有权威性的评价，劳动者的劳动权利与劳动者利益息息相关。所以，在晋升方面不得以性别为由阻止和剥夺妇女的权利，在同等条件下应一视同仁。

热点问题36　在哪些企业工作的女职工可以实行不定时工作制或综合计算工时工作制？

劳动部于1994年12月14日发布了《关于企业实行不定时工作制和综合计算工时工作制的审批办法》，其中第4条对可以实行不定时工作制企业做出明确规定："企业对符合下列条件之一的职工，可以实行不定时工作制。（一）企业中的高级管理人员、外勤人员、推销人员、部分值班人员和其他因工作无法按标准工作时间衡量的职工；（二）企业中的长途运输人员、出租汽车司机和铁路、港口、仓库的部分装卸人员以及因工作性质特殊，需机动作业的职工；（三）其他因生产特点、工作特殊需要或职责范围的关系，适合实行不定时工作制的职工。”第5条对可以实行综合计算工时工作制的企业做出明确规定：“企业对符合下列条件之一的职工，可实行综合计算工时工作制，即分别以周、月、季、年等为周期，综合计算工作时间，但其平均日工作时间和平均周工作时间应与法定标准工作时间基本相同。（一）交通、铁路、邮电、水运、航空、渔业等行业中因工作性质特殊，需连续作业的职工；（二）地质及资源勘探、建筑、制盐、制糖、旅游等受季节和自然条件限制的行业的部分职工；（三）其他适合实行综合计算工时工作制的职工。”

因此，在上述企业工作的女职工，应当按照《关于企业实行不定时工作制和综合计算工时工作制的审批办法》中的规定，实行不定时工作制或综合计算工时工作制等其他工作和休息办法；企业应根据《劳动法》第一章、第四章有关规定，在保障女职工身体健康并充分听取女职工意见的基础上，采用集中工作、集中休息、轮休调休、弹性工作时间等适当方式，确保女职工的休息、休假权利和生产、工作任务的完成。

热点问题37 女职工与用人单位签订及解除劳动合同时，住房公积金问题应当如何处理？

依照国务院颁布的《住房公积金管理条例》规定，住房公积金，是指国家机关、国有企业、城镇集体企业、外商投资企业、城镇私营企业及其他城镇企业、事业单位、民办非企业单位、社会团体（以下统称单位）及其在职职工缴存的长期住房储金。女职工个人缴存的住房公积金和女职工所在单位为职工缴存的住房公积金，属于女职工个人所有。

女职工与用人单位签订劳动合同并被用人单位录用后，用人单位应当自录用之日起30日内到住房公积金管理中心办理缴存登记，并持住房公积金管理中心的审核文件，到受委托银行为新录用的女职工办理住房公积金事宜：即单位应当到住房公积金管理中心办理住房公积金缴存登记，经住房公积金管理中心审核后，到受委托银行为本单位女职工办理住房公积金账户设立手续。每个女职工只能有一个住房公积金账户。新参加工作的女职工从参加工作的第2个月开始缴存住房公积金，新调入用人单位的女职工，从调入单位发放工资之日起缴存住房公积金，其月缴存额均为女职工本人当月工资乘以职工住房公积金缴存比例，具体缴存比例由各用人单位的住房公积金管理委员会拟定，经本级人民政府审核后，报省、自治区、直辖市人民政府批准。一般而言，女职工和用人单位住房公积金的缴存比例均不得低于职工上一年度月平均工资的5%；有条件的城市，可以适当提高缴存比例。女职工个人缴存的住房公积金，由所在单位每月从其工资中代扣代缴。

当用人单位终止与女职工解除劳动合同时，用人单位应当自劳动关系终止之日起30日内到住房公积金管理中心办理变更登记，并持住房公积金管理中心的审核文件，到受委托银行办理职工住房公积金账户转移或者封存手续。女职工在解除劳动合同后，应当获得的住房公积金数额应当是：女职工本人所缴付的公积金数额+单位为其缴付公积金数额+该账户自存入之日起的利息。在劳动关系存续期间，女职工住房公积金的月缴存额为该职工本人上一年度月平均工资乘以职工住房公积金缴存比例，用人单位为女职工缴存的住房公积金的月缴存额为该职工本人上一年度月平均工资乘以单位住房公积金缴存比例。银行利息按照住房公积金自存入职工住房公积金账户之日起国家规定的利率计算。

热点问题 38 残疾女性就业的法律保障措施有哪些?

《残疾人保障法》第28条规定，残疾人劳动就业，实行集中与分散相结合的方针，采取优惠政策和扶持保护措施，通过多渠道、多层次、多种形式，使残疾人劳动就业逐步普及、稳定、合理。为保障残疾女性的就业，国家在法律中规划了如下的就业方式，从而使残疾人就业途径得以保障。

(1) 兴办福利性企业事业组织，即国家和社会举办残疾人福利企业、工疗机构、按摩医疗机构和其他福利性企业事业组织，集中安排残疾人就业。

(2) 推动各单位吸收残疾女性就业，这是解决残疾女性就业的分散性模式。各级人民政府和有关部门应当做好组织、指导工作。机关、团体、企业事业组织、城乡集体经济组织，应当按一定比例安排残疾人就业，并为其选择适当的工作和岗位。政府有关部门下达职工招用、聘用指标时，应当确定一定数额用于女性残疾人。

(3) 鼓励残疾女性自愿组织起来从业或个体开业。政府有关部门应当在各自职权范围内在残疾女性申领营业执照，办理工商行政管理登记、税务登记、法人代码等程序时尽量提供便捷、高效的服务，并且有关部门还应当在实行税收减免政策，并在生产、经营、技术、资金、物资、场地等方面给予扶持，优先发给营业执照。

(4) 组织和扶持农村残疾女性就业。对于从事各类生产劳动的农村女性残疾人而言，其就业形势比男性更为严峻，因此，有关部门应当在生产服务、技术指导、农用物资供应、农副产品收购和信贷等方面，给予帮助。

(5) 国家保护残疾人福利性企业事业组织的财产所有权和经营自主权，在职工的招用、聘用、转正、晋级、职称评定、劳动报酬、生活福利、劳动保险等方面，不得歧视女性残疾人。对于国家分配的高等学校、中等专业学校、技工学校的残疾女性毕业生，有关单位不得因其残疾而拒绝接收；残疾职工所在单位，应当为残疾女性职工提供适应其特点的劳动条件和劳动保护。

热点问题 39　女士兵享有哪些优待？

现役军人是指具有军籍的、由正在人民解放军或武装警察部队服役的男女军人。包括士兵和军官，士兵又分为义务兵和志愿兵。女士兵享受下列优待：

（1）应当受到社会的尊重，受到国家和人民群众的优待。

（2）革命残废军人乘坐火车、轮船、飞机、长途汽车，优先购票，并按照规定享受减价优待。

（3）义务兵从部队发出的平信，免费邮递。

（4）现役军人参战或者因公负伤致残的，由部队评定残废等级，发给革命残废军人抚恤证。退出现役的特等、一等革命残废军人，由国家供养终身。二等、三等革命残废军人，家居城镇的，由本人所在地的县、自治县、市、市辖区的人民政府安排力所能及的工作；家居农村的，其所在地区有条件的，可以在企业事业单位安排适当工作，不能安排的，按照规定增发残废抚恤金，保障他们的生活。

（5）现役军人牺牲、病故，由国家发给其家属一次性抚恤金。其家属无劳动能力或者无固定收入不能维持生活的，再由国家定期发给抚恤金。

热点问题 40　女军官享受哪些待遇？

军官是指被任命为排级以上职务或者初级以上专业技术职务，并被授予相应军衔的现役军人。军官按照职务性质分为军事军官、政治军官、后勤军官、装备军官和专业技术军官。军官是国家工作人员的组成部分。根据《中华人民共和国现役军官法》，女军官享有下列待遇：

(1) 工资；军官实行职务军衔等级工资制和定期增资制度，按照国家和军队的有关规定享受津贴和补贴，并随着国民经济的发展适时调整。具体标准和办法由中央军事委员会规定。军官按照规定离职培训、休假、治病疗养以及免职待分配期间，工资照发。

(2) 医疗、保险；军官享受公费医疗待遇。有关部门应当做好军官的医疗保健工作，妥善安排军官的治病和疗养。军官按照国家和军队的有关规定享受军人保险待遇。

(3) 住房；军官住房实行公寓住房与自有住房相结合的保障制度。军官按照规定住用公寓住房或者购买自有住房，享受相应的住房补贴和优惠待遇。

(4) 休假；军官享受休假待遇。上级首长应当每年按照规定安排军官休假。执行作战任务部队的军官停止休假。国家发布动员令后，按照动员令应当返回部队的正在休假的军官，应当自动结束休假，立即返回本部。

(5) 家属安置；军官的家属随军、就业、工作调动和子女教育，享受国家和社会优待。军官具备家属随军条件的，经师(旅)级以上单位的政治机关批准，其配偶和未成年子女、无独立生活能力的子女可以随军，是农村户口的，转为城镇户口。部队移防或者军官工作调动的，随军家属可以随调。军官年满五十岁、身边无子女的，可以调一名有工作的子女到军官所在地。所调子女已婚的，其配偶和未成年子女、无独立生活能力的子女可以随调。随军的军官家属、随调的军官子女及其配偶的就业和工作调动，按照国务院和中央军事委员会的有关规定办理。军官牺牲、病故后，其随军家属移交政府安置管理。具体办法由国务院和中央军事委员会规定。

热点问题 41 女士兵退役后应如何安置？

女士兵退役后的安置根据是义务兵还是志愿兵安置办法有所不同：

（1）女义务兵退役后按照从哪里来、回哪里去的原则，由原征集的县、自治县、市、市辖区的人民政府接收安置，具体安置办法如下：

第一，家居农村的义务兵退出现役后，由乡、民族乡、镇的人民政府妥善安排他们的生产和生活。机关、团体、企业事业单位在农村招收员工时，在同等条件下，应当优先录用退伍军人。荣获二等功以上奖励的，按照家居城镇的义务兵退出现役后的规定安排工作。

第二，家居城镇的义务兵退出现役后，由县、自治县、市、市辖区的人民政府安排工作，也可以由上一级或者省、自治区、直辖市的人民政府在本地区内统筹安排。机关、团体、企业事业单位，不分所有制性质和组织形式，都有按照国家有关规定安置退伍军人的义务。入伍前是机关、团体、企业事业单位职工的，允许复工、复职。

第三，城镇退伍军人待安置期间，由当地人民政府按照不低于当地最低生活水平的原则发给生活补助费。

第四，城镇退伍军人自谋职业的，由当地人民政府给予一次性经济补助，并给予政策上的优惠。

第五，义务兵退出现役后，报考国家公务员、高等院校和中等专业学校，按照有关规定予以优待。

第六，在服现役期间患精神病的义务兵退出现役后，视病情轻重，送地方医院收容治疗或者回家休养，所需医疗和生活费用，由县、自治县、市、市辖区的人民政府负责。

（2）女志愿兵退出现役后，安置办法如下：

第一，服现役不满十年的，按照义务兵安置办法实行。

第二，满十年的，由原征集的县、自治县、市、市辖区的人民政府安排工作也可以由上一级或者省、自治区、直辖市的人民政府在本地区内统筹安排。

第三，自愿回乡参加农业生产或者自谋职业的，给予鼓励，由当地人民政府增发安家补助费。

第四，服现役满三十年或者年满五十五岁的作退休安置，根据地方需要和本人自愿也可以作转业安置。

第五，志愿兵在服现役期间，参战或者因公致残、积劳成疾基本丧失工作能力的，办理退休手续，由原征集的县、自治县、市、市辖区的人民政府或者其直系亲属所在地的县、自治县、市、市辖区的人民政府接收安置。

热点问题 42　女职工下岗后的劳动关系有哪些变化？

女职工下岗并不等于失业，她并没有与原用人单位解除劳动关系，但其下岗与其在岗期间，与原用人单位间的劳动关系也会产生一些变化：

（1）下岗女职工仍是原用人单位职工，女职工与用人单位之间的劳动关系并没有解除，双方劳动权利、义务关系仍然存在。

（2）女职工脱离了工作岗位，将被停发工资、奖金等，只能享受规定的基本生活费。

（3）根据劳动部《关于贯彻执行 < 劳动法 > 若干问题的意见》第 6 条规定，用人单位应与其富余人员、放长假的职工，签订劳动合同，但其劳动合同与在岗职工的劳动合同在内容上可以有所区别，用人单位与劳动者经协商一致可以在劳动合同中就不在岗期间的有关事项做出规定。因此，女职工下岗，用人单位仍应与其签订劳动合同，履行为职工缴纳法律规定的各项社会保障费用等义务，并应积极开展对下岗职工进行转业、转岗培训等工作，促进下岗职工的再就业。

(4) 对符合条件的下岗女职工，由当地劳动和社会保障部门通过所在企业再就业服务中心发放“下岗职工证明”。进入再就业服务中心的下岗职工，应与再就业服务中心签订托管协议，明确各方各自责任、权利和义务。托管原则上不超过3年。托管期间，下岗女职工3次无正当理由不接受再就业服务中心介绍的合适其职业的岗位的，或不参加再就业服务中心为其组织的培训，再就业服务中心可以预期提前解除托管协议。

(5) 下岗女职工托管期间实现再就业的，即解除托管关系。托管期满仍未实现再就业的，再就业服务中心应与其终止托管协议。解除和终止托管协议的人员，与企业解除劳动关系。

热点问题43　什么是女职工下岗后的基本生活费标准？

根据国家规定，下岗女职工的基本生活费标准，应按略高于当地失业救济的标准确定，并按适当比例逐年递减，具体递减比例由各地根据实际情况确定，但最低不得低于失业救济标准。养老、医疗、失业保险费用（包括个人缴费部分），以当地上年度职工平均工资的60%为缴费基数，按规定的缴费比例，由再就业服务中心为进入中心的下岗职工缴纳，其中养老、医疗保险费按规定记入个人账户。

热点问题44　进入再就业服务中心应当具备哪些条件？

(1) 进入再就业服务中心的对象主要是：实行劳动合同制度以前参加工作的国有企业正式职工（不含从农村招收的临时合同工），因企业生产经营等客观原因而下岗，但尚未与企业解除劳动关系、没有在社会上找到其他职业的人员。对于实行劳动合同制度以后参加工作且合同期满的人员，可按照《劳动法》和国务院的有关固定终止劳动关系；合同期未满而下岗的女工，也要安排进入再就业服务中心。对符合条件的下岗职工，由当地劳动和社会保障部门通过所在企业再就业服务中心发放“下岗职工证明”；对无故不进再就业服务中心的，不发给“下岗职工证明”。

（2）进入再就业服务中心的条件为：第一，下岗职工及所在的企业要与服务中心签订一份有关托管期间双方权利、义务的合同。第二，双方协商签订基本生活保障和再就业协议，并藉此变更劳动合同，替代劳动合同的相关内容，进入再就业服务中心。对协商不一致、又不愿进中心的，可依法解除劳动关系。

热点问题 45 下岗女职工在再就业服务托管期满时仍然未就业的，其与原企业的劳动关系是否终止？

根据国家规定，包含下岗女职工在内的所有下岗职工，在再就业服务中心的期限不得超过 3 年。3 年期满后仍然未再就业的，便终止了与托管中心的托管关系，不可以继续享受中心给予的待遇。终止托管合同的人员，应当与原企业解除劳动关系，并到当地就业服务机构登记，按照规定申领失业救济。因此，再就业服务中心只是一个下岗职工再就业的过渡场所，对任何一位下岗职工来说，到一定期限后，还是要分流到社会，通过劳动力市场实现再就业。

热点问题 46 女职工下岗后，她们的哪些基本权益应当得到社会的保障？

职工下岗实质上是为企业发展和国家经济建设做出个人的牺牲。全社会应当共同努力维护好女下岗职工的基本权益。

（1）要保障她们的基本生活。国有企业职工虽然因企业生产管理原因而下岗，但却没有完全与企业解除劳动关系同时又没有在社会上找到其他职业，因此，在再就业服务中心托管的 3 年中，再就业服务中心应当保障她们基本的生活费，应当通过各种渠道筹措资金，按时发放，且基本生活保障费的标准应当不低于失业救济标准，同时对未因下岗而导致生活特别贫困的女职工，全社会应当努力伸出援助之手。

(2) 通过国家设置的城镇居民最低生活保障制度，保障下岗女职工基本的家庭生活，并动员全社会的力量，关心帮助她们解决生活和再就业中的实际困难。

(3) 妥善解决他们的劳动关系处理、工龄衔接以及住房、子女上学等方面的实际问题。对生活特别困难的下岗女职工子女就学，经企业、街道出具证明，学校应酌情减免学杂费，具体减免幅度则由各地根据实际情况确定。

(4) 再就业服务中心应当继续为她们交纳各种保险费，提供基本的医疗和养老保险，养老、医疗、失业保险费用（包括个人缴费部分），应当以上年度职工平均工资的60%为缴费基数，其中养老、医院保险费按规定记入个人账户。

(5) 尽可能地为她们提供职业介绍与职业培训，帮助他们提高个人素质和职业技能。再就业服务中心和公共职业介绍机构要积极为下岗女工提供岗位需求信息等服务，职工培训机构也要主动上门，针对市场需要和下岗职工特点，做好再就业培训工作。

(6) 广开就业渠道，做好有组织的分流安置工作，并通过优惠政策，积极鼓励个人自谋职业。

(7) 取缔非法劳务中介，及各种乱收费，保护下岗女职工重新就业后的合法权益。

热点问题47 社区可以为下岗妇女的再就业提供哪些机会？

推进城市社区建设，是改革开放和社会主义现代化建设的迫切要求。按照“十五”计划提出的以市场化、产业化和社会化为方向，扩大就业，加快发展服务业的要求，鼓励和支持下岗女职工在社区组织起来就业和自谋职业，一方面拓展了下岗女职工的就业门路，另一方面也推动了社区服务、社区经济的发展，一举多得。

近年来，在各级妇联积极配合下，开发社区服务，以面向社区、服务家庭、便利群众的社会就业实体纷纷出现，社区服务是下岗女职工再就业的主要领域。根据劳动和社会保障部、国家发展计划委员会、国家经济贸易委员会、财政部、民政部、建设部、中国人民银行、国家工商总局、国家税务总局《关于推动社区就业工作的若干意见》的精神，社区在支持与扶持下岗女职工再就业方面，主要提供以下就业选择：结合社区居民多方面、多层次生活服务的需要，大力开发托幼托老、配送快递、修理维护等便民利民服务岗位，特别是面对居民家庭和个人的家政服务岗位；结合驻社区企业事业单位、政府机关剥离部分社会服务职能的需要，开发物业管理、卫生保洁、商品递送等社会化服务岗位；结合对企业退休人员实行社会化管理的需要，开发健身、娱乐以及老年生活照料等工作岗位；结合社区组织建设、公共管理和公益性服务的需要，大力开发社区治安、市场管理、环境管理等社区工作岗位，特别是开发社区保洁、保安、保绿、车辆看管等社区公益性就业岗位，对下岗职工和失业人员中年龄较大、再就业困难且家庭收入低的人员实施就业援助。

热点问题 48　自谋职业的妇女能获得国家政策上的何种鼓励？

（1）免除及减半征收企业所得税的优惠。根据国务院发布的《国有企业富余职工安置规定》中第 4 条的规定，企业为安置富余职工而兴办的从事第三产业的独立核算企业，自开业之日起 2 年免征、3 年减半征收企业所得税。

（2）接受再就业服务中心等机构的再就业指导与服务。劳动和社会保障部等部委《关于加强国有企业下岗职工管理和再就业服务中心建设有关问题的通知》中指出，再就业服务中心在做好下岗职工基本生活保障工作的同时，要积极促进下岗职工再就业；要组织下岗职工进行职业培训，为下岗职工提供就业指导；要为下岗职工提供岗位需求信息，组织劳务输出；再就业服务中心要主动接受劳动和社会保障部门的工作指导。公共职业介绍机构要积极为再就业服务中心提供岗位需求信息等服务，职工培训机构要主动上门，针对市场需要和下岗职工特点，做好再就业培训工作。各级劳动和社会保障部门要会同有关部门，深入基层，了解下岗职工的困难和问题，切实将促进下岗职工再就业的政策落实到位。

热点问题 49　社区可以为妇女提供哪些参与社会活动的机会？

（1）为广大妇女就业和再就业的机会。妇女在社区内所从事的服务主要是开展面向老年人、儿童、残疾人、社会贫困户、优抚对象的社会救助和福利服务，面向社区居民的便民利民服务，面向社区单位的社会化服务，面向下岗职工的再就业服务和社会保障社会化服务，这种服务不仅在改善居民生活、扩大就业机会方面，而且在建立社会保障社会化服务体系、大力发展服务业等方面将日益发挥积极的作用。

（2）为广大妇女接受再教育或职业教育的提供机遇。社区在提供就业信息的同时也为广大社区中的女性成员提供了充实自身素质、接受职业教育的信息，从而使得广大妇女的学习就有明确的目的性和适应性。

（3）为广大妇女接受各类科学、法制和科学知识宣传的机会。社区利用街道文化站、社区服务活动室、社区广场等文化活动设施，组织开展丰富多彩、健康有益的文化、体育、科普、教育、娱乐等活动；利用社区内的各种专栏、板报宣传社会主义精神文明，倡导科学文明健康的生活方式，从而加强对社区成员，特别是女成员的社会主义教育、政治思想教育和科学文化教育，帮助她们树立“四自”意识，形成健康向上、文明和谐的文化氛围。

(4) 为广大妇女权益维护提供有效保障。在妇女生活遇到困难或权益受到侵害时，包括居委会在内的社区各机构或其他成员多角度的帮助与救助有助于消除对妇女不利的各种因素，维护广大妇女在日常生活中以及婚姻家庭生活中的各项权益，参与这些活动的女性们，不但在参与的过程中实现了自身的社会价值，而且也提高了对权益的维护意识和能力。

热点问题 50　社会保险和保险公司的保险有何不同?

社会保险和公司保险都是一种保险为人们提供的服务，但他们又存在很大的区别：

(1) 在性质上，社会保险是一项福利保障事业，有国家实施组织；而保险公司的保险是以经济效益为目的，由公司和自愿参加保险者以继承契约的方式确定双方关系的一种保险形式。

(2) 在作用上，社会保险是为保障劳动者的基本生活需求，属经济补偿性质；而保险公司保险是对劳动收入的再分配，无论对人还是对物都进行保险。

(3) 在运行机制方面，社会保险的资金来源在于个人出资，集体国家捐助。而后者在于投保人的投保金。权利义务方面，只要社会保险持有者达到规定的条件即可享受基本的保障。而后者。投保越多享受权利越多。

热点问题 51　养老保险、医疗保险、工伤保险、失业保险、生育保险有何区别？企业是否应给女职工上这些保险?

养老保险是指劳动者在年老或因残疾而丧失劳动能力的情况下，定期从企业或社会保险机构领取一定生活费用的制度。有退休、离休、退职三种形式。

失业保险是指劳动者在失业期间，获得一定物质帮助以保障其基本生活的制度。失业救济金由事业保险机构按月发给。领取失业救济金的期限根据失业职工失业前的工龄情况而定，最长不超过两年。

工伤保险是指劳动者因工伤而致负伤、疾病、死亡后，获得经济赔偿和物质帮助的制度。

生育保险是指女职工因怀孕、分娩而不能工作时获得一定物质帮助的制度。包括产假（不少于90天）、医疗服务和产假期生育津贴等三个方面。

残疾保险指劳动者由于患病或非因工负伤时获得一定物质帮助的制度。

以上五种保险在内容上，发放机构，受保障的条件和时间都是不同的，共同构成职工的保障体系。

热点问题52 哪些妇女可以领取国家规定的失业保险金？

失业保险制度是国家为保障失业职工的基本生活并促进其再就业的一项社会保险制度。根据国务院1998年12月通过的《失业保险条例》的规定，城镇企业、事业单位应当将失业人员的名单自终止或者解除劳动关系之日起7日内报社会保险经办机构备案，失业人员应在终止或者解除劳动合同之日起60日内到受理其单位失业保险业务的经办机构申领失业保险金。办理了失业保险金的妇女在具备下列条件时，可以领取失业保险金：

（1）按照规定参加失业保险，所在单位和本人已按照规定履行缴费义务满1年的；

（2）非因本人意愿中断就业的，非因本人意愿中断就业的是指下列人员：终止劳动合同的，被用人单位解除劳动合同的，被用人单位开除、除名和辞退的，根据《劳动法》第32条第2、3项与用人单位解除劳动合同的以及法律、行政法规另有规定的。

(3) 已办理失业登记，并有求职要求的。

同时规定，失业人员在领取失业保险金期间，按照规定同时享受其他失业保险待遇。

上述可以领取失业保险金的人员在领取失业保险金期间有下列情形之一的，则被停止领取失业保险金，并同时停止享受其他失业保险待遇：一为重新就业的；二为应征服兵役的；三为移居境外的；四为享受基本养老保险待遇的；五为被判刑收监执行或者被劳动教养的；六为无正当理由，拒不接受当地人民政府指定的部门或者机构介绍的工作的；七为有法律、行政法规规定的其他情形的。

国家对领取失业保险金人员的规定，可以保障真正失业人员可以得到国家的福利保障，做到专款专用，同时表现出引导失业人员正视现实，努力拓展出路的导向。

热点问题 53 失业保险金的发放期限和标准如何?

办理了申领失业保险金手续的失业人员，根据国务院 1998 年 12 月通过的《失业保险条例》第 17、18 条规定，失业人员失业前所在单位和本人按照规定累计缴费时间满 1 年不足 5 年的，领取失业保险金的期限最长为 12 个月，累计缴费时间满 5 年不满 10 年的，领取失业保险金的期限最长为 24 个月。重新就业后，再次失业的，缴费时间重新计算，领取失业保险金的期限可以与前次失业应领取而尚未领取的失业保险金的期限合并计算，但是，最长不得超过 24 个月。

失业保险金的标准，按照低于当地最低工资标准、高于城市居民最低生活保障的水平，由省、自治区、直辖市人民政府确定。以北京市为例，失业保险金发放标准为本市最低工资标准的 70%至 90%。具体标准为：(1) 累计缴费时间不满 5 年的，按最低工资标准的 70%发放；(2) 累计缴费时间满 5 年不满 10 年的，按最低工资标准的75%发放；（3）累计缴费时间满10年不满15年的，按最低工资标准的80%发放；（4）累计缴费时间满15年不满20年的，按最低工资标准的85%发放；（5）累计缴费时间满20年以上，按最低工资标准的90%发放；（6）从第13个月起，失业保险金一律按最低工资标准的70%发放。上海市的失业保险金的标准为：失业人员第1个月至第12个月未领取的失业保险金标准，根据其缴纳失业保险费的年限确定；第13个月至第24个月领取的失业保险金标准，为其第1个月至第12个月领取标准的80%。

热点问题54　女职工如何根据医疗保险制度支付医疗费和医疗补助金？

国务院1998年下发的《国务院关于建立城镇职工基本医疗保险制度的决定》规定，女职工医疗费用起付标准原则上控制在当地职工年平均工资的10%左右，最高支付限额原则上控制在当地职工年平均工资的4倍左右。起付标准以下的医疗费用，从个人账户中支付或由个人自付。起付标准以上、最高支付限额以下的医疗费用，主要从统筹金中支付，个人也要承担一定比例。超过最高支付限额的医疗费用，可以通过商业医疗保险等途径解决。统筹基金的具体起付标准、最高支付限额以及在起付标准以上和最高支付限额以下医疗费用的个人担负比例，由统筹地区根据以收定支、收支平衡的原则确定。

该决定同时还规定，失业人员在领取失业保险金期间患病就医的，可以按照规定向社会保险经办机构申请领取医疗补助金。医疗补助金的标准由省、自治区、直辖市人民政府规定。各地区根据各自不同的状况，分别制定了失业人员的医疗补助金制度。现以北京为例予以说明。根据《北京市失业保险规定》中第23条的规定，女性失业人员在领取失业保险金期间，患病（不含因打架斗殴或交通事故等行为致伤、致残的）到社会保险经办机构指定的医院就诊的，可以补助本人应领取失业保险金总额60%至80%的医疗补助金，具体标准为：一是累计缴费时间不满5年的，其医疗费补助比例为60%；累计医疗补助金不超过本人应领取失业保险金总额的60%。二是累计缴费时间满5年不满10年的，其医疗费补助比例为65%；累计医疗补助金不超过本人应领取失业保险金总额的65%。三是累计缴费时间满10年不满15年的，其医疗费补助比例为70%；累计医疗补助金不超过本人应领取失业保险金总额的70%。四是累计缴费时间满15年不满20年的，其医疗费补助比例为75%；累计医疗补助金不超过本人应领取失业保险金总额的75%。五是累计缴费时间满20年以上的，其医疗费补助比例为80%；累计医疗补助金不超过本人应领取失业保险金总额的80%。同时还规定，失业人员在领取失业保险金期间患危重病，按前款规定给予补助后，个人及其家庭负担医疗费仍确有困难的，由本人申请，区（县）社会保险经办机构审查，报市社会保险经办机构批准，可给予一次性补助。但补助标准不得超过本人应领失业保险金总额的200%；女性失业人员在领取失业保险金期间，符合国家计划生育规定生育或采取计划生育措施的，可按国家有关规定给予补助。

热点问题55 国家目前为年老、疾病或者丧失劳动能力的妇女获得物质帮助提供了哪些条件？

《妇女权益保障法》第27条规定："国家发展社会保险、社会救济和医疗卫生事业，为年老、疾病、或者丧失劳动能力的妇女获得物质资助创造条件。"这体现了国家对年老、疾病或者丧失劳动能力的妇女提供特殊保护。《劳动法》第70条规定："国家发展社会保险事业，建立社会保险制度，设立社会保障基金，使劳动者在年老、患病、工伤、失业、生育等情况获得帮助和补偿”。第73条规定：“劳动者在下列情况下，依法享受社会保险待遇：退休、患病、负伤、因工伤残或患职业病，失业生育。获得物质帮助主要有社会养老保险金、退休金、患病负伤医疗资助金、事业救济金以及生育补偿金等。”

热点问题56　哪些部门负责处理劳动争议？解决劳动争议的方式有几种？

劳动争议指用人单位与劳动者之间因劳动权利义务发生的纠纷。包括：因开除、除名、辞退职工和职工辞职、自动离职发生的争议；因执行国家有关工资、保险、福利、培训、劳动保护规定发生的争议；因履行劳动合同和集体合同发生的争议等。劳动争议由当事人所在企业的基层调解委员会、地方的各级劳动争议仲裁机构及各级人民法院负责处理。解决劳动争议的方式主要有：当事人之间相互协商解决；当事人所在企业的基层调解委员会调解解决；依法向各级劳动争议仲裁机构申请仲裁裁决；或依法向各级人民法院起诉。

热点问题57　女职工如何向劳动争议仲裁机构申请劳动仲裁？

劳动争议仲裁委员会是国家授权，依法对劳动案件进行仲裁的专门机构。在发生劳动争议后，女职工可以直接向劳动争议仲裁委员会申请仲裁。根据《企业劳动争议处理条例》的规定，当事人申请劳动仲裁必须做好下列准备：

(1) 明确该争议是否属于仲裁机关管辖以及仲裁时效期限是否已经超过。申请劳动争议仲裁的时效为60日，自劳动争议发生之日起计算。

(2) 委托代理人。女职工可以委托一至二名律师或者其他人代理参加劳动仲裁活动。

(3) 写仲裁申请书。女职工申请劳动仲裁必须采用书面形式，不允许采取口头形式申请。

劳动争议仲裁申请书的主要内容应当包括：申请人的姓名、性别、年龄、民族、工作单位、职务、住址，若是单位的则明确其名称、地址、法定代表人的姓名、职务；被申请人的姓名、名称、年龄、性别、职务、工作单位、地址或单位的法定代表人的姓名、职务；申请仲裁的原因、请求及理由；证据、证人姓名和地址；还要写明申请的日期，这对于仲裁申请能否被仲裁委员会受理是十分关键的。

女职工作好上述准备后，就可以向有管辖权的仲裁委员会提交申请书及其副本、有关证据、授权委托书等申请文件。仲裁委员会在接到仲裁申请书之日起 7 日内根据申请文件进行审查，以决定是否受理。

热点问题 58　作为当事人的女职工在劳动仲裁活动中享有哪些权利和应承担哪些义务?

作为当事人的女职工在劳动仲裁活动中享有的权利有：

（1）提请放弃和变更仲裁的权利。

（2）要求仲裁机构予以调解或裁决的权利。

（3）申诉、答辩和提问、质询鉴定人、证人的权利。

（4）委托代理人进行劳动争议仲裁活动的权利。对于无民事行为能力或限制行为能力的人或死亡的职工，没有法定代理人有要求仲裁机构予以指定代理人的权利。

（5）申请劳动争议仲裁机构人员回避的权利。

（6）自行和解和请求和解的权利。

（7）收集和提供证据的权利。

（8）要求仲裁机构予以勘验、调查和鉴定的权利。

（9）因有不可抗力或其他理由不能按时出庭的有要求仲裁庭延期开庭的权利，至于是否延期，要经仲裁委员会决定。

(10) 向人民法院提出诉讼的权利。

(11) 要求人民法院予以强制执行的权利。

作为当事人的女职工在劳动仲裁中应承担的义务有:

(1) 依法行使自己权利的义务,尊重对方的义务。

(2) 遵守仲裁纪律,不得干涉阻碍、破坏仲裁的正常进行的义务。

(3) 遵循仲裁程序的义务。

(4) 按时应诉、答辩、提供证据、按时到庭的义务。

(5) 遵守并履行已发生法律效力的裁决书。

(6) 交纳仲裁费用的义务。

热点问题 59　不服劳动仲裁机构仲裁的女工如何向人民法院起诉?

女职工对劳动仲裁不服的,自收到仲裁裁决书之日起 15 日内,可以向劳动仲裁委员会所在地的同级人民法院起诉。但必须具备下面几个法定的起诉条件:

(1) 起诉人必须是劳动争议的直接利害关系人,即当事人。

(2) 必须经劳动争议仲裁机关仲裁裁决后,不服裁决的,才可以依据仲裁裁决起诉。

(3) 必须有明确的被告。

(4) 必须有明确具体的诉讼请求。

(5) 必须有事实根据。

(6) 必须在法律规定的时效期限内提起诉讼。

具备上述条件的妇女,就可以向人民法院就劳动争议仲裁裁决起诉,人民法院应当受理。当事人起诉时,应当向人民法院提交起诉状,主要内容包括:当事人姓名、性别、年龄、民族、职业、工作单位和住所,法人或者其他组织的名称、住所和法定代表人或者主要负责人的姓名;证据和证据来源,证人姓名和住所。同时，还应按照被告人数提出副本，这主要是为了另一方当事人应诉和答辩。如果不符合上述条件，则人民法院不予受理。

热点问题 60 女职工如何委托律师代理参加劳动争议仲裁或者诉讼活动？

作为当事人的女职工要委托律师代理参加劳动争议仲裁或者诉讼活动，必须到律师事务所办理委托手续，办理委托手续后由律师事务所统一安排代理律师。律师本人不能私自接受女职工的委托。律师事务所选定律师后，女职工要和律师事务所签订委托代理协议和签署二份给律师的授权委托书，从而确定与律师事务所和律师的权利和义务关系，并正式建立委托代理关系。关于律师的收费，要依具体案情和诉讼的标的额来确定，既可以依据司法部关于律师收费标准的规定来确定律师费，也可以双方自由协商确定律师费。

热点问题 61 侵犯妇女劳动保护权益的行为及其法律责任如何认定？

保障女职工享受特殊的劳动保护的权益，是保护妇女劳动力，保护妇女及下一代身体健康的必要措施。现实中侵犯妇女劳动保护权益的行为主要表现为：

（1）违反法律关于女职工禁忌从事某些劳动的规定，安排女职工从事矿井、国家规定的第四级体力劳动强度的劳动的和其他女职工禁忌从事的劳动。

（2）违反法律关于女职工经期、孕期、哺乳期禁忌从事某些劳动的规定，安排经期、孕期、哺乳期女职工从事高空、低温、冷水、国家规定的第三级体力劳动强度的劳动和有害物质场所的劳动等。

（3）违反法律关于孕期、产期、哺乳期女职工休息、休假和有关待遇的规定，任意缩短女职工产假、取消生育待遇、安排其从事夜班劳动或加班加点等。

(4) 违反法律关于建立女职工劳动保护设施的规定，不为女职工配备女工卫生室、冲洗室、孕妇休息室、哺乳室、托儿所、幼儿园等设施。对上述这些侵犯妇女权益的行为，应当依法给予法律制裁。侵害女职工劳动保护权益的单位负责人及其直接责任人员，其所在单位的主管部门应当根据情节轻重，给予行政处分，并责令该单位给予被侵害女职工合理的经济补偿；构成犯罪的，由司法机关依法追究刑事责任。

热点问题 62 妇女对家庭共有财产享有与男子平等的所有权吗?

家庭共有财产主要是家庭成员在共同生活期间的共同劳动收入,家庭成员的共同积累、购置、继承的财产的总和。女性在家庭共有财产中享有与男子平等的权利,而不论其收入多少,贡献多少。

(1) 家庭共有财产，妇女与男子有平等的所有权。在共有关系存续期间，除法律另有规定外，共有人不分男女，对家庭共有财产有平等的所有权。

(2) 对家庭共有财产进行管理、支配和处分时，必须征得妇女的同意，妇女作为共有财产的所有人之一，有权拒绝其他共有人对共有财产的管理、支配与处分。对家庭共有财产进行管理、支配、处分，不能只听从男子的意见，还必须征得妇女的同意，否则将认定为无效。

(3) 妇女在结婚、离婚需要离开家庭时，有权从家庭共有财产中分得部分财产。在共有关系终止时，进行分家析产时必须保证妇女分得自己应得的份额。

热点问题 63 农村在划分责任田、口粮田中搞性别歧视怎么办?

中国为农业大国，农业人口占现有人口总数的 80%，而妇女占劳动力的一半。要在中国真正实现男女的平等，就要在农村实现男女的平等。在农村划分责任田、口粮田，都是关系到农民切身利益的大事。在当前农村的实际生活中出现了一些明显的性别歧视行为，造成一些妇女、儿童无责任田、口粮田。为切实保障妇女依法取得的合法权益，《妇女权益保障法》第50条中规定，划分责任田、口粮田等，违反男女平等原则，侵害妇女合法权益的，由其所在单位或者上级机关责令改正，并可根据具体情况，对直接责任人员给予行政处分。第52条规定，侵害妇女的合法权益，造成财产损失或者其他损害的，应当依法赔偿或者承担其他民事责任。

热点问题64　妇女在什么情况下，可以成为第一顺序的法定继承人？

继承顺序，是指法律规定的法定继承人继承遗产的先后顺序。继承的顺序主要根据法定的继承人和被继承人的婚姻关系、血缘关系的远近以及扶养关系。我国《继承法》明确规定，第一顺序的法定继承人包括：配偶、子女、父母。根据上述规定，当妇女身为人妻其丈夫死亡时，她可以成为第一顺序的继承人；当妇女身为女儿，其父母死亡时，可以成为第一顺序的继承人；当妇女身为母亲，其子女死亡时，可以作为第一顺序的继承人。子女包括婚生子女、非婚生子女、养子女和有扶养关系的继子女。这里的父母包括：生父母、养父母、和有扶养关系的继父母。我国《妇女权益保障法》第31条明确规定“妇女享有的与男子平等的继承权受法律保护。在同一顺序法定继承人中，不得歧视妇女。”另外，我国《妇女权益保障法》还规定：“丧偶妇女对公、婆尽了主要赡养义务的，作为公、婆的第一顺序法定继承人，其继承权不受子女代位继承的影响。”这里的“尽了主要的赡养义务”是指对被继承人的生活提供了主要的经济来源，或是在劳务等方面给予了主要扶助的。

热点问题 65 妇女有权按照自己的意愿依法立遗嘱处分个人财产吗?

继承分为法定继承和遗嘱继承。遗嘱，是被继承人生前按照法律规定的方式对其财产所做的处分，而于死亡时发生法律效力的法律行为。我国《继承法》第 16 条规定:“公民可以依照本法规定立遗嘱处分个人财产，并可以指定遗嘱执行人。公民可以立遗嘱将个人财产指定由法定继承人的一人或者数人继承。公民可以立遗嘱将个人财产赠给国家、集体或者法定继承人以外的人。”根据法律规定的精神，无论男性公民还是女性公民，都有权按照自己的意志，在法律允许的条件下立遗嘱处分个人财产，这是公民民事权利的一部分。为了保障公民私有财产的所有权，尊重遗嘱人处分财产的意思，我国《继承法》给予遗嘱人用遗嘱处分遗产的自由。同时，遗嘱处分遗产也必须符合法律规定。妇女有权按照自己的意愿依法立遗嘱处分个人财产的权利主要表现为:

(1) 指定遗嘱继承人和受遗赠人。妇女可以立遗嘱将个人财产指定由法定继承中的一人或数人继承，也可指定由国家、集体、或法定继承人以外的人继承。

(2) 指明财产的分配方法和具体数额。妇女可以按照自己的意愿具体指明处分财产的的项目、数额及各继承人分配的比例等。

(3) 指明某项遗产的用途和使用目的。如妇女可以在遗嘱中指明把自己的 5 间房屋捐给孤儿院，作为孩子读书之教室。

现实生活中，有很多侵犯妇女遗嘱的合法权益问题。如对妇女实施压力，造成其内心恐慌，立违背自己真实意愿的遗嘱。为此，我国《继承法》还规定:遗嘱必须表示遗嘱人真实意愿，受胁迫欺骗所立的遗嘱无效。

热点问题 66 对父母尽义务较多的女儿是否可以多分遗产?

我国《妇女权益保障法》第31条规定:“妇女享有的与男子平等的财产继承权受法律保护,在同一顺序法定继承人中,不得歧视妇女。”《继承法》第9条也规定:“继承权男女平等”。根据《继承法》的具体规定,儿子、女儿同为第一顺序的法定继承人,他们享有平等的继承父母遗产的权利。女儿的继承权不得因出嫁而受到影响,未出嫁的女儿、出嫁的女儿和未婚的儿子、已婚的儿子所享有的继承权都应该是平等的。中国古代,女儿的继承权受到种种限制,受到很多不公平的待遇。目前,封建的男尊女卑、重男轻女的思想流毒仍很严重。尤其在广大农村,儿子是家庭的传宗接代之人,儿子继承遗产天经地义,女儿早晚要出嫁,嫁出去的女儿如泼出去的水,财产不能外流。所以在继承权的问题上,歧视妇女,甚至剥夺妇女的继承权的现象相当严重。妇女与男子享有平等的继承权。对被继承人尽了主要的赡养义务或是与被继承人共同生活的继承人,不管男或女,在遗产分配中可以给予照顾。故对父母尽了较多赡养义务的女儿,依法可以多分遗产。

热点问题 67 我国法律是如何保护妇女的人身自由权的?

人身自由权是指男女公民依法享有按照自己的意志和利益,不受约束的支配其人身和行动的权利。它是公民的基本权利,是公民参加各种社会活动和国家各项生活的前提条件。我国《妇女权益保障法》第34条规定:“妇女的人身自由不受侵犯。禁止非法拘禁和以其他非法手段剥夺或者限制妇女的人身自由;禁止搜查妇女的身体”。我国宪法也明确规定:“公民的人身自由不受侵犯。任何公民,非经人民检察院批准或者决定或者人民法院决定，并由公安机关执行，不受逮捕、拘禁和以其他非法手段剥夺或者限制公民的人身自由，禁止非法搜查公民的身体。”

妇女的人身自由不受侵犯，意味着非经法定司法机关，非经履行法定的程序，任何人、任何机关都不得拘禁和以其他非法手段剥夺或者限制妇女的人身自由，不得搜查妇女的身体。

非法拘禁，是指司法机关违反法律规定的程序和条件，或者无权实施拘留、监禁的组织和个人，擅自非法剥夺他人人身自由的行为。以其他非法手段剥夺或者限制妇女的人身自由，是指违反法律的规定，采取威胁、恐吓、毒品、麻醉等行为剥夺或限制妇女的人身自由。对于那些非法剥夺或限制妇女人身自由的人，情节不太严重的，应根据《治安管理处罚条例》给予行政处罚；对于情节显著轻微不够行政处罚标准的，应由其单位给予行政处分；对于情节严重构成犯罪的，根据《刑法》第238条规定，犯非法拘禁罪，可以处三年以下有期徒刑、拘役、管制或者剥夺政治权利。具有殴打、侮辱情节的，从重处罚。如果致人重伤的，处三年以上十年以下有期徒刑；致人死亡的，处十年以上有期徒刑。使用暴力致人伤残、死亡的，按照故意伤害罪和故意杀人罪的规定定罪处罚。

非法搜查妇女的身体，是指司法机关违反法律规定的程序和条件，或者没有法律授权的组织或个人强行对妇女的身体进行搜查的行为。非法搜查妇女的身体构成犯罪的，按照我国《刑法》第245条规定以非法搜查罪论处。

热点问题68　我国法律对妇女在社会和家庭中的人身自由权做了哪些规定？

我国《宪法》第37条规定：“公民的人身权利不受侵犯”，禁止限制或者非法剥夺公民在社会和家庭中的人身自由。这里的公民，也包括广大的妇女在内。虽然，随着新中国的成立，妇女成为了国家的主人，彻底摆脱了封建的人身依附关系，但在人们的观念中仍然存在着比较浓厚的“男尊女卑”、“三从四德”、“夫为妻纲”等封建意识，限制或非法剥夺妇女在社会和家庭中人身自由的现象还比较突出，如丈夫限制妻子的人身自由，把妻子关在院子里，不准单独外出；对妇女非法管制、拘留、禁闭、拘禁；非法搜查妇女的身体；非法侵入妇女的住宅等事件时有发生。因此，为了保护妇女的人身自由不受侵犯，法律作出了明确规定，禁止限制或非法剥夺妇女在社会和家庭中的人身自由，并对此类违法事件要坚决予以打击和处理。

热点问题69 如何维护贫困老年妇女的利益？

贫困老年妇女应当是国家和社会以及家庭辅助的重点人群。国家、社会和家庭应当共同努力，使她们的晚年生活能够幸福、安详。

(1) 国家、社会应当建立一种贫困老年妇女的科学评估系统，针对经济状况不同的贫困老年妇女，拨出适当的资金给予不同的援助。

(2) 加强对青少年的道德教育，特别是在青少年中摈弃和克服轻视、嫌弃甚至虐待老年妇女的意识和行为；在家庭养老中，克服多子女家庭的子女对老年妇女相互推诿、干涉老年妇女再婚以及不履行扶养义务的现象，努力创造家庭养老的良好社会氛围。

(3) 克服贫困老年妇女的自卑意识，鼓励老年妇女自立、自强，在社区设立贫困老年妇女心理咨询站，帮助贫困老年妇女调节心理状态，克服精神上的依赖，鼓励她们努力去做自己力所能力的事情，克服恐老、怕老的不利思想因素。

(4) 在社区组织志愿者为贫困老年妇女服务，开展“一助一”的对口帮助，或与社区的物业服务相结合，组织青年志愿者帮助贫困老年妇女解决各种困难。同时在社区开展组织低龄老年妇女为高龄贫困老年妇女服务的活动，这样不仅可以是低龄老年妇女老有所为，树立自强和自立的意识，而且为自己在高龄时期被服务积攒条件。

(5) 经常在社区举办各种培训班，向老年妇女特别是贫困老年妇女宣传科学、保健等方面的知识，提高她们应对社会各种不良社会侵蚀的抵御能力，真正做到自尊、自信、自立、自强。

热点问题 70　什么是虐待、遗弃老年妇女的行为？对其应如何处理？

虐待老年妇女是指经常以打骂、冻饿、体罚等办法，对老年妇女进行肉体上和精神上的摧残和折磨的行为。遗弃老年妇女是指妇女因年老，被负有扶养或者赡养义务且具有履行义务能力的人拒绝扶养或者赡养的情形。《妇女权益保障法》第 35 条规定："禁止虐待、遗弃老年妇女。"老年妇女遭到遗弃或虐待可以向其赡养人的主管单位申诉或者向各级妇女组织投诉，对情节恶劣构成遗弃罪或虐待罪的，可以向人民法院提起刑事诉讼，追究侵害人的刑事责任。

遗弃罪的构成要件为：(一) 主体是特殊主体，即必须是对被遗弃者负有法律上的抚养义务且具有抚养能力的人，根据我国《婚姻法》的规定，夫妻、父母子女、养父母子女、继父母子女、(外) 祖父母与 (外) 孙子女、兄弟姐妹之间有互相抚养的义务。(二) 主观方面表现为直接故意，即行为人明知自己有抚养义务且有抚养能力而拒绝抚养。(三) 客观方面表现为对无独立生活能力的家庭成员，应当抚养而拒绝抚养，情节恶劣的行为。通常情况下，恶劣行为是指下列情形：遗弃动机极其卑鄙；遗弃手段十分恶劣；因遗弃致被害人生活无着落而流离失所；由于遗弃行为致使被害人重伤、死亡、自杀的，等等。

热点问题71 政府各有关部门在打击拐卖妇女犯罪活动中承担何种职责?

我国政府开展了“打拐”专项斗争,要求各级政法机关及有关部门和组织一定要充分认识拐卖妇女、儿童犯罪的严重性和危害性,充分认识开展“打拐”专项斗争的重大意义,高度重视,切实加强组织领导,充分发挥本部门的职能作用,协同作战,坚决杜绝地方保护主义。公安机关、人民检察院、人民法院要依法及时侦查、逮捕、起诉、审判拐卖妇女、儿童的犯罪分子,解救被拐卖的妇女、儿童;司法行政机关要做好宣传教育、协查、收监和法律援助工作;民政部门要做好对被拐卖妇女的救济工作;妇联等组织要维护妇女的合法权益,协助有关部门做好宣传、解救、安置工作。

各级政法机关和有关部门应当密切配合,形成合力,共同打好“打拐”专项斗争。公安机关应当组织专门力量,扎扎实实地做好侦查工作,全力侦破拐卖妇女、儿童的犯罪案件,抓捕犯罪嫌疑人,并切实做好证据的收集工作,为起诉和审判打下坚实基础;人民检察院对公安机关提请逮捕和移送审查起诉的犯罪嫌疑人,应当依法及时批捕和提起公诉;人民法院对人民检察院提起公诉的案件,应当依法及时审判;监狱应当做好对罪犯收监执行和在押、在逃罪犯的协查工作。民政部门、妇联在工作中发现犯罪线索或者犯罪嫌疑人的,应当及时移交司法机关依法处理。

热点问题72 阻碍国家工作人员解救被拐买、绑架妇女的组织和个人应承担什么样的法律责任?

任何个人或者组织都不得阻碍对被拐卖、绑架的妇女的解救。

以暴力、威胁方法阻碍国家工作人员解救被收买的妇女的,依照《刑法》第277条的规定,处3年以下有期徒刑、拘役、罚金或者剥夺政治权利。

协助转移、隐藏或者以其他方法阻碍国家工作人员解救被收买的妇女，未使用暴力、威胁方法的，依照治安管理处罚条例的规定，处15日以下拘留、200元以下罚款或者警告。

聚众阻碍国家工作人员解救被收买妇女的首要分子，按照我国《刑法》第242条的规定处5年以下有期徒刑或者拘役。

其他参与者使用暴力、威胁方法的，依照刑法277条的规定定罪量刑。

热点问题73 负有解救职责的国家工作人员玩忽职守或阻碍解救工作应承担何种法律责任?

各级人民政府对被拐卖、绑架的妇女负有解救职责，解救工作由公安机关会同有关部门负责执行。负有解救职责的国家工作人员接到被拐卖、绑架的妇女、儿童及其家属的解救要求或者接到其他人的举报后，对被拐卖、绑架的妇女、儿童不进行解救，造成严重后果的，构成不解救被绑架、拐卖妇女罪。

不解救被绑架、拐卖妇女罪的主体是特殊主体，即负有解救被绑架、拐卖妇女职责的国家工作人员；主观方面是过失，即应该预见到对被绑架、拐卖妇女不进行解救会发生严重后果，由于疏忽大意没有预见到，或已经预见到了，但轻信能够避免；客观方面表现为负有解救职责的国家工作人员接到被拐卖、绑架的妇女及其家属的解救要求或者接到其他人的举报后，对被拐卖、绑架的妇女不进行解救，造成严重后果的行为。依照我国《刑法》第416条第1款的规定，对负有解救被绑架、拐卖妇女职责的国家工作人员处5年以下有期徒刑或者拘役。

负有解救职责的国家工作人员利用职务阻碍解救的，构成阻碍解救被绑架、拐卖妇女罪。

阻碍解救被绑架、拐卖妇女罪的主体是特殊主体，即负有解救被绑架、拐卖妇女职责的国家工作人员；主观方面为直接故意，即明知自己的行为会阻碍解救工作的正常进行，会使被绑架、拐卖的妇女无法恢复自由，但仍然从中阻碍。客观方面表现为利用职务阻碍解救被绑架、拐卖妇女的行为，阻碍解救行为主要包括阻止有关人员前往解救、给拐卖、绑架者出谋划策、打气；为收买者转移被绑架、拐卖妇女提供条件等。按照我国《刑法》第416条第二款的规定，对阻碍解救被绑架、拐卖妇女的国家工作人员处2年以上7年以下有期徒刑；情节较轻的，处2年以下有期徒刑或者拘役。

热点问题74 妇女的性权利受法律保护吗？

《妇女权益保障法》第33条规定："妇女享有与男子平等的人身权利。"凡宪法和法律赋予公民享有的人身权利妇女也同样享有。妇女的人身权利中，除了享有生命健康权、姓名权、肖像权、名誉权、荣誉权、婚姻自主权、监护权、亲属权等外，还有一些权利是妇女独有的人格权，与其生理特征以及这些特征的社会效果等联系在一起的，因而较为特殊，这其中就包括妇女性的不可侵犯权。当妇女的性权利受到侵害时，根据其侵害行为的性质、种类和情节以及造成后果的严重程度，可以对行为人按强奸罪、组织他人卖淫罪、协助组织卖淫罪、强迫卖淫罪、引诱、容留、介绍卖淫罪等论处。因此，妇女的性权利是受法律保护的。

热点问题75 组织他人卖淫的应如何处理？

组织他人卖淫，是指以招募、雇佣、强迫、引诱、容留等手段，控制多人从事卖淫行为，构成犯罪的，按照组织卖淫罪论处。组织卖淫罪的主体是具有刑事责任能力的自然人，必须是卖淫的组织者，可以是几个人，也可以是一个人；主观方面是直接故意，行为人对其组织他人卖淫所造成的后果以及应承担的后果是明知的；客观方面，表现为组织他人卖淫的行为，采取了招募、雇佣、强迫、引诱、容留等手段，控制多人卖淫。根据《刑法》第 358 条之规定，组织他人卖淫的，处 5 年以上 10 年以下有期徒刑，并处罚金，情节特别严重的，处无期徒刑或死刑，并没收财产。

热点问题 76　引诱、容留、介绍妇女卖淫的应如何处理？

引诱他人卖淫是指行为人以金钱、物资或其他利益为诱饵勾引、诱惑他人卖淫的行为。容留他人卖淫是指行为人短期或长期或临时为他人提供卖淫场所的行为。介绍他人卖淫是指行为人为卖淫人与嫖客寻找对象，并在二者之间相互介绍，达到卖淫与嫖娼的目的。引诱、容留、介绍这几种行为往往被行为人交叉混合使用，或者单独采取一种行为或者同时使用几种方式。

如果行为人引诱、容留、介绍他人卖淫，情节较轻，如引诱、容留、介绍他人卖淫次数少的；或者次数虽然较多，但确有悔改表现的；应卖淫者或嫖娼者所求单纯进行介绍卖淫，没有任何犯罪目的；迫于某种压力短期容留他人卖淫，未造成严重后果的等行为，不构成犯罪，依照《治安管理处罚条例》第三十条的规定处 15 日以下拘留、警告、责令其悔过或者依照规定实行劳动教养，可以合并处 5000 元以下罚款。

如果行为人引诱、容留、介绍他人卖淫，构成犯罪的，以引诱、容留、介绍他人卖淫罪论处。本罪的主体是一般主体，只要具有刑事责任能力的人均能构成本罪；主观方面表现为直接故意，即行为人明知自己是在为他人卖淫进行活动而故意为之；客观方面采取了引诱、容留、介绍他人卖淫的行为，犯罪的对象只能是成年人，既可以是成年妇女，也可以是成年男子。依照《刑法》第 359 条规定，犯引诱、容留、介绍他人卖淫罪的，可处 5 年以下有期徒刑或拘役，并处罚金；情节严重的，处 5 年以上有期徒刑，并处罚金。所谓“情节严重”，一般指以下几种情形：多次引诱、容留、介绍他人卖淫的；引诱、容留、介绍多人卖淫的；引诱、容留、介绍明知是有严重性病的人卖淫的；容留、介绍不满14周岁的幼女卖淫的；其他严重情节的行为。

热点问题77　妇女在什么情况下可以实施正当防卫?

正当防卫，是指用给不法侵害者造成一定损害的方法制止其正在进行的不法侵害，以保卫国家、公共、本人或者他人的合法利益的行为。《刑法》第20条规定：“为了使国家、公共利益、本人或者他人的人身、财产和其他权利免受正在进行的不法侵害，而采取的制止不法侵害的行为，对不法侵害人造成损害的属于正当防卫．不负刑事责任”。正当防卫是排除社会危害性的行为，是应当鼓励和提倡的，妇女为了保卫国家、公共、他人利益可以向不法行为实施正当防卫，在自身受到不法侵害时也应当实施正当防卫。正当防卫是给他人造成损害的行为，因此在何种情况下实施正当防卫是有严格法定条件的：

（1）只能对不法侵害行为实施。所谓不法侵害是指对法律所保护的国家、公共、本人或者他人的合法权益的侵害。它不仅包括犯罪行为，而且包括所有的违法行为，因此对合法行为、正当防卫和紧急避险行为、对精神病人实施的行为不能实施正当防卫。

（2）必须是对正在进行的不法侵害行为实施。所谓正在进行是指不法侵害行为已经开始，并且尚未结束，处于一种进行或持续状态，只有在这种状态下，才能进行正当防卫。一般凡是已经开始着手实施刑法分则条文规定的某种犯罪的客观要件，就认为不法侵害行为已经开始，在实践中由于行为人认识上的错误，不法侵害行为并没有存在，误认为不法侵害已经开始，并实施了防卫行为，这被称为假想防卫。对于不法侵害前的预备行为，可以采取相应的预防措施，以防止不法侵害的发生。如何认定不法侵害已经结束？一般在以下三种情况下，侵害已经结束：①侵害者在犯罪过程中自动中止了犯罪。②侵害者已被制服，或已经失去了继续侵害的能力。③犯罪结果已经造成，而犯罪分子又没有实行进一步侵害的明显意图。对不法侵害已经结束的就不能实施正当防卫，可以抓获犯罪分子，扭送到公安机关。

(3) 防卫的目的必须是为了保护合法权益。如果防卫的目的不是为了国家、公共、他人或自身的合法利益受到侵害，就不能为正当防卫。在司法实践中存在的防卫挑唆，即为了伤害对方而故意挑逗对方向自己进攻，然后再以此为由来实施“正当防卫”，伤害对方的行为，不能为正当防卫。双方均出于非法侵害对方的意图而进行的相互斗殴，任何一方都谈不上正当防卫。

(4) 只能对不法侵害者实行正当防卫。正当防卫目的就是制止不法侵害行为，因此必须对实施不法侵害的行为人进行正当防卫，即可以是直接制止不法侵害行为，也可以通过给侵害人造成一定损害来制止。不仅可以损害不法侵害人的人身，还可以损害不法侵害者的财产及其他权益。

热点问题 78　妇女实施正当防卫给他人造成损失，需要承担法律责任吗？

正当防卫是法律鼓励和提倡的，这有利于同犯罪分子作斗争，因此在一般情况下正当防卫不承担刑事和民事责任。但它毕竟是给犯罪分子造成了一定的损失，因此正当防卫不能明显超过必要的限度。《刑法》第 20 条第 2 款规定：“正当防卫明显超过必要限度造成重大损害的，应当负刑事责任。”《民法通则》第 128 条规定：“因正当防卫造成损害的，不承担民事责任，正当防卫超过必要的限度，造成不应有的损害的，应当承担适当的民事责任。”正当防卫是否要承担法律责任关键在于行为是否明显超过必要限度。

正当防卫行为在必要限度内，不负法律责任，超过必要限度就要承担法律责任。如何认定“必要限度”？在法律上并未规定，在实践中是指防卫人所采取的防卫行为是制止不法侵害所必需的，而且没有对不法侵害人造成不应有的损害。就一般犯罪而言，实施正当防卫行为不得明显超过必要限度造成重大损害。对于危及人身安全的暴力性犯罪，受害人和其他人采取的正当防卫行为，无论造成多么“重大损害”的，也不负刑事责任。《刑法》第 20 条第 3 款规定：“对于正在进行的行凶、杀人、抢劫、强奸、绑架以及其他严重危及人身安全的暴力犯罪，采取防卫过当，不负刑事责任。”

防卫过当是指正当防卫明显超过必要限度的行为，即防卫人所采取的防卫行为已超过了制止不法侵害行为所必需的限度，并且造成了对不法侵害人不应有的重大损害。仅一般超过必要限度尚不属于防卫过当，只有明显超过必要限度的才属于防卫过当。对于正当防卫行为是否明显超过必要限度，可以从正当防卫保护的合法权益的性质、大小、不法侵害行为的强度、侵害行为的缓急等方面考察。对防卫过当，应当负法律责任，《刑法》第 20 条第 2 款规定：防卫过当的，“应当负刑事责任，但是应当减轻或者免除处罚”。在定罪量刑时，一方面要适用刑法分则有关条款，另一方面要适用《刑法》第 20 条规定，减轻或者免除处罚。《民法通则》第 128 条规定：防卫过当，“造成不应有的损害的，应当承担适当的民事责任。”要酌情减轻民事责任。

热点问题 79　妇女在什么情况下可以实施紧急避险？

紧急避险是指为了防止公共利益、本人或者他人的合法权益免受正在遭受的紧急危害，不得已而采取的损害另一较小利益的行为。我国《刑法》和《民法通则》都对紧急避险作了专门的规定。它是为保护更大的利益而损失了较小的利益，给他人造成一定损害的行为，因此在何种情况下可以实施紧急避险有严格的法律要求：

(1) 合法利益正处于危险状态。所谓危险是指足以使合法利益受到严重损害的情况。危险主要来自：第一，他人的不法侵害；第二，自然界的自发力量；第三，动物的侵害；第四，人的生理或疾病等原因。上述危险必须客观存在，才可以实行紧急避险。

(2) 危险正在发生。指的是危险已经发生，迫在眉睫，尚未过去。强调的是实行紧急避险的时间条件，如果不立即采取紧急避险措施，就会使法律保护的利益受到损害。如果危险尚未发生，或者已经过去，就无需实施紧急避险。

(3) 紧急避险的目的必须正当。实施紧急避险的目的是为了使合法利益免受正在发生的危险，根据法律的规定，合法利益包括国家利益，公共利益，他人和本人的人身、财产权利。

避险行为只能在迫不得已的情况下实施。所谓迫不得已是指在危险迫在眉睫的情况下，除损害另一方的利益，别无其他方法保全处于危险状态下更大的合法利益。只能是牺牲小的利益以保护更大的利益免受损害。

热点问题 80　妇女实施紧急避险需要承担法律责任吗?

紧急避险为保护更大合法利益而给他人造成一定损失的行为，是一种应受保护和鼓励的行为，但它毕竟给他人造成了一定的损害，因此，在是否承担法律责任问题上，法律有不同的规定：

(1) 刑事责任。《刑法》第 21 条规定：“为了使国家、公共利益、本人或者他人的人身、财产和其他权利免受正在发生的危险，不得已采取的紧急避险行为，造成伤害的，不负刑事责任。

紧急避险超过必要限度造成不应有的损害的，应当负刑事责任，但是应当减轻或者免除处罚。”法律之所以保护、鼓励紧急避险的行为是因为避险行为造成的损害轻于所要避免的损害，这样才是对社会有益的行为，如果避险行为造成的损害大于所要避免的损害，属于避险过当，就要承担刑事责任。是否避险过当，利益何轻何重，应根据具体情况而定。一般说来，人身权利重于财产权利，生命权利重于健康权利，公共利益重于个人利益，他人利益重于本人利益。《刑法》第21条第3款规定：“关于避免本人危险的规定，不适用于职务上、业务上负有特定责任的人。”这里所谓职务上、业务上负有特定责任的人，是指所担任的职务或所从事的业务负有同一定危险作斗争的责任人员，紧急避险不适用于这类人员。

(2) 民事责任。《民法通则》第129条规定：“因紧急避险造成损害的，由引起险情发生的人承担民事责任。如果危险是由自然原因引起的，紧急避险人不承担民事责任或者承担适当的民事责任。因紧急避险采取措施不当或者超过必要的限度，造成不应有的损害的，紧急避险人应当承担适当的民事责任。”紧急避险人是否承担民事责任分为以下几种情况：一、险情是人为造成的，因紧急避险所造成的损害，由引起险情发生的人承担民事责任，紧急避险人不承担民事责任。二、如果危险是由自然原因引起的，紧急避险人不承担民事责任，应由受益人适当补偿所造成的损失。最高人民法院颁布的关于贯彻执行《中华人民共和国民法通则》若干问题的意见（试行）第156条规定：“因紧急避险造成他人损失的，如果险情是由自然原因引起的，行为人采取的措施又无不当，则行为人不承担民事责任。受害人要求补偿的，可以责令受益人适当补偿。”三、避险不当或过当，紧急避险人承担适当的民事责任。避险不当或过当要酌情减轻紧急避险人的民事责任。

热点问题81　女罪犯应当享有的权利有哪些?

女性犯罪人在服刑期间，虽然被国家依法剥夺了或暂时停止了某些权利，但是国家依然保护她们依法享有的其他尚未被剥夺的合法权益。《监狱法》第7条规定："罪犯的人格不受侮辱，其人身安全、合法财产和辩护、申诉、控告、检举以及其他未被依法剥夺或者限制的权利不受侵犯。"

(1) 人身安全的保障权。《监狱法》第14条规定了监狱的人民警察不得殴打或者纵容他人殴打罪犯。《刑法》第247条规定："司法工作人员对犯罪嫌疑人、被告人实行刑讯逼供或者使用暴力逼取证人证言的，处3年以下有期徒刑或者拘役。致人伤残、死亡的，依照本法第234条、第232条的规定定罪处罚。"《刑法》第248条规定："监狱、拘留所、看守所等监管机构的监管人员对被监管人进行殴打或者体罚虐待，情节严重的，处3年以下有期徒刑或者拘役；情节特别严重的，处3年以上10年以下有期徒刑。致人伤残、死亡的，依照本法第234条、第232条的规定定罪从重处罚。监管人员指使被监管人殴打或者体罚虐待其他被监管人的，依照前款的规定处罚。"

(2) 人格不受侮辱的权利。《监狱法》第14条规定了人民警察不得侮辱罪犯的人格。人民警察违反禁止规定、构成犯罪的，依法追究刑事责任；尚未构成犯罪的，应当予以行政处分。

(3) 合法财产不受侵犯权。公民的合法财产包括依法劳动所得权利和合法继承权利。《宪法》第13条规定："国家保护公民的合法的收入、储蓄、房屋和其他合法财产的所有权。国家依照法律规定保护公民的私有财产的继承权。"罪犯在服刑期间，除被依法剥夺财产者外，其他女性罪犯仍然享有法律对其合法财产的依法保护。《监狱法》第72条特别注意强调："监狱对参加劳动的罪犯，应当按照有关规定给予报酬……”。

（4）申诉权。《刑事诉讼法》第223条规定：“监狱和其他执行机关在刑罚执行中，如果认为判决有错误或者罪犯提出申诉，应放转请人民检察院或者原判人民法院处理。”《监狱法》在第21条中又重申了犯罪人所享有的该项权利，同时还明确规定：“对于罪犯的申诉，人民检察院或者人民法院应当及时处理，应当自收到监狱提请处理意见书之日起6个月内将处理结果通知监狱。”执行机关要保障女罪犯行使申诉权，保障其在合法的范围内行使此项权利，而不应当就其在关押期间而剥夺她们的此项权利。

（5）辩护权。综合《刑事诉讼法》和《监狱法》的规定，女罪犯在劳动改造期间，如果被控告犯有新罪，罪犯享有辩护权。该项权利既可以由女罪犯自己行使，也可以委托律师、近亲属、监护人为其辩护；如果没有委托的，人民法院有义务为她指定辩护人。

（6）控告权和检举权。《宪法》第41条规定：“中华人民共和国公民对于任何国家机关和国家工作人员……有向有关国家机关提出……控告或者检举的权利，……对于公民的申诉、控告或者检举，有关国家机关必须查清事实，负责处理。……由于国家机关和国家工作人员侵犯公民权利而受到损失的人，有依照法律规定取得赔偿的权利。”这里所称的“公民”是否包含正在服刑期间的女犯人？《监狱法》第7条明确规定，罪犯的控告、检举权利不受侵犯。监狱应当及时转递罪犯的控告、检举材料，不得扣压。但国家法律也决不允许正在服刑的女性蓄意利用法律赋予的控告权和检举权实施其他违法犯罪行为，实施此类行为既要依据相关法律处罚。

（7）其他应当享有的权利。根据《监狱法》的相关规定，女性罪犯在监狱中仍然应当享有的权益必须依法保护。

热点问题82 女罪犯在监狱中享有哪些特殊权利?

根据《监狱法》的规定，女罪犯不仅享有所有罪犯在监狱中应当享有的权利，即人格权不受侮辱，人身安全、合法财产权和辩护、申诉、控告以及其他未被剥夺或限制的权利不受侵犯，而且根据女性的生理及心理某些特点，还享有一些特殊的权利:

(1) 分管、分押，即监狱应当将男性和女性以及未成年罪犯分开关押和管理;

(2) 对女性罪犯的改造应当照顾其生理和心理特点;

(3) 女性罪犯应当由女性人民警察直接管理;

(4) 监狱应当对交付执行刑罚的罪犯进行身体检查，女性罪犯应当由女性人民警察进行检查；经检查，被判处无期徒刑、有期徒刑的罪犯是怀孕或正在哺乳自己婴儿的妇女，可以暂时不收监，由交付执行的人民法院决定暂予监外执行，由所驻地公安机关执行刑罚；等女性分娩或哺乳期满后，原判刑期尚未执行完毕的女犯，由公安机关送交监狱收监。

(5) 少数民族女罪犯的特殊生活习惯受到照顾;

(6) 押解女性人犯，应当有女工作人员负责途中的生活管理。

(7) 被判处有期徒刑、拘役、管制而没有被剥夺政治权利的女性罪犯，可以行使选举权。

热点问题83 在婚姻家庭方面妇女享有哪些权益?

《妇女权益保障法》第40条规定:“国家保障妇女享有与男子平等的婚姻家庭权利”。那么妇女在婚姻家庭中究竟享有哪些权利?

在婚姻关系中:《婚姻法》第2条规定:“实行婚姻自由、一夫一妻、男女平等的婚姻制度”。妇女享有婚姻自由权；包括结婚自由和离婚自由。首先，妇女享有结婚自由的权利。为保障妇女结婚自由权的实现，《婚姻法》第3条规定："禁止包办、买卖婚姻和其他干涉婚姻自由的行为。禁止借婚姻索取财物"。《婚姻法》在有关结婚条件的规定中，充分贯彻了结婚自由的原则。第5条规定："结婚必须男女双方完全自愿，不许任何一方对他方加以强迫或任何第三者加以干涉"。对于违犯结婚自由，不符合结婚必须双方自愿条件的，《婚姻法》增加了可撤销婚姻，即第11条规定："因胁迫结婚的，受胁迫一方可以向婚姻登记机关或人民法院请求撤销该婚姻"。第12条规定：被撤销的婚姻自始无效，当事人不具有夫妻的权利和义务。其次，妇女享有离婚的自由。根据《婚姻法》的规定：妇女离婚自由权的行使，根据夫妻双方对离婚及离婚后有关问题的处理，是否能达成一致协议，通过协议离婚或诉讼离婚两种途径来实现。在离婚问题上，《婚姻法》赋予妇女享有广泛的权利。（1）《婚姻法》第34条规定："女方在怀孕期间、分娩后一年内或中止妊娠后六个月内，男方不得提出离婚"。（2）《婚姻法》第32条规定对法院审理离婚案件，准予离婚的情形中规定：实施家庭暴力或虐待、遗弃家庭成员的；有赌博、吸毒等恶习屡教不改的。在实践中，妇女多是家庭暴力的受害者，而有赌博等恶习，不履行家庭义务的也多为男方，《婚姻法》把这些作为法定离婚情形，保证了妇女离婚自由权利的行使。（3）在离婚后，妇女享有与男子平等的抚养教育子女的权利，并不因离婚丧失对子女的亲权，有关未成年子女抚养关系的确定上，《婚姻法》第36条规定"哺乳期内的子女，以随哺乳的母亲抚养为原则"。（4）离婚后，对于夫妻共同财产分割上，第39条规定："离婚时，夫妻共同财产由双方协议处理；协议不成时，由人民法院根据财产的具体情况，照顾子女和女方权益的原则判决。夫或妻在家庭土地承包经营中享有的权益等，应当依法予以保护。”（5）离婚时的财产补偿制度。《婚姻法》第40条规定：“夫妻书面约定婚姻关系存续期间所得的财产归各自所有，一方因抚育子女、照顾老人、协助另一方工作等付出较多义务的，离婚时有权向另一方请求补偿，另一方应当予以补偿。”在日常生活中，一般妇女对家庭、子女尽的义务要多些，因此，针对实行分别财产制的夫妻，《婚姻法》增加了这一制度。（6）离婚的损害赔偿。《婚姻法》第46条规定了离婚损害赔偿制度，规定：“有下列情形之一，导致离婚的，无过错方有权请求损害赔偿：（一）重婚的；（二）有配偶者与他人同居的；（三）实施家庭暴力的；（四）虐待、遗弃家庭成员的。”在实践中，往往妇女是无过错方，离婚损害赔偿制度的建立，也是对妇女婚姻权利的法律保障，对侵权人必要的制裁。

在家庭关系中，《婚姻法》第4条规定：“夫妻应当相互忠实，互相尊重；家庭成员间应当敬老爱幼，互相帮助，维护平等、和睦、文明的婚姻家庭关系。”在婚姻家庭中妇女与男子地位平等，具有同样的权利，负有同样的义务。首先，在夫妻关系中，《婚姻法》第13条规定：“夫妻在家庭中地位平等”。具体体现在人身关系和财产关系上。在人身关系上：妇女享有姓名权，表明妇女具有独立的人格；妇女具有人身自由权，有参加生产、工作、学习和社会活动的自由；妇女与丈夫共负计划生育的义务，生育不再是妇女的专利，是夫妻共同的义务。在财产关系上：有约定夫妻财产制的权利，对于没有实行约定财产制的，依法律规定，在婚姻关系存续期间的一些所得为夫妻共同财产，而不管这些财产是夫妻各自所得，还是丈夫的个人所得；对于夫妻共同财产，妇女与丈夫享有平等的处理权，在日常生活范围内，任何一方均有权决定，夫妻有相互代理的权利，夫或妻非因日常生活需要对夫妻共同财产做重要处理决定，需夫妻共同协商一致。夫妻有相互扶养的义务。一方不履行扶养义务时，需要扶养的一方，有要求对方付给扶养费的权利。夫妻有相互继承遗产的权利。其次，在父母子女关系上，妇女与男子同样负有抚养教育的义务；对子女有教育保护的权利和义务，未成年子女给国家、集体或他人造成损害时，母亲与父亲同样要承担民事责任。子不教不再只是父之过，而是父母之过；不管是子还是女，还是父或母，他们之间有同样继承遗产的权利。最后，在其他家庭成员间，不管祖父母还是外祖父母，在有负担能力的情况下，对于父母已经死亡或父母无力抚养的不论是未成年的孙子女、还是外孙子女，有抚养的义务。同样，有负担能力不论是孙子女、还是外孙子女对不管是祖父母还是外祖父母，有赡养的义务；在兄弟姐妹间，有负担能力的不论是兄还是姐，对于父母已经死亡或父母无力抚养的未成年不论弟还是妹，有扶养的义务。同样，由不论是兄还是姐扶养长大的有负担能力的弟还是妹，对于缺乏劳动能力又缺乏生活来源的不论是兄还是姐，有扶养的义务。

热点问题84　婚前医学检查都检查什么？

结婚必须符合《婚姻法》规定的结婚必备条件，不得具有禁止结婚的情形。《婚姻法》第7条规定了禁止结婚的情形：“有下列情形之一的，禁止结婚：（一）直系血亲和三代以内的旁系血亲；（二）患有医学上认为不应当结婚的疾病。”为了保障要求结婚的男女双方的权益，为了优生优育，为了下一代的健康成长，减少出生缺欠，我国现在在有条件的地区开展了婚前医学检查，并在全国推广实行。婚前医学检查是对准备结婚的男女双方可能患影响结婚和生育的疾病进行的医学检查。2002年6月17日，中华人民共和国卫生部颁布了《婚前保健工作规范（修订）》，具体对婚前医学检查的内容等作了规定：

（1）婚前医学检查项目包括询问病史，体格检查，常规辅助检查和其他特殊检查。检查女性生殖器官时应做肛门腹壁双合诊，如需做阴道检查，须征得本人或家属同意后进行。除处女膜发育异常外，严禁对其完整性进行描述。对可疑发育异常者，应慎重诊断；常规辅助检查应进行胸部透视，血常规、尿常规、梅毒筛查，血转氨酶和乙肝表面抗原检测、女性阴道分泌物滴虫、霉菌检查；其他特殊检查，如乙型肝炎血清学标志检测、淋病、艾滋病、支原体和衣原体检查、精液常规、B型超声、乳腺、染色体检查等，应根据需要或自愿原则确定。

（2）婚前医学检查的主要疾病：一是严重遗传性疾病：由于遗传因素先天形成，患者全部或部分丧失自主生活能力，子代再现风险高，医学上认为不宜生育的疾病；二是指定传染病：《传染病防治法》中规定的艾滋病、淋病、梅毒以及医学上认为影响结婚和生育的其他传染病；三是有关精神病：精神分裂症、躁狂抑郁型精神病以及其他重型精神病；四是其他与婚育有关的疾病，如重要脏器疾病和生殖系统疾病等。

（3）婚前医学检查单位应向接受婚前医学检查的当事人出具《婚前医学检查证明》，并在“医学意见”栏内注明：双方为直系血亲、三代以内旁系血亲关系，以及医学上认为不宜结婚的疾病，如发现一方或双方患有重度、极重度智力低下，不具有婚姻意识能力，重型精神病，在病情发作期有攻击危害行为的，注明“建议不宜结婚”；发现医学上认为不宜生育的严重遗传性疾病或其他重要脏器疾病，以及医学上认为不宜生育的疾病的，注明“建议不宜生育”；发现指定传染病在传染期内、有关精神病在发病期内或其他医学上认为应暂缓结婚的疾病时，注明“建议暂缓结婚”；对于婚检发现的可能会终生传染的不在发病期的传染病患者或病原体携带者，在出具婚前检查医学意见时，应向受检者说明情况，提出预防、治疗及采取其他医学措施的意见。若受检者坚持结婚，应充分尊重受检双方的意愿，注明“建议采取医学措施，尊重受检者意愿”；未发现前述类情况，为婚检时法定允许结婚的情形，注明“未发现医学上不宜结婚的情形”。

在出具任何一种医学意见时，婚检医师应当向当事人说明情况，并进行指导。

《婚前医学检查证明》是法律规定的医学证明之一，由婚检医师填写，主检医师审核签名，婚检单位加盖婚前医学检查专用章。男女双方在结婚登记时，须将《婚前医学检查证明》或《医学鉴定证明》交婚姻登记部门。

热点问题 85　妇女被迫与他人结婚，怎么办？

《婚姻法》没有进行修正前，妇女被包办、买卖婚姻，非自愿被迫与他人结婚，要求离婚的，都准予离婚，按《婚姻法》中有关离婚及对离婚后有关问题的处理规定来解决。实际上这就等于承认了对妇女的包办、买卖婚姻和非自愿婚姻，因为离婚是以承认婚姻关系存在为前提的，不存在婚姻关系谈不上离婚，实际上这种作法不符合《婚姻法》的立法精神，不利于保护妇女的婚姻自主权。《婚姻法》增加了可撤销婚姻制度，即第 11 条规定：“因胁迫结婚的，受胁迫的一方可以向婚姻登记机关或人民法院申请撤销该婚姻。受胁迫的一方撤销婚姻的请求，应当自结婚登记之日起一年内提出。被非法限制人身自由的当事人请求撤销婚姻的，应当自恢复人身自由之日起一年内提出。”可撤销婚姻制度的建立使我国《婚姻法》有关结婚的规定更科学、更合理，充分反映了婚姻自由的基本原则。

所谓可撤销婚姻，是指婚姻关系当事人的一方是在受胁迫情况下，缔结婚姻关系的，受胁迫一方有权向婚姻登记机关或人民法院撤销该婚姻，被胁迫的婚姻自始无效。由于可撤销婚姻缺乏结婚的合意，违反了婚姻自由的原则，欠缺结婚必须男女双方完全自愿的要件，不应受法律保护，但考虑到男女双方已共同生活在一起，甚至还生育子女，是否继续共同生活在一起，应尊重婚姻当事人的意愿，《婚姻法》建立了可撤销婚姻制度，是否撤销婚姻由当事人自己选择。妇女受胁迫与他人结婚，可以提出撤销该婚姻。这里的"胁迫"依最高人民法院关于适用《婚姻法》若干问题的解释（一）第10条规定："是指行为人以给另一方当事人或者近亲属的生命、身体健康、名誉、财产等方面造成损害为要挟，迫使另一方当事人违背真实意愿结婚的情况。"因此胁迫行为人的对象不只限于婚姻当事人的另一方，还包括另一方的近亲属；从行为的表现形式来看，主要是相要挟，以将要给另一方或其近亲属人身、人格或财产造成损害来威胁，来达到被胁迫方为免受损害，被迫同意结婚的目的。实际上行为人并没有实施给他人造成实际损害的行为，另一方或其近亲属也没有受到实际的损害。妇女在受胁迫与他人结婚的情况下，可以通过两种途径申请撤销该婚姻。一是行政程序。即向结婚登记的婚姻登记机关提出申请，婚姻登记机关经查证确实有胁迫的情形，应撤销其结婚登记，收回结婚证。当事人不服的，可依法提出行政复议或行政诉讼。二是诉讼程序。即向人民法院提出，法院经审理，确认婚姻当事人之间有一方胁迫另一方情形的，应判决撤销该婚姻，法院应当收缴双方的结婚证，并将生效的判决书寄送当地婚姻登记管理机关。当事人对法院判决不服的，有权向上一级人民法院提起上诉。享有撤销婚姻请求权的，只能是受胁迫一方的婚姻关系当事人本人，如受到要挟的对象是婚姻关系当事人的近亲属，他们也无权提出撤销该婚姻。提出撤销婚姻的请求权期限为自结婚登记之日起一年内。被非法限制人身自由的当事人请求撤销婚姻的，应当自恢复人身自由之日起一年内提出。超过此期限就失去撤销婚姻的请求权，婚姻登记机关和法院都不再受理。请求期限的规定，主要是促使请求权人及时的行使权利，避免婚姻关系处于不稳定状态。超过此期限，婚姻关系当事人要解除双方之间的婚姻关系，只能依《婚姻法》有关离婚问题的规定来处理。《婚姻法》第12条规定："无效或被撤销的婚姻，自始无效。当事人不具有夫妻的权利和义务。同居期间所得的财产，由当事人协议处理；协议不成时，由人民法院根据照顾无过错方的原则判决。……当事人所生子女，适用本法有关父母子女的规定。"婚姻被撤销后，产生如下法律效力：首先，双方的婚姻自始无效。其次，对于同居期间的财产的处理，根据最高人民法院关于适用《婚姻法》若干问题的解释（一）第15条规定："被宣告无效或被撤销的婚姻，当事人同居期间所得的财产，按共同共有处理，但有证据证明为当事人一方所有的除外。"

热点问题86 妇女订婚后，能解除婚约吗？

我国《婚姻法》第8条规定："要求结婚的男女双方必须亲自到婚姻登记机关进行结婚登记。符合本法规定的，予以登记，发给结婚证。取得结婚证，即确立夫妻关系。"可见，我国婚姻关系的建立，是以办理结婚登记，取得结婚证为标准的。对于订婚《婚姻法》没有予以规定，这就意味着：对于订婚，法律既不禁止，也不加以保护。因此，妇女订婚后，不管是由父母为女儿订婚的，还是妇女自己自愿订立婚约的，都可以解除。

所谓订婚，是男女双方就将来结婚达成的事先预约。在中国封建社会，订婚是结婚程序中的一部分，在确立婚姻关系的"六礼"中的前四礼，即纳采、问名、纳吉、纳征都是与订婚有关的。历代户婚律中均以成立婚书，收受聘财作为订婚的依据。婚约一经订立，产生婚姻的部分效力，具有法律约束力，无故违约要受到法律处罚。而且一般都是父母或祖父母等长辈为子女或孙子女等晚辈订婚，婚约不是由婚约当事人自己订立的，这是封建包办、买卖婚姻的必然产物。

订婚这一习俗，在我国的一些地方仍然存在，甚至相当普遍，订婚男女的年龄越来越小，甚至订娃娃亲的越来越多，大多数情况都是父母做主为未成年的子女订婚，侵犯了子女的婚姻自由权，子女成年后，如果要解除婚姻，都会遇到种种阻碍，受到周围舆论的谴责，特别是一般情况下，订婚的男方家庭要给付女方家庭一定数量的“彩礼”，婚约的解除还会涉及到财产纠纷，许多青年男女迫于种种压力，只能成为这种封建残余的牺牲品。父母为未成年子女订婚，违反了婚姻自由的原则，危害极大。《未成年人保护法》第11条规定：“父母或者其他监护人不得允许或者迫使未成年人结婚，不得为未成年人订立婚约。”为未成年子女订婚是违法行为，法律是加以禁止的。至于青年男女就结婚问题自愿达成约定，是出于他们真实意愿，不应当禁止，但法律也不保护这种婚约关系。

热点问题87 婚约解除后，妇女是否要返还“彩礼”?

订婚在我国农村是比较普遍的现象，订婚与彩礼是紧密联系的，实际上就是男女双方的父母在媒人的参与下，就男女结婚事宜中妇女的人身与男方彩礼的交易过程。妇女解除婚约，一般都涉及到财产纠纷，即彩礼的返还问题。对于婚约因为法律即不加以禁止，也不予以保护，婚约纠纷法院不予以受理，但由于婚约的解除引起的财产纠纷，可以请求法院审理。在司法实践中，对于由于婚约的解除而引起的财产纠纷的处理，根据最高人民法院《关于贯彻执行民事政策法律若干问题的意见》的有关规定，区分不同情况妥善处理：

(1) 对于借订立婚约索要彩礼的，婚约解除后应适当返还彩礼。女方或女方父母向男方或男方父母索要彩礼，是借婚姻关系索取财物的行为，是封建的陈规陋习，代表一种不好的社会风气，是法律所禁止的行为，女方或女方父母获得彩礼是不当得利，应当予以返还。

(2) 对于借婚约而进行买卖婚姻的财物，原则上判决收缴国库。因为双方从事的是买卖婚姻的违法行为，收受财物的一方即获得的财物是非法所得，交出财物的一方，其财物是进行非法活动的工具，应收缴国库，以示惩罚。

(3) 对于以恋爱订婚为名，行诈骗钱财之实的，除了构成诈骗罪应依法追究刑事责任外，无论哪一方提出解除婚约，原则上都应当将骗取所得财物全部归还给受害人。

(4) 对于以结婚为目的价值较高的赠与，应酌情返还；对于婚约期间的一般赠与物，受赠人无返还的义务。

(5) 对于借谈恋爱为名，以赠送财物为手段，玩弄异性的人，其所交付给对方的财物，应按赠与物对待，不予返还。

热点问题 88　妇女结婚后，一定要住在婆家吗？

根据《婚姻法》第 9 条规定："登记结婚后，根据男女双方的约定，女方可以成为男方的家庭成员，男方可以成为女方的家庭成员。"妇女结婚后，享有住所决定权，既可以与男方的家庭成员共同居住，也可以与女方的家庭成员共同居住，也可以夫妻双方任选一地点，单独居住。因此妇女结婚后并非一定要住在婆家，夫妻双方有平等的住所选择、决定权。法律这条规定从立法意图上，重在保护男到女家落户。中国长期的风俗习惯是女到男家，女方成为男方的家庭成员，家庭是以男子为中心的，这必然导致在家庭中男女不平等。男到女家是受到歧视，这在封建宗法家长制统治的社会，男到女家无疑是降低了人格，是不得已而为之。《婚姻法》的这条规定，保障了在家庭关系中男女平等的实现，为妇女其他权利的规定也提供了法律依据。如关于在责任田、口粮田、宅基地分配上规定：已婚妇女户口迁入夫家的，在夫家享有分得责任田、口粮田、宅基地的权利；已婚妇女户口未迁出的，连同其家庭成员，由原籍集体经济组织负责划分责任田、口粮田、宅基地。

热点问题89　国家是如何保障育龄妇女实行计划生育的？

计划生育是我国的国策，在目前重点是控制人口的出生率，计划生育是夫妻双方共同的义务，妇女按照法律规定实行计划生育，相应就有权要求国家保障育龄妇女实行计划生育，国家负有此项义务。《母婴保健法》和2002年9月1日实施的《人口与计划生育法》，明确规定了国家对实行计划生育妇女的保障措施：

(1) 国家保障妇女选择安全、有效、适宜的避孕节育措施，实施避孕节育手术，保证手术者的安全。各级人民政府采取措施，保障妇女享有计划生育服务，提高生殖健康水平。计划生育技术服务人员指导妇女选择安全、有效、适宜的避孕措施。已生育子女的妇女，提倡选择长效避孕措施。

(2) 免费接受计划生育技术服务。计划生育技术服务机构和从事计划生育技术服务的医疗、保健机构应在各自的职责范围内，针对育龄妇女开展人口与计划生育基础知识宣传教育，对已婚妇女开展孕情检查、随访服务工作，承担计划生育、生殖保健的咨询、指导和技术服务。

(3) 享受特殊的假期并获得相应补偿和奖励。对实行晚育的，可获得延长生育假的奖励和其他福利待遇；妇女在怀孕、生育和哺乳期间，按照国家有关规定享受特殊劳动保护并可以获得帮助和补偿；妇女实行计划生育手术，享受国家规定的休假，地方人民政府可以给予奖励。

(4) 国家建立婚前保健、孕产期保健制度。

（5）国家建立、健全相应的社会保障制度，促进计划生育。如基本养老保险、基本医疗保险、生育保险和社会福利等。

（6）对终身只生育一个子女的妇女给予特殊的保护。享受独生子女的奖励；当独生子女发生意外伤残、死亡，妇女不能再生育和收养子女的，地方政府应当给予必要的帮助。

热点问题90　妇女违反计划生育超生子女，要交社会抚养费吗？

实行计划生育是育龄妇女的义务，妇女生育必须要符合计划生育的要求，对于不履行计划生育的义务，违反计划生育政策生育子女的，要承担一定的法律责任。2002年9月1日实行的《社会抚养费征收管理办法》，对违反计划生育生育子女的，要交纳社会抚养费。综合有关法规的相关规定，妇女在下列情形下生育，要缴纳社会抚养费：

（1）公民再生育不符合地方人口与计划生育法规规定的条件，生育子女的数量超过地方性法规规定的许可范围；

（2）公民未履行法定结婚程序，在未形成夫妻关系前提下的生育行为；

（3）公民收养子女的行为不符合收养法或地方人口与计划生育法规的有关规定，或依法收养后的生育行为不符合地方人口与计划生育法规的有关规定；

（4）公民再婚生育行为不符合地方人口与计划生育法规的有关规定；

（5）出国留学的中国公民，以及公民涉外、涉台港澳婚姻中的生育行为不符合国家有关规定；

（6）公民其他不符合地方人口与计划生育法规规定的生育行为。

社会抚养费的征收标准分别以当地城镇居民人均可支配收入

或农村居民人均纯收入为计征的参考基本标准，结合当事人的实际收入和不符合法律、法规规定生育子女的情节确定。征收社会抚养费的决定由县级人民政府计划生育部门作出书面征收决定，也可以委托乡（镇）人民政府或者街道办事处作出书面征收决定，当事人应当自收到征收决定之日起30日内，一次性缴纳社会抚养费，确有实际困难，可向有关部门提出分期缴纳的书面申请。当事人未在规定的期限内缴纳社会抚养费，自欠缴之日起每月加收社会抚养费的千分之二的滞纳金，对拒不缴纳社会抚养费，由作出征收决定的计划生育行政部门依法申请法院强制执行。

热点问题91 丈夫重婚或者与他人同居，妻子怎么办？

重婚和有配偶者与他人同居都是违反一夫一妻的行为，违背了夫妻间应当相互忠实的义务。但在实践中，却有一些人把重婚或有配偶者与他人同居当作一种时尚，在丈夫有“外遇”的情况下，妇女如何保护自己的合法权益呢？

（1）注意收集相关的证据。法律是以事实为根据的，妻子对于丈夫的这种违法行为，必须有证据加以证明，猜测、道听途说都不能对行为的性质加以认定。对于丈夫重婚的，注意收集丈夫与非法同居者以夫妻名义共同生活的证据，如举行了婚礼，对外以夫妻相称，以夫妻名义购买房屋或租赁房屋。对于丈夫与她人同居的，注意收集丈夫与非法同居者长期共同居住的证据。对丈夫的“外遇”存在着收集证据难的问题，妇女可根据《婚姻法》第45条规定，对于丈夫重婚的，妻子可以依照刑事诉讼法的规定，向法院自诉，请求公安机关予以侦查。

（2）可以提起离婚并要求损害赔偿。《婚姻法》第32、46条把重婚和有配偶者与他人同居作为离婚和离婚损害赔偿的法定情形，只要妻子有证据能够证明丈夫重婚或有配偶者与他人同居，不管丈夫是否同意离婚，法院都应当判决离婚。如果丈夫重婚或有配偶者与他人同居的行为，给妻子造成物质或精神损害，妻子在提起离婚诉讼的同时有权提出离婚损害赔偿。

（3）可以追究非法同居者的责任。我国《婚姻法》没有规定对于重婚或有配偶者与他人同居中非法同居者应承担的责任，但根据我国《民法通则》、《刑法》和有关行政法规的规定，可追究相应的责任。实际上并不是所有的非法同居者都对另一方构成重婚或有配偶者与他人同居负有责任。只有明知他人有配偶而与之生活在一起，在主观上具有故意的非法同居者才承担责任。根据非法同居者违法行为的性质分别承担刑事责任、民事责任、行政责任。

刑事责任。根据《刑法》第258条规定，对明知他人有配偶而与之登记结婚或以夫妻名义共同生活的，构成重婚罪；根据《刑法》第259条的规定，对明知对方是现役军人的配偶而与之登记结婚或以夫妻名义共同生活的，构成破坏军婚罪；根据《刑法》第246条的规定，对以暴力或者其他方法，公然贬低无过错配偶一方的人格和名誉，构成侮辱罪、诽谤罪。

民事责任。非法同居者故意破坏他人的婚姻家庭，负有停止侵害、消除影响、赔礼道歉和损害赔偿的民事责任。

行政责任。对非法同居者故意破坏他人的婚姻家庭的行为，扰乱了社会治安管理秩序，违反行政法规情节恶劣的，依《治安管理处罚条例》的规定，给予其拘留、罚款等适当的行政处分。

（4）保护自己的合法财产权益。丈夫重婚或有配偶者与他人同居，往往都为非法同居者购置物品，甚至是高档衣物、首饰、房屋、汽车，为非法同居者提供生活费用，如果是用夫妻共同财产，妻子有权要求丈夫补偿对夫妻共同财产造成的损失。最高人民法院《关于贯彻执行<中华人民共和国民法通则>若干问题的意见》（试行）第89条规定："共同共有人对共同财产享有共同的权利，承担共同的义务。在共同共有关系存续期间，部分共有人擅自处分共有财产的，一般认定无效。但第三人经同意有偿取得该财产的，应当维护第三人的合法权益，对其他共有人的损失，由擅自处分共有财产的人赔偿。"《婚姻法》第12条规定了对无过错一方的财产保护："对重婚导致的婚姻无效的财产处理，不得侵害合法婚姻当事人的财产权益"。最高人民法院关于适用《婚姻法》若干问题的解释（一）第16条规定："人民法院审理重婚导致的无效婚姻案件时，涉及财产处理的，应当准许合法婚姻当事人作为有独立请求权的第三人参加诉讼。"这些规定是无过错一方保护自己财产权利的法律依据，保证了诉讼主体资格。

热点问题92　以丈夫的名义存入银行的钱，是否属于夫妻共同财产？

我国现今的银行存款实行实名制，存折或存单是储户与银行之间的存款合同，存折或存单上所记载的姓名，是与银行间产生权利义务的一方当事人，只能表明他对存入银行这笔钱享有所有权，至于是独自享有所有权还是财产共有人的代表人，在存折或存单上并不能反映出，银行并不负此责任，因此以丈夫的名义存入银行的钱，是否为夫妻共同财产，还要看财产是丈夫的个人财产，还是夫妻共同财产。如果夫妻双方实行的是法定夫妻财产制，在婚姻关系存续期间的所得以丈夫的名义存入银行的，仍为夫妻共同财产；如果这笔钱虽是在婚姻关系存续期间的所得，但属于个人特有财产范围，以丈夫名义存入银行的钱就为丈夫的个人财产。如果实行约定夫妻财产制，根据约定，如果约定为夫妻共同财产的，以丈夫的名义存入银行的，为夫妻共同财产；如果约定为夫妻个人财产的，以丈夫的名义存入银行的，为丈夫的个人财产。

热点问题93 丈夫"妻管严",妻子构成虐待吗?

最高人民法院关于适用《婚姻法》若干问题的解释(一)第1条规定:家庭暴力"是指行为人以殴打、捆绑、残害、强行限制人身自由或者其他手段,给其家庭成员的身体、精神等方面造成一定伤害后果的行为。持续性、经常性的家庭暴力,构成虐待。"由此可见构成虐待需要具备以下几个条件:

(1)行为人与受害人之间存在着特定的身份关系,是一个家庭成员。这里家庭成员的范围比法律上所规定的家庭成员的范围广,不仅包括夫妻、父母子女、兄弟姐妹、(外)祖父母与(外)孙子女,也包括儿媳、女婿与公婆、岳父母等共同生活的亲属。

(2)行为人主观上有过错,故意给受害人在身体或精神上造成损害

(3)行为人在客观上实施了殴打、捆绑、残害、强行限制人身自由等行为,而且这种行为具有时间上的持续性,状态上的稳定性。

(4)造成了一定的损害后果,给被害人在人身或精神上受到伤害。这种伤害结果与行为人的行为存在着必然的因果联系。

行为人的行为构成虐待,是要承担相应法律责任的,是离婚和离婚损害赔偿的法定事由,虐待被继承人情节严重的,丧失继承权。严重的构成虐待罪。

虐待涉及到行为人要承担法律责任,因此在认定时一定要慎重。我们通常说的"妻管严",指的是丈夫怕老婆,只要妻子没有对丈夫实施经常性的家庭暴力,就不构成虐待,更何况通常说的"妻管严"表示丈夫对妻子的疼爱,在日常事务中不与妻子发生冲突,是处理家庭矛盾的一种方法。

热点问题94 妻子在什么情况下可以继承丈夫的遗产?

《婚姻法》第24条规定"夫妻有相互继承遗产的权利。"遗产继承是将死者生前财产转移给他人的法律制度,继承权的享有

是以具有婚姻关系和一定的血缘关系的存在为前提的，夫妻是最基本的家庭成员，夫妻之间特定的人身关系，共同生活的事实和相互扶养义务，及对共同财产的平等处理权，决定了夫妻之间相互享有继承权。旧中国妇女不享有继承权，实行的是以男子为中心的嫡长子继承制，受封建残余的影响，侵犯妇女继承权的事件时有发生，在妻子对丈夫遗产继承中，注意以下几个问题：

(1) 夫妻继承权的享有是以合法的婚姻关系存在为前提的。夫妻间享有继承权，是要求在被继承人死亡时，继承人与被继承人之间存在合法的婚姻关系。我国婚姻关系的建立，是以男女双方履行了结婚登记程序，取得结婚证为标准，而不以双方是否举行了结婚仪式或同居为标准。只要男女双方依法确立了夫妻关系，不管结婚时间长短，均享有继承权。重婚、姘居、没有履行结婚登记程序等非法同居的男女之间不享有继承权。原与被继承人有过婚姻关系，但在被继承人死亡时已经解除了，不再享有继承权。婚姻关系是否解除，须经法定程序。对协议离婚的以婚姻登记机关收回《结婚证》，发给双方《离婚证》为准。对诉讼离婚的，以人民法院的协议离婚调解书和离婚判决书发生法律效力为准。不论离婚时间的长短，都不再享有继承权。

(2) 夫妻互为第一顺序的继承人，享有同等的继承权。夫妻互为第一顺序的继承人，除非具有法定的继承权丧失的情节，任何人不得以任何借口剥夺、干涉夫妻之间财产的继承权。实践中重点保护妻子对丈夫遗产的继承，破除以男系亲为本位的封建宗祧继承制度。我国《妇女权益保障法》第 31 条规定“妇女享有的与男子平等的财产继承权受法律保护。在同一顺序法定继承人中，不得歧视妇女。”

(3) 夫妻之间遗产继承权与夫妻共同财产的分割不能相混淆。所谓遗产是公民死亡时遗留的个人合法财产。因此在夫妻一方死亡，进行遗产继承时，首先要对夫妻共同财产进行分割，只有属于死亡一方的个人财产才能为遗产，否则，就是对生存一方财产所有权的侵犯。在遗嘱继承中，经常出现立遗嘱人（多为丈夫）处分夫妻共同财产的情况，依《继承法》的规定，这样的遗嘱属于部分无效的遗嘱，立遗嘱人不能用遗嘱处分他人的财产。

(4) 婚姻关系存续时间的长短对夫妻间的继承权无影响。夫妻婚姻关系存续时间的长短不影响夫妻间的继承权。但在法定继承中，进行遗产分割时，对结婚登记后尚未同居或同居时间较短的，要考虑继承人对被继承人尽义务的多少，与其他继承人的情况相比较，酌情处理。

(5) 解放前形成的“一夫多妻”的婚姻，保护夫妻间的相互继承权。我国是禁止重婚的，因此重婚者之间不享有继承权，但对1950年《婚姻法》颁布前形成的一夫多妻的婚姻关系，考虑到这种婚姻关系形成的特殊性，如女方没有提出要求解除婚姻关系，仍允许他们保持原来的共同生活关系。因此，对于旧社会遗留下来的一夫多妻，如果在继承开始时婚姻关系仍然存在，则夫得继承妻、妾的遗产，妻、妾也可继承夫的遗产。

(6) 对侵害夫妻合法继承权，依《民法通则》第106条第2款规定：“公民、法人由于过错侵害国家的、集体的财产，侵害他人财产、人身的，应当承担民事责任。”第117条规定：“侵占国家的、集体的财产或者他人财产的，应当返还财产，不能返还财产的，应当折价赔偿。损坏国家的、集体的财产或者他人财产的，应当恢复原状或者折价赔偿。受害人因此遭受其他重大损失的，侵害人并应当赔偿损失。”按照《民法通则》第134条规定的民事责任的方式，承担责任。

热点问题95 非法同居的妇女能获得男方的遗产吗？

非法同居的男女两性结合，不为法律所承认和保护，他们相互之间不享有继承权。虽然他们之间不享有继承权，但非法同居的情况比较复杂，他们之间可因具有法律规定的特定情节，能够分得对方的遗产，因此并非所有的非法同居的妇女者都不能取得男方的遗产。根据最高人民法院，1989 年 11 月 12 日，法（民）发［1989］38 号，《关于审理未办结婚登记而以夫妻名义同居生活案件的若干意见》第 13 条的规定："同居生活期间一方死亡，另一方要求继承死者遗产，如认定为事实婚姻的，可以配偶身份按继承法的有关规定处理；如认定为非法同居关系，而又符合继承法第 14 条规定的，可根据相互扶助的具体情况处理。"非法同居者在下列两种情况下可以取得对方的遗产：

（1）非法同居的男女两性结合被认定为事实婚姻，一方死亡时，生存的一方可以以配偶的身份继承对方的财产，适用夫妻间有关继承权的规定。根据最高人民法院关于适用《婚姻法》若干问题的解释（一）第 5 条的规定：1994 年 2 月 1 日民政部《婚姻登记管理条例》公布实施以前，男女双方已经符合结婚实质要件的，按事实婚姻处理；1994 年 2 月 1 日民政部《婚姻登记管理条例》公布实施以后，男女双方符合结婚实质要件的，应当补办结婚登记。对于补办结婚登记的婚姻的效力从双方均符合婚姻法所规定的结婚实质要件时起算。

（2）《继承法》第 14 条规定"对继承人以外的依靠被继承人扶养的缺乏劳动能力又没有生活来源的人，或者继承人以外的对被继承人扶养较多的人，可以分给他们适当的遗产。"非法同居者一方死亡，另一方在两种情况下，可要求分得对方的财产：一是生存一方既缺乏劳动能力又没有生活来源，同时在被继承人死亡时依靠被继承人扶养。这些条件必须同时具备，缺一不可，至于生存一方依靠被继承人扶养时间的长短，没有要求。二是生存一方对被继承人在生前尽了较多的扶助义务，包括经济上的给予，生活上的照料，对“较多”的标准应从被继承人需要扶助的多少，其他扶养人尽义务的情况，来衡量是否尽了较多的扶养义务。对非法同居一方如具备上述情况之一，可以要求分得被继承人的遗产。至于可以要求分得多少，要依其困难程度或尽义务的多少，以及遗产的数额，其他继承人的情况综合而定。

热点问题96　父母能将女婴送给他人抚养吗？

抚养未成年子女是父母的法定义务，在任何情况下都不得免除。父母子女间权利义务产生的基础是血缘，从子女出生父母就产生了对子女法定的抚养义务，父母不履行抚养义务造成一定后果的，根据情况分别构成虐待罪或遗弃罪，要负相应的刑事责任。因此，一般情况下父母不得将女婴送给他人抚养。一些父母受重男轻女封建思想的影响，歧视女婴，甚至歧视生育女婴的妇女，为了生育男婴，逃避计划生育的处罚，将女婴送人，甚至将女婴溺死。《婚姻法》第21条第4款规定：“禁止溺婴、弃婴和其他残害婴儿的行为。”《未成年人保护法》第8条规定：“不得歧视女性未成年人或者残疾的未成年人”。但在实践中有些父母的确无能力履行抚养子女的义务，如身体有残疾，生活无法自理，丧失劳动能力的等，可以将子女送养给他人，这里子女并不区分是男孩还是女孩。《收养法》第5条规定有特殊困难无力抚养子女的生父母可以为送养人。法律规定的义务是以义务人能够履行为前提，如果义务人无能力履行就不能强制履行，在义务人无法履行义务的情况下，不做特殊的规定，反而不利于未成年子女的利益。因此，在父母有特殊困难无法抚养子女的情况下，可以将女婴送给他人抚养，收养关系成立，子女与生父母的身份关系终止，权利义务关系解除。《收养法》第19条规定：“送养人不得以送养子女为理由违反计划生育的规定再生育子女。”防止一些人借送养子女，钻计划生育的空子。

热点问题 97　孩子能随母姓吗?

《婚姻法》第 22 条规定:“子女可以随父姓,可以随母姓。”由此可见,父母对未成年子女的姓氏有决定权,子女可以随父姓也可以随母姓。在父母对子女姓名的决定权上,应注意以下几个问题:

(1) 未成年子女的姓氏由夫妻双方协商确定,父母任何一方无权擅自决定。未成年人因不具有完全的民事行为能力,不得更改自己的姓名。

(2) 《婚姻法》虽规定子女的姓氏可以随父姓或母姓,但并没有禁止父母可以为子女选择第三姓。

(3) 子女的姓氏确定后,非依夫妻双方协商一致,不得改变,既使夫妻双方离婚后,任何一方也无权以任何理由改变未成年子女的姓名。最高人民法院《关于人民法院审理离婚案件处理子女抚养问题的若干具体意见》第 19 条规定:“父母不得因子女变更姓氏而拒付子女抚育费。父或母一方擅自将子女姓氏改为继母或继父姓氏而引起纠纷的,应责令恢复原姓氏。”

(4) 子女成年后,有权依法决定是否更改原姓名。成年子女更改姓或名要有正当的理由,而且也有年龄限制,一般应在成年后 2—3 年内更改。并且应通过当地的户籍管理部门进行,得到公安机关的批准才有效。

热点问题 98　结婚后,妻子是否必须将自己的户口迁移至男方家?

根据《婚姻法》的规定,登记结婚后,根据男女双方约定,女方可以成为男方的家庭成员,男方可以成为女方家庭成员,同时夫妻双方也可以独立门户。根据我国百姓的习惯,家庭成员的户籍往往登记在同一户口簿上。由此,在夫妻双方协商一致后,妻子的户籍可以留在原来的户籍中,也可以迁入夫家的户籍中,还可在夫妻的新居中单独立户。

妻子若将户口迁入夫家或夫妻单独立户，公安机关都应当维护公民的正当迁徙，一律准许落户，不得以任何理由拒绝落户，但需要迁移人提供的材料主要有：结婚证、迁入人的居民户口簿、居民身份证及市内户口迁移证、迁入户的居民户口簿（若为新立户的，要提供房管部门出具的住房证明或房屋产权证明）。根据各地的规定不同，有些地区还需要提供迁入人的一寸免冠照片一张。

热点问题99 新生儿的户口是否必须随母？

新生儿随母落户的原则是我国户籍登记管理制度中的传统原则，由于市场经济的发展带来人口流动性的增强，国家户籍管理政策也从静态管理向动态管理转变。根据公安部1997年颁布的《关于小城镇户籍管理制度改革试点和完善农村户籍管理制度有关问题的解答》的规定，新生婴儿可以随母或者随父在常住地登记，常住户口的规定在农村地区实行。对已经办理出生登记的和1997年6月10日前出生且未报出生登记的新生婴儿，一律按原有规定办理。这里所称的新生婴儿，即包括超计划生育的、非婚生育的婴儿，也包括被遗弃的婴儿等。1998年，公安部《关于解决当前户口管理工作中的几个突出问题意见的通知》中再次明确规定了实行婴儿落户随父随母自愿的原则，而且该原则的实现不只局限于农村地区，在城市中的常住人口登记管理中也实现了此原则。

热点问题100 如何保障妇女对子女的监护权？

监护权是指对未成年人、精神病患者等无行为能力和限制行为能力的人的人身、财产以及其它合法权益进行监督和保护的权利和义务。未成年子女的父母是未成年子女的法定监护人，父母对未成年子女在人身上的监护以抚养、教育、保护为目的，在财产上保护未成年人的财产利益，防止财产受到损失，代理未成年人进行民事活动。中国传统的观念是“子不教，父之过。”对子女的教育主要是父亲的责任，母亲则更多的是对子女生活上的照料，尽养育的职责。对子女的监护权主要是由父亲行使，母亲对子女一般不具有监护的权利，特别是在未成年子女的父亲死亡后，限制母亲行使对子女的权利，甚至母亲再婚后，往往剥夺了母亲对未成年子女的权利。这种传统的观念现在仍有影响，如在农村中，夫妻离婚一般子女都有男方抚养，特别是男方及男方家庭争夺男孩的抚养权。丈夫死后，妇女再婚，一般不允许将未成年子女带到夫家。这是对妇女行使对子女监护权的干涉，为此《妇女权益保障法》第45条规定：“父亲死亡、丧失行为能力或者有其他情形不能担任未成年子女的监护人的，母亲的监护权任何人不得干涉。”体现了对妇女行使监护权的法律保护，是男女平等在家庭中的具体体现。

热点问题101 出嫁的女儿可以不赡养父母吗？

《婚姻法》第21条规定：“子女对父母有赡养扶助的义务。……子女不履行赡养义务时，无劳动能力的或生活困难的父母，有要求子女付给赡养费的权利。”所谓赡养是指子女在物质上、经济上为父母提供必要的生活费用和条件。扶助是指子女对父母精神上和生活上的关心和帮助。父母把子女抚养成人，当年老体弱时，也需要子女予以关心、照料，敬老、爱老是中华民族的传统美德，更是子女应尽的义务。

(1) 赡养扶助的义务主体是有独立生活能力的成年子女。《老年人权益保障法》第11条第2款规定：“赡养人是指老年人的子女以及其他依法负有赡养义务的人。”子女不履行赡养义务时，无劳动能力的或生活困难的父母有要求子女付给赡养的权利。无劳动能力是指丧失创造物质或精神财富活动的身体条件。

生活困难是指在无劳动能力的情况下，虽有收入但收入不足以维持当地一般生活水平，或者在未完全丧失劳动能力的情况下，虽有收入但收入不足以维持当地一般生活水平。未成年子女和没有独立生活能力的成年子女不负有此义务。可见有独立生活能力的成年子女对父母有有赡养的义务，不管是儿子还是女儿，是否结婚，只要是有独立生活能力的成年子女对父母就有赡养的义务。必须纠正赡养父母是儿子的事情，“嫁出去的女儿。泼出去的水”，养儿防老陈腐的封建思想。

（2）子女对父母的赡养扶助义务是法定的，不可免除的。有能力赡养父母的成年子女，不管是否结婚，是否与父母居住在一起，都负有此项义务。子女对父母的赡养是无期限的，直至父母死亡时止。子女对父母的赡养义务是基于父母子女间的身份关系产生的，只要身份关系存在，此项义务就不能解除，即使父母有过错，有违法犯罪行为，受过相应的法律制裁，甚至对子女有虐待、遗弃的行为，在父母年老体弱需要赡养时，子女仍负有赡养的义务。由于父母一方死亡或离婚，婚姻关系终止，如一方再行结婚，子女对父母仍负有的赡养义务。老人的婚姻自主权受法律保护，父母一方或双方再婚，并不影响父母子女间的权利义务关系。《老年人权益保障法》第18条规定：“赡养人的赡养义务不因老年人的婚姻关系变化而消除。”

（3）子女对父母的赡养扶助义务不得附加任何条件。子女对父母的赡养扶助是无条件的，子女不得以放弃继承权，或要求先分家析产，及分家析产不公为由，拒绝赡养扶助父母。子女对父母的财产继承是父母死亡后，子女所享有的权利，并非是子女履行赡养扶助义务的必然结果，放弃继承权只能是继承开始后才能行使，赡养扶助父母须在父母生存期间履行，因此不能以放弃继承权代替赡养扶助义务的履行。《老年人权益保障法》第15条规定："赡养人不得以放弃继承权或者其他理由，拒绝履行赡养义务。"分家析产是对家庭共有财产的分割，与对父母的赡养扶助是两回事，不能混为一谈。

(4) 子女对父母赡养扶助的内容：根据《老年人权益保障法》的规定，子女对父母的赡养扶助包括以下内容：对老年人经济上供养、生活上照料和精神上慰藉的义务，照顾老年人的特殊需要；对患病的老年人提供医疗费用和护理；妥善安排老年人住房，不得强迫老年人迁居条件低劣的房屋。老年人自有的或者承租的住房，子女或者其他亲属不得擅自改变产权关系或者租赁关系。老年人自有的住房，赡养人有维修的义务；赡养人有义务耕种老年人承包的田地，照管老年人的林木和牲畜等，收益归老年人所有。

(5) 子女履行赡养义务的方式可以是多样的。可以与父母共同生活直接履行赡养义务，也可以通过提供生活费用的方式。父母有多个子女的，可以根据父母的需要和子女的实际情况，共同承担对父母的赡养义务，一般赡养费的数额不低于当地群众的平均生活水平。

(6) 父母有要求子女履行赡养扶助义务的请求权。当父母无独立生活能力或生活有困难，子女有能力履行赡养扶助义务，而不履行时，父母可以直接向子女索要赡养费。因追索赡养费发生纠纷的，可以请求村民委员会、居民委员会以及所在单位予以调解。也可以直接向人民法院起诉要求子女履行赡养扶助义务。对于子女拒不履行赡养义务，情节严重的，构成遗弃罪，应依法追究其刑事责任。

热点问题 102　继父母子女间具有法律上的权利义务关系吗？

《婚姻法》第 27 条规定："继父母与继子女间，不得虐待或歧视。继父或继母和受其抚养教育的继子女间的权利和义务，适用本法对父母子女关系的有关规定。”继父母与继子女关系是因子女的生父或生母再婚而形成的姻亲关系，子女称母或父的后婚配偶为继父或继母；夫称其妻与前夫所生子女或妻称其夫与前夫所生的子女为继子女。继父母与继子女间不存在血缘关系，一般情况下不产生权利义务关系，但在一定条件下，这种姻亲关系可以转化为法律拟制血亲关系，从而产生权利义务关系。在实际生活中，继父母继子女关系大体有以下四种：

（1）父或母再婚后，继子女已成年并已独立生活，继父母与继子女之间只形成姻亲关系，不产生法律上的权利义务关系；

（2）父或母再婚后，未成年继子女或未独立生活的成年继子女未与继父母共同生活，未受其抚养教育，这种情况下继父母与继子女之间也只形成姻亲关系，不产生法律上的权利义务关系；

（3）父或母再婚后，未成年继子女或未独立生活的成年继子女与继父母长期共同生活，受其抚养教育，或由继父母负担继子女的抚养费教育费的一部分或全部。在这种情况下，继父母与继子女间形成拟制血亲关系，双方之间具有权利义务关系。

（4）继父或继母依法收养继子女，继父母继子女关系转化为养父母子女关系，形成拟制血亲，适用养父母子女间权利义务关系。

继父母与继子女间无论是否具有权利义务关系，相互间都不得虐待和歧视。在旧中国继母是受到歧视的，没有权利可言，这是在社会主义制度下尊老爱幼、保护儿童和老人合法权益的必然要求。继父母与继子女间是否发生权利义务关系，以他们之间是否形成抚养教育关系而定。但在立法中，对形成抚养教育关系的标准没有予以规定。实践中一般是根据继父母对继子女在经济上尽了抚养义务，包括给付生活费、教育费的一部或全部；或在生活中予以了照料来认定。只要具有其中一种情况，就认定为形成抚养关系，继父母与继子女间形成拟制血亲关系，适用父母子女关系的规定。需要注意的是，继子女与继父母形成拟制血亲关系后，继子女与生父母的权利义务关系仍存在，这就意味着继子女与继父母间存在权利义务关系，同时与生父母间也具有权利义务关系，继子女具有双重的权利义务。这与收养有所不同，收养关系成立后，养子女与生父母间权利义务关系消除，在继父母收养继子女的情况下，他们之间的关系已转化为养父母子女关系，适用养父母子女关系的规定。

对于已形成拟制血亲的继父母继子女关系是否可解除问题，最高人民法院在有关的司法解释中有所规定：

(1) 1993 年 11 月 3 日，最高人民法院法发［1993］30 号，《关于人民法院审理离婚案件处理子女抚养问题的若干具体意见》第 13 条规定："生父与继母或生母与继父离婚时，对曾受其抚养教育的继子女，继父或继母不同意继续抚养的，仍应由生父母抚养。"

(2) 就继父与生母或继母与生父离婚的情况，在 1986 年 3 月 21 日，最高人民法院（1986）民他字第 9 号，《关于继母与生父离婚后仍有权要求已与其形成抚养关系的继子女履行抚养义务的批复》中指出：有负担能力的继子女，对于曾经长期抚养教育过他们的年老体弱、生活有困难的继父母，仍应尽赡养扶助的义务。继父母继子女间具有抚养事实，形成抚养关系后，他们之间为拟制血亲关系，不再受姻亲关系是否解除的限制。

(3) 1988 年 1 月 22 日，最高人民法院（1987）民他字第 44 号，《关于继父母与继子女已形成的权利义务关系能否解除的批复》中指出：继父母与继子女已形成的权利义务不能自然终止，一方起诉要求解除这种权利义务关系的，人民法院应视具体情况做出是否准许解除的调解或判决。

热点问题103 在什么情况下，丈夫不能提出离婚？

《婚姻法》第34条规定："女方在怀孕期间、分娩后一年内或中止妊娠后六个月内，男方不得提出离婚。女方提出离婚的，或人民法院认为确有必要受理男方离婚请求的，不在此限。"《妇女权益保障法》第42条也规定，妇女在中止妊娠后六个月内，男方不得提出离婚。在妻子怀孕期间、分娩后一年内或中止妊娠后六个月内，丈夫不得提出离婚。这是从保护妇女、胎儿和婴儿利益的原则出发，对男方离婚起诉权的必要限制。妇女在怀孕、分娩和中止妊娠后一定时期，身体上和精神上的都需要特殊的照顾，这时如离婚不利于妇女的身心健康，出于对妇女利益的特殊保护，有必要限制男方的起诉权。对男方离婚起诉权的限制，这并不是对男方离婚起诉权的剥夺，只是推迟男方提出离婚起诉的时间，过了此期限，男方仍旧可以行使离婚自由的权利。

对于在此期间，男方提出离婚诉讼，法院并不是绝对不受理的，法院认为确有必要，可以受理男方离婚诉讼。根据有关的规定和司法解释，在司法实践中，下列情况认为确有必要，应受理男方的离婚诉讼：其一；女方的怀孕是与丈夫以外的其他男性所为；其二；双方确有不能继续共同生活的重大、紧迫事由，否则人身或财产将会受到伤害。女方提出离婚不受此期限的限制，既然《婚姻法》第34条规定，是从保护妇女利益出发的，如果在此期间内，妇女提出离婚，一定是更能保护其利益，更有利于身心健康，因此女方的起诉权不受限制。

热点问题104 丈夫有过错，妻子不同意离婚，法院能判决离婚吗？

《婚姻法》第32条规定："男女一方要求离婚的，可由有关部门进行调解或直接向人民法院提出离婚诉讼。人民法院审理离婚案件，应当进行调解；如感情确已破裂，调解无效，应准予离婚。有下列情形之一，调解无效，应准予离婚：（一）重婚或有配偶者与他人同居的；（二）实施家庭暴力或虐待、遗弃家庭成员的；（三）有赌博、吸毒等恶习屡教不改的；（四）因感情不和分居满二年的；（五）其他导致夫妻感情破裂的情形。一方被宣告失踪，另一方提出离婚诉讼的，应准予离婚。”我国判决离婚的原则是夫妻感情确已破裂，与夫妻双方或一方对夫妻感情破裂是否有过错没有关系，因此丈夫对夫妻感情破裂有过错，甚至有法律规定的准予离婚的情形，丈夫提出离婚，妻子不同意，法院也可判决离婚。最高人民法院关于适用《婚姻法》若干问题的解释（一）第22条规定：“人民法院审理离婚案件，符合第32条第2款规定‘应准予离婚’情形的，不应当因当事人有过错而判决不准离婚。”

对此规定许多人疑惑不解，认为法律是在偏袒有过错的一方，法律应当是公正的，一方有过错要求离婚，法律就应规定不准予其离婚，起到惩恶扬善的作用。离婚是解除婚姻关系，法院审理离婚案件解决的是婚姻关系能否继续维持下去的问题，并不是对错误思想、不道德行为进行审理及惩罚。法律只能确认男女两性的结合是合法还是违法，而婚姻是靠夫妻之间的感情维系的，夫妻感情已经破裂，法律维护这种名存实亡的婚姻还有何意义？既使法律强行维持这种婚姻关系，对无过错的一方也是不利的，获得的只是婚姻的一个外壳、形式，婚姻的实质内容、婚姻家庭的职能无法实现。对夫妻感情破裂有过错，并不是法律不予以追究其责任，《婚姻法》规定的离婚损害赔偿制度，就是对夫妻感情破裂有过错一方予以财产补偿的制度，在离婚分割夫妻共同财产中也要照顾无过错一方，这也是对过错方的惩罚。一方有过错要求离婚，就不应准予其离婚这种看法，实际上是把是否准予离婚，作为惩罚不道德行为的手段，这是长期以来存在的，离婚应以提出离婚理由是否正当为标准的表现，它混淆了法律和道德的界限，没有认清离婚所要解决的问题，离婚不是惩罚手段，它解除的是人的身份关系。

热点问题105　妇女无工作，离婚时能要求分得夫妻共同财产吗?

夫妻共同所有财产是一种比较特殊的财产共有形式，它除了具有一般共有财产的性质、特点外，又有其特殊性，特殊在共有人之间存在着特殊的身份关系。这种财产共有关系的产生是依夫妻身份关系的产生而产生的，因此依夫妻身份关系的解除而解除。夫妻之间身份关系存在是夫妻共同财产存在的前提，只要这种身份关系存在，就可以成为夫妻共同财产的共有人，至于对夫妻共有财产贡献大小，有无收入，从事的是社会工作还是家务劳动，不影响成为夫妻共同财产的共有人。这符合婚姻家庭作为生活的共同体，对夫妻财产关系的需要。当夫妻双方离婚，依法解除身份关系，依《婚姻法》的规定，夫妻对共同财产有平等的要求分割的权利，因此妇女虽无工作，只要是夫妻共同财产，就有要求分割夫妻共同的权利。

在分割夫妻共同财产时，首先要确定夫妻共同财产的范围，根据《婚姻法》第17条的规定，夫妻在婚姻关系存续期间所得的下列财产，不管是双方所得还是一方所得，归夫妻共同所有："（1）工资、奖金；（2）生产、经营的收益；（3）知识产权的收益；（4）继承或赠与所得的财产，但本法第十八条第三项规定的除外；（5）其他应当归共同所有的财产。"在确定夫妻共同财产范围时注意以下几个问题：

（1）夫妻共有财产的主体是夫妻双方。要求男女双方必须有合法的婚姻关系，非法同居、无效婚姻的男女之间不存在夫妻共同财产。只有在婚姻关系存续期间，一方或双方取得的财产才能认定为是否属于夫妻共有财产。夫妻共同财产始于结婚登记时，即使尚未共同居住，也不影响财产的共有属性。对于结婚登记前的财产仍属于个人财产，不因结婚改变财产的性质。夫妻共同财产因婚姻关系的终止而终止，要依法进行分割。

(2) 夫妻“所得”为财产权利的取得，并非要求必须对财产的实际占有。如婚前取得的财产权利，虽在婚后实际取得财产，仍为个人所有的财产。如在婚姻关系存续期间取得的财产权利，而在婚姻关系终止后才实际取得财产，也为夫妻共有财产，要依法进行分割。

(3) 在婚姻关系存续期间取得的上述财产，只要没有约定或约定无效，都认定为夫妻共同财产。不管这些财产的表现形式，双方的贡献大小，一方还是双方取得的，都为夫妻共同财产。

(4) 对属于夫妻个人财产，婚后用夫妻共有财产在其原有财产上“添附”的，对“添附”部分认定为夫妻共有财产。

(5) 知识产权具有人身性，与人身不可分离，故知识产权本身永远属于权利人所有，只是知识产权中的财产利益，属于夫妻共同财产。

(6) 夫妻在婚姻关系存续期间，对所得的财产虽有约定，但约定不明确，或约定无效情况下，此财产为夫妻共有财产。

其次在分割夫妻共同财产时,要保护妇女的利益。根据《婚姻法》第 39 条的规定:“离婚时,夫妻的共同财产由双方协议处理;协议不成时,由人民法院根据财产的具体情况,照顾子女和女方权益的原则判决。”夫妻共同财产分割后,财产分别归各自所有。

热点问题 106 离婚时，妻子对家庭多尽的义务就白尽了吗?

夫妻在婚姻家庭中的权利义务具有对等性和连带性，一方尽的义务少或不尽义务，另一方就要多尽义务。现今家务劳动还没有实现社会化，家庭还承担着养老育幼的职能，承担着消费职能、教育等职能。所有这些职能的实现，需要夫妻双方共同进行。但在实际生活中，往往妻子对家庭尽的义务要多于丈夫，在赡养老人，抚养教育子女，承担家务等方面，妻子花费的时间和精力通常要大于丈夫。妻子对家庭尽了较多的义务，实际上是代替丈夫履行了其对家庭应尽的法定义务，是对丈夫从事的社会工作的支持。在当今，虽然家务劳动的价值还没有得到普遍的承认，但按照法律规定在婚姻关系存续期间，双方或一方的特定所得为夫妻共同财产，因此，没有必要将家务劳动的价值用财产来衡量。但在实行约定财产制的夫妻，如果约定实行分别财产制，即在婚姻关系存续期间，各自的所得归各自所有，那么，妻子替丈夫多尽的义务就无法得到补偿，这有违于法律上的权利义务相一致的原则，因此《婚姻法》增加了离婚补偿制度，即第40条规定："夫妻书面约定婚姻关系存续期间所得的财产归各自所有，一方因抚育子女、照料老人、协助另一方工作等付出较多义务的，离婚时有权向另一方请求补偿，另一方应当予以补偿。"这种补偿只是象征性的。一方对家庭多尽的义务是无法衡量其财产价值的。一方代替另一方多尽了义务，本着权利义务的一致性，在财产上享有补偿的权利。根据《婚姻法》的这一规定，要求离婚补偿应具备如下条件：(1) 夫妻约定实行的是分别财产制。必须夫妻双方用书面的形式明确约定，婚后的财产归各自所有。夫妻虽然实行的约定财产制，但约定的夫妻财产制形式不是分别财产制，也不适用补偿制度。(2) 一方尽了较多的家庭义务。本应夫妻共尽的家庭义务，由一方独自承担或承担较多。这里的家庭义务是指对父母、子女应尽的赡养、抚养义务，维持正常的家庭生活而必须的家务劳动。(3) 夫妻离婚时，一方才有权提出。在婚姻关系存续期间，任何一方不得提出。(4) 只能是夫妻一方向另一方提出。不能向婚姻当事人以外的人提出。补偿的数额由夫妻双方协议，协议不成的，由法院根据双方婚姻关系存续时间的长短，子女年龄的大小，双方在抚养子女、赡养老人尽义务的情况及双方的经济情况综合予以确定。根据《婚姻法》离婚补偿制度的规定，在离婚时妻子对家庭多尽了义务，符合上述条件的，可以向丈夫提出补偿。

热点问题 107 在离婚案件中，如何保护农村妇女的土地使用权?

根据我国《民法通则》的规定，国有或集体所有的土地、自然资源可以实行所有权与使用权相分离，允许公民个人依法对土地、自然资源承包经营。公民对土地、自然资源的使用权有两种形式：一是责任田、口粮田和宅基地的土地使用权。二是对土地、自然资源的承包经营权。对土地和自然资源的使用权是农民最基本的生存需要和生活需要，但由于在责任田、口粮田和宅基地的土地使用权划分上往往采取的是几十年不变的政策，致使离婚妇女对土地的使用权得不到落实，居无住所，失去了维持生存的土地。为保障农村妇女对土地使用权所享有的权益，《妇女权益保障法》第 30 条规定："农村划分责任田、口粮田等，以及批准宅基地，妇女与男子享有平等权利，不得侵害妇女的合法权益。妇女结婚、离婚后，其责任田、口粮田和宅基地等，应当受到保障。"离婚妇女如户口迁回原籍的，原籍的集体经济组织负责划分责任田、口粮田、批准宅基地。对于土地、自然资源的承包经营权，普遍实行以户为单位的家庭联产承包责任制。土地承包经营权作为一项独立的财产权利由承包经营户享有。在实践中，由于对承包经营权各地普遍"实行土地承包 30 年不变"、"增人不增地，减人不减地"的土地承包政策，致使土地承包合同订立后，离婚妇女的对土地的承包得不到保障。《婚姻法》第

39条第2款规定："夫或妻在家庭土地承包经营中享有的权益等，应当依法予以保护。"最高人民法院在《关于审理农业承包合同纠纷案件若干问题的规定（试行）》第34条规定："承包方是夫妻的，在承包合同履行期间解除婚姻关系时，就其承包经营的权利义务未达成协议，且双方均具有承包经营主体资格的，人民法院在处理离婚案件时，应当按照家庭人口、老人的赡养、未成年子女的抚养等具体情况，对其承包经营权进行分割。"明确了对夫妻土地承包经营权是可以分割的，及如何进行分割，保证了离婚妇女对土地的承包经营权。

热点问题108　离婚时，如何保障妇女对子女的抚养权？

父母双方离婚，只解除他们之间的身份关系，并不影响父母子女之间的关系。《婚姻法》第36条规定："父母与子女间的关系，不因父母离婚而消除。离婚后，子女无论由父或母直接抚养，仍是父母双方的子女。离婚后，父母对于子女仍有抚养和教育的权利和义务。"但是父母离婚，必然要改变一方对子女的监护方式，由直接监护改为间接监护，因此父母离婚涉及到子女由谁直接抚养的问题。这里的子女指的是未成年子女。根据《婚姻法》第36条第3款的规定："离婚后，哺乳期内的子女，以随哺乳的母亲抚养为原则，哺乳期后的子女，如双方因抚养问题发生争执不能达成协议时，由人民法院根据子女的权益和双方的具体情况判决。"原则上哺乳期内的子女以随哺乳的母亲抚养为原则，这既有利于子女的健康成长，也有利于哺乳的母亲履行抚养义务。根据最高人民法院《关于人民法院审理离婚案件处理子女抚养问题的若干具体意见》第1条规定："2周岁以下的子女，一般随母方生活"，哺乳期内的子女一般为2周岁以下的子女。对2周岁以上的子女的抚养问题，由双方协议，协议不成的，由法院根据子女的权益和双方的具体情况判决。在确定子女直接抚养问题时，不能只考虑物质条件，还要看父母双方的思想道德品质，与子女的感情，同时也要考虑父母双方的实际情况，特别是要考虑是否还有生育能力，《妇女权益保障法》第46条规定：“离婚时，女方因实施绝育手术或者其他原因丧失生育能力的，处理子女抚养问题，应在有利于子女利益的条件下，照顾女方的合理要求。”这是对丧失生育能力妇女抚养子女权利的切实保障。在离婚后子女的归属上，子女的利益是第一位的，在此前提下，保障丧失生育能力妇女的利益，使她们的精神有所寄托，年老的时候也有子女的照料，保护她们的合法权益。

热点问题109　妇女在什么情况下，可以提出离婚损害赔偿？

离婚损害赔偿是指在离婚时，有法定特定过错的一方应向无过错的一方予以经济补偿的制度。离婚损害赔偿制度是婚姻法新增加的内容，它介在弥补过错方给无过错方造成的损失，对于无过错方而言也起着精神抚慰的作用，对婚姻当事人以外的人也起着警示的作用。离婚损害赔偿的提出是需要具备一定的条件：

(1) 提出离婚损害赔偿的主体只能是诉讼离婚中的无过错方。婚姻当事人以外的人无权提出，即使是一方有法定的离婚损害赔偿的情形，但夫妻双方没有提出离婚，无过错方也不得提出损害赔偿。最高人民法院关于适用《婚姻法》若干问题的解释(一)第29条第2、3款规定：“人民法院判决不准离婚的案件，对于当事人基于婚姻法第46条提出的损害赔偿请求，不予支持。在婚姻关系存续期间，当事人不起诉离婚而单独依据该条规定提起损害赔偿请求的，人民法院不予受理。”

(2) 婚姻当事人一方有特定的过错行为。根据《婚姻法》第46条规定：“有下列情形之一，导致离婚的，无过错方有权请求损害赔偿：(一) 重婚的；(二) 有配偶者与他人同居的；(三)

实施家庭暴力的；（四）虐待、遗弃家庭成员的。”必须是婚姻当事人一方有法律规定的这些特定的过错行为，无过错方才可以提出损害赔偿，至于对婚姻关系破裂有其他的过错，不承担离婚损害赔偿的责任。所谓重婚，是指有配偶者又与他人登记结婚，或以夫妻名义共同生活。所谓有配偶者与他人同居，根据最高人民法院关于适用《婚姻法》若干问题的解释（一）第2条规定：“是指有配偶者与婚外异性，不以夫妻名义，持续、稳定地共同居住。”所谓家庭暴力，根据最高人民法院关于适用《婚姻法》若干问题的解释（一）第1条规定：“是指行为人以殴打、捆绑、残害、强行限制人身自由或者其他手段，给其家庭成员的身体、精神等方面造成一定伤害后果的行为”。所谓虐待，根据最高人民法院关于适用《婚姻法》若干问题的解释（一）第1条规定：“持续性、经常性的家庭暴力，构成虐待。”所谓遗弃是指有能力履行扶养义务的义务人，对需要进行扶养的家庭成员不尽扶养义务的行为。

（3）夫妻离婚是上述过错行为导致的，即有过错一方的上述行为与离婚存在着因果关系。致使无过错一方在物质和精神上受到损害，造成财产上的减少或精神上受到伤害。

（4）提起离婚损害赔偿的时间。根据最高人民法院关于适用《婚姻法》若干问题的解释（一）第30条规定：“（1）符合婚姻法第46条规定的无过错方作为原告基于该条规定向人民法院提起损害赔偿请求的，必须在离婚诉讼的同时提出。（2）符合婚姻法第46条规定的无过错方作为被告的离婚诉讼案件，如果被告不同意离婚也不基于该条规定提起损害赔偿请求的，可以在离婚后一年内就此单独提起诉讼。（3）无过错方作为被告的离婚诉讼案件，一审时被告未基于婚姻法第46条规定提出损害赔偿请求，二审期间提出的，人民法院应当进行调解，调解不成的，告知当事人在离婚后一年内另行起诉。”

损害赔偿的范围即包括物质损害赔偿也包括精神损害赔偿。对人身和财产造成的直接损害，应当全部赔偿，对精神损害赔偿，根据最高人民法院关于适用《婚姻法》若干问题的解释(一）第28条规定：“婚姻法第46条规定的‘损害赔偿’，包括物质损害赔偿和精神损害赔偿。涉及精神损害赔偿的，适用最高人民法院《关于确定民事侵权精神损害赔偿责任若干问题的解释》的有关规定。”离婚的精神损害赔偿的数额考虑以下几方面的因素：(1）过错方的过错程度；(2）侵害的手段、场合、行为方式等具体情节；(3)有过错方给无过错方造成精神痛苦的大小；(4)有过错方承担责任的经济能力;(5)当地的平均生活水平。

热点问题110　妇女在离婚问题上容易产生哪些错误的认识?

随着人们婚姻观念的不断变化，近几年离婚数量逐年增加，一些妇女由于文化水平比较低，法律意识淡薄，对有关离婚问题的法律规定知之甚少，难免会产生一些错误认识，致使自身的权益得不到维护，因此妇女要纠正在离婚问题上的一些错误认识，主要有：

(1）只要坚持不离婚，法院就不能判决离婚。对于一方坚持离婚，另一方不同意的诉讼离婚，根据《婚姻法》第32条规定，是以双方感情确已破裂作为判决离婚的原则界限，并且明确列举出几种感情破裂的情形，因此法院判决夫妻双方是否离婚，不是以夫妻是否同意离婚的态度是否坚决为标准，而是依据法律规定的离婚原则界限。因此对于不同意离婚的妇女，只需在法院审理过程中表明自己的态度，而不能采用威胁、恫吓等一些过激的言行，这反而不利于维护自身的权益，严重的会构成扰乱法庭秩序罪，承担刑事责任。

（2）法院判决是否离婚是以提出离婚的理由是否正当为标准。前面已指出，我国判决诉讼离婚的原则界限是以夫妻感情确已破裂为标准，而不是看提出离婚的理由是否正当。最高人民法院关于适用《婚姻法》若干问题的解释（一）第22条规定："人民法院审理离婚案件，符合第32条第2款规定'应准予离婚'情形的，不应当因当事人有过错而判决不准予离婚。"法院判决夫妻双方是否离婚，解决的是婚姻关系存续问题，而不是追究对婚姻关系破裂谁负有责任，更不是惩罚不道德行为和错误思想的手段。因此法院判决是否离婚，并不以提出离婚的理由是否正当为标准，而以感情是否确已破裂为判决离婚的原则界限。

（3）谁先提出离婚，谁吃亏。实践中，一些妇女明知夫妻感情已经破裂，但就是不敢提出离婚，担心先提出离婚会吃亏。实际上这种担心是多余的。所说的吃亏，是指在夫妻共同财产分割和子女抚养上会有对自己不利的判决。法院对离婚及其离婚后有关问题的处理，是以法律规定为依据的，与谁先提出离婚诉讼请求无关。在夫妻共同财产分割上，《婚姻法》第39条规定："离婚时，夫妻的共同财产由双方协议处理；协议不成时，由人民法院根据财产的具体情况，照顾子女和女方权益的原则判决。"在子女抚养上，《婚姻法》第36条规定："离婚后，哺乳期内的子女，以随哺乳的母亲抚养为原则，哺乳期后的子女，如双方因抚养问题发生争执不能达成协议时，由人民法院根据子女的权益和双方的具体情况判决。"因此妇女是否先提出离婚，不会影响其权益的。

（4）离婚时，谁先占有夫妻共同财产，财产就归谁。夫妻共同财产属于夫妻共同所有，离婚时，由于夫妻关系终止，要依法对夫妻共同财产予以分割。对于夫妻共同财产的分割，首先要双方协议，协议不成的，法院要依法判决。可见离婚后，夫妻共同财产归谁所有，并不是以谁占有为标准。在实践中，一些妇女，为了保证离婚后能够分得或多分一些夫妻共同财产，抢先占有财产，这种作法不仅是错误的，有可能还是违法的，不仅不能多分财产，反而有可能少分或不能分得财产。《婚姻法》第47条规定："离婚时，一方隐藏、转移、变卖、毁损夫妻共同财产，或伪造债务企图侵占另一方财产的，分割夫妻共同财产时，对隐藏、转移、变卖、毁损夫妻共同财产或伪造债务的一方，可以少分或不分。离婚后，另一方发现有上述行为的，可以向人民法院提起诉讼，请求再次分割夫妻共同财产。人民法院对前款规定的妨害民事诉讼的行为，依照民事诉讼法的规定予以制裁。"

(5) 男方提出离婚，就要给女方补偿。在许多妇女作为被告人的离婚案件中，要求男方予以经济补偿，否则就不同意离婚。她们认为为抚养子女、照料老人，为家庭耗费了青春，自己是受害者，要求男方补偿青春损失费。这种要求是没有法律依据的。我国虽然建立了离婚补偿制度和经济帮助制度，但这两种制度的适用是需要具备法定条件的。《婚姻法》第40条规定："夫妻书面约定婚姻关系存续期间所得的财产归各自所有，一方因抚育子女、照料老人、协助另一方工作等付出较多义务的，离婚时有权向另一方请求补偿，另一方应当予以补偿。"第42条规定："离婚时，如一方生活困难，另一方应从其住房等个人财产中给予适当帮助。具体办法由双方协议；协议不成时，由人民法院判决。"不是所有的离婚案件都有离婚补偿制度和经济帮助问题，而且与谁提出离婚无关。

热点问题111　在什么情况下构成对妇女的家庭暴力?

对妇女的暴力行为，在联合国第四次世界妇女大会通过的《行动纲领》作了界定，指共同生活或私人生活中发生的基于性别原因的任何暴力行为。由此对妇女的暴力可以分为社会中对妇女的暴力和家庭中对妇女的暴力。禁止家庭暴力是《婚姻法》新增加的内容，它反映人们主体意识和权利意识增强的要求，也顺应了世界各国立法的共同趋势。关于什么是家庭暴力，最高人民法院关于适用《婚姻法》若干问题的解释（一）第1条规定：家庭暴力“是指行为人以殴打、捆绑、残害、强行限制人身自由或者其他手段，给其家庭成员的身体、精神等方面造成一定伤害后果的行为”。在男女两性中，妇女是家庭中的弱者，往往成为家庭暴力中的受害者，对妇女的家庭暴力，不同于其他的对妇女的暴力行为，它具备以下几方面条件：

（1）施暴者与妇女之间是同一家庭中的成员。这里所说的家庭成员不等同于传统习俗所理解的家族或家庭成员，是指具有亲属身份且在日常生活中共同居住生活的人员。一般以户籍登记为准。施暴者在家庭中处于强势的地位，妇女在家庭中处于弱势地位，往往是缺乏独立生活能力或自卫能力。

（2）从家庭暴力的表现形式上看，主要对妇女人身实行各种强暴行为和精神上的虐待。具体表现为：殴打、捆绑、残害、强行限制人身自由等手段，既可以是作为的方式也可以是不作为的形式。

（3）侵犯了妇女的生命健康权、人身自由权、婚姻自主权、和性权利等。

（4）对妇女造成一定的伤害后果,需在身体上或精神上造成一定的伤害后果,达到一定程度的,才可认定为对妇女的家庭暴力。

是否构成对妇女的家庭暴力，在认定时一定要慎重，不仅涉及到施暴者要承担一定法律责任，而且在《婚姻法》中把家庭暴力作为离婚和离婚精神损害赔偿的法定事由。

热点问题112　对妇女的家庭暴力有什么特点？

对妇女的家庭暴力因发生在私生活领域中，并且施暴者和妇女有着特定的身份关系，因此它有着不同于其他对妇女暴力行为的特点：

(1) 主体身份的特定性。施暴者与妇女有着特定的身份关系，是同一家庭中的成员，有着婚姻或亲属关系。因此往往产生外人介入难，往往以家务琐事、家庭内部矛盾，掩盖了家庭暴力的性质。

(2) 场所的特定性。家庭暴力一般都发生在家庭的住所中，因为属于私人生活空间，导致家庭暴力具有一定的隐蔽性，如果不是受害妇女的请求或者产生严重的危害后果，外人很难知晓。

(3) 时间上的长期性和状态上的稳定性。由于受害妇女往往是家庭中的弱者，对家庭暴力一般采取忍让的态度，因此家庭暴力行为都不止一次的出现，妇女经常受到家庭暴力的侵害。

(4) 受害程度的不可测性。对受害妇女的伤害由于外人很难知晓，往往导致伤害程度的鉴定时过境迁，无法确定伤害的程度。对精神上的伤害更是难以确定，由于他们之间特定的身份关系，使他们之间存在着特定的感情联系，家庭暴力对妇女感情的伤害，外人是无法测定的。

(5) 原因的复杂性。对妇女家庭暴力的产生原因是复杂的，既受历史封建传统的影响，又有社会方面的原因；既有施暴者本身的原因，又有受害妇女自身的原因，因此在预防和处理上有一定的难度。

热点问题 113　妇女受到家庭暴力应该怎么办?

妇女由于在男女两性中处于弱者地位，因此一旦发生家庭暴力行为，应当求助有关的社会组织，防止人身受到伤害，避免危害结果的发生。《婚姻法》第 43 条规定：家庭暴力的受害人有权提出请求，居民委员会、村民委员会以及所在单位应当予以劝阻、调解。对正在实施的家庭暴力，受害人有权提出请求，居民委员会、村民委员会应当予以劝阻；公安机关予以制止。因此在发生家庭暴力时，妇女可以采取如下的办法：

(1) 对正在实施的家庭暴力，请求居民委员会、村民委员会对施暴者予以劝阻。

(2) 对正在实施的家庭暴力，拨打110，请求公安机关制止施暴者的家庭暴力行为。公安机关对施暴者的行为首先实行口头制止，在行为上可以拉、拽；对口头制止无效的，实行口头传唤；口头传唤仍无效的依法实行强制传唤。

(3) 请求居民委员会、村民委员会以及所在单位对施暴者进行予以劝阻、调解。

热点问题114 公安机关在制止家庭暴力中的法定义务有哪些？

依据《婚姻法》，结合《刑法》、《治安管理处罚条例》和《警察法》的规定，公安机关在制止家庭暴力中的职责主要体现在：依据受害人的申请，对正在实施的家庭暴力采取劝阻、阻止或依法采取强制措施等方式予以制止；根据受害人的请求，对构成治安违法的家庭暴力实施者予以治安处罚；对实施家庭暴力或虐待、遗弃家庭成员构成犯罪的，公安机关依法行使刑事侦查权，即对于属于自诉案件范围的案件，公安机关不能行使刑事侦查权，在接报受理后应当及时移交人民法院管辖；对于发生在家庭成员内部属于公诉案件范围的案件，公安机关必须立案侦查。

热点问题115 妇女在遭受家庭暴力时可以向居委会、村委会请求何种救助？

居委会、村委会是城镇居民、村民自我管理、自我教育、自我服务的基层群众性自治组织。该组织具有调解民间纠纷、协助维护社会治安的义务。《婚姻法》对居委会、村委会在制止家庭暴力中应履行的职责做出明确规定。妇女在遭受家庭暴力过程中，可以向居委会、村委会请求救助。由于居委会（村委会）性质的限制和他们对居民（村民）情况的了解，因此，在对受家庭暴力侵害的妇女实施的救助范围只能限定在劝阻和调解之内。所谓劝阻，是指劝说行为人停止施暴行为或在未来时间内不再对妇女实施暴力行为；所谓调解，是指在居委会、村委会的主持下，以国家法律、法规、规章、政策和社会公德为依据，对当事人双方进行斡旋、劝说，促使他们相互谅解、平等协商，自愿达成协议，消除纷争的活动

热点问题 116 对妇女实施家庭暴力应承担什么法律责任？

在我国实施家庭暴力者根据行为的性质、情节、造成的危害后果等承担相应的行政、刑事、民事责任。

行政责任：根据《婚姻法》第 43 条规定：受害人提出请求的，公安机关应当依照治安处罚的法律规定予以行政处罚。

刑事责任：对实施家庭暴力构成犯罪，依法追究刑事责任。根据《婚姻法》第 45 条的规定：受害人可以依照刑事诉讼法的有关规定，向人民法院自诉；公安机关应当依法侦查，人民检察院应当依法提起公诉。因施暴者所侵犯的客体不同，分别构成杀人罪、伤害罪、强奸罪、侮辱罪、非法拘禁罪、拐卖妇女儿童罪、暴力干涉婚姻自由罪、虐待罪、遗弃罪。

民事责任：根据《婚姻法》第 46 条规定，承担离婚损害赔偿责任；根据施暴者实施家庭暴力的情况，承担停止侵害、赔礼道歉的责任；给妇女人身造成损害的要承担损害赔偿的责任。

热点问题 117 妇女如何树立“四自”的意识？

《妇女权益保障法》第 6 条规定：“国家鼓励妇女自尊、自信、自立、自强”，所谓自尊，是指妇女应当尊重自己的人格，维护自己的尊严，反对自轻自贱；所谓自信，是指妇女应当相信

自己的力量，坚定自己的信念，反对妄自菲薄；所谓自立，是指妇女应当树立独立意识，体现自己的社会价值，反对盲目依附顺从；所谓自强，是指妇女应当坚强拼搏，奋发进取，反对自卑自弱。树立“四自”意识，是树立中国妇女的新女性意识、提高妇女自身素质的基本方略。

维护妇女合法权益固然要通过广大妇女内因的作用，同时更需要全社会的齐心协力，从而共同承担起为妇女树立自尊、自信、自立、自强意识创造良好环境的责任。全社会创造良好的环境主要表现在以下方面：

（1）改变观念，树立新的社会道德观和意识。两千余年的封建残余一旦形成某种观念或意识即非一日可以改变。新中国的妇女要从法律上的男女平等真正走向事实上的平等，必须要革除头脑中残留的封建意识，在进行社会主义物质文明建设的同时促进社会主义精神文明的建设，反对大男子主义和“三从四德”等封建意识，树立男女平等原则，巾帼不让须眉的社会意识，在新的社会观念支配下，坚持以人为本，通过开展“巾帼建功”、“女性素质工程”等活动，不仅如此，社会观念的树立还需要从青少年抓起，在青少年的道德教育中，应当树立尊重女性、充分发挥妇女在家庭和社会中责任的意识，特别是在女性青少年中树立这种观念，把提高妇女整体素质作为一项战略深入开展。

（2）社会为妇女接受教育创造条件。妇女们新的意识观念与素质的整体提高与妇女受教育的水平密不可分。《中国教育报》2002 年 3 月 4 日报道：我国文盲绝对数仍高达 8507 万，世界上不足 10 个文盲中就有 1 个是中国人，其中中国 90% 的文盲分布在农村，七成是女性，中国每年新增文盲大约 50 万。因此，全社会应当加大扫盲力度，不仅要在妇女中扫除文盲、半文盲，特别是在乡村，全社会应当创立条件使适龄女童都能够接受国家法定的义务教育；不仅如此，还应当使妇女能够与男士同样接受学历教育和各种培训，提高妇女终身教育水平，逐步形成大众化、社会化的终身教育体系，为妇女提供终身学习的条件和机会，为广大妇女树立“四自”意识奠定基础。

(3) 为妇女的就业、再就业创造良好的社会环境。2001－2010年是我国经济和社会发展的重要时期，也是完善社会主义市场经济体制和扩大对外开放的重要时期。在这个时期发挥广大妇女们的聪明才智、充分利用我国妇女这样一项庞大的人力资源，对于我国国民经济的发展和妇女自强意识的提高都具有重大意义，全社会共同努力，一方面消除就业性别歧视，保障妇女获得平等的就业机会，保障妇女劳动权利，使妇女能够享有分享经济资源的权利，以缓解妇女贫困程度，减少贫困妇女数量。《中国妇女发展纲要》(2001—2010年) 中指出，社会应当创造条件，使妇女从业人员占从业人员总数的比例保持在40%以上。

(4) 加大全社会的维权力度，严厉打击侵害妇女权益的违法犯罪行为，促进妇女权益的保护。保护妇女合法权益是全社会的职责。目前，侵害妇女权益的行为，特别是对妇女的暴力侵害以及拐骗、买卖妇女的犯罪行为和卖淫嫖娼等违法犯罪活动仍然存在。对于这些违法犯罪活动的有效遏制，公安机关义不容辞，在狠抓侦查破案、及时整治的同时，还需要全社会共同努力，即开展全社会综合治理，积极促进全社会尊重妇女、保护妇女合法权益良好风气的形成。

(5) 充分利用新闻媒体的作用，树立自强不息的典型、揭露和抨击侵害妇女权益的行为。社会应当鼓励和扶植新闻、出版、广播、电影、电视、文艺等单位和作家、科学家、艺术家及其他公民，创作或者提供有益于帮助妇女树立“四自”意识、有益于提高妇女素质的作品。

热点问题118 国家为保障妇女权益提供了哪些必要措施?

《妇女权益保障法》第3条第2款规定:"国家采取有效措施,为妇女依法行使权利提供必要的条件。"这里所称的有效措施主要包括由国家的立法、司法和行政机关为妇女权利的行使所采取的有效措施。

(1)国家提供法律、政策上的保障条件。立法机关通过法律制定和对法律履行状况的监督检查,一方面将妇女合法权利以法律的形式明确下来,另一方面,明确法律责任的确定为妇女合法行使权利提供国家强制力的保障;国家行政机关在宪法赋予的职权范围内,依法制定和发布行政法规、行政规章、决定和命令,执行法律和国家权力机关的决议,从事行政事务的管理,确保维护妇女权利法律的细化和可操作性,并通过行政管理活动,解决现实生活中侵害妇女合法权益的纠纷或争议,司法机关通过行使国家审判权和监督权,打击侵害妇女合法权益的违法犯罪行为,为保障妇女权益的行使提供良好的社会环境。

(2)国家提供物质上的保障条件。妇女的政治权利、文化教育权益、劳动权益、财产权益、人身权利以及婚姻家庭权益的行使和实现,都需要国家提供相应的物质保障。例如,国家为保障女性未成年人受教育,就需要提供相应的义务教育教育条件;为保障计划生育政策的实现,国家应提供安全有效地避孕药具,为实施节育手术的妇女提供安全卫生的医疗设备和掌握良好技艺的医师;为保障妇女干部的任用,一方面要提供妇女受教育基础条件,同时要为妇女干部的提拔、锻炼提供政策上及物质上的支持,等等。

(3)国家要特别在扶持贫困地区的妇女事业提供人力、物力和财力上的支持。中国妇女工作发展水平尚不平衡,贫困地区的妇女仍然处在生活的下限,扶植贫困地区妇女事业的发展,需要国家从政策上、人力和资金上给予大力的支持，开发适合妇女特点的扶贫项目、开展实用技术的培训，不仅要注重提供妇女脱贫致富的能力，而且还应当发挥妇女在摆脱贫困中的生力军作用。

热点问题119　妇女的合法权益受到侵害时可以通过什么途径解决?

当妇女依法享有的权利和利益，包括政治民主权益、文化教育权益、劳动权益、财产权益、人身权利、婚姻家庭权益等遭受不法侵害或发生争议时，可以通过以下不同途径加以解决：

(1) 通过人民调解委员会调解解决。人民调解委员会是在我国基层人民政府和基层人民法院的指导下成立的，专门调解民间纠纷的群众性组织。人民调解委员会通过自己的工作，解决一般的民事纠纷和轻微的刑事纠纷，同时，对广大人民群众进行法制宣传教育。广大妇女在自己的合法权益遭到不法侵害或与家人、同事、邻居等发生权益纠纷时，可以向人民调解委员会提出申请，通过人民调解委员会的调解，和平解决纠纷和维护自己的合法权益。妇女申请调解时，应注意要到当事人（主要是妇女自己的）户籍所在地或者居所地的人民调解委员会申请调解，同时，申请调解的范围应当属于人民调解委员会调解的范畴。妇女申请调解可以采用书面形式，也可以采用口头形式。申请时，要仔细说明纠纷发生的时间、地点、起因、经过、争执焦点及调解所要达到的目的和要求。当然，申请人民调解委员会调解纠纷，还要经过纠纷双方当事人的一致同意。

(2) 向有关主管部门申请解决。妇女在入学、升学、毕业分配、授予学位、派出留学、就业、分配住房、晋职、晋级、评定专业技术职务等遭受不平等对待，或被以结婚、怀孕、产假、哺乳为由遭到辞退时，受害妇女可以向所在单位的主管部门申请解决。主管部门应当在充分了解事实的情况下，依法予以解决。

(3) 向乡镇基层人民政府申请处理和解决。《人民调解委员会组织条例》第 9 条规定:“经过人民调解委员会的调解,当事人未达成协议或者达成协议后反悔的,任何一方可以请求基层人民政府处理,也可以向人民法院起诉。”同时,《地方各级人民代表和地方各级人民政府组织法》第 52 条规定:“管理本行政区域内的司法行政工作及保护公民私人所有的合法财产,维护社会秩序,保障公民的人身权利、民主权利和其他权利,保障宪法和法律赋予妇女的男女平等、同工同酬和婚姻自由等各项权利,是乡镇基层人民政府的职权和责任。”依据上述法律规定,当妇女的上述权利遭受不法侵害产生纠纷时,妇女有权向基层人民政府请求解决。但是,妇女请求基层人民政府处理的纠纷,一是经过人民调解委员会调解的纠纷,没有经过人民调解委员会调解的纠纷,基层人民政府一般不予以受理;二是妇女应当向自己户籍所在地或者居所地的乡镇基层人民政府请求处理纠纷;三是申请的方式既可以是书面形式,也可以采用口头形式,但必须要有明确的对方当事人和申请事项、事实理由;四是申请解决的纠纷应当是妇女与其他公民之间发生的有关人身、财产权益和其他日常生活中发生的属于基层人民政府处理范围之内的纠纷。基层人民政府接到妇女的申请后,应当在充分了解事实的情况下,依据法律和政府规定,在耐心细致的工作下,做出公正、合法的处理。

(4) 向妇女组织投诉。这里的妇女组织主要是指全国各级妇联组织。《妇女权益保障法》第 5 条第 1 款规定:“中华全国妇女联合会和各级妇女联合会代表和维护各族各界妇女的利益,做好保障妇女权益的工作。”依此规定,各级妇联组织的基本职责之一就是要保护妇女的权利、维护广大妇女的利益。妇联就是妇女的“娘家人”,当妇女有了冤屈,或自己的合法权益受到非法侵害时,妇女可以向妇联组织投诉,通过妇联组织的工作,来保护自己的合法权益。目前,我国从全国妇联到基层妇联,一般都设有专门的投诉电话和投诉室,并派有专门的工作人员来负责接待妇女的投诉并予以解决。妇女在向妇联组织投诉时应当注意以下几点:一是应当由受害妇女本人或其法定代理人向妇联组织投诉;二是妇女在自己的权益受到侵害后应当及时向妇联投诉,以便妇联组织进行调查和处理;三是应当向受害妇女户籍所在地或居住地的区、县级的基层妇女组织投诉;四是投诉的方式既可以是书面的形式,也可以采用口头的方式,但无论采用何种方式,都应当在投诉时提供相关的证据,并要说明投诉的事实理由和具体的请求。

各级妇联组织在接到受害妇女的投诉后,在充分了解事实、分清是非的基础上,应当要求有关部门或者单位查处,使受害妇女的合法权益得到及时保护。

(5)向仲裁机构申请仲裁。由于我国《仲裁法》规定,仲裁委员会仲裁纠纷的范围是平等主体的公民、法人和其他组织之间发生的合同纠纷和其他财产权益纠纷。因此,妇女只能在自己与他人发生合同纠纷或其他财产权益纠纷后,才可以请求仲裁机构予以仲裁。妇女因与他人发生合同纠纷而向仲裁机关申请仲裁后,就不得再向人民法院起诉了。同时,仲裁实行“一裁终局”制度,即裁决一旦做出后,当事人一方不履行的,另一方当事人即可以向人民法院申请强制执行。

(6)依法向人民法院提起诉讼。向人民法院起诉,是妇女解决纠纷、维护自己合法权益的最重要、最有力的手段和途径。因为,同其他几种途径相比,各级人民法院的审判和执行具有极大的权威性和法律强制性。人民法院经过审理对案件做出的判决一旦生效,即具有法律效力,一方当事人不履行该判决的,另一方当事人可以申请人民法院强制执行。因此,当妇女因财产关系和人身关系发生纠纷时,可以依照《民事诉讼法》的规定,向人民法院提起民事诉讼；当妇女与某些行政机关因具体的行政行为发生纠纷，得不到合理解决时，可以依照《行政诉讼法》的规定，向人民法院提起行政诉讼；对于告诉才处理和其他不需要侦查的轻微刑事案件，比如受虐待、家庭暴力、受侮辱、暴力干涉婚姻自由等，受害妇女或者其法定代理人可以依照《刑事诉讼法》的规定，按照刑事自诉程序，向人民法院提起刑事诉讼，以追究犯罪人的刑事责任，使自己的合法权益得到法律的保护。

热点问题120　各级妇联在保护妇女合法权益方面承担哪些职能？

全国妇联和各级妇联是全国各族各界妇女的贴心组织，其基本职责是代表和维护妇女利益，促进男女平等，维护妇女的合法权益，使妇女在国家建设中发挥积极作用。在维护妇女合法权益方面，各级妇联组织承担的基本职能主要有：

（1）积极开展形式多样、广大妇女喜闻乐见的法制宣传和教育活动，组织法律进家庭妇女法律知识竞赛等活动，指导、帮助广大妇女提高运用法律武器维护自身的合法权益的能力。

（2）制定和完善有利于妇女平等参与经济和社会发展、平等就业、有效保障妇女的各项政治权利、获得平等的受教育机会以及享有基本的卫生保健服务等相关法律法规和政策。例如，在修改《婚姻法》等重要问题时，做好妇女在婚姻家庭地位中状况的调查，为相关立法和决策提供意见和建议。

（3）协调有关政府部门、司法机关及其他社会团体、企事业单位，以保障妇女权利的充分行使。在各级妇联积极协调与运作下，各地普遍建立了妇女维权席、“三八合议庭”以及人民陪审员制度等，有效地推动妇女权益行使和妇女合法权益维护工作的开展。

（4）接受被害妇女的投诉，并要求有关部门或单位查处。目前，妇联系统已形成了五级信访网络，许多地区协同司法部门开设妇女问题咨询热线，建立投诉站、妇女法律援助中心等，使妇女维权工作逐步走上法制化、制度化和社会化。

(5) 开展监督工作，通过媒体、信访等多种形式，监督各机构对妇女权益维护的工作，使对妇女的维权工作落在实处。

热点问题 121 权益受到侵害的妇女如何向妇联组织投诉?

保护妇女权利、维护妇女利益是各级妇联组织的基本职责之一。《妇女权益保障法》第 48 条授予权益受侵害的妇女向妇联进行投诉的权利。该法第 48 条第 2 款规定:“妇女的合法权益受到侵害时，被侵害人可以向妇女组织投诉，妇女组织应当要求有关部门或者单位查处，保护被侵害妇女的合法权益。”妇女在向妇女组织行使投诉权时，应当注意以下问题:

(1) 投诉方式的多样性。《妇女权益保障法》规定了妇女在受到侵害时可以向妇联投诉，但并未就投诉方式进行限制，因此，投诉人的投诉既可以采用口头形式，即通过电话或直接与基层妇联组织的工作人员面谈等，也可以采用书面形式，如写投诉信或书面陈述材料等。

(2) 投诉主体的合格性。即投诉人应当是受害人本人或其法定代理人，在前述两类人不便或无法进行投诉时，其他了解情况的人也可以帮助妇女投诉。因为妇联组织要调查了解情况时，若投诉人对受害的情况不了解，就不利于对事件的及时处理。

(3) 投诉的及时性。妇联组织帮助受害人维护其合法权益，除因性别歧视而使妇女合法权益受到侵害的，妇联组织依法调查处理外，其他侵权行为则是由妇联通过各种途径或方法要求有关部门或单位进行查处，因此，妇联组织的调查和与其他相关部门的沟通都需要一定时间，投诉的不及时就会为妇联组织今后的工作造成一定的困难，也会为相关部门的调查取证贻误时机。故此，妇女的投诉一定要及时。

(4) 投诉内容的具体性。投诉人在投诉时应当提出相关证据，说明投诉的事实和理由以及具体要求。

(5) 投诉级别逐渐性。妇联组织在处理受害妇女的投诉时，按照工作程序规定，是将投诉人的材料转交由直接负责的基层组织处理。即便投诉人将材料转交上级妇联组织，该级妇联组织也要将投诉内容转交受害妇女所在地的妇联组织护理。因此，“越级投诉”不利于及时处理问题。

热点问题122 工会可以受理哪些维护妇女权益的投诉?

各级工会组织不仅代表女职工的利益，而且依法维护女职工的合法权益，具有保障妇女权益的重要职责。女职工在劳动、政治、文化教育等合法权益遭到侵害时，可以向工会组织投诉，维护自己的合法利益。

根据《工会法》和《劳动法》的规定，工会可以受理的女职工的投诉主要包含以下方面:

(1) 女职工与用人单位就劳动权益所发生的争议。其中包含克扣女职工工资的争议；随意延长劳动时间的争议；不提供劳动安全卫生条件的争议；侵犯女职工特殊权益的争议；以及其他严重侵犯职工劳动权益的争议。

(2) 女职工对用人单位在处理问题上，因处理不当而发生的纠纷。如单位将女职工开除、除名、辞退等引起的纠纷。

(3) 女职工因自动离职、辞职而与用人单位之间产生的纠纷。

(4) 用人单位因执行国家有关工资、社会保险、福利、培训以及劳动保护等方面的规定，与女职工之间存在的分歧或争议，等等。

工会并非对所有有关女职工与他人产生的纠纷都一律予以受

理，对女职工与他人因财产而发生的纠纷或与他人因人身权利而发生的纠纷，工会一般就不予受理。

热点问题123　妇女怎样向仲裁机构申请仲裁？

仲裁作为一种法律制度，是指根据当事人之间的协议，对双方当事人发生争议的事项，由一定的机构或者个人以第三者的身份居中做出具有约束力的裁决，以解决当事人之间的争议的制度。它具有以下几个显著特点：一是仲裁活动以双方当事人的自愿为基础和前提；二是仲裁活动必须严格按照当事人双方选定的由特定的民间仲裁机构制定的仲裁规则进行；三是仲裁裁决具有终局的法律效力；四是仲裁的当事人可以自由地选择双方认可的仲裁机构；五是仲裁可以由当事人双方选择专家做仲裁员；六是仲裁所适用的程序可以由当事人双方进行约定。

仲裁机构是指通过仲裁的方式解决当事人之间合同纠纷及其他财产权益纠纷的专门机构。目前我国的仲裁机构主要有对外经济贸易仲裁委员会、海事仲裁委员会、经济合同仲裁委员会、技术合同仲裁委员会、消费纠纷仲裁委员会等。妇女因合同或其他财产权益纠纷，可以向上述仲裁机构申请仲裁。

妇女向仲裁机构申请仲裁时，要注意以下几点：一是申请仲裁应当符合法定条件，即当事人必须是与本案有直接利害关系的人、双方必须在合同中订立有仲裁条款或以其他书面方式在纠纷发生前或者纠纷发生后达成了请求仲裁的协议、属于仲裁委员会的受理范围、有具体的仲裁请求和事实理由、当事人未向人民法院起诉；二是申请仲裁不能采用口头形式，必须提交仲裁申请书，申请书应当写明当事人的基本情况、仲裁请求和事实理由、证据及证据来源及要呈送的仲裁委员会等内容；三是申请仲裁应当提供需要的有关材料；四是要按照规定向仲裁委员会交纳案件受理费和有关费用。

热点问题124　妇女如何书写仲裁申请书？

仲裁申请书是申请人向仲裁委员会提出的藉以引起仲裁程序发生的仲裁文书。根据我国《仲裁法》第23条对于仲裁申请书内容的规定，以及仲裁实践中仲裁申请书的定格模式，仲裁申请书的具体写法如下：

仲裁申请书

申请人：姓名、性别、年龄、民族、籍贯、住址、职业、电话。

被申请人：姓名、性别、年龄、民族、籍贯、住址、职业、电话。（若是法人或者其他组织的，则应当写明名称、住所以及法定代表人或主要负责人的姓名、职务。）

案由：即案件的名称，如购销合同纠纷、借款合同纠纷等。

仲裁请求：要写明申请仲裁所要解决的具体问题及要达到的目的。

事实和理由：写明事实和双方争议的焦点，双方各自的责任以及证明上述事实的证据。

此致

××××仲裁委员会

申请人：（签名或盖章）

×年×月×日

附件：1. 申请书副本×份；

2. 物证×件；

3. 书证×件。

热点问题125　哪些纠纷妇女可以向人民法院提起民事诉讼？

依据《民事诉讼法》的有关规定，妇女与他人之间发生的下列纠纷，可以向人民法院提起民事诉讼：

（1）由民法、婚姻法、继承法所调整的因财产关系以及与财产关系相联系的人身关系所产生的民事纠纷。例如，因婚姻、抚养、赡养、扶养、继承等所发生的纠纷；因财产所有权、债权、名誉权、人身权、荣誉权、肖像权、姓名权、人格尊严权等权利受到侵害而产生的纠纷等。

（2）因专利法、商标法、著作权法、产品质量法、反不正当竞争法、合同法、消费者权益保障法、财政金融法等法律所调整的有关财产权益和人身权益而产生的纠纷。例如，商标权纠纷、著作权纠纷、专利权纠纷、合同纠纷、消费纠纷、产品质量纠纷等。

（3）因海商法所调整的海事、海商关系所引起的纠纷。例如，因港口作业产生的纠纷、因船舶碰撞引起的纠纷等。

（4）因其他法律所调整的社会关系而引起的纠纷。例如，选民资格纠纷、环境污染纠纷等。

（5）非诉案件。例如宣告公民失踪或宣告公民死亡的案件、公示催告程序案件、破产案件、认定财产无主案件以及督促程序案件、认定公民无民事行为能力或者限制民事行为能力案件。

依据《民事诉讼法》第111条的规定，下列七类案件不属于人民法院受理的民事诉讼案件：

（1）依照《行政诉讼法》的规定，属于行政诉讼的案件。

（2）有书面仲裁协议的合同纠纷案件。

（3）依法应当由其他行政机关处理的争议，例如计划生育纠纷、企业中的劳资纠纷、人事纠纷、农村中划分责任田、统一规划宅基地纠纷等。

（4）不属于本人民法院管辖的案件。

（5）判决、裁定已经发生法律效力的案件。

（6）依法在一定时期内不得起诉的案件。例如女方在怀孕期间和分娩后一年内，男方不得提出离婚诉讼。

(7) 判决不准离婚和调解和好的离婚案件及判决、调解维持收养关系的案件，没有新情况、新理由，原告在6个月内又起诉的案件。

妇女若遇到上述7类案件，只能按照相关的法律规定，采取相应的法律措施来维护自己的合法权益，而不能提起民事诉讼。

热点问题126　妇女如何向人民法院提起民事诉讼?

妇女因自己合法的民事权益受到侵害或者与他人发生纠纷后,有权向人民法院提起民事诉讼,请求人民法院通过审判来保护自己的合法权益。但起诉必须符合法定的条件,人民法院才会受理。根据《民事诉讼法》第108条的规定,起诉必须符合下列条件:

(1) 原告必须是与本案有直接利害关系的人。比如别人侵犯了妻子的肖像权，只能由妻子向人民法院起诉，要求侵权人承担侵权责任，而丈夫是不能作为原告起诉的。

(2) 必须有明确的被告。即妇女起诉时,必须指明是谁侵害了她的权益,或者与何人发生了争议,需要承担民事责任的人是谁。

(3) 必须有具体的诉讼请求和事实、理由。妇女起诉时，必须在起诉中明确提出要求人民法院作司法保护的权益范围和内容，如请求赔偿的数额、返还财产的多少等；同时，还要写明双方民事法律关系发生、变更、消灭的事实及产生纠纷的事实，并提供相应的证据材料以证明这种事实的存在。

(4) 必须属于人民法院主管范围和受诉人民法院管辖。

关于妇女向人民法院起诉的方式，按照《民事诉讼法》第109条的规定，妇女起诉时应当向人民法院递交起诉状，并按照被告人数提供副本。妇女不识字或书写起诉书确有困难的，也可以口述，由人民法院记入笔录，并告知对方当事人。

地或者保险标的物所在地人民法院管辖；四是因票据纠纷提起的诉讼，由票据支付地或者被告住所地人民法院管辖；五是因侵权行为提起的诉讼，由侵权行为地或者被告住所地人民法院管辖；六是因铁路、公路、水上和航空事故请求损害赔偿提起的诉讼，由事故发生地或者车辆、船舶最先到达地、航空器最先降落地或者被告住所地人民法院管辖；七是因不动产纠纷提起的诉讼，由不动产所在地人民法院管辖；八是因继承遗产纠纷提起的诉讼，由被继承人死亡时的住所地或者主要遗产所在地人民法院管辖。

妇女在自己的民事权益遭受侵害准备诉讼时，应当依照上述法律规定，向有管辖权的人民法院提起民事诉讼。

（3）行政诉讼案件

在一般情况下，妇女对国家行政机关提起的行政诉讼，应当向最初作出具体行政行为的行政机关所在地的基层人民法院，即区、县一级的人民法院提起。因不动产发生的诉讼，向不动产所在地的人民法院提起行政诉讼；因对限制人身自由的行政强制措施不服提起的诉讼，应当向被告住所地或者原告所在地的人民法院提起行政诉讼；经复议的案件，复议机关改变原来的具体行政行为的，也可以向复议机关所在地的人民法院提起行政诉讼。

热点问题 129　妇女依法享有哪些诉讼权利？

妇女的诉讼权利，是指妇女作为诉讼主体及其他诉讼参与人在诉讼中依法享有的权利。妇女作为刑事案件、民事案件、行政案件的当事人或者其他诉讼参与人时，其依法享有的诉讼权利概括起来，主要有以下几项：

（1）控告权。当妇女的人身权利、财产权益、民主权利受到不法侵害时，受害妇女除了有权向同级或者上级国家机关反映和控告以外，还有权向司法机关控告或者起诉，以求得到司法机关的保护。

(2) 用本民族语言文字进行诉讼的权利。不同民族的妇女可以用本民族的语言文字进行诉讼；在少数民族聚居区或者多民族共同居住的地区，人民法院应当用当地民族通用的语言、文字进行审判和发布法律文书；对于不通晓当地民族适用的语言、文字的妇女，人民法院应当为其提供翻译。

(3) 申请回避的权利。妇女在诉讼过程中，如果认为办案人员与本案有利害关系或其他关系不能公正审判的，有权要求其回避。是否回避，由本人民法院院长决定。

(4) 提供证据、进行辩论、请求调解、要求重新鉴定和调查或者勘验、提出反诉的权利。这些权利，妇女作为当事人在诉讼活动过程中可以充分地行使。

(5) 辩护权。妇女作为刑事案件的被告人时还享有为自己辩护的权利，妇女可以自己辩护，也可以请律师或自己的近亲属及其他公民为自己作辩护，以维护自己的合法权益。

(6) 提起刑事附带民事诉讼的权利。当妇女作为刑事案件的被害人时。由于被告人的犯罪行为而遭受了财物损失的，可以依法向人民法院提起刑事附带民事诉讼，请求人民法院判令被告人赔偿其经济损失。

(7) 上诉权利。依照法律规定，妇女作为刑事、民事、行政案件的当事人，如果对地方各级人民法院做出的一审判决、裁定不服的，可以在法定期限内向上一级人民法院提起上诉，请求重新审理。

(8) 申诉权。妇女对各级人民法院所做出的已经发生法律效力的判决、裁定，认为在认定事实和适用法律上确有错误的，有权向人民法院或人民检察院提出申诉，要求重新对案件进行审理。

热点问题130 妇女对人民法院做出的一审民事判决或者裁定不服怎么办?

依照《民事诉讼法》的规定，我国实行两审终审制。妇女如果对于地方各级人民法院做出的一审判决或者裁定不服的，可以向上一级人民法院提出上诉，请求上一级人民法院对案件重新进行审理和判决。妇女提起上诉，应当按照下列条件和方法进行:

(1) 要有合格的上诉人。依据《民事诉讼法》的规定，第一审民事案件的当事人即原告、被告、共同诉讼人有独立请求权的第三人享有上诉权。无独立请求权的第三人，如果案件的处理结果同他有法律上的利害关系，也依法享有上诉权。法定代理人和经过特别授权的委托代理人也属于依法行使上诉权的人。

(2) 妇女提起上诉的客体必须是依法允许上诉的裁判。可以上诉的判决包括：地方各级人民法院适用普遍程序和简易程序审理做出的第一审判决；第二审人民法院发回原审人民法院重审后做出的判决。可以上诉的裁定有：人民法院做出的不予受理、管辖权异议以及驳回起诉的裁定。地方各级人民法院制作的调解书，依特别程序审理案件制作的判决书、裁定书以及最高人民法院的判决、裁决、调解书，均不得上诉。

(3) 必须在法定期限内提起上诉。依据《民事诉讼法》的规定，对判决提起上诉的期限为15日，对裁定提起上诉的期限为10日，均从当事人收到判决、裁定后的第二天算起。超过上诉期限，妇女就将丧失上诉权。

(4) 必须向人民法院递交上诉状。妇女提起上诉必须采用书面方式，不能采用口头方式。上诉状原则上应当向原审人民法院递交，并按对方当事人的人数提供副本。

(5) 上诉案件受理后，妇女作为上诉人的，还应当依法向人民法院交纳上诉的诉讼费用。

热点问题 131　妇女如何书写民事上诉状？

依据《民事诉讼法》的规定，以及司法实践中对民事上诉状的格式要求，民事上诉状的具体写法如下：

民事上诉状

上诉人（原审告）：姓名、性别、年龄、民族、籍贯、单位、住址、电话。

被上诉人（原审告）：姓名、性别、年龄、民族、籍贯、单位、住址、电话。（若是法人或其他组织，应写明单位名称、住址，法定代表人或者主要负责人的姓名、职务）

上诉人因……一案，不服×××人民法院×年×月×日（×）字第××号民事判决（或裁定），提出上诉。

上诉请求：即写明上诉人通过上诉所要达到的目的。

上诉理由：即写明上诉人提出上诉请求的具体根据，表明上诉人对第一审法院在认定事实和适用法律方面的意见。

此致

×××人民法院

上诉人：（签名或盖章）

×年×月×日

附件：1. 本状副本×份；

2. 证据×件。

热点问题 132　妇女对人民法院的终审裁判不服怎么办？

依据我国《民事诉讼法》规定的两审终审制的原则，上诉审人民法院作出的判决和裁定，是终审的判决或者裁定，该判决或裁定一经送达当事人，即发生法律效力，当事人既不得再上诉，也不得再起诉。如果妇女认为人民法院的终审裁定或者判决以及调解协议确有错误的，可以向原审人民法院或者上级人民法院申请再审，请求变更原裁判或调解协议。妇女提出再审时，应注意以下几个问题：

(1) 有权申请再审的主体只限于案件的当事人，包括第一审的原告和被告、共同诉讼人、有独立请求权的第三人以及被判决承担民事责任的无独立请求权的第三人、第二审的上诉人和被上诉人。

(2) 申请再审的判决或者裁定必须是已经发生法律效力的判决、裁定或调解书。对于不受理、驳回起诉的裁定，当事人也可以申请再审。但是，妇女对于已经发生法律效力的解除婚姻关系的判决，不得申请再审。妇女就离婚案件中财产分割问题申请再审的，如涉及判决中已分割的财产，人民法院审查符合再审条件的，应当立案审理，如涉及判决中未作处理的夫妻共同财产，应当告知当事人另行起诉。

(3) 申请再审的法定情形。妇女申请再审，必须符合下列法定情形之一，人民法院才予以再审：一是有新的证据，足以推翻原判决、裁定的；二是原判决、裁定认定事实的主要证据不足的；三是原判决、裁定适用法律确有错误的；四是人民法院违反法定程序，可能影响案件正确判决、裁定的；五是审判人员在审理案件时有贪污受贿、循私舞弊、枉法裁判行为的；六是已生效的调解书，能证明调解违反自愿原则或者调解协议的内容违反法律的。

(4) 申请再审的期限。妇女申请再审必须在判决、决定生效后的二年内提出方为有效。超过二年的，或不符合上述再审法定情形的，人民法院有权裁定予以驳回。

(5) 申请再审的法院。妇女申请再审的法院只限于作出生效判决、裁定的原审人民法院和原审人民法院的上一级人民法院。

热点问题133　妇女提起民事诉讼的诉讼时效期间有多长？

按照我国《民法通则》第135条、136条、137条的规定，一般情况下，妇女向人民法院请求保护民事权利的诉讼时效期间为2年。下列情况下诉讼时效期间为一年：一是身体受到伤害要求赔偿的；二是出售质量不合格的商品未声明的；三是延付或者拒付租金的；四是寄存财物被丢失或者损毁的。涉外案件的诉讼时效期间为4年。

诉讼时效期间从知道或者应当知道权利被侵害时起计算。但是，从权利被侵害之日起超过20年的，人民法院不予保护。有特殊情况的，人民法院可以延长诉讼时效期间。

超过诉讼时效期间，当事人自愿履行的，不受诉讼时效的限制。

另外，妇女对已经生效的判决、裁定申请执行的期限为裁决生效后的一年。

妇女在自己的民事权益受到侵害后，应当在法定的诉讼时效期间内向人民法院提起诉讼，以保护自己的合法权益。

热点问题134　妇女在什么情况下可以向人民法院提起行政诉讼？

行政诉讼，老百姓常称“民告官”，即“打行政官司，是指公民、法人或者其他组织因对国家行政机关做出的具体行政行为不服而产生行政争议时，向人民法院起诉，由人民法院按照司法程序处理的诉讼制度。行政诉讼是维护广大妇女合法权益的重要法律手段。

依照我国《行政诉讼法》的规定，妇女对行政机关的下列行政行为不服时，可以向人民法院提起行政诉讼：

（1）对拘留、罚款、吊销许可证和执照、责令停产停业、没收财物等行政处罚不服的；

(2) 对限制人身自由或者对财产的查封、扣押、冻结等行政强制措施不服的；

(3) 认为行政机关侵犯法律规定的经营自主权的；

(4) 认为符合法定条件，申请行政机关颁发许可证和执照，行政机关拒绝颁发或不予答复的；

(5) 申请行政机关履行保护人身权、财产权的法定职责，行政机关拒绝履行或不予答复的；

(6) 认为行政机关没有依法发给抚恤金的；

(7) 认为行政机关违法要求履行义务的；

(8) 认为行政机关侵犯其他人身权、财产权的；

(9) 除上述规定外，其他法律、法规规定可以向人民法院起诉的行政案件。

对于行政机关的上述具体的行政行为，只要妇女认为侵犯了自己的合法权益，妇女就可以把行政机关作为被告向人民法院提起行政诉讼。例如某妇女遭受家庭暴力，请求公安机关制止，公安机关置之不理的；或者某被拐卖妇女请求公安机关予以保护或解救，公安机关置之不理或拒绝解救的，该妇女就可以以该公安机关为被告，向人民法院提起行政诉讼。某妇女认为计划生育部门对其作出的征收超生费、罚款的行政处罚不合法的，也可以将计划生育部门作为被告，向人民法院提起行政诉讼。

热点问题135 妇女提起行政诉讼应当具备什么样的条件?

依据《行政诉讼法》的规定，妇女提起行政诉讼应当按照以下条件和方法进行：

(1) 必须具备起诉的条件。即妇女只有认为行政机关的具体行政行为侵犯了自己的合法权益时，才能起诉；必须有明确的被告，指明是哪个机关或组织侵犯了自己的合法权益；必须有具体的诉讼请求和事实与法律根据；起诉的事项必须属于人民法院受理行政诉讼的范围，同时还要属于受理起诉的人民法院管辖。

（2）必须在起诉期限内提起行政诉讼。行政诉讼的起诉期限分为5日、15日、30日、3个月四种情况：治安行政案件或其他引用《治安管理处罚条例》进行处罚的行政案件，起诉期限为5日；《行政诉讼法》、《邮政法》、《统计法》、《水污染防治法》、《海洋环境保护法》、《药品管理法》等法律、法规，都规定行政案件的起诉期限为15日；《产品税条例》、《森林法》、《渔业法》、《海关法》、《土地管理法》规定行政案件的起诉期限为30日；《行政诉讼法》第39条规定："公民、法人或其他组织直接向人民法院提起诉讼的，应当在知道作出具体行政行为之日起3个月内提出。法律另有规定的除外。"

（3）对于法律、法规规定公民、法人对行政机关的行政处理决定不服的，先要向上一级行政机关申请复议后才能向人民法院起诉的行政案件，妇女必须先向上一级行政机关申请复议。只有当妇女向上一级行政机关的复议裁决不服时，才能向人民法院提起行政诉讼。对于法律、法规没有规定的，妇女则可以直接向人民法院起诉。

（4）妇女提起行政诉讼应当向人民法院递交起诉状，并按照被告人数量提供副本。妇女书写起诉状确有困难的，也可以口头起诉，由人民法院记入笔录，并告知对方当事人。

热点问题136　妇女怎样书写行政起诉状？

行政起诉状是妇女提起行政诉讼的重要法律文件，依照《行政诉讼法》的规定，以及司法实践中对行政起诉状格式的要求，行政起诉状的具体写法如下：

行政起诉状

原告：姓名、性别、年龄、民族、籍贯、职业、工作单位和住址、电话。

被告：即侵犯原告合法权益的行政机关的全称、地址、法定代表人姓名、职务。

诉讼请求：请求法院通过审判解决的问题。

事实和理由：先写事实，后写理由。

证据和证据来源、证人姓名和住址。

此致

××××人民法院

起诉人：（签名或盖章）

×年×月×日

附件：1. 本状副本×份；

2. 物证×件；

3. 书证×件。

热点问题 137　妇女在何种情况下可以向公安机关报案？

公安机关是我国国家的治安保卫机关，它是人民民主专政的重要工具之一。公安机关与人民法院、人民检察院分工负责，相互配合，相互制约，共同完成揭露犯罪、证实犯罪、惩罚犯罪的任务。依据《刑事诉讼法》第 18 条之规定，除了少数法律规定的刑事案件由人民法院和人民检察院直接受理外，其他一切刑事案件都由公安机关立案侦查，其中包括了大量侵害妇女合法权益的犯罪行为。例如杀害、伤害妇女；拐卖妇女；引诱、容留、强迫妇女卖淫；强奸妇女；奸淫幼女；报复陷害妇女；非法拘禁、管制妇女；虐待、遗弃妇女；等等。当妇女在受到犯罪分子的犯罪行为侵害后，可以并且应当及时地到公安机关以口头或书面形式进行控告，请求公安机关保护自己的合法权益，调查犯罪分子的犯罪事实，追究犯罪分子的刑事责任。

依据《治安管理处罚条例》的规定，某些行为，如用猥亵的语言、举动调戏妇女，殴打妇女，辱骂妇女，不听劝阻故意污秽妇女的身体、衣物等，虽未构成犯罪，无法对行为人追究刑事责任，但这种行为已对妇女和社会造成危害，违反了《治安管理处罚条例》的有关规定，受害妇女可以用口头或书面形式向公安机关控告，请求公安机关对行为人给予相应的法律制裁。

热点问题138 妇女的合法权益遭受不法侵害时，是否可以向人民检察院进行控告?

我国的检察机关是国家的法律监督机关，它代表国家行使检察权。人民检察院不仅有权审查并决定是否逮捕犯罪嫌疑人，对各种刑事犯罪分子依法提起公诉、支持公诉，还有权直接受理部分刑事案件并进行侦查。依据我国《刑事诉讼法》的规定，贪污案、渎职案和侵害妇女民主权利的案件由人民检察院直接受理。妇女在自己的上述民主权利遭受下列非法侵害时，有权向人民检察院进行控告，以维护自己的合法权益,追究犯罪人的刑事责任:非法侵犯妇女的通信自由;非法搜查妇女的人身、住宅;非法剥夺妇女的宗教信仰自由;非法拘禁、管制妇女;非法剥夺妇女的选举权和被选举权;非法对妇女进行刑迅逼供;打击、报复陷害妇女;无辜妇女被枉法追究;女犯人被非法体罚、虐待等等。

热点问题139 妇女可以直接向人民法院提起刑事诉讼的自诉案件有哪些?

刑事自诉案件是指被害人或者他的法定代理人、近亲属为了维护自身的合法权益，追究被告人的刑事责任，直接向人民法院提起诉讼，并由人民法院直接审理的刑事案件。刑事自诉案件一般都具有明确的原、被告，明显的犯罪事实，情节比较简单，不需要进行侦查，社会危害性较小等特点。

按照《刑事诉讼法》第18条的规定，妇女及其法定代理人、亲近属可以直接向人民法院提起刑事诉讼要求追究被告人刑事责任的自诉案件主要有：

（1）告诉才处理的案件。即依据我国《刑法》规定，由被害人提出控告或请求，人民法院才予以受理的案件。主要有：暴力干涉婚姻自由案、虐待案、遗弃案、重婚案、侮辱、诽谤案等。

（2）被害人有证据证明的轻微刑事案件。即案件性质、情节、危害轻微、被害人有证据证明不需要进行侦查的案件。

（3）被害人有证据证明对被告人侵犯自己人身、财产权利的行为应当依法追究刑事责任，而公安机关或者人民检察院不予追究被告人刑事责任的案件。

热点问题140　妇女向人民法院提起刑事诉讼应当注意什么？

妇女因自己的合法权益遭受非法侵害，而向人民法院直接提起刑事自诉案件时，应当注意以下几个要求和方法：

（1）起诉的案件应当属于法定的自诉案件的范围。

（2）应当到有管辖权的人民法院提起诉讼。按照《刑事诉讼法》的规定，刑事案件由犯罪地的人民法院管辖。如果由被告居住地的人民法院审判更为适合的，也可以由被告居住地的人民法院管辖。在实际生活中，由于自诉案件中被告人的犯罪地与居住地大多一致，所以，受害妇女可以到被告人居住地的区、县一级的基层人民法院提起诉讼。

（3）起诉的方式既可以是口头的，也可以是书面的。

（4）起诉应当实事求是，不得捏造事实、伪造证据、诬陷他人，否则将追究控告人的法律责任。

热点问题141 妇女如何书写刑事自诉状?

刑事自诉状作为刑事自诉案件的重要法律文书，依据《刑事诉讼法》的规定，以及司法实践中对刑事自诉状格式的要求，具体写法如下：

> 刑事自诉状
>
> 原告人（亦称自诉人）：姓名、性别、年龄、民族、籍贯、工作单位、职业、住址、电话。
>
> 被告人：姓名、性别、年龄、民族、籍贯、工作单位、职业、住址、电话。
>
> 请求事项（即案由）：如控告×××犯暴力干涉婚姻自由罪。请求依法判决。
>
> 事实和理由：主要写明被告人犯罪的具体事实、情节以及对被告人行为的性质、罪名的分析认定。
>
> 为此，根据××××法律之规定，特向你院起诉，请贵院查明事实，依法判决。
>
> 此致
>
> ××××人民法院
>
> 自诉人：（签名或盖章）
>
> ×年×月×日
>
> 附件：1. 本状副本×份；
>
> 2. 物证×份；
>
> 3. 书证×份。

热点问题142 妇女打官司需要交多少诉讼费?

妇女向人民法院提起民事诉讼、行政诉讼都应当依法向人民法院交纳诉讼费。依据法律法规规定，不同的案件其诉讼费的收取标准也不一样。具体的收费标准如下：

（1）非财产案件的受理费分别是：行政案件，每件收取80元诉讼费；劳动争议案件，每件收取30元至50元诉讼费；专利行政案件，每件收取50元至400元的诉讼费；侵害专利权、商标权、著作权的案件，每件收取50元至100元；有争议金额的，按财产案件的收费标准交纳；侵害姓名权、名称权、肖像权、名誉权、荣誉权的案件，每件收取50元至100元诉讼费；离婚案件，每件收取50元诉讼费，涉及财产分割的，财产总额不超过1万元的，不另收费，超过1万元的，超过部分按1%交纳。

（2）财产案件的受理费，按争议的价额或金额，按照下列比较交纳：不满1000元的，每件收50元；超过1千元至5万元的部分，按4%交纳；超过5万元至10万元的部分，按3%交纳；超过10万元至20万元的部分，按2%交纳；超过20万元至50万元的部分，按1.5%交纳；超过50万元至100万元的部分，按1%交纳；超过100万元的部分，按0.5%交纳。

（3）申请执行费，按下列比例收取：申请执行金额或价额在1万元以下，每件交纳50元；超过1万元至50万元的部分，按0.5%交纳；超过50万元的部分，按0.1%交纳。

（4）其他诉讼费，包括勘验费、鉴定费、公告费、翻译费、强制执行和财产保全中实际支出的费用以及人民法院认为应当由当事人负担的其他诉讼费用。

对于诉讼费用的负担，依据有关法律规定，对于一审案件的诉讼费用：一方败诉的，由败诉方承担；当事人部分胜诉、部分败诉的，由双方当事人按比例分担；调解解决的案件，由当事人双方协商负担；原告撤销的案件，由原告负担，但应当减半收取；离婚案件由人民法院决定负担；申请执行费和执行中实际支出的费用，由被申请人负担。对于二审案件的诉讼费用：二审人民法院驳回上诉、维持原判的案件，由上诉人负担，双方当事人都上诉的，由双方负担；上诉人撤回上诉的，由上诉人减半负担；二审法院改判的，根据改判结果，按照一审诉讼费用负担的原则，确定由一方或双方当事人负担；经调解解决的案件，由双方当事人就全部诉讼费用协商负担。

热点问题 143 妇女法律援助机构有哪些？

（1）司法部设立法律援助中心，指导和协调全国的法律援助工作；

（2）各级司法行政机关设立法律援助中心，直到、协调、组织本地区的法律援助工作；

（3）未设立法律援助中心的地方，有司法局指派人员代行法律援助中心的职责；

（4）律师事务所、公证处、基层法律服务机构在本地区法律援助中心的统一协调下，实施法律援助；

（5）其他团体、组织、学校开展的法律援助活动，如北京大学妇女法律援助中心。

热点问题 144 妇女咨询热线电话主要有哪些？

为了满足广大妇女的迫切需要，我国各界已开通多条妇女咨询热线。妇女若感到烦恼，想找自己人倾诉时，只要拨通妇女热线电话，就可以同充满爱心的妇女热线咨询员进行交谈。广大妇女把这小小的热线电话称为“不见面的朋友”。

目前，我国影响较大的妇女咨询热线是 1992 年 9 月 1 日开通的北京红枫妇女心理咨询服务中心的妇女热线电话。这是我国开通的第一条面向全国广大妇女的热线电话。到 2002 年 6 月，该热线共接了近 10 万个电话。

这条热线从周一到周五，每天开通 11 个小时。每天从下午 1 点到 4 点，是专家咨询热线，分别由不同专业的专家、学者为妇女提供各个方面的热线咨询服务。每天下午4点到8点是妇女热线，为妇女提供咨询服务。每周一是法律咨询热线；每周二是婚姻家庭咨询热线；每周三是妇幼健康咨询热线；每周四是性专题咨询热线；每周五是妇女问题咨询热线。该咨询热线全部是免费咨询。热线电话为：(010) 64033383、(010) 64073800。

此外，中华女子学院妇女咨询发展中心也开通了妇女咨询热线电话，电话为：(010) 64925401。广大妇女也可以拨打该条热线进行咨询。

热点问题145　全国各地的妇女投诉电话有哪些？

据不完全统计，目前全国各地的妇女投诉电话大致有以下一些，广大妇女可以随时拨打：

中华全国妇女联合会投诉电话	(010) 65221133
中华全国总工会投诉电话	(010) 68592114
全国人大常委会人民来访接待室	(010) 83102103
国务院办公厅人民来访接待室	(010) 63035987
最高人民法院人民来访接待室	(010) 63033308
公安部人民来访接待室	(010) 65251520
最高人民检察院举报中心	(010) 65125902
监察部举报电话	(010) 64014567
中国消费者协会投诉热线	(010) 68438288
北京市妇女联合会投诉电话	(010) 65292626
北京市总工会投诉电话	(010) 65135588
北京市人大常委会来访接待室	(010) 65130304

北京市人民政府来访接待室	（010）65192114
北京市高级人民法院来访接待室	（010）67025391
北京市公安局人民来访接待室	（010）65242840
北京市人民检察院举报电话	（010）68299114
北京市消费者协会投诉热线	（010）62241234
上海市妇女联合会投诉电话	（021）64330001
上海市总工会投诉电话	（021）63211931
上海市人大常委会信访办公室	（021)63212810 转 3319
上海市人民政府信访办公室	（021)63212810 转 3319
上海市高级人民法院来访接待室	（021）63212570
上海市公安局人民来访接待室	（021）64723150
上海市人民检察院举报电话	（021）62706333
上海市消费者协会投诉热线	（021）12315
天津市妇女联合会投诉电话	（022）23302560
天津市总工会投诉电话	（022）23311816
天津市人大常委会来访接待室	（022）23307312
天津市人民政府来访接待室	（022）23305555
天津市高级人民法院来访接待室	（022）27385700
天津市公安局人民来访接待室	（022）27319000
天津市人民检察院举报电话	（022）28364683
天津市消费者协会投诉热线	（022）6053315

重庆市妇女联合会投诉电话	（023）63862762
重庆市总工会投诉电话	（023）63861837
重庆市人大常委会来访接待室	（023）63852918
重庆市人民政府来访接待室	（023）63854444
重庆市高级人民法院来访接待室	（023）67673498
重庆市公安局人民来访接待室	（023）63844403
重庆市人民检察院举报电话	（023）67525832
重庆市消费者协会投诉热线	（023）12315
黑龙江省妇女联合会投诉电话	（0451）3641008
黑龙江省总工会投诉电话	（0451）3643384
黑龙江省人大常委会来访接待室	（0451）3637613
黑龙江省人民政府来访接待室	（0451）2621007
黑龙江省高级人民法院来访接待室	（0451）2626667
黑龙江省人民检察院举报电话	（0451）2622825
黑龙江省消费者协会投诉热线	（0451）4613724
吉林省妇女联合会投诉电话	（0431）2726802
吉林省总工会投诉电话	（0431）2722626
吉林省人大常委会来访接待室	（0431）5620633
吉林省人民政府来访接待室	（0431）8917164
吉林省高级人民法院来访接待室	（0431）7681031
吉林省公安厅人民来访接待室	（0431）2728845

吉林省人民检察院举报电话	（0431）7668118
吉林省消费者协会投诉热线	（0431）12315
辽宁省妇女联合会投诉电话	（024）82820883
辽宁省总工会投诉电话	（024）83833093
辽宁省人大常委会人民来访接待室	（024）86231867
辽宁省人民政府人民来访接待室	（024）86893358
辽宁省高级人民法院来访接待室	（024）86221155
辽宁省公安厅人民来访接待室	（024）86865588
辽宁省人民检察院举报电话	（024）86264600
辽宁省消费者协会投诉热线	（024）23151315
内蒙古自治区妇女联合会投诉电话	（0471）6963494
内蒙古自治区总工会投诉电话	（0471）6911133
内蒙古自治区人大常委会人民来访接待室	（0471）6600712
内蒙古自治区人民政府人民来访接待室	（0471）6944114
内蒙古自治区高级人民法院来访接待室	（0471）6933300
内蒙古自治区公安厅人民来访接待室	（0471）6511188
内蒙古自治区人民检察院举报电话	（0471）6951133
内蒙古自治区消费者协会投诉热线	（0471）6920007
河北省妇女联合会投诉电话	（0311）7092853
河北省总工会投诉电话	（0311）7026575
河北省人大常委会人民来访接待室	（0311）7906453

河北省人民政府人民来访接待室	（0311）7022028
河北省高级人民法院来访接待室	（0311）3031192
河北省公安厅人民来访接待室	（0311）3033941
河北省人民检察院举报电话	（0311）3031704
河北省消费者协会投诉热线	（0311）6053315
河南省妇女联合会投诉电话	（0371）5953949
河南省总工会投诉电话	（0371）5952478
河南省人大常委会来访接待室	（0371）5909308
河南省人民政府来访接待室	（0371）5956754
河南省高级人民法院来访接待室	（0371）5957467
河南省公安厅人民来访接待室	（0371）5963355
河南省人民检察院举报电话	（0371）5953492
河南省消费者协会投诉热线	（0371）5719315
陕西省妇女联合会投诉电话	（029）5201960
陕西省总工会投诉电话	（029）7264761
陕西省人大常委会来访接待室	（029）7286326
陕西省人民政府来访接待室	（029）7286114
陕西省高级人民法院来访接待室	（029）7292164
陕西省公安厅人民来访接待室	（029）7292114
陕西省人民检察院举报电话	（029）7292790
陕西省消费者协会投诉热线	（029）7291764

山西省妇女联合会投诉电话	（0351）2028494
山西省总工会投诉电话	（0351）3044411
山西省人大常委会来访接待室	（0351）8228420
山西省人民政府来访接待室	（0351）3046231
山西省高级人民法院来访接待室	（0351）4049458
山西省公安厅人民来访接待室	（0351）4044778
山西省人民检察院举报电话	（0351）7040872
山西省消费者协会投诉热线	（0351）4171256
山东省妇女联合会投诉电话	（0531）6911287
山东省总工会投诉电话	（0531）6915377
山东省人大常委会来访接待室	（0531）6082479
山东省人民政府来访接待室	（0531）6912828
山东省高级人民法院来访接待室	（0531）6942022
山东省公安厅人民来访接待室	（0531）6914050
山东省人民检察院举报电话	（0531）8956611
山东省消费者协会投诉热线	（0531）2051235
宁夏回族自治区妇女联合会投诉电话	（0951）5036004
宁夏回族自治区总工会投诉电话	（0951）2075754
宁夏回族自治区人大常委会来访接待室	（0951）5059001
宁夏回族自治区人民政府来访接待室	（0951）5066724
宁夏回族自治区高级人民法院来访接待室	（0951）5043412

宁夏回族自治区公安厅人民来访接待室	（0951）5022931
宁夏回族自治区人民检察院举报电话	（0951）5044801
宁夏回族自治区消费者协会投诉热线	（0951）4116315
甘肃省妇女联合会投诉电话	（0931）8826039
甘肃省总工会投诉电话	（0931）8820711
甘肃省人大常委会来访接待室	（0931）8825116
甘肃省人民政府来访接待室	（0931）8465941
甘肃省高级人民法院来访接待室	（0931）8414008
甘肃省公安厅人民来访接待室	（0931）8827961
甘肃省人民检察院举报电话	（0931）8418033
甘肃省消费者协会投诉热线	（0931）8829988
青海省妇女联合会投诉电话	（0971）8238911 转 2419
青海省总工会投诉电话	（0971）8236836
青海省人大常委会来访接待室	（0971）8457047
青海省人民政府来访接待室	（0971）8239931
青海省高级人民法院来访接待室	（0971）8237841
青海省公安厅人民来访接待室	（0971）8292114
青海省人民检察院举报电话	（0971）6141901
青海省消费者协会投诉热线	（0971）8213062
新疆维吾尔族自治区妇女联合会投诉电话	（0991）2823135
新疆维吾尔族自治区总工会投诉电话	（0991）2818076

新疆维吾尔族自治区人大常委会来访接待室	（0991）4828065
新疆维吾尔族自治区人民政府来访接待室	（0991）2319585
新疆维吾尔族自治区高级人民法院来访接待室	（0991）2610476
新疆维吾尔族自治区公安厅人民来访接待室	（0991）5850611
新疆维吾尔族自治区人民检察院举报电话	（0991）2620873
新疆维吾尔族自治区消费者协会投诉热线	（0991）2811906
西藏自治区妇女联合会投诉电话	（0891）6335294
西藏自治区总工会投诉电话	（0891）6333994
西藏自治区人大常委会来访接待室	（0891）6335630
西藏自治区人民政府来访接待室	（0891）6332067
西藏自治区高级人民法院来访接待室	（0891）6836165
西藏自治区公安厅人民来访接待室	（0891）6330221
西藏自治区人民检察院举报电话	（0891）6334749
西藏自治区消费者协会投诉热线	（0891）12315
安徽省妇女联合会投诉电话	（0551）2652120
安徽省总工会投诉电话	（0551）2677492
安徽省人大常委会来访接待室	（0551）3608057
安徽省人民政府来访接待室	（0551）2656793
安徽省高级人民法院来访接待室	（0551）2824839

安徽省公安厅人民来访接待室	（0551）2801114
安徽省人民检察院举报电话	（0551）3634540
安徽省消费者协会投诉热线	（0551）2654540
江苏省妇女联合会投诉电话	（025）6631407
江苏省总工会投诉电话	（025）3302061
江苏省人大常委会来访接待室	（025）3210038
江苏省人民政府来访接待室	（025）3398000
江苏省高级人民法院来访接待室	（025）3704119
江苏省公安厅人民来访接待室	（025）3526888
江苏省人民检察院举报电话	（025）3703668
江苏省消费者协会投诉热线	（025）6630315
浙江省妇女联合会投诉电话	（0571）87057515
浙江省总工会投诉电话	（0571）88071124
浙江省人大常委会来访接待室	（0571）87053453
浙江省人民政府来访接待室	（0571）87051114
浙江省高级人民法院来访接待室	（0571）87054205
浙江省公安厅人民来访接待室	（0571）87055314
浙江省人民检察院举报电话	（0571）85158291
浙江省消费者协会投诉热线	（0571）87023873
江西省妇女联合会投诉电话	（0791）6214404
江西省总工会投诉电话	（0791）6266804

江西省人大常委会来访接待室	（0791）6269114
江西省人民政府来访接待室	（0791）6221068
江西省高级人民法院来访接待室	（0791）6214411
江西省公安厅人民来访接待室	（0791）7288888
江西省人民检察院举报电话	（0791）8331178
江西省消费者协会投诉热线	（0791）6350315
湖北省妇女联合会投诉电话	（027）87368517
湖北省总工会投诉电话	（027）88044111
湖北省人大常委会来访接待室	（027）87814161
湖北省人民政府来访接待室	（027）87823863
湖北省高级人民法院来访接待室	（027）87220011
湖北省公安厅人民来访接待室	（027）67122288
湖北省人民检察院举报电话	（027）88875674
湖北省消费者协会投诉热线	（027）86795315
湖南省妇女联合会投诉电话	（0731）2217481
湖南省总工会投诉电话	（0731）4317221
湖南省人大常委会来访接待室	（0731）5509999
湖南省人民政府来访接待室	（0731）2212111
湖南省高级人民法院来访接待室	（0731）4405311
湖南省公安厅人民来访接待室	（0731）4590600
湖南省人民检察院举报电话	（0731）4440688

湖南省消费者协会投诉热线	（0731）12315
四川省妇女联合会投诉电话	（028）86631687
四川省总工会投诉电话	（028）86644461
四川省人大常委会来访接待室	（028）86604363
四川省人民政府来访接待室	（028）86604285
四川省高级人民法院来访接待室	（028）67843032
四川省公安厅人民来访接待室	（028）86301114
四川省人民检察院举报电话	（028）86627796
四川省消费者协会投诉热线	（028）86522315
贵州省妇女联合会投诉电话	（0851）6827943
贵州省总工会投诉电话	（0851）5964506
贵州省人大常委会来访接待室	（0851）6827141
贵州省人民政府来访接待室	（0851）6827917
贵州省高级人民法院来访接待室	（0851）6992007
贵州省公安厅人民来访接待室	（0851）5928086
贵州省人民检察院举报电话	（0851）6822140
贵州省消费者协会投诉热线	（0851）6830315
云南省妇女联合会投诉电话	（0871）4143820
云南省总工会投诉电话	（0871）4143816
云南省人大常委会来访接待室	（0871）4143649
云南省人民政府来访接待室	（0871）3619773

云南省高级人民法院来访接待室	（0871）3133166
云南省公安厅人民来访接待室	（0871）3051311
云南省人民检察院举报电话	（0871）3160189
云南省消费者协会投诉热线	（0871）4109315
福建省妇女联合会投诉电话	（0591）7848742
福建省总工会投诉电话	（0591）7846331
福建省人大常委会来访接待室	（0591）7554251
福建省人民政府来访接待室	（0591）7846719
福建省高级人民法院来访接待室	（0591）7552883
福建省公安厅人民来访接待室	（0591）7857808
福建省人民检察院举报电话	（0591）7843233
福建省消费者协会投诉热线	（0591）7553657
广西壮族自治区妇女联合会投诉电话	（0771）586006
广西壮族自治区总工会投诉电话	（0771）5867216
广西壮族自治区人大常委会来访接待室	（0771）2809616
广西壮族自治区人民政府来访接待室	（0771）2622391
广西壮族自治区高级人民法院来访接待室	（0771）2803410
广西壮族自治区公安厅人民来访接待室	（0771）2893305
广西壮族自治区人民检察院举报电话	（0771）5861167
广西壮族自治区消费者协会投诉热线	（0771）5533506
广东省妇女联合会投诉电话	（020）87776138

广东省总工会投诉电话	（020）83841995
广东省人大常委会来访接待室	（020）87765176
广东省人民政府来访接待室	（020）83138114
广东省高级人民法院来访接待室	（020）83334620
广东省公安厅人民来访接待室	（020）83832980
广东省人民检察院举报电话	（020）83331466
广东省消费者协会投诉热线	（020）85592315
海南省妇女联合会投诉电话	（0898）65342951
海南省总工会投诉电话	（0898）65343375
海南省人大常委会信访办公室	（0898）65342312
海南省人民政府信访办公室	（0898）65342766
海南省高级人民法院来访接待室	（0898）66988158
海南省公安局人民来访接待室	（0898）65336381
海南省人民检察院举报电话	（0898）66757146
海南省消费者协会投诉热线	（0898）66716585

热点问题146　对侵害妇女权益的违法行为给予法律制裁的方式有哪几种？

依据侵害妇女权益的违法行为的性质和对社会危害的程度，可以划分为刑事违法（即犯罪）和一般违法（如民事违法、行政违法等）两大类。由于违法行为的种类不同，法律制裁的方式也可以分为以下几种：

（1）行政制裁。主要是指国家行政机关对违反行政管理和国家纪律、劳动纪律而侵害妇女合法权益的违法者给予的一种惩罚性措施。主要包括行政处分（警告、记过、记大过、降级、降职、撤职、留用察看、开除等）；行政处罚（如没收、罚款、警告、行政拘留等）；经济处罚和劳动教养四种。

（2）经济制裁。是指司法机关根据经济法律、法规，对某些违法者所采取的经济性的强制措施。如罚款、没收财产、赔偿损失、偿付违约金、责令停产整顿等。

（3）民事制裁。指司法机关对侵害妇女权益,违反民事法律、法规的当事人按其应负的民事责任采取的一种强制措施。主要包括:责令赔偿损失;责令停止侵害、消除影响;责令恢复原状、返还原物;责令排除障碍;责令赔礼道歉、消除影响、恢复名誉等。

（4）刑事制裁。指国家司法机关对侵害妇女权益，违反刑法的犯罪者依其所应承担的刑事责任所给予的刑罚处罚。按《刑法》规定，刑罚有主刑和附加刑两种。主刑又有管制、拘役、有期徒刑、无期徒刑、死刑五种。附加刑有罚金、剥夺政治权利、没收财产三种，附加刑也可以独立适用。对于犯罪情节轻微，不需要判处刑罚的，可以对犯罪人免予刑事处分，但是可以根据案件的不同情况，给予犯罪人训诫、责令具结悔过、赔礼道歉、赔偿损失或由主管部门给予行政处分。

热点问题 147 侵害妇女合法权益的直接责任人员是否要被给予行政处分？

按照《妇女权益保障法》第 50 条的规定，侵害妇女的合法权益，有下列情形之一的，由其所在单位或者上级机关责令改正，并可根据具体情况，对直接责任人给予行政处分。

（1）对有关侵害妇女权益的申诉、控告、检举、推诿、拖延、压制不予查处的；

（2）依照法律、法规规定，应当录用而拒绝录用妇女或者对妇女提高录用条件的；

（3）在分配住房和晋级、晋职、评定专业技术职称方面，违反男女平等原则，侵害妇女合法权益的。

（4）以结婚、怀孕、产假、哺乳等为由辞退女职工的；

（5）划分责任田、口粮田等，以及批准宅基地，违反男女平等原则，侵害妇女合法权益的；

（6）在入学、升学、毕业分配、授予学位、派出留学等方面，违反男女平等原则，侵害妇女合法权益的。

热点问题 148 对侵害妇女合法权益的申诉人、控告人、检举人进行打击报复的，应怎样处理？

为了维护广大妇女的合法权益，任何国家机关、企事业单位、人民团体和公民个人，发现侵害妇女合法权益的行为时，都有权也有义务向有关主管部门或者司法机关提出检举和控告。受侵害的妇女自己也有权对有关自己的权益问题，向有关国家机关申述理由，提请依法处理。

任何对申诉人、控告人、检举人进行打击报复的，都将会受到法律的惩罚。轻者，由其所在单位或者上级机关责令其改正或者给予其行政处分，情节严重，构成犯罪的，依照刑法第 146 条的规定，追究其刑事责任。

热点问题 149 侵害妇女合法权益造成财产损失或其他损害的，应当承担哪些民事责任？

民事责任是指公民或法人违反合同或者不履行其他民事义务，或者侵害了国家或集体的财产权和其他公民的财产权、人身权而应承担的民事法律责任。民事责任分为违反合同的民事责任、侵权的民事责任、不履行其他义务的民事责任三种。一般说来，侵害妇女权益造成财产损失或者其他损害的，侵害人承担侵权的民事责任，主要有以下几种：

（1）侵犯妇女的财产所有权的民事责任。一是侵占妇女财产的，侵害人应当返还财产，无法返还的，应当照价赔偿；二是损坏妇女财产的，侵害人应当恢复原状或者折价赔偿。

（2）侵害妇女生命健康权的民事责任。一是伤害妇女身体但可以医疗复原的，侵害人应当赔偿医疗费、交通费、护理费、营养费、误工费等费用；二是伤害妇女身体造成残疾的，侵害人除了赔偿医疗费、交通费、护理费、营养费、误工费外，还要给予残具费和残疾人生活补助费；三是造成妇女死亡的，除了给予医疗费等费用外，侵害人还应当支付丧葬费、死者生前扶养的人必要的生活费和死亡赔偿金等费用。

（3）侵害妇女姓名权、肖像权、名誉权、荣誉权等人身权的民事责任。受害妇女有权要求侵害人停止侵害、恢复名誉、消除影响、赔礼道歉，也有权要求赔偿损失。

（4）侵害妇女知识产权的民事责任。妇女的著作权、商标权、专利权或者其他科技成果权受到侵害的，有权要求侵权人停止侵害、消除影响、赔偿损失。

热点问题150　雇用、容留妇女与他人进行猥亵活动的，会受到何种处罚？

依照法律规定，雇用、容留妇女与他人进行猥亵活动，是一种违法犯罪行为，对尚不够成犯罪，处于刑事处罚的，要比照《治安管理处罚条例》第19条的规定处以15日以下拘留、200元以下罚款或者警告。对雇用、容留妇女与他人进行猥亵活动，情节恶劣，构成犯罪的，要比照刑法的有关规定追究犯罪人的刑事责任。

热点问题151　国务院有关部门及各省、自治区、直辖市如何保障《妇女权益保障法》的贯彻和实施？

国务院有关部门主要是指国务院设立的各部、各委、办以及相当于部、委地位的部门。如公安部、教育部、司法部、民政部、外经贸部、劳动与社会保障部、国家计划委员会、国家民族事务委员会、国家经济委员会等等。为了保障《妇女权益保障法》的贯彻实施，国务院上述各有关部门可以根据该法制定相关的条例，报国务院批准后实施。

各省、自治区、直辖市人民代表大会常务委员会根据本行政区域的具体情况，有权根据《妇女权益保障法》制定和颁布具体的实施办法，并报全国人民代表大会常务委员会和国务院备案。

热点问题152 民族自治地方可以根据《妇女权益保障法》制定某些变通或者补充规定吗?

我国是一个统一的多民族国家，全国有56个民族。各民族之间在政治、经济、语言文字、风俗习惯等方面存在着一定差异。为了适应各民族的不同特点，我国宪法规定，各少数民族聚居的地方实行区域自治，设立民族自治机关，行使自治权；各民族自治地方可以根据当地民族的特点，制定自治条例和单行条例，同时可以根据国家法律，制定一些变通和补充的规定。按照《妇女权益保障法》的规定，为使该法在民族自治地方的贯彻实施，民族自治地方也可以根据各民族地区的特点和实际情况，尤其是当地民族妇女的具体情况，制定《妇女权益保障法》的变通或者补充规定。这对于保护广大少数民族妇女的合法权益具有十分重要的意义。自治区的变通或补充规定，要报全国人民代表大会常务委员会备案；自治州、自治县的变通或补充规定，报省或者自治区人民代表大会常务委员会批准后生效，并报全国人民代表大会常务委员会备案。

第 三 编

典型案例的法律运用

案例1　村会计侵犯妇女选举权和被选举权

[案情简介]

某村村委会组织村民选举参加乡人民代表大会的代表，代表名额共3人，候选人共4人，分别是村支书、村主任、村会计、村团支部书记。候选人名单公布后，部分村民对村会计作为候选人有意见，认为村妇女主任更能代表村民的意见，于是有12位选民联合签名推荐村妇女主任为候选人，村会计得知这一情况后，立即组织自己的家族成员分别做这12名村民的工作，通过做工作，有8名村民收了村会计给的钱，并退出签名，另外有3人因拒绝退出签名，被打成轻伤。同时村会计还亲自到妇女主任家中进行威胁，要求妇女主任主动声明不做候选人，否则，派人毁坏她家的庄稼和牲畜，烧他家的房屋，妇女主任没有答应。但妇女主任最终因为联名推荐的村民未达到法律规定的10人，未能成为候选人，村会计却正式当选为乡人大代表。妇女主任将村会计威胁自己，并向他人贿选以及殴打他人的情况向选举委员会进行了举报，选举委员会经过调查核实，村会计贿选、采取暴力阻碍他人行使选举权的事实属实，并向上级选举委员会进行了汇报，最后村会计被撤销了代表资格，并被移送司法机关处理，人民法院以破坏选举罪对村会计判刑一年六个月。

[法律分析]

选举权利是指作为中华人民共和国公民参加人民代表大会选举的权利，包括选举权、被选举权、罢免权。我国宪法和选举法明确规定，年满18周岁的中华人民共和国公民，不分民族、种族、性别、职业、社会出身、宗教信仰、教育程度、财产状况和居住期限，都有选举权和被选举权，但是依法被剥夺政治权利的人除外。我国《妇女权益保障法》第十条规定："妇女享有与男子平等的选举权和被选举权。"因此，妇女的选举权利是受法律保护的。但是，由于我国正处于社会主义初级阶段，受社会经济发展水平的限制，加之中国有着几千年的封建统治历史，“男尊女卑”的封建思想根深蒂固，妇女的政治权利经常受到侵犯，选举权和被选举权作为妇女的一项重要政治权利，也经常受到侵犯，具体讲，侵犯妇女选举权和被选举权的行为主要有：

（1）用暴力、威胁、欺骗、贿赂等非法手段破坏选举或妨害妇女和妇女代表自由行使选举权和被选举权的。

（2）伪造选举文件，虚报选举票数或者有其他违法行为的。

（3）对于控告、检举选举中违法的妇女或者提出要求罢免代表的人进行压制、报复的。

本案中，村会计在主观上明知自己的行为会阻碍村妇女主任当选乡人大代表，却故意为之，客观上采取了行贿、殴打他人、威胁等破坏选举的行为，情节严重，已构成破坏选举罪，根据我国《刑法》第二百五十六条的规定：“在选举各级人民代表大会代表和国家机关领导人员时，以暴力、威胁、欺骗、贿赂、伪造选举文件、虚报选举票数等手段破坏选举或妨害选民和代表自由行使选举权和被选举权，情节严重的，处三年以下有期徒刑、拘役或者剥夺政治权利。”因此，法院对村会计追究刑事责任是完全合法的，也是保障妇女依法行使选举权和被选举权的有利措施。

案例 2 李书记打击报复妇女行使监督权

[案情简介]

黄女士是某镇政府机关一名干部，负责计划生育工作，工作中刚正不阿，为人处事讲原则，群众关系较好，连年被评为先进工作者。1996 年，镇政府调来一名姓李的党委书记，李书记上任一段时间后，机关干部发现新来的书记工作独断专行，任人唯亲，从别的乡镇调来了自己的亲信担任重要职能部门的领导；对群众工作作风差，态度蛮横，群众意见很大。黄女士在这种情况下，想到自己作为一名党员干部，于是将自己听到的群众反映和自己的一些建议当面告诉了李书记，李书记表面上接受黄女士的建议，而实际上其工作作风、工作态度不但没有改变，反而更加厉害，大事小事自己一人说了算，根本不听其他干部的建议，致使本镇的经济滑坡厉害，群众意见很大，农民经常上访。黄女士联想到上次谈话的效果，本着为党的事业负责、为本镇的经济发展负责、为群众负责的态度，就给县纪委书记写了一封信，如实反映李书记的工作作风、工作态度、群众对他的意见，建议上级纪委进行调查，及时调整镇政府领导班子，改变镇政府目前的局面。但不久这封信就转到了李书记的手中，李书记通过关系了解到这封信是黄女士写的，想起黄女士上次给自己提的意见，心里很恼火，于是指使几名村干部捏造事实，写信给镇政府，举报黄女士在收超生村民的罚款时态度恶劣，辱骂村民，影响很不好。李书记召开党委会议，以捏造的事实，欺骗其他领导，以镇党委的名义决定黄女士下岗学习三个月。黄女士听到这个决定后感到非常突然，认为事实不符合实际情况，对自己做出这种处理不公平，是打击报复行为。于是自己多次向李书记反映，要求撤销处分决定，均未得到解决。在下岗学习期间，黄女士一边学习，一边向县、市上级有关部门写材料，反映有关情况，有时还亲自到相关部门申诉，县里也组成调查组到镇里调查，但最终还是没有撤销对黄女士的处分决定。就在黄女士下岗学习的第二个月，李书记在未经镇党委研究的情况下，指使自己的亲信编造镇党委文件，以黄女士在下岗学习期间，态度不认真，对自己的错误认识不深刻，未经请假到上级有关部门上访，捏造事实反映问题，给本镇造成不好的影响为由，开除黄女士的公职，限期离岗。黄女士被开除公职的行为在群众中民愤极大，许多干部、群众认为这是镇党委书记打击报复的行为，纷纷联名给县、市领导写信反映实际情况，有的村民甚至围攻镇政府机关大楼，引起了县委的高度重视，县委重新组成调查组，调查中发现群众反映的问题属实，对黄女士的处分决定是错误的，县委根据调查组的情况汇报，决定撤销镇党委书记的职务。鉴于其行为已涉嫌犯罪，将其移送司法机关处理。同时，恢复了黄女士的工作，由镇政府补发黄女士工资 8040 元。县人民法院经过审理调查，以报复陷害罪判处镇党委书记有期徒刑 2 年。

[法律分析]

监督权是我国宪法赋予公民的一项极其重要的政治权利，因此妇女作为公民也享有法律规定的监督权。妇女的监督权是指对任何国家机关和国家工作人员，有提出批评和建议的权利；对于任何国家机关和国家工作人员的违法失职行为有向有关国家机关提出申诉、控告或者检举的权利；由于国家机关和国家工作人员侵犯其权利而受到损失的，有依照法律规定取得赔偿的权利。具体而言，妇女的监督权包括：批评权、建议权、申诉权、控告权、检举权和取得赔偿权。为了保护妇女的批评权、建议权、申诉权、控告权、检举权，我国宪法、妇女权益保障法、刑法等法律都做了特别规定，如我国《妇女权益保障法》第 13 条就明确规定："对于有关妇女权益的批评或合理建议，有关部门应当听取和采纳；对于有关侵害妇女权益的申诉、控告、检举，有关部门必须查清事实，负责处理，任何组织或个人不得压制或者打击报复。"，对于侵犯妇女监督权，对妇女进行打击报复的行为构成犯罪的，我国《刑法》第 254 条就明确规定"国家机关工作人员滥用职权，假公济私，对控告人、申诉人、批评人、举报人实施报复陷害的，处二年以下有期徒刑或者拘役；情节严重的，处二年以上七年以下有期徒刑。"

本案中，镇党委书记的行为已构成报复陷害罪。本罪的主体是特殊主体，只能是国家机关工作人员；在主观方面只能是直接故意构成，并且具有报复陷害他人的目的；客观方面表现为滥用职权、假公济私对控告人、申诉人、批评人、举报人实施报复陷害的行为。镇党委书记属于国家机关工作人员，符合本罪的主体要件；主观方面，镇党委书记存在直接故意，指使几名村名，捏造事实；客观方面利用自己是党委书记这一职务，滥用职权，在未经过其他党委成员的情况下，采取捏造事实，指使他人编造镇党委文件，对检举人黄女士实施下岗学习、开除公职的打击报复行为，给黄女士造成了精神上和物质上的损失。因此，对镇党委书记依法判处刑罚是正确的，是符合民意的。

案例3　女学生吕某的父母不履行保障适龄女性儿童、少年接受义务教育的法定义务

［案情简介］

某乡中学初二（3）班女学生吕某，成绩优秀，每次考试都是班里前三名，但其家里很穷，每年的学费都是向别人借的，在学校的日常衣食费用大部分靠老师和同学资助。1998年，吕某的弟弟也到了上初中的年龄，家里考虑到吕某作为一名农村女孩上了两年初中，算可以了，希望吕某辍学，到外面打工，支持弟弟上学。吕某心里很想继续上学，但看到家里的情况，也只能如此，于是在初二期末考试结束后，将家里的意见告诉了班主任，并拿回了自己在学校的行李。班主任听到这个消息后，很着急，暑假期间多次到吕某家里做其家人的工作，吕某的父母都以经济困难为由，没有改变决定。学校开学后，吕某果然没有来学校报名，通过向其他同学了解，吕某已经到广东打工去了，班主任将这个情况告诉了校长，校长也及时将情况向乡政府领导做了汇报，乡政府主管教育的领导亲自到吕某家里做工作，批评吕某的

父母，但吕某的父亲仍以家里困难，拒绝让女儿上学。在这种情况下，乡领导采取有效措施，立即召开了全村大会，宣传了《义务教育法》的有关规定，并结合吕某的父母拒绝让女儿上学的问题进行讨论，吕某的父母受到了其他村名的谴责，认识到了自己的错误，觉得对不起女儿，于是主动在大会上做了检讨，答应到广东找女儿回来，保证让吕某上学。后来，学校考虑到吕某家里的经济情况，免去了吕某初三一年所有的费用，吕某在开学一个月后，再次回到学校，回到自己熟悉的老师、同学中。

[法律分析]

在我国现阶段，女性的受教育义务主要是指接受九年义务教育的义务，国家、社会、家庭和学校都负有保障适龄女性儿童接受义务教育的责任。我国《义务教育法》第11条规定："父母或其他监护人必须使适龄的子女或者被监护人入学，接受规定年限的义务教育。"《妇女权益保障法》第17条规定："父母或者其他监护人必须履行保障适龄女性儿童、少年接受义务教育的义务。"因此，父母或其他监护人负有保障适龄女性儿童、少年接受义务教育的义务，否则就要承担相应的处罚。

本案中，吕某上初二，正处于接受义务教育的阶段，其父母应当履行法定的义务，但吕某的父母以家里经济条件差，需要供弟弟上学为由拒绝让吕某继续上学，致使吕某不得不到广东打工，其父母的行为应受到相应的处罚。根据《义务教育法实施细则》第40条的规定："适龄儿童、少年的父母或者其他监护人未按规定送子女或者其他被监护人就学接受义务教育的，城市由市、市辖区人民政府或者其指定机构，农村由乡级人民政府，进行批评教育；经教育仍拒不送其子女或者其他被监护人就学的，可视具体情况处以罚款，并采取其他措施使其子女或者其他被监护人就学。"乡政府领导对吕某的父母进行了批评教育，在批评教育未果的情况下，乡政府领导采取了开大会，进行法制教育的有效措施，使吕某的父母认识到自己的错误，并同意保证吕某能够继续上学，从而保障了吕某接受义务教育的权利。

案例4　十岁女童程玲被父母停止学业

[案情简介]

程玲（女，10周岁），小学3年级，学习成绩在班级名列前茅。但因家境贫困而被父母强行停止学业。程玲向望到学校读书，向父母保证每天不耽误拣煤核和做饭，但父亲认为，程玲每年拣煤核可以获得3千元的收入，而延续学业则每年的花销将近千元，让程玲继续读书家庭每年就要损失4千元左右，而这笔钱对家庭而言是相当可观的数字，因此，尽管程玲再三保证，父母仍不同意其继续读书。程玲请求班主任老师做家长的工作后毫无结果，老师让她去找妇联请求帮助。

[法律分析]

妇联组织依法应当向10岁孩童提供帮助。理由如下：

(1) 程玲父母的行为构成对未成年人接受教育权利的侵害。根据《义务教育法》的规定，义务教育起始入学年龄为六周岁，凡年满6周岁的儿童，不分性别、民族、种族，应当入学接受规定年限的义务教育。条件不具备的地区，可以推迟到7周岁入学；特别困难的地区，还可适当推迟入学年龄。国家、社会、学校和家庭依法保障适龄儿童、少年接受义务教育的权利。《未成年保护法》规定，父母或其他监护人应当尊重未成年人接受教育的权利，必须使适龄未成年人按照规定接受义务教育，不得使在校接受义务教育的未成年人辍学。而本案中程玲父母只顾家庭的经济利益而强迫未成年人辍学的行为，已经违背国家法定的义务，根据国务院办公厅转发国家教育委员会等部门《关于实施义务教育法若干问题意见的通知》的规定，对适龄儿童、少年未经批准，无正当理由不入学接受义务教育的，由当地人民政府（城市由区人民政府或其指定的政府机关，农村由乡、镇人民政府）对他的父母进行批评教育，并采取有效措施责令其送子女入学。

（2）妇联组织有权进行帮助。根据《中华全国妇女联合会章程》的规定，妇联组织不仅要为妇女儿童服务，而且参与有关妇女儿童法律、法规、规章的制定，通过与社会各界的联系，协调和推动社会各界为妇女儿童办实事维护妇女儿童合法权益。在儿童合法权益受到损害时，妇联有责任与有关部门联系、协调维护未成年人受教育的权利。本案中，妇联一方面可以通过与学校的联系，为程玲减免学杂费以便减轻家庭实际困难；另一方面可以从法律和未成年人发展以及家庭经济改善方式等侧面对程玲父母做工作；必要时可以由妇联出面，帮助程玲运用法律武器要求程玲的父母将其重新送进学习读书。

案例5　区法院在录用大学生时搞性别歧视

[案情简介]

女大学生毛某临近毕业，在一次大学生人才招聘会上，看到一个区人民法院要招收5名大学生的信息，于是将自己的求职简历投给该人民法院。一个月后，区人民法院通知毛某参加笔试，在笔试中毛某取得第一名；在随后的面试中，毛某取得了第二名的好成绩，是前5名应聘者中唯一的一名女生，主考官对毛某的综合素质也非常满意。毛某也收到被录用的通知，但二天后，毛某又接到通知，说主要领导的意见是不招收女大学生，因为法院的女同志太多，再招收女大学生对本院工作的发展不利，法院对此表示遗憾，希望毛某另找单位。毛某得到通知后非常生气，认为这是明显歧视女大学生的行为，同时发现被录用的5名大学生确实是清一色的男生。毛某于是向该区法院的上级机关市法院反映，要求重新录用自己，市法院经过调查，发现毛某符合该区法院的录用标准，区法院以女同志太多影响工作而拒绝招收毛某的理由不成立，责成该区法院录用毛某，对区法院主要领导给予通报批评处理。

[法律分析]

《妇女权益保障法》第15条规定："学校和有关部门执行国家有关规定，保障妇女在入学、升学、毕业分配、授予学位、派出留学等方面享有与男子平等的权利。"但是实践中，妇女在上述方面经常受到不平等的待遇，特别是毕业分配方面，女生的分配一直是个难题，许多用人单位明确表示只要男生，或规定男多女少的比例。本案就是一起典型的事例。

本案中，区法院主要领导明确表示不招收女大学生，只招收男生，使得毛某在接到录用通知后又被放弃，其行为侵犯了毛某的合法权益，违反了男女平等的原则。毛某根据《妇女权益保障法》第50条："在入学、升学、毕业分配、授予学位、派出留学等方面违反男女平等原则，侵害妇女权益的，由其所在单位或者上级机关责令改正，并可根据具体情况，对直接责任人员给予行政处分"的规定，将自己权益受到侵害的情况及时向区法院的主管机关市法院进行反映，市法院经过调查，责令区法院改正，重新录用毛某，并对该区法院主要领导给予通报批评的行政处分，保障了毛某的合法权益。

案例6　厂老板侵犯打工妹接受文化教育的权利

[案情简介]

陈某与吴某是某玩具厂的两名打工妹，玩具厂的老板规定打工妹每天必须工作11个小时，上班期间不许打工妹干任何与工作无关的事情。而陈某认为自己的文化水平太低，想略微提高自己的文化水平，于是就报了一个夜校的文化课辅导班。每天晚上下班后，陈某总要匆忙赶去上两小时的课，这样坚持了约有两个月。而陈某与吴某同住一个宿舍，吴某对陈某上课一事，内心不满，认为陈某每天晚上回来打搅了其休息。后来，吴某就把此事告诉了厂里的老板，老板认为陈某每天去上课，是不安心上班的表现，于是老板以此为理由将陈某解雇了。对此，陈某认为很不理解，并向劳动部门反映此事，劳动部门经过调查后，责令玩具厂老板恢复陈某的工作。

[法律分析]

所谓文化教育权利，是指公民的受教育权利和从事文学艺术、科学技术和其他文化活动的权利。国家依法保障男女公民平等地享有各项文化教育权利，这些权利的内容包括：

(1) 只要是中国公民，不分年龄、性别、民族、宗教等，都一律享有受教育的权利，包括入学、升学、毕业分配、授予学位、派出留学等各个方面。

(2) 每个公民都有权享受国家规定的免费义务教育，按时入学并完成当地规定年限的教育，有权参加各级各类职业教育、高等教育和成人教育。

(3) 接受教育不仅是公民的权利，也是每个公民的义务，任何公民都不得随意放弃。

(4) 各级政府、主管机关、企事业单位、基层社会组织、学校、父母及其他监护人都应依法提供必要条件，保障公民受教育权利的实现。

(5) 当公民的受教育权被侵犯或负有保障义务的单位和个人不履行相应义务时，该公民有权通过行政或司法途径维护自己的权益，并使违法者受到相应的法律制裁。

(6) 在享有受教育权的同时，每个公民还有进行科学研究、文学艺术创作和其他文化活动的权利，任何人或组织都不得剥夺。

本案中，陈某虽然是一名打工妹，但作为国家的公民，她同样享有平等的文化教育权，玩具厂的老板以打工妹上夜校影响工作为名，解雇打工妹，显然是不合理的。是对打工妹受教育权的侵犯，因此，陈某有权向有关部门进行反映，有关部门对此也应该做出相应的处理。

案例7　再就业服务中心保障下岗女工接受再教育和职业培训的权利

[案情简介]

某纺织厂有女工200人，不久前，企业生产不景气，于是宣告破产。200名女工一夜之间失去了工作。一筹莫展的女工们从纺织工业系统的再就业服务中心看到了希望，她们纷纷报名，参加了该服务中心免费为她们提供的转业转岗培训，最后她们又愉快地走上了新的工作岗位。

[法律分析]

根据《妇女权益保障法》关于保障妇女文化教育权利的专门规定"各级人民政府和有关部门应当采取措施，组织妇女接受职业教育和技术培训。"一般说来，职业教育和技术培训，是指国家、企业或社会对具有劳动能力的未参加工作的公民或在职职工进行教育和培训。当前国家正处于国有企业改革的攻坚阶段，不少职工下岗，其中大部分为女职工。要使她们较快地再就业，就必须进行职业教育和技术培训。

本案中，政府、企业、社会通力合作，建立纺织系统的"再就业服务中心"，按照市场的需求，免费为女工提供转业转岗培训，使女工重新走上工作岗位，是非常正确的。作好这项工作，不仅提高了妇女的素质和能力，关系到为民解难，而且还关系到国有企业改革的顺利进行，意义十分重大。因此，国家要求各级人民政府和有关部门，采取有效措施，组织妇女进行再教育和职业培训。

案例8 王莉等十名女工要求与单位签订无固定期限劳动合同的纠纷

［案情简介］

王莉等十名女工是某省电力工程局劳务处的职工。在1984年至1986年之间，十名女工通过招工、顶替、土地征用安置等不同的途径先后成为该电力工程局的合同制工人。1996年10月底，企业全面推行劳动合同制，正好十名女工原先签订的合同也到期了，企业提出要和她们重新签订劳动合同。在签订合同之前，该企业制定了一个内部文件——《全面实行劳动合同制实施细则》。在这份文件中规定："下列情况之一者，可以签订无固定期限的劳动合同：1. 距法定退休年龄十年以内的劳动者；2. 从事复杂技术工作、关键性重要岗位的劳动者；3. 获得省、部委劳动模范、先进工作者称号的劳动者。"1996年11月15日，企业将一份空白的劳动合同分别交给女工们，让她们在合同上签上自己的名字。女工们当时是集体排着队去签字的。签字时，女工们发现劳动合同期限一栏是空白的，都问企业签字代表她们签的是不是无固定期限的劳动合同？企业代表说："让你们签，你们就签，那么大的单位，不会不管你们的。"于是，女工们都在空白合同上签上了自己的名字，并口头向企业工作人员提出要给她们签订无固定期限的劳动合同。6个月后，当十名女工拿到正式的劳动合同时，才发现合同期限只有5年（到2001年11月31日止）。于是，她们拿着劳动合同找到企业领导，要求签订无固定期限的劳动合同。领导当时说：我们是国营企业，这次签合同不过是走走形式，合同到期后一定会与你们续签，不会让你们丢掉饭碗的。之后，十名女工开始陆续被企业安排"待岗"（即内部待岗，仍算就业，但暂不安排工作），每月只发给200多元的基本生活费。她们都幻想着能等来重新上岗的哪一天。可是，到

2001年10月企业却正式通知她们，企业已经决定和她们终止劳动关系，要她们到单位领取《终止劳动合同通知书》。面对这突如其来的打击，女工们无论如何也无法接受这残酷的现实。为了保住自己的工作，她们四处找有关的领导进行交涉，但都无功而返。万般无奈之际，十名女工于同年12月正式向省劳动仲裁委员会申请劳动仲裁，要求认定1996年11月15日她们与企业签订的劳动合同无效（因为单位有欺诈和违法行为）；裁定她们和企业重新签订无固定期限劳动合同；企业给她们补发工资、赔偿损失并支付罚金；工龄达到内退标准的女工应准予内部离岗退养，享受相应待遇。2个月后，省劳动仲裁委员会裁定十名女工败诉，原因是女工们没有书面证据证明她们在1996年11月15日与企业签订合同时，女工们曾向企业提出要签订无固定期限劳动合同，至于女工们提出的企业对她们有隐瞒、欺诈之嫌，仲裁委则认为缺乏事实依据，故驳回女工们的请求。王莉等十名女工不服仲裁委的仲裁，她们又向当地基层人民法院起诉，请求人民法院撤销劳动仲裁委员会的裁决，维护她们的合法权益。不久，基层人民法院判决下来，又判定她们败诉了。理由仍是证据不足，理由不充分。女工们彻底地失望了，她们不得不又向上一级人民法院上诉……

［法律分析］

劳动权是具有劳动能力的公民得以参加社会劳动并按劳取酬的权利，它是人的第一基本权利，是一切民主权利的基础。劳动者一旦失业，就会处于极其困苦的境地。这些年来，我国的劳动关系发生了巨大的变化，企业的用人自主权扩大了，职工处于相对被动的弱者地位，尤其是女职工，她们既要工作，又要更多地承担抚养子女的责任，在这种情况下，她们特别需要法律的保护。

为了保障公民的劳动权，我国《宪法》明确规定：“中华人民共和国的公民有劳动的权利和义务。”为了确保《宪法》规定的劳动权不被侵犯，国家还专门制定了《劳动法》和其他配套的法律。必须明白，这些法律是企业在任何情况下都必须遵守的，是企业自主用人的底线。

就本案来说，本案双方争论的焦点是双方在1996年11月15日签订的劳动合同是否有效，女工们是否有权与企业签订无固定期限的劳动合同。

根据我国《合同法》和《劳动法》等有关法律的规定，劳动合同要具有法律效力，必须同时具备以下条件：一是劳动合同主体合法；二是劳动合同内容合法；三是经过双方平等协商一致的过程；四是双方意思表示真实。依据以上条件结合本案来看，本案十位女工1996年11月15日与省水电工程局签订的《劳动合同书》不符合上述二至四项条件，因而应当认定其为无效劳动合同。十位女工要求与省水电工程局重新签订无固定期限劳动合同，是正当合法的。

具体来讲，本案中企业违反《劳动法》具体表现在以下三个方面：

（1）违反《劳动法》有关签订无固定期限劳动合同的规定。1996年11月，十名女工已在某省电力工程局工作了10年以上，企业也同意和她们续签劳动合同，在这种情况下，企业没有理由不和她们签无固定期限劳动合同。

（2）违反《劳动法》有关签订劳动合同的原则。《劳动法》第18条规定：“订立和变更劳动合同，应当遵循平等自愿，协商一致的原则，不得违反法律、行政法规的规定。”某省电力工程局和女工签订劳动合同的时候，没有和她们平等协商，也没有向她们宣传《劳动法》，并告知她们依据《劳动法》她们可以与企业签订无固定期限劳动合同。

(3) 违反《劳动法》有关不得采用欺诈手段订立劳动合同的规定。从本案来看，十名女工明明要与企业签订无固定期限劳动合同，企业却让她们在空白合同上签字，然后企业单方面在合同书上填写5年的劳动期限，还骗她们到期限后会续签合同，最后却以合同到期为由和十名女工终止劳动关系。

因此，某省电力工程局没有依法和十名女工签订劳动合同，理应承担相应的法律责任。即使按某省电力工程局的说法，当时女工们没有提出签订无固定期限劳动合同的要求，过错也应在工程局。其过错有三：不宣传《劳动法》和党的劳动制度改革的方针政策是过错一；不执行《劳动法》的规定是过错二；《全面实行劳动合同制的实施细则》不经职代会讨论通过，而是采取了职工代表团长联席会议讨论通过的方式使其内容和程序都违法是过错三。为此，企业也应承担相应的过错责任。

在我国目前的司法实践中，各种劳动纠纷案件可以说千差万别，大部分案子事实清楚，证据确实、充分，严格套用法律规定没有什么问题。但对于一些事实清楚，而证据复杂的案子，尤其是因为劳动争议的案子，举证责任倒置，依法都是由单位来举证，而单位对有利于自己的证据又不出示的情况下，我们除了要套用法律和司法解释的规定外，更重要的还应该从我国《劳动法》的立法目的和立法宗旨来断案。我国《劳动法》的立法宗旨主要是为了保护广大劳动者的利益，也就是说要保护弱者的利益。那么，谁是弱者呢？很明显，相对于一个具有强大的经济实力，掌握着法律、政策标准的大企业来说，职工就是弱者；而在职工中，工人就是弱者；在工人中，上了年纪的女工则更是弱者中的弱者，她们才是《劳动法》和我国各项法律、法规所要保护的重点人群。从本案的事实来看，明明是单位在践踏法律，剥夺工人的合法权利，钻法律的空子，为什么不可以使其改正呢？为什么被损害的总是最底层的工人的利益？她们虽不年少，但被上诉人单位也不是歌舞厅，专门招收吃青春饭的职工。何况本案中的十名女工都是在她们青春年少之时就来到单位工作的，且一干就是十几甚至二十年，工作期间她们遵纪守法，兢兢业业，十几年风风雨雨，把一生中的黄金年龄奉献给了企业。如今他们虽已年长力退，但并未失去劳动能力。在她们还能为国家做贡献和正值她们上有老、下有小，家庭负担与社会负担重压在肩的时候，单位却把她们当作累赘一脚踢出门外，使她们流落社会、生活无着。单位的这一做法是一种对职工、对社会、对国家都极不负责任的错误做法。

案例9　女出纳陈楠因被工厂错误认定涉嫌犯罪要求赔偿

[案情简介]

陈楠，女，某县食品加工厂的出纳。审计部门在2000年4月的工作检查中发现该厂的账目不清，检察院依法立案进行调查。期间因种种原因，检察机关将陈楠拘传。虽经进一步调查排除了陈楠的疑点，但该厂仍以陈楠涉嫌犯罪而要求其回家等待通知。半年后，真正的贪污者被依法判决，该厂才将陈楠的工作恢复。在此期间，陈楠一方面承受着精神上的折磨，另一方面在经济上也受到损失。2000年12月，陈楠向工厂提出要求支付2000年5月至11月的工资。

[法律分析]

陈楠有权向工厂提出支付2000年5月至11月工资，因为陈楠所要求支付的工资不属于法律规定的暂时停止劳动合同的履行期间。

劳动部《关于贯彻执行<中华人民共和国劳动法>若干问题的意见》规定：劳动者涉嫌违法犯罪被有关机关收容审查、拘留或逮捕的，用人单位在劳动者被限制人身自由期间，可与其暂时停止劳动合同的履行。暂时停止履行劳动合同期间，用人单位不承担劳动合同规定的相应义务。劳动者经证明被错误限制人身自由的，暂时停止履行劳动合同期间劳动者的损失，可由被限制人依据《国家赔偿法》的有关规定，依法要求有关部门赔偿。

根据《刑事诉讼法》的相关规定，拘传时间最长不得超过12小时。陈楠并未就检察机关12小时的错误而提出赔偿的要求。就本案情况而言，检察机关在进一步审查后确认陈楠非犯罪嫌疑人，陈楠的嫌疑虽被解除，但工厂却从陈楠涉嫌犯罪为由要求其回家等待，且等待时间达半年之久，这期间显然不属于法定的暂时停止履行劳动合同的期间，也不属于当事人可以依据《国家赔偿法》要求国家赔偿的范畴，因此，陈楠在2000年5月至11月工资支付的请求可以向工厂提出。

案例10　女职工余晓丽因患重病而被解除劳动合同，要求工厂给予医疗补助费

[案情简介]

余晓丽在某皮鞋厂工作12年。2001年7月因长期胸闷而就诊，被医院诊断为心肌劳损，需要卧床静养。劳动鉴定委员会认为她无法再继续胜任皮鞋厂的工作，经过与余晓丽本人和其家属协商，双方同意解除劳动合同。皮鞋厂还同意根据余晓丽本单位的工作年限，每满1年发给相当于1个月工资的经济补偿金，但最多不超过12个月，余晓丽本人提出，因为失去工作和患病无法继续从事劳动，家庭的经济压力增大，希望工厂能够给予一定的医疗补助费。

[法律分析]

余晓丽的请求是符合法律规定的。劳动部关于《违反和解除劳动合同的经济补偿办法》中规定，劳动者患病或者非因工负伤，经劳动鉴定委员会确认不能从事原工作，也不能从事用人单位另行安排的工作而解除劳动合同的，用人单位应按其在本单位的工作年限，每满1年发给相当于1个月的工资的经济补偿金，同时还应发给不低于6个月工资的医疗补助费。患重病和绝症的还应增加医疗补助费，患重病的增加部分不低于医疗补助费的50%，患绝症的增加部分不低于医疗补助费的100%。本案中，余晓丽的情况符合该经济补偿办法中规定的患重病的情形，因此，她不仅能够要求解除劳动合同时，工厂给与其经济补偿金，而且还可以依照规定，申请医疗补助费。

案例11　某中学强行要求女员工刘芳结束产假提前上班

[案情简介]

刘芳系北京市某中学合同制员工。其预产期为2001年9月30日,实际产期为9月25日。该校2002年1月18日正式放假,因放假前单位工作颇多,故学校要求其1月13日正式上班,因家中无人照料孩子,刘芳希望学校能够让她把产假延续至寒假。但是,单位要求刘芳个人克服困难,否则就将按事假扣除其工资。

[法律分析]

单位这样做不符合法律规定。

根据《〈女职工劳动保护规定〉为题解答》第10条规定，女职工产假90天，分为产前假、产后假两部分。即产前假15天，产后假75天，所谓产前假15天，系指预产期前15天的休假。产前假一般不得放到产后使用。若孕妇提前生产，可将不足的天数和产后假合并使用；若孕妇推迟生产，可将超出的天数按病假处理。《北京市计划生育奖励实施办法》规定，机关、企事业单位晚育的女职工，除享受国家规定的产假外，增加奖励假30天。国家教委《关于女教师产假有关问题的复函》中规定，女教师产假若正值寒假期间，其寒假休假时间可以顺延。根据上述规定，刘芳的产假天数应当为75+7+30=112（天），从2001年9月23

日应当延续至2002年1月19日，这期间女职工工资的发放标准为：若机关实行职级工资制的人员，为本人职务工资、级别工资、基础工资与工龄工资；若机关技术工人，为本人岗位工资、技术等级（职务）工资与按国家规定比例计算的奖金；若机关普通工人，为本人岗位工资与按国家规定比例计算的奖金；若事业单位职工，为本人职务（技术等级）工资与按国家规定比例计算的津贴（其中，体育运动员，为本人体育基础津贴与成绩津贴）。因此，学校在刘芳未按国家规定休完产假时，不得强行要求其上班，更不得按事假扣除其工资。

案例12　女工刘某因故向纺织厂提出免除其进行夜班劳动的请求

［案情简介］

刘某（女，29周岁）于2001年12月16日生育一名女婴，患有先天性心脏病。根据与纺织厂订立的劳动合同，刘某休假3个月后到厂里上班。因为丈夫从事个体运输工作，经常跑外无法照顾孩子，家里的老人也因年岁过大而无法照料。但厂里现已实行双向选择，刘某若不自行解决夜班问题，在再次实行的双向选择中她所面临的是没班组再选择她。为此刘某向纺织厂提出援助的请求，希望在2002年12月16日之前尽量不要安排其上夜班。但工厂认为，本厂职工中女性占绝大多数，若同意刘某的请求会为将来的工作带来诸多不便，因此，对刘某的请求，纺织厂采取了搁置的态度。虽然刘某在好心姐妹的帮助下暂时夜班由她人替代，但刘某还是向纺织厂提出解决其免上夜班的要求。

［法律分析］

刘某的请求合法。

（1）根据《女职工保健工作规定》第12条中第4项的规定，有未满1周岁婴儿的女职工，一般不得安排上夜班；在其后颁布的《劳动法》第63条规定："女职工在哺乳未满1周岁的婴儿期间，不得安排……夜班劳动。"夜班，是指当日22点至次日6点时间从事的劳动。《劳动法》中将女职工在哺乳未满1周岁的婴儿期间的夜班劳动问题以法律的形式规定为"不得安排"，而非"一般不得安排"，其宗旨不仅在于保护哺乳期妇女的健康状况，而且也在于保护婴儿的健康成长。因此，刘某不仅可以请求免除夜班工作，而且还可以请求纺织厂根据其婴儿的特殊情况，适当地延长其授乳时间①。

（2）纺织厂安排刘某夜班，违反了《劳动法》中关于女职工特殊权益保护的相关规定，刘某还可以就此问题向上级主管机关或县级以上人民政府的劳动行政部门申请解决。根据劳动部1994年12月26日颁布的《违反<中华人民共和国劳动法>行政处罚办法》第12的规定，用人单位有安排女职工在哺乳未满1周岁的婴儿期间进行夜班劳动而侵害女职工合法权益行为的，县级以上各级人民政府的劳动行政部门应责令其单位改正，并按每侵害一名女职工罚款3000元以下的标准实行处罚。

案例13　女职工钱某要求原工作单位返还住房公积金

［案情简介］

女职工钱某自2001年12月与用人单位解除劳动合同，2001年12月7日，用人单位为钱某开出退工单，并载明钱某的在本单位的工作日期至2001年12月3日。因钱某与用人单位在工资支付问题上发生纠纷，直至2002年5月才由仲裁委员会仲裁解

① 劳动部、人事部、卫生部、全国总工会、全国妇联于1993年11月26日颁布了《女职工保健工作规定》，该规定第12条第3款规定："婴儿满周岁时，经县（区）以上（含县、区）医疗或保健机构确诊为体弱儿，可适当延长授乳时间，但不得超过6个月。"

决。这期间用人单位一直未办理钱某住房公积金的账户封存手续。2002年6月，钱某的原单位凭仲裁委员会的仲裁到委托银行办理了住房公积金账户的封存手续并于7月到住房公积金管理中心支取了钱某住房公积金账户中单位为其交纳的2002年1月—5月期间住房公积金的数额。钱某通过电话查询获悉其该情况后，随即要求原单位返还所支取的住房公积金。

[法律分析]

钱某的要求是错误的，其原因如下：

(1) 住房公积金是用人单位和被录用职工在劳动合同存续期间所缴存的长期住房储金。其为用人单位与女职工在劳动合同存续期间所发生的费用关系。钱某所要求原单位返还的住房公积金数额并非发生在劳动合同存续期间。

(2) 劳动关系终止之日，用人单位也终止了与劳动者之间的权利义务关系。当然，用人单位为钱某交纳住房公积金的义务亦于该日终止。因此，钱某在2001年12月以后无权利享受用人单位为本单位在职职工交纳的住房公积金。

(3) 用人单位在与职工解除劳动合同后，依法具有停止履行劳动合同中所规定的义务和享有维护本单位利益的权利，根据《住房公积金管理条例》的有关规定，用人单位依法取回多交纳的公积金数额。

案例14　企业依法破产时女职工要求企业支付拖欠的工资

[案情简介]

某市手表厂因经营不善连年亏损，2002年3月宣布破产。在破产清算过程中清算企业财产共计50万元，全厂职工多为女性，职工中除技术干部每月拿到基本工资外，其余包括女性在内的职工已连续3个月没有得到基本工资。在清算完结后，女职工选举代表，要求首先支付企业拖欠她们的3个月的工资。

[法律分析]

女职工的要求是符合法律规定。劳动部关于《工资支付暂行规定》规定，用人单位依法破产时，劳动者有权获得其工资。在破产清偿中，用人单位应按照《中华人民共和国企业破产法》规定的清偿顺序，首先应当支付欠付的本单位劳动者工资。

案例15 企业违法开除女职工张某

[案情简介]

原告张某，女，1996年7月通过公开招考，录用入某著名电脑公司，期间张某与该电脑公司签订了两年的劳动合同，担任过该公司市场部、开发部的部门经理。2000年5月1日张某结婚。由于该公司内部有一个不成文规定，即女职工结婚、生育请假超过十天，就按旷工处理，将被单位除名。致使该单位所有的女职工都不敢公开结婚或怀孕生子。所以，张某偷偷地与丈夫举行完婚礼后，也不敢去外地旅游、度蜜月，七天长假过后就按时上班了。不久，张某发现自己怀孕，但一直不敢让单位知道，为了保住工作，她决定做人工流产，但其丈夫坚决不同意，认为结婚生育是公民的基本权利，单位不能因为职工生育就开除职工，因而鼓励张某将孩子生下来。十月怀胎，张某没有请过一天假，到医院检查也都是利用周末时间，在孩子即将出世时，张某找到单位领导，要求单位按国家规定给予3个月产假。单位领导则认为，该单位是民营企业，可以不执行国家的规定，单位是一人一岗，若张某要生孩子就要另聘人员顶替张某的工作，不可能给张某继续保留岗位。张某和其丈夫为此又先后多次找领导协商，最后单位同意给予张某30天产假，但不给支付工资，30天后不上班就将被开除。2001年6月29日张某剖腹产生下一男孩。由于是剖腹产，张某身体恢复较慢，产后30天仍感身体不适，达不到上班工作的条件，就没有按约定时间回单位上班。2001年8月4日，张某回单位想向领导解释一下，并请求单位再给予半个月假期。张某到单位后，发现自己在两天前已被单位开除，原因是旷工三天。张某极为生气，找单位领导理论，要求恢复工作，领导拿出单位内部规定，并说民营企业不怕，爱到哪里告状就去告。无奈，张某于2001年9月向某劳动仲裁委员会申请仲裁，要求单位恢复她的工作，并按国家规定给予其3个月的产假，支付产假期间的工资。劳动仲裁委员会审理后认为张某单位的做法严重违反国家法律，故而裁定该单位恢复张某的工作，给予张某3个月的产假，并支付休产假期间的工资。

[法律分析]

我国法律除了明确规定女工享有与男子平等的劳动就业权外，还针对妇女的生理机能和身体特点，对妇女做出了与男子不同的特殊劳动保护。主要体现在禁止或限制妇女从事某些作业和妇女的"月经期"、"怀孕期"、"生育期"、"哺乳期"的"四期"保护两个方面。本案中，张某应当享受妇女"四期"之一哺乳期的特殊劳动保护权益。《妇女权益保障法》第25条第2款规定："女职工在怀孕期、产期、哺乳期内，用人单位不得辞退女职工或单方解除劳动合同"；《女职工劳动保护规定》第4条规定："不得在女职工怀孕期、产期、哺乳期降低其基本工资，或者解除劳动合同"。同时规定，用人单位不得在正常劳动日以外延长怀孕妇女的劳动时间，怀孕七个月以上的孕妇不得安排夜班、劳动时间内安排一定的时间休息；生产妇女一般享受产假90天；妇女流产享受产假15~42天不等；工作时间内安排哺乳妇女的喂哺婴儿时间。

显然，本案的被申请人电脑公司不允许女职工休产假，并在哺乳期内单方面将张某开除的行为，违反了上述法律、法规的规定，构成了对张某劳动权益的侵害。实践中，一些私营企业或中外合资企业、外资独资企业在职工休假及妇女特殊劳动保护等问题上总以为中国法律、法规规定与他们无关，他们可以不执行这些特殊规定，这是完全错误的。作为在中华人民共和国境内从事生产经营的任何企、事业单位或者个人，都必须严格执行我国的法律和政策，没有任何特权所言。所以，劳动仲裁委员会对本案的裁决是完全正确的。

案例16　两名农村外嫁妇女依法要求村集体经济组织支付土地补偿费

[案情简介]

李燕、王红，均为吉林辽源五道岗村妇女。结婚后嫁到外村，未将户口迁出，结婚后，二人分别将孩子也落户于母亲所在地即五道岗村，二人均依法履行了各项村民义务。近两年，土地由于逐步被国家征收，其他村民均得到一定的土地补偿费。而该村集体经济组织却认为李燕、王红属于嫁到外村，不该在本村享有土地的分配权和使用权，故不分给二人应得的土地补偿费。二人不服，依法向当地人民法院起诉，要求该村集体经济组织给其支付土地补偿费。人民法院经审理后认为，该村集体经济组织以出嫁女及出嫁女所生之子不享有分配权为理由不分补偿费，是违反规定的，应该按标准予以和其他男性公民平等的补偿费。

[法律分析]

人民法院对本案的认定和判决是完全正确的。

土地承包经营权，是指农村集体经济组织，农户或个人，依照承包合同对国家或集体所有的土地，山岭，草原荒地，滩涂，水面等生产资料所享有的占有，使用和收益的权利。《民法通则》第80条中规定："公民、集体依法对集体所有的或者国家所有由集体使用的土地的承包经营权，受到法律保护。"《妇女权益保障法》为了保护妇女享有与男子平等的土地承包经营权，在第30条中明确规定："农村划分责任田、口粮田等，以及批准宅基地，妇女与男子享有平等权利，不得侵害妇女的合法权益。妇女与男子享有平等的权利，不得侵害妇女的合法权益。妇女结婚、离婚后，其责任田、口粮田应当受到保障。"依上述法律规定，土地承包经营权由承包经营人和发包人双方共同订立承包合同而取得，承包双方的权利和义务亦由承包合同规定。双方必须共同遵守承包合同。

宅基地使用权，是指公民个人在国家或集体所有的宅基地上所享有的建造房屋和使用居住的权利。农村集体经济组织违反平等原则，不分或少分给妇女农用地及宅基地的，或者妇女结婚、离婚后，负有为其划分土地责任的农村集体组织拒绝划分或非法收回已划分的农用地及宅基地的，妇女可以向上级机关申诉，有关机关应责令农村集体组织改正，并对直接责任人员给予相应的纪律处分。妇女也可以向妇联反映情况，寻求帮助。如果仍然得不到处理，可以按照《妇女权益保障法》的有关规定，依法向人民法院提起诉讼。

从此案例我们可以看到，农村还存在着很多妇女权益被侵犯的实际问题，这既需要法制的不断完善；国家有关部门和农村的基层组织也要认真贯彻执行宪法和有关法律对妇女和儿童的合法权益的规定；同时，广大妇女也要不断通过自身素质的提高，懂法、守法，用法律武器来保护自己的合法权益。我们也欣喜的看到了农村妇女的法律意识已经有了明显的提高。

案例17 被继承人的哥哥和女婿、外孙女关于遗产继承的纠纷

[案情简介]

李才夫妇有一女李英。李英于1976年与刘刚结婚，婚后生

育有一女儿刘影。1995 年李英身患癌症，不久去逝。李才夫妇身体一直不好，几年来全凭女儿、女婿照顾。李英死后，女婿刘刚和岳父岳母关系一直很好，并常年照料老两口的衣食住行。在这期间，老两口多次劝刘刚再娶，都被刘刚谢绝。1999 年，李才夫妇二人先后去逝，留有一套房子和 15000 元钱。李老汉有一同胞哥哥要求继承李才夫妇遗产。刘刚认为应由女儿刘影继承，遂起诉于当地人民法院。当地人民法院经审理认为：对于李老汉夫妇遗产的继承，李英应作为第一顺序的继承人，因为李英早于李老汉夫妇死亡，故其分额应当由李英之女刘影代位继承。刘刚对岳父岳母尽了主要的赡养义务，故也作为第一顺序继承人。而刘老汉的同胞哥哥，只能作为第二顺序继承人，在这里不享有继承权利。故而判决李老汉夫妇的遗产由刘影和刘刚共同继承。

[法律分析]

我国《继承法》第 11 条规定："被继承人的子女先于被继承人死亡，由被继承人的晚辈直系血亲代位继承。代位继承人一般只能继承他的父亲或者母亲有权继承的遗产份额。"在法定继承中，一般的情况下，应由法定继承人本人直接继承被继承人的遗产，但是在某些具体的情况下，有可能出现继承人先于被继承人死亡，无法亲自继承遗产的现象。如果被继承人的子女先于被继承人死亡的，由被继承人的子女的晚辈的直系血亲代位继承，例如孙子代替已故的父母继承祖父母的遗产。代位继承只能继承他的父亲或母亲有权继承的遗产份额。在继承权利上，妇女与男子享有平等的继承权，女性和女系亲属享有和男性同等的代位继承权。故本案的处理是完全正确的。

案例 18　丧偶儿媳李英要求继承公婆的遗产

[案情简介]

张建国，1958 年结婚，婚后生有一子一女，女儿张丽，儿子张为。女儿大学毕业后留在省城工作。儿子张为与邻村李英结婚，生育有一女儿张欢。1980年张为病故，由于张建国的女儿张丽在省城工作，无法照顾老两口的生活。而由儿媳李英一直照顾着老人的衣食住行。老人多次劝李英再婚，都被李英谢绝。1990年，当女儿张欢长大成人时，李英再婚，婚后仍旧照顾着张建国夫妇。1997年张建国夫妇病故，张丽和李英共同料理了后事。老人留有6间房和6000元钱。张丽要求继承张建国夫妇的全部财产。李英与女儿张欢向人民法院起诉，也要求继承张建国夫妇的财产。人民法院经审理后判决：张建国夫妇的全部财产由女儿张丽、儿媳李英、孙女张欢共同继承。

[法律分析]

在这一案例中，涉及到尽了主要赡养义务的儿媳是否有公婆财产的继承权问题。对于张建国夫妇的财产继承按理应由其女儿和儿子法定继承。但在本案中，儿子张为先于张建国夫妇死亡，故应由女儿张欢代位继承。而李英作为儿媳，一直赡养着张建国夫妇，尽了主要的赡养义务。我国《继承法》第12条规定：丧偶儿媳对公婆，丧偶女婿对岳父岳母尽了主要赡养义务的，作为第一顺序继承人。丧偶儿媳或丧偶女婿在配偶死亡后，仍然侍奉配偶的父母，尽了主要的赡养义务的，应作为第一顺序继承人。丧偶儿媳如果对公婆尽了主要赡养义务，可以继承公婆的遗产，不受丧偶儿媳的子女代位继承他们父亲的遗产和是否再婚的影响，二者不能相互代替。故本案人民法院的判决是完全正确的。

案例19 王红带产改嫁争议

[案情简介]

王红，1975年嫁予同村村民李军，婚后生有一子。李军与王红婚后与李军父母一直共同生活，尽着赡养老人的义务。1986年李军病故。之后一年内，李军之父母也先后去逝。王红作为丧偶儿媳对公婆尽了主要赡养义务的第一顺序继承人，继承了李军父母的遗产。1998年，王红改嫁于邻村。此时对于王红是否有权带走继承的财产发生了争议。

[法律分析]

这是涉及到丧偶儿媳是否有权处分所继承的财产，是否可以带产改嫁的纠纷。我国《妇女权益保障法》规定："丧偶妇女有权处分继承的财产，任何人不得干涉。"《民法通则》规定："财产所有权是指所有人依法对自己的财产享有占有、使用、收益和处分的权利。"依此规定，丧偶儿媳继承了公婆和丈夫的遗产后，她有权在法律允许的范围内，处分其依法继承的财产。她既可以将财产留做自己使用，可以带产改嫁，也可以出卖、赠与该财产。这是她在行使自己的个人财产所有权，应受国家法律的保护，其他任何人都不得干涉或妨害。否则，受害妇女可以请求有关部门或人民法院根据侵权情况，责令侵权人承担停止侵害、排除妨害、返还财产、恢复原状、赔偿损失等民事责任。

案例20 王女士遭受家庭暴力

[案情简介]

王女士与其丈夫是大学同学，毕业后结婚已14年，生育有一个孩子。但其丈夫大男子主义严重，夫妻经常吵架，丈夫喜欢动手，如今，王女士都不敢回嘴，因为只要稍有不同意见，他就打人，即使忍气吞声，他仍时不时的拳脚相加。面对这种家庭暴力，王女士应该怎么办？

[法律分析]

本案中王女士丈夫的行为已构成家庭暴力。家庭暴力是指有婚姻和血缘关系联系的家庭成员之间，一方对另一方的暴力或虐待行为，除对身体的暴力外，还包括精神暴力和性暴力。

我国法律明确规定保护妇女的合法权益，《婚姻法》第13条规定，“夫妻在家庭中地位平等。”《妇女权益保障法》第35条明确规定：“禁止用迷信、暴力手段残害妇女。”因此，王女士应该反对丈夫的暴力，运用合法手段保护自己的权益。

根据新修订的《婚姻法》第43条规定，“实施家庭暴力或虐待家庭成员，受害人有权提出请求，居民委员会、村民委员会以及所在单位应当予以劝阻、调解。对正在实施的家庭暴力，受害人有权提出请求，居民委员会、村民委员会应当予以劝阻；公安机关应当予以制止。实施家庭暴力或虐待家庭成员，受害人提出请求的，公安机关应当依照治安管理处罚的法律规定予以行政处罚。”第45条规定，对实施家庭暴力构成犯罪的，依法追究刑事责任。受害人可以依照刑事诉讼法有关规定，向人民法院自诉，公安机关应当依法侦查，人民检察院应当依法提起公诉。

因此，当妇女遭受到家庭暴力时，应当根据具体情况，可以向居民委员会、村民委员会及所在单位或公安机关提出请求，制止暴力行为，也可以向人民法院自诉，请求法律上的帮助，对家庭暴力行为给予严惩。

案例21　李女士的丈夫对妻子实施家庭暴力被判刑

[案情简介]

李女士与丈夫经自由恋爱结婚，婚后还生了一个可爱的小宝宝，但是为了丈夫以前的同居女友及其非婚生孩子，两人经常发生争执。1998年6月5日晚8时许，二人在家中因房产问题再次发生争吵，妻子情急之下，拿起孩子奶瓶扔向丈夫，丈夫则拿一根木棍，将妻子头部打伤，致使其妻子当场昏倒在地。邻居听到他们打架的声音，拨叫“110”将妻子送到医院。经医院诊断，妻子颅骨骨折，头皮裂伤，经法医鉴定为轻伤。李女士以夫妻感情不和，丈夫经常对其打骂，以致被打成轻伤为由向法院提起刑事自诉案，要求追究丈夫的刑事责任。法院最后做出判决，以故意伤害罪判处丈夫拘役6个月，缓刑6个月。

[法律分析]

就具体家庭暴力行为而言，如果构成轻伤的，要承担刑事责任；如果是轻微伤，公安机关将根据《治安管理处罚条例》的规定，应受到15天以下行政拘留，并处200元以下罚款的行政处罚；如果夫妻关系完全破裂，受害者就此提起离婚诉讼的，根据《婚姻法》第46条，作为过错方还应承担损害赔偿的民事责任。

故意伤害罪的构成要件，其主体是一般主体，按照法律规定为达到刑事责任年龄、具有刑事责任能力的人；主观方面必须具有非法损害他人身体健康的故意，包括直接故意或间接故意，客观方面表现为非法损害他人身体健康的行为。

本案中,李女士的丈夫的明知用木棍击打李女士头部会造成伤害的结果,主观上具有故意,客观方面其丈夫的暴力行为造成了李女士轻伤,其行为已经构成了故意伤害罪,依法应承担刑事责任。

案例22 王某非法搜查女学生古某身体被起诉

[案情简介]

女学生古某到某超市购物，值班女经理王某看到古某形迹可疑，认为古某有可能盗窃了超市的东西。于是王某把古某带到一间小屋，对古某进行搜身，在没有找到任何东西的情况下，王某并未让古某离开，而是把古某关在小屋长达十个小时，古某仍未承认自己偷过东西。最后，王某将古某放出。古某回学校后，因此事而大受刺激，精神错乱。古某的父亲到公安机关报案，王某最后被判处拘役6个月。

[法律分析]

非法搜查女性身体，是指具有搜查权的机关未经办理法定手续，未经法定程序，或没有搜查权的机关、人员对女性身体进行搜查、检查的行为。根据我国《刑事诉讼法》的规定，拥有搜查权的机关只有公安机关和人民检察院，其他任何机关、团体和个人都无权进行搜查。公安机关、人民检察院搜查时也要依法进行，并办理相关手续、出示相应的证件。

非法搜查他人身体罪的主体是一般主体，司法工作人员犯本罪要从重处罚，客体是他人的人身自由权；主观方面为故意；客观方面表现为以作为的方式对他人的人身实施了搜查行为。

本案中，王某系超市的工作人员，不是公安机关或人民检察院工作人员，王某明知自己没有搜查权，却强行对学生古某进行搜身，给古某造成精神上的伤害，后果比较严重，其行为已构成非法搜查他人身体罪，根据《刑法》第245条的规定，对王某可以处以三年以下有期徒刑或拘役。实践中，如果是司法人员滥用职权而犯罪，应从重处罚；对非法拘禁行为尚未构成犯罪的，被搜查的女性可以以名誉受到侵害为由，到人民法院提起民事诉讼，要求被告人恢复名誉、赔礼道歉，并可以要求赔偿损失。

案例23 女犯乙非法拘禁女犯甲被判刑

[案情简介]

在某女子监狱，女犯甲与女犯乙、丙及其他5名女犯同住二班，乙为该班班长。一天出工回到监舍后，班长乙发现自己的一套秋衣秋裤不见了，找遍了整个监舍也没有找到，班长乙于是向值班警察报告，警察询问了同监舍的其他女犯，都不承认偷了班长乙的秋衣秋裤。随后，警察叫班长乙到自己办公室，说："我问了你们监舍所有的犯人，都不承认，看看你平时是否得罪了谁，故意搞破坏，你是班长，你自己去处理这件事。"回到监舍后，乙认为自己很没有面子，解决不了这件事，自己以后的班长就没有威信，联想到平时在班里甲对自己提出过意见，就私自认定甲偷了自己的衣服，于是在晚上其他罪犯休息后，班长乙叫上丙，以聊天谈心名义将甲骗到一个小库房，将库房反锁，两人对甲进行询问、殴打达6个小时，要求甲承认自己偷了乙的衣服，甲没有办法只好承认，并写下悔过书，准备第二天交给值班警察，接受处理。甲回到监舍后，怕警察追究自己的责任，也害怕其他女犯看不起自己，于凌晨4点40分在同楼水房内上吊自杀。事情发生后，女犯乙、丙被法院分别判处有期徒刑15年和13年。

[法律分析]

非法拘禁罪的主体是一般主体，既可以是国家工作人员，也可以是普通公民；主观上是故意，即明知剥夺他人人身自由是违法行为，仍故意为之；客观上采取了使用拘留、禁闭、或其他强制方法，非法剥夺他人人身自由的行为。

本案中，女犯虽然是犯了罪的人，但她们仍然是公民，在监狱里重新犯罪仍然要接受处罚。因此，女犯乙、丙可以构成非法拘禁罪的主体要件；主观上，乙、丙明知自己没有拘禁他犯的权利，但为了炫耀班长的权威，采用殴打、拘禁的行为，泄愤报复，致使女犯甲想不开，上吊自杀，造成严重的后果。女犯乙、丙的行为已构成非法拘禁罪。根据我国《刑法》第二百三十八条的规定，犯非法拘禁罪，可以处三年以下有期徒刑、拘役、管制或者剥夺政治权利。具有殴打、侮辱情节的，从重处罚。如致人重伤的，处三年以上十年以下有期徒刑；致人死亡的，处十年以上有期徒刑。因此，法院对女犯乙、丙的定罪量刑是非常正确的。

案例24　贾某的婚姻自由被父亲暴力干涉

[案情简介]

贾某和她的男朋友胡某都已达到法定结婚年龄，双方自由恋爱并计划结婚。可贾某的父亲得知此事后，嫌胡某家里太穷，想把女儿嫁给邻村村长的儿子。为此他经常阻止女儿与胡某的来往，而贾某又死活不同意与村长的儿子谈婚。贾父为此多次殴打女儿，并于去年9月13日将贾某锁在家中，不让她再与胡某见面。贾某在无奈之下，一日深夜砸破窗户逃出后，向当地法院控告其父亲。法院以暴力干涉婚姻自由罪判处贾父有期徒刑一年。

[法律分析]

根据我国《刑法》第257条的规定，构成暴力干涉婚姻自由罪的条件是：(一)行为人在主观上必须是明知自己的行为会对他人的结婚或离婚的自由构成妨害，而故意为之。至于其行为的动机无论是贪财还是巴结权贵，或者是封建迷信作祟，都不影响本罪的成立。(二)行为人在客观上必须具体实施了暴力干涉他人的婚姻自由的行为。行为人必须采取了殴打、禁闭、捆绑、抢掠等方式，对他人人身进行强制性打击的暴力方法才构成本罪，如果只是干涉了他人的婚姻自由，但没有采用暴力手段，就不构成本罪。(三)除致被害人死亡的以外，告诉的才处理。一般情况下实行“不告不理”。

本案中，贾父明知自己的行为会干涉女儿的结婚自由，却为了将女儿嫁给村长的儿子，在女儿不从的情况下，客观上采取殴打、禁闭的暴力方法，甚至想把女儿强行嫁出，致使其女儿破窗而逃。因此，贾父的行为构成暴力干涉婚姻自由罪。根据我国《刑法》第257条的规定，以暴力干涉他人婚姻自由的处二年以下有期徒刑或者拘役。致使被害者死亡的，处二年以上七年以下有期徒刑。因此，在其女儿向法院提出了控告后，法院进行受理并追究贾父的刑事责任是有法律依据的。

案例25　邢某强行被拐卖妇女张某与之成婚

[案情简介]

妇女张某在外出打工期间被拐骗到河北，以5000元被卖给当地农民邢某，当晚邢某想跟张某发生性关系，被张某拒绝。第二天，邢某趁张某熟睡之际将其捆绑，强行与张某发生关系，无奈之下，张某与邢某结婚，后多次逃跑，都被追回。在 2001 年严打整治斗争中，张某被解救，张某向当地公安机关控告了邢某的强奸行为，当地人民法院经过审理，以强奸罪和收买被拐卖妇女罪将邢某数罪并罚。

[法律分析]

邢某与张某强行结婚并强行与之发生性关系的行为，分别构成了收买被拐卖妇女罪和强奸罪。

收买被拐卖妇女罪，其主体是一般主体，主观方面只能是故意，即明知所收买的妇女是被拐的妇女却仍然收买；客观上表现为实施了收买的行为，即行为人出资从他人手中收买了被拐卖的妇女。本案中邢某明知张某是被拐卖妇女，仍以 5000 元收买，并强行与之结婚，因此，邢某在主观方面是故意的，客观方面对张某实施了收买的行为，造成了结婚的事实，其行为构成了收买被拐卖妇女罪的构成要件，根据我国《刑法》第二百四十一条的规定，可以将邢某处以 3 年以下有期徒刑、拘役或者管制。

另外，邢某采取捆绑的暴力行为，违背张某本人的意志，强行与其发生性关系，其行为又构成了强奸罪。

因此，人民法院分别以收买被拐卖妇女罪和强奸罪将邢某数罪并罚，是完全正确的。

案例 26　吴某因生育女儿遭丈夫歧视、虐待

[案情简介]

江某家三代单传，江某结婚后其妻吴某生育一女，为此，封建思想严重的江某对吴某很不满意，认为是吴某使江家断了香火。从此，江某对吴某经常拳脚相加。一年后，江某认识了一位姓于的女子，两人很快同居，江某想让于某给自己生一个儿子。但于某提出，江某必须离婚后娶其为妻才同意生孩子。于是，江

某向其妻吴某提出离婚，但吴某坚决不同意。江某于是经常采用殴打、辱骂、讥讽等方式虐待吴某，逼迫吴某同意与自己离婚。吴某无奈，以虐待罪向人民法院起诉江某。人民法院经审理查明后，以虐待罪依法判处江某有期徒刑二年。

[法律分析]

所谓虐待妇女是指经常以殴打、冻饿、限制人身自由、侮辱人格、强迫超体力劳动、有病不给医治等方法，从肉体上和精神上折磨、迫害妇女，情节恶劣的行为。根据《妇女权益保障法》规定，“禁止歧视、虐待生育女婴的妇女和不育妇女”；还规定，“妇女有按照国家有关规定生育子女的权利，也有不生育的自由”。虐待妇女构成犯罪的，以虐待罪处理。

虐待罪的主体是特殊主体，即指共同生活的家庭成员，非家庭成员不能成为本罪的主体，“家庭成员”身份基于血亲关系、婚姻关系、收养关系取得；主观上只限于直接故意，即行为人有意识的对被害人进行精神上的和肉体上的折磨；客观上实施了虐待行为，如殴打、冻饿、侮辱、限制人身自由等行为，虐待行为还应具有一贯性、经常性。

本案中，江某与吴某系夫妻关系，江某可以成为本案主体；主观上江某因为吴某生育女孩，心生不满，经常对吴某拳脚相加，特别是为了达到离婚的目的，有意识的采取了殴打、辱骂、讥讽的行为，折磨吴某，以达到吴某与自己离婚的目的，其行为已经构成虐待罪。依照《刑法》第260条的规定，处2年以下有期徒刑、拘役或者管制。虐待行为导致妇女重伤、死亡的，处2年以上7年以下有期徒刑。犯第一款罪的，告诉才处理。因此，吴某到法院提出控告后，江某依法被追究刑事责任是完全正确的。

实践中，如果虐待行为尚不构成犯罪，受虐待人要求处理的，可由公安机关依照《治安管理处罚条例》的有关规定处理，对行为人处以15日以下拘留、200元以下罚款或者警告。

案例27 李某溺、弃、残害女婴

［案情简介］

李某，男，62岁，今年3月其儿媳产下一女婴，李某一心想要抱个孙子，因此，萌生丢掉孙女的念头。4月5日清晨，李某借机将孙女抱出后，将孙女放在村边的一处铁轨上，当火车即将开过之际，被村民发现救出女婴，并将此事告发至公安机关。李某因故意杀人罪被人民法院依法判处十年有期徒刑。

［法律分析］

溺、弃、残害女婴是侵犯女婴生命安全和身心健康的一种严重犯罪。《妇女权益保障法》第35条明确规定："禁止溺、弃、残害女婴"。溺死女婴属于剥夺女婴生命的犯罪行为，情节恶劣的属故意杀人罪；丢弃女婴是对女婴拒绝抚养，情节恶劣的构成遗弃罪，应当依法追究行为人的法律责任。

所谓故意杀人是指达到刑事责任年龄，具有刑事责任能力的人非法剥夺他人生命的行为。杀害婴儿的问题，也称"溺婴"是指剥夺婴儿生命的行为。虽然我国《刑法》没有专门规定杀害婴儿罪，但这个问题应该包含在故意杀人罪里。因为婴儿从出生时起，就具备法律赋予的生命权，受法律的保护，任何人包括其父母都无权剥夺婴儿的生命权。杀害婴儿与杀害成人在性质上是一致的，都是剥夺他人的生命权利。但是由于传统的观念和习惯的影响，司法实践中对于生父母溺杀婴儿的案件很少处理，或者处理也很轻。这种情况应随着公民的法律意识的加强而逐步扭转。

本案中，李某由于"男尊女卑"、"无后为大"陈腐观念影响，而犯下了一起典型的残害女婴的行为，情节十分恶劣，其行为已构成故意杀人罪，应该予以严惩。

案例 28　陈某拐卖、绑架本村妇女

[案情简介]

陈某出生于南方一个经济落后、信息闭塞、交通不便的山村，祖辈以耕种为生。陈某高中毕业后，到广东打工，希望能挣一笔大钱，但由于工厂工资不高，陈某的希望难以实现，当得知拐买妇女卖到广东偏僻的农村能赚大钱时，便萌生歹意。在春节回家时，以招工的名义将本村女子余某骗到广东，并趁余某休息时在饮料中加药将其麻醉，将余某卖到广东一小山村，获利20000 元。1999 年余某逃回家中，将陈某告发，陈某被判处有期徒刑 15 年，并判处罚金。

[法律分析]

拐卖、绑架妇女罪的构成要件，其主体是一般主体，即凡是达到刑事责任年龄、具有刑事责任能力的自然人，均能构成本罪的主体。客体是妇女的人身自由权利，所谓妇女，是指年满 14 周岁以上的女性。行为人在主观方面是出于直接故意，并且以出卖被拐卖妇女为目的。如果行为人在主观方面不具有出卖的目的，即使其实施了拐骗妇女、儿童的行为，也不认定为拐卖妇女、儿童罪。客观方面表现为行为人实施了拐骗、绑架等行为。行为人以虚构事实、隐瞒真相或者诱惑等非暴力手段，将妇女带走，并采取暴力、胁迫、麻醉等方法，劫持、控制妇女以达到出卖的目的。

本案中陈某以招工的名义将同村女子余某骗走，并采用麻醉的方式将余某卖到广东，获利 20000 元，其行为已构成拐买、绑架妇女罪，由于陈某采用了绑架手段，是《刑法》240 条第一款规定的八种情节之一，因此对陈某应处十年以上有期徒刑，并处罚金。

案例 29　李某强奸卖淫女

［案情简介］

李某在歌厅认识卖淫女张某，两人多次发生性关系，经过一段时间交往后，李某想与张某交朋友，但被张某拒绝，李某为此怀恨在心。某日晚上十一点，李某趁张某下班回家穿过一片较偏僻的小树林之际，突然将张某摁到在地，并强行扒下张某的裤子，张某使劲反抗，用嘴咬，用脚踢，但李某依然强行与张某发生了性关系，事后丢下 200 元扬长而去。之后，张某到公安机关报案，公安机关依据张某提供的线索，后将李某抓获归案。李某开始不承认自己的行为是犯罪，认为张某是卖淫女，以前两人也发生过性关系，自己也给钱了，自己的行为应属于嫖娼。法院最后经过调查，认定李某的行为构成强奸罪，李某被判处有期徒刑 5 年。

［法律分析］

本案中李某的行为已经构成强奸罪，应依法承担刑事责任。

所谓强奸罪是指违背妇女意志，以暴力、胁迫或者其他手段，强行与妇女发生性交的行为。第一，本罪的主体一般是达到刑事责任年龄、具有刑事责任能力的男子。女子不能独立构成本罪。但教唆、帮助男子强奸妇女的，可成为本罪的共犯。第二，本罪在主观方面表现为直接故意，并且具有强行奸淫妇女的目的。第三，本罪在客观方面表现为违背妇女意志强行与妇女发生性关系的行为，这其中，强制行为是方法行为，奸淫妇女的行为是目的行为。实践中，强制行为的方式多种多样，但其共性在于能够制止或排除被害妇女的反抗，以达到在违背妇女意志的条件下对其奸淫的目的。第四，本罪侵犯的对象限定于年满 14 周岁的女子。至于被害妇女的社会经济地位、出身、思想品质、生活作风如何，结婚与否，均不影响本罪的成立。

本案中，虽然张某是一个卖淫女，与李某发生过性关系，也都是自愿的，各自的行为分别定性为卖淫和嫖娼，不构成犯罪。但李某这次的行为与前几次不同，因为主观方面，李某有强奸张某的故意，选择了作案的时间和地点；客观方面，李某违背了张某的意愿，不顾张某的反抗，采取暴力行为，将其强奸，不存在本次的强奸行为与前几次的卖淫、嫖娼行为一样都不构成强奸罪，

案例 30　个体老板李某强迫妇女卖淫

[案情简介]

个体老板李某为了招揽饭店生意，以招收服务员的名义招聘了三名不满十八岁的女孩。三个女孩一到饭店就被李某雇佣的保安监视，平时不准出屋，夜间强迫她们卖淫，三个女孩多次脱逃均被追回，并遭受毒打，后被他人举报，三个女孩被解救。个体老板李某被判处无期徒刑，参与监视、殴打的两名保安分别被判处有期徒刑 12 年和 13 年。

[法律分析]

强迫他人卖淫罪，是指采用暴力或威胁手段，强制妇女出卖肉体与其他男子发生性关系的行为。我国《刑法》第三百五十八条规定，强迫他人卖淫的，处 5 年以上 10 年以下有期徒刑，并处罚金；有下列情形之一的，处 10 年以上有期徒刑或无期徒刑，并处罚金或没收财产：

(1) 组织他人卖淫，情节严重的；

(2) 强迫不满 14 周岁的幼女卖淫的；

(3) 强迫多人卖淫或多次强迫他人卖淫的；

(4) 强奸后迫使卖淫的，即强奸行为与强迫他人卖淫的行为有联系，是强迫他人卖淫的法定从重情节，因此，只要定强迫他人卖淫罪即可，如果强奸行为与强迫他人卖淫的行为之间没有联

系，则应当分别定罪，实行数罪并罚；

(5) 造成被强迫卖淫的人重伤、死亡或者其他严重后果的。

对于这些情形中具有特别严重的情节的，处无期徒刑或死刑，并处没收财产。

案例31 美容院老板余某引诱幼女卖淫

[案情简介]

余某是某美容院的老板，为了招徕生意，他雇了几个外地打工的女孩作洗头妹，这几个女孩最大的14岁，最小的13岁。一天，美容院来了几个男青年，声称要洗头，洗完头后，几个男青年问老板有没有特色服务，老板就答应让两个洗头妹去陪陪他们。老板对几个洗头妹允诺，只要洗头妹答应陪几个男青年睡觉，就每月给她们多发300元，并允许她们收小费。后来，这几个洗头妹在老板的引诱下，都成为卖淫女。美容院因为有小姐卖淫，生意兴隆，周围群众对此现象不满，于是有人到当地公安机关告发，余某被抓获，后被法院以引诱幼女卖淫罪判处有期徒刑6年，并处罚金。

[法律分析]

余某以招洗头妹为名，引诱未满14周岁的幼女进行卖淫活动，已经构成引诱幼女卖淫罪，应当追究其刑事责任。所谓引诱幼女卖淫罪，是指引诱不满14周岁的幼女卖淫的行为。(1) 本罪的主体是一般主体，旅馆业、饮食服务业、文化娱乐业、出租汽车业等单位的人员，也可以成为本罪的主体。本案中余某是美容院的老板，属于一般主体。(2) 本罪的主观方面是故意。一般说来是行为人明知对方是不满14周岁的幼女而引诱其卖淫。但是根据具体情况，如果行为人可能知道对方是幼女而引诱其卖淫的，也可以构成本罪。另外，本罪的行为人一般具有牟利目的，但不以此作为犯罪成立的条件。

本案中，余某明知洗头妹们均不满14周岁，却仍然引诱其卖淫。(3) 本罪的客观方面表现为引诱幼女卖淫的行为。这里所说的引诱，通常是指以金钱、物质为诱饵，诱惑幼女进行卖淫活动。也包括以其他利益或者方法相引诱，如以给幼女办理城市户口，外出旅游、出国留学等等，诱惑幼女从事卖淫活动。本案中余某以每月给洗头妹多发300元，并允许她们收小费为诱饵，诱惑女孩们进行卖淫活动。(4) 本罪侵犯的客体是幼女身心健康的权利和社会风尚。犯罪对象是不满14周岁的幼女。卖淫是一种丑恶现象，不仅违背淳风美俗，而且毒化社会风气。特别是未满14周岁的幼女，其生理发育尚未成熟，引诱幼女卖淫，不但有损其身体健康，而且易于造成心灵上的污染，甚至影响其一生。所以必须依法惩处引诱幼女卖淫的犯罪活动。

案例32　金某强制猥亵、侮辱妇女何某

[案情简介]

金某的妻子与何某是妯娌关系，何某的丈夫两年前去世。两家住在一个大院内，金家住东边两间房，何家住西边两间房，大院内有一间库房，可以存放自行车、劳动工具、简单的家什等物品，两家为了占用这个库房，关系非常紧张，妯娌之间经常吵架，甚至动手，但金某的妻子身材矮小，比较老实，在吵架或打架中总是吃亏。金某有时也看到这种情况，认为妇女之间的吵架、打架，男的不便参与，但看到妻子多次被何某欺负，心里也很恼火，从此后，只要听到何某骂自己的妻子，金某就出来，露出自己的生殖器，对着何某破口大骂。有一次，金某劳动回家，看见何某正压在自己的妻子身上殴打，一时非常恼怒，一把将何某拉起，拖到院外的一棵树下，用绳子将何某绑在树上，金某用剪刀将何某的头发剪得乱七八糟，并脱光何某的上衣，当街示众，并阻止其他群众解救。围观的群众及时报案，派出所干警及

时赶到，将何某解救，并以涉嫌强制猥亵、侮辱妇女罪将金某逮捕，后经法院判决，金某被判处有期徒刑6年零6个月。

[法律分析]

强制猥亵、侮辱妇女罪的主体是一般主体，一般情况下是男性，个别情况下女性可以成为本罪的共犯；主观方面具有猥亵、侮辱妇女的故意；客观方面表现为采取了暴力、胁迫或其他手段，使被害妇女处于不敢、不能、不知反抗的状态，违背妇女的意愿强制猥亵或侮辱妇女。我国《刑法》第二百三十七条第一款“以暴力、胁迫或者其他方法强制猥亵妇女的处5年以下有期徒刑或者拘役。聚众或者在公共场所当众犯前款罪的，处5年以上有期徒刑。“

本案中，金某作为一名成年男子，明知在妇女面前显露生殖器是违法的行为，却多次在何某面前显露，主观上是故意的，客观上采用捆绑的暴力手段，当众剪掉何某的头发，脱光何某的上衣，其行为已构成强制猥亵、侮辱妇女罪，情节非常恶劣，应判处5年以上有期徒刑。

案例33　妇女吴某遭受性骚扰

[案情简介]

妇女吴某长期受到本单位男同事余某的性骚扰，余某开始采用的方式是给吴某打骚扰电话，常在电话中说一些下流的话语，后来发展到在吴某面前暴露身体的私处，吴某的精神感到很压抑，认为自己的正常生活已受到干扰。吴某向公安机关报案，并提供了一些相应的证据，余某最终受到法律的惩罚。

[法律分析]

性骚扰目前在我国尚没有法律上的定义与解释，但妇女受到性骚扰的现象较多，比较广泛地存在于公共场所、工作场所等生活和工作空间中。现实生活中，当妇女受到性骚扰时往往以沉默的方式对待，实际上这种处理方式不仅不能制止性骚扰，反而有可能促使性骚扰行为的升级。因此，对待性骚扰行为，妇女不应当害怕，要运用法律和自己的智慧摆脱性骚扰行为，使骚扰人受到应有的惩罚。面对现实生活中遇到的不同方式的性骚扰，可以采取以下处理方式：

(1) 对于一般性骚扰行为，如果发生在公共汽车、商店、公园、电影院等公共场所的，女性可以通过改变位置、离开受骚扰的场所等方式避免性骚扰；如果发生在办公场所或居室内，女性应当向性骚扰人发出警告，让他停止骚扰行为，同时尽量避免在同一场所单独相处。

(2) 对于较为严重的性骚扰行为，受侵害妇女应当注意收集、掌握证据，并向公安机关报案，由公安机关依照《治安管理处罚条例》的规定对行为人处15日以下拘留、200元以下罚款或者警告。

(3) 妇女受到严重性骚扰时，应当及时向公安机关报案。性骚扰行为严重，构成犯罪的，依照《刑法》规定，以强制猥亵、侮辱妇女罪论处，对行为人处以5年以下有期徒刑或者拘役；如果聚众或者在公共场所犯此罪的，处5年以上有期徒刑。

案例34　女演员杨某的肖像权被侵犯

[案情简介]

女演员杨某与光彩艺术摄影中心（以下简称摄影中心）签订合同，双方约定：摄影中心为她拍摄一组艺术照和野外生活照30张，并装订成册，一个月后拿照片，杨小姐支付各种费用共三万元。杨某支付了三万元的费用后，摄影中心也按要求为杨某拍摄了艺术照、生活照，随后，杨某便随剧组到外地排戏，一个月后回来拿照片。在排戏过程中，杨某接到家人的电话，说在摄影中心的橱窗栏内张贴着杨某的艺术照和生活照各一张，且经过精心挑选和放大处理，并附上以下说明：某月某日，著名演员杨某在我中心拍摄。摄影中心的张贴行为在当地引起了很大的反响。接到电话后，杨某立即赶回，与摄影中心交涉，要求摄影中心立即摘掉照片，并赔偿损失 50 万元，摄影中心称张贴杨某的照片只是为了向消费者展示摄影技术，提高知名度，并没有赢利的目的，答应立即取下照片，但拒绝赔偿。杨某以侵犯肖像权为由将摄影中心告上法庭。人民法院经过审理，要求摄影中心向杨某赔礼道歉，并赔偿损失 10 万元。

[法律分析]

所谓肖像权是指公民的个人形象通过摄影、造型、艺术或其他形式在客观上的再现所享有的专有权，也就是以自己的肖像所体现的利益为内容的权利。肖像权是公民人格权的重要组成部分，直接影响着公民的人格尊严和形象的社会评价。妇女的肖像权，是指妇女的肖像享有不受他人侵犯的权利。

肖像权是一种与妇女自身不能分离的、没有财产内容的人身权利，从妇女出生时开始享有，它不能转让。肖像的范围，一般是指以某一个现实的人为主体的画像、照片。妇女的肖像权受法律保护，任何对妇女肖像的侵犯，都是对妇女人身权利的侵犯。妇女发现他人未经自己同意而偷拍、翻印、悬挂、销售自己的肖像时，有权要求侵权人停止侵害，赔礼道歉，并赔偿损失。如双方达不成协议时，受侵害妇女可以依法向人民法院提起诉讼，要求保护自己的肖像权。

对如何保障妇女的肖像权，法律有明确的规定。我国《民法通则》第一百条规定：“公民享有肖像权，未经本人同意，不得以营利为目的使用公民的肖像。”《妇女权益保障法》第 38 条规定“妇女的肖像权受法律保护。未经本人同意，不得以营利为目的，通过广告、商标、展览橱窗、书刊、杂志等形式使用妇女肖像。”侵犯公民肖像权应承担的法律责任，按照我国《民法通则》第120条的规定，公民的肖像权受到侵害的，有权要求停止侵害，恢复名誉、消除影响、赔礼道歉，并可以要求赔偿损失。

司法实践中，认定是否侵害肖像权的两个要件是：是否经过本人同意，是否以营利为目的。

本案中，摄影中心在橱窗内张贴杨某的照片并没有经过杨某的同意，在认定摄影中心是否存在以营利为目的的问题上，摄影中心虽然没有通过销售、转让等手段及时获得利益，但摄影中心利用了杨某是演员这一名人效应，以达到扩大本中心知名度、招揽顾客，提高营业额的目的，可以说，摄影中心张贴杨某的行为是以营利为目的的。因此，摄影中心的行为侵害了杨某的肖像权，应当承担相应的民事责任。

案例35　女大学生周某遭男友诽谤

[案情简介]

女大学生周某与马某是高中同学，高中毕业后，周某考上一所北京的著名大学，马某考上一所当地的专科学校。大一放寒假，周某与马某在同学聚会时相遇，两人谈的很投机，回到学校后，确定了恋爱关系，并相约毕业后一同回家乡工作。马某比周某先毕业一年，分配到当地一所学校教书，两人经常通信、通电话，周某在学校成绩也很好，多次获得奖学金，大四时，周某看到上几届留京的师姐工作都不错，自己也觉得北京的生活、文化环境都远远超过了家乡，不愿意回到家乡工作，于是参加了国家机关公务员考试，考试成绩比较优秀。大学最后一个学期，周某接到了中央某机关录用的通知，只要通过体检就可以进入该机关工作。于是周某经过认真慎重思考，认为自己留在北京工作，与马某结婚不现实，于是决定与马某分手，并将自己已被中央某机关录用的消息告诉了马某。马某接到电话后，非常生气，想报复周某，让她也进不了部委，于是以特快专递的形式分别给学校和录用的中央机关寄去一份材料。马某在材料中谎称：周某生活非常不检点，与自己多次发生性关系，还称周某家庭困难，寒暑假回到家乡还经常到歌厅当三陪小姐，并将自己与周某在恋爱关系期间在某歌厅里拥抱，一块唱歌的照片作为周某当三陪小姐的证据随材料一块寄去。后中央某机关接到材料后，出于慎重考虑，最终没有录用周某，周某非常失望地回到家乡，马某见周某回到家乡后，心里很得意，在一次同学聚会后，因喝多了酒，将自己捏造事实，诽谤周某的行为告诉其他同学，周某得知后，非常恼火，想到自己失去了一次改变自己命运的机会，看到目前工作的不如意，多次吃安眠药，欲自杀，都被家人及时发现。经过家人的鼓励，在律师的帮助下，周某以诽谤罪将马某告上法庭，要求追究马某的刑事责任，并赔偿经济损失。法院经过审理调查，周某并没有与马某发生性关系，也未当过三陪小姐，其提供的照片，是两人在一次同学聚会上一块唱歌的照片，且当时两人已确定了恋爱关系，法院最后认定马某的行为构成诽谤罪，判处马某有期徒刑一年，缓刑一年，并赔偿经济损失 10000 元。

［法律分析］

诽谤妇女是指故意捏造并散布某种虚构的事实，损害妇女人格、破坏妇女声誉、造成婚姻破裂、精神失常或自杀等严重后果的行为。构成本罪的主体是一般主体；主观上是直接故意，即明知捏造的事实是虚假的，并且明知散布捏造的事实会损害他人的人格和名誉，而故意为之；客观上捏造并散布虚假事实，损害了他人的人格和名誉，给他人造成了严重后果。对于诽谤妇女，依照我国《刑法》第 246 条的规定：“以暴力或者其他方法公然侮辱他人或捏造事实诽谤他人，情节严重的，处三年以下有期徒刑、拘役、管制或剥夺政治权利”对行为人定罪判刑。

本案中，马某主观上出于报复心理，明知自己在材料中所说的是捏造的事实，提供的照片也是不符合实际情况的，客观上将虚假的材料提供给了学校和中央某机关，不仅使周某失去了进入大机关工作的机会，而且使周某在得知事实真相后，多次自杀，虽都被及时抢救，但其行为已给周某的身体和精神造成了极大的损害，情节是严重的，马某的行为符合诽谤罪的构成要件，应当受到刑事处罚，并应给周某赔偿损失。

案例 36 纺织厂侵犯王女士的荣誉权

[案情简介]

王某自 1980 年开始就在某县一家国营纺织厂上班，王女士不仅工作中勤勤恳恳，任劳任怨，在工作之余还善于学习、钻研技术，进行了多次技术革新，为工厂降低成本，提高生产效率，增加经济效益做出了很大的贡献，1985 年，年仅 30 岁的王女士被评为省里的“三八红旗手”，工厂奖给她一套住房。1990 年，35 岁的王女士因故意伤害罪，被判处有期徒刑 10 年，工厂也将她开除。在服刑期间，丈夫来信告诉她，纺织厂要收回奖励她的住房，原因是王女士已经不是纺织厂的工人，没有权利再住厂里的房子，王女士一家被迫搬出，王女士在狱中经常写信给纺织厂领导反映，这套房子是工厂奖励给她的，应当属于她个人所有，任何人无权占有，但一直没有得到解决。王女士因在服刑期间改造表现好，被减刑两次，于 1998 年刑满释放。出狱后，王女士发现自己的住房早以被一家姓李的人家居住，纺织厂的领导也都是新上任的。自己多次找现在的工厂领导交涉住房的问题，领导说，你的住房问题是原来的领导决定，我们无法解决。王女士无奈之下，以侵犯自己的荣誉权为由，将纺织厂和李家一同告上法庭，要求归还住房。人民法院经过调查、了解，认定纺织厂侵犯了王女士的荣誉权，判决纺织厂将分给李家的房子归还王女士，李家限期搬出，李家的住房问题，由工厂自行解决。

[法律分析]

妇女的荣誉是国家有关机关和社会组织通过一定的程序，对某一妇女的积极评价，这种评价是通过一定的荣誉称号表现出来的。妇女的荣誉权是指妇女对其依法所得的荣誉获得利益并且不受他人非法剥夺的一种权利。荣誉权可以给妇女带来精神方面和物质方面的利益，在精神方面，给予妇女荣誉称号，如："三八红旗手"、"有突出贡献的青年专家"、"劳动模范"等；在物质方面，给予妇女一定的物质奖励，如增加一级工资，奖励一套住房、一辆轿车、一定数额的现金等。荣誉权属于妇女的身份权的一种，是与妇女密不可分的，它既不能被转让，也不能被非法剥夺，是妇女的一项专有权。

我国法律保护妇女的荣誉权。《民法通则》第102条规定："公民、法人享有荣誉权，禁止非法剥夺公民、法人的荣誉称号。"

本案中，王女士因进行多次技术革新，对纺织厂做出了突出的贡献，获得了省里的"三八红旗手"称号，纺织厂奖励给她一套住房，因此，王女士的荣誉权具体表现为"三八红旗手"称号和住房，二者不可分割，属于王女士专有，任何人不得非法剥夺。1990年王女士因故意伤害罪被判刑，法律只是剥夺了她的人身自由和政治权利，但并没有剥夺王女士的荣誉权。也就是说，王女士的"三八红旗手"称号和住房，并不因为她被法院判刑和被工厂开除而消失，仍然受到法律的保护，纺织厂无权收回已奖励她的住房，强行收回王女士的住房侵害了她的荣誉权。

侵害公民荣誉权的，根据《民法通则》第120条的规定："公民的姓名权、肖像权、名誉权、荣誉权受到侵害的，有权要求停止侵害，恢复名誉、消除影响、赔礼道歉，并可以要求赔偿损失。”因此，纺织厂应当立即停止侵害，归还王女士的住房。

案例 37　萧某侵犯陈某的姓名权

［案情简介］

陈某和萧某是初中同学，1995 初中毕业，两人都参加中专考试，陈某报考了一所省属的商业学校，萧某报考了一所地区的卫生学校。成绩揭晓后，陈某、萧某都没有考上自己报考的学校，陈某回到农村，后到广东打工；而萧某作为包分配的自费生到陈某所报考的商业学校上学，三年后，萧某分配到本县工商局工作。陈某后来从同学中得知，1995 年自己上了这所商业学校的自费线，并被录取，但被萧某的家人通过关系，让萧某顶替陈某去上学。陈某听到后非常生气，认为萧某的行为使自己失去了一次跳出农门，改变自己命运的机会，于是，对萧某以侵犯自己的姓名权向法院起诉。法院经过调查，发现萧某上学时用的名字和在工商局上班时使用的名字都是陈某的名字，法院认定萧某侵犯了陈某的姓名权，判决萧某停止使用陈某的名字，并赔偿经济损失 20000 元。

［法律分析］

姓名是公民自身表示的符号，是区别自己与他人的一种标志，包括姓氏和名字。姓名权就是公民依法享有的使用、决定、改变自己姓名的权利，是公民人格权的一种。我国《民法通则》第九十九条的规定：“公民享有姓名权，有权决定、使用和依照法律规定改变自己的姓名，禁止他人干涉、盗用、假冒。”

妇女作为公民，其姓名权的具体内容包括：

（1）有权按照自己的意愿决定自己的姓名，例如可以跟父亲姓，也可以跟母亲姓，使用或不使用某一名字完全由自己决定。

（2）有权使用自己的名字，以自己的名义参加各种活动，不受他人阻止或干涉。

（3）有权依照法律的规定改变自己的姓名，不受他人限制。

（4）自己的姓名受到他人非法干涉、盗用、假冒时，有权提出诉讼，请求司法机关保护自己的权利。

从法律上讲，姓名侵权必须符合四个条件：受害人姓名有被损害的事实；行为人主观上有过错；行为人的行为违法；行为人的违法行为与损害后果有因果关系。

本案中，萧某主观上有过错，对自己冒用陈某的姓名上学，会造成陈某不能上学的后果是明知的；萧某假冒陈某的行为违反了《民法通则》的规定，是违法行为；由于萧某顶替陈某的姓名上学，陈某失去了改变命运的机会，本来可以通过上学，分配到机关工作，自己最后却到广东打工，在精神上和物质上都受到了较大的损失。萧某的行为符合姓名侵权的构成要件，属于侵权行为，根据《民法通则》第120条的规定："公民的姓名权、肖像权、名誉权、荣誉权受到侵害的，有权要求停止侵害，恢复名誉、消除影响、赔礼道歉，并可以要求赔偿损失。"因此，人民法院判决萧某停止使用陈某的姓名，赔偿陈某经济损失20000元是非常正确的，保护了陈某的姓名权。

案例38　林某侵害肖某名誉权

[案情简介]

妇女肖某和林某是某县同乡，两人结伴到外省A市开服装店，两人的店铺在同一条街上，且相距不远，两人经常一块进货。由于肖某的服务态度较好，价格也比较合理，而林某要价过高，同一件衣服的价格要比肖某多卖10元左右，于是很多顾客都到肖某的衣服店买衣服。为此，林某多次找肖某，要求统一价格，肖某认为不应该坑骗顾客，价格要合理，没有答应林某的要求，两人为此反目成仇，经常吵架。林某对肖某怀恨在心，为报复肖某，抢回生意，以老乡的名义发电报给肖某的家人，称肖某在进货的过程中遭遇车祸死亡，请家里人速来处理后事，肖某的父母接到电报后，火速赶到A市，却发现肖某安然无恙，虚惊一场，全家被欺骗。后经过调查，电报原来是林某发的，肖某遂向人民法院起诉，要求林某对其侵害名誉权的行为，向肖某赔偿精神损失和经济损失。

[法律分析]

妇女名誉权是指妇女就其自身属性所表现出来的社会价值而获得的社会公正评价的权利，是妇女人格权的一种。根据《民法通则》第101规定："公民、法人享有名誉权，公民的人格尊严受法律保护，禁止以侮辱、诽谤等方式损害公民、法人的名誉。"《妇女权益保障法》第39条规定："妇女的名誉权和人格尊严受法律保护。禁止用侮辱、诽谤、宣扬隐私等方式损害妇女的名誉和人格。"因此，妇女作为公民，其名誉权受法律保护。

现实生活中，侵害妇女名誉权行为的主要表现有以下几种：

(1) 诽谤，就是通过文字形式或口头，将捏造的虚假事实加以散布，使他人的名誉受到损失；

(2) 侮辱，就是以口头语言、文字语言、身体语言等方式，故意侮辱他人，造成他人名誉损失的；

(3) 新闻报道失实，就是说新闻报道不符合实际，不实的报道侵害了他人的名誉；

(4) 文学作品使用素材不当，文学作品使用的素材没有经过调查，给他人的名誉造成损害的行为；

(5) 诬告或无证据而错告，就是诬告行为不构成犯罪，但已损害了他人的名誉，或者没有证据的错告，给他人造成名誉损失的行为。

本案中，林某的行为已经侵害了肖某的名誉权。林某为了达到报复肖某的目的，故意捏造肖某遇车祸死亡的虚假事实，并且以电报的方式通知肖某家人，欺骗、愚弄肖某家人，是对肖某人格尊严的侮辱，极大的侵害了肖某的名誉，而且林某的捏造肖某死亡的不法行为给肖某的家人带来了精神上的痛苦，同时肖某家人为到A市奔丧，在经济上遭受了一定的损失。因此，根据我国《民法通则》第120条的规定："公民的姓名权、肖像权、名誉权、荣誉权受到侵害的，有权要求停止侵害，恢复名誉、消除影响、赔礼道歉，并可以要求赔偿损失。"林某应当向肖某及其家人赔礼道歉、消除影响，并赔偿一定的经济损失。

案例39 林小姐因购买使用化妆品而受到损害

[案情简介]

2000年5月，林小姐在某市百货商场化妆品柜台选择化妆品时，导购员看到林小姐面部的雀斑很多，极力将该厂生产的修颜遮盖霜向林小姐推荐，她向林小姐保证该产品不含化学成分、无任何毒副作用，使用后可以达到令人满意的遮盖美白效果，并拿出了一张产品检验合格证明。林小姐花98元购买一瓶。使用一周后，林小姐没有见到导购小姐所说的效果，反而满脸出现了密密麻麻的小疙瘩，后来面部先是一块块红，进而肿胀并出现局部溃烂。林小姐到医院就诊前后一个月的时间，花去2453.7元的医药费，但也无法去掉因此而留下的疤痕，为林小姐造成了巨大的精神痛苦。林小姐要求百货商场赔偿，商场以商场与该厂家租赁期满，双方已经无租赁关系为由拒绝赔偿。林小姐到市工商局投诉，请求商场赔偿医药费和精神损害赔偿。工商局不仅决定该商场赔偿林小姐医疗费和精神损害赔偿2000元，而且对该商场罚款3000元。

[法律分析]

根据国家工商行政管理局、中华全国妇女联合会1999年《关于加强妇女消费权益保护对部分妇女用品进行专项检查的通知》的精神，各级工商行政管理机关要组织力量，加大对女性化妆品、卫生巾等妇女用品及美容美发等服务方面的消费者权益保护执法力度，开展专项检查，严厉打击侵害妇女消费者合法权益的违法行为。市工商局的决定是符合法律的规定。其理由如下：

(1) 对消费者承担赔偿责任，要同时具备两个严格的前提条件：即必须是产品存在缺陷；必须是因产品存在的缺陷造成人身或财产损害。本案中林小姐面部疤痕的形成经医院确诊为患者化妆品中化学物质过敏而导致。根据《消费者权益保护法》第 11 条和第 35 条的规定，消费者因购买、使用商品或者接受服务受到人身、财产损害的，享有依法获得赔偿的权利。消费者在购买、使用商品时，其合法权益受到损害的，可以向销售者要求赔偿。林小姐所请求的赔偿是因为在商家购买商品而遭受的损害，因此，有依法请求赔偿的权利。

(2) 商场不能因为与厂家租赁合同期满而拒绝赔偿。《消费者权益保护法》第 38 条规定，消费者租赁柜台购买商品或者接受服务，其合法权益受到损害的，可以向销售者或者服务者要求赔偿。柜台租赁期满后，也可以向柜台的出租者要求赔偿。

(3) 林小姐有权要求赔偿医疗费和精神损失费的赔偿要求。根据《消费者权益保护法》第 41 条的规定，经营者提供商品或者服务，造成消费者或者其他受害人人身伤害的，应当支付医疗费、治疗期间的护理费、因误工减少的收入等费用，造成残疾的，还应当支付残疾者生活自助具费、生活补助费、残疾赔偿金以及由其扶养的人所必需的生活费等费用；构成犯罪的，依法追究刑事责任。依据最高人民法院《关于确定民事侵权精神损害赔偿责任若干问题的解释》第 1 条和第 8 条的规定，自然人因健康权遭受非法侵害，向人民法院起诉请求赔偿精神损害的，人民法院应当依法予以受理；因侵权致人精神损害，造成严重后果的，人民法院除判令侵权人承担停止侵害、恢复名誉、消除影响、赔礼道歉等民事责任外，可以根据受害人一方的请求判令其赔偿相应的精神损害抚慰金。

(4) 林小姐作为消费者，在自己的合法权益受到损害时，除采用到工商局投诉方法，还可以通过下列途径解决因购买化妆品而导致的纠纷：直接与商场协商要求解决、直接与化妆品的生产厂家要求解决、请求消费者协会调解、向有关行政部门申诉、向人民法院提起诉讼。

案例 40 王某和曹某就 2 万元婚姻保证金的归属发生争执

[案情简介]

王某（女）与曹某（男）系同村青年，1996 年双方开始谈恋爱，1998 年曹某提出结婚，因曹某在深圳打工，王某担心曹某见多识广将来会变心，遂要求曹某交付 2 万元保证金，与曹某商定，如今后曹某提出离婚，则 2 万元保证金归王某，曹某表示同意，将 2 万元交付给王某，双方一起办理了结婚登记，领取了结婚证。婚后双方因性格不和经常发生争吵，2001 年 3 月，曹某提出离婚，王某同意，对夫妻共同财产的分割也均无异议，但对这 2 万元保证金的归属，双方争执不下，于是曹某起诉到法院，认为这 2 万元是王某借婚姻索取财物，应返还归他所有，此案应如何处理？

[法律分析]

王某的行为并不构成借婚姻索取财物。所谓借婚姻索取财物是以结婚为条件，强行要求对方交付一定数量的金钱或财物。在本案中王某要求曹某交付 2 万元，并不是以此作为结婚的条件，理由如下：首先，这 2 万元是为使将要缔结的婚姻更稳定，王某让曹某交付的，是让曹某对将来婚姻稳定性作出保证。2 万元针对的是婚姻关系的稳定性，而并非作为结婚的条件。当然有些人也会指出，如果曹某不给王某2万元，王某就可能不与曹某结婚，但在这种情况下，王某之所以不与曹某结婚，是出于对将来婚姻稳定性的担忧，而并不是作为结婚的条件。这2万元是曹某对婚姻稳定性的一个承诺。其次，从这2万元财产的属性看，是保证金，根据我国《民法通则》的有关规定，这2万元虽然已被王某占有，但财产所有权仍归曹某所有，只有曹某提出离婚，双方婚姻关系解除，这2万元的所有权才发生转移，归王某所有。这与借婚姻索取财物中，索取财物一方在婚前就取得了索取财物的所有权有着本质的区别。在此案中，这2万元如何处理？既然王某的行为不构成借婚姻索取财物，就不应当支持曹某的诉讼请求，既然曹某提出离婚，双方约定的事件已经发生，就应按双方婚前的约定，双方离婚时这2万元归王某所有。

案例41　男青年卢某做变性手术成为女人后要求与男青年关某结婚

[案情简介]

男青年卢某与本单位另一位男青年关某非常要好，二人从小都有同性恋倾向。两人自从相识相知以后就一直在一起同居，从不与女人打交道。转眼几年过去了，双方父母及亲友都在催促他们找对象结婚，周围的人也对他们之间过密的交往议论纷纷，可他们偏偏是同性恋者，对女人不感兴趣。为了达到二人长相厮守的目的，二人决定“结婚”，但当双方到婚姻登记机关申请“结婚”登记时，因为是同性，婚姻登记机关不予登记。无奈，双方决定让卢某去上海做变性手术，等卢某变成女人以后，再去登记“结婚”。于是，卢某一人到上海接受了变性手术。一年后，经过三次大手术而终于变成了女人的卢某回到关某身边。二人拿着医院开具的卢某是女人的证明，再次来到婚姻登记机关办理结婚登记手续，婚姻登记机关以变性人结婚没有法律依据以及卢某的户口本和身份证上性别仍是男的为由，不予登记。回家后，卢某和关某都非常生气，他们一方面要求公安机关给卢某把户口本及身份证上的性别改成女的；另一方面准备向当地人民法院以行政诉讼起诉婚姻登记机关。

[法律分析]

本案给我国现行法律提出了挑战。在人类历史上，婚姻制度产生的原因虽然非常复杂，但其存在却是以男女两性生理差异的存在为基础，并承担着满足性冲动和人类自身繁衍的功能。因而，形成了婚姻必须是一男一女的结合的传统观念，同时，同性"结婚"被认为是不符合婚姻的本意和宗旨的。在人类历史上，尤其是在西方历史上，同性恋受到过极其残酷的待遇。基督教一直是反对同性恋的。究其原因，就是同性恋不能繁殖，其存在会损害婚姻的繁衍功能；同时，会对既存的价值观念形成威胁。在基督教成为罗马国教以来，同性恋行为在许多国家被处以刑罚。这样的做法直到19世纪才改变。第二次世界大战以后，同性恋解放运动兴起。社会开始容忍同性恋行为，各国法律对同性恋也改变了做法。规定同性恋的双方若为自愿，并且不涉及未成年人、非活动于公共场所，法律则概不追究。甚至一些国家和地区许可同性恋同居者以家庭名义纳税，一些法院也确认了同性恋"配偶"间有索取抚养费的权利。说明在这些国家和地区，同性恋同居者已经取得了部分夫妻间的权利和义务。丹麦、挪威、瑞典和美国的部分州等已经立法承认同性恋婚姻。

无庸讳言，我国也是存在同性恋的。我国历史上对同性恋的惩罚虽不似西方那么严酷，但也为社会所不容。解放后，虽然法律没有明文规定对同性恋进行惩罚，但是在公共场所进行同性恋行为，或者同性恋行为被告发，还是会被追究刑事责任或者给予行政处分的。现在，人们还是普遍认为同性恋行为是违反道德的、违背自然规律的。只有少部分人认为这不过是另一种生活方式，且不伤害他人。我国同性恋者没有如他们的西方“同志”那样取得法律地位，结婚就更不可能了。

那么，变性人可否以变更后的性别结婚呢？对此，我国法律目前没有明确、具体的规定。变性人变性后将具有另一种性别的某些生理特征，但不具有生育能力。这时变性人可以以哪一种性别与人结婚，完全取决于其法律性别。在我国法律上，性别的认定是以户籍上登记的性别为准的，而户籍上登记的性别又是以出生为依据的。一般来说，我国户籍登记上的性别是不可以更改的，即使当事人作了变性手术也是不可以更改的。换句话说，我国与大多数国家一样，以出生时的性别作为人的法律性别，且不可更改。所以，依据我国目前的法律规定和实际情况来看，变性人不能以变性后的性别与人结婚。

婚姻登记机关对本案的处理是正确的。

案例42 庞某的父母干涉女儿自由婚姻

[案情简介]

男青年尚某大学毕业后分到某乡政府工作。不久，从县里来了一位下乡锻炼的女青年庞某，尚某与庞某在共同工作和生活中产生了感情，由于两人志趣相投，情投意合，很快就爱得如胶似漆。一年后，庞某要调回县城工作，庞某由于舍不得离开尚某，不想调走了，于是商定与尚某结婚。当庞某把自己的决定告诉父母时，其父母坚决反对，庞父明确告诉庞某，他已派人调查过尚某，尚某虽然是大学毕业生，有才有志，但家在农村，家境非常贫寒，尚某与庞某结婚门不当、户不对，如果庞某再不与尚某断绝关系，他会让庞某再也见不到尚某。庞某听完父亲的话后，感到非常震惊，并表示不管父母如何反对，决不与尚某分开。半个月后，尚某突然被调到了一个离县城二百多公里的小山村里当村小学老师。对此变故尚某不知原由，经多方打听他才知这是庞某父亲所为，这时他才知道庞父是本县的县太爷。尚某对庞父的做法非常气愤，立即赶回县城找到庞某后，两人决定当天就到尚某所在的乡政府办理结婚登记手续。但二人到了乡政府后，负责结婚登记的工作人员告诉他俩：庞父已打过招呼，不让乡政府给他们办理结婚手续。第二天尚某与庞某又来到庞某户口所在地的镇政府办理结婚手续，镇政府负责结婚登记的工作人员也以同样的理由不给他们登记。万般无奈之下，两人买了农药后连夜回到尚某所在的小山村，两人相拥大哭一场后，双双服毒自杀身亡。本案发生后，引起社会各界强烈反响，身为县长的庞父也被停职检查。

[法律分析]

本案是一起典型的干涉女儿婚姻自由案件。

我国《婚姻法》第5条明确规定，“结婚必须男女双方完全自愿，不许任何一方对他方加以强迫或任何第三者加以干涉。”结婚合意是结婚的首要条件，是保障结婚自由的前提，是婚姻自由原则在结婚制度中的具体体现。法律排斥当事人一方对他方的强迫，排斥当事人父母或第三人的包办或干涉。因此，因欺诈、胁迫或重大误解而缔结的婚姻不具有法律上的效力。尽管法律并不排除当事人的父母或第三人给予当事人意见和建议，但是否缔结婚姻应由当事人自行决定。只要当事人符合法律规定的结婚条件，到婚姻登记机关办理登记手续时，婚姻登记机关经认真审查，对符合条件的就应该予以登记发给结婚证。任何人都无权干涉婚姻登记机关的工作，人为设置障碍，阻碍自愿结合的男女合法办理结婚登记，否则，就是违法的。应该强调指出的是，结婚不应该附加任何条件，应当摆脱金钱或其他社会势力的控制和影响；男女双方的结合应当以爱情为基础，那种只注重对方钱财、外貌、地位，讲求门当户对，并无真正爱情的勉强凑合的婚姻，或者将结婚作为达到某种目的的手段的婚姻，实质上并没有建立起真正的自由婚姻。其中，有一些则孕育着离异的种子。真正的自由婚姻，不应有任何附加条件。

本案中，庞某的父亲身为县长，人民的父母官，不认真执行法律的规定。在自己女儿的婚姻问题上不尊重女儿本人的意愿，只看中别人的地位和金钱，包办女儿婚姻，讲求门当户对，人为设置障碍，利用手中的职权让婚姻登记机关故意不给完全符合结婚条件的两个相爱的人办理结婚登记，结果造成了悲剧的发生，是十分令人痛心的，也是违法的。婚姻登记机关工作人员不坚持原则，依法办事，而是听命于领导的错误指令，也是非常错误的作法。

实践中，对干涉他人婚姻自由的违法行为，应当对行为人进行批评、教育，要求其停止干涉。暴力干涉婚姻自由构成犯罪的，还应当依照刑法追究其刑事责任。同时，这些干涉婚姻自由的行为也应当受到社会舆论的谴责。

案例 43　留美女学生委托姐姐代办结婚登记被婚姻登记机关拒绝

[案情简介]

一直在美国留学的某市女青年夏兰与男友吴军恋爱多年，二人都想早日完婚。好让吴军以配偶身份到美国陪读。但由于夏兰的学业和科研任务很重，一两年之内无法回国，而双方的结婚登记又必须在国内办理。于是，为了拿到结婚证书，夏兰亲自动笔给她姐姐夏青写了一份授权委托书，全权委托夏青代理夏兰与吴军到婚姻登记机关办理结婚登记手续。一日，吴军与夏青拿着夏兰与吴军的户口本、身份证、当地居委会出具的婚姻状况证明、夏兰的授权委托书共同到吴军户口所在地的婚姻登记机关为夏兰与吴军办理结婚登记手续。到婚姻登记机关说明情况后，他们还把夏兰亲笔写给婚姻登记机关的一封长信交给了工作人员。夏兰在信中详细说明了自己不能回国亲自办理结婚登记手续的理由，希望婚姻登记机关能够给予谅解，能允许她姐姐夏青全权代理她与吴军办理结婚登记手续。婚姻登记机关工作人员听完吴军与夏青的陈述，看过夏兰的信和写给夏青的委托书后，明确告诉吴军，婚姻登记机关不能给予吴军和夏兰办理结婚登记手续，因为当事人夏兰没有亲自到场，不符合《婚姻法》的有关规定，希望他们能在夏兰回国后，再一起到婚姻登记机关办理结婚登记手续。

[法律分析]

本案中，婚姻登记机关的处理是非常正确的。为了保障婚姻自由，便于婚姻登记机关进行审查，《婚姻登记管理条例》规定，要求结婚的当事人必须双方亲自到一方户口所在地的婚姻登记机关申请结婚登记，不得由他人代理。因为结婚行为不同于一般的民事法律行为，不能适用民事代理的规定。《民法通则》关于民事法律行为可以代理，代理人可以被代理人的名义代为意思表示，代理行为的后果由被代理人承担的规定，不能适用于同意结婚的意思表示里。同意结婚的意思表示必须由其本人做出，任何代为意思表示的行为，包括父母、尊长代为允诺的包办、买卖婚姻，都不具有婚姻的法律效力。同时，同意结婚的意思表示，必须由当事人亲自在法定的场合做出，否则不发生结婚合意的效力。这就要求申请结婚的男女双方必须亲自到婚姻登记机关共同提出结婚的要求(包括涉外婚姻的当事人)，经登记机关认可后办理了结婚登记方为有效，双方当事人在其他场合做出的或通过委托代理等形式做出的同意结婚的意思表示都没有法律上的约束力。

综上，依照我国《婚姻法》规定，申请结婚登记的当事人双方必须亲自到一方户口所在地的婚姻登记机关提出结婚登记的请求，该申请不得采取委托代理形式或者用书面意见代替本人到场。本案夏兰未能亲自到场，而是委托夏青代其与吴军办理结婚登记，显然不符合法律的规定，婚姻登记机关当然就不能给他们办理结婚登记手续。

案例 44 王兵与史丽的中表婚被判为无效婚姻

[案情简介]

王兵与史丽是亲表兄妹（王兵的父亲与史丽的母亲是同胞兄妹），二人从小就在一起玩耍，长大后相互产生爱情，并到婚姻登记机关办理了结婚登记，在结婚登记时，二人均隐瞒了其表兄妹关系。结婚以后，两人生育了一个有严重缺陷的儿子，双方为此非常痛苦。王兵在一次出差过程中，因与妓女多次鬼混，传染上了性病，史丽知道后，非常生气，双方为此产生矛盾，经常打骂，感情逐渐破裂。史丽向某市人民法院起诉与王兵离婚，并不愿抚养有缺陷的儿子，要求分得 10 万元共同存款中的一半，以及王兵继承其父亲的遗产房屋 4 间中的两间，王兵不同意离婚。

法院经审理后查明，王兵和史丽是亲表兄妹，其婚姻违反了《婚姻法》的规定，属于无效婚姻。双方同居生活期间有共同做生意获得的 10 万元存款，还有王兵从其死亡的父亲处继承的房屋 4 间。法院对双方的儿子的抚养和共同财产经调解无效后做出判决：一、宣告王兵与史丽的婚姻无效；二、儿子由史丽抚养，王兵负担儿子的抚养费直至其独立生活为止；三、双方共同存款 10 万元，史丽分得 7 万元，王兵分得 3 万元；四、房屋 4 间属于王兵的个人财产，归王兵所有。

本案判决后双方均没有提出上诉。

[法律分析]

本案是一起典型的无效婚姻案件。《婚姻法》第 7 条明确规定直系血亲和三代以内的旁系血亲禁止结婚；同时，《婚姻法》第10条规定："有下列情形之一的，婚姻无效：……（二）有禁止结婚的亲属关系的；……"。《婚姻法》禁止结婚的旁系血亲是指同出于祖父母或外祖父母的旁系血亲，其中包括兄弟姐妹、堂兄弟姐妹和表兄弟姐妹（即其父母为亲兄弟姐妹）等。之所以禁止直系血亲和三代以内的旁系血亲间结婚，由于人类遗传基因的影响，血缘太近的男女结婚，容易把双方生理上和精神上的疾病和缺陷遗传给子孙后代，有害于人类的健康发展。虽然我国民间一直奉行"同姓不婚"的原则，但是表兄妹之间的通婚（即中表婚）却长期普遍流行，这种婚姻对后代的健康和民族的发展都危害极大。我国《婚姻法》关于禁婚亲的规定，其主要意义就在于禁止中表婚。凡有法律禁止结婚的近亲属关系的男女的结合都是无效婚姻，都应当宣告无效。

本案中，王兵与史丽系亲表兄妹关系，其结合是典型的中表婚，当然应当认定为婚姻无效。《婚姻法》第11条明确规定，无效的婚姻自始就没有效力，当事人之间不具有夫妻的权利和义务关系，双方在同居期间共同所得的财产按共同共有处理，一方或双方继承、受赠的财产属于个人财产，归各自所有；双方为共同生活所负的债务按共同债务处理。分割共有的财产时，对有过错的一方应当少分或不分。双方所生的子女为非婚生子女，但依法具有与婚生子女同等的法律地位，适用《婚姻法》有关父母子女的规定。

根据以上规定，结合本案来看，人民法院的处理是完全正确的。

案例45　吴英要求撤销其受胁迫与孙南结成的婚姻关系

[案情简介]

孙南（男，30岁）与吴英（女，25岁）经人介绍相识，在双方恋爱过程中，吴英发现孙南性格暴躁，心胸狭窄，且有吸毒恶习，遂多次提出与孙南解除恋爱关系，但孙南坚决不同意，并多次扬言，如果吴英不与其结婚，他就要对吴英实施毁容和杀害吴英全家，还要把双方多次发生性关系的细节写出来张贴到吴英所在单位和家住小区。一日，孙南手里拿着硫酸来到吴英家，先逼吴英陪他一起吸毒，后又对吴英说，如果今天吴英不与他去婚姻登记机关登记结婚，他就要用硫酸毁吴英的容。吴英在孙南的淫威下非常害怕，被迫违心地到单位开了介绍信，当天吴英与孙南就在孙南的胁迫下到街道办事处办理了结婚登记手续。孙南当晚强行将吴英带到一个毒友家，让其朋友为其二人主婚，随后将吴英锁在朋友家，不让其出门和上班，并多次强行与吴英发生性关系。吴英家人因多日找不到吴英，遂向公安机关报案，一个月后，公安机关将吴英从孙南的毒友家中解救了出来，并对孙南进行了拘捕。吴英回家的第二天就住进了医院，住院 2 个月后吴英病愈出院，孙南也因非法拘禁和强奸罪被判了刑。出院一周后，吴英即向当地人民法院提起诉讼，请求撤销其与孙南的婚姻关系。

人民法院经审理后查明，双方并无爱情，婚姻关系是在孙南的胁迫下建立的，并不是出自吴英本人的自愿，是一起典型的可撤销婚姻。故依法撤销了孙南与吴英的婚姻关系。

[法律分析]

本案是一起典型的可撤销婚姻案件，在本案中，孙南与吴英的婚姻关系不是基于爱情自愿建立起来的，是吴英在孙南的威胁和逼迫下进行的结婚登记。当吴英获得人身自由后，马上向人民法院请求撤销该婚姻。该法院依照《婚姻法》修正案第 11 条的规定，撤销了双方的婚姻关系是完全正确的。《婚姻法》修正案明确规定，因胁迫结婚的，受胁迫的一方可以向婚姻登记机关或人民法院请求撤销该婚姻。同时，对受胁迫一方请求撤销婚姻的期限做出了规定：即受胁迫的一方撤销婚姻的请求，应当自结婚登记之日起一年内提出，被非法限制人身自由的当事人请求撤销婚姻的，应当自恢复人身自由之日起一年内提出。受胁迫成立的婚姻是指男女一方对他方进行强迫，强行要求对方与其结婚及一方或双方受第三者胁迫而结婚的婚姻。我国《婚姻法》第5条明确规定，结婚必须男女双方完全自愿，不允许任何一方对他方加以强迫。婚姻是男女两性的结合，应该双方意思表示一致，并且意思表示要真实。如果一方以胁迫的方式，威胁、逼迫对方与其结婚，使对方在恐惧中，不情愿地被迫做出同意的意思表示，这种情况下成立的婚姻是无效的，应当予以撤销。本案人民法院的处理是完全正确的。

案例46　黄凯提起无效婚姻诉讼

[案情简介]

黄凯（男，1975年6月出生）和李娜（女，1979年2月出生）1998年5月经人介绍相识，为赶上黄凯单位年底最后一次福利分房，李娜更改了年龄，双方在同年10月办理了结婚登记。2001年12月，在一次交通事故中，李娜丧失了生活自理能力，黄凯不愿意继续扶养妻子李娜，黄凯于2002年6月向法院提起诉讼，认为自己和李娜之间是弄虚作假，骗取结婚证，双方之间是无效婚姻，他不负有扶养李娜的义务。

[法律分析]

黄凯和李娜之间不是无效婚姻。根据《婚姻法》第10条的规定："有下列情形之一的，婚姻无效：（一）重婚的；（二）有禁止结婚的亲属关系的；（三）婚前患有医学上认为不应当结婚的疾病，婚后尚未治愈的；（四）未到法定婚龄的。"黄凯和李娜虽然双方在办理结婚登记时，李娜未满20周岁，没有达到法定婚龄，但根据最高人民法院关于适用《婚姻法》若干问题的解释（一）第8条规定："当事人依据婚姻法第10条规定向人民法院申请宣告婚姻无效的，申请时，法定的无效婚姻情形已经消失的，人民法院不予支持。"黄凯提起无效婚姻诉讼时，李娜已达到法定婚龄，无效婚姻的情形已经消失，法院依法不支持黄凯提出的婚姻无效的请求，黄凯应对妻子李娜履行扶养义务。

案例47　李梅要求撤销与何强的婚姻

[案情简介]

女青年李梅与男青年何强1999年经朋友介绍相识，在交往过程中，李梅发现何强不求上进，脾气暴躁，要求断绝来往。何强不同意，并提出如果不与其交往，就要对李梅毁容，放火烧李梅父母的房子，让李梅一家人不得安宁，并强行与李梅发生性关系，致使李梅怀孕。李梅被逼无奈，于2000年9月与何强登记结婚，婚后何强脾气更加暴躁，对李梅轻则大骂，重则动手殴打，特别是2001年3月女儿出生后，何强怪李梅没有给他生儿子，对李梅母女不管不问，李梅伤透了心，向何强提出离婚，何强表示同意，同时提出他挣钱多，家中的财产应归他所有，他不负担女儿的抚养费。李梅不同意。2001年6月李梅起诉到法院，要求撤销与何强的婚姻，分割共同财产，何强负担女儿的抚养费。

[法律分析]

法院受理此案后，经审理查明，何强在婚前确有胁迫行为，李梅是在人身和父母的财产受到威胁的情况下，被迫与何强结婚，并且双方登记结婚不满一年，李梅享有撤销婚姻的请求权，法院判决撤销李梅与何强的婚姻。对婚姻被撤销后，同居期间财产和子女问题应如何处理，根据《婚姻法》第12条规定："无效或被撤销的婚姻，自始无效。当事人不具有夫妻的权利和义务。

同居期间所得的财产，由当事人协议处理；协议不成时，由人民法院根据照顾无过错方的原则判决。……当事人所生子女，适用本法有关父母子女的规定。”婚姻被撤销后，产生如下法律效力：首先，双方的婚姻自始无效。虽然李梅与何强 2000 年 9 月办理了结婚登记，领取了结婚证，但法院判决撤销该婚姻，其效力追溯到双方结婚时，双方不具有夫妻之间的权利义务关系，不发生人身关系和财产关系。其次，对于同居期间的财产的处理，根据最高人民法院关于适用《中华人民共和国婚姻法》若干问题的解释（一）第 15 条规定：“被宣告无效或被撤销的婚姻，当事人同居期间所得的财产，按共同共有处理，但有证据证明为当事人一方所有的除外。”此案中尽管何强的收入高，但他不能证明那些财产为他个人所有，因此家中的财产，认定为双方共同共有。何强在婚前存在胁迫李梅结婚的行为，属于有过错一方，因此在分割共有财产时，应照顾李梅，多分得财产。最后，何强应负担女儿的抚养费，虽然何强与李梅的婚姻被撤销，但并不影响何强与女儿的父女关系，何强对女儿仍负有抚养教育的义务。

案例 48　子女不同意母亲再婚

[案情简介]

张兰英，现年 69 周岁，有二子一女分别成家立业，单独生活。张兰英两年前丧偶，一人独自生活，倍感孤独寂寞，友人介绍一丧偶先生贾富贵与其相识，经过一段时间的交往，双方感觉都非常满意，有意结婚。张兰英把此事告之其子女，没想遭到他们的反对，张兰英经过再三思考，为了有一个幸福的晚年，在没有与子女商量的情况下与贾富贵登记结婚。贾富贵搬到张兰英处双方共同生活。张兰英的三个子女知道此事之后感到很生气。与母亲断绝了往来，张兰英早年病退，退休金不足百元，再婚前都是三个子女给付赡养费，再婚后他们拒绝支付赡养费，声称贾富贵每月有六百元的退休金，夫妻之间具有扶养关系，他们对母亲不再负有赡养的义务，对此张兰英夫妇也没有再追究。张兰英夫妇为补贴生活费用的不足，将居住的三间房屋中的二间出租，遭到次子的反对，让张兰英腾出一间房屋，为其在附近上中学的儿子居住。张兰英再婚三年后，突发疾病导致瘫痪，卧病在床，张兰英夫妇收入不高，已无力支付医药费，为治病张兰英夫妇要求子女支付赡养费。张兰英长子在一公司任职收入颇丰，他提出：他可以支付母亲的全部医疗费，但母亲必须立下遗嘱，在她死后，房屋由他继承。次子称：既然母亲已经再婚，贾富贵对母亲负有扶养义务，子女就不再承担赡养义务，贾富贵既然无法支付医药费，就应当向他人借钱为母亲治病，他愿意借钱给母亲和贾富贵，但将来要还。女儿愿意承担赡养费，但他们夫妇已分别下岗一年有余，没有找到正式工作，有一子正在上小学，家庭维持正常生活已捉襟见肘，暂时无法支付赡养费。张兰英子女的主张合法吗？

[法律分析]

张兰英子女的主张都不符合法律的规定。《婚姻法》第30条规定：“子女应当尊重父母的婚姻权利，不得干涉父母再婚以及婚后的生活。子女对父母的赡养义务，不因父母的婚姻关系变化而终止。”父母有再婚的权利，每个公民的婚姻自由权利受国家法律保护，任何人不得干涉，张兰英的三个子女对母亲的再婚只是反对，没有对母亲行使婚姻自由权利在行为上予以妨碍或阻止，还构不成干涉婚姻自由。张兰英婚后，子女与其断绝往来是错误的，父或母再婚并不影响父母子女之间的关系，子女对父母仍负有赡养义务，并不因父或母再婚而受到影响。夫妻之间是负有扶养义务，但这并不能免除子女的赡养义务，这两种关系并不相抵触，可以同时存在，张兰英再婚后如夫妇的退休金不能保证满足正常的生活，生活有困难的，子女应当支付赡养费。张兰英夫妇婚后将其房屋出租，次子不应当干涉，这种行为是违法的，子女不得干涉父或母再婚后的生活，次子阻止张兰英夫妇出租房屋妨碍了他们对财产行使所有权的意思表示，特别是将其反对的意思表示已付诸于行动中，让其子去奶奶处居住，已直接影响了母亲的正常生活。张兰英为了治病要求子女负担医药费的请求是正当的，子女对父母的赡养是法定的，不得附加任何条件，长子以要求继承房屋，作为支付赡养费的前提是错误的，房屋是张兰英的个人财产，如何处分，他人不得干涉，我国继承法第 22 条第 2 款规定："遗嘱必须表示遗嘱人的真实意思，受胁迫、欺骗所立的遗嘱无效。"次子以母亲有扶养义务人为由拒绝履行赡养义务的理由也是不成立的，前面已经指出：赡养和扶养两种关系并不相抵触，可以同时存在，次子也必须履行赡养义务。女儿愿意履行赡养义务，但经济上有一定的困难，无法履行赡养义务，可以暂时不负担赡养费。子女对父母的赡养是以父母缺乏劳动能力或生活有困难，同时子女有能力和条件能够履行为前提的。同时注意的是子女对父母不只负有赡养的义务，还有扶助的义务，在生活上对父母照料，精神上予以慰藉也是履行义务的方式。因此针对张兰英夫妇提出的子女承担医药费的请求应予以支持，具体赡养费的数额，子女间可以相互协商，根据各自的条件和能力分别承担，长子经济状况好，可以多承担些，女儿经济条件不好，可以暂时不负担。如果协商不成，张兰英有权向法院提起诉讼，要求子女给付赡养费。母亲卧病在床子女应履行扶助的义务，在生活上予以关心，精神上予以安慰。

案例 49　王强要求解除与宋红的同居关系

[案情简介]

王强和宋红为同村青年,1996 年双方开始自由恋爱,1997 年双方到北京打工,为节省房租,没有办理结婚登记就共同生活在一起。2000 年 5 月,王强提出要解除与宋红的同居关系,准备与另一女青年结婚。宋红不同意,王强起诉到法院,要求离婚。

[法律分析]

法院在受理王强的离婚请求前，应告知他们补办结婚登记，否则只能解除同居关系。最高人民法院关于适用《婚姻法》若干问题的解释（一）第 5 条规定：未按婚姻法第 8 条规定办理结婚登记而以夫妻名义共同生活的男女，起诉到人民法院要求离婚的，应当区别对待：1994 年 2 月 1 日民政部《婚姻登记管理条例》公布实施以后，男女双方符合结婚实质要件的，人民法院应当告知其在案件受理前补办结婚登记；未补办结婚登记的，按解除同居关系处理。王强和宋红没有办理结婚登记，就以夫妻名义共同生活在一起，并且是在 1994 年 2 月 1 日后同居的，因此，在申请离婚时必须补办结婚登记，因为离婚是以婚姻关系存在为前提的，我们国家婚姻关系的成立是以办理结婚登记，婚姻登记管理机关发给结婚证为准，没有婚姻关系的存在，当然谈不到离婚的问题，只能解除同居关系。

案例 50　未来婆母要求未来儿媳更改姓氏

[案情简介]

小莉与徐强为大学同学，双方恋爱多年，现准备结婚。徐强的母亲不满意这桩婚事，看徐强态度坚决，她也没有办法，但提出双方结婚可以，徐强为徐家三代单传独子，小莉必须更改为徐姓氏。小莉也为独生女儿，她母亲担心小莉更改姓氏后受到婆家的欺负，坚决不同意。双方家长因为是否要更改小莉的姓氏，发生纠纷。

[法律分析]

小莉结婚后不需要更改自己的姓氏。依据《民法通则》第

99条第1款的规定，公民享有姓名权，有权决定、使用和依照法律规定更改自己的姓名。在子女未成年时，由父母协商共同决定子女的姓名，即使父母离婚，任何一方也无权擅自更改子女的姓名。《婚姻法》第14条规定："夫妻双方都有各用自己姓名的权利。"男女双方结婚后，并不需要更改自己的原姓名。夫妻各自享有姓名权，意味着婚姻当事人对姓名的享有不受婚姻关系的影响，男女双方在结婚后，都可以保持自己姓名的独立性，在婚姻关系存续期间，夫妻中的任何一方都有权使用或依法改变自己的姓名，他方不得干涉，也不得盗用或冒用对方的姓名。夫妻各自的姓名权不受彼此的扶养关系的影响，不受女方成为男方的家庭成员或男方成为女方的家庭成员的影响。因此徐强的母亲无权要求小莉结婚后更改姓氏，徐强的母亲干涉子女婚姻的作法是错误的。

案例51　丈夫要求妻子回家做专职太太被拒绝

[案情简介]

李敏与何立辉结婚后双方感情很好，家务事李敏全部承担下来，丈夫何立辉对她非常疼爱，看到李敏忙碌的身影，何立辉多次提出让李敏回家，作专职太太。李敏对丈夫的好意非常感激，但她非常喜欢自己的工作，不想回家做专职太太。随着女儿的出世，家务事越来越多，特别是李敏经常出差，孩子又生病，使何立辉感到很烦乱。何立辉提出李敏必须辞掉工作，回家照料孩子，做专职太太，他挣钱养家，遭到李敏的拒绝。李敏表示她会很好安排家务事，但何立辉也应做一些家务。双方经常因为照看孩子，做家务发生争吵，甚至何立辉提出李敏不辞职回家做专职太太就离婚，李敏可以不做专职太太吗？

[法律分析]

何立辉让李敏回家做专职太太的要求不符合法律规定。《婚姻法》第15条规定："夫妻双方都有参加生产、工作、学习和社会活动的自由，一方不得对他方加以限制或干涉。"夫妻享有人身自由权是他们享有人身权的重要标志，是夫妻在家庭中地位平等的具体体现。从立法意图上主要是保护妇女的人身自由权。中国封建社会，已婚妇女屈从于夫权的统治，没有参加社会活动的自由，只是生儿育女的工具，被束缚在家庭中，"男主外、女主内"思想有着深刻的历史渊源。本案就是一个很好的例证，抚养子女，从事家务劳动是夫妻双方共同的义务，何立辉不能把抚养孩子和家务劳动全推给李敏。在家庭中，夫妻所负的义务具有一定的连带性，一方不履行义务，必然要加重另一方的负担。李敏虽然结婚但仍有参加社会工作的权利，作为丈夫何立辉应当支持李敏，而不能限制或干涉李敏参加工作，更不应该以离婚相要挟。同时何立辉在参加社会工作和活动行使人身自由权的同时，不能忘记对子女、家庭应尽的义务。

案例52　刘强夫妇要求医院支付生育补偿金

[案情简介]

张晓梅于1997年因急性阑尾炎在某市一所医院进行手术，手术进行时间虽然较长但还算顺利。1999年张晓梅与刘强结婚，因双方年龄较大，婚后1年准备生育子女，但女方长时间不受孕，经医院检查发现，女方的子宫已被切除，女方彻底丧失生育能力。为此，2001年4月，刘强夫妇向区法院提出，因该医院在手术中的错误，导致张某生育能力的丧失，因此该医院应当支付刘强夫妇生育补偿金，法院依法对此案未予受理，法院向当事人建议在变更诉讼请求后再起诉。

[法律分析]

该法院的处理是得当的。其原因如下：第一，在我国现行法律规定中，没有关于生育补偿金的法律规定；退一步而言，在

《人口与计划生育法》(2002年9月1日正式生效）中虽然规定了公民的生育权，但其中也没有规定生育补偿金，因此，对于没有法律明文规定的内容，人民法院无法受理。第二，根据《民法通则》的规定，公民的生命健康权受法律保护，由于医院的医疗事故，使张晓梅的身体受到伤害，丧失了生育能力，依法应当承担民事责任。本案中院方因自己的行为而对张某的健康权实施了侵害，理应承担侵权的民事责任。因此，法院向受害人提出在变更了诉讼请求（即提出要求侵权的民事赔偿，同时也可以包含提出精神损害赔偿的请求）后予以受理是合理的。

案例53　汪某虚报年龄登记结婚

[案情简介]

男青年张某（1977年10月12日生）与本村女青年汪某(1981年3月20日生）于2000年9月25日到乡政府办理结婚登记手续。登记时，登记人员发现汪某只有19岁，未达到法定婚龄，故不给其登记，并说明了理由。汪某认为是登记人员故意刁难自己，遂与登记人员大吵大闹，并说："婚姻法规定结婚年龄女的20岁，我都21岁了，为什么还说我年龄不够，分明是在故意刁难我，今天你不给我登记，我就不走了……"。登记人员说："你不是1981年3月20日出生的吗？现在是2000年9月，怎么就21岁了？"张某理直气壮地说："你是咱乡人，你不知道我们这里都算虚岁的规矩吗？按照虚两年算我不就21岁了吗。"登记人员听了以后，笑了起来，知道张某的问题后，就开始耐心地给张某和汪某讲解《婚姻法》关于法定婚姻的规定。听完后，汪某不好意思地说，"看来我还是文化水平太低，平时学的少，不知道婚姻法规定的结婚年龄是按周岁算的，不按我们农村的习惯，才闹了这么个笑话，谢谢你，明年我到岁数了再来登记，并给你发喜糖。"说完挽着张某的手臂回家了。

［法律分析］

在本案中，涉及到如何计算结婚年龄的问题。汪某是1981年3月出生的，2000年9月时她只有19周岁，不符合婚姻法规定的结婚男不得早于22周岁，女不得早于20周岁的规定。所以，登记机关不给汪某办理结婚登记手续是正确的。应当指出的是，《婚姻法》规定的结婚年龄指的是周岁，而不是我国广大农村流行的虚岁。我国广大农村讲的虚岁有的虚一岁，有的虚两岁。结婚时，男女双方当事人依法都应该按周岁来计算自己的年龄，而不应该按虚岁算。同时应该明确，《婚姻法》规定的男22周岁、女20周岁是男女结婚的最低结婚年龄，并不是男女双方必须结婚的年龄或最佳结婚年龄。根据人的生理、心理发育情况和我国的国情，男25周岁以上、女23周岁以上是结婚比较合适的年龄。所以，《婚姻法》规定"晚婚晚育应予鼓励"。目前，我国青年结婚的实际年龄出现两极分化现象，城市青年初婚年龄一般男的都在25周岁以上，女的都在23周岁以上，且30周岁以上才结婚的晚婚青年也越来越多。农村由于受我国传统早婚习俗的影响，初婚年龄普遍偏低，大多数农村男青年都在25周岁以前，女青年在23周岁以前结婚，同时还有许多未达法定婚龄的农村青年采取隐瞒年龄等手段骗取结婚登记，或是根本不登记，只按农村习俗举行婚礼就在一起同居生活，生儿育女。这一方面说明我们对《婚姻法》的宣传教育工作做得不够，另一方面它也放映出封建传统思想在我国婚姻家庭领域的影响还很深。因此，我们一定要在新《婚姻法》颁布实施之际，大力加强新《婚姻法》的宣传教育工作，严厉打击各种违反新《婚姻法》的行为，以减少各种违法婚姻，使我国的婚姻家庭关系更加稳定。应当指出，一方或双方当事人在结婚时未达到法定婚龄，但在发生婚姻效力的争议时，当事人双方均已达到了法定婚龄并已办理了结婚登记的，则不应对现存的婚姻作无效的认定。这并不是对当事人过去行为的肯定，而是因为随着时间的推移和当事人年龄的增长，婚姻无效的原因已经不复存在。为了稳定婚姻关系，没有必要再去确认其婚姻无效。

案例54 李某限制妻子、舞蹈演员金某的人身自由

[案情简介]

李某与某歌舞团的舞蹈演员金某自由恋爱结婚。婚前金某即为所在歌舞团的主要演员，并经常参加国内一些大型演出。恋爱期间，李某不仅热心支持金某的工作，而且还是金某忠实的观众。每次金某演出结束，李某都要递上一封缠绵热烈的情书及一束鲜花，并坚持护送金某回家。金某怀着对婚姻生活美好的憧憬与李某结合。然而，婚后的金某却备尝丈夫对其职业不予理解的痛苦。因为金某容貌出众，李某对其一举一动十分不放心，对金某从事的职业越来越反感，甚至跟踪金某，监视金某的行动，并要求金某调换工作。为了使李某放心，金某从不自行与他人外出，更不与他人结伴外出旅游，也不敢和男同志多讲话。一次，金某购买了一条漂亮的裙子，本想得到丈夫的夸奖，然而，李某却勃然大怒，用剪刀剪烂了裙子，并说："你穿给谁看啊？"金某顿感万分心寒。一次金某要参加省城汇演，晚上要排练，并有男舞蹈演员参与。李某在家坐卧不安，想到自己的妻子与另一个男性相拥，想到妻子深情脉脉注视另一个异性，李某的心理酸溜溜的，他不惜重金聘请了一位私人侦探来监视金某的行动。结果，一无所获，并被金某发现，李某对此深感内疚，于是向金某道歉。然而，金某再也无法继续容忍丈夫的所作所为了，认为李某的行为侵犯了其自由权，故向当地人民法院提出离婚。

人民法院经审理后认为，李某无故怀疑妻子，干涉、限制妻子正常的社会交往，甚至影响金某的工作，干涉其职业选择权，

显然构成了对配偶人身自由权的侵害。考虑到双方婚姻基础较好，法院在调解阶段做了大量的调解和好的工作。并对李某的行为给以了严厉的批评教育。李某接受了法院的批判教育，表示对自己无辜怀疑妻子的行为很后悔，承认自己过于狭隘、自私，今后绝对不会再干涉妻子的自由权，希望妻子原谅自己，不要离婚。金某最后接受了李某的道歉，撤回了起诉。

[法律分析]

本案中，李某在结婚后由于受封建夫权思想的影响，将妻子看成自己的私有财产，不尊重妻子的人格，不信任妻子，干涉、限制妻子与他人正常的社会交往，特别是不尊重妻子对工作的选择，是对妻子人格的极大损害，必然会影响夫妻感情。

我国封建社会长期实行夫权统治，妇女的社会地位和家庭地位十分低下，没有任何人身自由。“大门不出，二门不迈”是当时妇女状况的真实写照，从事社会职业，参与社会交往对绝大多数妇女而言只是梦想。为了保护已婚者的人身自由权，特别已婚妇女的职业选择权与社会参与权。我国《婚姻法》第15条明确规定：“夫妻双方都有参加生产、工作、学习和社会活动的自由，一方不得对他方加以限制或干涉。”这一规定是宪法保障妇女在经济的、文化的、社会的和家庭和生活等方面的同男平等权利的具体体现，既是男女平等的标志，又是男女平等的保证。

具体讲，夫妻人身自由权是指已婚夫妻从事社交的权利。在我国家庭关系中，夫妻人身自由权主要包括：

(1) 夫妻双方有选择职业的权利。即参加生产、工作的自由。双方均有权选择他们认为适合自己的工作。

(2) 双方均有参加学习的权利。这种学习权利不仅包括学校的正规教育，也包括各种成人教育、职业技能培训等。

(3) 夫妻双方均有自由参加社会活动的权利。夫妻任何一方都有参政、议政，参与各种社会团体、群众团体充分发挥其聪明才智的能力和权利。“男强女弱”、“男主外、女主内”的封建思想必须彻底根除。

对于法律赋予的上述权利，任何一方都不得干涉、限制。

案例55 张立娟未经丈夫同意终止妊娠被丈夫告上法庭

[案情简介]

张立娟与丈夫刘刚结婚多年一直未生育，2001年5月张立娟怀孕，刘刚非常高兴，但张立娟表示现在单位竞争非常激烈，如果生孩子可能影响对自己工作的安排，因此不想将孩子生下来。刘刚反对，认为结婚这么多年，好不容易妻子怀孕，况且双方都已30岁，现在不要孩子，将来的情况还不好说。张立娟从自己的实际情况出发，多次劝说刘刚表示不想生育，均遭到刘刚的拒绝。张立娟一气之下，自己到医院做了人工流产，刘刚知道后非常生气，认为张立娟侵犯了他的生育权，将张立娟告上了法院，要求张立娟给予损害赔偿。

[法律分析]

法院判决驳回了刘刚的诉讼请求，同时指出张立娟擅自中止妊娠的行为是错误的，应在作好刘刚的工作达成一致共识后，再做人工流产。法院的判决是正确的，生育权是公民的基本人权，受到国家法律的保护。夫妻在行使生育权时，应在国家计划生育允许范围内，对是否生育，何时生育等问题达成一致意见。但考虑到妇女在生育过程中特殊的角色，保障妇女的合法权益，我国《妇女权益保障法》第47条明确规定，妇女有依照国家规定生育子女的权利，也有不生育的自由，已婚妇女的生育权受国家法律保护。因此，张立娟有权选择不生育。但毕竟张立娟已怀孕，这是夫妻双方共同的行为，中止妊娠应征得丈夫的同意，男性的生育权同样受法律保护，怎样保护妇女在生育中的合法权益和对男性生育权的保护，还是立法中一直探讨的问题，因此只能说张立娟的行为不妥，认为张立娟侵犯刘刚的生育权还缺少相应的法律依据。

案例56　新婚的妻子韦某将重婚的丈夫陈某告上法庭

[案情简介]

陈某与韦某于1998年11月建立恋爱关系，2000年3月6日登记结婚，同年6月，陈跳槽到一家IT跨国公司，工资从2500元一下上升到了8200元。从那以后陈似乎变了一个人，开始频繁出入高消费场所，各种“应酬”也遽然增加，有时整晚都不回家。婚后最初几个月，夫妻双方虽然不时有些磕磕碰碰，但两人世界依然称得上和谐美满。2000年12月举行婚礼。婚礼后第三天，两人的关系急剧恶化，初时的磕磕碰碰变成了激烈的争执吵闹，至圣诞夜那一天，陈干脆直言向韦提出离婚要求。对这一切百思不得其解的韦某后来才知道，此时自己的丈夫正和一个女人打得火热。新婚不久，陈就公开以夫妻名义与某夜总会小姐邵某在外同居。2001年2月，陈某索性不告而别离家出走了。到3月6日，那个值得纪念的领取结婚证书一周年的日子，韦某鼓起勇气给陈打电话，听到的却是电话那头陈某冷冰冰的话语：“我劝你还是忘了这个日子吧，因为我的心已经不属于你，而是属于其他女人了。这个日子也是属于我和其他女人的了。”以后的几次电话交谈，陈某均出言不逊，当韦某确认自己深爱的丈夫已移情别恋，再无回头的可能时，精神上遭受了极大的打击。4月11日，收集了足够有效证据后的韦某，将陈某以重婚罪告上了法庭。之后，又追加邵某为重婚罪的共同被告人。

[法律分析]

上海市长宁区人民法院刑庭开庭审理时，出示了数例证据，使陈某法网难逃。首先是陈某与邵某同居处的邻居证实：他们俩于2001年2月至4月上旬，一直以“夫妻”名义同居在一起，期间举行过婚礼，发过喜糖，还在家中贴了许多喜字，并在邻居前互称对方为“老公”、“老婆”；其二，同居处的居民小区保安证实：陈曾对他们说，他和邵某是夫妻，韦某手中所持的他与韦的结婚证书是假的；其三，警署民警证实今年3月22日凌晨，接110报警称，韦某带人到陈的门上闹事，民警赶往现场，报警人陈某在否认韦某是其妻的同时，只承认邵某是其“妻子”；其四，陈某与邵某共同生活的照片等。

最高人民法院《关于如何认定重婚行为问题的批复》中指出：“重婚是有配偶的人再与第三者建立夫妻关系。即使没有举行结婚仪式，而俩人确是以夫妻关系同居的，也足以构成重婚。修改后的新婚姻法也明确规定：夫妻应当互相忠实，禁止重婚，禁止有配偶者与他人同居。对重婚的，依法追究刑事责任。受害人可以依照刑事诉讼法的有关规定，向人民法院自诉。在法庭上，陈某承认自己与邵某同居犯了罪；承认韦某是他惟一合法的妻子，并给韦某写下了长长的悔过书，请求其原谅，但这一切都逃脱不了法律的严惩。法院开庭审理此案后认为，陈某系有妇之夫，与邵某公开以夫妻名义共同生活，陈某明知与邵某以夫妻名义非法同居的事实被韦某察觉并告上法庭，但仍不思悔改。在法院审理期间，继续与邵移居他处非法同居，其行为不仅给韦某带来极大的痛苦和屈辱，且严重破坏了我国婚姻法规定的一夫一妻制度，故应依法判处有期徒刑六个月。鉴于邵某投案自首后能当庭向韦某赔礼道歉，愿意赔偿韦某的经济损失，认罪悔罪的态度较好，且犯罪情节较轻，故依法被免于刑事处罚。

案例57　建筑公司经理甘甲任夫妇要求“二奶”卢小燕返还房产

[案情简介]

广西北流市某建筑公司经理甘甲任，自1998年起包养“二奶”卢小燕。一年后，卢小燕提出要买一套房子安个家的“提议”，甘甲任拿出5万元人民币购买了一套两室一厅的商品房，并以卢小燕的名字办理房屋产权手续。2001年7月，移情别恋的卢小燕提出分手，痛失“二奶”的甘甲任于9月20日与妻子罗章惠联合将“二奶”告上法庭，要求被告人卢小燕归还房屋或者返还5万元。

[法律分析]

广西北海市法院一审判决驳回原告人甘甲任夫妇的请求，甘甲任为被告人卢小燕出资5万元购买房屋予以没收，上缴国库。一审判决后，原、被告人均不服，提起上诉，广西玉林中级法院受理了上诉，经审理判决，房产证为卢小燕的两室一厅房子为卢小燕所有，卢小燕应归还甘甲任夫妇为购买此房屋支付的5万元人民币。二审法院的判决是正确的。甘甲任赠予给卢小燕的是货币，并非是房屋，只不过是现在以房屋的形式出现，因此本案争议的标的应是货币，而非房屋；这种赠予应是无效的，甘甲任赠予卢小燕目的是继续保持双方之间的非法关系，不受法律保护。而且这笔钱是甘甲任和妻子罗章惠的夫妻共同财产，对夫妻共同财产双方有平等的处理权。最高人民法院关于适用《婚姻法》若干问题的解释（一）第17条规定：“夫或妻非因日常生活需要对夫妻共同财产做重要处理决定，夫妻双方应当平等协商，取得一致意见。他人有理由相信其为夫妻双方共同意思表示的，另一方不得以不同意或不知道为由对抗善意第三人。”甘甲任赠予卢小燕的货币超出日常生活范畴，夫妻应当共同协商一致，而甘甲任赠予卢小燕货币的行为，作为甘甲任的妻子罗章惠，对于破坏他们婚姻关系的行为肯定是不能同意的，而卢小燕明知这是甘甲任单独处分夫妻共同财产的行为，而接受赠予，卢小燕获得这笔钱是不当得利，赠予行为是无效的，应当将这5万元返还甘甲任夫妇。

案例58 田某担心房产证上只写丈夫的姓名会侵害自己对房屋产权的共有权利

[案情简介]

田某和丈夫侯某1999年用夫妻共同财产购买了房屋，此房屋以前是侯某单位分配的住房，因此房证上只写了侯某的姓名，现田某担心房证上没有写她的姓名，是否会影响她对此房屋的产权？

[法律分析]

田某不必担心，此房屋仍为夫妻共同财产。因为此房屋是用夫妻共同财产购买的，房屋的产权人为夫妻双方。房产证只证明对房屋享有所有权，房产证上只写了侯某一人的姓名，并不意味着房屋属于他一人所有，可以认为他是房屋共有人的代表，由他对外代表共有人行使权利承担义务。侯某对房屋行使权利时必须经田某同意，否则造成的损失侯某要承担法律责任。为了更好的维护对房屋享有的产权，田某可以提出要求将其姓名写入房产证中房屋产权人中，作为房屋产权的共有人行使对房屋权利，任何一方都不得擅自处分房屋，也不得未经对方同意在房屋上设定抵押。

案例59 离婚夫妻就丈夫开的私家车归属发生争议

[案情简介]

郑某和林某双方自愿离婚，在分割夫妻共同财产时双方发生争议。夫妻双方5年前为丈夫郑某工作方便，用夫妻共同财产购置了捷达车一辆，因林某不会开车，汽车一直由郑某使用。郑某认为车证上是他的名字，汽车又为他使用，属于个人生活用品，应属于他个人财产，不能进行分割。林某认为汽车是用夫妻共同财产购买，虽然她不使用，但仍为夫妻共同财产，离婚时应依法分割。

［法律分析］

此汽车为夫妻共同财产，夫妻离婚时应依法分割。我国《婚姻法》在夫妻财产制中，新增加了个人特有财产制，第 18 条规定了在婚姻关系存续期间的一些财产，为夫妻个人财产，这其中就包括了一方专用的生活用品。一方专用的生活用品是指个人日常生活用品，不包括高档的消费用品，像汽车、高档首饰等。汽车是用夫妻共同财产购买，应属于夫妻共同财产，虽然由郑某使用，但不能就改变汽车财产所有权的属性。夫妻离婚时应当依法加以分割，考虑到更好的发挥财产的使用价值，汽车可以归郑某所有，但郑某必须给予林某汽车财产价值一半的补偿。

案例 60　王某对丈夫继承的遗产提出共同所有权要求

［案情简介］

1999 年丈夫区某的父母先后去世，按法定继承区某继承父母的遗产 2 万元，区某以自己的名义存入银行。2001 年秋天，妻子王某提出用这 2 万元装修房子，遭到区某的反对，提出这 2 万元是他继承父母的遗产，应属于他个人的财产。王某提出，她对公婆也履行了赡养义务，这 2 万元她也有份，何况公婆也没有指定这笔钱只归区某一人所有。丈夫继承的财产，妻子有份吗？

［法律分析］

区某继承父母的这 2 万元，妻子王某也有份，这 2 万元为夫妻共同财产。《婚姻法》第 17 条规定了实行法定财产制夫妻共同财产的范围，对继承所得的财产为夫妻共同财产，第 18 条规定，如果遗嘱中明确指定由夫妻一人继承的财产，为个人特有财产。本案中区某是依法定继承父母的财产，区某的父母没有用遗嘱的形式指定由区某继承，因此属于夫妻共同财产。对于夫妻共同财产，双方有平等的处理权，夫妻任何一方无权擅自处分，对于是否用这2万元装修房屋，双方要协商一致，共同行使权利。

案例61 丈夫未经妻子同意购买商品房发生争议

［案情简介］

丈夫单某告诉妻子蒋某，他用分期付款的方式购买了一套商品房，已付了首期款6万元。蒋某非常生气，这么大的事情事先也不和她商量，蒋某看了样板房后，对房子不是很满意，于是找到房屋开发商，以丈夫未经她同意，用夫妻共同财产擅自购买商品房为由，认为房屋买卖合同无效，要求退回已付的首期房款。

［法律分析］

《婚姻法》第17条规定，夫妻对共同所有的财产，有平等的处理权。最高人法院关于适用《婚姻法》若干问题的解释（一）第17条，对平等的处理权予以了解释："（1）夫或妻在处理夫妻共同财产上的权利是平等的，因日常生活需要而处理夫妻共同财产的，任何一方均有权决定。（2）夫或妻非因日常生活需要对夫妻共同财产做重要处理决定，夫妻双方应当平等协商，取得一致意见。他人有理由相信其为夫妻双方共同意思表示的，另一方不得以不同意或不知道为由对抗善意第三人。"单某购买商品房已超出日常生活的范畴，对夫妻共同财产不享有代理权，购买房屋应当夫妻双方共同协商，取得一致意见后才能购买。但在本案中，蒋某不能以单某没有与他商量为由，提出房屋买卖合同无效，要求开发商退款。因为在日常行为中，夫或妻对外的买卖行为，一般都认定为夫妻双方共同一致意思表示，开发商不具有恶意，应认定为善意的第三人，房屋买卖合同有效。如果蒋某不满意购买的房屋，只能与丈夫商量，解除房屋买卖合同，承担违约责任。至于由此给夫妻共同财产造成的损失，蒋某只能向单某要求赔偿损失。

案例 62　夫妻约定财产制产生的债务纠纷

[案情简介]

曹军与刘迎在婚前约定婚前双方各自所有的财产归各自所有，婚后双方的劳动所得为夫妻共同财产，双方其余各自所得为个人财产，个人债务由个人承担，并且到公证机关进行了公证。婚后，曹军用个人财产 10 万元与他人共同成立了一网络公司。为了工作方便，曹军向孙某借 7 万元购买了一辆汽车，约定二年内偿还。网络公司开始生意还兴隆，但随着此类公司的增多，竞争越来越激烈，不久公司破产解散，曹军只分得剩余财产 1 万元，借孙某的钱已无力偿还。刘迎在婚后曾向其弟弟借款 3 万元投入股市，其弟弟知道姐姐、姐夫对债务的约定，担心姐姐无法偿还，刘迎表示在股市肯定不能赔钱，保证一年后偿还，结果一年来，刘迎在股市赔了 12000 元，其弟弟买房屋也急需现金，而刘迎只有个人财产 5000 元，其弟弟要求姐夫偿还这笔债务。夫妻双方分别欠孙某和弟弟的债务如何清偿?

[法律分析]:《婚姻法》第 19 条第二、三款规定:“夫妻对婚姻关系存续期间所得的财产以及婚前财产的约定，对双方具有约束力。夫妻对婚姻关系存续期间所得的财产约定归各自所有的，夫或妻一方对外所负的债务，第三人知道该约定的，以夫或妻一方的财产清偿。”曹军、刘迎关于夫妻财产的约定是双方真实意愿的体现，是在平等自愿基础上签订的，是合法有效的，对双方具有约束力。孙某借给曹军钱，并不知道他们夫妻关于债务的约定，因此曹军与刘迎夫妇关于债务的约定对孙某不具有约束力，先由曹军从个人财产中偿还，不足部分由夫妻共同财产中偿还。刘迎欠弟弟的债务，由于其弟弟知道姐姐、姐夫关于债务的约定，因此约定对刘迎弟弟具有法律效力，刘迎个人债务只能有个人承担偿还义务。

案例63 继母田萍要求继子承担赡养义务

[案情简介]

吴庆与田萍结婚，吴庆系离异再婚，有一子吴立宝（5周岁）与他们共同生活，婚后田萍主要从事家务劳动，抚养教育吴立宝。吴庆因病去世，田萍仍与吴立宝共同生活，对其悉心照料，由于田萍体弱多病，无法从事劳动，经济上主要依靠吴立宝的叔叔帮助。吴立宝参加工作后，逐渐嫌弃继母，加之田萍治病费用不断增加，吴立宝工作后其叔叔也不再资助他们母子，经济上比较紧张，对继母产生反感情绪，经常借故与继母发生争吵，继母子关系恶化，吴立宝认为：田萍对他没有履行抚养义务，田萍没有工作，没有经济来源，在他没有工作之前，田萍还是依靠他父亲和叔叔的帮助生活，因此田萍对他没有尽抚养义务，他可以不赡养田萍。此时吴立宝的生母要求他每月支付赡养费100元，遭到拒绝。吴立宝可以不赡养田萍吗？他可以拒绝生母的赡养要求吗？

[法律分析]

吴立宝对继母田萍和生母都负有赡养义务。《婚姻法》第27条规定："继父母与继子女间，不得虐待或歧视。继父或继母和受其抚养教育的继子女间的权利和义务，适用本法对父母子女关系的有关规定。"本案关键问题是田萍与吴立宝之间是否具有抚养事实。继父母与继子女间是否形成抚养教育关系，可以从两方面认定：一是经济上的帮助，包括承担部分或全部的抚养费、教育费；二是生活上的抚育、照料。只要具备两者之一就可认定为具有抚养事实，继父母子女之间产生权利义务关系，适用《婚姻法》父母子女关系的规定。本案中，田萍本人虽没有经济收入，但在生活上予以吴立宝抚育、照顾，把吴立宝培养成人，田萍有抚养吴立宝的事实，双方具有权利义务关系，吴立宝成年后负有赡养田萍的义务。有负担能力的继子女，对于曾经长期抚养教育过他们的年老体弱、生活有困难的继父母，仍应尽赡养扶助的义务。根据1988年1月22日，最高人民法院（1987）民他字第44号，《关于继父母与继子女已形成的权利义务关系能否解除的批复》中指出：继父母与继子女已形成的权利义务不能自然终止，一方起诉要求解除这种权利义务关系的，人民法院应视具体情况做出是否准许解除的调解或判决。本案中田萍年老体弱多病，因此吴立宝不能解除与田萍的关系，对田萍负有赡养义务。同时吴立宝对生母也负有赡养的义务，继子女与继父母形成权利义务关系，并不影响与生父母间的权利义务关系，父母子女间的关系是基于血缘关系而产生的，他们之间的关系非依法不得消除。因此继子女对父母所享有的权利和所负的义务是双重的。在吴立宝有能力履行赡养义务的情况下，应当对生母尽赡养扶助的义务。

案例64　余某状告丈夫王炳权重婚

[案情简介]

河南人王炳权和余某在云南打工时结婚并生育一子。1999年底王炳权带着陈剑莉来到北京，开了一家美发厅，二人过上了夫妻生活，还生育一女孩。王炳权常年在北京生活，对家里的妻子、孩子不管不问。余某患了眼疾，没钱医治，孩子交不起学费，辍学一年多。在走投无路的情况下，余某带着孩子来到北京找到王炳权，狠心的丈夫王炳权拒不接受他们母子。2001年10月，北京市西城公安分局立案侦查，2002年6月北京西城区法院以重婚罪判处王炳权有期徒刑年1年，“二奶”陈剑莉被判有期徒刑年1年、缓刑1年。同时王炳权也构成遗弃。

[法律分析]

遗弃是指负有扶养义务的人在被扶养人需要扶养的情况下，

不履行扶养义务给被扶养人造成生活困难。本案中，王炳权对妻子余某和儿子负有扶养义务，余某患了眼疾需要丈夫王炳权履行扶养义务，孩子未成年，也需要父亲王炳权履行抚养教育的义务，王炳权在北京开美发厅，有能力履行对妻子、孩子应尽的义务，但长期在北京，有家不归，不履行扶养义务，特别是妻子、孩子找到北京，仍然置之不理，使妻子眼疾得不到医治，孩子辍学，造成了严重的后果，王炳权的行为构成了遗弃。

案例65 “二奶”争夺遗产纠纷

[案情简介]

现年60岁的蒋伦芳与黄永彬于1963年6月经恋爱登记结婚，婚后夫妻关系一直较好。因双方未能生育子女，便收养一子（黄勇，现年31岁，已成家另过）。1990年7月，蒋伦芳继承父母遗产房屋51平方米。1995年，该房被拆迁，由拆迁单位补偿安置了一套房屋给蒋伦芳，并以蒋伦芳个人名义办理了房屋产权登记手续。1996年，年近六旬的黄永彬与比他小近30岁的爱姑相识后，便一直在外租房公开非法同居生活，其居住地的周围群众都认为二人是老夫少妻关系。2000年9月，黄永彬与蒋伦芳将蒋伦芳继承所得的房产，以8万元的价格出售给陈蓉。双方约定在房屋交易中产生的税费由蒋伦芳承担，故实际卖房得款不足8万元。2001年春节，黄永彬、蒋伦芳夫妇将售房款中的3万元赠予其养子黄勇另购买商品房。2001年初，黄永彬因患肝癌病晚期住院治疗，爱姑去医院准备照顾黄永彬，但遭到蒋伦芳及其亲友的怒骂，并相互发生抓扯。黄永彬于2001年4月18日立下书面遗嘱，将其所得的住房补贴金、公积金、抚恤金和卖给陈蓉房产获款的一半计4万元及自己所用的手机一部，总计6万元的财产赠予“朋友”爱姑所有。2001年4月20日，泸州市纳溪区公证处对该遗嘱出具了（2000）泸纳证字第148号公证书。2001

年4月22日，黄永彬因病去世。黄永彬的遗体火化前，爱姑偕同律师上前阻拦，并公开当着原配蒋伦芳的面宣布了黄永彬留下的遗嘱。蒋伦芳和亲属们感到十分震惊，气愤之下，双方再次发生争吵。当日下午，爱姑以蒋伦芳侵害其财产权为由，迫不及待地诉讼至泸州市纳溪区人民法院，公然与黄妻争夺遗产。

[法律分析]

法院驳回了原告的诉讼请求。泸州市纳溪区法院经审理认为，遗赠人黄永彬患肝癌症晚期立下书面遗嘱，将其财产赠与原告爱姑，并经泸州市纳溪区公证处公证，该遗嘱形式上是遗赠人黄永彬的真实意思表示，但在实质赠与财产的内容上存在以下违法之处：（1）抚恤金不是个人财产，它是死者单位按照国家有关规定对死者直系亲属的抚慰金，不属遗赠财产的范围；（2）遗赠人黄永彬的住房补助金、公积金是黄永彬与蒋伦芳夫妻关系存续期间所得，应为夫妻共同财产，按照《继承法》第16条规定，遗嘱人生前在法律允许的范围内，只能按照法律规定的方式处分其个人财产。遗赠人黄永彬在立遗嘱时未经共有人蒋伦芳同意，单独对夫妻共同财产进行处理，其无权处分部分应属无效。（3）蒋伦芳继承父母遗产所得的房款，该财产系遗赠人黄永彬与蒋伦芳婚姻关系存续期间蒋伦芳所得的财产，应为夫妻共同财产。遗赠人黄永彬是明知该房屋实际售房款不足8万元。此外，在2001年春节，黄永彬与蒋伦芳夫妇将该售房款中的3万元赠与其子黄勇用于购买商品房。对售房款部分已进行了处理。遗赠人黄永彬在立遗嘱时对该房屋住房款的处理显然违背了客观事实。泸州市纳溪公证处在未查明事实的情况下，仅凭遗赠人的陈述，便对其遗嘱进行了公证显属不当，违背了《四川省公证条例》第22条："公证机构对不真实、不合法的行为、事实和文书，应做出拒绝公证的决定"的规定。对该公证遗嘱本院不予采信。

《民法通则》第7条明确规定，民事活动应当尊重社会公德，不得损害社会公共利益。本案中遗赠人黄永彬与被告蒋伦芳系结婚多年的夫妻，无论从社会主义道德角度，还是从《婚姻法》的规定来讲，均应相互扶助、互相忠实、互相尊重。但在本案中，遗赠人从1996年认识原告爱姑以后，长期与其非法同居，其行为违反了《婚姻法》第2条规定的一夫一妻的婚姻制度和第三条禁止有配偶者与他人同居的法律规定，是一种违法行为。遗赠人黄永彬基于与原告爱姑有非法同居关系而立下遗嘱，将其遗产赠与原告爱姑，是一种违反公共秩序和社会公德的行为。从另一个角度来讲，本案被告蒋伦芳在遗赠人黄永彬患肝癌晚期住院直至去世期间，一直对其护理照顾，履行了夫妻扶助的义务，遗赠人黄永彬却无视法律规定，违反社会公德，漠视结发夫妻的忠实与扶助，将财产赠与其非法同居的原告爱姑，实质上损害了被告蒋伦芳合法的财产继承权，破坏了我国实行的一夫一妻制度，败坏了社会风气。

遗赠人黄永彬的遗赠行为违反了法律的原则和精神，损害了社会公德，破坏了公共秩序，应属无效行为，故原告爱姑要求被告蒋伦芳给付受遗赠财产的主张本院不予支持。被告蒋伦芳要求确认该遗嘱无效的理由成立，本院予以支持。据此，纳溪区法院依照《民法通则》第7条的规定，于2000年10月11日一审判决驳回原告爱姑的诉讼请求。

案例66 与丈夫的感情未破裂妻子要求维持婚姻关系

[案情简介]

原告唐某，男，1938年生，汉族，山东省人，现离休在家；被告卢某，女，1946年生，现退休在家。原告唐某诉被告卢某离婚一案，由河南省某法院审理。

原告唐某诉称，我与被告是二婚。因婚前了解不够，婚后我才发现，被告是个性格急躁、心胸狭窄的人。被告的所作所为我已无法容忍。结婚两年来，我们一直分居生活。夫妻感情已经破裂，所以我起诉离婚。

被告卢某称，第一，我与原告婚姻基础较好；第二，我与原告婚后感情很好；第三，原告提出离婚并非出于内心自愿，而是迫于儿子的压力。其儿子在婚前就在我面前打过他的父亲，婚后则到我们的住处打掉了我的两颗牙。希望法院维持我与原告的婚姻关系。

经法院审理查明，原被告2000年初经人介绍相识，两人感到很满意，半年后两人结婚。两人均系再婚，婚后双方互敬互爱，感情很好。但唐某结婚一事多次遭到儿子的反对。唐某的儿子婚前曾经多次对其父亲说：如果结婚，将打断唐某的腿，并且对唐某不尽赡养义务。婚后，唐某的儿子到父亲与继母的住处，将继母的牙打掉两颗，当时110到了现场，并作了记录。法院了解到这一情况后，对唐某的儿子进行了批评教育，唐某的儿子对自己的错误有所认识，表示改正。经法院调解，唐某撤诉。

［法律分析］

法院对本案的处理尊重了事实与法律，维护了当事人的合法权益。

新《婚姻法》增加了关于父母再婚权的规定。这一规定的增加使人民法院在处理因此导致的离婚案件时，法律依据更为充分。新《婚姻法》第30条规定包括两方面的内容。第一，子女应当尊重父母的婚姻权利，不得干涉父母再婚以及婚后的生活，指出儿女干涉父母再婚是违法行为；第二，规定了子女对父母的赡养义务，不因父母再婚而发生变化。

根据我国《婚姻法》第32条规定，对离婚问题的处理应依据夫妻感情是否确已破裂为准，处理时应特别注意维护妇女的合法权益。本案中，唐某的儿子在父亲结婚时，就开始阻碍父亲，当唐某结婚后，其儿子仍然干涉老人的再婚生活，并将唐某的后婚妻子打伤。迫于各方面的压力，唐某终于提出离婚。法院在认真调查后，认为双方感情并未破裂，因此对双方做了调解和好的工作，唐某最终撤诉，两人和好如初。

案例 67 秀珍被丈夫欺骗办理假离婚纠纷

［案情简介］

王强与邻村女青年秀珍经人介绍认识，恋爱期间感情很好，1988 年两人喜结良缘，婚后双方的感情十分融洽，生有一男孩。1991 年王强考到某大学，并隐瞒了自己已婚的事实。大学毕业后，王强分配在南方某机械厂工作。王强谎称自己未婚，并与同事红梅谈起了恋爱。1998 年，当秀珍发现丈夫另有新欢时，多次劝告无效。此时，王强为了达到与新欢结合的目的，欺骗秀珍说：“我与红梅的事大家都已经知道。红梅现在已怀孕，她说我如果不与她结婚，她将要告我强奸罪。看在我们多年夫妻的分上，救我一把吧，咱们先协议离婚，等以后我再想办法与你复婚。”秀珍信以为真，为了丈夫的未来，她答应与丈夫协议离婚。秀珍与王强到市民政部门办理了协议离婚的手续。此后，善良的秀珍就一直等着丈夫复婚。一年过去了，王强再也未回到这个家庭。急于复婚的秀珍找到了王强。王强则一反常态，否认与秀珍的离婚是假离婚，并告知与红梅已经结婚并且生有一个男孩。此时秀珍才知道自己受到了欺骗，于是，向原婚姻登记机关申请要求宣告其离婚无效。

婚姻登记机关对本案存在三种不同的处理意见。第一种意见认为，秀珍与王强合谋搞假离婚，视法律为儿戏，弄假成真，现王强又与他人结婚，离婚和结婚都已办理了法律手续，秀珍应承担其后果，婚姻登记机关不予处理；第二种意见认为，王强用欺骗手段，使秀珍与其离婚，因此，婚姻登记机关应宣告其离婚协议无效，恢复秀珍与王强的婚姻关系；第三种意见认为，尽管王强欺骗秀珍而离婚，但他与红梅的结婚是双方自愿的，在一定程度上是合法的。不能采取简单的方式处理这一问题。如果对王强进行批评教育，并对红梅揭开事实的真相后，王强与红梅都同意离婚，可到原结婚登记机关依法解除现在的婚姻关系；如果双方不同意离婚，则应当承认其结婚登记的法律效力。婚姻登记机关最后采取了第三种意见。经查明红梅并不知道王强通过欺骗的手段与秀珍假离婚。现有一个两个月大的孩子，不同意离婚。婚姻登记机关在对王强批评教育的同时，说服秀珍正视现实，放弃了复婚的要求。

[法律分析]

婚姻登记机关对本案的处理是正确的。婚姻登记机关对此类案件的处理，应注重维护法律的尊严，严肃批评甚至处分欺骗的一方，支持其合理要求。根据我国新《婚姻法》第 31 条规定，双方协议离婚首先是双方自愿，不得有任何欺骗与强迫。本案在王强与秀珍离婚时，婚姻登记机关忽视了审查离婚的真正原因，因而出现了这一疏漏。但在具体处理时，又要慎重。对已办理结婚登记，并已怀孕或生育子女的，在进行批评教育后，婚后的双方不同意离婚的，则不宜强制解除，但必须对原协议中错误的部分予以纠正。在处理财产分割时应注意照顾受骗一方和子女的权益。对一方有过错的更要在住房、生活、子女抚养方面对无过错方给予照顾。

案例 68　要求未成年子女的父母就未成年人对他人人身造成的伤害进行赔偿纠纷

[案情简介]

小亮 12 岁，4 年前父母离婚，他与父亲共同生活，一天放学回家途中，他与同学小强发生口角，继而发生殴打，由于小亮身体单薄不是小强的对手，小亮不断向后退，正好看到路边有一块砖头，顺手拿起砖头朝着小强的头打去，小强没有提防，结果头被打破，鲜血直流，后被过往的行人送往医院，花去医疗费、营养费、护理费及父母的误工费、交通费近万元，小强的父母要求小亮的父亲承担赔偿责任。小亮的父亲工资不高，平时的收入只能维持父子的生活，加之工厂效益不好，工资常常发不出来，哪有钱承担这笔赔偿费。无奈，小强的父亲找到小亮的母亲，要求她承担这笔赔偿费，遭到小亮母亲的拒绝，她认为是小亮的父亲没有尽到监护职责，她又不直接抚养孩子，因此她不应当承担赔偿责任。最后小强的父亲作为小强的法定代理人将小亮的父母告到法院，要求他们承担赔偿责任。

［法律分析］

法院判决小亮的母亲承担赔偿责任。《婚姻法》第23条规定："父母有保护和教育未成年子女的权利和义务。在未成年子女对国家、集体或他人造成损害时，父母有承担民事责任的义务。"小亮的父母虽然离婚，但父母子女关系并不由此受到影响，小亮的母亲对小亮仍负有保护和教育的权利和义务，改变的只是对小亮的抚养方式，由直接抚养改为间接抚养。所以当小亮给他人人身造成伤害，小亮的父母应当承担赔偿责任，鉴于小亮的父亲无力承担赔偿责任，小亮的母亲从事个体经济，有能力承担这笔赔偿费，因此法院做了如上的判决。1990年最高人民法院《关于贯彻执行民法通则若干问题的意见（修改稿）》第180、185条规定："夫妻离婚后，未成年子女侵害他人权益的，同该子女共同生活的一方应当承担民事责任；如果独立承担民事责任确有困难的，可责令未与该子女共同生活的一方共同承担民事责任。"

案例69 离婚时丈夫的债主要求妻子偿还赌债纠纷

［案情简介］

田英与丈夫吴庆结婚多年，现子女已成年，没有更多的家庭负担。吴庆最初闲暇无事时，经常看朋友打麻将，后来自己也逐渐学会，渐渐上瘾，生意也顾不上做了，整天沉迷于麻将桌上，田英多次劝说无效，无奈向吴庆提出离婚，吴庆表示同意，但表示要求与田英共同负担因赌博欠下的5万元债务，一些债主听说他们将要离婚，也纷纷找上门来，要求田英偿还赌债，田英有义务偿还这些债务吗？

［法律分析］

田英不必偿还这些赌债。《婚姻法》第41条规定："离婚时，原为夫妻共同生活所负债务，应当共同偿还。共同财产不足清偿的，或财产归各自所有的，由双方协议清偿；协议不成时，由人民法院判决。"夫妻离婚，随着身份关系的解除，双方的财产关系也归于终止，要对夫妻共同财产予以分割，对共同生活所欠的债务要予以清偿。离婚时，需要夫妻共同偿还的是夫妻共同债务，即为维持家庭共同生活的需要，为抚养子女、赡养老人和为夫妻双方或一方医治疾病所欠下的债务。对于夫妻共同债务首先用夫妻共同财产偿还，夫妻共同财产不足清偿债务的，由夫妻协议清偿，协议不成的，由人民法院判决如何清偿。对于属于夫妻个人债务，由夫妻个人承担偿还债务的义务。根据最高人民法院《关于人民法院审理离婚案件财产分割问题的若干具体意见》第17条第2款规定："下列债务不能认定为夫妻共同债务，应由一方以个人财产清偿：(1) 夫妻双方约定由个人负担的债务，但以逃避债务为目的的除外。(2) 一方未经对方同意，擅自资助与其没有抚养义务的亲朋所负的债务。(3) 一方未经对方同意，独自筹资从事经营活动，其收入确未用于共同生活所负的债务。(4) 其他应由个人承担的债务。”吴庆所欠的赌债也不能认定为个人债务。我国法律保护的是合法的债权债务关系，赌博是法律所禁止的活动，赌债不受法律所保护，因此不用偿还。

案例70 离婚时妻子向丈夫提出经济帮助的要求

[案情简介]

小芳年轻貌美，在一次朋友聚会中认识了王某，王某虽然年长小芳十几岁，但王某不俗的谈吐，事业的成功深深吸引了小芳，双方闪电般的恋爱、结婚。婚后不久，小芳发现王某脾气暴躁、独断专横，特别是王某经常在外拈花惹草，甚至公开与一女青年同居，小芳多次劝说无效，甚至遭到王某的殴打。三年的婚姻生活使小芳遭受了心灵和肉体的伤害。遂小芳向王某提出离婚，王某表示同意，但表示夫妻双方现居住的2间房屋，是婚前王某单位分给他的，刚刚购买下来，由于小芳所在单位这几年效益一直不好，收入微薄，购房款6万元主要是用王某这些年的工资、奖金收入，因此房屋应归他所有。小芳表示反对，正在此时，小芳所在单位与其他单位合并，小芳下岗。小芳向王某提出离婚时的经济帮助，遭到王某的拒绝，夫妻双方因为房屋和经济帮助问题无法达成协议，小芳向法院提出了离婚诉讼。

[法律分析]

法院受理此案，通过审理查明，双方对离婚问题没有争议，争议的焦点在于房屋和经济帮助，法院经过调解，双方仍旧没有达成一致意见，最后法院判决：第一，小芳与王某离婚。第二，双方婚姻关系存续期间购买的房屋2间，双方各自分得1间。第三，王某应给予小芳经济帮助，一次性付给2000元。法院的判决是正确的。

首先，关于房屋问题。虽然此房屋是王某婚前单位分给的，但婚后已用夫妻共同财产购买，因此房屋应当认定为夫妻共同财产。虽然王某称购房款主要是他的工资、奖金收入，但根据《婚姻法》第17条的规定，只要双方没有实行约定财产制的，在婚姻关系存续期间，夫妻的工资、奖金收入为夫妻共同财产，不管是一方收入还是双方收入，不管收入的多少，夫妻对共同所有的财产有平等的处理权。因此王某提出房屋是婚前单位分给他的，购房款主要是用王某这些年的工资、奖金收入，因此房屋应归他所有的理由不成立。小芳对此房屋有要求分割的权利，鉴于此房屋可以分开居住，根据最高人民法院发布了《关于审理离婚案件中公房使用、承租若干问题的解答》第5项的解答，双方各分得1间。

其次，关于经济帮助问题。《婚姻法》第42条规定："离婚时，如一方生活困难，另一方应从其住房等个人财产中给予适当帮助。具体办法由双方协议；协议不成时，由人民法院判决。"最高人民法院关于适用《中华人民共和国婚姻法》若干问题的解释（一）第27条规定："婚姻法第42条所称'一方生活困难'，是指依靠个人财产和离婚时分得的财产无法维持当地基本生活水平。"小芳下岗，没有经济来源，夫妻共同财产也用于购买房屋，除房屋外没有其他夫妻共同财产可予以分割，生活暂时发生困难，而王某有能力给予经济帮助，因此应支持小芳的请求，离婚时王某应向小芳进行经济帮助。鉴于小芳年轻、有劳动能力，只是暂时找不到工作，因此王某向小芳支付经济帮助费2000元。

案例71　黄淑芬要求行使探望子女的权利

［案情简介］

2000年3月，法院判决黄淑芬与张志强离婚，婚生子张帅（5岁）由张志强抚养，因黄淑芬收入较低，而张志强收入较高，黄淑芬不负担儿子的抚养费。双方离婚后，黄淑芬思子心切，几乎每周都要看望儿子，张志强很反感。借故将张帅送到外地的爷爷奶奶家，黄淑芬由于经济方面的原因，无法去看望张帅，黄淑芬要求张志强将孩子接回，遭到拒绝，并提出黄淑芬不负担子女的抚养费就别想看孩子。2002 年 4 月，黄淑芬向法院提出诉讼，要求张志强履行协助其行使探望权的义务。

[法律分析]

法院应支持黄淑芬的诉讼请求，判决张志强应协助黄淑芬行使探望权，对探望的时间、地点、方式等进行了判决。《婚姻法》第 38 条规定："离婚后，不直接抚养子女的父或母，有探望子女的权利，另一方有协助的义务。行使探望权利的方式、时间由当事人协议；协议不成时，由人民法院判决。"最高人民法院关于适用《婚姻法》若干问题的解释（一）第 24 条规定："人民法院作出的生效的离婚判决中未涉及探望权，当事人就探望权问题单独提起诉讼的，人民法院应予受理。"探望权是《婚姻法》新增加的内容，是指夫妻离婚后，不与子女共同生活的一方，有依照协议或法院的判决，在约定的时间、地点、方式探望子女的权利。探望权的规定一方面可以使不直接抚养子女的一方与子女有正常的交流，便于行使对子女教育、保护的权利和义务。另一方面也可以使子女得到正常的父爱或母爱，弥补家庭解体对孩子造成的伤害。此案中，由于双方是在 2000 年离婚，当时的《婚姻法》还没有探望权的规定，因此在离婚判决中没有涉及探望的时间、地点等问题，致使双方发生冲突。因此，黄淑芬有权提起诉讼，要求张志强协助探望张帅。探望权是一项独立的权利，它与不直接抚养子女一方是否负担抚养费没有关系。张志强不能借口黄淑芬不承担抚养费而不履行协助黄淑芬探视张帅的义务。而且张志强也有权向黄淑芬提出要求负担张帅的抚养费，如果双方协议不成的，张志强也可以向法院提出诉讼，要求黄淑芬负担抚养费。张志强应按法院的判决，协助黄淑芬行使探望张帅的权利。

《婚姻法》第 48 条规定：对拒不执行有关探望子女判决的，由人民法院强制执行。最高人民法院关于适用《婚姻法》若干问题的解释（一）第 32 条规定："婚姻法第 48 条关于对拒不执行有关探望子女等判决或裁定的，由人民法院强制执行的规定，是指对拒不履行协助另一方行使探望权的有关个人和单位采取拘留、罚款等强制措施，不能对子女的人身、探望行为进行强制执行。"

案例 72　小山状告母亲要求支付抚养费

[案情简介]

王立娟和丈夫李茂 6 年前离婚，所生子小山由李茂抚养，王立娟每月负担 200 元抚养费，现小山高中毕业，考取了大学，需要交付学费等有关费用 6000 元，李茂提出这些费用王立娟应负担一半，王立娟提出她现在经济状况不好，只同意承担 1000 元。李茂无法筹集到剩余的费用，于是小山向法院提起诉讼，要求母亲支付 3000 元的抚养费。

[法律分析]

法院依法不支持小山的诉讼请求，王立娟没有义务承担这笔费用。根据《婚姻法》的规定，父母对子女有抚养教育的义务。这是父母法定的义务，并不因父母的离婚而免除，但父母的这项义务针对的是未成年子女和不能独立生活的成年子女，父母对有独立生活能力的成年子女不再负有义务。根据最高人民法院关于适用《婚姻法》若干问题的解释（一）第 20 条规定：不能独立生活的子女，"是指尚在校接受高中及其以下学历教育，或者丧失或未完全丧失劳动能力等非因主观原因而无法维持正常生活的成年子女。"小山已高中毕业，已经成年，母亲王立娟不再对他有抚养义务，王立娟自愿承担 1000 元，是基于母子之情，并不是法定的义务。因此法院依法驳回了小山的诉讼请求。

案例73 王某要求与丈夫离婚，并要求获得离婚精神损害赔偿

［案情简介］

王某与孙某经人介绍于1998年8月登记结婚，婚后未生育子女。2001年初，孙某结交另一女友赵某，不久两人便开始同居生活。后来王某发现丈夫与赵某同居的事情，面对丈夫的不忠，王某于2002年4月向北京房山区人民法院提起了诉讼，要求与赵某离婚，并要求获得离婚精神损害赔偿费1.5万元。

［法律分析］

北京房山区人民法院受理此案，经过调解，王某与孙某达成调解协议，双方离婚，孙某支付妻子王某离婚精神损害赔偿费1万元。法院的做法是正确的，孙某与王某已经结婚，确违背夫妻相互忠实的义务，违反一夫一妻制，与她人同居，构成有配偶者与他人同居，王某有权要求离婚。王某作为原告人，作为离婚案件中无过错一方，有权提出离婚损害赔偿。孙某有配偶与她人同居的行为，是离婚和离婚损害赔偿的法定情形，因此法院经过调解，调解双方离婚，孙某承担离婚损害赔偿是正确的。

案例74 王丽离婚后要求重新分割夫妻共同财产

［案情简介］

赵亮和王丽2001年9月双方协议离婚，因夫妻双方的存款一直由赵亮管理，王丽对于夫妻双方究竟有多少财产并不十分清楚，只能按照赵亮提供的财产数额进行了分割。离婚后不久，王丽偶然得知离婚时，赵亮在某证券交易所购买股票共计12万元没有列为夫妻共同财产，没有进行分割。现王丽有权要求分割这12万元吗？

［法律分析］

王丽有权要求分割这12万元夫妻共同财产。《婚姻法》第47

条规定："离婚时，一方隐藏、转移、变卖、毁损夫妻共同财产，或伪造债务企图侵占另一方财产的，分割夫妻共同财产时，对隐藏、转移、变卖、毁损夫妻共同财产或伪造债务的一方，可以少分或不分。离婚后，另一方发现有上述行为的，可以向人民法院提起诉讼，请求再次分割夫妻共同财产。"赵亮在离婚时隐瞒了夫妻共同财产，独占了属于夫妻双方共有的12万元，侵害了王丽对这12万元的权利，根据《婚姻法》的规定，虽然赵亮和王丽已经离婚，但王丽仍有权要求分割夫妻共同财产，而且赵亮有隐藏夫妻共同财产这一行为，在分割这12万元时，赵亮应少分，对于他的这种行为予以惩罚。

案例75　妻子刘某以丈夫唐某经常对其打骂并将其打成轻伤为由要求追究唐某的刑事责任

[案情简介]

因丈夫唐某婚前与女友同居生育子女，夫妻之间经常发生争执。2001年11月5日，二人在家中因房产问题再次发生争吵，唐某拿起家中的圆凳，将妻子刘某打昏在地。经医院诊断，刘某颅骨骨折、头皮裂伤，经法医鉴定系轻伤。刘某随后以夫妻感情不和，丈夫经常对其打骂以致将其打成轻伤为由，要求追究唐某的刑事责任。

[法律分析]

一审法院判决唐某拘役6个月缓刑6个月，唐某和刘某均不服。刘某认为法院判得太轻，应该对丈夫判实刑，以达到教育唐某，警示他人的目的。唐某表示两人发生争执，起因在刘某，法院对自己的处罚太重。北京第一中级人民法院审理认为，唐某故意伤害他人身体，致人轻伤，其行为已构成故意伤害罪，故依法驳回上诉，维持一审法院判决。

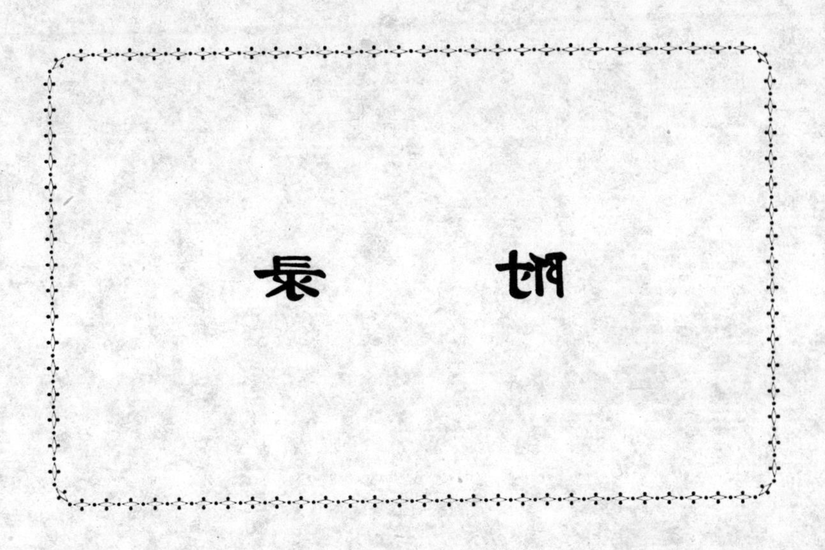

附录

附　录

消除对妇女一切形式歧视公约（节录）

第十六条　1. 缔约各国应采取一切适当措施，消除在有关婚姻和家庭关系的一切事项上对妇女的歧视，并特别应保证她们在男女平等的基础上：

(a) 有相同的缔婚权利；

(b) 有相同的自由选择配偶和非经本人自由表示，完全同意不缔婚约的权利；

(c) 在婚姻存续期间以及解除婚姻关系时，有相同的权利和义务；

(d) 不论婚姻状况如何，在有关子女的事务上，作为父母亲有相同的权利和义务。但在任何情况情形下，均应以子女的利益为重；

(e) 有相同的权利自由负责地决定子女人数和生育间隔，并有机会获得使她们能够行使这种权利的知识、教育和方法；

(f) 在监护、看管、受托和收养子女或类似的制度方面，如果国家法规有这些观念的话，有相同的权利和义务。但在任何情形下，均应以子女的利益为重；

(g) 夫妻有相同的个人权利，包括选择姓氏、专业和职业的权利；

……

2. 童年订婚和童婚应不具法律效力，并应采取一切必要行动，包括制订法律，规定结婚最低年龄，并规定婚姻必须向正式登记机构登记。

《行动纲领》(节录)

第四次世界妇女大会通过

四、对妇女的暴力行为

34. 对妇女的暴力行为阻碍实现平等、发展与和平的目标。自内罗毕会议以来，对此种暴力的原因和后果以及发生率和遏制暴力的措施的认识已经大为扩充。但在社会中，妇女和女孩都多少受到身心和性方面的凌虐，这种情况不分收入、阶层和文化。

35. “对妇女的暴力行为”一语是指公共生活或私人生活中所发生基于性别原因的任何暴力行为，这种暴力行为造成或可能造成妇女受到身心或性方面的伤害或痛苦。

36. 对妇女的暴力行为反映了历史上男女权力不平等的关系，这种关系导致了男子对妇女的控制和歧视，阻碍了妇女的充分发展。在生命周期各阶段对妇女的暴力行为主要源于文化形态，尤其是某些传统习俗或习惯做法的不良影响以及与种族、性别、语言或宗教有关的所有极端主义行为，这些影响和行为使妇女在家庭、工作场所、社区和社会中长期处于低下地位。

37. 政府和其他行动者在处理对妇女的暴力行为问题时,应推行将性别观点纳入所有政策和方案的积极和明显的政策,以便在作出决定之前,可以就各项政策和方案对男女的影响分别进行分析。

战略目标 1. 采取综合措施预防和消除对妇女的暴力行为

战略目标 2. 研究对妇女的暴力行为的原因以及有效预防方法的战略

战略目标 3. 消除贩卖妇女现象并援助卖淫和贩卖妇女所造成暴力受害者

中华人民共和国宪法（节录）

（1982年12月4日第五届全国人民代表大会第五次会议通过　1982年12月4日中华人民共和国全国人民代表大会公告公布施行）

第一章　总　　纲

第二十五条　国家推行计划生育，使人口的增长同经济和社会发展计划相适应。

第二章　公民的基本权利和义务

第三十三条　凡具有中华人民共和国国籍的人都是中华人民共和国公民。中华人民共和国公民在法律面前一律平等。

任何公民享有宪法和法律规定的权利，同时必须履行宪法和法律规定的义务。

第三十四条　中华人民共和国年满18周岁的公民，不分民族、种族、性别、职业、家庭出身、宗教信仰、教育程度、财产状况、居住期限，都有选举权和被选举权；但是依照法律被剥夺政治权利的人除外。

第三十五条　中华人民共和国公民有言论、出版、集会、结社、游行、示威的自由。

第三十六条　中华人民共和国公民有宗教信仰自由。

任何国家机关、社会团体和个人不得强制公民信仰宗教或者不信仰宗教，不得歧视信仰宗教的公民和不信仰宗教的公民。

国家保护正常的宗教活动。任何人不得利用宗教进行破坏社会秩序、损害公民身体健康、妨碍国家教育制度的活动。

宗教团体和宗教事务不受外国势力的支配。

第三十七条 中华人民共和国公民的人身自由不受侵犯。

任何公民，非经人民检察院批准或者决定或者人民法院决定，并由公安机关执行，不受逮捕。

禁止非法拘禁和以其他方法非法剥夺或者限制公民的人身自由，禁止非法搜查公民的身体。

第三十八条 中华人民共和国公民的人格尊严不受侵犯。禁止用任何方法对公民进行侮辱、诽谤和诬告陷害。

第三十九条 中华人民共和国公民的住宅不受侵犯。禁止非法搜查或者非法侵入公民的住宅。

第四十条 中华人民共和国公民的通信自由和通信秘密受法律的保护。除因国家安全或者追查刑事犯罪的需要，由公安机关或者检察机关依照法律规定的程序对通信进行检查外，任何组织或者个人不得以任何理由侵犯公民的通信自由和通信秘密。

第四十一条 中华人民共和国公民对于任何国家机关和国家工作人员，有提出批评和建议的权利；对于任何国家机关和国家工作人员的违法失职行为，有向有关国家机关提出申诉、控告或者检举的权利，但是不得捏造或者歪曲事实进行诬告陷害。

对于公民的申诉、控告或者检举，有关国家机关必须查清事实，负责处理。任何人不得压制和打击报复。

由于国家机关和国家工作人员侵犯公民权利而受到损失的人，有依照法律规定取得赔偿的权利。

第四十二条 中华人民共和国公民有劳动的权利和义务。

国家通过各种途径，创造劳动就业条件，加强劳动保护，改善劳动条件，并在发展生产的基础上，提高劳动报酬和福利待遇。

劳动是一切有劳动能力的公民的光荣职责。国营企业和城乡集体经济组织的劳动者都应当以国家主人翁的态度对待自己的劳动。国家提倡社会主义劳动竞赛，奖励劳动模范和先进工作者。国家提倡公民从事义务劳动。

国家对就业前的公民进行必要的劳动就业训练。

第四十三条　中华人民共和国劳动者有休息的权利。

国家发展劳动者休息和休养的设施，规定职工的工作时间和休假制度。

第四十四条　国家依照法律规定实行企业事业组织的职工和国家机关工作人员的退休制度。退休人员的生活受到国家和社会的保障。

第四十五条　中华人民共和国公民在年老、疾病或者丧失劳动能力的情况下，有从国家和社会获得物质帮助的权利。国家发展为公民享受这些权利所需要的社会保险、社会救济和医疗卫生事业。

国家和社会保障残废军人的生活，抚恤烈士家属，优待军人家属。

国家和社会帮助安排盲、聋、哑和其他有残疾的公民的劳动、生活和教育。

第四十六条　中华人民共和国公民有受教育的权利和义务。

国家培养青年、少年、儿童在品德、智力、体质等方面全面发展。

第四十七条　中华人民共和国公民有进行科学研究、文学艺术创作和其他文化活动的自由。国家对于从事教育、科学、技术、文学、艺术和其他文化事业的公民的有益于人民的创造性工作，给以鼓励和帮助。

第四十八条 中华人民共和国妇女在政治的、经济的、文化的、社会的和家庭的生活等各方面享有同男子平等的权利。

国家保护妇女的权利和利益，实行男女同工同酬，培养和选拔妇女干部。

第四十九条 婚姻、家庭、母亲和儿童受国家的保护。

夫妻双方有实行计划生育的义务。

父母有抚养教育未成年子女的义务，成年子女有赡养扶助父母的义务。

禁止破坏婚姻自由，禁止虐待老人、妇女和儿童。

第五十条 中华人民共和国保护华侨的正当的权利和利益，保护归侨和侨眷的合法的权利和利益。

第五十一条 中华人民共和国公民在行使自由和权利的时候，不得损害国家的、社会的、集体的利益和其他公民的合法的自由和权利。

第五十二条 中华人民共和国公民有维护国家统一和全国各民族团结的义务。

第五十三条 中华人民共和国公民必须遵守宪法和法律，保守国家秘密，爱护公共财产，遵守劳动纪律，遵守公共秩序，尊重社会公德。

第五十四条 中华人民共和国公民有维护祖国的安全、荣誉和利益的义务，不得有危害祖国的安全、荣誉和利益的行为。

第五十五条 保卫祖国、抵抗侵略是中华人民共和国每一个公民的神圣职责。

依照法律服兵役和参加民兵组织是中华人民共和国公民的光荣义务。

第五十六条 中华人民共和国公民有依照法律纳税的义务。

中华人民共和国妇女权益保障法

（1992年4月3日第七届全国人民代表大会第五次会议通过　1992年4月3日中华人民共和国主席令第五十八号公布）

第一章　总则

第一条　为了保障妇女的合法权益，促进男女平等，充分发挥妇女在社会主义现代化建设中的作用，根据宪法和我国的实际情况，制定本法。

第二条　妇女在政治的、经济的、文化的、社会的和家庭的生活等方面享有与男子平等的权利。

国家保护妇女依法享有的特殊权益，逐步完善对妇女的社会保障制度。

禁止歧视、虐待、残害妇女。

第三条　保障妇女的合法权益是全社会的共同责任。国家机关、社会团体、企业事业单位、城乡基层群众性自治组织，应当依照本法和有关法律的规定，保障妇女的权益。

国家采取有效措施，为妇女依法行使权利提供必要的条件。

第四条　国务院和省、自治区、直辖市人民政府，采取组织措施，协调有关部门做好妇女权益的保障工作。具体机构由国务院和省、自治区、直辖市人民政府规定。

第五条　中华全国妇女联合会和各级妇女联合会代表和维护各族各界妇女的利益，做好保障妇女的工作。

工会、共产主义青年团，应当在各自的工作范围内，做好保障妇女权益的工作

第六条 国家鼓励妇女自尊、自信、自立、自强，运用法律维护自身合法权益。

妇女应当遵守国家法律，尊重社会公德，履行法律所规定的义务。

第七条 对保障妇女合法权益成绩显著的组织和个人，各级人民政府和有关部门给予表彰和奖励。

第二章 政治权利

第八条 国家保障妇女享有与男子平等的政治权利。

第九条 妇女有权通过各种途径和形式，管理国家事务，管理经济和文化事业，管理社会事务。

第十条 妇女享有与男子平等的选举权和被选举权。

全国人民代表大会和地方各级人民代表大会的代表中，应当有适当数量的妇女代表，并逐步提高妇女代表的比例。

第十一条 国家积极培养和选拔女干部。

国家机关、社会团体、企业事业单位在任用干部时必须坚持男女平等的原则，重视培养、选拔女干部担任领导成员。

国家重视培养和选拔少数民族女干部。

第十二条 各级妇女联合会及其团体会员，可以向国家机关、社会团体、企业事业单位推荐女干部。

第十三条 对于有关保障妇女权益的批评或者合理建议，有关部门应当听取和采纳；对于有关侵害妇女权益的申诉、控告和检举，有关部门必须查清事实，负责处理，任何组织或者个人不得压制或者打击报复。

第三章　文化教育权益

第十四条　国家保障妇女享有与男子平等的文化教育权利。

第十五条　学校和有关部门应当执行国家有关规定，保障妇女在入学、升学、毕业分配、授予学位、派出留学等方面享有与男子平等的权利。

第十六条　学校应当根据女性青少年的特点，在教育、管理、设施等方面采取措施，保障女性青少年身心健康发展。

第十七条　父母或者其他监护人必须履行保障适龄女性儿童少年接受义务教育的义务。

除因疾病或者其他特殊情况经当地人民政府批准的以外，对不送适龄女性儿童少年入学的父母或者其他监护人，由当地人民政府予以批评教育，并采取有效措施，责令送适龄女性儿童少年入学。

政府、社会、学校应针对适龄女性儿童少年就学存在的实际困难，采取有效措施，保护适龄女性儿童少年受完当地规定年限的义务教育。

第十八条　各级人民政府应当依照规定把扫除妇女中的文盲、半文盲工作，纳入扫盲和扫盲后继续教育规划，采取符合妇女特点的组织形式和工作方法，组织、监督有关部门具体实施。

第十九条　各级人民政府和有关部门应当采取措施，组织妇女接受职业教育和技术培训。

第二十条　国家机关、社会团体和企业事业单位应当执行国家有关规定，保障妇女从事科学、技术、文学、艺术和其他文化活动，享有与男子平等的权利。

第四章 劳动权益

第二十一条 国家保障妇女享有与男子平等的劳动权利。

第二十二条 各单位在录用职工时，除不适合妇女的工种或者岗位外，不得以性别为由拒绝录用妇女或者提高对妇女的录用标准。

禁止招收未满十六周岁的女工。

第二十三条 实行男女同工同酬。

在分配住房和享受福利待遇方面男女平等。

第二十四条 在晋职、晋级、评定专业技术职务等方面，应当坚持男女平等的原则，不得歧视妇女。

第二十五条 任何单位均应根据妇女的特点，依法保护妇女在工作和劳动时的安全和健康，不得安排不适合妇女从事的工作和劳动。

妇女在经期、孕期、产期、哺乳期受特殊保护。

第二十六条 任何单位不得以结婚、怀孕、产假、哺乳等为由，辞退女职工或者单方解除劳动合同。

第二十七条 国家发展社会保险、社会救济和医疗卫生事业，为年老、疾病或者丧失劳动能力的妇女获得物质资助创造条件。

第五章 财产权益

第二十八条 国家保障妇女享有与男子平等的财产权利。

第二十九条 在婚姻、家庭共有财产关系中，不得侵害妇女依法享有的权益。

第三十条 农村划分责任田、口粮田等，以及批准宅基地，妇女与男子享有平等权利，不得侵害妇女的合法权益。

妇女结婚、离婚后，其责任田、口粮田和宅基地等，应当受到保障。

第三十一条 妇女享有的与男子平等的财产继承权受法律保护。在同一顺序法定继承人中，不得歧视妇女。

丧偶妇女有权处分继承的财产，任何人不得干涉。

第三十二条 丧偶妇女对公、婆尽了主要赡养义务的，作为公、婆的第一顺序法定继承人，其继承权不受子女代位继承的影响。

第六章 人身权利

第三十三条 国家保障妇女享有与男子平等的人身权利。

第三十四条 妇女的人身自由不受侵犯。禁止非法拘禁和以其他非法手段剥夺或者限制妇女的人身自由；禁止非法搜查妇女的身体。

第三十五条 妇女的生命健康权不受侵犯。禁止溺、弃、残害女婴；禁止歧视、虐待生育女婴的妇女和不育妇女；禁止用迷信、暴力手段残害妇女；禁止虐待、遗弃老年妇女。

第三十六条 禁止拐卖、绑架妇女；禁止收买被拐卖、绑架的妇女。

人民政府和有关部门必须及时采取措施解救被拐卖、绑架的妇女。被拐卖、绑架的妇女返回原籍的，任何人不得歧视，当地人民政府和有关部门应当做好善后工作。

第三十七条 禁止卖淫、嫖娼。

禁止组织、强迫、引诱、容留、介绍妇女卖淫或者雇用、容留妇女与他人进行猥亵活动。

第三十八条 妇女的肖像权受法律保护。未经本人同意，不得以营利为目的，通过广告、商标、展览橱窗、书刊、杂志等形式使用妇女肖像。

第三十九条 妇女的名誉权和人格尊严受法律保护。禁止用侮辱、诽谤、宣扬隐私等方式损害妇女的名誉和人格。

第七章 婚姻家庭权益

第四十条 国家保障妇女享有与男子平等的婚姻家庭权利。

第四十一条 国家保护妇女的婚姻自主权。禁止干涉妇女的结婚、离婚自由。

第四十二条 女方按照计划生育的要求中止妊娠的，在手术后六个月内，男方不得提出离婚；女方提出离婚，或者人民法院认为确有必要受理男方离婚请求的，不在此限。

第四十三条 妇女对依照法律规定的夫妻共同财产享有与其配偶平等的占有、使用、收益和处分的权利，不受双方收入状况的影响。

第四十四条 国家保护离婚妇女的房屋所有权。

夫妻共有的房屋，离婚时，分割住房由双方协议解决；协议不成的，由人民法院根据双方的具体情况，照顾女方和子女权益的原则判决。夫妻双方另有约定的除外。

夫妻共同租用的房屋，离婚时，女方的住房应当按照照顾女方和子女权益的原则协议解决。

夫妻居住男方单位的房屋，离婚时，女方无房居住的，男方有条件的应当帮助其解决。

第四十五条 父母双方对未成年子女享有平等的监护权。

父亲死亡、丧失行为能力或者有其他情形不能担任未成年子女的监护人的，母亲的监护权任何人不得干涉。

第四十六条 离婚时，女方因实施绝育手术或者其他原因丧失生育能力的，处理子女抚养问题，应在有利子女权益的条件下，照顾女方的合理要求。

第四十七条　妇女有按照国家有关规定生育子女的权利，也有不生育的自由。

育龄夫妻双方按照国家有关规定计划生育，有关部门应当提供安全、有效的避孕药具和技术，保障实施节育手术的妇女的健康和安全。

第八章　法律责任

第四十八条　妇女的合法权益受到侵害时，被侵害人有权要求有关主管部门处理，或者依法向人民法院提起诉讼。

妇女的合法权益受到侵害时，被侵害人可以向妇女组织投诉，妇女组织应当要求有关部门或者单位查处，保护被侵害妇女的合法权益。

第四十九条　违反本法规定侵害妇女合法权益，其他法律、法规已规定处罚的，依照该法律、法规的规定处罚。

第五十条　有下列侵害妇女合法权益情形之一的，由其所在单位或者上级机关责令改正，并可根据具体情况，对直接责任人员给予行政处分；

（一）对有关侵害妇女权益的申诉、控告、检举、推诿、拖延、压制不予查处的；

（二）依照法律、法规规定，应当录用而拒绝录用妇女或者对妇女提高录用条件的；

（三）在分配住房和晋职、晋级、评定专业技术职务等方面，违反男女平等原则，侵害妇女合法权益的；

（四）以结婚、怀孕、产假、哺乳等为由辞退女职工的；

（五）划分责任田、口粮田等，以及批准宅基地，违反男女平等原则，侵害妇女合法权益的；

（六）在入学、升学、毕业分配、授予学位、派出留学等方面，违反男女平等原则，侵害妇女合法权益的。

对侵害妇女权益的行为提出申诉、控告、检举的人进行打击报复的，由其所在单位或者上级机关责令改正或者给予行政处分；国家工作人员进行打击报复构成犯罪的，依照刑法第一百四十六条的规定追究刑事责任。

第五十一条 雇用、容留妇女与他人进行猥亵活动的，比照治安管理处罚条例第十九条的规定处罚；情节严重，构成犯罪的，比照刑法第一百六十条的规定追究刑事责任。

第五十二条 侵害妇女的合法权益，造成财产损失或者其他损害的，应当依法赔偿或者承担其他民事责任。

第九章 附 则

第五十三条 国务院有关部门可以根据本法制定有关条例、报国务院批准施行。

省、自治区、直辖市人民代表大会常务委员会可以根据本法制定实施办法。

民族自治地方的人民代表大会，可以根据本法规定的原则，结合当地民族妇女的具体情况，制定变通的或者补充的规定。自治区的规定，报全国人民代表大会常务委员会备案；自治州、自治县的规定，报省或者自治区人民代表大会常务委员会批准后生效，并报全国人民代表大会常务委员会备案。

第五十四条 本法自 1992 年 10 月 1 日起施行。

中华人民共和国刑法（节录）

（1979年7月1日第五届全国人民代表大会第二次会议通过 1997年3月14日第八届全国人民代表大会第五次会议修订）

第四章 侵犯公民人身权利、民主权利罪

第二百三十二条 故意杀人的，处死刑、无期徒刑或者10年以上有期徒刑；情节较轻的，处3年以上10年以下有期徒刑。

第二百三十三条 过失致人死亡的，处3年以上7年以下有期徒刑；情节较轻的，处3年以下有期徒刑。本法另有规定的，依照规定。

第二百三十四条 故意伤害他人身体的，处3年以下有期徒刑、拘役或者管制。

犯前款罪，致人重伤的，处3年以上10年以下有期徒刑；致人死亡或者以特别残忍手段致人重伤造成严重残疾的，处10年以上有期徒刑、无期徒刑或者死刑。本法另有规定的，依照规定。

第二百三十五条 过失伤害他人致人重伤的，处3年以下有期徒刑或者拘役。本法另有规定的，依照规定。

第二百三十六条 以暴力、胁迫或者其他手段强奸妇女的，处3年以上10年以下有期徒刑。

奸淫不满14周岁的幼女的，以强奸论，从重处罚。

强奸妇女、奸淫幼女，有下列情形之一的，处10年以上有

期徒刑、无期徒刑或者死刑：

（一）强奸妇女、奸淫幼女情节恶劣的；

（二）强奸妇女、奸淫幼女多人的；

（三）在公共场所当众强奸妇女的；

（四）2人以上轮奸的；

（五）致使被害人重伤、死亡或者造成其他严重后果的。

第二百三十七条 以暴力、胁迫或者其他方法强制猥亵妇女或者侮辱妇女的，处5年以下有期徒刑或者拘役。

聚众或者在公共场所当众犯前款罪的，处5年以上有期徒刑。

猥亵儿童的，依照前两款的规定从重处罚。

第二百三十八条 非法拘禁他人或者以其他方法非法剥夺他人人身自由的，处3年以下有期徒刑、拘役、管制或者剥夺政治权利。具有殴打、侮辱情节的，从重处罚。

犯前款罪，致人重伤的，处3年以上10年以下有期徒刑；致人死亡的，处10年以上有期徒刑。使用暴力致人伤残、死亡的，依照本法第二百三十四条、第二百三十二条的规定定罪处罚。

为索取债务非法扣押、拘禁他人的，依照前两款的规定处罚。

国家机关工作人员利用职权犯前三款罪的，依照前三款的规定从重处罚。

第二百三十九条 以勒索财物为目的绑架他人的，或者绑架他人作为人质的，处10年以上有期徒刑或者无期徒刑，并处罚金或者没收财产；致使被绑架人死亡或者杀害被绑架人的，处死刑，并处没收财产。

以勒索财物为目的偷盗婴幼儿的，依照前款的规定处罚。

第二百四十条　拐卖妇女、儿童的，处5年以上10年以下有期徒刑，并处罚金；有下列情形之一的，处10年以上有期徒刑或者无期徒刑，并处罚金或者没收财产；情节特别严重的，处死刑，并处没收财产：

（一）拐卖妇女、儿童集团的首要分子；

（二）拐卖妇女、儿童3人以上的；

（三）奸淫被拐卖的妇女的；

（四）诱骗、强迫被拐卖的妇女卖淫或者将被拐卖的妇女卖给他人迫使其卖淫的；

（五）以出卖为目的，使用暴力、胁迫或者麻醉方法绑架妇女、儿童的；

（六）以出卖为目的，偷盗婴幼儿的；

（七）造成被拐卖的妇女、儿童或者其亲属重伤、死亡或者其他严重后果的；

（八）将妇女、儿童卖往境外的。

拐卖妇女、儿童是指以出卖为目的，有拐骗、绑架、收买、贩卖、接送、中转妇女、儿童的行为之一的。

第二百四十一条　收买被拐卖的妇女、儿童的，处3年以下有期徒刑、拘役或者管制。

收买被拐卖的妇女，强行与其发生性关系的，依照本法第二百三十六条的规定定罪处罚。

收买被拐卖的妇女、儿童，非法剥夺、限制其人身自由或者有伤害、侮辱等犯罪行为的，依照本法的有关规定定罪处罚。

收买被拐卖的妇女、儿童，并有第二款、第三款规定的犯罪行为的，依照数罪并罚的规定处罚。

收买被拐卖的妇女、儿童又出卖的，依照本法第二百四十条的规定定罪处罚。

收买被拐卖的妇女、儿童，按照被买妇女的意愿，不阻碍其返回原居住地的，对被买儿童没有虐待行为，不阻碍对其进行解救的，可以不追究刑事责任。

第二百四十二条　以暴力、威胁方法阻碍国家机关工作人员解救被收买的妇女、儿童的，依照本法第二百七十七条的规定定罪处罚。

聚众阻碍国家机关工作人员解救被收买的妇女、儿童的首要分子，处5年以下有期徒刑或者拘役；其他参与者使用暴力、威胁方法的，依照前款的规定处罚。

第二百五十七条　以暴力干涉他人婚姻自由的，处2年以下有期徒刑或者拘役。

犯前款罪，致使被害人死亡的，处2年以上7年以下有期徒刑。

第一款罪，告诉的才处理。

第二百五十八条　有配偶而重婚的，或者明知他人有配偶而与之结婚的，处2年以下有期徒刑或者拘役。

第二百五十九条　明知是现役军人的配偶而与之同居或者结婚的，处3年以下有期徒刑或者拘役。

利用职权、从属关系，以胁迫手段奸淫现役军人的妻子的，依照本法第二百三十六条的规定定罪处罚。

第二百六十条　虐待家庭成员，情节恶劣的，处2年以下有期徒刑、拘役或者管制。

犯前款罪，致使被害人重伤、死亡的，处2年以上7年以下有期徒刑。

第一款罪，告诉的才处理。

第二百六十一条　对于年老、年幼、患病或者其他没有独立生活能力的人，负有扶养义务而拒绝扶养，情节恶劣的，处5年以下有期徒刑、拘役或者管制。

第二百六十二条 拐骗不满14周岁的未成年人，脱离家庭或者监护人的，处5年以下有期徒刑或者拘役。

中华人民共和国民法通则（节录）

（1986年4月12日第六届全国人民代表大会第四次会议通过 1986年4月12日中华人民共和国主席令第三十七号公布）

第一章 基本原则

第一条 为了保障公民、法人的合法的民事权益，正确调整民事关系，适应社会主义现代化建设事业发展的需要，根据宪法和我国实际情况，总结民事活动的实践经验，制定本法。

第二条 中华人民共和国民法调整平等主体的公民之间、法人之间、公民和法人之间的财产关系和人身关系。

第三条 当事人在民事活动中的地位平等。

第四条 民事活动应当遵循自愿、公平、等价有偿、诚实信用的原则。

第五条 公民、法人的合法的民事权益受法律保护，任何组织和个人不得侵犯。

第六条 民事活动必须遵守法律，法律没有规定的，应当遵守国家政策。

第七条 民事活动应当尊重社会公德，不得损害社会公共利益，破坏国家经济计划，扰乱社会经济秩序。

第八条 在中华人民共和国领域内的民事活动，适用中华人民共和国法律，法律另有规定的除外。

本法关于公民的规定，适用于在中华人民共和国领域内的外国人、无国籍人，法律另有规定的除外。

第二章　公民（自然人）

第一节　民事权利能力和民事行为能力

第九条　公民从出生时起到死亡时止，具有民事权利能力，依法享有民事权利，承担民事义务。

第十条　公民的民事权利能力一律平等。

第十一条　18周岁以上的公民是成年人，具有完全民事行为能力，可以独立进行民事活动，是完全民事行为能力人。

16周岁以上不满18周岁的公民，以自己的劳动收入为主要生活来源的，视为完全民事行为能力人。

第十二条　10周岁以上的未成年人是限制民事行为能力人，可以进行与他的年龄、智力相适应的民事活动；其他民事活动由他的法定代理人代理，或者征得他的法定代理人的同意。

不满10周岁的未成年人是无民事行为能力人，由他的法定代理人代理民事活动。

第十三条　不能辨认自己行为的精神病人是无民事行为能力人，由他的法定代理人代理民事活动。

不能完全辨认自己行为的精神病人是限制民事行为能力人，可以进行与他的精神健康状况相适应的民事活动，其他民事活动由他的法定代理人代理，或者征得他的法定代理人的同意。

第十四条　无民事行为能力人、限制民事行为能力人的监护人是他的法定代理人。

第十五条　公民以他的户籍所在地的居住地为住所，经常居住地与住所不一致的，经常居住地视为住所。

第四节 人身权

第九十八条 公民享有生命健康权。

第九十九条 公民享有姓名权，有权决定、使用和依照规定改变自己的姓名，禁止他人干涉、盗用、假冒。

法人、个体工商户、个人合伙享有名称权。企业法人、个体工商户、个人合伙有权使用、依法转让自己的名称。

第一百条 公民享有肖像权，未经本人同意，不得以营利为目的使用公民的肖像。

第一百零一条 公民、法人享有名誉权，公民的人格尊严受法律保护，禁止用侮辱、诽谤等方式损害公民、法人的名誉。

第一百零二条 公民、法人享有荣誉权，禁止非法剥夺公民、法人的荣誉称号。

第一百零三条 公民享有婚姻自主权，禁止买卖，包办婚姻和其他干涉婚姻自由的行为。

第一百零四条 婚姻、家庭、老人、母亲和儿童受法律保护。

残疾人的合法权益受法律保护。

第一百零五条 妇女享有同男女平等的民事权利。

中华人民共和国继承法

（1985年4月10日第六届全国人民代表大会第三次会议通过　1985年4月10日中华人民共和国主席令第二十四号公布）

第一章　总　则

第一条　根据《中华人民共和国宪法》规定，为保护公民的私有财产的继承权，制定本法。

第二条　继承从被继承人死亡时开始。

第三条　遗产是公民死亡时遗留的个人合法财产，包括：

（一）公民的收入；

（二）公民的房屋、储蓄和生活用品；

（三）公民林木、牲畜和家禽；

（四）公民的文物、图书资料；

（五）法律允许公民所有的生产资料；

（六）公民的著作权、专利权中的财产权利；

（七）公民的其他合法财产。

第四条　个人承包应得的个人收益，依照本法规定继承。个人承包，依照法律允许由继承人继承承包的，按照承包合同办理。

第五条　继承开始后，按照法定继承办理；有遗嘱的，按照遗嘱继承或者遗赠办理；有遗赠扶养协议的，按照协议办理。

第六条　无行为能力人的继承权、受遗赠权，由他的法定代理人代为行使。

限制行为能力人的继承权、受遗赠权，由他的法定代理人代为行使，或者征得法定代理人同意后行使。

第七条 继承人有下列行为之一的，丧失继承权：

（一）故意杀害被继承人的；

（二）为争夺遗产而杀害其他继承人的；

（三）遗弃被继承人的，或者虐待被继承人情节严重的；

（四）伪造、篡改或者销毁遗嘱，情节严重的。

第八条 继承权纠纷提起诉讼的期限为二年，自继承人知道或者应当知道其权利被侵犯之日起计算。但是，自继承开始之日起超过二十年的，不得再提起诉讼。

第二章 法定继承

第九条 继承权男女平等。

第十条 遗产按照下列顺序继承：

第一顺序：配偶、子女、父母。

第二顺序：兄弟姐妹、祖父母、外祖父母。

继承开始后，由第一顺序继承人继承，第二顺序继承人不继承。没有第一顺序继承人继承的，由第二顺序继承人继承。

本法所说的子女，包括婚生子女、非婚生子女、养子女和有抚养关系的继子女。

本法所说的父母，包括生父母、养父母和有扶养关系的继父母。

本法所说的兄弟姐妹，包括同父母的兄弟姐妹、同父异母或者同母异父的兄弟姐妹、养兄弟姐妹、有扶养关系的继兄弟姐妹。

第十一条 被继承人的子女先于被继承人死亡的，由被继承人的子女的晚辈直系血亲代位继承。代位继承人一般只能继承他的父亲或者母亲有权继承的遗产份额。

第十二条　丧偶儿媳对公、婆，丧偶女婿对岳父、岳母，尽了主要赡养义务的，作为第一顺序继承人。

第十三条　同一顺序继承人继承遗产的份额，一般应当均等。

对生活有特殊困难的缺乏劳动能力的继承人，分配遗产时，应当予以照顾。

对被继承人尽了主要扶养义务或者与被继承人共同生活的继承人，分配遗产时，可以多分。

有扶养能力和有扶养条件的继承人，不尽扶养义务的，分配遗产时，应当不分或者少分。

继承人协商同意的，也可以不均等。

第十四条　对继承人以外的依靠被继承人扶养的缺乏劳动能力又没有生活来源的人，或者继承人以外的对被继承人扶养较多的人，可以分配给他们适当的遗产。

第十五条　继承人应当本着互谅互让、和睦团结的精神，协商处理继承问题。遗产分割的时间、办法和份额，由继承人协商确定。协商不成的，可以由人民调解委员会调解或者向人民法院提起诉讼。

第三章　遗嘱继承和遗赠

第十六条　公民可以依照本法规定立遗嘱处分个人财产，并可以指定遗嘱执行人。

公民可以立遗嘱将个人财产指定由法定继承人的一人或者数人继承。

公民可以立遗嘱将个人财产赠给国家、集体或者法定继承人以外的人。

第十七条 公证遗嘱由遗嘱人经公证机关办理。

自书遗嘱由遗嘱人亲笔书写，签名，注明年、月、日。

代书遗嘱应当有两个以上见证人在场见证，由其中一人代书，注明年、月、日，并由代书人，其他见证人和遗嘱人签名。

以录音形式立的遗嘱，应当有两个以上见证人在场见证。

遗嘱人在危急情况下，可以立口头遗嘱。口头遗嘱应当有两个以上见证人在场见证。危急情况解除后，遗嘱人能够用书面或者录音形式立遗嘱的，所立的口头遗嘱无效。

第十八条 下列人员不能作为遗嘱见证人：

（一）无行为能力人、限制行为能力人；

（二）继承人、受遗赠人；

（三）与继承人、受遗赠人有利害关系的人。

第十九条 遗嘱应当对缺乏劳动能力又没有生活来源的继承人保留必要的遗产份额。

第二十条 遗嘱人可以撤销、变更自己所立的遗嘱。

立有数份遗嘱，内容相抵触的，以最后的遗嘱为准。

自书、代书、录音、口头遗嘱，不得撤销、变更公证遗嘱。

第二十一条 遗嘱继承或者遗赠附有义务的，继承人或者受遗赠人应当履行义务。没有正当理由不履行义务的，经有关单位或者个人请求，人民法院可以取消他接受遗产的权利。

第二十二条 无行为能力人或者限制行为能力人所立的遗嘱无效。

遗嘱必须表示遗嘱人的真实意思，受胁迫、欺骗所立的遗嘱无效。伪造的遗嘱无效。

遗嘱被篡改的，篡改的内容无效。

第四章　遗产的处理

第二十三条　继承开始后，知道被继承人死亡的继承人应当及时通知其他继承人和遗嘱执行人。继承人中无人知道被继承人死亡或者知道被继承人死亡而不能通知的，由被继承人生前所在单位或者住所地的居民委员会、村民委员会负责通知。

第二十四条　存有遗产的人，应当妥善保管遗产，任何人不得侵吞或者争抢。

第二十五条　继承开始后，继承人放弃继承的，应当在遗产处理前，作出放弃继承的表示。没有表示的，视为接受继承。

受遗赠人应当在知道受遗赠后两个月内，作出接受或者放弃受遗赠的表示。到期没有表示的，视为放弃受遗赠。

第二十六条　夫妻在婚姻关系存续期间所得的共同所有的财产，除有约定的以外，如果分割遗产，应当先将共同所有的财产的一半分出为配偶所有，其余的为被继承人的遗产。

遗产在家庭共有财产之中的，遗产分割时，应当先分出他人的财产。

第二十七条　有下列情形之一的，遗产中的有关部分按照法定继承办理：

（一）遗嘱继承人放弃继承或者受遗赠人放弃受遗赠的；

（二）遗嘱继承人丧失继承权的；

（三）遗嘱继承人、受遗赠人先于遗嘱人死亡的；

（四）遗嘱无效部分所涉及的遗产；

（五）遗嘱未处分的遗产。

第二十八条　遗产分割时，应当保留胎儿的继承份额。胎儿出生时是死体的，保留的份额按照法定继承办理。

第二十九条　遗产分割应当有利于生产和生活需要，不损害遗产的效用。

不宜分割的遗产，可以采取折价、适当补偿或者共有等方法处理。

第三十条　夫妻一方死亡后另一方再婚的，有权处分所继承的财产，任何人不得干涉。

第三十一条　公民可以与扶养人签订遗赠扶养协议。按照协议，扶养人承担该公民生养死葬的义务，享有受遗赠的权利。

公民可以与集体所有制组织签订遗赠扶养协议。按照协议，集体所有制组织承担该公民生养死葬的义务，享有受遗赠的权利。

第三十二条　无人继承又无人受遗赠的遗产，归国家所有；死者生前是集体所有制组织成员的，归所在集体所有制组织所有。

第三十三条　继承遗产应当清偿被继承人依法应当缴纳的税款和债务，缴纳税款和清偿债务以他的遗产实际价值为限。超过遗产实际价值部分，继承人自愿偿还的不在此限。

继承人放弃继承的，对被继承人依法应当缴纳的税款和债务可以不负偿还责任。

第三十四条　执行遗赠不得妨碍清偿遗赠人依法应当缴纳的税款和债务。

第五章　附　　则

第三十五条　民族自治地方的人民代表大会可以根据本法的原则，结合当地民族财产继承的具体情况，制定变通的或者补充的规定。自治区的规定，报全国人民代表大会常务委员会备案。自治州、自治县的规定，报省或者自治区的人民代表大会常务委员会批准后生效，并报全国人民代表大会常务委员会备案。

第三十六条　中国公民继承在中华人民共和国境外的遗产或者继承在中华人民共和国境内的外国人的遗产，动产适用被继承人住所在地法律，不动产适用不动产所在地法律。

外国人继承在中华人民共和国境内的遗产或者继承在中华人民共和国境外的中国公民的遗产，动产适用被继承人住所地法律，不动产适用不动产所在地法律。

中华人民共和国与外国订有条约、协定的，按照条约、协定办理。

第三十七条　本法自一九八五年十月一日起施行。

中华人民共和国母婴保健法

（1994年10月27日第八届全国人民代表大会常务委员会第十次会议通过　1994年10月27日中华人民共和国主席令第三十三号公布　自1995年6月1日起施行）

第一章　总　　则

第一条　为了保障母亲和婴儿健康，提高出生人口素质，根据宪法，制定本法。

第二条　国家发展母婴保健事业，提供必要条件和物质帮助，使母亲和婴儿获得医疗保健服务。

国家对边远贫困地区的母婴保健事业给予扶持。

第三条　各级人民政府领导母婴保健工作。

母婴保健事业应当纳入国民经济和社会发展计划。

第四条　国务院卫生行政部门主管全国母婴保健工作，根据不同地区情况提出分级分类指导原则，并对全国母婴保健工作实施监督管理。

国务院其他有关部门在各自职责范围内，配合卫生行政部门做好母婴保健工作。

第五条　国家鼓励、支持母婴保健领域的教育和科学研究，推广先进、实用的母婴保健技术，普及母婴保健科学知识。

第六条　对在母婴保健工作中做出显著成绩和母婴保健科学研究中取得显著成果的组织和个人，应当给予奖励。

第二章　婚前保健

第七条　医疗保健机构应当为公民提供婚前保健服务。

婚前保健服务包括下列内容：

（一）婚前卫生指导：关于性卫生知识，生育知识和遗传病知识的教育；

（二）婚前卫生咨询：对有关婚配、生育保健等问题提供医学意见；

（三）婚前医学检查：对准备结婚的男女双方可能患影响结婚和生育的疾病进行医学检查。

第八条　婚前医学检查包括对下列疾病的检查：

（一）严重遗传性疾病；

（二）指定传染病；

（三）有关精神病。

经婚前医学检查，医疗保健机构应当出具婚前医学检查证明。

第九条　经婚前医学检查，对患指定传染病在传染期内或者有关精神病在发病期内的，医师应当提出医学意见；准备结婚的男女双方应当暂缓结婚。

第十条　经婚前医学检查，对诊断患医学上认为不宜生育的严重遗传性疾病的，医师应当向男女双方说明情况，提出医学意见；经男女双方同意，采取长效避孕措施或者施行结扎手术后不生育的，可以结婚。但《中华人民共和国婚姻法》规定禁止结婚的除外。

第十一条　接受婚前医学检查的人员对检查结果持有异议的，可以申请医学技术鉴定，取得医学鉴定证明。

第十二条　男女双方在结婚登记时，应当持有婚前医学检查证明或者医学鉴定证明。

第十三条 省、自治区、直辖市人民政府根据本地区的实际情况，制定婚前医学检查制度实施办法。

省、自治区、直辖市人民政府对婚前医学检查应当规定合理的收费标准，对边远贫困地区或者交费确有困难的人员应当给予减免。

第三章 孕产期保健

第十四条 医疗保健机构应当为育龄妇女和孕产妇提供孕产期保健服务。

孕产期保健服务包括下列内容：

（一）母婴保健指导，对孕育健康后代以及严重遗传性疾病和碘缺乏病等地方病的发病原因、治疗和预防方法提供医学意见；

（二）孕妇、产妇保健：为孕妇、产妇提供卫生、营养、心理等方面的咨询和指导以及产前定期检查等医疗保健服务；

（三）胎儿保健：为胎儿生长发育进行监护，提供咨询和医学指导；

（四）新生儿保健：为新生儿生长发育、哺乳和护理提供的医疗保健服务。

第十五条 对患严重疾病或者接触致畸物质，妊娠可能危及孕妇生命安全或者可能严重影响孕妇健康和胎儿正常发育的，医疗保健机构应当予以医学指导。

第十六条 医师发现或者怀疑患严重遗传性疾病的育龄夫妻，应当提出医学意见。育龄夫妻应当根据医师的医学意见采取相应的措施。

第十七条 经产前检查，医师发现或者怀疑胎儿异常的，应当对孕妇进行产前诊断。

第十八条　经产前诊断，有下列情形之一的，医师应当向夫妻双方说明情况，并提出终止妊娠的医学意见：

（一）胎儿患严重遗传性疾病的；

（二）胎儿有严重缺陷的；

（三）因患严重疾病，继续妊娠可能危及孕妇生命安全或者严重危害孕妇健康的。

第十九条　依照本法规定施行终止妊娠或者结扎手术，应当经本人同意，并签署意见。本人无行为能力的，应当经其监护人同意，并签署意见。

依照本法规定施行终止妊娠或者结扎手术的，接受免费服务。

第二十条　生育过严重缺陷患儿的妇女再次妊娠前，夫妻双方应到县级以上医疗保健机构接受医学检查。

第二十一条　医师和助产人员应当严格遵守有关操作规程，提高助产技术和服务质量，预防和减少产伤。

第二十二条　不能住院分娩的孕妇应当由经过培训合格的接生人员实行消毒接生。

第二十三条　医疗保健机构和从事家庭接生的人员按照国务院卫生行政部门的规定，出具统一制发的新生儿出生医学证明；有产妇和婴儿死亡以及新生儿出生缺陷情况的，应当向卫生行政部门报告。

第二十四条　医疗保健机构为产妇提供科学育儿、合理营养和母乳喂养的指导。

医疗保健机构对婴儿进行体格检查和预防接种，逐步开展新生儿疾病筛查、婴儿多发病和常见病防治等医疗保健服务。

第四章 技术鉴定

第二十五条 县级以上地方人民政府可以设立医学技术鉴定组织，负责对婚前医学检查、遗传病诊断和产前诊断结果有异议的进行医学技术鉴定。

第二十六条 从事医学技术鉴定的人员，必须具有临床经验和医学遗传学知识，并具有主治医师以上的专业技术职务。

医学技术鉴定组织的组成人员，由卫生行政部门提名，同级人民政府聘任。

第二十七条 医学技术鉴定实行回避制度。凡与当事人有利害关系，可能影响公正鉴定的人员，应当回避。

第五章 行政管理

第二十八条 各级人民政府应当采取措施，加强母婴保健工作，提高医疗保健服务水平，积极防治由环境因素所致严重危害母亲和婴儿健康的地方性高发性疾病，促进母婴保健事业的发展。

第二十九条 县级以上地方人民政府卫生行政部门管理本行政区域内的母婴保健工作。

第三十条 省、自治区、直辖市人民政府卫生行政部门指定的医疗保健机构负责本行政区域内的母婴保健监测和技术指导。

第三十一条 医疗保健机构按照国务院卫生行政部门的规定，负责其职责范围内的母婴保健工作，建立医疗保健工作规范，提高医学技术水平，采取各种措施方便人民群众，做好母婴保健服务工作。

第三十二条 医疗保健机构依照本法规定开展婚前医学检查、遗传病诊断、产前诊断以及施行结扎手术和终止妊娠手术的，必须符合国务院卫生行政部门规定的条件和技术标准，并经县级以上地方人民政府卫生行政部门许可。

严禁采用技术手段对胎儿进行性别鉴定，但医学上确有需要的除外。

第三十三条　从事本法规定的遗传病诊断、产前诊断的人员，必须经过省、自治区、直辖市人民政府卫生行政部门的考核，并取得相应的合格证书。

从事本法规定的婚前医学检查、施行结扎手术和终止妊娠手术的人员以及从事家庭接生的人员，必须经过县级以上地方人民政府卫生行政部门的考核，并取得相应的合格证书。

第三十四条　从事母婴保健工作的人员应当严格遵守职业道德，为当事人保守秘密。

第六章　法律责任

第三十五条　未取得国家颁发的有关合格证书的，有下列行为之一，县级以上地方人民政府卫生行政部门应当予以制止，并可以根据情节给予警告或者处以罚款：

（一）从事婚前医学检查、遗传病诊断、产前诊断或者医学技术鉴定的；

（二）施行终止妊娠手术的；

（三）出具本法规定的有关医学证明的。

上款第（三）项出具的有关医学证明无效。

第三十六条　未取得国家颁发的有关合格证书，施行终止妊娠手术或者采取其他方法终止妊娠，致人死亡、残疾、丧失或者基本丧失劳动能力的，依照刑法第一百三十四条、第一百三十五条的规定追究刑事责任。

第三十七条　从事母婴保健工作的人员违反本法规定，出具有关虚假医学证明或者进行胎儿性别鉴定的，由医疗保健机构或者卫生行政部门根据情节给予行政处分；情节严重的，依法取消执业资格。

第七章 附 则

第三十八条 本法下列用语的含义：

指定传染病，是指《中华人民共和国传染病防治法》中规定的艾滋病、淋病、梅毒、麻风病以及医学上认为影响结婚和生育的其他传染病。

严重遗传性疾病，是指由于遗传因素先天形成，患者全部或者部分丧失自主生活能力，后代再现风险高，医学上认为不宜生育的遗传性疾病。

有关精神病，是指精神分裂症、躁狂抑郁型精神病以及其他重型精神病。

产前诊断，是指对胎儿进行先天性缺陷和遗传性疾病的诊断。

第三十九条 本法自 1995 年 6 月 1 日起施行。

附： 刑法有关条款

第一百三十四条 故意伤害他人身体的，处三年以下有期徒刑或者拘役。

犯前款罪，致人重伤的，处三年以上七年以下有期徒刑；致人死亡的，处七年以上有期徒刑或者无期徒刑。本法另有规定的，依照规定。

第一百三十五条 过失伤害他人致人重伤的，处二年以下有期徒刑或者拘役；情节特别恶劣的，处二年以上七年以下有期徒刑。本法另有规定的，依照规定。

中华人民共和国劳动法（节录）

（1994年7月5日第八届全国人民代表大会常务委员会第八次会议通过　1994年7月5日中华人民共和国主席令第二十八号公布）

第一章　总　　则

第一条　为了保护劳动者的合法权益，调整劳动关系，建立和维护适应社会主义市场经济的劳动制度，促进经济发展和社会进步，根据宪法，制定本法。

第二条　在中华人民共和国境内的企业、个体经济组织（以下统称用人单位）和与之形成劳动关系的劳动者，适用本法。

国家机关、事业组织、社会团体和与之建立劳动合同关系的劳动者，依照本法执行。

第三条　劳动者享有平等就业和选择职业的权利、取得劳动报酬的权利、休息休假的权利、获得劳动安全卫生保护的权利、接受职业技能培训的权利、享受社会保险和福利的权利、提请劳动争议处理的权利以及法律规定的其他劳动权利。

劳动者应当完成劳动任务，提高职业技能，执行劳动安全卫生规程，遵守劳动纪律和职业道德。

第四条　用人单位应当依法建立和完善规章制度，保障劳动者享有劳动权利和履行劳动义务。

第五条　国家采取各种措施，促进劳动就业，发展职业教育，制定劳动标准，调节社会收入，完善社会保险，协调劳动关系，逐步提高劳动者的生活水平。

第六条 国家提倡劳动者参加社会义务劳动，开展劳动竞赛和合理化建议活动，鼓励和保护劳动者进行科学研究、技术革新和发明创造，表彰和奖励劳动模范和先进工作者。

第七条 劳动者有权依法参加和组织工会。

工会代表和维护劳动者的合法权益，依法独立自主地开展活动。

第八条 劳动者依照法律规定，通过职工大会、职工代表大会或者其他形式，参与民主管理或者就保护劳动者合法权益与用人单位进行平等协商。

第九条 国务院劳动行政部门主管全国劳动工作。

县级以上地方人民政府劳动行政部门主管本行政区域内的劳动工作。

第二章 促进就业

第十条 国家通过促进经济和社会发展，创造就业条件，扩大就业机会。

国家鼓励企业、事业组织、社会团体在法律、行政法规规定的范围内兴办产业或者拓展经营，增加就业。

国家支持劳动者自愿组织起来就业和从事个体经营实现就业。

第十一条 地方各级人民政府应当采取措施，发展多种类型的职业介绍机构，提供就业服务。

第十二条 劳动者就业，不因民族、种族、性别、宗教信仰不同而受歧视。

第十三条 妇女享有与男子平等的就业权利。在录用职工时，除国家规定的不适合妇女的工种或者岗位外，不得以性别为由拒绝录用妇女或者提高对妇女的录用标准。

第十四条 残疾人、少数民族人员、退出现役的军人的就业，法律、法规有特别规定的，从其规定。

第十五条 禁止用人单位招用未满十六周岁的未成年人。

文艺、体育和特种工艺单位招用未满十六周岁的未成年人，必须依照国家有关规定，履行审批手续，并保障其接受义务教育的权利。

第七章 女职工和未成年工特殊保护

第五十八条 国家对女职工和未成年工实行特殊劳动保护。

未成年工是指年满十六周岁未满十八周岁的劳动者。

第五十九条 禁止安排女职工从事矿山井下、国家规定的第四级体力劳动强度的劳动和其他禁忌从事的劳动。

第六十条 不得安排女职工在经期从事高处、低温、冷水作业和国家规定的第三级体力劳动强度的劳动。

第六十一条 不得安排女职工在怀孕期间从事国家规定的第三级体力劳动强度的劳动和孕期禁忌从事的劳动。对怀孕七个月以上的女职工，不得安排其延长工作时间和夜班劳动。

第六十二条 女职工生育享受不少于九十天的产假。

第六十三条 不得安排女职工在哺乳未满一周岁的婴儿期间从事国家规定的第三级体力劳动强度的劳动和哺乳期禁忌从事的其他劳动，不得安排其延长工作时间和夜班劳动。

第六十四条 不得安排未成年工从事矿山井下、有毒有害、国家规定的第四级体力劳动强度的劳动和其他禁忌从事的劳动。

第六十五条 用人单位应当对未成年工定期进行健康检查。

中华人民共和国人口与计划生育法

（2001 年 12 月 29 日第九届全国人民代表大会常务委员会第二十五次会议通过　2001 年 12 月 29 日中华人民共和国主席令第六十三号公布　自 2002 年 9 月 1 日起施行）

目　录

第一章　总　　则

第一条　为了实现人口与经济、社会、资源、环境的协调发展，推行计划生育，维护公民的合法权益，促进家庭幸福、民族繁荣与社会进步，根据宪法，制定本法。

第二条　我国是人口众多的国家，实行计划生育是国家的基本国策。

国家采取综合措施，控制人口数量，提高人口素质。

国家依靠宣传教育、科学技术进步、综合服务、建立健全奖励和社会保障制度，开展人口与计划生育工作。

第三条　开展人口与计划生育工作，应当与增加妇女受教育和就业机会、增进妇女健康、提高妇女地位相结合。

第四条　各级人民政府及其工作人员在推行计划生育工作中应当严格依法行政，文明执法，不得侵犯公民的合法权益。

计划生育行政部门及其工作人员依法执行公务受法律保护。

第五条　国务院领导全国的人口与计划生育工作。

地方各级人民政府领导本行政区域内的人口与计划生育工作。

第六条　国务院计划生育行政部门负责全国计划生育工作和与计划生育有关的人口工作。

县级以上地方各级人民政府计划生育行政部门负责本行政区域内的计划生育工作和与计划生育有关的人口工作。

县级以上各级人民政府其他有关部门在各自的职责范围内，负责有关的人口与计划生育工作。

第七条　工会、共产主义青年团、妇女联合会及计划生育协会等社会团体、企业事业组织和公民应当协助人民政府开展人口与计划生育工作。

第八条　国家对在人口与计划生育工作中作出显著成绩的组织和个人，给予奖励。

第二章　人口发展规划的制定与实施

第九条　国务院编制人口发展规划，并将其纳入国民经济和社会发展计划。

县级以上地方各级人民政府根据全国人口发展规划以及上一级人民政府人口发展规划，结合当地实际情况编制本行政区域的人口发展规划，并将其纳入国民经济和社会发展计划。

第十条 县级以上各级人民政府根据人口发展规划，制定人口与计划生育实施方案并组织实施。

县级以上各级人民政府计划生育行政部门负责实施人口与计划生育实施方案的日常工作。

乡、民族乡、镇的人民政府和城市街道办事处负责本管辖区域内的人口与计划生育工作，贯彻落实人口与计划生育实施方案。

第十一条 人口与计划生育实施方案应当规定控制人口数量，加强母婴保健，提高人口素质的措施。

第十二条 村民委员会、居民委员会应当依法做好计划生育工作。

机关、部队、社会团体、企业事业组织应当做好本单位的计划生育工作。

第十三条 计划生育、教育、科技、文化、卫生、民政、新闻出版、广播电视等部门应当组织开展人口与计划生育宣传教育。

大众传媒负有开展人口与计划生育的社会公益性宣传的义务。

学校应当在学生中，以符合受教育者特征的适当方式，有计划地开展生理卫生教育、青春期教育或者性健康教育。

第十四条 流动人口的计划生育工作由其户籍所在地和现居住地的人民政府共同负责管理，以现居住地为主。

第十五条 国家根据国民经济和社会发展状况逐步提高人口与计划生育经费投入的总体水平。各级人民政府应当保障人口与计划生育工作必要的经费。

各级人民政府应当对贫困地区、少数民族地区开展人口与计划生育工作给予重点扶持。

国家鼓励社会团体、企业事业组织和个人为人口与计划生育工作提供捐助。

任何单位和个人不得截留、克扣、挪用人口与计划生育工作费用。

第十六条　国家鼓励开展人口与计划生育领域的科学研究和对外交流与合作。

第三章　生育调节

第十七条　公民有生育的权利，也有依法实行计划生育的义务，夫妻双方在实行计划生育中负有共同的责任。

第十八条　国家稳定现行生育政策，鼓励公民晚婚晚育，提倡一对夫妻生育一个子女；符合法律、法规规定条件的，可以要求安排生育第二个子女。具体办法由省、自治区、直辖市人民代表大会或者其常务委员会规定。

少数民族也要实行计划生育，具体办法由省、自治区、直辖市人民代表大会或者其常务委员会规定。

第十九条　实行计划生育，以避孕为主。

国家创造条件，保障公民知情选择安全、有效、适宜的避孕节育措施。实施避孕节育手术，应当保证受术者的安全。

第二十条　育龄夫妻应当自觉落实计划生育避孕节育措施，接受计划生育技术服务指导。

预防和减少非意愿妊娠。

第二十一条　实行计划生育的育龄夫妻免费享受国家规定的基本项目的计划生育技术服务。

前款规定所需经费，按照国家有关规定列入财政预算或者由社会保障予以保障。

第二十二条　禁止歧视、虐待生育女婴的妇女和不育的妇女。禁止歧视、虐待、遗弃女婴。

第四章 奖励与社会保障

第二十三条 国家对实行计划生育的夫妻，按照规定给予奖励。

第二十四条 国家建立、健全基本养老保险、基本医疗保险、生育保险和社会福利等社会保障制度，促进计划生育。

国家鼓励保险公司举办有利于计划生育的保险项目。

有条件的地方可以根据政府引导、农民自愿的原则，在农村实行多种形式的养老保障办法。

第二十五条 公民晚婚晚育，可以获得延长婚假、生育假的奖励或者其他福利待遇。

第二十六条 妇女怀孕、生育和哺乳期间，按照国家有关规定享受特殊劳动保护并可以获得帮助和补偿。

公民实行计划生育手术，享受国家规定的休假；地方人民政府可以给予奖励。

第二十七条 自愿终身只生育一个子女的夫妻，国家发给《独生子女父母光荣证》。

获得《独生子女父母光荣证》的夫妻，按照国家和省、自治区、直辖市有关规定享受独生子女父母奖励。

法律、法规或者规章规定给予终身只生育一个子女的夫妻奖励的措施中由其所在单位落实的，有关单位应当执行。

独生子女发生意外伤残、死亡，其父母不再生育和收养子女的，地方人民政府应当给予必要的帮助。

第二十八条 地方各级人民政府对农村实行计划生育的家庭发展经济，给予资金、技术、培训等方面的支持、优惠；对实行计划生育的贫困家庭，在扶贫贷款、以工代赈、扶贫项目和社会救济等方面给予优先照顾。

第二十九条 本章规定的奖励措施，省、自治区、直辖市和较大的市的人民代表大会及其常务委员会或者人民政府可以依据本法和有关法律、行政法规的规定，结合当地实际情况，制定具体实施办法。

第五章 计划生育技术服务

第三十条 国家建立婚前保健、孕产期保健制度，防止或者减少出生缺陷，提高出生婴儿健康水平。

第三十一条 各级人民政府应当采取措施，保障公民享有计划生育技术服务，提高公民的生殖健康水平。

第三十二条 地方各级人民政府应当合理配置、综合利用卫生资源，建立、健全由计划生育技术服务机构和从事计划生育技术服务的医疗、保健机构组成的计划生育技术服务网络，改善技术服务设施和条件，提高技术服务水平。

第三十三条 计划生育技术服务机构和从事计划生育技术服务的医疗、保健机构应当在各自的职责范围内，针对育龄人群开展人口与计划生育基础知识宣传教育，对已婚育龄妇女开展孕情检查、随访服务工作，承担计划生育、生殖保健的咨询、指导和技术服务。

第三十四条 计划生育技术服务人员应当指导实行计划生育的公民选择安全、有效、适宜的避孕措施。

对已生育子女的夫妻，提倡选择长效避孕措施。

国家鼓励计划生育新技术、新药具的研究、应用和推广。

第三十五条 严禁利用超声技术和其他技术手段进行非医学需要的胎儿性别鉴定；严禁非医学需要的选择性别的人工终止妊娠。

第六章 法律责任

第三十六条 违反本法规定，有下列行为之一的，由计划生育行政部门或者卫生行政部门依据职权责令改正，给予警告，没收违法所得；违反所得1万元以上的，处违法所得2倍以上6倍以下的罚款；没有违法所得或者违法所得不足1万元的，处1万元以上3万元以下的罚款；情节严重的，由原发证机关吊销执业证书；构成犯罪的，依法追究刑事责任：

（一）非法为他人施行计划生育手术的；

（二）利用超声技术和其他技术手段为他人进行非医学需要的胎儿性别鉴定或者选择性别的人工终止妊娠的；

（三）实施假节育手术、进行假医学鉴定、出具假计划生育证明的。

第三十七条 伪造、变造、买卖计划生育证明，由计划生育行政部门没收违法所得，违法所得5000元以上的，处违法所得2倍以上10倍以下的罚款；没有违法所得或者违法所得不足5000元的，处5000元以上2万元以下的罚款；构成犯罪的，依法追究刑事责任。

以不正当手段取得计划生育证明的，由计划生育行政部门取消其计划生育证明；出具证明的单位有过错的，对直接负责的主管人员和其他直接责任人员依法给予行政处分。

第三十八条 计划生育技术服务人员违章操作或者延误抢救、诊治，造成严重后果的，依照有关法律、行政法规的规定承担相应的法律责任。

第三十九条 国家机关工作人员在计划生育工作中，有下列行为之一，构成犯罪的，依法追究刑事责任；尚不构成犯罪的，依法给予行政处分；有违法所得的，没收违法所得：

（一）侵犯公民人身权、财产权和其他合法权益的；

（二）滥用职权、玩忽职守、徇私舞弊的；

（三）索取、收受贿赂的；

（四）截留、克扣、挪用、贪污计划生育经费或者社会抚养费的；

（五）虚报、瞒报、伪造、篡改或者拒报人口与计划生育统计数据的。

第四十条　违反本法规定，不履行协助计划生育管理义务的，由有关地方人民政府责令改正，并给予通报批评；对直接负责的主管人员和其他直接责任人员依法给予行政处分。

第四十一条　不符合本法第十八条规定生育子女的公民，应当依法缴纳社会抚养费。

未在规定的期限内足额缴纳应当缴纳的社会抚养费的，自欠缴之日起，按照国家有关规定加收滞纳金；仍不缴纳的，由作出征收决定的计划生育行政部门依法向人民法院申请强制执行。

第四十二条　按照本法第四十一条规定缴纳社会抚养费的人员，是国家工作人员的，还应当依法给予行政处分；其他人员还应当由其所在单位或者组织给予纪律处分。

第四十三条　拒绝、阻碍计划生育行政部门及其工作人员依法执行公务的，由计划生育行政部门给予批评教育并予以制止；构成违反治安管理行为的，依法给予治安管理处罚；构成犯罪的，依法追究刑事责任。

第四十四条　公民、法人或者其他组织认为行政机关在实施计划生育管理过程中侵犯其合法权益，可以依法申请行政复议或者提起行政诉讼。

第七章 附 则

第四十五条 流动人口计划生育工作的具体管理办法、计划生育技术服务的具体管理办法和社会抚养费的征收管理办法，由国务院制定。

第四十六条 中国人民解放军执行本法的具体办法，由中央军事委员会依据本法制定。

第四十七条 本法自 2002 年 9 月 1 日起施行。

中华人民共和国婚姻法

（1980年9月10日第五届全国人民代表大会第三次会议通过　根据2001年4月28日第九届全国人民代表大会常务委员会第二十一次会议《关于修改〈中华人民共和国婚姻法〉的决定》修正）

目　录

第一章　总　则

第一条　本法是婚姻家庭关系的基本准则。

第二条　实行婚姻自由、一夫一妻、男女平等的婚姻制度。

保护妇女、儿童和老人的合法权益。

实行计划生育。

第三条　禁止包办、买卖婚姻和其他干涉婚姻自由的行为。禁止借婚姻索取财物。

禁止重婚。禁止有配偶者与他人同居。禁止家庭暴力。禁止家庭成员间的虐待和遗弃。

第四条 夫妻应当互相忠实，互相尊重；家庭成员间应当敬老爱幼，互相帮助，维护平等、和睦、文明的婚姻家庭关系。

第二章 结 婚

第五条 结婚必须男女双方完全自愿，不许任何一方对他方加以强迫或任何第三者加以干涉。

第六条 结婚年龄，男不得早于二十二周岁，女不得早于二十周岁。晚婚晚育应予鼓励。

第七条 有下列情形之一的，禁止结婚：

（一）直系血亲和三代以内的旁系血亲；

（二）患有医学上认为不应当结婚的疾病。

第八条 要求结婚男女双方必须亲自到婚姻登记机关进行结婚登记。符合本法规定的，予以登记，发给结婚证。取得结婚证，即确立夫妻关系。未办理结婚登记的，应当补办登记。

第九条 登记结婚后，根据男女双方约定，女方可以成为男方家庭的成员，男方可以成为女方家庭的成员。

第十条 有下列情形之一的，婚姻无效：

（一）重婚的；

（二）有禁止结婚的亲属关系的；

（三）婚前患有医学上认为不应当结婚的疾病，婚后尚未治愈的；

（四）未到法定婚龄的。

第十一条 因胁迫结婚的，受胁迫的一方可以向婚姻登记机关或人民法院请求撤销该婚姻。受胁迫的一方撤销婚姻的请求，应当自结婚登记之日起一年内提出。被非法限制人身自由的当事人请求撤销婚姻的，应当自恢复人身自由之日起一年内提出。

第十二条 无效或被撤销的婚姻，自始无效。当事人不具有夫妻的权利和义务。同居期间所得的财产，由当事人协议处理；协议不成时，由人民法院根据照顾无过错方的原则判决。对重婚导致的婚姻无效的财产处理，不得侵害合法婚姻当事人的财产权益。当事人所生的子女，适用本法有关父母子女的规定。

第三章　家庭关系

第十三条　夫妻在家庭中地位平等。

第十四条　夫妻双方都有各用自己姓名的权利。

第十五条　夫妻双方都有参加生产、工作、学习和社会活动的自由，一方不得对他方加以限制或干涉。

第十六条　夫妻双方都有实行计划生育的义务。

第十七条　夫妻在婚姻关系存续期间所得的下列财产，归夫妻共同所有：

（一）工资、奖金；

（二）生产、经营的收益；

（三）知识产权的收益；

（四）继承或赠与所得的财产，但本法第十八条第三项规定的除外；

（五）其他应当归共同所有的财产。

夫妻对共同所有的财产，有平等的处理权。

第十八条　有下列情形之一的，为夫妻一方的财产：

（一）一方的婚前财产；

（二）一方因身体受到伤害获得的医疗费、残疾人生活补助费等费用；

（三）遗嘱或赠与合同中确定只归夫或妻一方的财产；

（四）一方专用的生活用品；

（五）其他应当归一方的财产。

第十九条 夫妻可以约定婚姻关系存续期间所得的财产以及婚前财产归各自所有、共同所有或部分各自所有、部分共同所有。约定应当采用书面形式。没有约定或约定不明确的，适用本法第十七条、第十八条的规定。

夫妻对婚姻关系存续期间所得的财产以及婚前财产的约定，对双方具有约束力。

夫妻对婚姻关系存续期间所得的财产约定归各自所有的，夫或妻一方对外所负的债务，第三人知道该约定的，以夫或妻一方所有的财产清偿。

第二十条 夫妻有互相扶养的义务。

一方不履行扶养义务时，需要扶养的一方，有要求对方付给扶养费的权利。

第二十一条 父母对子女有抚养教育的义务；子女对父母有赡养扶助的义务。

父母不履行抚养义务时，未成年的或不能独立生活的子女，有要求父母付给抚养费的权利。

子女不履行赡养义务时，无劳动能力的或生活困难的父母，有要求子女付给赡养费的权利。

禁止溺婴、弃婴和其他残害婴儿的行为。

第二十二条 子女可以随父姓，可以随母姓。

第二十三条 父母有保护和教育未成年子女的权利和义务。在未成年子女对国家、集体或他人造成损害时，父母有承担民事责任的义务。

第二十四条 夫妻有相互继承遗产的权利。

父母和子女有相互继承遗产的权利。

第二十五条 非婚生子女享有与婚生子女同等的权利，任何人不得加以危害和歧视。

不直接抚养非婚生子女的生父或生母，应当负担子女的生活费和教育费，直至子女能独立生活为止。

第二十六条　保护合法的收养关系。养父母和养子女间的权利和义务，适用本法对父母子女关系的有关规定。

养子女和生父母间的权利和义务，因收养关系的成立而消除。

第二十七条　继父母与继子女间，不得虐待或歧视。

继父或继母和受其抚养教育的继子女间的权利和义务，适用本法对父母子女关系的有关规定。

第二十八条　有负担能力的祖父母、外祖父母，对于父母已经死亡或父母无力抚养的未成年的孙子女、外孙子女，有抚养的义务。有负担能力的孙子女、外孙子女，对于子女已经死亡或子女无力赡养的祖父母、外祖父母，有赡养的义务。

第二十九条　有负担能力的兄、姐，对于父母已经死亡或父母无力抚养的未成年的弟、妹，有抚养的义务。由兄、姐抚养长大的有负担能力的弟、妹，对于缺乏能力又缺乏生活来源的兄、姐，有抚养的义务。

第三十条　子女应当尊重父母的婚姻权利，不得干涉父母再婚以及婚后的生活。子女对父母的赡养义务，不因父母的婚姻关系变化而终止。

第四章　离　　婚

第三十一条　男女双方自愿离婚的，准予离婚。双方必须到婚姻登记机关申请离婚。婚姻登记机关查明双方确实是自愿并对子女和财产问题已有适当处理时，发给离婚证。

第三十二条　男女一方要求离婚的，可由有关部门进行调解或直接向人民法院提出离婚诉讼。

人民法院审理离婚案件，应当进行调解；如感情确已破裂，调解无效，应准予离婚。

有下列情形之一，调解无效的，应准予离婚：

（一）重婚或有配偶者与他人同居的；

（二）实施家庭暴力或虐待、遗弃家庭成员的；

（三）有赌博、吸毒等恶习屡教不改的；

（四）因感情不和分居满二年的；

（五）其他导致夫妻感情破裂的情形。

一方被宣告失踪，另一方提出离婚诉讼的，应准予离婚。

第三十三条 现役军人的配偶要求离婚，须得军人同意，但军人一方有重大过错的除外。

第三十四条 女方在怀孕期间、分娩后一年内或中止妊娠后六个月内，男方不得提出离婚。女方提出离婚的，或人民法院认为确有必要受理男方离婚请求的，不在此限。

第三十五条 离婚后，男女双方自愿恢复夫妻关系的，必须到婚姻登记机关进行复婚登记。

第三十六条 父母与子女间的关系，不因父母离婚而消除。离婚后，子女无论由父或母直接抚养，仍是父母双方的子女。

离婚后，父母对子女仍有抚养和教育的权利和义务。

离婚后，哺乳期内的子女，以随哺乳的母亲抚养为原则。哺乳期后的子女，如双方因抚养问题发生急执不能达成协议时，由人民法院根据子女的权益和双方的具体情况判决。

第三十七条 离婚后，一方抚养的子女，另一方应负担必要的生活费和教育费的一部或全部，负担费用的多少和期限的长短，由双方协议；协议不成时，由人民法院判决。

关于子女生活费和教育费的协议或判决，不妨碍子女在必要时向父母任何一方提出超过协议或判决原定数额的合理要求。

第三十八条　离婚后，不直接抚养子女的父或母，有探望子女的权利，另一方有协助的义务。

行使探望权利的方式、时间由当事人协议；协议不成时，由人民法院判决。

父或母探望子女，不利于子女身心健康的，由人民法院依法中止探望的权利；中止的事由消失后，应当恢复探望的权利。

第三十九条　离婚时，夫妻的共同财产由双方协议处理；协议不成时，由人民法院根据财产的具体情况，照顾子女和女方权益的原则判决。

夫或妻在家庭土地承包经营中享有的权益等，应当依法予以保护。

第四十条　夫妻书面约定婚姻关系存续期间所得的财产归各自所有，一方因抚育子女、照料老人、协助另一方工作等付出较多义务的，离婚时有权向另一方请求补偿，另一方应当予以补偿。

第四十一条　离婚时，原为夫妻共同生活所负的债务，应当共同偿还。共同财产不足清偿的，或财产归各自所有的，由双方协议清偿；协议不成时，由人民法院判决。

第四十二条　离婚时，如一方生活困难，另一方应从其住房等个人财产中给予适当帮助。具体办法由双方协议；协议不成时，由人民法院判决。

第五章　救助措施与法律责任

第四十三条　实施家庭暴力或虐待家庭成员，受害人有权提出请求，居民委员会、村民委员会以及所在单位应当予以劝阻、调解。

对正在实施的家庭暴力，受害人有权提出，居民委员会、村民委员会应当予以劝阻；公安机关应当予以制止。

实施家庭暴力或虐待家庭成员，受害人提出请求的，公安机关应当依照治安管理处罚的法律规定予以行政处罚。

第四十四条 对遗弃家庭成员，受害人有权提出请求，居民委员会、村民委员会以及所在单位应当予以劝阻、调解。

对遗弃家庭成员，受害人提出请求的，人民法院应当依法作出支付扶养费、抚养费、赡养费的判决。

第四十五条 对重婚的，对实施家庭暴力或虐待、遗弃家庭成员构成犯罪的，依法追究刑事责任。受害人可以依照刑事诉讼法的有关规定，向人民法院自诉；公安机关应当依法侦查，人民检察院应当依法提起诉讼。

第四十六条 有下列情形之一，导致离婚的，无过错方有权请求损害赔偿。

（一）重婚的；

（二）有配偶者与他人同居的；

（三）实施家庭暴力的；

（四）虐待、遗弃家庭成员的。

第四十七条 离婚时，一方隐藏、转移、变卖、毁损夫妻共同财产，或伪造债务企图侵占另一方财产的，分割夫妻共同财产时，对隐藏、转移、变卖、毁损夫妻共同财产或伪造债务的一方，可以少分或不分。离婚后，另一方发现有上述行为的，可以向人民法院提起诉讼，请求再次分割夫妻共同财产。

人民法院对前款规定的妨害民事诉讼的行为，依照民事诉讼法的规定予以制裁。

第四十八条 对拒不执行有关扶养费、抚养费、赡养费、财产分割、遗产继承、探望子女等判决或裁定的，由人民法院依法强制执行。有关个人和单位应负协助执行的责任。

第四十九条　其他法律对有关婚姻家庭的违法行为和法律责任另有规定的，依照其规定。

第六章　附　则

第五十条　民族自治地方的人民代表大会有权结合当地民族婚姻家庭的具体情况，制定变通规定。自治州、自治县制定的变通规定，报省、自治区、直辖市人民代表大会常务委员会批准后生效。自治区的变通规定，报全国人民代表大会常务委员会批准后生效。

第五十一条　本法自1981年1月1日起施行。

1950年5月1日颁行的《中华人民共和国婚姻法》，自本法施行之日起废止。

最高人民法院关于适用《中华人民共和国婚姻法》若干问题的解释（一）

法释〔2001〕30号

（2001年12月24日最高人民法院审判委员会第1202次会议通过　2001年12月25日最高人民法院公告公布　自2001年12月27日起施行）

为了正确审理婚姻家庭纠纷案件，根据《中华人民共和国婚姻法》（以下简称婚姻法）、《中华人民共和国民事诉讼法》等法律的规定，对人民法院适用婚姻法的有关问题作出如下解释：

第一条　婚姻法第三条、第三十二条、第四十三条、第四十五条、第四十六条所称的“家庭暴力”，是指行为人以殴打、捆绑、残害、强行限制人身自由或者其他手段，给其家庭成员的身体、精神等方面造成一定伤害后果的行为。持续性、经常性的家庭暴力，构成虐待。

第二条　婚姻法第三条、第三十二条、第四十六条规定的“有配偶者与他人同居”的情形，是指有配偶者与婚外异性，不以夫妻名义，持续、稳定地共同居住。

第三条　当事人仅以婚姻法第四条为依据提起诉讼的，人民法院不予受理；已经受理的，裁定驳回起诉。

第四条　男女双方根据婚姻法第八条规定补办结婚登记的，

婚姻关系的效力从双方均符合婚姻法所规定的结婚的实质要件时起算。

第五条　未按婚姻法第八条规定办理结婚登记而以夫妻名义共同生活的男女，起诉到人民法院要求离婚的，应当区别对待：

（一）1994年2月1日民政部《婚姻登记管理条例》公布实施以前，男女双方已经符合结婚实质要件的，按事实婚姻处理；

（二）1994年2月1日民政部《婚姻登记管理条例》公布实施以后，男女双方符合结婚实质要件的，人民法院应当告知其在案件受理前补办结婚登记；未补办结婚登记的，按解除同居关系处理。

第六条　未按婚姻法第八条规定办理结婚登记而以夫妻名义共同生活的男女，一方死亡，另一方以配偶身份主张享有继承权利的，按照本解释第五条的原则处理。

第七条　有权依据婚姻法第十条规定向人民法院就已办理结婚登记的婚姻申请宣告婚姻无效的主体，包括婚姻当事人及利害关系人。利害关系人包括：

（一）以重婚为由申请宣告婚姻无效的，为当事人的近亲属及基层组织。

（二）以未到法定婚龄为由申请宣告婚姻无效的，为未达法定婚龄者的近亲属。

（三）以有禁止结婚的亲属关系为由申请宣告婚姻无效的，为当事人的近亲属。

（四）以婚前患有医学上认为不应当结婚的疾病，婚后尚未治愈为由申请宣告婚姻无效的，为与患病者共同生活的近亲属。

第八条　当事人依据婚姻法第十条规定向人民法院申请宣告婚姻无效的，申请时，法定的无效婚姻情形已经消失的，人民法院不予支持。

第九条 人民法院审理宣告婚姻无效案件，对婚姻效力的审理不适用调解，应当依法作出判决；有关婚姻效力的判决一经作出，即发生法律效力。

涉及财产分割和子女抚养的，可以调解。调解达成协议的，另行制作调解书。对财产分割和子女抚养问题的判决不服的，当事人可以上诉。

第十条 婚姻法第十一条所称的“胁迫”，是指行为人以给另一方当事人或者其近亲属的生命、身体健康、名誉、财产等方面造成损害为要挟，迫使另一方当事人违背真实意愿结婚的情况。

因受胁迫而请求撤销婚姻的，只能是受胁迫一方的婚姻关系当事人本人。

第十一条 人民法院审理婚姻当事人因受胁迫而请求撤销婚姻的案件，应当适用简易程序或者普通程序。

第十二条 婚姻法第十一条规定的“一年”，不适用诉讼时效中止、中断或者延长的规定。

第十三条 婚姻法第十二条所规定的自始无效，是指无效或者可撤销婚姻在依法被宣告无效或被撤销时，才确定该婚姻自始不受法律保护。

第十四条 人民法院根据当事人的申请，依法宣告婚姻无效或者撤销婚姻的，应当收缴双方的结婚证书并将生效的判决书寄送当地婚姻登记管理机关。

第十五条 被宣告无效或被撤销的婚姻，当事人同居期间所得的财产，按共同共有处理。但有证据证明为当事人一方所有的除外。

第十六条 人民法院审理重婚导致的无效婚姻案件时，涉及财产处理的，应当准许合法婚姻当事人作为有独立请求权的第三人参加诉讼。

第十七条　婚姻法第十七条关于“夫或妻对夫妻共同所有的财产，有平等的处理权”的规定，应当理解为：

（一）夫或妻在处理夫妻共同财产上的权利是平等的。因日常生活需要而处理夫妻共同财产的，任何一方均有权决定。

（二）夫或妻非因日常生活需要对夫妻共同财产做重要处理决定，夫妻双方应当平等协商，取得一致意见。他人有理由相信其为夫妻双方共同意思表示的，另一方不得以不同意或不知道为由对抗善意第三人。

第十八条　婚姻法第十九条所称“第三人知道该约定的”，夫妻一方对此负有举证责任。

第十九条　婚姻法第十八条规定为夫妻一方的所有的财产，不因婚姻关系的延续而转化为夫妻共同财产。但当事人另有约定的除外。

第二十条　婚姻法第二十一条规定的“不能独立生活的子女”，是指尚在校接受高中及其以下学历教育，或者丧失或未完全丧失劳动能力等非因主观原因而无法维持正常生活的成年子女。

第二十一条　婚姻法第二十一条所称“抚养费”，包括子女生活费、教育费、医疗费等费用。

第二十二条　人民法院审理离婚案件，符合第三十二条第二款规定“应准予离婚”情形的，不应当因当事人有过错而判决不准离婚。

第二十三条　婚姻法第三十三条所称的“军人一方有重大过错”，可以依据婚姻法第三十二条第三款前三项规定及军人有其他重大过错导致夫妻感情破裂的情形予以判断。

第二十四条　人民法院作出的生效的离婚判决中未涉及探望

权，当事人就探望权问题单独提起诉讼的，人民法院应予受理。

第二十五条 当事人在履行生效判决、裁定或者调解书的过程中，请求中止行使探望权的，人民法院在征询双方当事人意见后，认为需要中止行使探望权的，依法作出裁定。中止探望的情形消失后，人民法院应当根据当事人的申请通知其恢复探望权的行使。

第二十六条 未成年子女、直接抚养子女的父或母及其他对未成年子女负担抚养、教育义务的法定监护人，有权向人民法院提出中止探望权的请求。

第二十七条 婚姻法第四十二条所称“一方生活困难”，是指依靠个人财产和离婚时分得的财产无法维持当地基本生活水平。

一方离婚后没有住处的，属于生活困难。

离婚时，一方以个人财产中的住房对生活困难者进行帮助的形式，可以是房屋的居住权或者房屋的所有权。

第二十八条 婚姻法第四十六条规定的“损害赔偿”，包括物质损害赔偿和精神损害赔偿。涉及精神损害赔偿的，适用最高人民法院《关于确定民事侵权精神损害赔偿责任若干问题的解释》的有关规定。

第二十九条 承担婚姻法第四十六条规定的损害赔偿责任的主体，为离婚诉讼当事人中无过错方的配偶。

人民法院判决不准离婚的案件，对于当事人基于婚姻法第四十六条提出的损害赔偿请求，不予支持。

在婚姻关系存续期间，当事人不起诉离婚而单独依据该条规定提起损害赔偿请求的，人民法院不予受理。

第三十条 人民法院受理离婚案件的，应当将婚姻法第四十六条等规定中当事人的有关权利义务，书面告知当事人。在适用婚姻法第四十六条时，应当区分以下不同情况：

（一）符合婚姻法第四十六条规定的无过错方作为原告基于该条规定向人民法院提起损害赔偿请求的，必须在离婚诉讼的同时提出。

（二）符合婚姻法第四十六条规定的无过错方作为被告的离婚诉讼案件，如果被告不同意离婚也不基于该条规定提起损害赔偿请求的，可以在离婚后一年内就此单独提起诉讼。

（三）无过错方作为被告的离婚诉讼案件，一审时被告未基于婚姻法第四十六条规定提出损害赔偿请求，二审期间提出的，人民法院应当进行调解，调解不成的，告知当事人在离婚后一年内另行起诉。

第三十一条　当事人依据婚姻法第四十七条的规定向人民法院提起诉讼，请求再次分割夫妻共同财产的诉讼时效为两年，从当事人发现之次日起计算。

第三十二条　婚姻法第四十八条关于对拒不执行有关探望子女等判决和裁定的，由人民法院依法强制执行的规定，是指对拒不履行协助另一方行使探望权的有关个人和单位采取拘留、罚款等强制措施，不能对子女的人身、探望行为进行强制执行。

第三十三条　婚姻法修改后正在审理的一、二审婚姻家庭纠纷案件，一律适用修改后的婚姻法。此前最高人民法院作出的相关司法解释如与本解释相抵触，以本解释为准。

第三十四条　本解释自公布之日起施行。

中国妇女发展纲要

（2001 年－2010 年）

前　言

随着新世纪钟声的敲响，中国妇女运动和妇女事业又一次站在新的历史起点，开始新的伟大进军。

妇女发展作为全球经济和社会发展的重要组成部分，受到国际社会的普遍重视。在过去的几十年里，国际社会为促进妇女发展与进步达成了多项协议，将妇女问题与全球政治、经济发展紧密相联成为国际社会的共识，消除经济全球化进程对妇女产生的不利影响正逐步纳入各国政府的重要议程。我国政府始终把维护妇女权益、促进妇女发展作为义不容辞的责任。1995 年制定和发布的《中国妇女发展纲要（1995 年－2000 年）》（以下简称’95《纲要》）是我国妇女发展的重要里程牌。5 年多来，在国务院和地方各级政府的积极努力下，在包括非政府组织在内的社会力量的大力支持下，’95《纲要》的主要目标基本实现，为 21 世纪的妇女发展奠定了良好的基础。’95《纲要》的实施改善了我国妇女生存与发展的社会环境，维护了妇女的合法权益，加速了男女平等的进程，妇女在政治、经济、教育、健康等各个领域取得了全面进步。

2001 年－2010 年，是我国经济和社会发展的重要时期，也是完善社会主义市场经济体制和扩大对外开放的重要时期。我国将在更广泛的领域和更高的层次参与经济全球化。面对我国改革开放和现代化建设的新形势、新任务，面对经济全球化的发展趋势，我国的妇女发展必须有更高的目标和更快的前进步伐。

为了更好地维护妇女权益，提高妇女整体素质，加快实现男女平等的进程，发挥广大妇女在社会主义现代化建设中的重要作用，我国政府制定并发布《中国妇女发展纲要（2001－2010年）》（以下简称《纲要》）。《纲要》根据《中华人民共和国国民经济和社会发展第十个五年计划纲要》的总体要求，从我国基本国情和妇女现状出发，兼顾妇女发展的阶段性目标和长远目标，确定了2001－2010年妇女发展的总目标和主要目标。同时，充分考虑第四次世界妇女大会《行动纲领》提出的妇女发展12个重要领域，借鉴世界上其他国家制定妇女发展规划的做法，以’95《纲要》的实施成效为基础，根据我国妇女发展迫切需要解决的实际问题和2001－2010年的可持续发展，《纲要》确定了6个优先发展领域，即：妇女与经济、妇女参与决策和管理、妇女与教育、妇女与健康、妇女与法律、妇女与环境，并把促进妇女发展的主题贯穿始终。

《纲要》的制定和实施，目的是强化政府的有关职能，动员全社会的力量，为妇女的进步与发展创造更好的社会环境。同时，鼓励妇女在参与经济和社会发展的过程中争取自身的进步与发展。

21世纪，中国妇女事业必将迎来一个更加美好的春天。

总 目 标

贯彻男女平等的基本国策，推动妇女充分参与经济和社会发展，使男女平等在政治、经济、文化、社会和家庭生活等领域进一步得到实现。保障妇女获得平等的就业机会和分享经济资源的权利，提高妇女参与国家和社会事务管理及决策的水平；保障妇女获得平等的受教育机会，普遍提高妇女受教育程度和终身教育水平；保障妇女享有基本的卫生保健服务，提高妇女的健康水平和预期寿命；保障妇女获得平等的法律保护，维护妇女的合法权益；优化妇女发展的社会环境和生态环境，提高妇女生活质量，促进妇女事业的持续发展。

主要目标与策略措施

一、妇女与经济

（一）主要目标。

1. 保障妇女获得经济资源的平等权利和机会。

2. 消除就业性别歧视，实现男女平等就业，保障妇女劳动权利，妇女从业人员占从业人员总数的比例保持在40%以上。

3. 妇女享有与男子平等的社会保障权利。城镇职工生育保险覆盖面达到90%以上。

4. 保障女职工享有特殊劳动保护。

5. 缓解妇女贫困程度，减少贫困妇女数量。

（二）策略措施。

妇女与男子平等获得经济权利、共享经济资源和社会发展成果是妇女发展的基础条件。

1. 国家宏观政策。

国家的经济和社会发展规划应体现妇女发展的主要目标，经济分析和经济结构调整应纳入性别平等观念。

——制定妇女平等参与经济发展的方针政策，提供妇女享有与男子平等的参与经济决策的机会和途径，缩小男女在分享经济决策权上的差距，提高妇女参与经济决策及管理的水平。

——确保妇女平等获得经济资源和有效服务。主要包括获得资本、信贷、土地、技术、信息等方面的权利；农村妇女享有与居住地男子平等的土地承包权、生产经营权、宅基地分配权、土地补偿费、股份分红等权利。

——改善妇女经济状况，进行适当的有利于妇女生存发展的专项投资。

2. 法律和部门政策。

制定和完善有利于妇女平等参与经济和社会发展、平等就业等相关法律法规和政策。

——贯彻落实《中华人民共和国劳动法》等相关法律法规，禁止招工、招聘中的性别歧视。

——保障妇女享有与男子平等参与资本、技术等生产要素的分配权。保障多元化分配形式中的男女同工同酬，同工种、同类别从业人员中女性工资与男性工资相同。缩小男女收入差距。

——拓宽妇女就业渠道，在经济发展和产业结构调整中，充分考虑妇女就业的需要，大力发展第三产业特别是社区服务业，为妇女创造新的就业机会和就业岗位。提高妇女在新兴产业、新兴行业中的就业比例和中、高级专业技术人员中的女性比例。提倡自主就业，鼓励妇女自谋职业，支持和引导妇女兴办私营、个体企业和发展科技型中小企业，促进妇女通过多种形式再就业。

——进一步落实女职工劳动保护政策，为女职工提供必要的工作和劳动条件，解决女职工在劳动和工作中因生理特点造成的特殊困难。

——指导各类用人单位把女职工特殊劳动保护条款纳入劳动合同和集体合同，健全和完善女职工特殊劳动保护措施，不断改善女职工劳动条件。加强对女职工特殊劳动保护法律法规和政策的宣传教育及培训，提高用人单位的法制意识和安全生产意识，提高女职工的自我保护意识。

——加大劳动保障监察执法力度，切实保障妇女的劳动权利。对于违反《中华人民共和国劳动法》、《中华人民共和国妇女权益保障法》、《女职工劳动保护规定》等相关法律法规、侵犯妇女合法权益的行为，要依法处理。

——引导和扶持农村妇女富余劳动力向非农产业转移。面向农村妇女开展各种劳动技能培训，帮助其从传统种植业向非农产业转移；在城镇化建设过程中，有组织地开展劳务输出，为农村妇女在非农产业就业创造更多的机会。

——制定减少妇女贫困的政策措施，增加贫困妇女的经济收入。在实施西部大开发战略中，加大对贫困妇女的扶持力度，按照同等优先的原则，帮助、支持贫困妇女实施扶贫项目，鼓励、支持以妇女为主的扶贫经济实体的发展，使贫困妇女成为扶贫资源的获得者和扶贫成果的直接受益者。

3. 社会保障和服务。

进一步完善社会保障体系，积极推动在不同所有制经济实体就业的、不同收入层次的妇女按照国家规定参加社会保险，确保妇女在参与经济发展中接受有效服务。

——妇女享有与男子平等参加城镇职工基本养老保险、基本医疗保险、失业保险、工伤保险、生育保险的权利。

——普遍建立城镇职工生育保险制度，完善相关配套措施，切实保障女职工生育期间的基本生活和医疗保健需求。

——为妇女劳动就业提供信息、服务和培训。加强公共职业介绍机构对妇女的职业指导、职业介绍等就业服务。开展有针对性的就业培训，提高妇女的就业能力。

——为残疾妇女提供就业服务和职业技能培训，提高残疾妇女的就业比例。

——鼓励和支持社会团体开展有利于提高妇女劳动生产技能的各项培训活动。

二、妇女参与决策和管理

（一）主要目标。

1. 提高妇女参与国家和社会事务的管理及决策水平。

2. 提高妇女参与行政管理的比例。各级政府领导班子中要有1名以上女干部。国家机关部（委）和省（自治区、直辖市）、地（市、州、盟）政府工作部门要有一半以上的领导班子配备女干部。正职或重要岗位女性数量有较大的增加。

3. 女干部占干部队伍总数的比例逐步提高。

4. 女性较集中的部门、行业管理层中的女性比例与女职工比例相适应。

5. 村民委员会、居民委员会成员中女性要占一定比例。

6. 扩大妇女民主参与的渠道，提高妇女民主参与的水平。

（二）策略措施。

妇女广泛参与国家和社会事务管理、享有充分的民主和自由是国家文明进步的重要标志。

1. 国家宏观政策。

在更大范围和更大程度上推进妇女参与国家和社会事务管理及决策的进程，扩大妇女民主参与的渠道。

——充分保障妇女参与国家和社会事务管理及决策的权利。引导妇女依法参与经济、文化和社会事务的管理，提高妇女参政议政的水平和比例。

——在干部人事制度改革中，完善平等竞争机制和公务员管理制度，健全监督检查机制，为妇女参与决策和管理提供平等的竞争机会。在同等条件下优先选拔女干部。

——在制定涉及妇女根本利益的方针政策时，要听取各级人大女代表、政协女委员以及妇女组织、妇女群众的意见和建议。

——充分发挥各级妇联组织的民主参与和民主监督作用，使其成为联系妇女群众的桥梁和纽带，成为反映妇女群众意见和建议的重要渠道。

——重视妇联组织在培养选拔女干部、妇女参政议政方面的意见和建议。

2. 法律和部门政策。

制定和完善有利于妇女平等参与决策和管理的相关法律法规和政策，鼓励、引导妇女积极参与竞争和民主管理。

——按照有关部门制定的培养、选拔女干部规划，实现省（自治区、直辖市）、地（市、州、盟）和县（市、区、旗）领导班子中女干部配备目标。

——政府所属部门领导层中女干部数量逐步增加。逐步提高女性集中的部门、行业管理层中的女性比例，教育、科技、文化、卫生、体育、计划生育、民政、司法、劳动和社会保障等部门领导班子中要首先配备女干部。

——干部的选拔、聘用、晋升及公务员的录用，要切实贯彻“公开、公平、竞争、择优”的原则，保障女性不受歧视。

——加强对年轻优秀女干部的培养并优先选拔。各级领导班子后备干部队伍中应有一定数量的女干部。

——提高女干部的政治文化素质，大学本科以上学历的女干部应有较大幅度的增加。

——企业事业单位招聘专业技术和管理人员，不得以性别为由拒绝录用符合条件的女性，在聘用合同中不得含有性别歧视的内容。

——结合建立现代企业制度的实践，注意培养和发现高层次女性管理人才。国有企业要积极探索在企业董事会、监事会、经理等决策、管理层发挥妇女民主参与的新形式，提高企业领导班子成员中的女性比例。

——坚持和完善以职工代表大会为基本形式的企业民主管理制度，企业职工代表大会中女代表比例应与女职工比例相适应。

——在民主选举过程中，鼓励妇女行使选举权和被选举权，积极参与选举，提高妇女民主参与的程度和比例。

——扩大基层民主，鼓励和推动妇女参与讨论和决定基层公共事务，保障妇女直接行使民主权利。妇女代表会主任作为候选人提名，经选举进入居民委员会和村民委员会。村民代表大会中女代表的比例要有较大幅度的提高。

3. 社会宣传和培训。

提高全社会对妇女参与决策和社会事务管理重要性的认识，为妇女参政议政创造良好的社会环境。保障妇女享有与男子平等的培训教育机会。

——加强对女干部的培训教育和轮岗锻炼，培养复合型高层次女性人才，提高妇女参政议政的意识和竞争能力。加强对女性专业技术人员和管理人员的培训，提高其政治素质和业务能力。

——重视奖励、表彰妇女中的先进典型人物，大力宣传妇女在两个文明建设与社会发展中的作用和贡献，提高女性人才在社会上的影响力。

三、妇女与教育

（一）主要目标。

1. 保障女童接受九年义务教育的权利。小学适龄女童的净入学率达到99%左右，小学5年巩固率提高到95%左右，基本杜绝小学适龄女童失学。初中女童毛入学率达到95%左右。

2. 高中阶段教育女性毛入学率达到75%左右，高等教育女性毛入学率达到15%左右。

3. 成人妇女识字率提高到85%以上，其中青壮年妇女识字率提高到95%左右。

4. 提高妇女的终身教育水平。

5. 妇女平均受教育年限达到发展中国家的先进水平。

（二）策略措施。

缩小男女受教育差距、提高妇女的科学文化素质是妇女发展的决定性因素。

1. 国家宏观政策。

国家的人才发展战略要体现男女平等原则，将妇女教育的主要目标纳入国家的教育发展规划。

——在课程、教育内容和教学方法改革中，把社会性别意识纳入教师培训课程，在高等教育相关专业中开设妇女学、马克思主义妇女观、社会性别与发展等课程，增强教育者和被教育者的社会性别意识。

——制定相关政策，提供妇女享有与男子平等的受教育的机会和途径，缩小男女受教育差距。

——改善学科领域的性别分布结构，培养高新技术和现代管理领域的女性专业人才。

——在实现教育技术现代化和教育信息化的过程中，保障妇女与男子共享信息和优质教育资源。

——加大对贫困地区教育的投入，为贫困地区妇女受教育创造条件。

2. 法律和部门政策。

制定和完善有利于妇女与男子接受同等教育的相关法律法规和政策。

——教育立法要体现性别平等，保障妇女受教育的权利。

——进一步贯彻落实《中华人民共和国义务教育法》等相关法律法规，重点解决西部贫困地区和少数民族地区女童、残疾女童、流动人口中女童的义务教育问题。帮助失、辍学女童完成九年义务教育。缩小男女童受教育差距。

——发挥大中城市和经济发达地区的优势，提高内地学校培养少数民族女学生的比例。

——提高妇女接受职业教育和成人教育的水平，注重培养妇女的职业技能和适应职业变化的能力。通过正规的学历教育与非学历职业教育以及各种培训，使新增女性劳动力和在职女职工能够普遍接受各种形式的职业教育和成人教育。重点发展县（市）、乡（镇）和农村的中等职业教育，为初中毕业生中的女性提供多种形式的继续学习机会。

——扩大妇女接受高等教育的规模。全面落实各项资助经济困难学生的政策，帮助贫困女大学生完成学业。

——积极利用网络和现代远程教育资源，为妇女接受教育创造条件和机会。

——加大扫除妇女文盲工作的力度，把扫除农村妇女文盲作为扫盲工作的重点。

——把妇女的素质教育贯穿于正规教育和非正规教育以及培训等各个方面，培养女学生的知识创新能力、社会适应能力、人文素养和科学精神，普遍提高妇女的文化知识水平和科学技术的应用能力。

——提高妇女终身教育水平。逐步形成大众化、社会化的终身教育体系，为妇女提供终身学习的条件和机会。

——努力创造条件，使农村妇女劳动者能普遍受到实用生产技术培训和文化知识教育。在初中教育阶段，将基础教育与“绿色证书”教育有机结合，使女学生获得更全面的知识和劳动技能。

——通过对口扶贫支教、启动远程教育扶贫项目等措施，提高边远贫困地区妇女受教育的水平。

——对残疾妇女进行职业教育、职业培训，为残疾妇女提供受教育的机会，提高其受教育程度，增强其生存和发展能力。

3. 社会教育和培训。

广泛宣传性别平等和有关教育的法律法规，创造有利于妇女接受教育的社会环境。

——鼓励和支持社会力量办学，为妇女接受教育创造条件和机会。

——继续发动社会力量参与妇女扫盲。

四、妇女与健康

（一）主要目标。

1. 妇女在整个生命周期享有卫生保健服务，提高妇女的预期寿命。

2. 提高妇女生殖健康水平。

3. 保障妇女享有计划生育的权利。

4. 流动人口中的妇女享有与户籍所在地妇女同等的卫生保健服务。

5. 将妇女艾滋病病毒感染率控制在较低水平。

6. 提高妇女的健身意识，增强妇女身体素质。

（二）策略措施。

妇女身体、精神和社会适应能力的完全健康状态是反映妇女生存状况的基本指标。

1. 国家宏观政策。

在国家的卫生改革与发展规划中体现妇女健康的主要目标。

——妇女卫生保健以预防为主，以农村为重点。

——在优化卫生资源配置中，合理安排妇女卫生保健服务经费和科研经费。

——引导卫生保健产业发展，不断满足妇女的健康需求。

——通过宣传教育，在全社会树立正确的妇女健康观念，普及健康知识。

——完善计划生育管理和技术服务体系，提倡避孕节育的知情选择，强化夫妻共同承担计划生育的责任。

2. 法律和部门政策。

贯彻落实《中华人民共和国母婴保健法》，不断完善妇幼卫生法律法规及政策，保护妇女的健康权利。

——加快卫生立法，完善和落实以公共卫生和妇女健康为主要内容的法律法规。

——强化卫生行政执法，加大对卫生保健产品、卫生机构和专业人员的监督管理，依法查处各类危害妇女身体健康的违法行为。

——强化社区在健康服务中的作用，把人口与计划生育工作纳入社区管理和服务体系，建立以现居住地为主的管理模式。将流动人口孕产妇保健纳入流入地孕产妇保健范围。

——加强农村卫生组织建设，完善卫生服务网，做好预防保健的综合服务，重点筛查和治疗严重危害农村妇女健康的疾病，预防和减少农村妇女妇科病的发生。

——对妇幼卫生人员进行卫生保健专业知识培训，强化基本知识和基本技能，提高卫生保健技术水平和服务质量。

——针对妇女不同时期生理和心理特点提供生殖保健服务和精神健康服务，提高妇科常见病的普查普治率。

——加强产科建设，创造住院分娩条件，使全国孕产妇死亡率以2000年为基数下降1/4。农村孕产妇住院分娩率达到65%，高危孕产妇住院分娩率达到90%以上。住院分娩确有困难的边远地区，消毒接生率达到95%以上。

——提高产科质量，减少不必要的医学干预，降低剖宫产率。

——开展生殖保健科学研究，提高对严重危害妇女健康疾病的预防和治疗水平。

——研究推广安全、有效的避孕节育新技术、新方法，提供避孕节育的优质服务。节育手术并发症发生率控制在1‰以下。预防意外妊娠，降低人工流产率。

——开发、研制男性避孕节育产品，动员男性采取节育措施，提高男性避孕方法使用比重。

——以生殖健康教育为中心，普及生殖保健、优生优育、避孕节育知识，生殖保健知识普及率和育龄人口计划生育知识普及率达到80%以上。

——加强艾滋病防治工作，强化对采供血机构和血制品生产单位的管理；利用宣传教育网络，全民普及艾滋病防治及自我防范知识，提高艾滋病知识知晓率。

3. 社会保障和服务。

完善医疗保障制度，保障妇女享有基本的医疗服务。

——促进城镇职工基本医疗保险、生育保险制度的进一步完善。

——通过合作医疗等多种形式的健康保障制度，提高农村妇女享受卫生保健的水平和抵御疾病风险的能力。

——实现医疗卫生服务观念和服务模式从以病为本向以人为本的根本转变，治病与保健相结合，不断满足广大妇女的健康需求。

——倡导科学文明的健身方式，提高妇女身体素质。利用现有体育设施以及在社区、公园兴建和开辟健身场所，为妇女参与全民健身运动创造条件。

五、妇女与法律

（一）主要目标。

1. 健全和完善促进男女平等的法律法规。

2. 开展维护妇女权益法律法规的宣传教育。

3. 保护妇女的人身权利，禁止针对妇女的一切形式的暴力。

4. 维护妇女与男子平等的财产权利。

5. 保护妇女合法的控告、申诉权及在诉讼中的各项权益。

6. 为妇女提供法律援助。

（二）策略措施。

完善立法并保障法律法规赋予妇女的各项权利是实现妇女合法权益的重要保障。

1. 立法。

在国家立法中充分体现社会性别意识，规范影响妇女发展的社会行为。

——以《中华人民共和国宪法》和《中华人民共和国妇女权益保障法》为依据，进一步加强和完善保护妇女合法权益的专门立法。

——在健全和完善相关法律法规的过程中关注妇女问题，保障妇女在政治、经济、文化、社会和家庭生活等方面享有与男子平等的权利。

2. 司法和执法。

强化司法保护和法律监督，加大执法力度。

——有效预防、严厉打击各种侵害妇女人身权利和财产权利的违法犯罪行为，降低强奸、拐卖等侵害妇女人身权利的刑事案件的发案率，提高结案率。预防和制止针对妇女的家庭暴力。严厉打击嫖娼卖淫活动，扫除黄、赌、毒等社会丑恶现象。

——建立和完善妇联特邀陪审员制度，切实贯彻男女平等、保护妇女合法权益的原则，保障涉及妇女的案件在审判过程中的公正。

——加强法律监督，维护司法公正，提高司法效率。

3. 法律知识的宣传教育。

把宣传保护妇女权益的法律法规纳入国家法制宣传教育规划。

——把普法宣传和教育纳入精神文明建设规划，提高全社会维护妇女合法权益的法律意识和法律素质，提高维护妇女权益法律法规知识的普及率。

——提高妇女的法律意识，增强妇女维护自身权利的能力。

4. 法律服务和援助。

建立法律援助体系，为受害妇女提供多种形式的法律服务和社会救助。

——健全信访接待制度，开展法律咨询和服务，及时处理受害妇女的投诉。

——采取多种形式，向遭受暴力侵害和需要帮助的妇女提供法律、医疗、精神康复等方面的帮助和服务。

——妇联、工会、共青团在各自的职责范围内依法维护受害妇女的合法权益。

六、妇女与环境

（一）主要目标。

1. 创造有利于妇女全面发展的社会环境。

2. 提高妇女享有社会福利的水平。

3. 加强家庭美德建设，大力倡导建立平等、文明、和睦、稳定的家庭关系。

4. 为妇女创造适宜的生活和工作环境。

5. 提高妇女参与环境保护及决策的程度。

6. 增加妇女自我支配的时间。

（二）策略措施。

优化社会环境、保护自然环境是有效保障妇女合法权益、促进妇女进步与发展的要素。

1. 国家宏观政策。

在文化、教育、宣传、环境等发展规划中充分体现妇女与环境的主要目标。

——制定具有社会性别意识的文化和传媒政策，加大男女平等基本国策的宣传力度，增强全社会的社会性别意识，逐步消除对妇女的偏见、歧视以及贬抑妇女的社会观念，为妇女发展创造良好的社会环境。

——鼓励妇女成为有理想、有道德、有文化、有纪律和自尊、自信、自立、自强的新女性。

——加大对社会福利事业的投入，加快社会福利机构的建设和设施改造，完善低收入妇女群体的生活保障制度，逐步提高城市妇女贫困人口的救济补助标准。

——积极发展老龄事业和产业，逐步实现老年服务社会化，保障老年妇女的身心健康。

——发挥妇女在环境保护特别是农村环境保护方面的重要作用，提高妇女参与环境保护及决策的程度。

——扩大妇女工作领域的国际交流与合作，提高我国妇女在国际事务中的影响力，促进世界和平、进步与发展。

2. 法律与部门政策。

——在新闻出版、广播影视以及文学艺术等领域展现妇女在经济发展和社会进步中的成就和作用，大力宣传妇女中的先进模范人物。

——加强文化市场管理，禁止在宣传媒体、广告和文艺作品中出现色情或有辱妇女人格的作品。

——为妇女在新闻宣传领域的发展提供更多的条件和机会，使妇女广泛参与宣传媒体的管理、制作、教育、培训和研究。提高妇女对宣传媒体资源的占有程度。

——加强家庭美德建设，倡导建立民主、平等、尊重妇女、尊老爱幼的家庭关系，倡导科学文明健康的生活方式，鼓励夫妻共同承担家务劳动。

——强化城市环境综合治理，减少家庭、工作场所以及其他环境中有毒有害物质对妇女造成的危害，提高垃圾无害化处理和污水集中处理率。

——把农村自来水建设和卫生厕所建设纳入小城镇建设规划。提高农村缺水地区供水受益率和农村改水受益率、自来水普及率。加强农村改厕技术指导，提高农村卫生厕所普及率。

——提高妇女的环境保护意识和环境保护基本知识的普及率。引导妇女积极参加生态环境保护，改变对环境有害的生产和生活方式，保护饮用水源，防治农业化学污染，发展生态农业和绿色产业。倡导绿色消费。

3. 社会保障和服务。

——在城镇建立以基本养老保险、基本医疗保险和有关商业保险、社会救助、社会福利为主要内容的保障体系；在农村以家庭养老为主，逐步扩大社会养老保障的覆盖面。

——加强老年文化体育活动场所建设，丰富老年妇女的精神文化生活。

——在社区优先发展对家庭生活有直接影响的公共服务，实现家务劳动社会化，逐步增加妇女的自我支配时间。

组织与实施

一、国务院妇女儿童工作委员会负责《纲要》的组织实施。

国务院各有关部门和社会团体要根据《纲要》的要求并结合各自的职责，制定相应的实施方案。

二、地方各级政府要结合实际制定本地区妇女发展规划，并纳入当地经济和社会发展的总体规划，统一部署，统筹安排。要将《纲要》的实施纳入政府的议事日程，纳入政府主要负责人和主管负责人的政绩考核。

三、建立健全实施《纲要》的工作机制。国务院各有关部门和社会团体每年要向国务院妇女儿童工作委员会报告实施《纲要》的工作情况。地方各级妇女儿童工作委员会要建立相应的工作制度和报告制度。要加强调查研究，坚持分类指导、示范先行的工作方法，及时掌握有关情况，总结推广经验。要注重对妇女领域的理论研究。

四、各级政府应根据财力情况，合理安排实施《纲要》所需经费。要多渠道筹集资金，重点扶持贫困地区和少数民族地区妇女事业的发展。

监测与评估

一、对《纲要》的实施情况实行分级监测评估。要加强妇女发展综合统计工作，增设分性别统计指标，建立和完善分性别数据库。做好信息收集、整理、反馈和交流工作，分析妇女发展现状，预测趋势，评估实施效果，为制定规划、科学决策提供依据。

二、建立国家和省（自治区、直辖市）的妇女状况监测体系，制定切实可行、科学规范的监测评估方案，全面、动态地监测妇女发展状况。《纲要》分性别的统计指标要纳入国家统计制度和各有关部门的常规统计和统计调查。建立健全劳动监察、卫生监测、教育督导、统计评估、法律监督机构，完善监测机制，确保《纲要》的有效实施。

三、建立定期报送和审评制度。国务院妇女儿童工作委员会各成员单位和各有关部门,每年要向国务院妇女儿童工作委员会办公室和国家统计局报送监测数据及目标实施进展情况,并对报送的监测数据进行分析,评估实施效果。国家监测评估周期分为年度监测、每3—5年的阶段性监测评估和10年的终期监测评估。

四、建立监测评估机构。国务院妇女儿童工作委员会设立监测评估领导小组,负责审批监测评估方案,根据监测评估结果提出相应对策。

监测评估领导小组下设统计监测组和专家评估组。

统计监测组由国家统计局牵头,相关部门共同组成。负责制定《纲要》分性别的统计监测指标体系,提出监测的重点指标;确定监测方法,收集监测数据,建立和完善分性别数据库;向国务院妇女儿童工作委员会提交全国的妇女状况统计监测报告;指导各地区做好实施《纲要》的统计监测工作。

专家评估组由国务院妇女儿童工作委员会办公室牵头,相关部门推荐专家组成。负责制定检查评估方案;审评监测报告,并对重点、难点问题的解决提出意见和建议;开展阶段性评估,向国务院妇女儿童工作委员会提交评估报告;指导各地区对实施《纲要》的检查评估工作。

各地区也要建立相应的监测评估机构和制度,及时、准确、全面地反映《纲要》和本地区规划的实施情况。

女职工劳动保护规定

（1988 年 6 月 28 日国务院第十一次常务会议通过
1988 年 7 月 21 日中华人民共和国国务院令第 9 号发布）

第一条 为维护女职工的合法权益，减少和解决女职工在劳动和工作（以下统称劳动）中因生理特点造成的特殊困难，保护其健康，以利于社会主义现代化建设，制定本规定。

第二条 本规定适用于中华人民共和国境内一切国家机关、人民团体、企业、事业单位（以下统称单位）的女职工。

第三条 凡适合妇女从事劳动的单位，不得拒绝招收女职工。

第四条 不得在女职工怀孕期、产期、哺乳期降低其基本工资，或者解除劳动合同。

第五条 禁止安排女职工从事矿山井下、国家规定的第四级体力劳动强度的劳动和其他女职工禁忌从事的劳动。

第六条 女职工在月经期间，所在单位不得安排其从事高空、低温、冷水和国家规定的第三级体力劳动强度的劳动。

第七条 女职工在怀孕期间，所在单位不得安排其从事国家规定的第三级体力劳动强度的劳动和孕期禁忌从事的劳动，不得在正常劳动日以外延长劳动时间；对不能胜任原劳动的，应当根据医务部门的证明，予以减轻劳动量或者安排其他劳动。

怀孕七个月以上（含七个月）的女职工，一般不得安排其从事夜班劳动；在劳动时间内应当安排一定的休息时间。

怀孕的女职工，在劳动时间内进行产前检查，应当算作劳动时间。

第八条 女职工产假为九十天，其中产前休假十五天。难产的，增加产假十五天。多胞胎生育的，每多生育一个婴儿，增加产假十五天。

女职工怀孕流产的，其所在单位应当根据医务部门的证明，给予一定时间的产假。

第九条 有不满一周岁婴儿的女职工，其所在单位应当在每班劳动时间内给予其两次哺乳（含人工喂养）时间，每次三十分钟。多胞胎生育的，每多哺乳一个婴儿，每次哺乳时间增加三十分钟。女职工每班劳动时间内的两次哺乳时间，可以合并使用。哺乳时间和在本单位内哺乳往返途中的时间，算作劳动时间。

第十条 女职工在哺乳期内，所在单位不得安排其从事国家规定的第三级体力劳动强度的劳动和哺乳期禁忌从事的劳动，不得延长其劳动时间，一般不得安排其从事夜班劳动。

第十一条 女职工比较多的单位应当按照国家有关规定，以自办或者联办的形式，逐步建立女职工卫生室、孕妇休息室、哺乳室、托儿所、幼儿园等设施，并妥善解决女职工在生理卫生、哺乳、照料婴儿方面的困难。

第十二条 女职工劳动保护的权益受到侵害时，有权向所在单位的主管部门或者当地劳动部门提出申诉。受理申诉的部门应当自收到申诉书之日起三十日内作出处理决定；女职工对处理决定不服的，可以在收到处理决定书之日起十五日内向人民法院起诉。

第十三条 对违反本规定侵害女职工劳动保护权益的单位负责人及其直接责任人员，其所在单位的主管部门，应当根据情节轻重，给予行政处分，并责令该单位给予被侵害女职工合理的经济补偿；构成犯罪的，由司法机关依法追究刑事责任。

第十四条 各级劳动部门负责对本规定的执行进行检查。

各级卫生部门和工会、妇联组织有权对本规定的执行进行监督。

第十五条 女职工违反国家有关计划生育规定的，其劳动保护应当按照国家有关计划生育规定办理，不适用本规定。

第十六条 女职工因生理特点禁忌从事劳动的范围由劳动部规定。

第十七条 省、自治区、直辖市人民政府可以根据本规定，制定具体办法。

第十八条 本规定由劳动部负责解释。

第十九条 本规定自1988年9月1日起施行。1953年1月2日政务院修正发布的《中华人民共和国劳动保险条例》中有关女工人、女职员生育待遇的规定和1955年4月26日《国务院关于女工作人员生产假期的通知》同时废止。

女职工保健工作规定

（一九九三年十一月二十六日颁发）

第一章 总 则

第一条 为保护女职工的身心健康及其子女的健康发育和成长，提高民族素质，根据《中华人民共和国妇女权益保障法》和《女职工劳动保护规定》，特制定本规定。

第二条 女职工保健工作必须贯彻预防为主的方针，注意女性生理和职业特点，认真执行国家有关保护女职工的各项政策和法规。

第三条 本规定适用于中华人民共和国境内的一切党政机关、人民团体和企业、事业单位。

第二章 组织措施

第四条 本规定由各单位分管女职工保健工作的行政领导负责组织本单位医疗卫生、劳动、人事部门和工会、妇联组织及有关人员共同实施。

第五条 县（含城市区）以上的各级妇幼保健机构，负责对管辖范围内的各单位实施本规定进行业务指导。

第六条 各单位的医疗卫生部门应负责本单位女职工保健工作。女职工人数在1000人以下的厂矿应设兼职妇女保健人员；女职工人数在1000人以上的厂矿，在职工医院的妇产科或妇幼保健站中应有专人负责女职工保健工作。

第三章　保健措施

第七条　月经期保健

1. 宣传普及月经期卫生知识。

2. 女职工在100人以上的单位，应逐步建立女职工卫生室，健全相应的制度并设专人管理，对卫生室管理人员应进行专业培训。女职工每班在100人以下的单位，应设置简易的温水箱及冲洗器。对流动、分散工作单位的女职工应发放单人自用冲洗器。

3. 女职工在月经期间不得从事《女职工禁忌劳动范围的规定》中第四条所规定的作业。

4. 患有重度痛经及月经过多的女职工，经医疗或妇幼保健机构确诊后，月经期间可适当给予1至2天的休假。

第八条　婚前保健

对欲婚女职工必须进行婚前卫生知识的宣传教育及咨询，并进行婚前健康检查及指导。

第九条　孕前保健

1. 已婚待孕女职工禁忌从事铅、汞、苯、镉等作业场所属于《有毒作业分级》标准中第Ⅲ—Ⅳ级的作业。

2. 积极开展优生宣传和咨询。

3. 对女职工应进行妊娠知识的健康教育，使她们在月经超期时主动接受检查。

4. 患有射线病、慢性职业中毒、近期内有过急性中毒史及其他有碍于母体和胎儿健康疾病者，暂时不宜妊娠。

5. 对有过两次以上自然流产史，现又无子女的女职工，应暂进调离有可能直接或间接导致流产的作业岗位。

第十条　孕期保健

1. 自确立妊娠之日起，应建立孕产妇保健卡（册），进行血压、体重、血、尿常规等基础检查。对接触铅、汞的孕妇，应进行尿中铅、汞含量的测定。

2. 定期进行产前检查、孕期保健和营养指导。

3. 推广孕妇家庭自我监护，系统观察胎动、胎心、宫底高度及体重等。

4. 实行高危孕妇专案管理，无诊疗条件的单位应及时转院就诊，并配合上级医疗和保健机构严密观察和监护。

5. 女职工较多的单位应建立孕妇休息室。妊娠满 7 个月应给予工间休息或适当减轻工作。

6. 妊娠女职工不应加班加点，妊娠 7 个月以上（含 7 个月）一般不得上夜班。

7. 女职工妊娠期间不得从事劳动部颁布的《女职工禁忌劳动范围的规定》第六条所规定的作业。

8. 从事立位作业的女职工，妊娠满 7 个月后，其工作场所应设立工间休息座位。

9. 有关女职工产前、产后、流产的假期及待遇按 1988 年国务院颁发的《女职工劳动保护规定》（国务院令第 9 号）和 1988 年劳动部《关于女职工生育待遇若干问题的通知》（劳险字〔1988〕2 号）执行。

第十一条　产后保健

1. 进行产后访视及母乳喂养指导。

2. 产后 42 天对母子进行健康检查。

3. 产假期满恢复工作时，应允许有 1 至 2 周时间逐渐恢复原工作量。

第十二条　哺乳期保健

1. 宣传科学育儿知识，提倡 4 个月内纯母乳喂养。

2. 对有未满 1 周岁婴儿的女工，应保证其授乳时间。

3. 婴儿满周岁时，经县（区）以上（含县、区）医疗或保健机构确诊为体弱儿，可适当延长授乳时间，但不得超过6个月。

4. 有未满1周岁婴儿的女职工，一般不得安排上夜班及加班、加点。

5. 有哺乳婴儿5名以上的单位，应逐步建立哺乳室。

6. 不得安排哺乳女职工从事《女职工劳动保护规定》和《女职工禁忌劳动范围的规定》所指出的作业。

第十三条　更年期保健

1. 宣传更年期生理卫生知识，促进入更年期的女职工得到社会广泛的关怀。

2. 经县（区）以上（含县、区）的医疗或妇幼保健机构诊断为更年期综合症者，经治疗效果仍不显著，且不适应原工作的，应暂时安排适宜的工作。

3. 进入更年期的女职工应每1至2年进行一次妇科疾病的查治。

第十四条　对女职工定期进行妇科疾病及乳腺疾病的查治。

第十五条　女职工浴室要淋浴化。厕所要求蹲位。

第十六条　建立健全女职工保健工作统计制度。

第四章　监督管理

第十七条　各级卫生行政部门会同同级劳动、人事部门，工会及妇联组织对本规定的实施情况进行监督。

第十八条　凡违反本规定第七条第3款第（1）、（2）、（3）项、第十条第7、9款、第十二条第2、6款的单位负责人或直接责任者，可依据《女职工劳动保护规定》第十三条规定进行处理。

第十九条 凡违反本规定其他条款的单位或直接责任者，各级卫生行政部门可根据情节给予警告、通报批评、限期改进的处罚。

第二十条 女职工违反国家有关计划生育规定的，其女职工的保健应当按照国家有关计划生育规定办理。

第五章 附 则

第二十一条 本规定中所称企业，系指全民、城镇集体企业，中外合资、合作、独资企业，乡镇企业，农村联户企业，私人企业等。

第二十二条 女职工包括单位固定女职工、合同制女职工、临时女职工。

第二十三条 本规定由中华人民共和国卫生部负责解释。

第二十四条 本规定由颁发之日起实施。

女职工禁忌劳动范围的规定

（1990年1月18日劳动部颁发）

第一条　根据《女职工劳动保护规定》第十六条要求，为保护女职工身心健康及其子女的正常发育和成长，特制定本规定。

第二条　本规定适用范围同《女职工劳动保护规定》。

第三条　女职工禁忌从事的劳动范围：

1. 矿山井下作业；

2. 森林业伐木、归楞及流放作业；

3.《体力劳动强度分级》标准中第Ⅳ级体力劳动强度的作业；

4. 建筑业脚手架的组装和拆除作业，以及电力、电信行业的高处架线作业；

5. 连续负重（指每小时负重次数在六次以上）每次负重超过二十公斤，间断负重每次负重超过二十五公斤的作业。

第四条　女职工在月经期间禁忌从事的劳动范围：

1. 食品冷冻库内及冷水等低温作业；

2.《体力劳动强度分级》标准中第Ⅲ级体力劳动强度作业；

3.《高处作业分级》标准中第Ⅱ级（含Ⅱ级）以上的作业。

第五条　已婚待孕女职工禁忌从事的劳动范围：

铅、汞、苯、镉等作业场所属于《有毒作业分级》标准中第Ⅲ、Ⅳ级的作业。

第六条　怀孕女职工禁忌从事的劳动范围：

1. 作业场所空气中铅及其化合物、汞及其化合物、苯、镉、铍、砷、氰化物、氮氧化物、一氧化碳、二硫化碳、氯、己内酰胺、氯丁二烯、氯乙烯、环氧乙烷、苯胺、甲醛等有毒物质浓度超过国家卫生标准的作业；

2. 制药行业中从事抗癌药物及已烯雌酚生产的作业；

3. 作业场所放射性物质超过《放射防护规定》中规定剂量的作业；

4. 人力进行的土方和石方作业；

5.《体力劳动强度分级》标准中第Ⅲ级体力劳动强度的作业；

6. 伴有全身强烈振动的作业，如风钻、捣固机、锻造等作业，以及拖拉机驾驶等；

7. 工作中需要频繁弯腰、攀高、下蹲的作业，如焊接作业；

8.《高处作业分级》标准所规定的高处作业。

第七条 乳母禁忌从事的劳动范围：

1. 第六条中第1、5项的作业；

2. 作业场所空气中锰、氟、溴、甲醇、有机磷化合物、有机氯化合物的浓度超过国家卫生标准的作业。

第八条 本规定由劳动部负责解释。

第九条 本规定自颁发之日起实施。

劳动部关于女职工生育待遇若干问题的通知

(劳险字〔1988〕2号 1988年9月4日)

国务院关于《女职工劳动保护规定》，对女职工产假、产假期间待遇以及适用范围等问题作出新的规定，经商得人事部同意，现就执行中的几个具体问题，通知如下；

一、女职工怀孕不满四个月流产时，应当根据医务部门的意见，给予十五天至三十天的产假；怀孕满四个月以上流产时，给予四十二天产假。产假期间，工资照发。

二、女职工怀孕，在本单位的医疗机构或者指定的医疗机构检查和分娩时，其检查费、接生费、手术费、住院费和药费由所在单位负担，费用由原医疗经费渠道开支。

三、女职工产假期满，因身体原因仍不能工作的，经过医务部门证明后，其超过产假期间的待遇，按照职工患病的有关规定处理。

四、本通知自1988年9月1日起执行。

劳动部关于发布《企业职工生育保险试行办法》的通知

劳部发〔1994〕504号

为配合《劳动法》的贯彻实施，更好地保障企业女职工的合法权益，我部制定了《企业职工生育保险试行办法》，现予发布，自1995年1月1日起试行。

一九九四年十二月十四日

企业职工生育保险试行办法

第一条 为了维护企业女职工的合法权益，保障她们在生育期间得到必要的经济补偿和医疗保健，均衡企业间生育保险费用的负担，根据有关法律、法规的规定，制定本办法。

第二条 本办法适用于城镇企业及其职工。

第三条 生育保险按属地原则组织。生育保险费用实行社会统筹。

第四条 生育保险根据“以支定收，收支基本平衡”的原则筹集资金，由企业按照其工资总额的一定比例向社会保险经办机构缴纳生育保险费，建立生育保险基金。生育保险费的提取比例由当地人民政府根据计划内生育人数生育津贴、生育医疗费等项费用确定，并可根据费用支出情况适时调整，但最高不得超过工资总额的百分之一。企业缴纳的生育保险费作为期间费用处理，列入企业管理费用。

职工个人不缴纳生育保险费。

第五条　女职工生育按照法律、法规的规定享受产假。产假期间的生育津贴按照本企业上年度职工月平均工资计发，由生育保险基金支付。

第六条　女职工生育的检查费、接生费、手术费、住院费和药费由生育保险基金支付。超出规定的医疗服务费和药费（含自费药品和营养药品的药费）由职工个人负担。

女职工生育出院后，因生育引起疾病的医疗费，由生育保险基金支付；其他疾病的医疗费，按照医疗保险待遇的规定办理。女职工产假期满后，因病需要休息治疗的，按照有关病假待遇和医疗保险待遇规定办理。

第七条　女职工生育或流产后，由本人或所在企业持当地计划生育部门签发的计划生育证明，婴儿出生、死亡或流产证明，到当地社会保险经办机构办理手续，领取生育津贴和报销生育医疗费。

第八条　生育保险基金由劳动部门所属的社会保险经办机构负责收缴、支付和管理。

生育保险基金应存入社会保险经办机构在银行开设的生育保险基金专户。银行应按照城乡居民个人储蓄同期存款利率计息，所得利息转入生育保险基金。

第九条　社会保险经办机构可从生育保险基金中提取管理费，用于本机构经办生育保险工作所需的人员经费、办公费及其他业务经费。管理费标准，各地根据社会保险经办机构人员设置情况，由劳动部门提出，经财政部门核定后，报当地人民政府批准。管理费提取比例最高不得超过生育保险基金的百分之二。

生育保险基金及管理费不征税、费。

第十条 生育保险基金的筹集和使用，实行财务预、决算制度，由社会保险经办机构作出年度报告，并接受同级财政、审计监督。

第十一条 市（县）社会保险监督机构定期监督生育保险基金管理工作。

第十二条 企业必须按期缴纳生育保险费。对逾期不缴纳的，按日加收千分之二的滞纳金。滞纳金转入生育保险基金。滞纳金计入营业外支出，纳税时进行调整。

第十三条 企业虚报、冒领生育津贴或生育医疗费的，社会保险经办机构应追回全部虚报、冒领金额，并由劳动行政部门给予处罚。

企业欠付或拒付职工生育津贴、生育医疗费的，由劳动行政部门责令企业限期支付；对职工造成损害的，企业应承担赔偿责任。

第十四条 劳动行政部门或社会保险经办机构的工作人员滥用职权、玩忽职守、徇私舞弊，贪污、挪用生育保险基金，构成犯罪的，依法追究刑事责任；不构成犯罪的，给予行政处分。

第十五条 省、自治区、直辖市人民政府劳动行政部门可以按照本办法的规定，结合本地区实际情况制定实施办法。

第十六条 本办法自1995年1月1日起试行。

图书在版编目（CIP）数据

妇女权益的法律保障/巫昌祯主编．－北京：中央文献出版社，2002.9

ISBN 7-5073-1246-1

Ⅰ.妇… Ⅱ.①巫… Ⅲ.妇女权益保障法-研究-中国
Ⅳ.D923.84

中国版本图书馆 CIP 数据核字（2002）第 074127 号

妇女权益的法律保障

主　　编/巫昌祯
责任编辑/姚建平　张晓彤
封面设计/杜超英
版式设计/寇　炫

出版发行/中央文献出版社
地　　址/北京西四北大街前毛家湾1号
邮　　编/100017
销售热线/63097018
经　　销/新华书店
排　　版/北京地质印刷厂
印　　刷/北京友谊印刷经营公司

850×1168mm　32开　22.5印张　540千字
2002年9月第1版　2002年9月第1次印刷
印　　数 1-5000册

ISBN 7-5073-1246-1/D·236　定价：42.00元